LEXIKON DER MYTHOLOGIE

GERHARD J. BELLINGER

LEXIKON DER ΜYTHOLOGIE

Über 3.000 Stichwörter zu den Mythen aller Völker

Über 400 Abbildungen

Genehmigte Lizenzausgabe für
Nikol Verlagsgesellschaft mbH & Co. KG,
Hamburg, 2012

Titelabbildung: bridgeman art library, Berlin
Diagramme: Kartographie Huber, München
Umschlag: Thomas Jarzina, Holzkirchen
Printed in Germany
ISBN: 978-3-86820-138-3

www.nikol-verlag.de

VORWORT

Viele Vorstellungen der Gegenwart sind nicht ohne ihren mythologischen Hintergrund zu verstehen. Für das Verständnis unserer Kultur, ja des Menschen überhaupt, ist die Beschäftigung mit der Mythologie oft unerläßliche Voraussetzung. So sieht z. B. Sigmund Freud in Mythen den Ausdruck verdrängter individueller Wünsche, und für Carl Gustav Jung sind die Mythen Manifestationen eines kollektiven Unbewußten, in denen wesentliche Menschheitserfahrungen zum Ausdruck kommen. Wie sehr mythische Vorstellungen z. B. unsere Umgangssprache prägen, zeigen die fast 800 Wörter (Verben, Substantive, Adjektive) unter dem Stichwort »Mythos in der deutschen →Umgangssprache« (Seite 488).

Im Gegensatz zum *Érgon* (griech. »Werk, Tat«) ist der Mȳthos (griech. »Wort, Rede«) eine *Erzählung*. Das Narrative ist, auch im Unterschied zur mehr ethisch orientierten *Religion*, sein Charakteristikum. Religion und Mȳthos existieren unabhängig voneinander. So gibt es den Mȳthos vor (der Entstehung) einer Religion (z. B. die Mythen des zwanzigsten Jahrhunderts) und auch den Mȳthos nach (dem Ende) einer Religion (z. B. viele Mythen der griechischen Religion).

Mythen gehören zum Erzählgut fast *aller Völker* der Vergangenheit und Gegenwart. Sie spiegeln die gesellschaftliche Struktur eines Volkes und Stammes (Matriarchat und Patriarchat, Aristokratie und Diktatur, Theokratie und Demokratie, Jäger und Sammler, Hirten und Bauern) und sind unverwechselbarer Ausdruck der jeweils spezifischen Lebensauffassung und Haltung, selbst wenn mythische Gestalten, wie etwa Heilbringer, und Geschehnisse, wie etwa die der Endzeit, völkerübergreifend sind. Der Mȳthos ist die Ausdrucks-, Denk- und Lebensform eines Volkes. Im vorliegenden Lexikon werden die Mythen von 230 Völkern und Gemeinschaften dargestellt. Dabei handelt es sich sowohl um alte, überlieferte Mythen wie auch um solche, die im 20. Jh. in der Neuzeit entstanden sind (z. B. Superman und UFO).

Die Mythen erzählen vom ständigen Bemühen des Menschen um sein Leben, um Überleben und Weiterleben. Sie erklären die alltäglich und alljährlich erfahrbaren Vorgänge und besonderen Erscheinungen im Weltbild und das rhythmische Werden und Vergehen in der Natur. Sie erzählen von den menschlichen Lebensbedingungen und den Grenzsituationen (Geburt und Tod), in die ein jeder gestellt ist, und von übermenschlichen Mächten in Gestalt der Götter und Geister, denen er sich gegenüber sieht. Sie erzählen davon, wie Mittlergestalten als Heilsbringer Menschen aus Not und Knechtschaft errettet und als Kulturbringer Jagd und Bodenbestellung, Handwerk und Weisheit gelehrt haben.

Von daher lassen sich verschiedene mythologische *Themenkreise* unterscheiden: die *protologischen* und *eschatologischen* Mythen erzählen von Urzeit und Endzeit, von Zeit und Ewigkeit, die *kosmologischen* von Diesseits und Jenseits, von Himmel und Hölle, die *theologischen, dämonologischen* und *anthropologischen* von Natur und Übernatur, von Leben und Tod, von Leib und Seele, von Gut und Böse, von Göttern und Menschen, von Engeln und Teufeln, von Riesen und Zwergen, sowie die *soteriologischen* von Gottmenschen und Mittlern, von Heiligen und Sündern, von Glück und Unglück, von Seligkeit und Verdammnis.

Die *Erzählweise* des Mȳthos spiegelt die polare Spannung oder Polarität von zwei sich gegenseitig bedingenden und ergänzenden oder auch einander ausschließenden Polen und Prinzipien des Raumes und der Zeit sowie der in Raum und Zeit existierenden Wesen. Der Mȳthos ist gleichsam das Text- und Drehbuch für die Dramatisierung und Inszenierung der Geschehnisse auf der Weltbühne (z. B. in den Räumen und Stockwerken des Weltbildes) und für die personifizierten und verkörperten Kräfte der Natur (z. B. Götter und Teufel) sowie der seelischen Zustände und Erlebnisse unterbewußter Triebvorgänge (z. B. Geister, Dämonen, Ungeheuer). Dabei werden Personen, Zeiten und Räume nicht absolut getrennt voneinander gesehen, sondern stehen in ständiger Korrespondenz miteinander. So werden Götter zu Menschen (Inkarnation) und Menschen zu Göttern (Apotheose), oder Gott und Mensch gehen die Verbindung Gottmensch in einer Person ein. Menschen steigen von ihrer irdischen Welt in den Raum des Himmels (Himmelsreise), oder Götter steigen von ihrem Himmel in die Unterwelt (Höllenfahrt). Die Ereignisse der Endzeit spiegeln die der Urzeit wider, und beide sind präsent in der gegenwärtigen Zeit.

Im Gegensatz zum diskursiven, abstrakt definierenden, logisch begründbaren und rational beweisbaren Wort des *Lógos* (griech. »Wort, Vernunft«) erzählt der Mȳthos konkret und anschaulich, sinnfällig, bildhaft und affirmativ. In seiner Erzählung gibt es keinen Übergang vom Bildhaften zum sachlich Gemeinten (kein »tertium comparationis«) wie bei einem Gleichnis. Vielmehr bleibt alles im Bildhaften belassen. Die Gaía (griech. »Erde«) symbolisiert nicht die Erde, sondern *ist* die (personifizierte) Erde. Die mythische Rede trennt nicht das Bild vom Gedanken, das Erlebnis und die Erfahrung von der Reflexion. Beide bilden vielmehr ein ungeschiedenes Ganzes.

Die *Intention* des Mȳthos ist es, aufzuklären: über die Welt mit ihrem Ursprung und Wesen, über die Stellung des Menschen in dieser Welt sowie über die Entstehung der seine individuelle Existenz betreffenden Verhältnisse in Gesellschaft (Sitten, Kulte, Standesunterschiede, Eigentum) und Geschichte (Entstehung der Völker, Kulturgüter). Insbesondere gibt er Antwort auf die Fragen nach den polaren Spannungsverhältnissen im Dasein: Wann und wie begann der Widerstreit zwischen Gut und Böse? Wie verläuft er jetzt? Wann und wie wird er enden: Werden beide aufgehoben in einer Alleinheit, werden sie für immer voneinander getrennt oder wird das Böse vernichtet? Der Mȳthos unterhält und befriedigt Neugier und Wissensdurst, er interpretiert den Sinn der Dinge und hilft, diese einzuordnen. Er beseitigt Ungewißheit und Angst, er erbaut, stärkt Zuversicht und Vertrauen, hilft das Leben bewältigen, schafft Verhaltensmodelle (Heroen, Heilige) und stabilisiert das soziale Verhalten. Da der Mȳthos Einsicht in den Grund (griech.: Aitía) aller Erscheinungen des Daseins vermitteln will, hat er eine ätiologische Funktion.

Im Unterschied zur *Sage* beansprucht der Mȳthos existentielle Verbindlichkeit. Er will beglaubigte Erzählung über Wirklichkeit, nicht über »Erdichtetes« im Sinne von Unwirklichkeit sein. Auch wenn der Mȳthos, »physisch« gesehen, etwas im Sinne der Faktizität Nicht-Wirkliches erzählt, so erschließt er doch, »meta-physisch« betrachtet, die Realität in ihrer Tiefe und Wahrheit. Der Mȳthos ist eine Grundform menschlichen Erschließens von Wirklichkeit, die erzählerisch machtvoll vorgestellt und lebendig dargestellt wird. Durch die mythische Erzählung erlebt der Mensch die Wirklichkeit unmittelbar, ohne Distanz und ihm vertraut. Selbst wenn die mythische Welt dabei bedrohlich erscheinen kann, so ist sie doch dem Menschen niemals fremd.

Der im Grund *überzeitliche* und *zeitlose* Mythos begründet die gegenwärtige Wirklichkeit (Zeit) u. a. in Vorgängen der Urzeit und Endzeit. So ragen Vergangenheit und Zukunft in die Gegenwart hinein und sind in ihr präsent. Was in der Vergangenheit (Urzeit) einmal geschah, hat bleibende Gültigkeit, wirkt bis in die geschichtliche Gegenwart hinein und bestimmt sie grundlegend (z. B. Ur- und Erbsünde). Was in der Zukunft (Endzeit) einmal unabänderlich geschehen wird, hat schon jetzt mahnende Bedeutung und wirkt bis in die Gegenwart hinein (z. B. Vergeltung beim Weltgericht). Aufgrund dieser überzeitlichen Bedeutung werden mythische Geschehnisse und Motive in *Festen* und *Kultfeiern* rituell vergegenwärtigt. Auch die *darstellende Kunst*, wie Theater und Film, Oper und Musical, Tanz und Ballett, setzt den Mȳthos in seiner überzeitlichen

Bedeutung immer wieder in Szene, und in der *bildenden Kunst*, wie Plastik, Malerei und Graphik, finden die mythischen Gestalten und Ereignisse als Ur- und Sinnbilder ihre Abbildung. Insbesondere zeigen *Literatur* (Lyrik, Epik und Dramatik) und *Umgangssprache* die aktuelle Bedeutung des Mythos. Fast alle Wissenschaftsbereiche bedienen sich mythischer Begriffe: Von den *Geisteswissenschaften* sind es nicht nur die Theologie und Religionswissenschaft, sondern auch die Psychologie (z. B. Ödipuskomplex), die Kunstwissenschaften mit Kunstgeschichte (Atlant), Musikwissenschaft (Syrinx) und Theaterwissenschaft (Diva), die Sprach-, Literatur- und Kulturwissenschaften sowie die Sportwissenschaft (Olympische Spiele). Von den *Naturwissenschaften* sind es die Astronomie (Sternbilder), Chemie (Phosphor, Thorium) und Geowissenschaften (Europa, Hellespont), von den *Biowissenschaften* die Medizin (Äskulap, Venusberg), die Pharmazie (Morphium) und Biologie (Hyazinthe, Python), von den *Ingenieurwissenschaften* ist es die Architektur (Nymphäum, Zyklopenmauer).

HINWEISE ZUR BENUTZUNG

Dieses Handbuch bietet in *alphabetischer Reihenfolge 3115* ausgewählte und wesentliche *Stichwortartikel* aus den mythischen Themenkreisen von 230 Völkern und Gemeinschaften aller Kontinente und Zeiten. Es werden Namen und Begriffe, Ereignisse und Begebenheiten informativ und sachlich dargestellt und erklärt.

Allen Stichwortartikeln liegt dabei, soweit wie möglich, der gleiche *Aufbau* zugrunde: Zu Anfang wird jeweils nach dem *Stichwort* die *Worterklärung* in Klammern geboten. Dann folgt die *Sacherklärung* mit Angabe der Zugehörigkeit zu dem betreffenden Volk oder Stamm oder zu einer Gemeinschaft. Bei Personen, Personifizierungen oder Verkörperungen wird die Einordnung ins *genealogische* »Koordinatensystem« (Mutter, Vater, Sohn, Tochter) aufgezeigt, die oft eine Aussage über Stellenwert und Abhängigkeitsverhältnisse ist, so z. B. wenn die griech. Göttin →Thémis als Mutter der →Eiréne gilt, d. h. daß »Gerechtigkeit« die Voraussetzung für den »Frieden« ist. Dann werden *Funktion* und *Bedeutung* dargestellt und auf die eventuelle *Ähnlichkeit* mit dem Stichwort eines anderen Kulturkreises verwiesen. Den Abschluß bilden Angaben über das *Fortwirken* mythischer Stoffe und Motive in Fest- und Kultfeiern, in darstellender und bildender Kunst sowie in der Umgangssprache.

Die Stichwörter sind nach Möglichkeit in (der Umschrift) der Ursprungs-
sprache angegeben, z. B Kéntauroi (dt. Zentauren) und mit den entsprechenden Akzenten versehen. Wenn die latein. Betonung von der griech.
abweicht, so ist unter der betonten Silbe des latein. Wortes ein Punkt
gesetzt, z. B. bei Eurydíke und Eurýdice

Dieses mythologische Nachschlagewerk verbindet die Vorteile eines Le-
xikons mit denen einer systematischen Darstellung.

Will man sich über alle Mythen eines *bestimmten Volkes* informieren, z. B.
über die der Griechen, so findet man alle dazugehörigen und in diesem
Lexikon beschriebenen Mythen in dem Stichwortartikel »Griechen« (Seite 175) mit den Stichwörtern von Achelóos bis Zeús zusammengestellt.
Welche Völker mit ihren Mythen hier aufgenommen sind, ersieht man aus
dem Stichwort »Völker« (Seite 536).

Will man sich über die bei vielen Völkern *gemeinsamen mythischen Vorstellungen und Motive*, wie z. B. »Himmel« und »Hölle«, »Auferstehungsgottheiten« und »Gottmenschen«, »Urzeit« und »Endzeit«, einen Über-
blick verschaffen, so geht man von dem gewünschten Stichwort aus. Wie
viele und welche der allgemeinen Artikel gebracht werden, ersieht man
aus dem Stichwort »Überblickartikel« (Seite 507).

Will man sich über die in der Gegenwart entstandenen neuen Mythen
informieren, so findet man diese im Stichwortartikel »Zwanzigstes Jahrhundert« (Seite 566) zusammengestellt.

Die verwendeten Abkürzungen, Zeichen und Symbole sind in einem
Abkürzungsverzeichnis (Seite 569) zusammengefaßt.

VORWORT ZUR DRITTEN AUFLAGE

Das 1989 erstmals erschienene und jetzt in dritter Auflage vorliegende
Lexikon der Mythologie hat eine breite, ja internationale Aufnahme
gefunden. Bei dieser Neuauflage wurden Stichwortartikel überarbeitet
bzw. auf den neuesten Stand gebracht und neue hinzugefügt. Neu aufgenommen wurden insbesondere dreizehn thematische Doppelseiten mit
repräsentativen Überblicken zur buddhistischen, christlichen, griechischen, hinduistischen, jüdischen und muslimischen Mythologie sowie zu
mythischen Themenschwerpunkten wie Diesseits und Jenseits, Erlöser
und Heilsbringer als Vermittler, Polarität des Seins und Geschehens,
Riesen und Zwerge, Tiergottheiten und Mischwesen, weibliche und männliche Gottheiten sowie Zeit und Ewigkeit.

Dortmund, im Juni 1999

Aa →Aja

Äakus →Aiakós

Aarón →Aharōn

Aatxe (»Jungstier«), *Aatxegorri* (»roter Jungstier«): bask. *Höhlengeist* in Stiergestalt, der auch die Gestalt eines Menschen annimmt. Seine Höhle Leze (bei Sara) verläßt er in stürmischen Nächten, um die Menschen zu zwingen, sich in ihre Häuser zurückzuziehen.

Aatxegorri →Aatxe

Abaddōn △ (hebrä. von *ābad*=»verderben«), *Apoleia* (griech.»Verderber«) bzw. *Apollýon* (griech.): **1)** jüd. *Totenreich,* Ort des Verderbens, der Vertilgung und des Untergangs, wo die Totengeister →Refā'im sind. A. ist unterhalb der Erdoberfläche (→Eres) gelegen und später eine der 4 Abteilungen der *Unterwelt* u. a. neben →She'ōl und →Gē-Hinnōm. **2)** christl. *Engel* des Verderbens sowie Personifikation des Totenreiches und Abgrundes, der die aus dem Abgrund aufsteigenden Heuschreckenscharen anführt.

Abāt(h)ur △ (»der mit der Waage«): iran. *Schöpfer-* und hybrides *Lichtwesen* sowie Personifikation des »dritten Lebens« bei den Mandäern. Er ist Sohn des →Jōshamin und Vater des →Ptahil. Als er letzteren beauftragt hatte, die Welt →Tibil zu schaffen, fiel er bei →Mānā rurbē in Ungnade. Jetzt fungiert er als *Totenrichter* und wägt die Seelen der Verstorbenen bzw. deren Taten und setzt danach fest, ob diese ihren Weg in die obere Lichtwelt fortsetzen können oder in die Unterwelt müssen. A. selbst wird am Ende der Tage von →Hibil erlöst werden. Als Totenrichter entspricht A. dem →Rashnu.

Abdiu →Ōbadjāhū

Abe Kamui ▽ (»göttliches Feuer«): japan. *Feuergöttin* bei den Ainu und *Richtergöttin* im Totengericht. Sie gilt als die Gattin des →Chisei koro inao. A., die ihren Palast unter dem häuslichen Herd hat, spendet Wärme und stiftet Frieden unter den Menschen und bringt deren Gebete zum Himmelsgott →Pase Kamui.

Ábel →Hebel

Abgal: 1) sumer. sieben *Weise,* die Untertanen des →Enki sind und dem →Abzu zugehören. Sie werden als Mischwesen, z. T. als Fischmenschen, dargestellt und später den akkad. →Apkallu gleichgesetzt. **2)** palmyren. *Reitergott,* dessen Begleiter →Ma'an oder →Ashar ist. Dargestellt wird er als Reiter auf dem Pferd.

Abhirati (sanskr. »Reich der Freude«): buddh. *Zwischenparadies,* das im Osten des Universums liegt und über das der Buddha →Akshobhya herrscht.

Ābhiyogya (sanskr. »Diener«): jin. *Gott* im Rang eines Dieners, der den höheren Gottheiten hilft, Regen und Finsternis zu bewirken. Er bildet die 7. bzw. 9. und vorletzte Rangstufe in jeder der vier Götterklassen (→Bhavanavāsin, →Vyantara, →Jyotisha, →Vaimanika).

A

ANANTA

Abraám →Abrām

Abrāhām →Abrām

Abrām △ (hebrä. »Vater ist erhaben«) später *Abrāhām* (»Vater der Menge«), *Abraám* (griech.), *Ibrāhim* (arab.): **1)** jüd. *Stammvater* des Volkes Israel und 1. *Patriarch*, Sohn des Tērach und Bruder von Charan, Gatte der Sarah und durch sie Vater von →Jizhāk. Durch →Hagar ist er Vater des →Jishmā'ēl. Sein Neffe ist →Lot. Der als »Freund Gottes« bezeichnete A. wird von →Jahwe berufen und wandert aus seiner Heimat Ur aus, um über Haran nach Kanaan zu gelangen. Gott verheißt ihm Land und Nachkommen so zahlreich wie die Sterne am Himmel. Seit dem Bundesschluß des Jahwe mit A. gilt die Beschneidung als Symbol dieses Bundes. Auf Betreiben der Sarah verstößt A. die Hagar und Jishmā'ēl. Als A., von Gott auf die Glaubensprobe gestellt, seinen Sohn Jizhāk als Brandopfer darbringen soll, gebietet ihm ein Engel (→Mala'āk Jahwe) im letzten Augenblick Einhalt. A. starb im Alter von 175 Jahren und wurde in der Höhle von Machpela bei Hebron beigesetzt. **2)** christl. (21.) *Stammvater* des →Iesūs in dessen Ahnenreihe sowie *Typus* des Glaubens und Gehorsams. »Abrahams Schoß« ist ein Paradiessymbol. **3)** islam. *Prophet* (→Nabi) des →Allāh. Durch seine Gattin Sāra ist er Vater des →Ishāk und durch seine Gattin Hadjar Vater des →Ismā'il. Zusammen mit letzterem baute er die Kā'ba in Mekka wieder auf. In Minā steinigte er den →Shaitān. Der Engel →Djabrā'il errettete I. aus dem Feuer, in das er von →Namrūd geworfen war. I. starb mit 175 Jahren. Am Tage der Auferstehung (→al-Kiyāma) wird er mit einem weißen Mantel bekleidet zur Linken von →Allāh Platz nehmen und die Frommen ins Paradies →Djanna führen. →Muhammad traf den I. auf seiner Reise →Mi'rādj im 7. Himmel an. Nach I. ist die 14. Sure im Kur'ān benannt. – *Plastik:* H. Kirchner (1957); *Gemälde:* J. Zick (ca. 1760/70).

Abrasax →Abraxas

Abraxas, *Abrasax:* gnost. *Gottheit* und *Personifikation* des unsagbaren höchsten *Seienden* als Urgrund von 365 Geistwesen, in denen A. Gestalt annimmt. Die sieben griech. Buchstaben des A. ergeben zusammen den Zahlenwert 365, wie die Anzahl der Tage in einem ganzen Jahr. Dargestellt wird A. mit dem Rumpf und den Armen eines Menschen, mit dem Kopf eines Hahns (Phrónesis) und mit zwei Schlangen als Beinen (Lógos und →Nús). In seiner Linken hält A. eine Geißel (Dýnamis) und in seiner Rechten einen Schild (→Sophía) – *Ballett:* Egk (1948).

Abu △: sumer. *Vegetationsgott,* der aus dem Scheitel des →Enki hervorgegangen ist, so wie Pflanzen aus dem bewässerten Erdreich hervorwachsen.

Ábyssos ▽ (griech. »Abgrund, Hölle«): christl. *Gefängnis* in der *Unterwelt,* dessen Schlüssel in Engelhand ist. Vor dem Ende der Zeiten wird die A. von einem Engel aufgeschlossen, und dämonische Heuschrecken werden herausgelassen. Später wird noch einmal die A. aufgeschlossen,

Abraxas, gnostische Gottheit, ein Mischwesen mit Rumpf und Armen eines Menschen, mit Hahnenkopf und Schlangenfüßen. Die Hände halten Geißel und Schild.

um den gefesselten →Satan und →Diábolos für die Zeit des Tausendjährigen Reiches darin einzuschließen.

Abzu △: sumer. *Süßwasserozean,* der sich unter der Erdoberfläche befindet. Er ist Wohnsitz des →Enki, der hier die →Me verwaltet, und wo die →Nammu - nach Anweisung Enkis - die ersten Menschen aus »Lehm über dem Abzu« geformt hat. Später wurde er dem akkad. →Apsū gleichgesetzt.

Acala △ (sanskr. »der Unerschütterliche, Standhafte«), *Budongfo* (chines.), *Fudō* (japan.): buddh. *Schutzgott* der Lehre, der aber auch Infektionskrankheiten und Fieber abwehrt. Er ist Anwalt der Verstorbenen gegenüber →Yama und einer der →Krodhadevatā. Der »König des erlösenden Wissens« ist Partner der Bhrikuti. Dargestellt wird er dreiäugig und mit 6 Armen. Seine Attribute sind Schwert, Vajra, Rad, dazu Beil und Schlinge (pāsha).

Ācāriya →Āchārya

Ācārya →Āchārya

Acca Larentia ▽ (lat. »Larenmutter«): röm. *Mutter-* und *Schutzgöttin* (→Laren) sowie Gattin des Hirten Faustulus und Amme von →Romulus und →Remus. Sie ist die Mutter von 12 Söhnen, den »fratres arvales«.

Ach △ (von ägypt. »leuchten, glänzen«), Achu (Pl.): **1)** ägypt. überirdisches Wesen, das zu einer der vier Klassen (Gottheiten, Achu, Menschen, Tote) gehört. Der Tote wird zum Ach, wenn ihm die »Verklärungen« des Totenkultes (u. a. Totenopfer) durch den Totenpriester zuteil geworden sind. Hinter dem »verklärten« Toten schreitet gleichsam sein Ach einher. Dargestellt ist der Ach durch das Schriftbild eines Vogels (Schattenvogel oder Schopfibis) mit Haarschopf. **2)** Im Kopt. ist Ach ein *Dämon* bzw. Gespenst.

Achamoth ▽: gnost. *Geistwesen* und sogenannte »untere →Sophía«. Aus der seelischen Substanz läßt sie den Demiurgen → Jaldabaoth entstehen. Die aus dem Pleroma der →Aiónes verbannte »Erregung« der Sophia leidet fern ihrer himmlischen Heimat, bis sie sich zur Umkehr entschließt. Dann wird sie von den Engeln des Sotér geschwängert und gebiert ebenso viele Geistwesen, wie es Engel gibt.

Āchārya (sanskr. »Lehrer, Meister«), *Ācārya, Āchāriya* (Pali): buddh. *Gelehrter* und *Schulhaupt,* das die gesamte Tradition überschaut und die Buddha-Lehre in Lehrbüchern und Kommentaren weiterentwickelt sowie Klöster und Schulrichtungen begründet. Zu den bekanntesten zählen →Nāgārjuna, →Padmasambhava, aber auch →Tson-kha-pa und →Mi-la-ra-pa. Ikonographisch werden sie mit der Spitzmütze ind. Gelehrter dargestellt.

Achelóos △, *Achelous* (lat.): griech. *Wasser-* und *Flußgott* sowie Personifikation des gleichnamigen größten und wasserreichsten Flusses in Mittelgriechenland. Als Okeanide ist er Sohn des Titanenpaares →Okeanós und Tethys. Er kämpfte mit →Heraklés zuerst in Gestalt einer Schlange,

Achelóos, griech. Flußgott im Kampf mit dem Gottmenschen Heraklés.

13

dann eines Stieres um den Besitz der schönen Deianeira. Später tauschte er das beim Kampf verlorene Stierhorn für das der →Amáltheia ein.

Achéron △ (»der Leidfluß«): griech. *Fluß* des Leides in der Unterwelt, der träge dahinfließt und den die Seelen der Verstorbenen mit dem Kahn des →Cháron überqueren müssen, um in den →Hádes zu gelangen. Seine Nebenflüsse sind →Kokytós und →Pyriphlegéthon. - *Wort:* acherontisch.

Achilleús △, *Achjlleus* und *Achjlles* (lat.), *Achill* (dt.): griech. bedeutendster *Heros* im Kampf um Troja und seit Kaiser Hadrian (117-138) *Gott* mit dem Beinamen Pontarchos (»Herrscher des Meeres«). Er ist Sohn des Peleús und der →Thétis, Gatte der Deidameia und durch sie Vater des Neoptolemos. Erzogen wurde A. von →Cheíron. Seine Mutter hatte A., um ihn unverwundbar und damit unsterblich zu machen, in das Wasser der →Stýx getaucht. Da sie ihn dabei an der Ferse festgehalten hatte, war diese Stelle nicht benetzt worden. Beim Kampf um Troja wurde A. durch einen von →Apóllon gelenkten Pfeil des →Páris an der »Achillesferse« tödlich getroffen. - *Gemälde:* A. van Dyck (1618); *Oper:* Händel (1739); *Epos:* Homers Ilias (8.Jh. v.Chr.); *Worte:* Achillesferse (fig.), Achillessehne.

Achiyalatopa: indian. *Ungeheuer* bei den Pueblo-Zuni, dessen Federn spitz wie Dolche und scharf wie Messer sind.

Acrisius →Akrísios

Actaeon →Aktaíon

Adad △, *Adda, Addu, Hadad* (aramä.): akkad. *Wettergott,* der in Nordbabylon als Gott des fruchtbringenden Regens und Segensspender, in Südbabylon aber mehr in seinem negativen Wirken als Gewittersturm, Hagel und Überschwemmung, die den Ackerboden versalzen läßt und Hungersnot bringt, gesehen wird. Zu der babylon. Trias der bewegten (astralen) Mächte von →Sin, →Shamash und →Ishtar trat er als »Vierter« hinzu, der die bewegenden Naturgewalten verkörpert. A., dessen Gemahlin →Shala ist, hat im Norden von Assur gemeinsam mit seinem Vater →Anu einen Tempel. Sein Symboltier ist der Stier, sein Symbolzeichen ist das Blitzbündel und seine hl. Zahl ist die Sechs.

Adadmilki →Adrammelek

Ādām ◇△ (hebrä. »Mensch [aus Erde]«), *Adám* (griech.), *Ādam* (arab.): **1)** jüd. *Gattungsname* für Mensch oder Menschheit, später dann *Eigenname* des ersten *Mannes* und *Stammvaters* des Menschengeschlechts. A. ist Gatte der →Chawwäh und durch sie Vater von →Kajin, →Hebel und →Shēth. Von →Jahwe-Elōhim wurde A. aus *adamah* (»Erde, Ackerboden«) geschaffen, von ihm bekam er auch den Lebensodem in die Nase geblasen. Verführt durch die Schlange, übertrat er ein göttliches Verbot, vom Baum der Erkenntnis zu essen, weshalb er aus dem →Gan Ēden vertrieben wurde und - wenn auch erst mit 930 Jahren - sterben mußte. **2)** christl. *Urmensch* und *Stammvater* aller Menschen. Wegen seiner (Ur-)

Adad, akkad. Wettergott, dessen Symbol das Blitzbündel ist.

Sünde im Paradies sind alle seine Nachkommen mit der Erbsünde/Erbschuld behaftet und müssen sterben. A. ist (1.) *Stammvater* des →Iesūs in dessen Ahnenreihe. **3)** islam. *Urmensch* und *Stammvater* der Menschheit sowie 1. *Prophet* (→Nabi) des →Allāh. Er ist Gatte der →Hawwā und durch sie Vater von →Hābil und Kābil sowie →Shith. Seine Beinamen sind Abu'l Bashar (»Vater des Menschengeschlechts«) und Safi Allāh (»Auserwählter Allāhs«). Als Allāh den Ā. aus sandiger Erde und stinkendem Schlamm geschaffen hatte, befahl er den Engeln (→Malā'ika), sich vor dem Menschen als ihrem König niederzuwerfen. Alle gehorchten bis auf →Iblis, der dadurch seinen eigenen Sturz und den des Ā. herbeiführte. Nach dem Sündenfall wurde Ā. von →Djabrā'il getröstet. A. wurde (1000 − 40 =) 960 Jahre alt, da er 40 Jahre von seinem Leben dem →Dāwūd geschenkt hatte. →Muhammad traf den Ā. auf seiner Reise →Mí'rādj im 1. Himmel an. - *Plastik:* J. della Querca (1425/38); *Gemälde:* H. und J. van Eyck (1426/32), Masaccio (ca. 1427), Tintoretto (vor 1594), Michelangelo (1508/12), M. Beckmann (1917), J. A. Ramboux (1818); *Kupferstich:* A. Dürer (1504); *Worte:* Adam (fig.), adamitisch, Adamsapfel, Adamskostüm, Adamspforte.

Adam kasia (»Innerer [verborgener] Adam«): iran. lichte *Seele* des Urmenschen sowie eines jeden Menschen bei den Mandäern, deren irdisches Pendant →Adam pagria ist. A., der später zu »Adakas« weiterentwickelt wurde, ist dem jüd. Adam Kadmon ähnlich.

Adam pagria (»Adam Körper«): iran. finsterer *Körper* des Urmenschen und eines jeden Menschen bei den Mandäern. Er ist von →Ptahil und seinen Helfershelfern, den »Sieben« Planeten und »Zwölf« Tierkreisen, aus Lehm und anderen Elementen geschaffen. Außer dem von Ptahil verliehenen Geist (ruha) bedarf A. noch der Eingebung der lichten Seele (→Adam kasia) durch →Mandā d-Haijē oder →Hibil.

ben Ādām (hebrä. »Mensch«), *Hyós tū Anthrópu* (griech.), *Menschensohn* (dt.): **1)** jüd. eschatologischer *Prophet* (→Nābi') des →Jahwe-Elōhim, dessen Name den Abstand zwischen seinem göttlichen Sender und zu ihm, als menschlichen Gesandten, unterstreicht. Sein Beiname ist »Wolkensohn«. Später ist bA. ein Titel des →Māshiāch. **2)** christl. *Titel* des →Iesūs Christós (→Messias), um sowohl dessen Erniedrigung in seinem Leiden als auch dessen Erhöhung in seiner Auferstehung und bei seiner Wiederkunft (→Parusía) als Richter und Mittelpunkt seiner endzeitlichen Gemeinde auszudrücken.

Adapa △ : akkad. Titel-*Held* des Adapa-Mythos, nach dem beim Fischfang auf hoher See der Südwind →Zū das Boot des A. kentern läßt. Daraufhin bricht A. aus Rache dem Zū mit einem Fluch die Flügel. Da nun der Südwind nicht mehr landeinwärts wehen kann, muß sich der schuldige A. vor dem erzürnten Himmelsgott →Anu verantworten. Aufgrund der Fürsprache des →Tamūzu läßt Anu sich umstimmen und will A. in die Reihe der Unsterblichen aufnehmen. A. schlägt aber das von →Anu

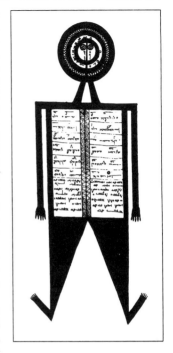

Adam kasia, iran. Menschenseele, eine Mischgestalt aus Mensch und geometrischen Figuren.

dargebotene Brot und Wasser des Lebens aus, weil er diese, von seinem listigen Vater →Ea davor gewarnt, für eine Todesspeise hält. So verscherzt A. die Chance, für sich und die Menschheit die Unsterblichkeit zu erlangen. Von Anu wieder zur Erde entlassen wird A. lediglich Herr und König von Eridu. A. gilt als einer der sieben Weisen →Apkallu und als *Heilgott* und Helfer gegen → *Lamashtu.*

Adaro: melanes. *Meergeister* und *Kobolde* (der Salomon-Inseln), die auf Wolkenbrüchen und Sonnenschauern daherkommen und den Regenbogen als Brücke benutzen. Sie besuchen die Menschen im Traum und lehren sie neue Tänze und Lieder. Ihr Anführer ist Ngoriern. Dargestellt werden die A. mit teils menschlichen, teils fischähnlichen Körpern.

Adda →Adad

Addu →Adad

Adi-Buddha (sanskr. »Ur-Buddha«): buddh. *Anfangs-* und *Urbuddha,* der aus der großen »Leere« hervorgegangen ist und seit dem 10. Jahrhundert als Personifikation des Absoluten gilt. Im →Trikāya repräsentiert er den »Körper der Leere«, das Wahre-Wesen des Buddha, die Einheit des Buddha mit allen Seienden. Als A. gelten →Vairochana bzw. →Vajrasattva oder →Sāmantabhadra. Durch eine fünffache kontemplative Entfaltung seiner selbst sind die 5 →Dhyāni-Buddhas entstanden.

Aditi ▽ (sanskr. »ungebunden, unendlich, frei«): **1)** ved. *Muttergöttin* und *Personifikation* der *Freiheit* von Schuld und Vergehen, *Schutzgöttin* vor Krankheit und Not. Sie gilt als Mutter oder Gattin →Vishnus. Ihr Schoß ist der Nabel der Welt. Sie ist Göttin des endlosen Raums und Erhalterin der Erde. Ihr Symbol ist die Kuh. **2)** brahm.-hindu. Tochter des →Maharishi →Daksha und Gattin des →Rishi →Kashyapa und mit ihm Mutter der →Ādityas.

Ādityas (sanskr. »Abkommen der Aditi«): ved.-brahm. *Göttergruppe,* die nach ihrer gemeinsamen Mutter →Ādıti benannt ist und als Schutzgötter oder Vollzieher der kosmisch-moralischen Ordnung gelten. Meist werden 7 oder 8, später auch 12 Sonnengottheiten zu ihnen gezählt. Die bekanntesten von ihnen sind: →Mitra, →Varuna, →Indra und →Vivasvan, →Aryaman und →Pūshan. Die A. gehören als Himmelsgottheiten zu den →Devas.

Adonis △ (v. semit. 'adōn[i] = »[mein] Herr«). *Ádonis* (griech.), *Adonis* (lat.).: syro-phönik. und griech.-röm. *Vegetationsgott,* der als Personifikation der alljährlich im Hochsommer von der Sonne versengten und jäh dahinwelkenden, aber im Frühling wieder neu erstehenden Vegetation zugleich ein sterbender und *auferstehender Gott* ist. Er gilt als Bruder, Sohn und Geliebter der →Astarte. Nach einem griech. Mythos wuchs A. als Sohn des Königs Kinyras und dessen Tochter Smyrna (Myrrha) in Zypern auf, wo →Aphrodite sich in den schönen Jüngling verliebte. Deren eifersüchtiger Gatte →Ares tötete in Gestalt eines Ebers den A. auf der Jagd bei Aphaka bzw. Afqa (Libanon), wobei das Blut des A. in die Quelle des dort entspringenden *Adonis-Flusses* (heute: Nahr Ibrahim) floß und dessen Wasser, wie in jedem Frühjahr, rot färbte. Die über den Tod des A. untröstliche Aphrodite pilgerte in die Unterwelt, um ihren toten Geliebten zurückzuholen, jedoch erreichte sie von der Unterweltsgöttin →Persephóne nur für jede Hälfte des Jahres dessen Freigabe. Als jahreszeitlich, im Hochsommer nach der Ernte, sterbender und im Frühjahr wieder auferstehender Gott steht A. in dem nach ihm benannten *Adonis-Mysterienkult* im Mittelpunkt. Die Frauen feierten im Frühjahr die *Adonia*, die mit einem Trauerzug und mit Klageriten um den Verstorbenen *(Adonisklage)* begannen und am folgenden Tag mit großen Freudenriten über den wieder Auferstandenen endeten. *Adonis-Gärtlein* sind die mit wenig Erde gefüllten Gefäße mit schnell aufsprießender Saat – die ebenso schnell wieder verdorrte –, die man auf Dächer stellte (vgl. Jes. 17,10 f.). Hauptkultorte waren Byblos und Aphake. Dargestellt ist A. als schöner Jüngling. – *Plastiken:* Canova (1794), Thorwaldsen (1832), Rodin (1893); *Gemälde:* Tizian (1554), P. Veronese (1570/75), Carracci (1595), Rubens (1609/10), J. Ribera (1637); *Dichtung:* Theokritos (270 v. Chr.); *Oper:* Monteverdi (1639); *Worte:* A. (fig.), adonisch, Adonisröschen. Der *adonische Vers* ist ein griech. Versmaß aus Daktylus und Trochäus ($-\cup\cup-\cup$), das nach seiner Verwendung als Abschlußvers griech. Totenklagen um A. benannt ist. In der Astronomie ist ein Planetoid mit sehr großer Helligkeit nach A. benannt. – Der syro-phönik. A. ist dem akkad. →Tamūzu ähnlich.

Adrammelek △, *Adadmilki* (akkad. »Adad ist König«): phönik. *Sonnengott,* dem – zusammen mit dem Mondgott →Anammelek – zu Ehren die nach Samaria umgesiedelten Assyrer aus Sefarwajim (2 Kön 17,31) Kinder als Brandopfer darbringen.

Adrastos △, *Adrastus* (lat.).: griech. *Heros* und *König* von Argos, der mit seinem Schwiegersohn Polyneikes den Zug der »Sieben gegen Theben« veranstaltete und dabei allein am Leben blieb. Erst 10 Jahre später konnte er als Anführer der Söhne der Gefallenen (→Epígonoi) die Stadt Theben zerstören, wobei er seinen Sohn Aigileus verlor, über dessen Verlust er sich zu Tode grämte.

Aeacus →Aiakós

Aegina →Aígina

Aegir △ (nord. »Meer«): nordgerman. *Meerriese* (→Jötunn) mit den Beinamen »Herr des Meeres« und »der Grauenhafte«. Der Freund der Götter ist Gatte der Meeresgöttin →Rán und durch sie Vater von 9 »Aegirstöchtern«. Während eines Gelages für die →Asen ließ er leuchtendes Gold in die Halle seines Palastes tragen, so daß diese wie von einem Feuer erhellt wurde. Manchmal ist A. identisch mit →Gymir.

Aeneas →Aineías

Aenen: sibir. *Himmelsgott* und *Hochgott* der Tschuktschen, der in einem unzugänglichen Himmel wohnt.

Adonis, griech.-röm. Vegetations- und Auferstehungsgott, zusammen mit der Göttin Aphrodite.

Aeolus →Aíolos

Aesculapius →Asklepiós

Aesculapius △ (lat.), *Äskulap* (dt.): röm. *Gott* der *Heilkunst,* dessen Tempel das »Aesculapium« ist. Die Schlange ist ihm heilig. Kaiser Marc Aurel (161–180) ließ sich als A. mit einem Schlangenstab als Zepter darstellen. Der *Äskulapstab,* ein mit der Schlange umwundener Stab, ist das Symbol der Medizin und Abzeichen der Ärzte. Der A. ist dem griech. →Asklepiós gleich.

Aēshma △ (awest. »Raserei, Überfall«): iran. *Erzdämon* (→Daēva) der Begierde und des Zorns, der insbesondere den Rindern grimmig gesonnen ist. Zusammen mit →Astōvidātu verfolgt er die Seelen der Toten, wenn sie mit Hilfe von →Sraosha und →Bahrām in die Lüfte aufsteigen, und versucht, sie zu rauben. A. ist ständiger Widersacher des Seelenführers und Totenrichters Sraosha, von dem er am Ende der Zeit (→frashō-kereti) bezwungen wird. Aus Aēshma wird später der jüdische →Ashmodai.

Aether →Aithír

Agamémnon △, *Agamemno(n)* (lat.).: griech. *König* von Mykene und oberster *Heerführer* der Griechen vor Troja. Er ist Sohn des Atreus und der Aerope, Bruder des →Menélaos und Gatte der →Klytaiméstra und durch sie Vater von Chrysothemis, →Iphigéneia, →Eléktra und →Oréstes. Als seine Schwägerin →Heléne von →Páris entführt war, übernahm er in dem dadurch entstandenen Krieg gegen Troja den Oberbefehl. Vor der Ausfahrt der Flotte wollte er seine Tochter Iphigéneia der →Artemis opfern. Nach dem Fall Trojas kehrte A. in Begleitung der →Kassándra in die Heimat zurück und wurde auf Anstiften seiner Gattin von deren Liebhaber Aigisthos ermordet. Seinen Tod rächte später sein Sohn Oréstes. – *Dramen:* Aischylos (458 v.Chr.), L.A.Seneca (65 n.Chr.), G.Hauptmann (1944).

Aganyu △: Gott des *Firmaments* und der nichtkultivierten *Erde* bei den Yoruba in Nigeria. Er gilt als Sohn des Geschwisterpaares →Odudua und →Obatala und als Bruder und Gatte der →Yemaja und durch sie als Vater von →Orungan.

Ágar →Hāgār

Agash ▽ (awest. »böser Blick«): iran. *Dämonin* (→Drugs) der Krankheit und des bösen Blicks sowie *Personifikation* des Verderbens, das durch das Auge passiv erfahren oder aktiv begangen wird.

Agdistis ◇, *Agditis:* phryg. 1) androgynes grauenhaftes *Urwesen,* das nach dem Gebirge Agdos benannt ist, das A. gebar, nachdem →Papas die Felsen geschwängert hatte. A. wurde von den Göttern trunken gemacht, und sein männliches Glied wurde an einen Baum gebunden, so daß A., als er aus dem Rausch erwachte und aufsprang, sich selbst entmannte. Aus dem dabei vergossenen Blut erwuchs ein Mandelbaum, dessen Frucht die Göttin →Nana schwängerte. Letztere gebar dann den

→Attis, in den sich →Kybéle verliebte. **2)** Name der Muttergöttin Kybéle in Pessinus.

Ägina →Aigina

'Aglibōl △ (»[Stier-] Kalb des Bōl«), *'Aglibōn:* palmyren. *Mondgott,* der eine Göttertriade sowohl mit →Bōl und →Yarhibōl als auch mit →Ba'alsamay und →Malakbēl bildet. Dargestellt ist er als jugendlicher Krieger mit Lanze und mit Mondsichel über der Stirn.

Agni △ (sanskr. »Feuer«): **1)** ved. *Feuergott* für Herd- und Opferfeuer sowie *Botengott,* der das im Opferfeuer Dargebrachte zu den Göttern emporträgt. Der Sohn des →Dyaus und der →Prithivi bildet zusammen mit seinen Brüdern →Indra und →Sūrya eine frühe Göttertriade. **2)** brahm. *Schutzpatron* der Priesterklasse, der als Sohn des →Brihaspati gilt. **3)** hind. *Schutzgott* der südöstl. Himmelsrichtung (→Lokapāla), Gatte der Svāhā (»So sei es«) und Vater des →Skanda. Dargestellt wird er manchmal zweiköpfig, vierarmig und dreibeinig in roter Körperfarbe. Seine Attribute sind Krug, hl. Schnur, Buch und Flammenschwert, sein →Vāhana ist der Widder.

Agni, ved. Feuer- und Botengott, ein zweiköpfiges, siebenhändiges und dreibeiniges Mischwesen auf seinem Vāhana Widder reitend.

Ägräs →Äkräs

Agwe △: afroamerik. *Meeresgott* (→Loa), Herr der Fische und Meerespflanzen, *Schutzgott* der Fischer und Schiffer bei den Voduisten. Dargestellt wird er als grünäugiger Mischling in der Uniform eines Marineoffiziers. Seine Attribute sind Muschelhorn, Modellboot und Ruderstange.

Ägypter: Ach, Aker, Amaunet, Amentet, Ammit, Amun, Anubis, Anuket, Apis, Apophis, Asch, Aton, Atum, Ba, Babi, Bastet, Bata, Behedti, Bes, Buchis, Chensit, Chentechtai, Chepre, Cherti, Chnum, Chons, Chontiamentiu, Djebauti, Dua, Duamutef, Duat, Earu, Geb, Götterachtheit, Götterneunheit, Ha, Hah, Hapi, Harachte, Harendotes, Harmachis, Harmerti, Haroëris, Harpokrates, Har-p-re, Harsaphes, Harsiesis, Hathor, Hatmehit, Hauhet, Heket, Hemen, Hemsut, Hesat, Hetepet, Hike, Hor-Hekenu, Horus, Horuskinder, Huh, Ihi, Imhotep, Imiut, Imset, Inmutef, Ipet, Isdes, Isis, Junit, Juesaes, Ka, Kamutef, Kauket, Kebechet, Kebechsenef, Kematef, Kemwer, Kis, Kuk, Ma'at, Mafdet, Mahes, Mehet-uret, Mehit, Menchit, Meresger, Meret, Meschenet, Min, Mnevis, Month, Mut, Naunet, Nebetu, Nechbet, Nechmet-awaj, Nefertem, Nehebkau, Neith, Neper, Nephthys, Nepit, Niau, Niaut, Nun, Nut, Onuris, Osiris, Pachet, Patäk, Pharao, Phönix, Ptah, Rait-taui, Re, Renenutet, Sachmet, Satis, Schai, Sched, Schentait, Schesmu, Schu, Sechat-Hor, Selket, Sepa, Serapis, Seschat, Seth, Sokar, Sopdu, Sothis, Suchos, Tatenen, Tefnut, Thot, Thoëris, Uaset, Uneg, Unut, Upuaut, Uräus, Urthekau, Uto, Wosret, Zenenet.

Aharōn △ (hebrä.), *Aarón* (griech.), *Hārūn* (arab.): **1)** jüd. *Wundertäter* und erster *Hoherpriester,* der das Amt von →Jahwe-Elohim erhielt, sowie *Ahnherr* der nach ihm benannten Aaroniden. A. ist Sohn des Amram und der Jokebed, Bruder der älteren →Mirjām und des jüngeren →Mōsheh.

Durch seine Gattin Eliseba ist er Vater von 4 Söhnen. A. ließ seinen Mandelstab die Stäbe der ägypt. Zauberer verschlingen. Er führte den Stab bei den ersten drei ägypt. Plagen. Der Stab des A., der durch ein Wunder grünen konnte, wurde neben den Gesetzestafeln (→Asseret ha-Diwrot) und einem Krug mit →Mān in der Bundeslade im Allerheiligsten aufbewahrt. A. begleitete seinen Bruder M. auf den Berg Sinai und durfte mit ihm die Herrlichkeit Gottes schauen. Er starb mit 123 Jahren auf dem Berg Hor. **2)** christl. *Typus* des unzulänglichen und vergänglichen Hohenpriestertums im Alten Bund im Gegensatz zu →Iesūs Christós, dem Typus des vollkommenen und ewigen Hohenpriestertums im Neuen Bund. **3)** islam. *Prophet* (→Nabi) des →Allāh, Sohn des 'Imrān, nach dem die 3. Sure im Kur'ān benannt ist, und Bruder von →Mūsā. →Muhammad traf ihn auf seiner Reise →Mi'rādj im 5. Himmel an.

Ahayuta Achi △ : indian. *Zwillingsheroen* und *Kriegsgötter* bei den Pueblo-Zuni, *Schutzgötter* der Spieler und Unheilstifter, aber auch Gegner von Abenteurern und Ungeheuern.

Ah Puch →Hunahau

Ahriman (mpers. u. npers. »böser Geist«): iran. böser *Geist,* der *Krankheit* und *Tod* bringt, Herr über 9999 Krankheiten und *Gott* der *Finsternis,* der in der Unterwelt lebt. Er ist Anführer der →Daēvas und →Drugs. Während der letzten 9000 Jahre der Weltzeit ist er der ständige Widersacher des guten →Ōhrmazd, dessen guten Schöpfungen er ständig seine verneinenden Antischöpfungen entgegensetzt. Sein Symboltier ist die Schlange. Mit →Angra Mainyu ist er identisch.

Ahti: finn. *Wassergeist* und »Herr der fischreichen Herde«, der die zerstreut schwimmenden Fische sammelt und sie dem Fischer zum Fang gibt. Die fischreichen Gewässer heißen die »Gruben des A.« Beim Weltuntergang wird A. während der großen Kälte zu Meer gefrieren.

Ahura △ (altpers. »Herr«): iran. *Göttertitel* sowie Bezeichnung einer *Klasse* von *Göttern* und *Geistern* im Unterschied zu der Klasse der →Daēvas. Aus der Klasse der A. hebt →Zarathushtra den →Ahura Mazdā als Hochgott hervor, wohingegen die Klasse der Daēvas seit dem jüngeren Awesta zu Dämonen degradiert wird. Die A. entsprechen den ved. →Asuras.

Ahura Mazdā △ (altpers. »Herr Weisheit«): iran. *Gott* (→Ahura) der *Weisheit,* der zwischen Gut und Böse, Wahrheit und Trug unterscheiden kann und dadurch sich von →Angra Mainyu unterscheidet. Ursprünglich herrschte er über seine Zwillingssöhne, das Gegensatzpaar →Spenta Mainyu und →Angra Mainyu. Später wurde er mit ersterem identisch. Als seine Tochter bzw. Gattin gilt →Ahurāni. A. hat die Welt des Lichts geschaffen, Sonne und Mond bilden seine Augen. Seine Macht äußert er gewöhnlich durch die →Amesha Spentas. Einst wird er die Welt richten. A. ist *Hochgott* von der Zeit des →Zarathushtra bis zu der der Achämeniden. Seit dem 3. bis 7. Jh. wurde er zu →Ōhrmazd weiterentwickelt.

Ahura Mazdā, iran. Gott der Weisheit, der als geflügelte Sonnenscheibe über dem thronenden Gottherrscher Artaxerxes schwebt.

Dargestellt wird A. in der Achämenidenzeit als König mit Tiara, Ring und Zepter bzw. mit den Flügeln des Sonnengottes, z. Zt. der Sassaniden als Mensch bzw. Reiter. A. entspricht dem ved. →Varuna.

Ahurāni ▽ (altpers.»die zu Ahura [Mazdā] Gehörende«): iran. *Wassergöttin.* Sie bringt Wachstum und Nachkommenschaft und gibt Erleuchtung. A. gilt als Tochter bzw. Gattin des →Ahura Mazdā. Im See →Vourukasha erscheint sie ebenso wie in allen Wassern der Erde.

Ai →Aja

Aiakós △, *Aeacus*(lat.), *Äakus*(dt.): griech. *Heros,* König auf Ägina und Stammvater der Äakiden. Er ist Sohn des →Zeús und der Nymphe →Aigina. Von Endeis ist er Vater des Peleús und Telamon sowie von Psamathe Vater des Phokos. Wegen seiner Frömmigkeit und Gerechtigkeitsliebe wurde er nach seinem Tod Richter in der Unterwelt neben →Mínos und →Rhadámanthys.

Aígina ▽ (»Ziegeninsel«), *Aegina* (lat.), *Ägina* (dt.): griech. *Nymphe* und Stammmutter der Äakiden. Sie ist Tochter des Flußgottes Asopos und der Metope sowie von →Zeús Mutter des →Aiakós. Von Zeús wurde sie auf die Insel Oinone (sw. von Athen) entführt und geschwängert. Seitdem ist die Insel nach A. benannt. →Sisyphos verriet ihrem Vater den Namen des Verführers.

Aiharra-haio: bask. *Familiengeister* und *Kobolde,* die man sich dienstbar machen kann, wenn man am Vorabend des Johannistages (23./24. Juni) eine Nadelbüchse an einen Brombeerstrauch befestigt, in die 4 Kobolde schlüpfen können. Die A. sind den →Etxajaunak gleich.

Aindri →Indrāni

Aineías △, *Aenęas* (lat.), *Änęas* (dt.): griech.-röm. *Heros* des Trojanischen Krieges und *Herrscher* über die Dardanen bei Troja, *Personifikation* der röm. Tugend →Pietas und *Ahnherr* des röm. Kaiserhauses (→Caesar). A. ist Sohn des Königs →Anchises und der Göttin →Aphrodíte/→Venus, zunächst Gatte der Krëusa, dann der Lavinia und durch letztere Vater des Askanios (→Ascanius). Auf den Rat seiner Mutter hin flüchtete A. aus dem brennenden Troja - dabei verlor er Krëusa - und nahm seinen vom Blitzschlag gelähmten Vater und seinen Sohn mit, rettete die →Penates seiner Heimat und gelangte auf seiner Irrfahrt über Karthago - hier seine Liebesbeziehung zu Dido - und Sizilien nach Latium. Hier heiratete er Lavinia, durch die er Ahn des röm. Volkes wurde. Mit der →Sibylla ist er in die Unterwelt hinabgestiegen. - *Gemälde:* Tintoretto (1550/60), N. Poussin; *Epos:* Vergils Aeneis (29-19 v. Chr.).

Ainu: Abe Kamui, Chisei koro inao, Kamui, Pase Kamui, Shinda, Yaiyen Kamui.

Aiolos △, *Aeolus* (lat.): griech. 1) *König* in Thessalien und *Stammvater* der Aioler. Er ist Vater von 7 Söhnen - darunter von →Sísyphos - und von 5 Töchtern. 2) *Windgott* und Herr über alle Winde, die er in einer

Höhle meistens eingeschlossen hat. Um dem →Odysseús die Heimfahrt zu erleichtern, gab er ihm die »widrigen Winde« in einen Schlauch eingesperrt mit auf die Reise. Jedoch kurz vor Ithaka öffneten die Gefährten des Odysseús den Schlauch, und das Schiff trieb zurück. A. gilt als Sohn des →Poseidón und der Melanippe. - *Kantate:* J.S. Bach (1725); *Wort:* Äolische Inseln.

Aión ◇ (griech. »Weltzeit, Menschenalter, Ewigkeit«): iran. zweigeschlechtliche **1)** *Urgottheit* und *Personifikation* der *Weltzeit* im Mithrasmysterienkult, **2)** *Hochgottheit* bei den Manichäern und Gottheit über die vier Elemente. Ihr Beiname ist »Tetraprósopos« (»Viergesichtiger«), da sie Gottheit, Licht, Macht und Weisheit in sich vereinigt. Dargestellt wird sie mit Menschenleib und Löwenkopf, oft auch geflügelt, dazu von einer Schlange umwunden. A. entspricht dem →Zurvan und dem griech. →Chrónos.

Aiónes (Pl.; griech. »Zeitgeist, Welt«): **1)** gnost. *Gruppe* von 30 *Geistwesen,* die das Pleroma, d.h. das himmlische Reich der Vollkommenheit bilden. Ihr Ordnungshüter ist →Hóros. Sie gliedern sich in eine Acht-, Zehn- und Zwölfheit. Zur Achtheit zählen vier Paare, u.a. →Bythos und →Énnoia, →Nús und →Lógos. Zur Zehnheit gehören die von Lógos und Zoé erzeugten 10 Geistwesen, und zur Zwölfheit gehören 12 Wesen, darunter als letztes die →Sophía. **2)** iran. *Lichtwesen* bei den Manichäern. Sie umgeben den »Guten Gott«, »Vater der Größe«, »Vater des Lichts«, in dessen fünf Wohnungen in der Höhe und im Norden. Sie stehen vereint mit ihm in diametralem Gegensatz zu den →Archóntes und deren »Fürst der Finsternis«.

Airávata △ (sanskr. »Der aus dem Meer Entstandene«): hindu. *Elefant,* der während der 2. →Avatāra →Vishnus als →Kūrma aus der Quirlung des Milchozeans hervorkam. Er ist Wächter der östlichen Himmelsrichtung und →Vāhana des →Indra. Ikonographisch ist er gekennzeichnet durch weiße Körperfarbe und mit 4 Rüsseln.

Airyaman (awest. »Gastlichkeit«): iran. *Schutzgott* des *Gastrechts, Hochzeitsgott* und *Kollektivgott* des Priesterstandes. In der Endzeit →Frashōkereti wird er mit einem Netz die zeitlich Verdammten aus der Hölle fischen und zur Erde zurückbringen. A. ist manchmal mit →Sraosha identisch. Er entspricht dem ved. →Aryaman.

Aita △ : etrusk. *Gott* der *Unterwelt,* der dem griech. →Hádes und röm. Pluto entspricht.

Aithir △, *Aether* (lat.), *Äther* (dt.): griech. *Himmels-* und *Luftgott* sowie Personifikation der *Oberwelt* und oberen Luftschicht, in der die Gestirne schweben und die Götter leben. A. ist Sohn von →Érebos und →Nýx sowie Bruder der Heméra (»Tag«).

Ai Tojon: sibir. doppelköpfiger *Adler* (der Jakuten) und *Schöpfer* des Lichts, der auf der Spitze des Weltenbaums sitzt.

Aitu (»Gottheit, Krankheit, Elend«), *Atua:* polynes. *Gottheiten* niederen

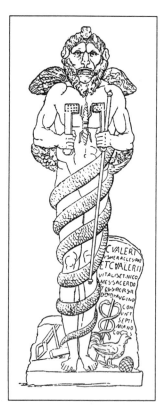

Aión, iran. Zeitgottheit, ein geflügeltes Mischwesen mit Menschenleib und Löwenkopf von einer Schlange umzingelt.

Ranges (auf Samoa und den Marquesas) sowie *Schutzgottheiten* der Familien und Dörfer. Zu ihnen zählen u. a. →Hina und →Atea.

Aitvaras: litau. *Haushaltsgeist* und schatzbringender Drache, der denjenigen, der ihm seine Seele verschrieben hat, mit Geld und Gütern belohnt, die er wiederum anderen gestohlen hat. Den A. kann man bei einem Kaufmann in Riga, Memel oder Königsberg kaufen oder auch selbst ausbrüten. Bei einer schlechten Behandlung durch einen Menschen setzt er dessen Haus in Brand. Er erscheint tiergestaltig als schwarzer Hahn oder schwarzer Kater.

Aius Locutius △ (lat. »ansagender Sprecher«): röm. *Augenblicksgott* und Personifikation der *Stimme.* Ihm war ein Altar an der Stelle errichtet, wo die Römer nachts seine warnende Stimme vor den herannahenden Galliern (391 v. Chr.) vernommen hatten.

Aiyanār △ (»Herr, Meister«), *Aiyappan:* ind. *Dorfgott* (→Grāmadevatā) und *Schutzgott* vor *Krankheit* bei den Tamilen. Er ist Gatte der Pūranai (»die Volle«) und der Putkalai. Begleitet von seinem Leibwächter Viran reitet er des Nachts auf seinem Pferd durch die Dörfer, vertreibt die Dämonen und heilt Krankheiten. Seine Farbe ist rot und sein Attribut die Keule. A. entspricht dem →Ayiyanāyaka der Singhalesen.

Aiyūb →Ijjōb

Aja ▽, *Ai, Aa:* akkad. *Göttin* und Gemahlin des →Shamash. Ihre Söhne sind Kettu (»Wahrheit«) und Mesharu (»Gerechtigkeit«). Sie gehört zu den ältesten, in Mesopotamien nachweisbaren Gottheiten der Semiten.

Aka Manah △ (awest. »Böses Denken, Böser Geist«), *Akaman:* iran. *Erzdämon* (→Daēva), der das böse Sinnen und Trachten verursacht. Als Bote des →Ahriman wurde er ausgesandt, um →Zarathushtra zu verführen. Er ist ständiger Widersacher des →Vohu Manah, von dem er am Ende der Tage (→frashō-kereti) überwunden wird.

Akar →Aker

Ākāshagarbha △ (sanskr. »dessen Ursprung der Äther ist«), *Khagarbha* (»Dessen Schoß der Himmel ist«): buddh. transzendenter →*Bodhisattva* und einer der 8 →Mahābodhisattvas. Ikonographisch ist er charakterisiert durch die Gewährungsmudrā. Seine Attribute sind der Juwel Cintāmani, der alle Wünsche erfüllt, und der Lotos mit Sonnenscheibe. Seine Körperfarbe ist grün.

Akatash △ (awest. »der Böses schafft«): iran. *Erzdämon* (→Daēva), der Böses verursacht. Gemeinsam mit anderen Dämonen versuchte er, →Zarathushtra zu vernichten.

Aker △, *Akar* (»Erde«), Pl. Akeru (»Erdgeister«): ägypt. Personifikation der Erde und *Totengott.* Als *Erdgott* bewacht er die Schlangen und beschützt den Sonnengott →Re vor →Apophis. Das Aufgehen der Sonne am Morgen heißt »Herauskommen aus Aker«, nachdem sie während der Nacht durch seinen Leib gewandert ist. Dargestellt wird Aker als schmaler Landstreifen - manchmal als Untersatz der Sonnenbarke -, oft mit zwei Männerköpfen, deren Gesichter in entgegengesetzte Richtung blicken. Später wird Aker mit →Geb identifiziert.

Akerbeltz (»schwarzer Ziegenbock«): bask. *Höhlengeist* in Gestalt eines schwarzen Ziegenbocks und zugleich *Schutzpatron* der Herdentiere vor Seuchen und auch ein heilkräftiger Geist.

Akkader (Assyrer, Babylonier): Adad, Adapa, Aja, Allatu, Alū, Amurru, Anatum, Anshar, Anu, Anunitu, Anunnaku, Apkallu, Apsū, Aralu, Aruru, Asakku, Assur, Assuritu, Atrachasis, Bēl, Bēlet, Bēlet-ilī, Bēletsēri, Chumbaba, Damkina, Ea, Ellil, Enbilulu, Enkidu, Ereshkigal, Erra, Etemmu, Gallū, Girra, Igigū, Ilabrāt, Ishtar, Ishum, Kingu, Kishar, Kūbu, Labbu, Lachamu, Lachmu, Lamashtu, Lamassu, Lilītu, Lilū, Mama, Māmit, Marduk, Mummu, Mushussu, Mūtu, Nabū, Nergal, Pazūzu, Rammān, Sarpanītum, Schicksalstafeln, Sebettu, Shalash, Shamash, Shēdu, Shulmanu, Sin, Tamūzu, Tashmētu, Tiāmat, Tishpak, Urshanabi, Usmū, Utanapishti, Utukku, Zū.

Ako Mainyu →Angra Mainyu

Äkräs △, *Ägräs, Egres: finn.-karel. Vegetations-* und *Fruchtbarkeitsgott, Getreidegott* und *Gott* der *Rüben.* Er gibt den Menschen Erbsen, Bohnen, Leinen und Hanf. Ä. ist die Personifikation der Doppelfrucht. Sein Symbol, die Doppelfrucht der Rübe, wird »heiliger Ägräs« genannt. Viele Familien und Orte tragen seinen Namen.

Akrísios △, *Acrisius* (lat.): griech. *König* von Argos und Vater der →Danáë. Als dem A. prophezeit war, daß sein künftiger Enkel ihn einmal töten werde, sperrte er seine noch unverheiratete Tochter in einen Turm aus Bronze ein, wo →Zeús sich ihr als Goldregen nahte. Nach der Geburt des →Perseús setzte A. Mutter und Kind auf dem Meer in einer Kiste aus. Jedoch wurden beide gerettet. Später traf ein von Perseús geworfener Diskos unbeabsichtigt den A. tödlich.

Akshobhya △ (sanskr. »der Unerschütterliche«): buddh. transzendenter Buddha und Herrscher über den Osten und über →Abhirati. Als einer der 5 →Dhyāni-Buddhas ist er der geistige Vater des →Manushi-Buddhas →Kanakamuni. Ikonographisch ist er charakterisiert durch die Erdberührungsmudrā, den Donnerkeil als Attribut, die blau-schwarze Farbe und den Elefant als →Vāhana. Im Vajrayāna ist ihm als →Prajña die Friedensgöttin Locanā (»Auge«) zugeordnet.

Aktaíon △, *Actaeon* (lat.), *Aktäon* (dt.): griech. berühmter *Jäger* aus Theben, ein Sohn des →Aristaíos und der Autonoe. Während der Jagd belauschte er einmal die Göttin →Ártemis mit ihren Nymphen beim Baden, weshalb die darüber erzürnte Ártemis den A. sofort in einen Hirsch verwandelte, den seine eigenen Jagdhunde zerrissen. – *Gemälde:* Tizian (1559), Rembrandt (1635), Tiepolo.

Ala ▽, *Ale, Ana, Ani: Mutter-* und *Erdgöttin* der Igbo in Nigeria, die sowohl die Fruchtbarkeit als auch den Tod repräsentiert. Die Weltregentin und Königin der Unterwelt ist →Gattin des Chi. Als Hüterin der Moral

Akshobhya, buddh. transzendenter Buddha mit Schädelwulst (ushnisha) und Löckchen. Die Rechte formt die Mudrā der Erdberührung, die Linke hält den Almosentopf. Am Sockel sind Vajra und die Elefanten als sein Vāhana.

verbietet sie Totschlag, Ehebruch, Menschenraub und Diebstahl. Der Baumwollbaum ist ihr heilig. Dargestellt wird sie als Mutter mit dem Kind.

Alad: sumer. guter *Schutzgeist,* der ursprünglich eine neutrale Dämonengestalt war und später dem akkad. →Shēdu gleichgesetzt wurde.

Alako △ (von finn. *Alakuu*=»abnehmender Mond«): zigeun. *Hochgott* und *Herrscher* über das *Mondreich.* Wenn seine Feinde ihn daraus zu vertreiben suchen, nimmt der Mond ab, wenn A. aber zurückschlägt, wächst er bis zum Vollmond. Sein Hauptwiderpart ist →Beng.

Alalu △, *Hypsistos* (griech.»der Höchste«): churrit. erster *Götterkönig,* der nach 9jähriger Himmelsherrschaft durch seinen Sohn, den akkad. →Anu, gestürzt wird.

Alarabi: bask. *Berggeist* (in Marquinia) in Menschengestalt, ein Zyklop mit nur einem einzigen Auge mitten auf der Stirn und einem einzigen Bein, dessen Fuß eine runde Sohle hat. A. gleicht dem →Torto.

A'lat: sibir. *Hausgeister* der Keten/Jenissejer, die in menschengestaltigen Puppen dargestellt werden.

Alatala △: indones. *Himmelsgott* bei den Toradja.

Alb →Alfr

Albaner: Avullushe, Bardha(t), Bolla, Bukura e dheut, En, Fati, Fat-i, Fljamë, Hie, Kolivilori, Kukuth, Kulshedra, Ljubi, Lugat, Miren, Ora, Perëndi, Peri, Prende, Shpirti e keq, Shtojzavalet, Shtrigë, Shurdi, Stihi, Sygenesa, Tomor(r), Verbti, Vitore, Vurvolák, Xhind-i, Zâna.

Alcestis →Álkestis

Alcmena →Alkméne

Ale →Ala

Alfr (nord.), *Alb* (ahd.), *Alben* (Pl.): german. halbgöttlich-halbdämonische *Nebelwesen, Traumgeister,* die später als Nachtmahre verstanden werden, die sich auf die Brust des Schläfers setzen und dadurch schwere Träume (Alpdruck) verursachen. Die Lichtalben wohnen in Álfheimr und die Dunkel- oder Schwarzalben unter der Erde. R. Wagner übernahm den Albenkönig Alberich in seinen Ringzyklus. Die A. stehen den →Asen und →Dvergr nahe.

Alignak △: eskimo. *Mondgott* und *Wettergott, Herr* der *Seetiere* und der *Gezeiten,* der Mond- und Sonnenfinsternisse, der Erdbeben und des Schneefalls.

Alk' ▽ (Pl.;»Schlucht, Weltinneres«): armen. böse *Geister* (→Devs), die sowohl den Ungeborenen als auch den Neugeborenen schaden können.

Álkestis ▽, *Alcestis* (lat.): griech. *Heroin,* die anstelle ihres Gatten Admetos, der sterben sollte, freiwillig in den Tod ging. Wegen dieser Treue wurde sie von →Heraklés dem →Thánatos entrissen und ihrer Familie zurückgegeben. - *Dramen:* Euripides (438 v.Chr.), Wieland (1722), Hofmannsthal (1898), Th.Wilder (1957); *Oratorium:* Händel (1749); *Oper:* Gluck (1767).

Alkméne ▽. *Alcmena* (lat.): griech. *Heroin* und *Stammutter* der Herakleides. Sie ist eine Tochter des Elektryon und der Anaxo, sowie Gattin des →Amphitrýon und von ihm Mutter des Iphiklés. Von →Zeús ist sie Mutter des →Heraklés. Zeús wohnte ihr in Gestalt ihres eigenen, auf einem Feldzug befindlichen Gatten bei. Als Tags darauf der echte Amphitrýon zurückkehrte, erfuhr dieser von der erstaunten A., daß er doch eben erst die vergangene Nacht mit ihr zugebracht habe. Nach 9 Monaten gebar A. Zwillinge, von denen der eine, Heraklés, der Sohn des Zeús, und der andere, Iphiklés, der Sohn des Amphitrýon war.

Allāh △ (v. arab. *al-ilāh* = »der Gott«), *Lāh, 'Ilāh:* 1) arab. appellative *Bezeichnung* für (jeden Stammes-) *Gott* in Zentral- und Nordarabien sowie männlicher *Gegenbegriff* zum weiblichen →al-Lāt. 2) arab. (Eigenname des gemeinsamen und allgemeinen) *Hochgottes,* dessen Beiname »Schöpfer der Erde« ist. In Zentralarabien gilt A. als Vater der drei Töchter →al-Lāt, →Manāt und →al-'Uzzā. A. entspricht dem semit. →Ēl. 3) islam. einziger *Gott, Schöpfer-* und *Richtergott,* dem Ergebung (islām) gebührt. A. ist vor allem erhaben und barmherzig. Mit 99 Namen wird A. im Kur'ān beschrieben, den 100., seinen größten Namen jedoch kennt kein Sterblicher. Seine Boten sind die →Malā'ika, die er aus Licht formte. Aus Feuer schuf er die →Djinn, den →Iblis und →Shaitān, aus Erde bildete er den →Ādam. Um den durch Shaitān verführten Menschen zu helfen, hat er 124 000 →Nabi gesandt, zuletzt den →Muhammad. Am Ende der Tage (→al-Kiyāma) wird er Gericht halten. Wegen des Verbots, A. bildlich darzustellen, wird er nur kalligraphisch vergegenwärtigt. Nach A., dem Erbarmer und dem Höchsten, sind die 55. und 87. Sure im Kur'ān benannt.

Allāt →al-*Lāt*

Allatu ▽ (»Mächtige«): akkad. *Unterweltsgöttin* und Königin über die Unterwelt →Aralu. Die Gattin des →Nergal ist der sumer. →Ereshkigal gleich.

'Almaqah(ū) △, *'Ilmaqah(ū), 'Ilmuqah, 'Ilumquh:* arab. *Mond-* und *Reichsgott* bei den Sabäern. In der Göttertrias steht er an 2. Stelle nach →'Attar und vor →Shams. Er ist der eigentliche Herrscher des Landes, dessen Stellvertreter auf Erden der →Mukarrib ist. Die Sabäer verstehen sich als »Kinder des A.«. Seine heiligen Tiere sind Stier und Steinbock, seine Symbole Blitzbündel und Totschläger. A. entspricht dem →Wadd, dem →'Amm und dem →Sīn.

Álmos △ (»Traum«): ungar. *Gründerfürst* und Nachkomme von Magor (→Hunor). Seine Mutter →Emesu hatte vor seiner Geburt einen Traum, weshalb er Á. genannt wurde. Durch diesen Traum ist er als gottgewollter Herrscher des Anfangs ausgewiesen. Als Á. mit den von seinem Sohn →Árpád geführten Stämmen das heutige Ungarn erreicht hatte, wurde er in einem feierlichen Ritual getötet, damit seine Kraft und Weisheit auf die Nachfolger überging.

Allāh, islam. Schöpfer- und Richtergott, dessen Name kalligraphisch vergegenwärtigt ist, da er bildlich nicht dargestellt wird.

Alow △: ind. *Schöpfergott* bei den Kachari.

Alpan ▽, *Alpanu, Alpnu:* etrusk. *Göttin* der *Liebe* und der *Unterwelt*, die zu den →Lasa gehört.

Alū: akkad. Name des sumer. *Himmelsstiers* →Guanna und auch Name des bösen *Dämons*, der die Brust der Menschen zudrückt.

Aluluei △: mikrones. *Heros* (der Karolinen) und *Schutzherr* der Navigationslehre. Er ist Sohn des →Pälülop und Vater von Longolap, dem älteren, und Longorik, dem jüngeren Sohn, die er beide in der Seemannskunde unterwies, von denen jedoch der jüngere besser seine Instruktionen befolgte.

Amaethon △: kelt. *Agrargott* und »großer Ackermann« (der Waliser). A. ist Sohn der →Dôn.

Amahrspand △: iran. Gruppe von 5 *Lichtwesen* bei den Manichäern sowie *Personifikationen* der 5 lichtvollen *Elemente:* Luft, Wind, Licht, Wasser und Feuer. Sie gelten als die 5 Söhne des »Urmenschen«, dessen Waffenrüstung oder Seele sie darstellen. Zusammen mit ihrem Vater geraten sie in die Macht des Bösen und der Finsternis und sollen im Auftrag des »Guten Gottes« von dessen Gesandten →Narisaf und →Mihryazd errettet werden.

Amáltheia ▽, *Amalthęa* (lat.): griech. *Nymphe* bzw. *Ziege*, die auf Kreta den neugeborenen →Zeús säugte. Aus Dankbarkeit dafür wurde sie vom Göttervater als Stern »Capella« (lat. »Ziege«) an den Himmel versetzt. Ihr abgebrochenes Horn, gefüllt mit Früchten und bekränzt mit Blumen, wurde zum Füllhorn »cornu copiae« (lat. »Horn des Überflusses«) und Attribut segenspendender Gottheiten.

Ama-no-hohi-no-mikoto △ (japan. »Himmels-Ähren-Sonne«): shintoist. *Himmels-* und *Ahngott* der Oberpriester von Kizuki in Izumo. Er gilt als Sohn der Sonnengöttin →Amaterasu. Nach einer Versammlung der Götter im Flußbett des Himmels →Takama-ga-hara wurde A. als zweiter, wie schon vorher →Ama-no-oshiho-mimi von der Sonnengöttin und von →Taka-mi-musubi auf die Erde nach Japan geschickt, um die Herrschaft des →Ninigi vorzubereiten.

Ama-no-iwato: shintoist. *Felsenhöhle* der Dunkelheit im Himmel →Takama-ga-hara, in die sich die Sonnengöttin →Amaterasu verärgert zurückzog und aus der sie durch den Tanz der →Ama-no-uzume wieder herausgelockt wurde.

Ama-no-minaka-nushi-no-kami △ (japan. »Herr der erhabenen Mitte des Himmels«): shintoist. *Ur-* und *Himmelsgott*, der auf einer neunfachen Wolkenschicht thront, einer der 5 →Koto-amatsu-kami. Für die Fuji-Gemeinschaft Jikkō-kyō und Fūsō-kyō ist A. der Mittelpunkt des Weltraums und der Anfang allen Lebens.

Ama-no-oshiho-mimi-no-mikoto △: shintoist. *Himmels-* und *Ahnengott* des japan. Kaiserhauses, Sohn der Sonnengöttin →Amaterasu und Vater des →Ninigi. Auf Anordnung seiner Mutter sollte A. »das zentrale Land der Schilfebene«, d. h. Japan, anstelle ihres Neffen →Okuni-nushi regieren. Als er vom Himmel auf die Erde herabstieg und von der Himmelsbrücke →Ama-no-uki-hashi aus die chaotischen Zustände auf der Erde sah, kehrte er sofort in den Himmel zurück und schlug seinen eben erst geborenen Sohn Ninigi als Regent vor, womit Amaterasu sofort einverstanden war.

Ama-no-tokotachi-no-kami △ (japan. »Gott, der im Himmel ewig Stehende«): shintoist. *Ur-* und *Himmelsgott.* einer der 5 →Koto-amatsu-kami, die nach der Schöpfung der Welt auftraten.

Ama-no-uki-hashi: shintoist. *Schwebebrücke,* die den Himmel →Taka-ma-ga-hara mit der Erdenwelt verbindet. Auf ihr stehend, rührten →Izanagi und →Izanami mit dem himmlischen Juwelenspeer Ama-no-nuboko so lange in dem Salzmeer, bis es sich verdickte und Land entstand.

Ama-no-uzume ▽ (japan. »abschreckende Frau des Himmels«): shintoist. *Göttin* des *Frohsinns* und *Tanzes.* Als infolge des Rückzugs der Sonnengöttin →Amaterasu in ihre Felsenhöhle →Ama-no-iwato alles Licht und Leben auf der Erdenwelt erloschen war, tanzte A. auf einem umgestürzten Eimer und entblößte in Ekstase ihre Brüste und Genitalien, so daß das Gelächter der Götter darüber die Neugier der Sonnengöttin weckte, die ihre Höhlentür wieder öffnete. Auf diese Weise kehrten Licht, Leben und Fruchtbarkeit in die Welt zurück. Der Tanz der A. lebt heute im →Kagura fort.

Amaterasu-o-mi-kami ▽ (japan. »die am Himmel leuchtende, große, erhabene Gottheit«): shintoist. *Sonnengöttin* und *Herrscherin* über den *Himmel, Hochgöttin* im Shintō und *Ahnengöttin* des japan. Kaiserhauses. A. ist Tochter des →Izanagi und ältere Schwester von →Tsuki-yomi und →Susa-no-o, Mutter von Oshiho-mimi und somit Großmutter des →Ninigi. A. entstand, als ihr Vater sich, aus der Unterwelt →Yomi-no-kuni zurückgekehrt, das linke Auge im Meerwasser wusch. Als A. sich einmal, tief gekränkt durch die Untaten ihres Bruders Susa-no-o, in ihre Höhle →Ama-no-iwato zurückzog, herrschte auf Erden und im Himmel tiefe Nacht, bis die Sonnengöttin mit Hilfe eines Spiegels aus der Höhle wieder herausgelockt wurde. Dieser Spiegel ist heute die höchste der drei Throninsignien und wird im Hauptheiligtum der A., in Naikū, aufbewahrt. A. hat ihren Enkel Ninigi zum Herrscher über das japan. Reich bestellt.

Ama-tsu △: shintoist. *Ahnengott* des japan. Kaiserhauses. Er ist Sohn des Jägers →Yamasachi und der Seegöttin →Toyo-tama, Gatte seiner Tante und Pflegemutter →Tama-yori und durch sie Vater des →Jimmu-tennō. Als ihn nach seiner Geburt die Mutter verließ und ins Meer zurückkehrte, wurde deren jüngere Schwester Tama-yori seine Pflegemutter. Durch sie, die er später zur Gattin nahm, wurde er Vater vieler Kinder.

Amaunet ▽: ägypt. *Urgöttin* und Personifikation des Nordwindes. Nach der →Götterachtheit von Hermopolis bildet sie mit ihrem männlichen

Amaterasu, shintoist. Sonnen- und Himmelsgöttin sowie Ahnherrin des japan. Kaiserhauses.

Pendant →Amun das vierte Urgötterpaar. Da sie als Göttermutter der Urzeit andererseits keinen Gatten benötigt, wird sie »Mutter, die Vater war« genannt. Dargestellt wird sie als Schlange oder schlangenköpfig mit der unterägyptischen Krone auf dem Haupt. Später ist sie mit →Neith zu Neith-Amaunet verschmolzen. Die Griechen haben sie der →Athéne gleichgesetzt.

Amazónes ▽ (? von *amazos*=»abgeschnittene Brust«), *Amazọnen* (dt.): griech. *Volksstamm* kriegerischer *Frauen* aus Kappadokien unter Führung einer Königin. Sie gelten als Töchter des →Áres. In ihrem Frauenstaat waren Männer nur zur Zeugung von Nachkommenschaft geduldet, deshalb pflegten sie nur einmal im Jahr den Geschlechtsverkehr. Neugeborene Jungen schickten sie fort und zogen nur Mädchen auf, die sie als künftige Kriegerinnen ausbildeten. Um beim Bogenschießen nicht behindert zu sein, schnitten sie sich die rechte Brust ab oder brannten sie aus. Unter der Königin →Penthesíleia beteiligten sie sich am Trojanischen Krieg. Gegen die A. kämpften →Heraklés, →Bellerophóntes, →Achilleús und →Theseús. Die *Amazonomachie* ist ein beliebtes Thema der Kunst. - *Worte:* A. (fig.), Amazonenameise.

Ambat: melanes. *Heros* und *Kulturbringer,* der die Töpferscheibe und viele soziale Bräuche einführte, wie z. B. das Anfertigen von Gedenkfiguren für die Toten, die man »rambaramb« nennt. A., der älteste von 5 Brüdern, die nach den Fingern einer Hand benannt sind, überwältigte die Menschenfresserin Nevinbimbaau.

Ambrosia ▽ (»Unsterblichkeit«), *Ambrọsia* (lat.): griech. *Speise* und *Salbe* der Gottheiten, denen sie - neben dem →Néktar - ihre Unsterblichkeit verdanken, sowie *Futter* ihrer Rosse. - *Worte:* A. (fig.), ambrosisch.

Amentet ▽ (»Westen«): ägypt. Personifikation des Westens, in dem die Sonne untergeht, und Göttin der westlichen Länder, d. h. der im Westen

Amazónes, griech. Volksstamm kriegerischer Frauen im Kampf vor Troja.

liegenden Nekropolen, wo sie als *Unterweltsgöttin* die in die →Duat eintretenden Toten empfängt. Seit der Spätzeit befindet sich ihr Abbild auf den Böden der Särge.

Ameretāt ▽ (awest.»Nichtsterben, Unsterblichkeit, Leben«): iran. *Geistwesen* und *Personifikation* des *Lebens* und der *Unsterblichkeit* des →Ahura Mazdā sowie *Schutzgeist* der *Pflanzenwelt,* deren eßbare Pflanzen Nichtsterben ermöglichen. Sie ist eine der 7 →Amesha Spentas, deren ständiger Widersacher der Erzdämon →Zārich ist. Ihr ist der 5. Monat geweiht. A. und →Haurvatāt leben in den islam. →Hārūt und Mārūt fort.

Amesha Spentas (awest.»unsterbliche Heilwirkende«): iran. *Gruppe* von 5, später 6 bzw. 7 *Geistwesen* sowie *Personifikationen* von *Eigenschaften,* aber auch *Schutzgeister* der (6) Elemente (Feuer, Metalle, Erde, Wasser, Pflanzen, Tiere) und *Hypostasen* des →Ahura Mazdā, den die A. als »Erzengel« umgeben – zur Linken die männlichen und zur Rechten die weiblichen. Jede(r) von ihnen steht im Kampf mit je einem der 7 Erzdämonen (→Daēvas). Zu ihnen gehören →Asha vahishta, →Chshathra vairya, →Armaiti, →Haurvatāt, →Ameretāt, →Vohu Manō und →Sraosha. Ihre Namen leben im Staatskalender des Iran fort.

Amida →Amitābha

Amilamia ▽ : bask. *Göttin* der *Mildtätigkeit* (in Salvatierra) und *Schutzgöttin* der Armen, die sie lehrte, aus einem leeren Sieb Mehl zu schütteln. Sie lebt in der Höhle von Lezao. Ein Teich, an dessen Ufer sie manchmal sitzt, dient ihr beim Kämmen ihres Haares als Spiegel.

Amitābha △ (sanskr.»Unermeßliches Licht«), *Amita, Amida* (japan.), *A-mi-t'o* (chines.): buddh. transzendenter Buddha und Herrscher über den Westen und das westliche Paradies →Sukhāvati. Als einer der 5 →Dhyāni-Buddhas ist er der geistige Vater des →Manushi-Buddhas →Shākyāmuni. Ikonographisch ist er charakterisiert durch die Meditationsmudrā, den Lotos, die rote Farbe und den Pfau als →Vāhana. Im Vajrayāna ist ihm als →Prajña die Liebesgöttin Pāndarā oder Pāndarāvāsini zugeordnet.

'Amm △ (»väterlicher Oheim«): arab. *Mond-* und *Reichsgott* in Qatabān, sowie *Wettergott.* In der Göttertrias steht er an zweiter Stelle nach →'Attar und vor →Shams. Er ist der eigentliche Herrscher des Landes, dessen Stellvertreter auf Erden der →Mukarrib ist. Die Qatabāner verstehen sich als »Kinder des 'A.«. Seine Beinamen sind »der Zunehmende (Mond)« und der »Zunehmende und Kreisende«. Seine Symbole sind Blitzbündel und Mondsichel. Er ist dem →'Almaqah, dem →Wadd und →Sīn gleich.

Amma △ : *Himmels-* und *Schöpfergott* bei den Dogon in Obervolta und Mali, der das Weltgebäude aus einem Weltei mit zwei Plazenten erschuf. In jeder Plazenta war ein Zwillingspaar, und jeder Zwilling, der →Nommo heißt, war Träger eines weiblichen und eines männlichen

Amma, afrikan. Ur- und Schöpfergott, dessen vierfaches Schlüsselbein ein vierblätteriges Weltbild darstellt: Das Blatt im Norden enthält den großen männlichen Nommo, das im Süden den großen weiblichen Nommo, das im Westen den »bleichen Fuchs« und eine Plazenta, und das im Osten enthält den Nommo als Geopferten und als Opfernden.

Teils. Ammas Altäre sind Monolithen. Sein Symbol ist ein senkrecht stehendes Oval (Ei) mit Vertikale.

Ammavaru ▽ (»unsere Herrin«): ind. *Ur-* und *Muttergöttin* bei den Tamilen. Aus dem letzten der von ihr in das Milchmeer gelegten drei Eier gingen die hinduist. Götter →Brahmā, →Vishnu und →Shiva hervor. Die untere Hälfte eines ihrer Eier wurde zur Erde, die obere zum Himmel umgewandelt. Ihr →Vāhana ist der Schakal.

Ammit ▽: ägypt. *Dämonin* beim Jenseitsgericht. Als »Totenfresserin« lauert sie neben der Gerichtswaage in der Halle des →Osiris, um - je nach Ausgang des Urteils - die Bösen zu verschlingen. Dargestellt wird Ammit mit Krokodilskopf auf einem Raubkatzenleib mit Nilpferdhinterteil.

Ammon →Amun

Ammoniter: Milkom

Amoghasiddhi (sanskr. »der mit unfehlbarer Vollendung Ausgestattete«): buddh. transzendenter Buddha und Herrscher über den Norden. Als einer der 5 →Dhyāni-Buddhas ist er der geistige Vater des →Manushi-Buddhas →Maitreya. Ikonographisch wird er charakterisiert durch die Ermutigungsmudrā, den doppelten Donnerkeil, die grüne Farbe und den →Garuda als →Vāhana. Im Vajrayāna ist ihm als →Prajña die Göttin →Tārā zugeordnet.

Amon →Amun

Amor △ (lat. »Liebe«), *Cupido* (von lat. *cupiditas* = »Verlangen, Leidenschaft«): röm. *Liebesgott* und Personifikation der Liebe als einer Sache des Herzens und Gefühls und die aus Zuneigung und Leidenschaft entspringt. Dargestellt ist A. als geflügelter Jüngling mit den Attributen von Pfeil und Bogen und Fackel. - *Wort:* Amorette. - A. entspricht dem griech. →Éros.

Amoretten →Érotes

Amoghasiddhi, buddh. transzendenter Buddha, dessen rechte Hand in der Ermutigungsmudrā erhoben ist, und dessen linke den Almosentopf hält. Auf dem Thronsockel sind doppelter Donnerkeil und Garuda abgebildet.

Amōs △ (hebrä. von *āmāsāh*=»Jahwe hat getragen«), *Amós* (griech.), *Amos*(dt.): jüd. Schafhirte aus Tekoa, *Visionär*und *Prophet*(→Nābi') des Jahwe-Elohim im Nordreich Israel (760–750 v.Chr.). Er hat 5 Visionen über Heuschrecken, Feuer, Brecheisen, Korb mit Feigen und Jahwe am Altar. A. prophezeit am (Gerichts-) Tag Jahwes ein Strafgericht mit Verwüstung des Landes und Deportation seiner Bewohner. Er ist in Tekoa begraben. Nach A. ist die dritte Schrift im Zwölfprophetenbuch der Bibel benannt.

Amphíon und Zéthos △△, *Amphio(n)* und *Zęthus* (lat.): griech. *Heroen*-und *Gründerpaar* von Theben. Sie sind die Zwillingssöhne des →Zeús und der→Antiópe. Bei der Erbauung der Stadt Theben folgten die Steine den Lyraklängen des A., der ein Zögling der →Músai und Meister des Gesangs und Saitenspiels ist. Der Verlust seiner Gattin →Nióbe und aller seiner Kinder trieb ihn in den Selbstmord. Z. ist Hirte und Jäger und Gemahl der Thebe.

Amphitríte▽: griech. *Meeresnymphe* und Personifikation des brandenden Meeres. Als eine der →Nereídes ist sie Tochter des →Nereús und der Doris. Von →Poseidón ist sie Mutter des →Triton. Vor der Hochzeit mit Poseidón war sie zunächst geflüchtet, aber ein Delphin überredete sie und brachte sie zurück. Dieser *Delphin* wurde als *Sternbild* an den Himmel versetzt. Als Herrin der Meere fährt A. in einem von den Nereídes und →Tritones begleiteten Muschelwagen über die Wellen. Aus Eifersucht hat sie durch Zauberkräuter die →Skýlla in ein Ungeheuer verwandelt. – *Gemälde:* Rubens (1620), Tiepolo (1740).

Amphitrýon △, *Amphitryo(n)*(lat.): griech. *Feldherr*von Theben, Sohn des Königs Alkaios und Tiryns und der Astydameia sowie Gatte der →Alkméne und durch sie Vater des Iphiklés. Einen Tag vor seiner Rückkehr aus dem Krieg zeugte →Zeús in der Gestalt des A. mit dessen Gattin Alkméne den →Heraklés; der Heimgekehrte zeugte in der folgenden Nacht mit Alkméne den Iphiklés. Beide Kinder wurden als Zwillinge geboren. – *Komödie:* T.M.Plautus (184 v.Chr.), Molière (1668), Kleist (1807), J.Giraudoux (1929); *Oper:* H.Purcell (1690).

Amrita (sanskr. »unsterblich«): **1)** ved. *Göttertrank,* der Unsterblichkeit verleiht (→Soma). **2)** hindu. göttlicher *Trank,* der während der zweiten →Kūrma →Avatāra →Vishnus aus der Quirlung des Milchozeans hervorkam.

Amset →Imset

Amun △, *Amon, Ammon* (»der Verborgene«): ägypt. urzeitlicher *Schöpfer*- und *Luftgott,* der den unsichtbaren Lebenshauch verkörpert sowie Bewegung und Leben in die tote Masse des Chaos bringt. Zu seinen Vorfahren zählt →Kematef. Nach der →Götterachtheit bildet Amun mit seinem weiblichen Pendant →Amaunet das vierte Urgötterpaar. Seit der 11.Dynastie ist er *Lokalgott* von Theben, und als diese Stadt z.Zt. der 18.Dynastie Reichshauptstadt ist, wird er *Reichsgott.* Amun mit seiner

Amphitríte, griech. Meeresnymphe, und Poseidón – von zwei Eroten flankiert – bei ihrer Hochzeitsfahrt auf einem von 4 Pferden gezogenen Wagen.

Gattin →Mut und mit seinem Sohn →Chons stellt eine heilige Familien-

Gattin →Mut und mit seinem Sohn →Chons stellt eine heilige Familien-
trias von Theben dar. »Herr der Throne der beiden Länder« wird er
genannt. Mit →Re und mit →Ptah, dem früheren Reichsgott, bildet
Amun gleichsam eine Dreiheit, in der sich die großen Götter des Reiches
vereinen. Als »Amun-Re, König der Götter« ist ihm die →Götterneun-
heit von On zur Seite gestellt. Nach Amun nennen sich die Könige der
18. Dynastie Amenhotep (ägypt. »Amun ist zufrieden«; griech. Amenophis). Nur Amenophis IV., der sich später in Echnaton umbenennt,
ersetzt den Amun durch →Aton. An seinem Haupttempel im heutigen
Karnak haben Generationen von Pharaonen gebaut. Sein Fest wurde am
19. II. des ägypt. Jahres gefeiert. Dargestellt ist er meist in Menschengestalt mit hoher Federkrone, seltener als Widder mit gewundenen
Hörnern. Der Widder war das erste Sternbild im Tierkreis und eröffnete
das ägypt. Jahr. Später wird er dem griech. →Zeús und dem röm. →Ju-
piter gleichgesetzt.

Amurru △: akkad. *Wetter- und Nomadengott, Schutzgott* und Personifi-
kation der Nomaden des Westens, der Amoriter. A. ist Gatte der
→Bēletsēri. Sein Symboltier ist der Stier. Dem A. entspricht der sumer.
→Martu.

An △: sumer. *Stadtgott* von Uruk und Götterkönig, der als *Himmelsgott*
mit →Enki und seinem Sohn →Enlil eine »kosmische« Trias bildet. Er
gilt als Gatte der →Urash, später der →Ki und schließlich seiner Tochter
→Inanna. Er ist Vater vieler Gottheiten, u. a. des →Martu und der →Ga-
tumdu und →Baba. Das Keilschriftzeichen seines Namens, ein achtstrahliger Stern, ist zugleich Wortzeichen und Gottesdeterminativ
(→dingir), das den Namen der übrigen Götter vorangesetzt wird. Er ist
dem akkad. →Anu gleich.

Ana →Ala

Ana →Dan

Anāgāmin (sanskr. u. Pali »Nie-Wiederkehrer«): buddh. *Heiliger,* der im

Amun, ägypt. *Schöpfergott, zu dem der
Gottherrscher Pharao Amenophis III.,
den Horus und Seth gereinigt haben,
von Atum und Chons geführt wird, um
gekrönt zu werden, während Thot des
Herrschers Jahre aufschreibt.*

Unterschied zum →Sakridāgāmin nicht mehr wiedergeboren wird, sondern bei seinem Tod endgültig das →Nirvāna erlangt.

Anahit ▽ (»unbefleckt, makellos«): armen. *Mondgöttin* und *Göttin* der *Fruchtbarkeit* bei Menschen und Tieren. Sie spendet das belebende Wasser und ist *Schutzgöttin* des Landes. Zusammen mit →Astlik und →Vahagn bildet sie eine astrale Trias. Nach A. ist der 19. Tag eines jeden Monats benannt. Dargestellt wird sie im Sternenkranz. Der griech. →Ártemis ist sie ähnlich.

Analap →Anulap

Anammelek △: phönik. *Mondgott,* dem - zusammen mit dem Sonnengott →Adrammelek - zu Ehren die nach Samaria umgesiedelten Assyrer aus Sefarwajim (2 Kön 17,31) Kinder als Brandopfer darbringen.

Ānanda △ (sanskr. »Seligkeit«): buddh. *Mönch* und einer der 10 großen Jünger des Buddha →Shākyāmuni, zugleich dessen Vetter väterlicherseits. Er vereitelte ein Mordkomplott des →Devadatta gegen den Buddha und wurde später ein →*Arhat.* Im Zen gilt er als der zweite ind. Patriarch. Aufgrund seines überragenden Gedächtnisses konnten die Lehrreden des Buddha kodifiziert werden. Er wird mit dem christl. →Pétros verglichen.

Ananku ▽ (»heilige Macht«): ind. **1)** gefährliche heilige *Macht* und *Kraft* bei den Tamilen, die furchteinflößenden Orten (Wasserfällen, Gebirgspässen, Berggipfeln) innewohnt, aber auch Gegenständen (Waffen, Musikinstrumenten), Tieren (Schlangen, Tigern), Körperteilen (Brüste der pubertierenden Mädchen), sowie Göttern, Dämonen und Tempeln. **2)** *Dämonin* von hübscher Gestalt, die junge Männer erschlägt, sowie eine niedere *Hausgöttin.*

Ananta, hindu. fünfköpfige Schlange, auf der Gott Vishnu Nārāyana zwischen den einzelnen Schöpfungen auszuruhen pflegt.

Ananta △ (sanskr. »unendlich«), *Shesha* (»bleibend«), *Adishesha:* brahm.-hindu. halbgöttliches *Schlangenwesen* und *Verkörperung* der *Unendlichkeit* und *Ewigkeit.* Als Weltenschlange trägt er die Erde bzw. umschlingt diese. →Vishnu, der zwischen den einzelnen Schöpfungen auf ihm ausruht, wird *Sheshashayi* genannt. Am Ende eines →Kalpa speit A. Feuer, das die Welt zerstört. Sh. ist Sohn des →Kashyapa und der Kadrū, sowie Bruder von →Vāsuki und →Manasa. Dargestellt ist er vierarmig und tausendköpfig mit den Attributen Lotos, Stößel, Pflugschar und Schneckenschale.

'Anat(h) ▽ (»Vorsorge, Vorsehung, Himmelswille«): syro-phönik. *Fruchtbarkeits-* und *Liebesgöttin*, aber auch *Kriegsgöttin*. Sie ist die Tochter des →Êl und der →Ashera, sowie die Schwester und Gefährtin des →Ba'al. Als »Jungfrau«, »Herrin des Himmels und Gebieterin der Götter«, aber auch als »Zuflucht der Lebenden« wird sie angerufen. Ihren toten Bruder beweint sie, trägt dessen Leichnam zum Berg Sapan und bestattet ihn dort. Sie rächt ihn am Todes- und Unfruchtbarkeitsgott →Môt, indem sie wütend ein Blutbad anrichtet, welches möglicherweise ein Wiedergeburtsritual am Ende der unfruchtbaren Zeit ist und das Ausströmen neuer Lebenskräfte bewirken soll. Die jüd. Kolonie auf der Nilinsel Elephantine (5. Jh. v. Chr.) stellt 'A. neben Jahu (→Jahwe). Dargestellt wird sie mit Helm, Schild, Streitaxt und Speer und doppeltem Flügelpaar.

An(a)tu(m) ▽: akkad. *Erdgöttin*, Tochter von →Anshar und →Kishar sowie Schwester und Gemahlin des Himmelsgottes →Anu, bis letzterer sie durch ihre gemeinsame Tochter →Ishtar ersetzte.

Anaya: indian. *Fremdgötter* und *Menschenvernichter* bei den Athapasken-Navajos. Es sind von Jungfrauen geborene Riesen und Ungeheuer, die z. T. keinen Kopf oder keine Arme und Beine haben und über den tötenden →Basiliskenblick verfügen.

'Anbay △ (»Sprecher, Verkünder«): arab. *Richter-* und *Orakelgott* in Qatabān, dessen Orakel Rechtsentscheidungen sind. Seine Beinamen sind »Herr des Gesetzes« und »Herr des Rechts«. Er wird oft zusammen mit →Haukim genannt.

Anchises △: griech. schöner *König* von Dardanos bei Troja. Er ist Sohn des Kapys und der Themis, Gemahl der Göttin →Aphrodite und durch sie Vater des Aineías. Da A. das Gebot der Göttin, ihren Namen nicht preiszugeben, übertrat, wurde er durch einen Blitz des →Zeús gelähmt. Auf den Schultern seines Sohnes wurde er aus dem brennenden Troja gerettet und nach Sizilien gebracht, wo er starb.

Andhakā △ (sanskr. »blind«): hindu. halbgöttlicher *Dämon*, der die *Dunkelheit, Unwissenheit* und geistige *Stumpfheit* verkörpert und zu den →Asuras gerechnet wird. Da er →Pārvati, die Gattin →Shivas, rauben wollte, hat letzterer ihn mit seinem Dreizack töten wollen, der deshalb auch *Andhakāsura* heißt. Da aus jedem Tropfen Blut, der aus den Verletzungen des A. rinnt, neue Dämonen entstehen, schufen die Götter die →Saptamātaras, die das Blut trinken sollten. Dargestellt wird A. tausendköpfig und tausendarmig.

androgyn ◇ (v. griech. *andrógynos* = »Mannweib«): allg. Bezeichnung für die Einheit der *Doppelgeschlechtlichkeit* in einem einzigen Wesen und Ausdruck der generativen und produktiven Mächte und Kräfte der Natur sowie Symbol ihrer Harmonie - im Gegensatz zur Zweiheit der (Zwei-) Geschlechtlichkeit, in die sich zwei Wesen (→männlich und weiblich) teilen. Für viele Völker gab es in der →Urzeit noch keine Trennung der

'Anath, syro-phönik. Kriegsgöttin mit Helm, Schild, Streitaxt und Speer.

Geschlechter bei Göttern, Menschen und sonstigen Wesen. So sind z. B. die *Ur-* und *Schöpfergottheiten* a. Sie zeugen und gebären aus alleiniger Kraft und Macht, ohne von einem/einer anderen Partner/in abhängig zu sein. So erzeugt z. B. der ägypt. a. →Atum aus sich die Gottheiten →Schu und →Tefnut, mit denen erst die Zweiheit der Geschlechter beginnt. Auch der hindu. →Prajāpati hat als a. Wesen alles aus sich gezeugt. Der indian. a. →Awonawilona (»Er-Sie«) hat den Himmelsvater und die Erdmutter aus 2 Bällen seiner eigenen Haut geformt. A. Geschlechts sind oft auch *Mondgottheiten, Erd-, Fruchtbarkeits-* und *Liebesgottheiten* (z. B. griech. →Hermaphróditos). Es gibt auch a. *Hochgottheiten,* wie: afrikan. →Mawu-Lisa, chines. →T'ien und jüd. →Jahwe. A. sind nicht nur Gottheiten, sondern auch *Urwesen,* aus deren Leib die Welt und/oder die zweigeschlechtlichen Menschen geschaffen wurden, so z. B.: ved. →Purusha und möglicherweise auch der jüd. →Ādam, aus dessen Rippe Eva gebildet wurde. Zu den a. *Tieren* gehört das chines. →K'i-lin. Außer den rein a. Wesen gibt es noch weibliche Gottheiten mit a. Aspekten, wie z. B. shintoist. →Inari, griech. →Gaía und german. →Jörd, wie auch männliche Gottheiten mit a. Aspekten, wie z. B. ägypt. →Re und chines. →P'an-ku. Die Androgynie ist Sinnbild der Vollkommenheit und Absolutheit des Ganzen ohne das Angewiesensein auf ein anderes oder zweites. Sie ist die Summe und Einheit von männlich und weiblich, weshalb im vorliegenden Lexikon bei einem a. Wesen hinter dessen Namen das Symbol ◇ steht.

Androméda ▽, Andrọmeda (lat.): griech. *Heroin* und Prinzessin. Sie ist eine Tochter des Äthiopierkönigs Kepheus und der →Kassiépeia sowie Gattin des →Perseús. Zur Sühne für die Frevel ihrer Mutter wurde sie auf Befehl →Poseidóns an einen Felsen am Meer gekettet, um von dem Ungeheuer →Kétos gefressen zu werden. Perseús befreite sie jedoch und machte sie zu seiner Gattin. Alle an dem Abenteuer des Perseús Beteiligten wurden als *Sternbilder* an den Himmel versetzt: Kepheus (Cepheus), Kassiépeia (Cassiopeia), Perseús, Androméda und der Walfisch (Kétos).

Äneas →Aineías

Angaraka →Mangala

Ángelos →Mala'äk

Angiras △ (sanskr. von ang = »sagen, künden«): brahm.-hindu. *Weiser* und *Seher* der Vorzeit (→Rishi), der zu den 10 →Maharishi gehört. Er ist ein geistentsprossener Sohn des →Brahmā und Vater von →Brihaspati.

Angra Mainyu (awest. »arger Geist«), *Ako Mainyu:* iran. böser *Geist* der *Qualen* und *Drangsale* sowie *Personifikation* des *Bösen* und *Dunklen,* des *Betruges* und der *Verworrenheit.* Er ist Sohn des →Ahura Mazdā und Zwillingsbruder des guten →Spenta Mainyu, mit dem er während der 9000jährigen Weltperiode in ständigem Kampf steht, bis er in der Zeit von →Frashō-kereti endgültig besiegt wird. Als »Daēva aller Daēvas« steht er an der Spitze der →Daēvas. Später wurde er zu →Ahriman wei-

Androméda, griech. Prinzessin, die, an einen Felsen am Meer angekettet, von Perseús, ihrem späteren Gatten, befreit wurde, der das am Boden liegende Ungeheuer Kétos, das sie fressen wollte, tötete.

terentwickelt. A. entspricht dem jüd.-christl. →Sātān und islam. →Shaitān.

Angus →Oengus

Anhuret →Onuris

Ani △ etrusk. *Himmelsgott*, der auf der Bronzeleber im Nordpunkt, d. h. im höchsten Himmel, wohnt. Er gleicht dem röm. →Ianus.

Ani →Ala

Aniruddha △ (sanskr. »ungehemmt, frei«): **1)** buddh. Anhänger des →Buddha und einer der zehn großen *Jünger* des →Shākyāmuni. **2)** hindu. *Fürst* und Sohn des →Pradyumna und der Kakumati, sowie Enkel von →Krishna und →Rukmini. Er gilt als Gemahl von →Ushā, durch die er Vater des →Vajra ist.

Ankallammā ▽, *Ankaramma:* ind. *Mutter-* und *Haushaltsgöttin* bei den Tamilen, die alles verschlingt, was ihr in den Weg kommt. Dargestellt wird sie mit einem Topf voll Muscheln.

Anky-Kele: sibir. *Meeresgott* und Herr der Wassertiere, Herr über Leben und Tod bei den Tschuktschen.

Anna Perenna ▽ (von lat. *perennis* = »ewig«): röm. *Erd-* und *Muttergöttin* sowie *Jahres-* und *Frühlingsgöttin*. Z. Zt. des Ständekampfes zwischen Patriziern und Plebejern hat sie - nach Auswanderung der letzteren auf den Heiligen Berg - in Gestalt einer alten Frau dem Volk täglich selbstgebackenen Kuchen verkauft und es so vor der Hungersnot bewahrt. Zur Erinnerung daran wurde am 15. März auf dem Marsfeld ihr Fest begangen.

Annikki ▽: finn. *Waldgeist* und *Schutzpatronin* der Waldtiere. Von ihr erbittet der Jäger die Freilassung der Tiere aus dem »Speicher des →Tapio«, ihres Vaters.

Annwn (walis. »Nichtwelt«), *Emain ablach* (ir.): kelt. *jenseitige Welt* ohne Tod und Winter, eine Insel der Seligen, wo Licht und Farben, Musik und Reigentanz, Mahlgenuß und Geschlechterliebe die Verstorbenen erwarten.

Anōsh: iran. *Geist-* und *Lichtwesen* (→Uthra) bei den Mandäern, *Lichtbote* und »erlöster *Erlöser*«. Zur Zeit des Pilatus (26-36) trat er in Jerusalem zusammen mit dem christl. →Iesūs auf und »entlarvte« und bekämpfte diesen als Lügenpropheten.

Anshar △ (»Himmelshorizont«): akkad. *Himmelsgott*, der zusammen mit seiner Schwester und Gattin →Kishar ein Paar der dritten Göttergeneration bildet. Der Sohn von →Lachmu und →Lachamu ist Vater des →Anu und der →Anatum, des →Ea und →Ellil. In neuassyrischer Zeit wurde der Reichsgott →Assur mit A. gleichgesetzt.

Antaios △ (»Begegner, Feind«), *Antaeus* (lat.): griech. *Riese* und gewaltiger Ringkämpfer aus Libyen, der in Berührung mit der Erde große Kraft besaß. Er forderte alle, die ihm begegneten, zum Ringkampf auf und tötete sie, bis →Heraklés ihn von der Erde abhob und erwürgte. A. ist

Sohn des →Poseidón und der Erdgöttin →Gaía. – *Gemälde:* H. Baldung Grien, Tintoretto, Tiepolo.

Antichristos △ (griech. »Widerchristus«), *Antichrist* (dt.): christl. eschatologischer *Widersacher* des Christós, der zu Beginn der Endzeit und vor der Wiederkunft (→Parusia) des →Messias auftreten wird. Der A., der als Tier zusammen mit dem →Satán und dem falschen Propheten eine höllische Trias bildet, wird versuchen, die Gläubigen zum Abfall zu bewegen, doch durch den Christos wird der Macht des A. ein Ende bereitet werden. Im Verlauf der Geschichte wurden zahlreiche Menschen von ihren Gegnern als A. bezeichnet, so z. B. Nero, →Muhammad, der →Papa und Napoleon I.

Antigóne ▽, *Antigone* (lat.): griech. *Heroin* und Prinzessin, eine Tochter des →Oidípus und der Iokaste, Schwester von Eteokles, Polyneikes und Ismene. A. begleitete ihren blinden Vater bis zu seinem Tod in der Fremde. Weil sie entgegen dem Verbot ihres Onkels, des Königs Kreon von Theben, die Leiche ihres Bruders Polyneikes bestattete, wurde sie zur Strafe dafür bei lebendigem Leib in eine Felsenhöhle eingemauert. Als ihr Vetter und Verlobter Haimon, Kreons Sohn, sie befreien wollte, fand er A. erhängt vor, woraufhin er sich selbst tötete. – *Dramen:* Sophokles (441 v. Chr.), Anouilh (1942); *Oper:* Orff (1949).

Antíope ▽, *Antiopa* (lat.): griech. *Prinzessin* und Geliebte des →Zeús. Sie ist Tochter des Königs Nykteos und der Polyxo sowie von Zeús Mutter der Zwillinge →Amphíon und Zéthos. Als Zeús sie in Gestalt eines →Sátyros geschwängert hatte, floh sie aus Furcht vor ihrem Vater zu Epopeus von Sikyon, der sie zu seiner Gemahlin machte. – *Gemälde:* Correggio (1521/22), Tizian (1560), A. Watteau.

Anu △, *Anum:* akkad. *Himmelsgott,* der neben →Ellil und →Ea zur Trias der ruhenden Mächte gehört. Er ist Vater und König der Götter und gilt als Sohn von →Anshar und →Kishar und als Gemahl der →Anatum, die später durch ihre gemeinsame Tochter →Ishtar ersetzt wird. Sein Hauptkultort war Uruk. Sein Emblem ist die »Hörnerkrone«, sein heiliges Tier der Stier. Die ihm heilige Zahl ist sechzig. A. entspricht dem sumer. →An.

Anu →Dan

Anubis △: ägypt. *Totengott,* der als »Herr der Gotteshalle« zuständig ist für das »Verklären«, d. h. die rituelle Vorbereitung (Mumifizierung) der Leiche, und als »Herr der Höhlenöffnung« die Nekropole beschützt. Er begleitet die Toten in die Unterwelt und nimmt beim Totengericht als »Herzenszähler« die Abwägung der Herzen auf der Waage der →Ma'at vor. Anubis gilt als »eines der vier Kinder« des →Re, später als Sohn des →Osiris und dessen Schwester →Nephthys. Sein Fest ist am 22. I. des ägypt. Jahres, und seine Hauptkultorte sind Lykopolis (»Wolfsstadt«) und Kynopolis (»Hundestadt«). Dargestellt ist er meist als lagernder schwarzer Hund (Schakal) auf einer Truhe oder als Mensch mit Hunde-(Schakal-)Kopf. Später wird er dem griech. →Hermés gleichgesetzt.

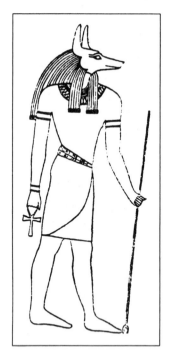

Anubis, ägypt. hunde- bzw. schakalköpfiger Totengott, in der Rechten das Lebenszeichen »Ankh« haltend.

Anuket ▽, *Anukis* (griech.): ägypt. *Lokalgöttin* des Kataraktgebiets von Elephantine, die »das kühle Wasser, das aus Elephantine kommt«, spendet. Sie bildet zusammen mit →Satis und →Chnum eine Trias des Kataraktgebiets. Später wird sie als »Herrin von Nubien« verehrt. Ihr zu Ehren hält man beim Einsetzen der Nilschwelle eine Prozession ab. Dargestellt wird sie mit einer kranzartigen Federkrone, und ihr Symboltier ist die Gazelle. Die Griechen haben sie der →Héra gleichgesetzt.

Anulap △, *Analap, Onolap:* mikrones. *Himmelsgott* (der Truk-Inseln) und Gatte der Ligoububfanu, die Menschen, Pflanzen, Tiere und Inseln schöpferisch formte. A. ist Großvater bzw. Vater von →Olifat und →Luk.

Anunit(u) ▽: akkad. *Kriegs-* und *Fruchtbarkeitsgöttin.* Als *Morgensterngöttin* ist sie eine Erscheinungsform der →Ishtar. Sie gilt als Tochter des →Anu bzw. des →Ellil und als Gemahlin des →Shamash. Ihre Kultorte sind Akkad und Sippar.

Anunna (»die aus ›fürstlichem‹ Samen«): sumer. Kollektivbezeichnung für die Gottheiten des Himmels und der Erde, aber auch Name für Gottheiten eines lokalen Götterkreises, z. B. die »A. von Lagash« oder die »A. von Eridu«. Sie sind den akkad. →Anunnaku gleich.

Anunnaku akkad. *unterirdische Gottheiten* im Gegensatz zu den oderirdischen →Igigū. Sie sind Richter der Unterwelt und Hüter des Lebenswassers und bewohnen den Palast Ekalgina in der Unterwelt. Nach dem Enuma elish sind von →Marduk 300 unterirdische Gottheiten eingesetzt. Sie gleichen den sumer. →Anunna.

Anuttara: jin. *Göttergruppe,* die zu den →Kalpātita und damit zu den →Vaimānika gehört. Sie bewohnt den Gipfel des Weltgebäudes, d. h. die fünfteilige Krone des →Loka-Purusha und widmet sich hier der Meditation.

Anzu →Zū

Apām napāt △ (»Enkel des Wassers«): indo-iran. *Wassergott* und *Kriegsgott,* der die rebellierenden Länder im Zaum hält. Er ist Sohn des →Vourukasha und gehört zu den →Ahura. A. hat das von →Ôhrmazd gesandte Feuer, das der von →Ahriman geschickte →Aži Dahāka verfolgte und bedrohte, unter seinen Schutz genommen.

Apaosha △, *Apa-urta:* iran. *Dämon* (→Daēva) der Dürre, ein ständiger Widersacher der Wassergöttin →Aredvi Sūrā. Er reitet ein häßliches, schwarzes und kahles Roß, bis er schließlich vom Regengott →Tishtrya besiegt wird. A. entspricht dem ved. →Vritra.

Apasmara △ (sanskr. »Blindheit«): hindu. zwergenhafter *Dämon* und Personifikation der Stumpfheit und Verblendung. Er hindert die Lebewesen an ihrer Befreiung aus dem →Samsāra. Er liegt zu Füßen des →Shiva, der ihn als →Natarāya eine Flammenaureole als Sinnbild der Erlösung umgibt.

Apa-urta →Apaosha

Aphrodite ▽ (? von *aphros* = »Meeresschaum«): griech. *Göttin* der ge-

Apasmara, hindu. Dämon, auf den der Tanzgott Shiva Natarāya sein Tanzbein setzt.

Aphrodite, griech. Göttin der geschlechtlichen Liebe und Schönheit, mit ihrem Sohn Éros und dem unschönen Mischwesen Pán.

schlechtlichen *Liebe* und der *Schönheit, Gartengöttin* und *Göttin* der vegetativen *Fruchtbarkeit, Schutzgöttin* der Hetären und eine der 12 →Olýmpioi. Sie ist Gattin des →Héphaistos und Geliebte des →Áres und von letzterem Mutter des →Éros, sowie durch den sterblichen →Anchises Mutter des →Aineías. Unerfüllt blieb ihre Liebe zu dem Knaben →Ádonis. Ihre Beinamen sind: Urania und Anadyomene (»die aus dem Meer Aufsteigende«). Nach Hesiod entsprang sie bei Zypern aus dem Schaum des Meeres, der sich um das von →Krónos abgeschnittene Genital des →Uranós herum ansammelte, als dieses übers Meer trieb. Nach Homer ist sie Tochter des →Zeús und der Dione. Im Schönheitswettbewerb mit →Athéne und →Héra erhielt sie von →Páris den Apfel zugesprochen. Ihr Attribut ist die Taube. - *Plastiken:* Geburt der A. (5. Jh. v. Chr.), A. von Knidos (4. Jh. v. Chr.), A. von Melos (2. Jh. v. Chr.); *Gemälde:* N. Poussin (1625); *Oper:* C. Orff (1951); *Worte:* Aphrodisiakum, aphrodisisch, aphroditisch. - Die A. entspricht der röm. →Venus.

Apia ▽: skyth. *Erdgöttin* und Mutter aller Menschen. Sie ist die Gattin des Himmelsgottes →Papeus.

Apidėmė ▽, *Apydėmė:* litau. *Haushaltsgöttin* und Göttin des Haushaltswechsels, die seit der Christianisierung zum christl. →Satān degradiert wurde.

Apis △ (griech.), *Hapi* (ägypt. »der Eilende«): ägypt. *Fruchtbarkeitsgott* und als Gott der Zeugungskraft bekanntester *Stiergott*. Apis hat ein schwarzes Fell mit einem weißen Dreieck auf der Stirn und einem halbmondförmigen Fleck auf der rechten Seite. Im Alten Reich ist er »Herold« und Erscheinungsform des Stadtgottes von Memphis, des →Ptah. Sein Hauptkultort war ebenfalls Memphis, und sein Heiligtum, das *Apieion,* lag unmittelbar beim Tempel des Ptah. Es war ein Stall, in dem der lebende Apis gehalten und verehrt wurde. Durch das Osttor des Apieions fand der »Auslauf des Apis« statt, ein Fruchtbarkeitsritual zur Segnung der Felder und Herden. Aus dem Westtor wurde der tote Apis getragen, der bei seinem Tod in →Osiris eingegangen und so zu Osiris-Apis (gräzisiert: Serapis) wurde. Seit dem Neuen Reich wurde der tote Apis einbalsamiert und im *Serapeum* beigesetzt. Die Beisetzung war das größte aller Apisfeste. Apis ist auch mit dem Sonnengott →Atum zu Apis-Atum verschmolzen, was sein Symbol, die Sonnenscheibe mit einem →Uräus zwischen den Hörnern, erklärt.

Apkallu (»Weiser«): **1)** akkad. sieben *Weise* und *Geisterwesen,* die babylon. Städten zugeordnet sind und den sumer. →Abgal entsprechen. **2)** akkad. Götterepithet vor allem für →Ellil, →Marduk und →Nabū.

Aplu △, *Apulu:* etrusk. *Licht-* und *Blitzgott,* der mit einem Lorbeerkranz auf dem Haupt und einem Stab in der Hand dargestellt wird. Seine *Statue aus Veji* (ca. 500 v. Chr.) ist eines der Meisterwerke etrusk. Kunst. A. ist dem griech.-röm. →Apollo(n) gleich.

Apoleía →Abaddōn

Apóllon △, *Apollo* (lat.), *Phoíbos, Phoebus* (lat.): griech. jugendlicher *Gott* des *Lichtes* und des *Todes*, der *Gesetzmäßigkeit* und *Ordnung*, des *Rechts* und *Friedens, Schutzgott* der Künste und Herr der →Músai, Gott der *Weissagungen* mit den Orakelstätten in Delphi und Delos. A. ist einer der 12 →Olýmpioi und Sohn des →Zeús und der →Letó sowie Zwillingsbruder der →Ártemis. Durch →Koronís ist er Vater des →Asklepiós. Er gab →Kassándra die Gabe der Weissagung. Erst wenige Tage alt tötete er den Drachen →Pýthon in Delphi. Zur Erinnerung daran wurden die Pythischen Spiele gefeiert. Rache nahm er an →Nióbe und →Tityós. Seine Attribute sind Pfeil, Bogen und Kithara. - *Plastiken:* »Kasseler« Apollon von Phidias (450 v. Chr.), A. von Belvedere (340 v. Chr.), Thorwaldsen, Rodin (1900); *Opern:* Lully (1698), Mozart (1767); *Ballett:* Strawinsky (1928); *Worte:* apollinisch, Apollofalter.

Apollýon →Abaddōn

Apophis △, *Apopis* (von kopt. »Riese«): ägypt. *Schlangendämon*, der als »Riesenschlange« in der Finsternis haust, und Verkörperung der dem lichten Himmelsgott entgegengesetzten dunklen Mächte. Gegen A. muß die Sonne täglich Kämpfe bestehen. Abends bei Sonnenuntergang tritt A. dem Sonnenschiff vor dessen Einfahrt in die Unterwelt bedrohlich entgegen und muß vom Bug des Schiffes aus von →Seth bekämpft werden, so daß das Blut des A. den Himmel rot färbt. Auch am Morgen beim Aufgang der Sonne aus dem Dunkel der Unterwelt muß der gleiche Kampf stattfinden. Der Sieg über A. wird in den Tempeln rituell gefeiert. Gelegentlich wird A. später mit →Seth gleichgesetzt.

Apotheose (griech. »Vergöttlichung«): allg. Bezeichnung für die *Vergöttlichung* eines irdischen Wesens (→Mittler) und für den Aufstieg eines

Apophis, ägypt. dämonische Riesenschlange, die täglich von Seth vom Bug der Sonnenbarke aus bekämpft werden muß.

Apotheose des röm. Gottherrschers und Kaisers Antoninus und der Faustina. Auf den Schwingen eines Jünglings wird das Kaiserpaar zum Himmel getragen, während die Göttin Roma zuschaut.

Menschen, der sich als →Heros, Herrscher, Wohltäter und Retter um Stadt oder Staat verdient gemacht hat, zur Gottheit. Die griech.-röm. Praxis der A. führte entweder schon zu Lebzeiten oder erst nach dem Tod des Betreffenden zu dessen Verehrung. Die Erhebung röm. Kaiser oder ihrer Angehörigen zu göttlicher Würde beginnt mit Julius →Caesar. Dem »Weltheiland« →Augustus selbst wird schon zu Lebzeiten außerhalb Roms göttliche Verehrung zuteil. Seit dem letzten Soldatenkaiser Diokletian (284–305) wird es allgemein üblich, die röm. Kaiser schon zu ihren Lebzeiten als divus (»göttlich«) zu verehren; man betet zu ihrem →Genius und opfert vor ihren Statuen. Der Aufstieg des Kaisers zur göttlichen Welt wurde dadurch symbolisiert, daß man von der Spitze des Scheiterhaufens, auf dem der »divus imperator« verbrannt wurde, einen Adler, den Vogel →Iupiters, zum →Himmel auffliegen ließ. Die A. ist der →Himmelfahrt vergleichbar. – *Wort:* A.

Apoyan Tachu △: indian. *Himmelsvater* bei den Pueblo-Zuni, der alle beschützt. Von →Awonawilona ist er selbst aus Schlamm geschaffen worden. Zusammen mit seiner Gattin →Awitelin Tsita schuf er das Leben auf der Erde.

Apratishthita-Nirvāna (sanskr.»nicht fixiertes, aktives Nirvāna«): buddh. →Nirvāna im Mahāyāna, in dem sich ein transzendenter →Bodhisattva befindet, der auf das →Pratishthita-Nirvāna vorerst aus Mitleid verzichtet, um anderen Wesen auf ihrem Weg zur Erlösung behilflich zu sein.

Apsarās ▽ (sanskr. »Wasserwandlerinnen«). ved.-brahm.-hindu. *Geistwesen* und *Genien* der Glücksspieler sowie *Nymphen* und himmlische *Kurtisanen*, die die irdischen Asketen verführen. Als

Apsarā, hindu. himmlische Nymphe, mit einem irdischen Asketen.

Sängerinnen und *Tänzerinnen* bevölkern sie den Himmel →Indras. Nachdem sie beim Umrühren des Ozeans (→Kūrma-avatāra) aus dem Wasser aufgetaucht waren, wollten weder die →Devas noch die →Asuras sie ehelichen, obwohl sie unbeschreiblich schön waren. Seitdem sind sie für alle da und werden darum »Freudentöchter« genannt, deren Anführer der Liebesgott →Kāma ist. Eine von ihnen ist Urvashi, die Gattin Purūravas, deren Liebesgeschichte Kālidāsa erzählt.

Apsū △: akkad. Personifikation des unterirdischen *Süßwasserozeans,* des

Grundwassers, aus dem die Quellen gespeist werden. Nach dem Enūma elish haben im Anbeginn der Weltschöpfung das weibliche Salzmeer →Tiāmat, das die Erde umgibt, und der männliche Süßwasserozean A. ihre Wasser miteinander vermischt. Als A., der Vater von →Lachmu und →Lachamu, von →Ea mit dessen Zauberwaffen besiegt war, benannte letzterer seinen künftigen Wohnort nach dem besiegten Gott A. Der akkad. Apsū ist dem sumer. →Abzu gleich.

Apulu →Aplu

Apydeme →Apideme

Ara →Aray

Araber (Südaraber: Sabäer, Mināer, Qatabāner, Hadramautiten; Nord- und Zentralaraber; →Muslimen): Allāh, 'Almaqahú, 'Amm, 'Anbay, Atirat, 'Attar, Baltis, Bashāmum, Datin, Djinn, Ghūl, du-l-Halasa, Haubas, Haukim, Hilāl, Hubal, 'Īl, Isāf, al-Lāt, Manāt, Mandah, al-Muharriq, Mukarrib, Nahi, Nakrahum, Nasr, Orotalt, Qaynān, Quzah, Rudā, Salmān, Shams, Sīn, Suwā', Ta'lab, al-'Uzzā, Wadd, Ya'ūq.

Aráchne ▽ (»Spinne«): griech. *Jungfrau* und *Teppichweberin* aus Lydien. Aus Übermut forderte sie die Göttin →Athéne zum Wettstreit im Weben heraus, und da die Göttin über die von A. dargestellten Liebesaffären der Gottheiten empört war, wurde A. von der Athéne in eine Spinne verwandelt. - *Gemälde:* P. Veronese, Rubens (1636/38), *Velázquez* (1657); *Worte:* Arachnoiden, Arachnologe, Arachnologie.

Aradat-lilī →Lilītu

Arahanta →Arhat

Aralēz, *Arlēz* (von *yaralez*=»Immerlecker«): armen. gute *Geister* (→Devs), die in Hundsgestalt die in einer Schlacht Verwundeten beständig belecken und auf diese Weise heilen bzw. die Gefallenen durch ihr ständiges Belecken wieder zum Leben erwecken.

Aralu, *Arallu:* akkad. *Unterwelt,* über die →Nergal zusammen mit seiner Gattin →Allatu herrscht. Der Aufenthaltsort der Toten ist eine weite, von sieben Mauern umgebene, dunkle Höhle inmitten der Erde. A. entspricht der sumer. →Kurnugia.

Aramazd △ : armen. *Schöpfergott* und *Schutzgott* des Landes. Er gilt als Vater des →Mihr und der →Nana. Sein Fest wird zu Anfang des Jahres gefeiert. Der 15. eines jeden Monats ist nach ihm benannt. A. ist dem iran. →Ahura-Mazdā gleich.

Aray △ , *Ara:* armen. *Kriegs-* und *Vegetationsgott, Personifikation* der wiederauflebenden *Natur* im Frühjahr, ein *auferstehender Gott,* der später zum *Heros* wird. Sein Symboltier ist der Storch. Nach A. ist der 6. Monat des Jahres »Arac« benannt. - *Wort:* Ararat (»Ebene des Ara«).

Arca →Tēbāh

Arcas →Arkás

Archángeloi (Pl.; griechisch »Erzengel«): **1)** jüdische *Geistwesen, Engel* und *Boten* des →Jahwe-Elohim. Zu ihnen gehören (mit wechselnder

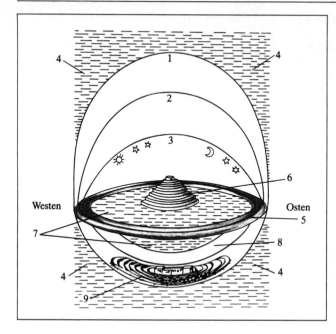

Akkad. Weltbild:

1. Himmel als Wohnort des Anu,

2. Himmel als Wohnort der Igigü und des Marduk,

3. Himmelsgewölbe mit Sonne, Mond und Sternen,

4. himmlischer Ozean,

5. Horizont als Fundament und Damm des Himmels,

6. Erde als Weltberg mit sieben Etagen, Wohnort des Ellil und der Menschen,

7. irdischer Salzozean,

8. Apsü, das Reich des Süßwassergottes Ea,

9. Unterwelt Arallu mit dem von sieben Mauern umgebenen Palast des Nergal und der Allatu sowie Aufenthaltsort der 600 Anunnaki und Totenreich aller Verstorbenen, (→ Aralu.)

Zahl), sieben, drei oder vier. Namentlich sind zu nennen: →Mikā'ēl, →Gabri'ēl, →Rafā'ēl und →Üri'ēl. **2)** christl. *Klasse* von *Engeln* und *Boten* des →Kýrios. Sie bilden die vorletzte, aber besonders wichtige Rangstufe unter den 9 Engelchören.

Arche →Tēbāh

Archóntes △ ▽ (griech. »Anführer, Gebieter«): **1)** iran. *dämonische Wesen* bei den Manichäern. Sie umgeben den »Fürsten der Finsternis« in dessen fünf Abgründen in der Tiefe und im Süden und stehen vereint mit ihm in diametralem Gegensatz zu den →Aiónes und dem »Guten Gott«. Vom →Mihryazd werden sie besiegt. Aus der ihnen abgezogenen Haut werden die Himmel, aus ihren Exkrementen die Erde, aus ihren Knochen die Gebirge, aus den am wenigsten befleckten Lichtsubstanzen die Sterne gebildet. Bzw. →Narisah zeigt sich den männlichen A. in weiblicher und den weiblichen A. in männlicher Gestalt. So wird ihr Begehren geweckt, sie vereinigen sich untereinander und stoßen das von ihnen verschlungene Licht, verbunden mit ihrer Samenflüssigkeit und ihrer Geburtsfrucht, aus. **2)** gnost. *Gruppe* von 7 bösen *Geistwesen* und *Herrschern* über die 7 *Planeten*. Ihr Gebieter ist der Demiurg →Jadalbaoth. Sie unternehmen alles, um die Menschen in Unkenntnis zu halten oder zu stürzen, so daß diese nicht zur Gnosis (»Erkenntnis«) und damit zur Erlösung gelangen.

Arduinna ▽: kelt. *Wald*- und *Jagdgöttin* (der Gallier) sowie *Göttin* der *Ardennen*, nach der diese benannt sind. Ihr hl. Tier ist der Eber. A. ist der röm. →Diana gleich.

Arebati △: *Himmels*- und *Mondgott* der Pygmäen in Zaire, die ihn als ihren Vater, *afa*, verehren. Als Herr des Mondes hat er den Leib der ersten Menschen aus Lehm geformt, ihn mit einer Haut umspannt und dann Blut hineingegossen. Er ist dem →Mugasa ähnlich.

Aredvi Sürä Anähitä ▽, (awest. »die Feuchte, Heldin, Unbefleckte«): iran. *Göttin* des *Wassers* und der *Fruchtbarkeit*. Sie läßt alle Ströme und Seen anschwellen, so daß sie sich über die Welt ergießen. Sie legt in die Männer den Samen und in den Schoß der Frauen den Keim des Lebens und läßt reichlich und rechtzeitig Milch in ihre Brüste fließen. Ihr sind der 10. Tag des Monats und der 8. Monat geweiht. Dargestellt wird sie mit hoher Krone und einer Granatapfelblüte vor ihren schwellenden Brüsten. Ihre heiligen Tiere sind Taube und Pfau. Sie entspricht der syrophönik. →'Anath und ist der armen. →Anahit ähnlich.

Areg →Arev

Áres △ (?»Verderber, Rächer«): griech. *Gott* des verheerenden *Angriffskrieges* und einer der 12 →Olýmpioi. Er ist Sohn des →Zeús und der →Héra, Bruder von →Héphaistos, →Hébe und →Eileíthyia. Durch seine Geliebte →Aphrodíte ist er Vater des →Éros. Ferner gilt er als Vater der →Amazónes, des →Phóbos, Deimos (»Frucht«) und →Éris (»Streit«). Auf das Liebesabenteuer der Aphrodíte mit A., die von ihrem Gatten Héphaistos dabei ertappt und in einem unsichtbaren Netz gefangen wird, beziehen sich viele Darstellungen der bildenden Kunst. - *Plastiken:* Thorwaldsen (1809/11), Canova (1866); *Gemälde:* Botticelli (1476/78), Tintoretto (1578), Rubens (1625), Rembrandt (1655), Velázquez (1640/58), L. Corinth (1910). A. entspricht dem röm. →Mars.

Aréthusa ▽, *Arethusa* (lat.): griech. *Quellennymphe* (→Naides) aus Pisa in Elis. Da der Gott Alphaios sie liebeswütig verfolgte, wurde A. auf ihre Bitten hin von →Ártemis in eine Quelle verwandelt, die unter dem Meer nach Sizilien weiterfloß und erst bei Syrakus wieder zum Vorschein kam. Daraufhin verwandelte sich Alphaios in einen Fluß (Personifikation des gleichnamigen Flusses auf dem Peloponnes) und folgte der Geliebten unter dem Meer. Der Kopf der A. ist oft auf syrakusianischen Münzen dargestellt.

Aretia ▽: armen. *Erdgöttin* und *Mutter* aller Lebewesen. Sie gilt als Gattin des Sintflutheros Noy, der dem jüd. →Nôach ähnlich ist.

Arev △, *Areg* (»Sonne, Leben«): armen. *Sonnen-* und *Schwurgott,* dem Pferde geopfert wurden, die ihm heilig waren. Nach »Areg« sind der 8. Monat sowie der 1. Tag eines jeden Monats im Jahr benannt.

Argó ▽, *Argo* (lat.): griech. *Schiff* der →Argonaútai, das unter Anleitung der →Athéne gebaut wurde und als erstes Schiff die Meere befuhr. Es war sehr schnell und konnte reden, da die Göttin ein Stück sprechendes Holz von einer Eiche in Dodona im Bug angebracht hatte, das vor Gefahren warnte. Die A. wurde als *Sternbild* an den Himmel versetzt.

Argonaútai △ (»Argo-Schiffer«), *Argonautae* (lat.), *Argonauten* (dt.): griech. *Gruppe* von 50 *Heroen,* die unter Führung des →Iáson die Besatzung der →Argó bildeten und unter dem Schutz der →Athéne von Iolkos nach Kolchis fuhren, um das »goldene Vlies« zu holen, wobei →Médeia behilflich war. Zu den A. zählen u. a.: →Néstor, →Meléagros, →Heraklés, →Orpheús, →Theseús und die →Dióskuroi. - *Plastik:* Relief in Delphi (560 v. Chr.); *Drama* Grillparzer (1820); *Oper:* G. Mahler (1879).

Árgos △, *Argus* (lat.): griech. vieläugiger *Hirte* und *Riese,* der auf Geheiß der →Héra die in eine Kuh verwandelte →Ió bewachte, bis er von

→Hermés - auf Befehl des →Zeús - eingeschläfert und getötet wurde. Seine 100 Augen wurden daraufhin von Héra an die Pfauenschwanzfedern geheftet. - *Worte:* Argus (fig.); *sprichwörtlich* sind die Argusaugen, denen nichts entgeht.

Argui (»Licht«): bask. *Nachtgeist* beim Berg Ernio und *Totengeist* im östlichen Baskenland.

Argus →Árgos

Arhat (sanskr. »ein Würdiger«), *Arahanta* (Pali), *Lo-han* (chines.), *Rakan* (japan.): buddh. historischer *Heiliger* als Mönch oder Laie, der bereits zu Lebzeiten die Gewißheit von der Befreiung aus dem →Samsāra erlangt hat und nur noch sein altes Karma austrägt, aber kein neues mehr schafft. Die Frucht der Arhatschaft ist das bereits erlangte →Nirvāna, dem beim Tode des A. das →Parinirvāna folgt. Im Gegensatz zu einem →Buddha, der die Erlösung selbst gefunden hat, verdankt ein A. seine Erlösung der Belehrung durch andere. Das A.-Ideal im Hinayāna ist vom Ideal des →Bodhisattva im Mahāyāna abgelöst worden. Es gibt die A.-Gruppe von 16 bzw. 18 Zeitgenossen des Buddha (→Rāhula), aber auch in chines. und japan. Zenklöstern die Gruppe von 500 Heiligen, die denen auf dem ersten Konzil entspricht.

Ariádne ▽, *Aridela* (kret. »die herrlich Strahlende«), *Ariadna* (lat.): griech.-mino. *Vegetationsgöttin.* Sie ist Tochter des Königs →Mínos und der Mondgöttin →Pasipháë (→Gottmensch), Schwester der →Phaídra und Gattin des →Diónysos. Von ihm hatte sie 4 Söhne: Thoas, Staphylos, Oinopion und Peparethos. A. schenkte →Theseús aus Liebe ein Wollknäuel, damit er - nach Tötung des →Minótauros - an dessen abgewickeltem Faden den Rückweg aus dem →Labýrinthos findet. Mit Theseús, der ihr die Ehe versprochen hatte, verließ sie Kreta, wurde aber von ihm auf dem Weg in dessen Heimat Athen allein auf der einsamen Insel Naxos zurückgelassen. Der des Weges kommende Diónysos nahm die Verzweifelte und Verlassene zur Gattin und führte sie nach ihrem Tod - wie seine Mutter →Seméle - aus dem →Hádes auf den →Ólympos. Ihre Krone, ein Brautgeschenk von →Héphaistos, wurde als *Sternbild* (Corona borealis) an den Himmel versetzt. - *Plastik:* J. H. Dannecker (1814); *Gemälde:* Tizian (1523), Tintoretto (1578), A. Kauffmann (1782), L. Corinth (1913); *Drama:* Corneille (1672); *Opern:* Monteverdi (1608), Händel (1733), Haydn (1791), R. Strauss (1912); *Ballett:* Balanchine (1948); *Wort:* Ariadnefaden.

Arianrhod ▽ (»silbernes Rad«): kelt. *Göttin* (der Waliser). Sie ist die Tochter der →Dôn und des →Beli sowie Gattin des →Gwydyon. Nach A. ist das Sternbild der nördlichen Krone *Caer Arianrhod* benannt.

Aridela →Ariádne

Arinna ▽, *Ariniddu, Arinitti* (»die Arimaische«): hethit. *Sonnengöttin,* die nach ihrem Hauptkultort Arinna benannt ist und deren Name mit dem Keilschriftzeichen für die Sonne geschrieben wird. Sie ist neben

Arhat Dharmatala, buddh. Heiliger und Wundertäter, den Blick auf den am Himmel erscheinenden Buddha Amitābha gerichtet. Die Kiepe mit den heiligen Büchern hat er abgestellt. Zu seinen Füßen ruht der von ihm selbst zu seinem Schutz vor wilden Tieren geschaffene Tiger.

→Ishkur, ihrem Gatten, oberste *Reichsgöttin* und setzt als *Schutzgöttin* des Königtums die irdischen Herrscher ein. In ihrem Tempel werden die Staatsverträge aufbewahrt. An sie ist der einzige bekannte hethit. Götterhymnus gerichtet, in dem sie als »Königin des Landes Chatti, Königin des Himmels und der Erde, Herrin der Könige und Königinnen des chattischen Landes« gepriesen wird. Ihr Symbol ist die »shittar« (»Sonnenscheibe«), und sie entspricht der protohatt. →Wurunshemu und der churrit. →Chebat.

Arishthanemi △, *Nemi:* jin. *Heilskünder* und 22. →Tirthankara des gegenwärtigen Zeitalters. Der Sohn des Samudravijaya und der Shivā-devi ist ein Neffe des →Vāsudeva →Krishna und des →Baladeva →Balarāma. Als er auf dem Weg zu seiner von Krishna angeregten Hochzeit mit Rajimati die in Käfigen für das Festmahl bereitgehaltenen Tiere sah, entschloß er sich zur Askese auf dem Berg Girnār, wo er tausendjährig ins →Nirvāna einging. Sein Emblem ist die Schneckenschale, seine Farbe das Schwarz.

Aristaíos △, *Aristaeus* (lat.): griech. *Heros* und *Kulturbringer, Halbgott* des *Ackerbaus* und der *Jagd, Schutzgott* der Herden und Erfinder des Gemüseanbaus und der Bienenzucht. A. ist Sohn des →Apóllon und einer Nymphe, Gatte der Autonoe und durch sie Vater des →Aktaíon. A. stellte der →Eurydíke nach, die auf der Flucht vor ihm auf eine Schlange trat, an deren Biß sie starb.

Aritimi →Artumes

Arjuna △ (sanskr. »weiß, licht«): hindu. *Held* und dritter der 5 Pāndu-Prinzen (→Pāndavas). Er gilt als Sohn des →Indra bzw. →Pāndu und der →Kunti sowie als Gatte der →Draupadi, die er mit seinen 4 Brüdern teilt, aber auch als Gemahl der Subhadrā, einer Schwester →Krishnas. A. besitzt göttliche Waffen. Vor der Entscheidungsschlacht gegen die →Kauravas verkündet ihm sein Wagenlenker Krishna die Bhagavadgitā.

Arkás △, *Arcas* (lat.): griech. *Heros* und Stammvater der Arkader. Er ist Sohn des →Zeús und der →Kallistó. Nach seinem Tod wurde er zusammen mit seiner Mutter als *Sternbild* Bärenhüter (Arctophylax) an den Himmel versetzt.

Arlēz →Aralēz

Arma △: hethit. *Mondgott*, der mit einer Mondsichel an der gehörnten Göttermütze und mit einem Flügelpaar auf dem Rücken dargestellt wird. Sein Wortzeichen ist eine Lunula (»Mondsichel«) und seine hl. Zahl die 30, entsprechend dem dreißigtägigen Mondmonat. Er ist dem protohatt. →Kashku und dem churrit. →Kushuch gleich.

Armaiti ▽ (awest. »fügsames Denken«), *Spenta Armaiti* (»heilige Demut, Frömmigkeit«): iran. **1)** *Erd-* und *Muttergöttin*, Tochter bzw. Gattin des →Ahura Mazdā und als Mutter des →Gaya-maretān *Ahngöttin* der Menschheit. **2)** *Geistwesen* und *Personifikation* der *Ergebenheit, Fröm-*

Ariádne, griech. weiblicher Gottmensch, der dem Theseús hilft, den Stiermenschen Minótauros zu töten.

Ártemis, griech. vielbrüstige Göttin der Fruchtbarkeit.

migkeit und *Demut* sowie *Schutzgeist* der *Erde.* Sie ist eine der 7 →Amesha Spentas, deren ständiger Widersacher der Erzdämon →Nanghaithya ist. Der A. sind der 5. Monatstag und der 12. Monat geweiht.

Armenier: Alk', Anahit, Aralēz, Aramazd, Aray, Aretia, Arev, Astlik, Ays, Chival, Devs, Hayk, K'ajk', Mihr, Nana, Spandaramet, Tir, Tork, Uruakan, Vahagn, Vishap.

Arnaquáshāq →Sedna

Árpád △: ungar. *Großfürst* und Sohn des →Álmos, der die vereinigten Stämme in das heutige Ungarn führte. Als Nachfahr des Hunnenkönigs Attila hat er das Hunnenreich von dem Bulgaren Zálan um den Preis eines weißen Hengstes zurückgekauft.

Arsj ▽ (»der Erde angehörig«): phönik-ugarit. *Erdgöttin* und eine der drei Töchter oder Gefährtinnen des →Ba'al neben →Pidrai und →Tlj. Sie, deren Epithet »Mädchen der weiten Welt« ist, repräsentiert die weite Erde, die den befruchtenden Regen des Ba'al empfängt.

Arsnuphis △, *Harensnuphis:* nub. *Luftgott* mit den Beinamen »Erster von Nubien« oder »Schöner Jäger, Herr von ›Punt‹« und auch als »Löwe« bezeichnet. Er ist dem ägypt. →Schu ähnlich.

Arsū △: palmyren. *Abendsterngott,* der zusammen mit seinem Zwillingsbruder, dem syr. Morgensterngott →Azizos, als Kamelreiter dargestellt wird.

Ártemis ▽: griech. jungfräuliche *Göttin* der *Jagd* und *Fruchtbarkeit* von Menschen und Tieren: Sie ist eine der 12 →Olýmpioi und Tochter des →Zeús und der →Letó sowie Zwillingsschwester des →Apóllon. In ihrer Begleitung sind die →Nymphen. Die Nymphe →Kallistó, die ihr Keuschheitsgelübde brach, wurde von A. in eine Bärin und Aktaion, der sie beim Baden belauschte, in einen Hirsch verwandelt, den seine eigenen Hunde zerfleischten. Ihre Pfeile richten sich gegen →Tityós und die Töchter der →Níobe. Ihr Jagdgefährte ist →Oríon und ihre Priesterin →Iphigéneia. Ihre Attribute sind Pfeil und Bogen. Ihr Tempel in Ephesos mit der vielbrüstigen Kultstatue war der größte der Antike und zugleich eines der 7 Weltwunder. – *Plastik:* A. von Versailles (320 v. Chr.). – A. entspricht der röm. →Diana.

Artimpaasa ▽: skyth. *Mondgöttin.*

Artio ▽: kelt. *Bärengöttin* und *Göttin* der *Jagd* und des *Waldes* (der Nordostgallier und der Helveter). Ihr hl. Tier ist der Bär.

Artume(s) ▽, *Aritimi:* etrusk. *Nacht-* und *Todesgöttin* sowie *Göttin* des *Wachstums,* die der griech. →Ártemis und der röm. →Diana entspricht.

Aruna △ (sanskr. »rötlich«): brahm.-hindu. *Gott* der *Morgenröte* und einer der Wagenlenker des Sonnengotts →Sūrya. Er geht der Sonne voran und schützt die Erde vor der Hitze. A. gilt als Halbbruder von →Garuda.

Aruna △ (»Meer«): hethit. *Meergott* und Sohn der →Kamrushepa. Er kann zornig und traurig werden und ergreift Partei für den churrit. →Kumarbi. Sein Vezier heißt Impaluri.

Aruru ▽: akkad. *Mutter-* und *Erdgöttin*, aber auch *Menschenschöpferin*, u. a. Schöpferin des →Enkidu aus Lehm. Sie gilt als Schwester von →Ellil, und ihr Kultort war Sippar. Ihre Symbole sind Pfeil und Rabe.

Aryaman △ (sanskr.»Gefährte, Gastvertrag«): **1)** ved. *Gott* des *Gastrechts* und *Haushalts* sowie Stifter des Ehebundes, der mit →Varuna und →Mitra die älteste ved. Triade bildet. **2)** brahm.-hindu. *Sonnengott* und Gott der Sehnsucht und allen Strebens nach spirituellem Aufstieg, einer der →Ādityas und Anführer der →Pitās.

Asag (»der den Arm schlägt«): sumer. böser *Dämon*, der die Brunnen austrocknet und Krankheiten verursacht. Er entspricht dem akkad. →Asakku.

Asakku: akkad. böser *Dämon* des Kopffiebers und als Appellativ die Bezeichnung für das den Menschen Krankheit und Schmerzen Verursachende. A. ist dem sumer. →Asag gleich.

Asalluchi △ (»Beschwörungspriester«), Asariluchi: sumer. *Helfergott* im Beschwörungsritual, der sich von seinem Vater →Enki, dem er das Treiben der Dämonen schildert, die Anweisungen für das Beschwörungsritual geben läßt.

Asase Afua ▽ **und Asase Yaa** ▽ (von: ase =»Unterseite«; Afua =»Freitagsgeborene« und Yaa =»Donnerstagsgeborene«): *Erd-* und *Totengöttin(nen)* der Akan in Ghana. Erstere repräsentiert den fruchtbaren und letztere den unfruchtbaren Erdboden. Diese beiden Aspekte der einen Göttin werden aber auch als zwei verschiedene Göttinnen angesehen. Als Gattin des Himmelsgottes →Wulbari gebiert sie die Lebenden und nimmt die Toten wieder zu sich auf. Asase Afua hat die 8 als heilige Zahl, die Venus als Sternsymbol und die Ziege als hl. Tier. Asase Yaa hat die 6 als hl. Zahl, den Jupiter als Sternsymbol sowie Schlange und Skorpion als hl. Tiere.

Ascanius △, *Iulus:* griech.-röm. *Heros* und von den Römern »Iulus« genannter *Herrscher* in Lavinium und *Stammvater* des iulischen Geschlechts (→Caesar, →Augustus). A. ist Sohn des →Aeneas und der Crëusa. Nach der Flucht mit seinem Vater aus Troja gründete er in Italien Alba Longa, die Mutterstadt Roms.

Asch △: ägyptischer *Wüstengott* und »Büro«-Gott der königlichen Weinberge. Er wird als »Herr von Libyen« verehrt und mit dem Kopf des →Seth-Tieres oder auch mit einem Falken- bzw. Menschenkopf dargestellt.

Asen (von nord. *ass*=»Pfahl, Balken«): nordgerman. *Göttergeschlecht* sowie jüngere und größere Gruppe von, im Gegensatz zu den →Vanen, meist kriegerischen Gottheiten. Zu ihnen gehören u. a. →Odin, →Thor und →Balder, sowie →Frigg, →Fulla und →Nanna. Ihr Wohnsitz ist →Asgard. Sie sind, wie die Menschen, sterblich und halten sich lediglich

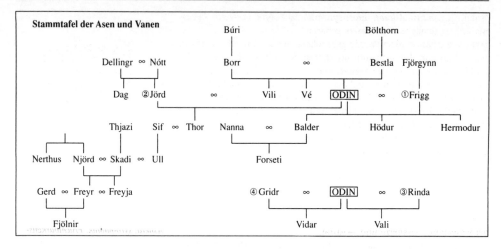

Stammtafel der Asen und Vanen

durch die Äpfel der →Idunn jung. Nach einem Götterkampf mit den Vanen schließen sie Frieden und übergeben letzteren als Geiseln →Hoenir und →Mimir. Ihre älteste Darstellung sind geschnitzte Pfähle.

Asgard, *Ásgardr* (nord. »Asenwelt, -raum«): german. *Himmelswelt* und *Wohngebiet* der →Asen als Götterburg mit Palästen, Sälen (→Folkwang, →Walhall) und Höfen (Idafeld). Im Zentrum des von den Göttern selbst erbauten A. liegt eine große Halle für Versammlungen, Feste und Gericht mit 12 Hochsitzen für die Götter. A. liegt oberhalb von →Midgard und →Utgard. Die Brücke →Bifröst verbindet A. mit Mitgard, während der Grenzfluß →Ífing A. von →Jötunheim trennt.

Asha (awest. »Gesetz, Gerechtigkeit, Wahrheit«), *Asha vahishta* (»beste Wahrheit, Gerechtigkeit«): iran. *Geistwesen* und *Personifikation* der *Wahrheit* und *Gerechtigkeit* des →Ahura Mazdā sowie *Schutzgeist* des *Feuers.* Er ist der bedeutendste der 7 →Amesha Spentas. Sein ständiger Widersacher ist die Erzdämonin →Drug (»Lüge«). Im Jenseits achtet er auf die Ausführung der Höllenstrafen. Dem A. ist der zweite Monat geweiht.

Ashāb al-Kahf →Siebenschläfer

Ashaqlūn △, *Saklas:* iran. *Hauptdämon* bei den Manichäern neben seiner Partnerin →Namrael. Mit dieser zeugte er das erste Menschenpaar Gēhmurd und Murdiyānag, nachdem er – der guten Schöpfung zum Widerspruch – alle Mißgeburten verschlungen hatte, um das in ihnen enthaltene Licht zu assimilieren.

Ashar △: palmyren. *Reitergott* in der Begleitung des →Abgal. Dargestellt wird er als Reiter auf dem Pferd mit Mondsichel und Stern. Über ihm sieht man eine Schlange.

Ashera ▽, *Ashirat, Athirat, Elat:* syro-phönik. *Fruchtbarkeits-, Liebes-* und *Muttergöttin,* die als erdhaftes, gebärendes Prinzip dem Himmel bzw. der Sonne als zeugendem Prinzip gegenübersteht. Mit ihrem Gatten →Ēl (weshalb sie auch Elat genannt wird) hat sie 70 Kinder. Die »Mutter der Götter« ist u. a. Mutter des →Ba'al und der →'Anath. Das Symbol der meist nackt dargestellten A. sind die als *ashera* bezeichneten hl. Kultobjekte aus Holz (1 Kön 14, 23; 15, 13), wahrscheinlich entästete Bäume oder Pfähle, die entweder mit dem Kopf der Göttin bekrönt waren oder in einer Aushöhlung die Gestalt der Göttin einschlossen. Das von Manasse von Juda (2 Kön 21, 7) im Jerusalemer Tempel aufgestellte Bild der A., als »Gemahlin« Jahwes, wurde erst durch die Kultreform des Josia 621 v. Chr. entfernt (2 Kön 23, 6). In der griech. Bibelübersetzung ist der Name der A. häufig durch →Astarte (1 Kön 18, 19) oder →'Ashtōret ersetzt, an die die A. angeglichen war.

Ashera, syro-phönik. Fruchtbarkeits- und Muttergöttin mit zwei Ährenbündeln in Händen, nach denen sich zwei Ziegen recken.

Asherdush ▽: hethit. *Gestirnsgöttin,* die den Wettergott zu verführen versucht und dafür von ihrem Gatten →El-kunirsha bestraft wird. Sie gleicht der westsemit. →Ashertu und →Atirat.

Ashertu ▽, *Ashirtu:* westsemit. *Gestirnsgöttin* und Gattin des hethit. →El-kunirsha, die mit der phönik.-ugarit. →Atirat identisch ist.

Ashirat →Ashera

Ashi Vanuhi ▽: iran. *Glücksgöttin, Göttin* des *Reichtums* und der *Fruchtbarkeit, Schutzgöttin* der heiratsfähigen *Jugend.* Sie ist eine →Yazata. Von ihrem Kult waren Kinder und Alte ausgeschlossen. A. entspricht der griech. →Týche.

Ashmodai (hebr. »Verderber«?), *Asmodaîos* (griech.), *Asmodaeus* (lat.), *Asmodeus* (Vulgata), *Asmodi* (Luther): jüd. *Dämon* der *Begierde* und des *Zorns,* Fürst der Dämonen (→Daimónia) und Feind der ehelichen Vereinigung. Er erwürgte nacheinander 7 Männer der Sara in der Hochzeitsnacht, noch bevor sie mit ihnen geschlafen hatte. Nachdem →Refā'ēl dem →Tōbijjāhū geraten hatte, den A. durch die Verbrennung von Herz und Leber eines Fisches zu vertreiben, mußte A. nach Ägypten fliehen und wurde dort vom Engel gefesselt. In der Kabbala ist A. ein wohltätiger Dämon, Freund der Menschen und Adressat der Beschwörungen. A. entspricht dem iran. →Aēshma.

Ashnan ▽: sumer. *Getreidegöttin,* die als Tochter des →Enki gilt und zusammen mit der →Lachar die Gottheiten und Menschen mit ihren jeweiligen Erzeugnissen versorgt.

Ashshur →Assur

Ashshuritu →Assuritu

'Ashtar(t) ▽: moabit. *Göttin,* die in der Inschrift auf der Siegesstele des Königs Mesha neben →Kamosh erwähnt wird und der syro-phönik. →Astarte, der ugarit. →'Attart und dem arab. →'Attar entspricht.

'Ashtōret ▽ (Plural: 'Ashtārōt): hebrä. Bezeichnung der syro-phönik. *Fruchtbarkeits-* und *Venussterngöttin* →Astarte, deren Namen - mit den

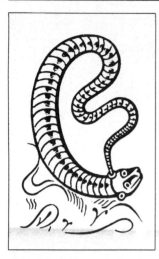

Aspis, jüd. schlangenartiges Mischwesen, das ein Ohr an den Erdboden drückt und das andere mit seinem Schwanz zustopft.

Gegenüber:
Asseret ha-Diwrot, jüd. Zehn Gebote und Verbote des Jahwe-Elōhim, die der vom Berg Sinai herabsteigende Mōsheh dem Volk Israel präsentiert (Zeichnung von G. Doré).

Vokalen von bōshet (hebrä. »Schande«) unterlegt – als Schimpfname verwendet wurde, wobei man den Plural 'Ashtārōt neben dem Plural von →Ba'al als Kollektivbezeichnung für nichtisraelitische (»heidnische«) Gottheiten gebrauchte (Ri 2, 13; 10, 6; 1 Sam 7, 3 f.; 12, 10). König Shelōmō erbaute ihr ein Heiligtum (1 Kön 11, 5; 2 Kön 23, 13), wohingegen die Propheten (Jer 7, 18; 44, 17 f.) ihren Kult in Israel kritisierten. Fast immer wird sie nackt dargestellt und ihr Name manchmal mit dem der →Ashera verwechselt (2 Kön 23, 13).

Ashvins (sanskr. »Pferdelenker«), *Nāsatyas* (»Nüstern-Tragende«): ved.-brahm. *Göttergruppe* mit Namen Nāsatya und Dasra, die als Rosselenker auf einem goldenen Wagen am Morgenhimmel erscheinen. Sie gelten als *Schutzgötter* der Ackerbau- und Viehzüchterklasse. Sie sind die Zwillingssöhne des →Vivasvant und der Saranyū sowie Brüder von →Manu und →Yama. Die pferdeköpfig Dargestellten sind den griech. →Dióskuroi ähnlich.

Ask →Askr

Asklepiós △, *Aesculapius* (lat.); griech. 1) Fürst in Thessalien und berühmter Arzt, Vater von Podaleirios und Machaon. 2) Gott der Heilkraft und Medizin, der viele Wunder vollbrachte. A. ist Sohn des →Apóllon und der →Koronis sowie Vater der →Hygieia. Als A. seine Wunderheilungen an Toten versuchte, wurde er von →Zeús mit einem Blitz in den →Hádes geschleudert. Aus Rache vernichtete Apóllon die →Kýklopes, die die Donnerkeile für Zeús gefertigt hatten. Als *Sternbild* Schlangenträger (Ophiuchus) wurde A. an den Himmel versetzt. Die Ärzte benannten sich nach A. Asklepiaden. Sein Attribut ist der von einer Schlange umzingelte Stab, der »Asklepiosstab«, der zum Symbol der Heilkunde wurde. A. entspricht dem röm. →Aesculapius.

Askr △ *Ask* (nord. »Esche«; m.) und **Embla** ▽ (»Ulme«; w.): german. Urmenschen, erstes Menschenpaar und Ureltern des gesamten Menschengeschlechts. A. und E. wurden von den Göttern →Odin, →Vili bzw. →Hoenir und →Vé bzw. →Lodurr aus zwei vom Meer an den Strand angeschwemmten Baumstämmen geschaffen. Von Odin erhielten sie Atem, Leben und Geist, von Vili bzw. Hoenir Verstand, Gefühle und Bewegung und von Vé bzw. Lodurr Aussehen, Gesicht, Gehör und Sprache. A. und E. bekamen von den Göttern →Midgard als Wohngebiet zugewiesen.

Äskulap →Aesculapius

Asmodaïos →Ashmodai

Aspis: jüd. übernatürliches Wesen von schlangenartiger Gestalt (→Mischwesen) und Symbol des Bösen und der Verstocktheit. Um in seiner Verstocktheit zu verharren, hat sich A. das eine Ohr mit dem Schwanz und das andere mit Erde zugestopft.

Asseret ha-Diwrot (hebrä. »Zehnwort«), *Dekálogos* (griech.), *Zehn Gebote* (dt.): jüd.-christl. *Verbote* und *Gebote* des →Jahwe-Elōhim, die auf seinen Befehl hin von →Mōsheh oder auch von ihm selbst auf stei-

nerne Tafeln geschrieben wurden und aufgrund deren Gott einen Bund mit dem Volk Israel geschlossen hat. Sie bilden das Kernstück der am Sinai von Gott geoffenbarten Gesetze. Die ersten zwei bzw. drei verbieten die Vielgötterei, die Abbildung des einzigen Gottes sowie den Mißbrauch seines Namens. Das dritte bzw. vierte Gebot verpflichtet zur Einhaltung des →Shabbāt. Die Numerierung der Zehn Gebote differiert bei Lutheranern und Katholiken einerseits, bei Juden, Reformierten und Orthodoxen andererseits.

Assur, akkad. Kriegs- und Richtergott in der geflügelten Sonnenscheibe.

Assur △, *Ashshur:* akkad. *Stadtgott* von Assur, später assyr. *Reichsgott,* der die Eigenschaften zahlreicher Götter auf sich zog, sowie *Kriegs-* und *Richtergott.* Seine Gattin ist die →Assuritu, die →Ishtar von Assur. Sein Hauptheiligtum war Ehursaggalkurkurra (»Haus des Länderberges«) in Assur. Dargestellt wird er als Bogenspanner oder Bogenhalter in der geflügelten Sonnenscheibe. Viele assyr. Könige haben sich nach A. benannt, wie Assur-Uballit, Salmanassar, Assurnasirpal, Assurdan und Assurbanipal.

Assuritu ▽ (»die Assyrische«), *Ashshuritu:* akkad. *Göttin* und Gemahlin des assyr. Reichsgottes →Assur.

'Astar △ (»Himmel«): äthiop. *Himmelsgott,* der innerhalb der Göttertriaden an erster Stelle vor →Behēr und →Mahrem bzw. →Medre genannt wird. Er ist dem südarab. →'Attar ähnlich und wird später mit dem griech. →Zeús gleichgesetzt.

Astarte ▽ (»die Üppige, Prächtige«): syro-phönik. *Vegetationsgöttin, Abendstern-* und *Muttergöttin.* Sie gilt meist als Schwester, Mutter und Geliebte des →Adonis oder ist einem männlichen Hauptgott zugeordnet. Sie personifiziert die lebendige Erde und damit das Urbild der Entstehung des Lebens in seinen drei Gestalten als Pflanze, Tier und Mensch. Als Mutter des »göttlichen Kindes« ist sie mit dem Kind auf dem Arm dargestellt. Ihr hl. Tier ist die Taube. In der Bibel wird A. als →'Ashtōret bezeichnet. Die syro-phönik. A. entspricht der ugarit. →'Attart, der moabit. →'Ashtar(t), dem arab. →'Attar und der akkad. →Ishtar. Im Hellenismus ist sie der →Aphrodite gleich.

Astlik ▽ (»Sternchen«): armen. *Venussterngöttin* sowie *Göttin* der *Fruchtbarkeit* und *Liebe.* Mit →Anahit und →Vahagn bildet sie eine astrale Trias. Da A. des Nachts zu baden pflegte, machten die in sie verliebten jungen Männer ein großes Feuer auf dem Berge, in dessen Lichtschein sie die Schönheit der Göttin beobachten wollten. A. jedoch hüllte zur Strafe für die frevelhafte Neugier die ganze Umgebung in dichten Nebel. Ihre Festfeier hieß *Vardavar.* Die Rose war ihr heilig. Nach A. ist der 7. Tag eines jeden Monats benannt. Seit der Christianisierung wurde sie zur Mutter der Nymphen und Heroen degradiert. Sie ist der griech. →Aphrodite ähnlich.

Astōvidātu △ (awest. »Leibauflöser«), *Astovidet:* iran. *Todesdämon* (→Daēva), der zusammen mit →Aēshma die Seelen der Toten, wenn sie mit Hilfe von →Sraosha und →Bahrām in die Lüfte aufsteigen, verfolgt und mit einer Schlinge zu fangen versucht.

Astraea →Díke

Astraía →Díke

Astvat-ereta △ (awest. »verkörpertes Recht«): iran. eschatologischer *Heros* und *Retter* sowie dritter und letzter →Saoshyant (11970–12000), der das Ende dieser 12000jährigen Weltperiode bringen wird. Er ist der dritte und letzte der nachgeborenen Söhne des →Zarathushtra und Sohn der Jungfrau Ard-bad bzw. Vispa-taurvairi (»Allüberwinderin«), die, wenn sie im 30.Jahr vor dem Ende des letzten Jt. im See →Kasaoya badet, vom Samen des Zarathushtra schwanger wird und dann den A. gebiert. Letzterer leitet unmittelbar →frashō-kereti ein. Er sieht mit 6 Augen nach allen Seiten, und alle, die er anschaut, werden unsterblich.

Asura (sanskr. von *asu* = »Lebenskraft«): **1)** ved. *Göttergruppe* indoiran. Ursprungs, die über die schöpferische Kraft Māyā verfügt und vor allem eine ethisch-soziale Funktion hat. Zu ihr zählt u. a. →Varuna, →Mitra, →Agni und →Ushas. **2)** brahm.-hindu. *Klasse* von göttl. Wesen, die als opfer- und ritualunabhängige Götter von den Brahmanen zu Dämonen deklassiert und als Anti-Götter (A-Suras) im Gegensatz zu der Klasse der opferabhängigen →Devas und Suras gesehen wurden. A. haben die Fähigkeit, jede gewünschte Gestalt anzunehmen. Zu ihnen zählen die →Daityas und →Dānavas. Bekannte A.-Vernichter sind →Shiva, →Vishnu und →Durgā. Die →Pātālas dienen ihnen als Wohnung. Als Feinde der Devas werden die A. dickleibig tierköpfig oder wie Tiere dargestellt. **3)** buddh. göttliche *Wesen*, die als eine der 6 →Gati manchmal zu den guten, u. a. als niedere *Götter*, und manchmal zu den schlechten »Titanen«, u. a. als Gegner der Götter, gerechnet werden. Ihre Paläste befinden sich im Osten des →Meru. Als Anführer der A. gilt der Planetengott →Rāhu.

Atargatis ▽ (griech.), *'Atar-'ata* (syr.): syr. *Fruchtbarkeits-* und *Muttergöttin*. Als Göttin des der Erde entquellenden *Wassers* bringt sie Fruchtbarkeit, Leben und Glück. Sie ist auch *Schutzgöttin,* deren syr. Name aus Atar und →'Anat zusammengesetzt ist. Mit ihrem Gemahl →Hadad und mit Simios bildet sie eine göttl. Trias. In Phrygien ist ihr Begleiter (Paredros) der Hirte Anchises, auf Zypern Pygmalion. Ihr zu Ehren wird im Frühjahr ein Feuer- oder Fackelfest gefeiert. Zu ihrem Kultpersonal gehören die *Galli,* Priester, die sich selbst entmannt haben, in weiblicher Kleidung. In der Bibel wird ein *Atergateion,* ein der Atargatis (2 Makk 12,26) geweihter Tempel, erwähnt. Ihr Hauptkultort war Hierapolis-Bambyke in Syrien. Ihre Attribute sind Ähre und Mauerkrone im Diadem. Z.Zt. des Hellenismus ist sie in Rom als *Dea Syria* (»Syr. Göttin«) bekannt.

Atarrabi △, *Atarrabio, Ondarrabio:* bask. guter *Wettergeist* und guter Schüler des →Etsai, der ersterem den Schatten raubte. A. ist der gute

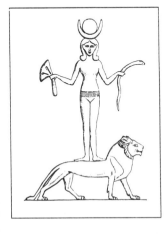

Astarte, syro-phönik. Vegetations- und Muttergöttin mit Kuhgehörn und Sonnenscheibe, in der Linken eine Schlange haltend und auf einem Löwen stehend.

*Átlas, griech. Riese mit dem Himmels-
gewölbe auf seinen Schultern.*

Sohn der →Mari und Bruder des bösen →Mikelats, dessen Anschläge
auf die Menschen er zu verhindern sucht.

Atea (»Himmelsweite, Licht«), *Vatea:* **1)** polynes. *Himmelsgottheit,* die
als erste aus →Io hervorgeht, das sich in den Himmelsgott →Rangi und
die Erdgöttin →Papa aufspaltete. **2)** polynes. *Göttin* des *Raumes,* die von
→Ta'aroa erschaffen wurde. Sie gehört zu den →Aitu.

Athéne ▽, *Athēna* (lat.), *Athēne* (dt.): griech. jungfräuliche *Göttin* und
Schutzgöttin der nach ihr benannten Stadt *Athen, Burggöttin* der Akropolis, *Göttin* des *Friedens* und des *Krieges, Schutzgöttin* der *Heroen, Göttin*
der *Künste* und der *Weisheit,* Erfinderin des Alphabets. Sie brachte den
Bauern den Pflug und den Frauen den Webstuhl. A. ist eine der 12
→Olýmpioi. Nachdem →Zeús die von ihm schwangere →Métis verschlungen hatte, entsprang später A. mit voller Rüstung seinem Kopf,
den →Héphaistos aufgespalten hatte. Sie führt den Beinamen *Párthenos*
(»Jungfrau«). Von →Heraklés erhielt sie die Äpfel der →Hesperídes und
von →Theseús das Haupt der →Médusa. Ihr zu Ehren wurden die *Pan-
athenäen* gefeiert. Ihre Attribute sind Helm, Aigis, Schild und Lanze. -
Plastiken: Myron (450 v. Chr.), Phidias (440 v. Chr.); *Gemälde:* Botticelli
(1485), Rubens (1636/38); *Wort:* Athenäum. A. entspricht der röm. →Mi-
nerva.

Äther →Aithír

Äthiopier: 'Astar, Behēr, Mahrem, Medr.

Athirat →Ashera

'Athtar →'Attar

Athyr →Hathor

Atira ▽: indian. *Erdmutter* und Gattin des Himmelsgottes →Tirawa bei
den Pawnee.

Atirat ▽ (ugarit.), *'Atirat* (arab. »Glanz, Helle«): **1)** phönik.-ugarit.
Hochgöttin und *Stadtgöttin* von Sidon. Sie ist Gattin des akkad.
→Amurru bzw. des sumer. →Martu. Sie wird als *ilt* (»Göttin«), d. h. als
weibliches Gegenstück zu →Êl, bezeichnet. In Ugarit ist sie die *Herrin*
und *Mutter* der *Götter,* die »die siebzig Kinder der A.« genannt werden.
Ihr Beiname ist »Herrin A. der See«. Sie zieht ihre Kleider aus und wirft
sie ins Meer. **2)** arab. *Gestirnsgöttin* in Qatabān, die in Verbindung mit
dem Mondgott →'Amm erscheint.

Átlas △ (»Träger«): griech. *Riese,* der das Himmelsgewölbe im äußersten
Westen der Erde und nahe dem Garten der →Hesperídes auf seinen
Schultern trägt. A. ist Sohn des Titanenpaares →Iapetós und Klymene
sowie Bruder von →Prometheús, →Epimetheús und Menoitios und
Vater der →Kalypsó und der →Pleiádes. Zum Tragen des Himmels
wurde er verurteilt, weil er am Titanenkampf gegen die Götter beteiligt
war. Für →Heraklés holte er die Äpfel der →Hesperídes. - *Worte:* Atlant,
A. (fig.), Atlasgebirge.

Atlaua △ (von *atl* = »Wasser« bzw. *atlatl* = »Pfeil«): indian. mächtiger

Wassergott der Azteken mit dem Beinamen »Meister des Wassers«. Seine Fähigkeit, wie ein Quetzalvogel (Symbol der Wiedergeburt) aufsteigen zu können, überwindet die Dualität von Tod und Leben.

Aton △ (»Sonnenscheibe«): ägypt. *Sonnengott.* Im Mittleren Reich ist Aton zunächst die Bezeichnung der Sonnenscheibe, dann eine Erscheinungsform des Sonnengottes →Atum bzw. →Re, und schließlich im Neuen Reich wird Aton um 1350 v. Chr. von Amenophis IV. anstelle des →Atum zum Sonnengott erklärt und monotheistisch verehrt, wobei die Bilder und Namen aller anderen Götter zerstört bzw. getilgt werden. Der König Amenophis IV. selbst ändert seinen Namen von Amenophis (ägypt. Amenhotep = »Amun ist zufrieden«) in Achenaten (»Es gefällt dem Aton«), fälschlich Echnaton. Hauptkultort war die neugegründete Residenz Amarna. Aton wird dargestellt als Sonnenscheibe, deren nach unten

Aton, ägypt. Sonnengott »Sonnenscheibe« mit nach unten gerichteten Strahlenarmen, vor dem der Gottherrscher Pharao Echnaton mit seiner Familie opfert.

gerichtete Strahlenarme in segnende Hände auslaufen, die die Lebensschleife (Anch) darreichen.

Atrachasis (»der überaus Weise«), *Atramchashi:* 1) akkad. *Held* des Atrahasis-Mythos. Als die Muttergöttin →Mama den Menschen erschaffen hatte, wurde →Ellil wegen des Lärmens der Menschen zornig und ließ die Pest sowie eine sieben Jahre dauernde Dürre über die Erde kommen. A. konnte jedoch mit Hilfe →Eas jedesmal das Unheil abwenden und die Menschen retten. Schließlich ließ Ellil, um die Menschen endgültig zu vernichten, eine große Flut hereinbrechen, der nur A. entkam, weil er auf Eas Anraten die Arche »Lebensbewahrer« gebaut hatte. A. hat große Ähnlichkeit mit →Utanapishti und dem sumer. →Ziusudra. 2) Beiname des →Adapa, →Etana und Utanapishti.

Atramchashi △ (»der überaus Kluge«), Atrachasis (akkad.): hethit. *Held,* dessen Vater Chamsha ihm zur Aufmerksamkeit gegenüber dem churrit. →Kumarbi rät.

Atri △ (sanskr. »der Verzehrende«): brahm.-hindu. *Weiser* und *Seher* der Vorzeit (→Rishi), der zu den 10 →Maharishi zählt. Er ist ein geistentsprossener Sohn des →Brahmā und Vater des Mondgottes →Chandra.

'Attar, *'Athtar:* 1) phönik.-ugarit. männlicher *Morgensterngott* △,

Schutz- und *Kriegsgott* sowie *Gott* der künstlichen *Bewässerung*, dessen weibliche Form →'Attart den Abendstern repräsentiert. Zu seinem Kult gehörten Menschenopfer. **2)** arab. *Venusstern-* und *Wassergottheit* ◇△ androgynen oder männlichen Geschlechts bei Sabäern und Minäern, in Qatabān und Hadramaut. In der Göttertrias steht sie immer an erster Stelle vor der Mond- und Sonnengottheit. Ihre Beinamen sind »Kampfesmutige« und »Friedensstifter«, ihre Symbole Speerspitze, Tor und Vulva. Ihr heiliges Tier ist die Antilope.

'Attart ▽: phönik.-ugarit. *Fruchtbarkeits-* und *Kriegsgöttin*, die als »Herrin der Schlachten« verehrt wird. 'A. ist die Femininform von →'Attar. Mit →'Anat wird sie später zu →Atargatis verschmolzen. Sie entspricht der akkad →Ishtar, der moabit. →'Ashtar(t), der hebrä. →'Ashtōret, der syro-phönik. →Astarte und dem arab. →'Attar. In hellenistischer Zeit wird sie mit →Aphrodite identifiziert.

Attis△: **1)** phryg. *Frühlings-* und *Jünglingsgott*, als *Gott* der neu erwachenden *Naturkräfte* auch ein sterbender und *auferstehender Gott*. A., ein schöner Jüngling, ist Sohn der →Nana und wird auf der Jagd von einem Eber getötet. Nach einem anderen Mythos ist er Sohn bzw. Geliebter der →Kybéle und wird von letzterer für seine Untreue ihr gegenüber mit Wahnsinn geschlagen, so daß er sich unter einer Pinie selbst entmannt. Aus dem Blut des sterbenden A. erwachsen Blumen und Bäume. Sein Hauptkultort war Pessinus. **2)** griech.-röm. *Vegetations-* und *Sonnengott* mit dem Beinamen »Pantheos«, dem zu Ehren in Rom am 22. März eine Fichte, sein Symbol, gefällt wurde. Dann wurde A. betrauert und beklagt, bis am 25. März seine Auferstehung als neugeborenes Kind mit Jubel begangen wurde. Dargestellt wird er mit Strahlenkrone und wachsendem Mond. Manchmal ist A. mit →Papas und →Men identisch.

Atua →Aitu

Atum△ (»der Nichtseiende«): ägypt., chthonischer *Urgott* und Personifikation des urzeitlichen Chaos, aus dem alles Seiende hervorging. Als »Selbstentstandener« ist er aus den Urgewässern aufgetaucht. Nach der →Götterneunheit ist er *Weltschöpfergott*, »Allerzeuger« und »Vater der Götter«, der als »Einherr« durch Selbstbegattung und Ausspeien aus seinem Mund das erste Götterpaar als Dualität zeugt. So gilt er als Vater von →Schu und →Tefnut. Sein Kultort war vor allem Heliopolis. Seit dem Aufkommen des kosmisch-solaren Reichskults im Alten Reich wurde er von →Re verdrängt und verkörperte jetzt als *Sonnengott* die untergehende Abendsonne. Dargestellt wird Atum in menschlicher Gestalt mit Doppelkrone, Stab und Lebenskreuz. Seine Symboltiere sind Skarabäus und Schlange.

Atunis △: etrusk. *Vegetationsgott*, der meistens in Begleitung der →Turan erscheint. A. entspricht dem syr.-griech. →Adonis.

Auchthon →Epigeus

Audhumbla ▽, *Audumla* (nord. »Milchreiche«): german. *Urkuh* der

Urzeit und Verkörperung der nährenden Kraft der Erde. Sie ist nach dem Urriesen →Ymir, der später an ihrem Euter trinkt, das zweite Lebewesen, das aus dem Zusammentreffen von Eis und Feuer in →Ginnungagap aus dem tauenden Urreif hervorging. Als A. mit ihrer warmen Zunge die salzigen Eisblöcke beleckte, kam →Búri daraus zum Vorschein.

Auferstehungsgottheiten △▽: allg. Bezeichnung für →Götter und Göttinnen, die entweder regelmäßig, in einem (jahres-, monatszeitlichen) Rhythmus sterben oder/und nach einer einmaligen oder mehrmaligen Tötung von Gottes- oder Menschenhand (nach einer mehr oder weniger langen Zeitspanne) wieder auferstanden sind, wieder auferstehen oder auferstehen werden. Zur letzteren Gruppe gehören der german. →Balder, zur vorletzten der hindu. → Kāma, der shintoist. → O-kuni-nushi, der peruan. → Ayar Cachi, der orph. → Zagreús und der christl. → Iesūs. Neben diesen Göttern gibt es auch → Heroen, die nach einer einmaligen oder mehrmaligen Tötung auferstanden sind oder auferstehen, so der polynes. → Ono und der griech. →Heraklés. Die in einem regelmäßigen Rhythmus sterbenden und wieder auferstehenden A. sind die Vegetationsgottheiten. Das Schwinden der Vegetation und den Einbruch der Dürre verkörpern den Tod des Fruchtbarkeitsgottes, der in kultischer Klage vergegenwärtigt wird. Der Beginn der Regenzeit und die Wiederkehr der Vegetation werden als Rückkehr der A. aus der →Unterwelt mit Freude und Jubel begrüßt. Die Menschen in den Mysterienkulten verbinden sich mit ihnen durch mimische und dramatische Begehungen. In der Auferstehung der Gottheit sehen die Mysten ihre eigene Auferstehung vorgebildet. Zu diesen Vegetationsgottheiten gehört u. a. der finn. →Sämpsä. Sie stehen meist zu einer Gottheit des anderen Geschlechts in enger Beziehung, durch dessen Unterweltsfahrt (→Höllenfahrt) sie ins Leben zurückgeholt werden: So der akkad. →Tamūzu durch die →Ishtar, der ägypt. →Osiris

Christl. Gottmensch Iesūs bei seiner Auferstehung vom Tode, während die Wächter, die seinen Leichnam bewachen sollen, schlafen (Holzschnitt von A. Dürer, 1510).

durch →Isis, der syro-phönik. →Adonis durch →Aphrodíte, der phryg. →Attis durch →Kybéle, aber auch die griech. →Persephóne durch →Deméter. Die A. können auch Gottheiten des Mondes sein, der in seinen verschiedenen Phasen das Geschehen um Sterben und Auferstehen vorbildet. Als Dunkelmond ist er gestorben, und als Neumond ersteht er nach 3 Tagen wieder. - *Gemälde:* P. Klee (1938), A. Kiefer (1974); - *Worte:* Auferstehung, Auferstehungsfeier, auferwecken, Auferweckung.

Augustus △ (lat. »Erhabener, Ehrwürdiger«): röm. *Hoheitstitel* und Beiname des vergöttlichten Kaisers *Octavianus* (27 v. Chr.–14 n. Chr.), der von seinem Großonkel →Caesar adoptiert und zum Erben eingesetzt worden war. Nach seinem Tod wurde A. vom Senat zum *Divus* erklärt und in die Reihe der Staatsgötter aufgenommen. Auf dem Palatin in Rom erhielt er den Tempel *Divi Augusti.* Nach dem Sterbemonat des A. ist der 8. Monat im Jahr *August* benannt. Im Augusteischen Zeitalter erlebten Kunst und Wissenschaft eine Hochblüte.

Aumakua: polynes. *Schutzgeister* (auf Hawaii). Als »Wanderer der Nacht« bewahren sie die Seelen der Toten auf ihrer Reise nach →Hawaiki vor Gefahren und heißen sie hier willkommen. Das Boot dieser Reise heißt »Regenbogen« oder »Schale der Kokosnuß«.

Aurboda ▽ (nord. »Bieterin des Goldes«?): german. *Riesin* (→Jötunn) und Gattin des →Gymir sowie Mutter von →Gerd und →Beli.

Aurgelmir △ (nord. von *aurr*=»feuchter Sand«): german. *Wasserriese* (→Jötunn) mit dem Beinamen »der aus Sand geborene Brüller«. Durch das Aneinanderreiben seiner Füße zeugte er den →Thrúdgelmir. A. ist wohl identisch mit →Ymir.

Aurora ▽ (lat. »Morgenröte«): röm. *Göttin* und Personifikation der *Morgenröte.* Sie ist Schwester von →Sol und →Luna sowie Mutter des →Lucifer. Nach A. sind die A.-falter benannt. - *Gemälde:* P. N. Guérin (ca. 1820). - Später wird sie der griech. →Eós gleichgesetzt.

Auseklis △ ▽ (lett. [m.] »Morgenstern«), *Aushriné* (litau. [w.]): lett. und litau. *Morgensterngottheit,* die dem Mondgott (→Mēness) unterstellt ist. Wenn letzterer am Abend die Sterne zählt, muß er oftmals feststellen, daß A. fehlt, weil A. in besonderem Auftrag der Sonnengöttin (→Saule) unterwegs ist. Der lett. A. gilt als Nebenbuhler des Mēness und Freier der →Saules meitas. Bei himmlischen Hochzeiten gehört A. zum Brautgefolge und sorgt in der himmlischen Badestube für das zum Verdampfen notwendige Wasser.

Australier *(Aborigines):* Baiame, Banaidja, Bunjil, Daramulun, Djanggawul, Galeru, Kunapipi, Laindjung, Mamaragan, Mimi, Tcabuinji, Wawalag, Wollunqua, Wondjina, Yurlunggur.

Austroasiatische Völker (Khmer, Semang): Karei, Preas Eyn, Preas Eyssaur, Preas Prohm, Reahu, Tnong.

Avalokiteshvara △ ▽ (sanskr. »der Herr, der [mitleidvoll] herabgesehen hat«), *Avalokita, Lokeshvara* (»Weltherr«), *K(w)annon* (japan.; w.), *Kanzeon,* → *Kuan-yin* (chines; w.), *Guan-yin:* buddh.-ind. transzendenter → *Bodhisattva* und Personifikation des grenzenlosen Erbarmens und der Weisheit für alle → Gati. Als bedeutendster aller Bodhisattvas gehört er sowohl zu den → Dhyāni-Bodhisattvas als auch zu den → Mahābodhisattvas. Dem Buddha → Amitābha ist er als dessen Heilswirker und geistiger Sohn zugeordnet. Ikonographisch wird er in 130 Formen dargestellt und ist charakterisiert durch bis zu 11 Köpfe und bis zu 1000 Arme. Seine Geste ist die der Gewährung, seine Farbe Weiß oder Rot, die Attribute sind Lotos und Rosenkranz. Sein → Vāhana sind Löwe oder Pfau. Er ist dem buddh.-tibet. → Chenresi gleich, als dessen Inkarnation der → Dalai Lama gilt.

Avalokiteshvara, buddh. transzendenter Bodhisattva von grenzenlosem Erbarmen. Deshalb seine 11 Köpfe und bis zu 1000 Arme.

Avatāra (sanskr. »Herabstieg«): hindu. *Inkarnation* eines Gottes außerhalb von → Samsāra, vor allem der Herabstieg des Erhalters → Vishnu aus seinem Götterhimmel auf die Erde in Tier- und/oder Menschengestalt, um die Dämonen zu bekämpfen und die Ordnung unter Göttern und Menschen wiederherzustellen.

Als die bedeutendsten A. gelten 10, die sich auf die 4 → Yugas verteilen. Im *Kritayuga: 1.* → Matsya, *2.* → Kūrma, *3.* → Varāha, *4.* → Narasimha, im *Tretāyuga: 5.* Vāmana, *6.* → Parashu-Rāma, *7.* → Rāma, im *Dvāparayuga: 8.* → Krishna, im *Kaliyuga: 9.* → Buddha und *10.* → Kalki. Letzere A. ist die einzige noch ausstehende A.

Avidyā (sanskr. »Nichtwissen, Verblendung«): buddh. Unkenntnis des gesamten Erlösungsweges, die Anfang und Wurzel alles Unheilsamen (→ Bhava-Chakra) ist.

Avullushe (von *avull-i* = »Dampf«): alban. dämonische *Geister,* die mit ihrem bloßen Atem Menschen ersticken können.

Awitelin Tsita ▽ : indian. *Erd-* und *Muttergöttin* bei den Pueblo-Zuni. Sie wurde von → Shiwanokia bzw. von → Awonawilona aus Speichel geschaffen. Zusammen mit ihrem Gatten →Apoyan Tachu schuf sie das Leben auf der Erde.

Awonawilona ◇: indian. zweigeschlechtliche *Ur-* und *Schöpfergottheit* bei den Pueblo-Zuni. Ihr Beiname ist: »Er-Sie«. Am Anfang hat sie sich selbst geschaffen. Indem sie Bälle aus ihrer Haut auf die Urwasser warf, machte sie das Meer fruchtbar. Aus Schlamm bildete sie den Himmels-vater →Apoyan Tachu und die Erdmutter →Awitelin Tsita. Mit ihrem Atem schuf sie die Wolken.

Ayar Aucca △ (Quechua: »Feind«), *Colla:* indian. *Schutzgott* der südli-chen Himmelsrichtung bei den Inka. Er ist Sohn des Sonnengottes →Inti und Bruder von →Ayar Cachi, →Ayar Manco und →Ayar Uchu.

Ayar Cachi △, *Tokay:* indian. *Schutzgott* der östlichen Himmelsrichtung bei den Inka sowie ein sterbender und auferstehender Gott. Er gilt als Sohn des Sonnengottes →Inti und Bruder von →Ayar Aucca, →Ayar Manco und →Ayar Uchu. Er wurde von seinen Brüdern bestattet, kehrte jedoch in Gestalt eines herrlich geschmückten Vogels zurück. A. ist ein Aspekt des Schöpfergottes →Viracocha.

Ayar Manco △: indian. *Schutzgott* der nördlichen Himmelsrichtung bei den Inka. Er ist jüngster Sohn des Sonnengottes →Inti und Bruder von →Ayar Cachi, →Ayar Aucca und →Ayar Uchu. A. heiratete seine vier Schwestern und begründete das Volk der Inka. Manchmal ist er identisch mit →Manco Capac.

Ayar Uchu △, *Pinahua:* indian. *Schutzgott* der westlichen Himmelsrich-tung bei den Inka. Er gilt als Sohn des Sonnengottes →Inti und Bruder von →Ayar Cachi, →Ayar Aucca und →Ayar Manco.

Ayida-Weddo ▽: afroamerikan. *Regenbogengöttin* (→Loa) und Gattin des →Damballah bei den Voduisten. Sie trägt den Beinamen »Herrin der Himmelsschlange«.

Ayiyanāyaka △, *Ayiyan:* ind. *Flurwächtergott* der Singhalesen sowie *Schutzgott* der Ernte, der Dörfer und vor Seuchen. Sein →Vāhana ist das Pferd oder der Elephant. Er entspricht dem →Aiyanār der Tamilen.

Ayöhshust: iran. zukünftiger glühender *Metallstrom,* der sich in der Endzeit →frashō-kereti über die Welt ergießen wird. In ihm werden alle Bösen verbrennen, die Guten aber keinen Schaden erleiden. In ihn werden auch →Ahriman und →Azi Dahāka von →Ahura Mazdā und →Sraosha gestürzt werden.

Ays (»Wind«): armen. böser *Sturmgeist* (→Devs), der, wenn er in den Körper eines Menschen eindringt, diesen geisteskrank oder sogar zu einem Dämon macht.

Az: iran. *Dämon* und *Personifikation* der bösen *Begierde* bei den Mani-chäern. Im Widerspruch zur guten Schöpfung will er eine eigene. Später wird er von einem Gesandten des »Guten Gottes« dafür bestraft.

Azaka-Tonnerre △ (franz. »Donner-Azaka«): afroamerikan. *Gewitter-*

Azā'zēl, jüd. Sündenbock und Dämon in Bocksgestalt, zugleich der Schatten des guten Gottes und die dunkle Seite der lichten göttlichen Natur (Holzschnitt »The Scapegoat« von M.C. Escher, 1921).

gott (→Loa), *Gott* des *Blitzes* und *Donners* sowie *Schutzgott* der Bauern bei den Voduisten. Sein Symbol ist der Korb.

al-'Āzar →Lázaros

Azā'zēl, (hebrä.) *Azazel* (Vulgata): jüd. *Wüstendämon* in Bocksgestalt (→Daimónia) und *Anführer* der von →Jahwe abgefallenen →Mala'äk. Am großen Versöhnungstag (Jom Kippur) wurde ein Ziegenbock zu ihm in die Wüste hinausgetrieben, nachdem der Hohepriester im Anschluß an das Sündenbekenntnis des Volkes durch Handauflegung alle Sündenschuld des Volkes auf diesen »Sündenbock« symbolisch übertragen hatte. - *Holzschnitt:* M.C. Escher (1921); *Wort:* Sündenbock (fig.).

Azele Yaba ▽**:** *Erdgöttin* der Akan in Ghana, aber auch strafende *Rich-*

Ba, ägypt. Seelenvogel, der betend die Hände erhebt, um sich im Totengericht ein günstiges Urteil zu erbitten, ein Vogelmensch aus Falke sowie aus Kopf und Händen einer Frau.

tergöttin, die mit ihrem Gatten →Nyamenle und mit →Edenkema eine göttl. Triade bildet. Dargestellt wird sie als alte Frau mit schweren, herabhängenden Brüsten, stehend auf einen Stab gestützt und von einigen ihrer Kinder umgeben.

Aži Dahāka △: iran. *Sturmdämon* (→Daēva) in Gestalt einer dreiköpfigen und sechsäugigen Schlange, die das Vieh raubt und den Menschen Schaden zufügt, sowie *Personifikation* der tausendjährigen *Unterdrükkung* der Iraner durch die Babylonier. A. ist Bundesgenosse des →Ahriman und wird erst am Ende der Zeiten (→frashō-kereti) von →Thraētaona überwältigt, an den Berg Demavand gekettet und schließlich von →Keresāspa besiegt und in den Feuerstrom →Ayōhshust gestürzt. A. entspricht dem german. →Fenrir.

Azizos, *'Azizū:* syr. *Morgensterngottheit,* die zusammen mit →Monimos ein Götterpaar bildet und in der Gestalt zweier Jungen mit Adler dargestellt ist.

Azrā'il →'Izrāil

Azteken(Tolteken): Atlaua, Camaxtli, Centzon Huitznauna, Centzon Totochtin, Chalchihuitlicue, Chalmecacetucli, Chantico, Chicomecoatl, Chimalman, Cihuacoatl, Cinteotl, Cipactli, Cipaktonal, Citlalinicue, Citlaltonac, Coatlicue, Coyolxauhqui, Ehecatl, Huehuecoyotl, Huitzilopochtli, Itzpapalotl, Itztlacoliuhqui, Itztli, Mayahuel, Mictecacihuatl, Mictlan, Mictlantecutli, Mixcoatl, Nagual, Nanautzin, Omecihuatl, Ometeotl, Omeyocan, Oxomuco, Patecatl, Quetzalcoatl, Tecciztecatl, Tepeyollotl(i), Teteo innan, Tezcatlipoca, Tlahuizcalpantecutli, Tlaloc, Tlalocan, Tlaltecutli, Tlazolteotl, Tlillan-Tlapallan, Tonacacihuatl, Tonacatecutli, Tonan, Tonatiuh, Tonatiuhican, Tota, Tzitzimime, Xilonen, Xipe Totec, Xiuhcoatl, Xiuhtecutli, Xochipilli, Xochiquetzal, Xolotl, Yacatecutli.

Ba △, ägypt. göttliches Wesen. 1) Zunächst eine geistige Kraft (Psyche), dann die Erscheinungsform verschiedener machtvoller Wesen. Sichtbarer Machtträger ist der Ba eines Gottes, z. B. der →Pharao als Ba des →Re. Ferner besitzt jeder Mensch einen Ba (Pl. Bau), der beim Tod, nachdem der Leib durch das Totenritual »verklärt« ist, sich frei bewegen und vom Leichnam entfernen kann. Am Tage folgt er der Sonne am Horizont, und in der Nacht vereint er sich wieder mit dem Körper in der Unterwelt. Dargestellt wird der Ba als Vogel (Falke) mit Menschenkopf und Götterbart. 2) *Widder-* und *Fruchtbarkeitsgott* von Mendes (16. unterägypt. Gau), Spender der Zeugungskraft und Vater des Königs. Zunächst als Widder, später als Ziegenbock dargestellt.

BASILISK

Ba'al △ (semit. ba'l = »Eigentümer, Herr, Gatte«): 1) westsemit. Beiwort (Appellativ) für einen Gott, dessen weibliche Entsprechung →Ba'alath ist. 2) syro-phönik. *Fruchtbarkeits-, Regen-, Gewitter-* und *Sturmgott.* Er ist Sohn des →El und der →Ashera, oder aber Sohn des →Dagān, sowie Bruder und Gefährte der →'Anath. Seine Hauptfeinde sind der Meergott →Jamm und der Todesgott →Mōt. Ersteren kann er besiegen, obwohl dieser ein »Liebling des El« ist. Als B. einer jungen Kuh 77 oder 78mal beiwohnt und mit ihr Nachkommen zeugt, fällt er tot auf die Flur. Da bricht El in Klagen aus und 'Anath bestattet ihn in seinem Wohnsitz und Palast auf dem Berg Sapān (→Ba'al Sāpōn). Als 'Anath mehrere Monate lang den Mōt um die Rückgabe ihres toten Bruders aus der Unterwelt vergeblich anfleht und von diesem gar verspottet wird, zerstückelt sie den Todesgott Mōt, sät ihn auf dem Felde aus, so daß die Vögel Stücke von ihm aufpicken. Nun sieht El in einem Traum, daß die Erde wieder fruchtbar wird. B. steht wieder auf und kehrt in seinen Palast zurück. Auch Mōt kommt nach 7 Monaten wieder. So wie die Herrschaft zwischen B. und Mōt alle 7 Jahre wechselt, so lösen sich die Zeiten von Leben und Tod, fruchtbarer Regenzeit und Dürre, Wachstum und Verdorren ab. Der »Tod des B.« wurde zu Beginn des Sommers, wenn die Vegetation verwelkt, betrauert, und die wiedereinsetzenden Regenfälle wurden als »Wiedergeburt des B.« gefeiert. Sein Symbol ist der Stier, der eine Kuh begattet. Baalbek (»Herr der Doppelquelle«) im Libanongebirge, wo Orontos und Leontes ihre Quellen haben, ist nach ihm benannt. Dem westsemit. B. entspricht der akkad. →Bēl.

Ba'al-addir △ (»mächtiger Ba'al«): phönik. *Fruchtbarkeits-* und *Unterweltsgott* sowie *Stadtgott* von Byblos und vom pun. Karthago, der von afrikan. Truppen mit →Iupiter valens gleichgesetzt wurde.

Ba'alat(h) ▽ (semit. ba'lat = »Eigentümerin, Herrin, Gattin«): westsemit. Beiwort (Appellativ), nicht Eigenname, für eine Stadt- oder Landesgöttin, deren männliche Entsprechung der →Ba'al ist. Seit 3000 v. Chr. ist die »Ba'alat von Byblos« von Bedeutung, die auch als »Belit von Byblos« in den Amarnabriefen (ca. 1375 v. Chr.) genannt wird. Der westsemit. Ba'alat entspricht die akkad. Bēlet.

Ba'al, westsemit. Fruchtbarkeits- und Gewittergott mit spitzer Götterkappe und Lendenschurz. Die Rechte schwingt eine Keule, die Linke hält den Blitzspeer.

Ba'al-Berith △ (»Herr des Bundes«): westsemit. *Stadtgott* von Sichem (Ri 8,33; 9,4), der auch *El-Berith* (»Gott des Bundes«) (Ri 9,46) genannt wird und *Schutzgott* von Verträgen ist, die durch das rituelle Schlachten eines Esels besiegelt werden. Er half dem Abimelech (»Vater ist der Gott Malchu«), König über Israel zu werden.

Ba'al-Biq'āh △ (»Herr der Ebene«): westsemit. *Fruchtbarkeits-* und *Wettergott*, später *Himmels-* und *Sonnengott*, der vielleicht mit dem in der Bibel (Jos 11,17; 12,7; 13,5) genannten *Ba'al-Gad* identisch ist. Er wird zwischen zwei Stieren auf einem Sockel stehend dargestellt und trägt auf dem Kopf einen mit Ähren geschmückten Kalathos. In den Händen hält er Blitz und Ähren. In hellenistischer Zeit wird er dem griech. →Zeús gleichgesetzt. In röm. Zeit wird er zusammen mit →Iupiter O. M. Heliopolitanus verehrt. Die nach ihm benannte Stadt Baalbek heißt jetzt Heliopolis (griech.»Sonnenstadt«).

Ba'al-Chammōn △, *Ba'al-Hammōn* (»Herr der Räucheraltäre«): pun. *Hauptgott* von Karthago und *Fruchtbarkeitsgott*, der die Beinamen »Fruchtträger« und »Gott der Früchte« trägt. Durch die Namensähnlichkeit mit dem Ammon (→Amun) der Oase Siwa sah man auch in ihm einen *Orakelgott*. In Afrika und auf Sizilien gehörten Kinderopfer zu seinem Kult, wobei die Kinder auf die Hände seiner Statue gelegt wurden, bevor sie von diesen in eine Feuergrube hinabfielen. Er wurde dem griech. →Krónos und dem röm. →Saturn gleichgesetzt.

Ba'al-Hadad △ (»Herr des Donners«): syro-phönik. *Sturm-* und *Wettergott*, dessen Wohnsitz der Berg Sapan (= Sapon) ist, weshalb er auch →Ba'al-Sāpōn (= Ba'al-Sapan) genannt wird. »Wolkenreiter« und »Herr der Erde« sind seine Beinamen. Sein Symbol ist der Stier, seine Attribute sind Keule und Blitz. Er entspricht dem akkad. →Adad.

Ba'al-Hammōn →Ba'al-Chammōn

Ba'al-Hermon △ (»Herr [des Berges] Hermon«): syro-phönik. *Berggott*, der nach dem gleichnamigen Berg Hermon, auf dem er verehrt wurde, benannt ist und auch in der Bibel (Ri 3,3; 1 Chr 5,23) erwähnt wird.

Ba'al-Karmelos △ (»Herr [des Berges] Karmel«): syr. *Orakel-* und *Berggott*, der nach dem gleichnamigen Berg, auf dem er verehrt wurde, Karmel benannt ist. Letzterer ist in der Bibel (1 Kön 18,17-40) Schauplatz eines Ordals zwischen 450 Propheten des Ba'al und dem Elijjāhū, einem Propheten →Jahwes.

Ba'al-Marqōd △, *Ba'al-Markod* (»Herr des Tanzes«): syr. *Heilgott*, dessen Kult orgiastische Züge aufweist. Er wurde dem röm. →Iupiter gleichgesetzt.

Ba'al-Pe(g)or ◇ (»Herr von Pe[g]or«), *Peor:* moabit. Gottheit, die nach ihrer Kultstätte, dem Berg Peor am linken Jordanufer, benannt ist und von vielen Israeliten verehrt wurde (Num 25,3-5). Diese androgyne Gottheit wurde in ihrer männlichen Form als *Sonnengott* und in ihrer weiblichen als *Mondgöttin* gesehen.

Ba'al-Qarnaim △ (»Herr der beiden Hörner«): pun. *Berggott*, der nach zwei gleichnamigen Bergspitzen am Golf von Tunis benannt ist, die noch heute seinen Namen (Dschebel bu Qurnein) tragen.

Ba'alsamay △, *Ba'alsamim:* palmyren. *Himmelsgott*, der über die Gestirne gebietet. Als *Wettergott* spendet er Regen und Fruchtbarkeit. Zusammen mit dem Mondgott →'Aglibōl zu seiner Rechten und dem Sonnengott →Malakbēl zu seiner Linken bildet er eine Göttertriade. Seine Symbole sind Blitzbündel und Stier.

Ba'al-Sāpōn △ (»Ba'al [des Berges] Sāpōn«): syro-phönik. *Schutzgott* der Seeleute, der nach dem Berg Sāpōn (= Sapan) benannt ist. In Ugarit hieß er Ba'al-Sapān. In der Bibel wird der Sāpōn als Berg des Ba'al bezeichnet (Jer 14,13 f.) und mit dem Berg Zion gleichgesetzt (Ps 48,2 f.).

Ba'al-Sebul △, *Ba'al-Zebul* (»Herr - der Fürst«): *Orakelgott* der Philister und *Stadtgott* von Ekron. Der als »Götterfürst« Verehrte wird in der Bibel (2 Kön 1,2-16) durch ein entstellendes Wortspiel als *Ba'al-Sebub* (»Ba'al der Fliegen«) verspottet und als → *Beëlzebúl* (= Beelzebub) zum »Fürst der Dämonen« (Mt 10,25) degradiert. Die Redensart »den Teufel durch Beelzebub austreiben« in dem Sinn »ein Übel durch ein neues ersetzen« findet sich ebenfalls dort (Mt 12,24).

Ba'al-Shamēm △, *Ba'al-Shammin* (»Herr des Himmels«): phönik. *Himmelsgott*, der über Gestirne, Gewitter und Regen gebietet. Im Vertrag des assyr. Königs Asarhaddon (680-669 v. Chr.) wird er zusammen mit dem Ba'al von Tyrus unter den *Schwurgöttern* genannt. Auf seleuk. Münzen ist er mit einer siebenstrahligen Sonne in der Hand und dem Halbmond auf der Stirn dargestellt. So bildet er mit Sonne und Mond gleichsam eine Trias. Sein hl. Tier ist der Adler.

Ba'al-Zebul → Ba'al-Sebul

Baba ▽, *Ba'u:* sumer. *Stadtgöttin* von Lagash, *Mutter-* und *Heilgöttin*. König Gudea preist die »Mutter Baba« als »Herrin des Überflusses«. Sie gilt als Tochter des →An und der →Gatumdug, als Gattin des →Ningirsu sowie als Mutter von sieben Töchtern. Oft wird sie der →Gula gleichgesetzt.

Bába ▽: ungar. gütige und hilfreiche *Fee,* die später zu einer *Hexe* degradiert wurde. B. ist auch die Bezeichnung für eine *Hebamme,* der man zauberische Kräfte nachsagt.

Baba Tomor → Tomor

Bābēl (hebrä. von *balal*= »verwirrend«), *bāb-ili* (akkad. »Tor Gottes«), *Babylón* (griech.): 1) jüd. *Symbolstadt* einer gottfeindlichen Weltmacht, an deren Ziqqurat Etemenaki (»Haus, das Fundament von Himmel und Erde ist«), dem 91 m hohen und auf einer 8281 qm großen Grundfläche stehenden Stufenturm, die Erzählung vom Bau des Turms zu Babel anknüpft, die die Vielfalt der Sprachen begründet. Da die Spitze des babylon. Turms bis in den Himmel reichen sollte, verwirrte →Jahwe zur Strafe für diesen Frevel der Menschen ihre Sprache, damit keiner mehr

Babel, jüd. Symbolstadt einer gottfeindlichen Macht, deren Bewohner den riesigen »Turm zu Babel» bauten, dessen Spitze bis in den Himmel reichen sollte (Merian-Bibel, 1630).

die Sprache des anderen verstehe und die Menschen sich über die ganze Erde verstreuen sollten. **2)** christl. *Symbolstadt* antichristl. Weltmacht und Deckname für die Weltstadt Rom, das im Gegensatz zum himmlischen Jerusalem steht.

Babi △, *Bebon:* ägypt. *Dämon* der Finsternis. Gemäß der Totenliteratur ein schreckhaftes Ungeheuer, das beim Totengericht die Verstorbenen fressen will.

Babylón →Bābēl

Bacabs △ (Pl. »Söhne«); *Bacabab:* indian. *Gruppe* von 4 riesenhaften *Schutzgöttern* bei den Maya, auf deren Schultern der Himmel ruht. Sie sind die Söhne von →Itzamná und →Ixchel. Die B. sind gesetzt über je eine der Weltgegenden mit deren Winden, über je eine Farbe und einen 65tägigen Abschnitt des heiligen (260 Tage umfassenden) Jahres sowie über eines von 4 Jahren. Zu ihnen gehören: Kan (gelb) für den Süden, →Chac (rot) für den Osten, Zac (weiß) für den Norden und Ek (schwarz) für den Westen. In jeder Jahreszeit stirbt ein B. und ein anderer B. wird wiedergeboren.

Baccha →Bakche

Bacchantin →Bakche

Bacchus →Bákchos

Bachúe ▽ indian. *Schöpfergöttin* und *Urmutter* der Menschheit bei den Chibcha. Ihr zu Ehren wird der Kazike(-Fürst) von Guatavita am ganzen Körper mit einem klebrigen Harz bestrichen und mit feinem Goldstaub überpudert. Danach läßt er sich auf den heiligen See hinausrudern, nimmt dort im Wasser ein Bad und bringt auf diese Weise der B. ein Goldopfer dar. Die Spanier nennen ihn »el dorado« (span. »der Vergoldete«). - *Worte:* Eldorado, Dorado. Auf der Suche nach dem legendären Goldland Eldorado starben zahlreiche Europäer und rissen dabei auch viele Eingeborene in den Tod.

Badb ▽, *Bodb* (»Schlacht«): kelt. *Kriegsgöttin* (der Iren), nach der das Schlachtfeld als »das Land der B.« bezeichnet wird. Während der Schlacht von →Mag Tured stiftete sie in Gestalt einer Krähe Verwirrung und erreichte damit, daß die →Tuatha Dê Danann über die →Fomore siegten.

Baga (altpers. »Zuteiler, Gott«): iran. **1)** allgemeine *Bezeichnung* für *Gott* neben und anstelle →Yazata. **2)** *Glücksgott* und *Spender* des *Wohlstandes* sowie *Dynastiegott* in parthischer Zeit. B. entspricht dem ved. →Bhaga.

Bahrām △: iran. *Planetengott* (Mars) und *Gott* des *Sieges*, der den →Sraosha unterstützt, wenn er mit der Seele eines Toten in die Lüfte hinaufsteigt. Denn sie werden dabei von den Dämonen →Astōvidātu und →Aēshma verfolgt, die die Seele zu rauben versuchen. Manchmal ist B. identisch mit →Verethragna.

Bāhubalin △, *Gommata:* jin. *Asket,* der dadurch, daß er ein ganzes Jahr unbeweglich auf derselben Stelle stand, so daß Pflanzen und Schlangen seine Beine umgaben und Ameisen ihre Hügel um seine Füße bauten, Allwissenheit erlangte und somit ins →Nirvāna einging. Er ist Sohn des 1. →Tirthankara →Rishabha und der Sunandā, Halbbruder des →Bharata und Gatte seiner Halbschwester Brāhmi. Bei den Digambara wird er nackt und oft als Kolossalstatue dargestellt. Die berühmteste ist der 21 m hohe Gneis-Monolith (um 980 v. Chr.) in Shravana Belgola/Maisūr.

Baiame △ (»Schöpfer, Großer«): austral. *Himmels-* und *Schöpfergott* (der Wiradyuri und Kamilaroi), der dem Land seine heutige Gestalt gab und »unser Vater« genannt wird. B. gilt als Vater des →Daramulun. Nachdem er sich selbst erschaffen hatte, schuf er alle Wesen, u. a. zwei Männer aus Lehm, während sein Bruder die Frauen aus dem Wasser hervorzog. B. gab den Menschen Werkzeuge und Waffen und stellte die Lebensregeln auf. Er ist dem →Bunjil gleich.

Bainača △: sibir. *Jagdgott* (der Ewenken/Tungusen), der als Herr der Wildtiere diese dem Jäger zuführt. B. reitet auf einem weißen Hengst durch die Taiga und wird als weißhaariger Greis dargestellt.

Bakche ▽ (griech.), *Baccha* (lat.), *Bacchantin* (dt.): griech.-röm. *Verehrerin* des →Diónysos, nach dessen Beinamen →Bákchos (Bacchus) sie benannt ist. Als schwärmende Teilnehmerin gehört sie zu seinem Gefolge. Die B. entspricht der griech. →Mainás.

Bákchos △ (»Schaller, Geschrei«), *Bacchus* (lat.): griech.-röm. *Gott* der *Fruchtbarkeit* und der *Ekstase,* des Weins und des Weinbaus. Er ist Sohn des →Zeús und der →Seméle, den die eifersüchtige →Héra als Heranwachsenden mit Wahnsinn schlägt. So durchschweift er, geschmückt mit Efeu und Lorbeer und begleitet von →Nýmphai und →Mänaden, von →Satyrn und →Silenen, die Länder, bis er in Phrygien durch die Göttermutter →Kybéle vom Wahnsinn befreit wird. - *Gemälde:* Caravaggio (ca. 1585), J. Jordaens (ca. 1640/50); *Worte:* Bacchanal, Bacchant(in), bacchantisch, bacchisch, Bacchius. - B. ist identisch mit →Diónysos.

Baladeva △: jin. *Held* und *Heldengruppe,* zu der in der gegenwärtigen Weltepoche bisher 9 zählen. Der erste war Acala bzw. Vijaya, der letzte →Balarāma, ein Halbbruder des →Krishna. Die B. sind neben →Vāsudeva und Prativāsudeva eine der drei Heldengruppen. Die Geburt eines künftigen B. wird dessen Mutter bald nach der Empfängnis durch 4 glückverheißende Traumbilder angekündigt.

Bālakrishna △ (sanskr. »kraftvoller Krishna«). hindu. *Beiname* des →Krishna als Kind, das wegen der Bedrohung durch →Kansa von den Hirten Nanda und dessen Frau Yashodā aufgezogen wird und →Pūtanā vergiften will. B. befreit die Hirten von vielen Dämonen in Büffel-, Esels- und Pferdegestalt und bezwingt den Schlangendämon →Kāliya.

Balarāma △ (sanskr. »kraftvoller Rāma«): hindu. *Ackerbaugott* und Gott der Stärke. Als *Kriegsheld* ein Sohn des →Vāsudeva und der →Devaki bzw. Rohini sowie älterer, hellhäutiger (Halb-)Bruder →Krishnas. Um

Bákchos, griech.-röm. Gott des Weines und der Ekstase in Begleitung von Silenen (Vasenbild, 5. Jh. v. Chr.).

ihn vor dem Dämon →Kansa zu retten, übertrug die Schlafgöttin Nidrā den B. noch vor seiner Geburt aus dem Mutterschoß der Devaki in den der Rohini, einer anderen Gattin des Vāsudeva. Ikonographisch ist er gekennzeichnet durch weiße Körperfarbe und blaue Augen. Seine Attribute sind Pflug und Keule.

Balder △ *Baldr* (nord. »Herr«), *Baldur:* nordgerm. *Lichtgott, Gott* der *Reinheit, Schönheit* und *Gerechtigkeit,* Gott des *Frühlings* sowie ein *sterbender und auferstehender Gott.* Er ist der Sohn →Odins und der →Frigg, der Bruder von →Hödur und →Hermodur, sowie der Gatte der →Nanna und durch sie Vater des →Forseti. Bei einer Thingversammlung der →Asen schießt auf Anstiften →Lokis der blinde Hödur mit einem Mistelzweig ahnungslos auf B. und tötet ihn. Solange B. nicht aus →Hel zurückkehrt, gibt es keine Gerechtigkeit in der Welt. Erst nach →Ragnarök werden B. und Hödur versöhnt wiederkehren und in der neuen Welt herrschen.

Balder, german. Licht- und Auferstehungsgott, der nach seiner Ermordung auf die Auferstehung aus der Unterwelt wartet, wenn der auf dem achtfüßigen Sleipnir heranreitende Hermod ihn befreien kann.

Bali △, *Mahābali:* brahm.-hindu. *Dämon* und *Affenkönig* im Ramayana, der zu den →Daityas und damit zu den →Asuras zählt. Er ist Sohn des →Vairochana und Gemahl der Vindhyavali sowie Vater der →Pūtanā, die →Krishna mit ihren vergifteten Brüsten stillen wollte, und des →Bāna. B. spielt in der (2.) →Kūrma-avatāra und in der (5.) →Vāmana-avatāra eine Rolle. In letzterer gewann →Vishnu ihm Himmel und Erde wieder ab und beließ ihm die Unterwelt, wo B. über Sutala, die 6. Etage (→Pātāla), herrscht. Vor die Wahl gestellt, entweder mit 100 Toren in den Himmel zu gehen, oder mit einem Weisen in die Unterwelt, wählt er das letztere und sagt: »Mit einem Weisen kann ich leicht die Unterwelt zum Himmel machen, aber mit 100 Toren wird selbst der Himmel zur Unterwelt.«

Balor △: kelt. einäugiger *Riese* (der Iren), dessen böser Blick den Tod zur Folge hatte. Deshalb hielt er sein Auge meistens geschlossen. B. ist Anführer der →Fomore in der Schlacht von →Mag Tured, in der er →Nuada tötete. Als B., um →Lug zu töten, von seinen Dienern das schwere Augenlid hochheben ließ, schleuderte Lug einen Stein in das Auge des Riesen, woraufhin dieser tot umfiel und die Fomore die Flucht ergriffen.

Baltis ▽: arab. *Venussterngöttin,* die in Harran verehrt wurde.

Baltische Völker: →Letten, →Litauer, Altpreußen (Pruzzen, →Preußen).

Bāna △, *Tripura, Vairochi:* brahm.-hindu. *Dämon,* ein Freund →Shivas und zugleich Feind →Vishnus. Als Sohn des →Bali und Bruder der →Pūtanā gehört er zu den →Daityas und damit zu den →Asuras. B. half, unterstützt von Shiva und →Skanda, seiner Tochter →Ushā, die →Aniruddha, den Enkel Krishnas und ihren späteren Gatten, entführt hatte, wurde aber schließlich von Krishna, →Balarāma und →Pradyumna überwältigt.

Banaidja △: austral. *Ahnenwesen,* das den Angehörigen der Jiridja-Klasse ihr Totemmuster gab und sie in die Riten einführte. Der als Sohn von →Laindjung geltende B. wurde später von Zweiflern erschlagen. Sein Abbild wird bei Initiationsfeiern enthüllt.

Bangpūtys △ (»Wellenblaser«): litau. *Meeresgott* und *Gott* der *Wellen.*

Bantuneger-Völker (Baluba, Bamum, Bavenda, Bemba, Bushongo, Dschagga, Fang, Herero, Kongo, Mbundu, Mongo, Para, Ruanda, Shona, Sotho, Zulu): Bumba, Imana, Kholomodumo, Kyumbi, Leza, Mbomba, Mebere, Modimo, Mukuru, Mulungu, Mwari, Mwille, Ndjambi-Karunga, Nehanda, Nijnyi, Nzambi, Nzame, Raluvhimba, Ruwa, Suku, Umvelinqangi, Unkulunkulu.

Barbelo ▽: gnost. *Geistwesen* sowie weiblicher Aspekt und gestaltgewordener Gedanke des Vatergottes →Bythos. Manchmal ist B. identisch mit →Énnoia.

Bardha(t) ▽ (»die Weißen«): alban. *Elfen* und *Nebelwesen,* die als »weiße Mädchen« unter der Erde wohnen. Wenn ein Reiter vom Pferd stürzt, sagt man: »Sein Pferd ist auf die B. getreten.«

Barzakh (arab. »Schranke, Hindernis, Trennung«). islam. *Scheidewand* zwischen Hölle (→Djahannam) und Paradies (→Djanna) sowie das zwischen Diesseits und Jenseits gelegene *Grab* und »Fegefeuer«. Alle Verstorbenen, mit Ausnahme der Märtyrer (→Shahid), müssen B. passieren, das dem christl. →Purgatorium entspricht.

Basajaun (»Herr des Waldes«): bask. *Waldgeist* und *Schutzpatron* der Herden, der im tiefen Wald oder in hochgelegenen Höhlen wohnt. Wo er sich aufhält, wagt kein Wolf die Herden heimzusuchen, und wenn ein Unwetter aufzieht, warnt er die Berghirten durch Schreie. B. lehrte die Menschen den Getreideanbau und das Schmiedehandwerk.

Bashāmum △ (von *bashām* = »Balsamstrauch«): arab. *Arzt-* und *Heilgott* in Saba und Qatabān, dem zum Dank für Heilungen Weihegaben dargebracht werden.

Basileía tū Theū ▽ (griech. »Königsherrschaft des Gottes«): christl. *Himmelreich* und Reich Gottes als eine neue Verhältnisbestimmung zwischen Gott (→Kýrios) und den Menschen sowie zentrales Thema der Predigt des →Iesūs. B. bedeutet Gesundheit und Leben, Freiheit, Gleichheit und

Basilisk, jüd.-christl. Mischwesen aus Hahnenkörper und dreispitzigem Schlangenschwanz (Holzschnitt, Nürnberg, 1510).

Bastet, ägypt. katzenköpfige Göttin der Freude und Liebe mit einem Korb in der Rechten und dem Sistrum in der Linken.

Frieden. Der B. entgegengesetzt sind z. B. Krankheit und Tod, Armut und Unterdrückung. Die B. ist ein Geschenk Gottes, nicht Verdienst der Menschen. Sie ist gegenwärtig und zukünftig zugleich. Ihr Anfang ist mit dem Auftreten des →Iesūs gemacht, ihre Vollendung geschieht am Ende der Tage.

Basilisk △ (v. griech. *basiliskos*=»kleiner König«): jüd.-christl. übernatürliches →*Mischwesen* mit dem Oberkörper eines Hahns und dem Unterleib einer Schlange sowie Verkörperung des Bösen und des Todes. Der B., der einen bösen, todbringenden Blick hat, ist aus einem Hahnenei ohne Mutter gezeugt worden und haust jetzt in Brunnenschächten und Kellern. - *Worte:* Basiliskenblick, Basiliskeneier.

Basken: Aatxe, Aiharra-haio, Akerbeltz, Alarabi, Amilamia, Argui, Atarrabi, Basajaun, Bildurraize, Eate, Ekhi, Etsai, Etxajaunak, Gaizkiñ, Galtxagorri, Gaueko, Guizotso, Herensugue, Illargui, Inguma, Lamiñ, Lur, Maide, Mari, Mikelats, Odei, Ortzi, Sugaar, Torto.

Basmoti Ma ▽ (»Mutter Erde«): ind. *Erdgöttin* bei den Gadaba.

Bastet ▽: ägypt. *Ortsgöttin* von Bubastis im Ostdelta des Nils. Als der milde Gegentyp zur gefährlicheren Löwengöttin →Sachmet ist sie die Personifikation der Freude und Liebe. Als *Salben-Göttin* verkörpert sie die Salbe in ihrer überirdischen Kraft. Ihr Hauptkultort war die nach ihr benannte Stadt Bubastis (»Haus der Bastet«), in deren Nachbarschaft es ausgedehnte Katzenfriedhöfe gibt. Ihr Fest, über das Herodot (II, 60) berichtet, ist am 16. X. des ägypt. Jahres. Dargestellt wird Bastet katzengestaltig bzw. katzenköpfig mit Korb und Sistrum. Ihr Symboltier ist die Katze.

Bata △: ägypt. *Ortsgott* von Sako (17. oberägypt. Gau). Der als jüngerer Bruder des →Anubis geltende Gott wird stiergestaltig dargestellt.

Bathon: indian. außergewöhnliche *Lebenskraft* bei den Dakota (Sioux-Omaha). B. wohnt u. a. in einem Medizinbündel, auf das die Medizinmänner ihre Heilerfolge zurückführen.

Batman △ (engl. »Fledermausmann«): amerikan. *Superheros* mit dem bürgerlichen Namen Bruce Wayne, *Typus* der traditionellen Werte, wie *Gesetzestreue* und *Ordnungsliebe*, *Eigentumsachtung* und *sexueller Enthaltsamkeit*, bei dem weißen nordamerikan. Mittelstand sowie *Titelheld* der Science-Fiction-Literatur (→Zwanzigstes Jahrhundert). Seitdem seine Eltern einem Mordanschlag zum Opfer gefallen sind, bekämpft B. auf der Erde alle Verbrecher, abnorme Schurken und abgefeimte Bösewichte. Bei seinem Kampf gegen alles Böse in der Welt beweist er größtes akrobatisches Geschick und zeigt kriminalistische Allwissenheit. Um seine Gegner zu erschrecken, benutzt er einen fledermausartigen Umhang und eine Fledermaus-Maske. Jedesmal, wenn B. einen Hilferuf der Polizei oder gar des Präsidenten der USA vernimmt, tritt er zusammen mit seinem Freund und Helfer Robin in Aktion. - *Comics:* B. Finger und B. Kane (seit 1939ff.); *Filme:* Batman und Robin (1943, 1948, 1966).

Ba'u →Baba

Baubo ▽ (?»Bauch, Höhle, Uterus«): griech.-kleinasiat. *Göttin und Personifikation* der weiblichen *Fruchtbarkeit.* Als die völlig niedergeschlagene →Deméter auf der Suche nach ihrer geraubten Tochter →Persephóne bei der alten B. einkehrte, brachte letztere die traurige Deméter durch das Zeigen ihrer Pudenda - ein Abwehrgestus gegen die Mächte des Todes und der Unterwelt - wieder zum Lachen. Dargestellt wird B. ohne Kopf bzw. mit einem Kopf, der mit ihrem Bauch identisch ist.

Bebellahamon △ (»Herr des Dorfes Hamon«): palmyren. *Schutzgott* von Hamon, der zusammen mit →Malakbēl und →Manāf als »dii patrii« bezeichnet wird. B. wird mit dem pun. →Ba'al-Chammōn gleichgesetzt.

Bebon →Babi

Beëlzebúl △ (griech.), *Beelzebub* (Vulgata): christl. böser *Geist* und *Oberteufel,* mit dessen Hilfe →Iesūs (nach Meinung seiner Gegner) die →Daimónia austreibe. Manchmal wird der B. mit dem →Ba'al-Sebul der Philister gleichgesetzt.

Beg-tse △ (»verborgenes Panzerhemd«), *Beg-ce, Cam-Srin:* tibet. 1) *Kriegsgott* bei den Bon-po. 2) *Schutzgott* der Buddha-Lehre (→Dharmapāla) im Lamaismus. Dargestellt wird er mit Schuppenpanzer und Stirnauge. Sein Attribut ist das Schwert.

Behedti △ (»der von Behdet«): ägypt. *Lokalgott* von Behdet (Edfu) und *Sonnengott.* Als »Guter Gott, Herr der beiden Länder« auch *Schutzgott* von Unter- und Oberägypten sowie des Königs. Dargestellt wird er als hockender Falke mit Symbol der Sonnenscheibe. Mit →Horus ist er zu Horus-Behedti verschmolzen.

Behēmōt △ (hebr. »Nilpferd«): jüd. *Landungeheuer,* das als »Erstling« von →Jahwe geschaffen wurde, und *Verkörperung* brutaler *Kraft,* die nicht von Menschen, sondern nur von Jahwe gebändigt werden kann. B. ist das männliche Gegenstück zum weiblichen Seeungeheuer →Liwjātān. Zusammen mit letzterem wird er in der Endzeit geschlachtet und den Gerechten als himmlische Speise vorgesetzt.

Behēr △ (von »bachr.« = »Meer«): äthiop. *Meeresgott,* der in Göttertriaden an mittlerer Stelle nach →'Astar und vor →Mahrem bzw. →Medr genannt wird.

Bēl △ (»Herr«): 1) akkad. *Luftgott* und Beherrscher alles dessen, was zwischen Himmel und Erde ist, »Herrscher der Länder« und Schöpfer von Welt und Mensch, dessen Gattin →Bēlet ist. In späterer Zeit wird er durch →Marduk verdrängt, so daß öfter der Name Bēl für Marduk steht. Hauptkultort war der Tempel Ekur (»Berghaus«) in Nippur. Dem akkad. Bēl ist der syr. →Ba'al gleich. 2) akkad. *Wortbestandteil* in zahlreichen Götternamen, oft in Verbindung mit Städtenamen, wie Bēl-Harrān (»Herr von Harrān«), der dem sumer. →En entspricht.

Bēl →Bōl

Baubo, griech. Göttin der weiblichen Fruchtbarkeit, ein kopfloses Mischwesen bzw. mit einem Kopf, der mit ihrem Bauch identisch ist.

Belenos △ (»der Leuchtende«), kelt. *Lichtgott* (der Gallier). Er ist Partner der →Belisama und dem röm. →Apollo gleich.

Bēlet ▽ (»Herrin«), *Bēlit:* **1)** akkad. *Wortbestandteil* in Göttinnennamen, oft in Verbindung mit Städtenamen, wie Belet-Nippur (»Herrin von Nippur«), der dem sumer. →Nin entspricht. **2)** akkad. *Muttergöttin* und Gattin des →Bēl. Die akkad. Bēlet ist der syr. →Ba'alat gleich.

Bēlet-ilī ▽ (»Herrin der Götter«): akkad. *Beiname* großer Göttinnen, wie →Ninlil oder →Ishtar.

Bēletsēri ▽ (»Herrin der Steppe«), *Bēlitshēri:* akkad. *Göttin* der *Wüste.* Als »Buchführerin« und »Schreiberin« in der Unterwelt steht sie →Ereshkigal zur Seite. Sie ist die Schwester des →Tamūzu und Gemahlin des Nomadengottes →Amurru. B. entspricht der sumer. →Geshtinanna.

Beli △ (nord. »Brüller«): **1)** german. *Riese* (→Jötunn), der mit dem waffenlosen Gott →Freyr z.Zt. von →Ragnarök kämpfen und schließlich von letzterem mit einem Hirschgeweih erschlagen werden wird. B. ist Sohn von →Gymir und →Aurboda sowie Bruder der →Gerd. **2)** kelt. *Götterheld* (der Waliser), der sich als Vorkämpfer des Landes Verdienste erwarb. B. ist Gatte der →Dôn und durch sie Vater der →Arianrhod.

Belija'al (hebr. »Bosheit, Nichtigkeit«), *Beliár* (griech.): **1)** jüd. böser *Geist* der *Dunkelheit,* der Nichtsnutzigkeit und Heillosigkeit sowie *Personifikation* der gottwidrigen *Macht.* Im endzeitlichen Kampf wird er von →Jahwe besiegt werden. **2)** christl. *Teufel* und *Widersacher* des →Iesūs.

Belili ▽: sumer. *Unterweltsgöttin,* die als Schwester des →Dumuzi gilt.

Belisama ▽ (von *bel* = »licht, hell« und *sama* = »ähnlich«): kelt. *Göttin* des *Lichts* und des *Feuers* (der Gallier). Sie ist die Partnerin des →Belenos und der röm. →Minerva gleich.

Bēlit →Bēlet

Bēlitshēri →Bēletsēri

Bellerophóntes △ (»der im Glanz Erscheinende«), *Bellerophón, Bellerophon* (lat.): griech. *Heros* von Korinth, ein Sohn des →Glaúkos und der Eurymede. Wegen eines Mordes mußte er aus Korinth an den Hof des Königs Proitos von Argos fliehen, wo dessen Gattin sich in B. verliebte. Als er diese Liebe zurückwies, wurde er von der Verschmähten bei ihrem Gatten verleumdet, worauf letzterer den B. in der Absicht fortschickte, ihn töten zu lassen. Mit Hilfe des →Pégasos bestand B. jedoch alle Kämpfe. Er tötete die →Chímaira und bekämpfte die →Amazónes. Er wurde übermütig und versuchte, mit Pégasos in den →Ólympos zu reiten. Dabei stürzte er ab, erblindete und kam ums Leben.

Bellona ▽ (von lat. *bellum* = »Krieg«): röm. *Kriegsgöttin,* Schwester und Begleiterin des →Mars. Neben ihrem Tempel auf dem Marsfeld in Rom erfolgte stets die symbolische Kriegserklärung durch die Fetialen. Ihr Attribut ist das Schwert. – *Gemälde:* Rembrandt (1633).

Bemba →Pemba

Bellerophóntes, griech. Heros, das geflügelte Roß Pégasos tränkend.

Beng (Sg.), *Benga* (Pl.): zigeun. *Teufel,* aber auch Gefährte Gottes und wie dieser aus der Erde geboren. Er wohnt im Wald und treibt nachts sein Unwesen. Bei einem Wettstreit mit Gott unterliegt der B. stets. Er ist Hauptwiderpart des →Alako.

Benu →Phönix

Bergelmir △ (nord.»Bergbrüller«?): german. *Wasserriese* und *Stammvater* der →Jötunn. Er ist Sohn des →Thrúdgelmir und Enkel des →Ymir (→Aurgelmir). Da B. und seine Frau ein Boot bestiegen, konnten sie sich als einzige Riesen aus dem Blutstrom des erschlagenen →Ymir retten, während das übrige Geschlecht der →Hrímthursar darin ertrank.

Berit ▽ (hebrä.»Bund, Vertrag«), *Diathéke* (griech.): 1) jüd. *Bund* zwischen →Jahwe-Elōhim und den von ihm Erwählten, dessen Initiative stets von Gott ausging. So schloß Gott einen Bund mit →Nōach nach der Sintflut (→Mabul), mit →Abrāhām und →Ja'akōb und mit dem Volk Israel am Sinai. Die Bibel bietet viele Beispiele der göttlichen Bundestreue im Gegensatz zur Untreue der Menschen. Bundeszeichen sind die Beschneidung und der →Shabbāt. 2) christl. *Bund* zwischen dem →Kýrios und dem neuen Gottesvolk der Kirche, der im Blut und Opfer des →Iesūs geschlossen ist, und im Gegensatz zum ersten, vergangenen und alten Bund ein ewiger und neuer Bund ist.

Berlingr △ (nord.»kurzer Balken«): german. *Zwerg* (→Dvergr) und einer der Schmiede von →Freyjas Halsband →Brísingamen, mit dem die Göttin eine Nacht verbringen mußte, um diesen kostbaren Halsschmuck zu erwerben.

Berserker △ (nord.»Bärenhäuter«), *Berserkir* (Pl.): german.»in Bärenfell gehüllter« *Krieger* bzw. ein kämpfendes, wildes *Heer* und ein Männerbund in der Gefolgschaft →Odins. B. legen sich Kräfte und Gebaren wilder Tiere zu und kämpfen in Ekstase bis zur Erschöpfung. Als *B.* bezeichnet man heute einen»wütenden Kämpfer«, und B.*-wut* meint sinnlose Raserei und zerstörerische Wut.

Beruth ▽, phönik. *Muttergöttin,* die zur ersten Göttergeneration gehört und als Gattin des →'Eljōn sowie als Mutter von →Epigeus gilt.

Bes △: ägypt. *Schutzgott* vor Schlangen und allem Bösen sowie Beschützer der Wöchnerinnen und Säuglinge. Seiner Obhut wurden die Fehlgeburten anvertraut, die in hölzernen Bes-Figuren beigesetzt sind. Er wird auch als *Orakelgott* verehrt und zwerggestaltig mit breitem, fratzenhaften Gesicht, mit Tierohren und Löwenschwanz dargestellt. Seine Attribute sind Schwert und Trompete.

Bestla ▽ (nord.»Bastspenderin, Baumrinde«): german. *Urriesin* und *Eibengöttin* sowie *Urmutter* der Gottheiten. Sie gilt als Tochter des Riesen Bölthorn und als Gattin des Riesen →Borr. Von letzterem ist sie Mutter der ersten Götter →Odin, →Vili und →Vé.

Bet-El △ (»Haus des El«): syr. *Ortsgott,* der nach dem gleichnamigen Heiligtum in der späteren Ortschaft Betel benannt und im Vertrag des

Bes, ägypt. zwerggestaltiger Orakelgott, ein Tiermensch mit heraushängender riesiger Zunge, mit Tierohren und Löwenschwanz.

assyr. Königs Asarhaddon (680–669 v. Chr.) zusammen mit dem →Ba'al
von Tyrus genannt ist. Die jüd. Kolonisten auf der Nilinsel Elephantine
(5. Jh. v. Chr.) verehrten ihn, weil sie vermutlich ursprünglich in der
Gegend um das Heiligtum Betel im Nordreich Israel (vgl. Am 5,4–6)
gewohnt hatten. Die Bibel (Jer 48,13) legt auch die Gleichsetzung Bet-
Els, des Gottes der jüd. Kolonie, mit dem moab. →Kamosh nahe.

Bhaga △ (sanskr. »Geber, Verteiler«): ved. *Glücksgott* und Spender des
Wohlstandes. Schutzgott des Ehebundes, dem der Frühlingsmonat
geweiht ist.

Bhagavān →Bhagvān

Bhagavantara △ : ind. *Himmels-, Regen-* und *Donnergott* bei den
Chenchu.

Bhagvān △ : ind. *Schöpfergott* bei den Bhil. Als allwissender Gott mit ethi-
schen Zügen richtet er die Menschen. Die Guten gelangen zu ihm und
sind glücklich bei ihm.

Bhagvān △, *Bhagavān* (»Erhabener, Heiliger«): ind. Bezeichnung des
Hochgottes bei den Gond, Agaria, Baiga, Bhil und Kamar. Die anderen
Sippen-, Regional- und Lokalgottheiten sowie die Menschen suchen bei
B. Rat und Hilfe.

Bhairava △ (sanskr. »der Schreckliche, Furchtbare«): hinduist. *Himmels-
wächtergott* in 8 oder 12 Erscheinungsformen sowie *Beiname* →Shivas
bzw. dessen dämonenhafter Emanation aus den Augenbrauen. Sein
→Vāhana ist der Hund.

Bhaishajya-guru △ (sanskr. »Meister der Medizin«): buddh. *Heil-* und
Medizinbuddha, einer der acht, die die Künder des ärztlichen und phar-
mazeutischen Wissens sind und angerufen werden, um dem Arzt oder
Patienten die richtige Therapie einzugeben. In einer seiner früheren Existenzen hatte er 12 Gelübde abgelegt, deren achtes lautet: »Frauen in der
nächsten Wiedergeburt in Männer zu verwandeln.« Ikonographisch ist
er gekennzeichnet durch die Heilpflanze Myrobalane und die blaue
Farbe.

Bhārata △ (sanskr. »zu erhalten«): **1)** hindu. *König,* nach dem Indien als
→Bhārata-varsha benannt ist, und *Heiliger.* Als Sohn des Königs Da-
sharatha und der Kaikeyi ist er ein Halbbruder des →Rāma und des
→Lakshmana. Bh. gilt als Stammvater der →Kauravas und →Pāndavas,
deren Kampf das Mahabhārata schildert. **2)** jin. erster *Weltherrscher*
(→Chakravartin) dieses Zeitalters, der die Kaste der Brahmanen, deren
Verfall er voraussah, gründete. Er ist einer der 100 Söhne des ersten
→Tirthankara →Rishabha und Sohn der Sumangalā, Halbbruder des
→Bāhubalin, Gatte seiner Halbschwester Sundari und Vater des Marici,
einer Vorexistenz des Vardhamāna.

Bhārata-varsha (sanskr. »Bhārata-Zone«): hindu. *Landschaft* und südlichste Zone des →Jambūdvipa, die nach deren erstem Herrscher
→Bhārata benannt ist. Zu diesem den Menschen bekannten Teil von

→Bhūrloka gehört auch Indien. Nur in Bh. lösen die 4 →Yugas einander ab. Nur hier wirkt das Karman und führt die Menschen in die Himmels- oder Unterwelt und bewirkt ihre Reinkarnation als Mensch. Gott oder Tier. Nur hier kann auch das Karman neutralisiert werden, d. h. Erlösung vom →Samsāra erlangt werden.

Bhārgava →Shukra

Bhauma →Mangala

Bhava-Chakra (sanskr. »Lebensrad«), *Bhavatshakra, Rinne* (japan.): buddh.-tibet. bildliche Darstellung des →Samsāra in den 6 Daseinsformen (→Gati). Von den 6 Segmenten der Radspeichen bilden 3 gute Formen die obere Hälfte des Rades: →Deva, →Asura und die Menschen. Die untere Hälfte des Rades umfaßt 3 unheilvolle Formen (apāya): die Tiere, →Preta und →Naraka. Im Zentrum der Radnabe steht *akushala*, das nichtheilsame Handeln als Triebkraft, die das Rad in Bewegung hält, mit Tiersymbolen: Gier (Hahn/Taube), Haß (Schlange) und Verblendung (Schwein). In der äußeren Radfelge steht *nidāna* (sanskr. »Bindeglied«), zwölf Glieder, die die Kette des »bedingten Entstehens« bilden. Ihr Anfang ist →Avidyā (»Nichtwissen«) und ihr Ende Jarā (»Alter u. Tod«). Für letzteres steht →Yama, der das Lebensrad in seinen Klauen hält.

Bhavanavāsin: jin. *Göttergruppe,* die Ratnaprabhā, die oberste Region der Unterwelt (→Loka-Purusha), bewohnt. Sie ist neben →Vyantara, →Jyotisha und →Vaimānika die erste von vier Götterklassen und in 10 Untergruppen gegliedert: 1. Asura-Kumāra (sanskr. »Dämonen-Prinzen«), 2. Nāga-K. (»Schlangen-P.«), 3. Suparna-K. (»Adler-P.«), 4. Vidyut-K. (»Blitz-P.«), 5. Agni-K. (»Feuer-P.«), 6. Dvipa-K. (»Insel-P.«), 7. Udadhi-K.

Bhava-Chakra, buddh.-tibet. Weltbild in Gestalt eines Rades mit 6 Speichen, d. h. mit den 6 verschiedenen Existenzweisen, wobei ein Dämon dieses Rad ständig in Bewegung hält.

(»Ozean-P.«), 8. Dik-K. (»Himmelsrichtungs-P.«), 9. Vāyu-K. (»Wind-P.«) und 10. Stanita-K. (»Donner-P.«). Ikonographisch sind sie gekennzeichnet durch unterschiedliche Körperfarbe und Diademmerkmale.

Bhavatshakra →Bhava-Chakra

Bhima (sanskr. »der Furchtbare«); **1)** ind. *Himmels-* und *Regengott* der Koyas und Gadabas. **2)** hindu. *Held* und zweiter der 5 Pāndu-Prinzen (→Pāndavas). Er gilt als Sohn des →Vāyu bzw. des →Pāndu und der →Kunti sowie als Gatte der →Draupadi, die er mit seinen 4 Brüdern teilt.

Bhrigu △ (sanskr. »glühen, strahlen«): brahm.-hindu. *Weiser* und *Seher* der Vorzeit (→Rishi), der zu den 10 →Maharishi zählt. Er gilt als geistentsprossener Sohn des →Brahmā und als Vater des Jamadagni.

Bhūdevi ▽, *Bhumidevi:* hindu. *Erdgöttin* und in Südindien die zweite Gattin →Vishnus neben Shri (→Lakshmi).

Bhūrloka (sanskr. »Erd-Welt«): hindu. irdische Welt der Menschen und *Mittelwelt* im →Triloka, unterhalb der Himmelsregionen und oberhalb der Unterwelt. B. ist eine Scheibe mit 7 ringförmigen Kontinenten (Inseln) und ebenso vielen Ring-Meeren. Zentraler Erdteil ist der →Jambūdvipa, den der ringförmige Salzozean Lavanoda umgibt, und in dessen Mitte sich der →Meru erhebt.

Bhūtas (sanskr. »geworden, gewesen«): hindu. dämonische *Geistwesen* und *Menschenfeinde,* die verschiedengestaltig (Pferde, Riesen, Schweine) auftreten und als Fleischfresser und Blutsauger des Nachts umherschweifen. →Shiva ist *Bhūtapati*(»Herr der Dämonen«) und seine Shakti →Kali Bhūtamāta (»Mutter der Dämonen«). Die B. bewohnen →Bhuvarloka und werden mit den →Pretas identifiziert.

Bhuvarloka (sanskr. »Luft-Welt«): hindu. Region der *Oberwelt* im →Triloka, der Raum zwischen →Bhūrloka und →Svarloka, wo der Wind weht und die Wolken dahinziehen und wo sich die Scharen der →Bhūta, →Pishācha, →Preta, →Rakshasa und →Yaksha bewegen. Darüber sind die Wohnungen der →Siddha, Cārana, Vidhyādhara und Muni.

Biegg-Olmai △ : (»Windmann«): lapp. *Windgott* sowie *Gott* des *Meeres* und der *Fische.*

Bifröst, *Bilröst* (nord. »schwankende Himmelsstraße«): german. *Regenbogen* und gewaltige *Himmelsbrücke,* die die Himmelswelt →Asgard mit der Erdenwelt →Midgard verbindet, und über die die →Asen jeden Tag zu ihrem Gerichtsplatz beim Urdbrunnen (→Urd) reiten. Auf der Himmelsseite der Brücke hält →Heimdall Wache. Z. Zt. von →Ragnarök wird B. unter den Tritten des →Surtr und der Muspellsöhne einstürzen.

Bildurraize (»schreckliche Luft«): bask. böser *Luftgeist,* der schreckliche Träume bei den Menschen verursacht.

Bile △ : kelt. *Unterweltsgott* und *Stammvater* der Iren. B., der Vater des Mîl, landete an einem 1. Mai in Irland, um den Tod der Göttin Ith zu rächen. Er gilt als Überwinder der →Tuatha Dê Danann.

Bilika △, *Buluga, Puluga:* ind. *Schöpfer-* und *Hochgott* bei den Andamanesen. Der Atem des Allwissenden ist der Wind und seine Stimme der Donner.

Bilröst →Bifröst

Blasius △: christl.-kath. *Bischof* von Sebaste in Armenien (†ca. 316), *Heiliger*(→Sancti) und *Märtyrer, Wundertäter* und *Schutzpatron* gegen Halskrankheiten. Er ist einer der 14 Nothelfer. Weil B. ein Kind, in dessen Hals eine Fischgräte steckengeblieben war, vor dem Tod bewahrte, wird an seinem Festtag, dem 3. Februar, zum Schutz gegen Halskrankheiten der *Blasiussegen* mit zwei in Form eines Kreuzes gehaltenen Kerzen erteilt.

Bochica △: indian. *Kulturheros* und *Sonnengott* bei den Chibcha. Aus dem Osten kommend wanderte er durch Kolumbien, lehrte das Volk die Gesetze und das Handwerk. Mit seinem goldenen Zepter schnitt er eine Schneise in die Berge und bahnte so einen Weg für die ins Tal fließenden Wasser. Nachdem er noch den Kalender geordnet hatte, verschwand er spurlos.

Bodb →Badb

Bodhisattva (sanskr. »Erleuchtungswesen«), *Bosatsu* (japan.), *P'u-sa* (chines.): buddh. »Erleuchtungswesen« im Mahāyāna, das sich in 10 Stufen (bhumi) um Erleuchtung und Erlösung bemüht und dabei sich - aufgrund eines Gelübdes - auch für die Erlösung aller anderen Wesen einsetzt. Mit Erreichen der 7. Stufe wird die B. ein »transzendenter B.« bzw. ein Mahāsattva (»Großwesen«), der die Erlösung vom →Samsāra erlangt hat, aber zugleich auf das →Parinirvāna vorerst verzichtet, um in der Welt weiterzuwirken, bis alle Wesen erlöst sind. So ist sein Handeln bestimmt von Erbarmen (Karuna) und Weisheit (Prajña). B.s treten in Dreier-, Fünfer- oder Achtergruppen auf. Zur ersteren zählen: →Avalokiteshvara, →Vajrapāni und →Mañjushri. Die Fünfergruppe wird auch als die →Dhyāni-Bodhisattvas und die Achtergruppe als die →Mahābodhisattvas bezeichnet. Die bekanntesten weiblichen B.s sind →Kuan-yin, →Tārā und →Prajñāpāramitā. Das B.-Ideal im Mahāyāna hat das Ideal des →Arhat im Hinayāna abgelöst. Da die B.s an mehreren Orten gleichzeitig auftreten können, werden sie ikonographisch mit mehreren Köpfen und Armpaaren dargestellt. Sie tragen die fünfzackige Krone eines Souveräns über die Naturgewalten.

Bodhisattva Vajrapāni, buddh. Heils-wirker mit der Mudrā der Gewährung.

Boga →Buga

Boginki ▽ (poln.; Pl.) *Bohyni* (ukrain.): slaw. *Walddämonin*, die den Menschen feindlich gesonnen ist, neugeborene Kinder raubt und mit Mischgeburten vertauscht.

Bōl △, *Bēl:* palmyren. *Himmels-* und *Hochgott,* dessen Begleiter der Mondgott →'Aglibōl zu seiner Linken und der Sonnengott →Yarhibōl zu seiner Rechten sind, mit denen er eine Göttertrias bildet. Sein am 6. April 32 n. Chr. eingeweihter Tempel war der größte und bedeutendste in Palmyra. Sein Attribut ist das Blitzbündel.

Boldogasszony ▽ (»Glückliche Herrin«), *Kis[boldog]asszony* (»Kleine Herrin«), *Nagy[boldog]asszony* (»Große Herrin«): ungar. *jungfräuliche Muttergöttin* und *Schutzgöttin* des Landes und der Gebärenden. Als »reiche und große Herrin« thront sie in der »Weißen Burg« auf dem »Weißen Berg«. Das Kindbett bezeichnet man nach ihr als *Boldogasszony-ágya*. Der Dienstag ist ihr geweiht. Seit der Christianisierung ist B. in der christl. Jungfrau und Mutter →Maria aufgegangen.

Bolla ▽ (»Untier«), *Bullar:* alban. dämonisches *Schlangenwesen* mit ständig geschlossenen Augen, da es sonst immerfort Menschen verschlingen würde. Zwölf Jahre nach der Geburt einer B. wird diese zur →Kulshedra.

Bōlos: iran. *Unterwelt* bei den Manichäern, ein *Abgrund,* in den am Ende der Tage die Bösen, die Dämonen und die Materie mit ihrer Begierde (→Az) eingekerkert und von einem riesengroßen Steindeckel bedeckt werden.

Bon Dieu →Damballah

Boréas △ (»der vom Berge Kommende«), *Boreas* (lat.): griech. *Windgott* und Personifikation des heftigen und rauhen Nord-(Nordost-)Windes, der während des griech.-persischen Krieges die Flotte der Perser dezimierte. B. ist Sohn des Gestirnsgottes Astraios und der →Eós sowie Bruder von →Eúros, →Nótos und →Zéphyros. Er entführte die athenische Königstochter Oreíthyia nach Thrakien und machte sie zu seiner Gattin. Nach B. ist das sagenhafte Land Hyperborea benannt. – *Worte:* boreal, Borealzeit.

Borowiec →Laskowiec

Borr △, *Burr* (nord. »Sohn, Geborener«): german. *Urriese* und *Urvater* der Gottheiten. Er ist Sohn von →Búri und Gatte der Riesin →Bestla, einer Tochter des Bölthorn, sowie Vater der ersten Götter →Odin, →Vili und →Vé.

Bosatsu →Bodhisattva

Böse →Gut und Böse

Boszorkány △▽ (»Priester«): ungar. *Hexe(r) und Zauberer/in* (zunächst männlich, später weiblich), der/die einen Menschen in ein Pferd verzaubern kann, wenn er/sie ihm die Zügel um den Hals legt. B. ist Mutter des →Sárkány. Um sterben zu können, muß B. sein/ihr Wissen vorher an einen Nachfolger weitergeben.

Bragi △ (nord. *bragr*= »der Vornehmste«): **1)** german. *Gott* der *Dichtkunst*, nach dem die Poesie *bragr* genannt wird. B. gilt als Gatte der →Idun. Wenn in →Walhall die →Einherier einziehen, begrüßt er sie zusammen mit →Hermódr. **2)** german. divinisierter *Skalde* B. Boddason (9. Jh.), der einen eigenen Strophentyp entwickelt hat und *Schutzpatron* der Skalden ist. Von F. G. Klopstock stammt die *Ode* »B.« (1771).

Brahmā △: **1)** brahman. *Opfergott* und *Schutzgott* der 4 Veden sowie männliche *Personifikation* des absoluten →Brahman (Neutrum). Er gilt als geistiger Vater der 10 →Maharishi und als Stammvater der Brahmanenkaste. **2)** hindu. *Schöpfergott* und Lenker des Universums für eine Weltperiode. Seine erste Gattin ist →Sāvitri (Gāyatri), und als seine Tochter bzw. zweite Gattin gilt →Sarasvati (→Shatarupa). B. gehört zur →Trimūrti und ist oft der Ahnherr der Feinde →Vishnus sowie der götterfeindlichen →Asuras und Dämonen. Seine Lebenszeit beträgt ein →Para, während der sein Schöpfungswerk →Brahmānda erhalten bleibt. Er wird vierarmig und vierköpfig mit Flechtenkronen dargestellt. Seine Attribute sind Gebetsschnur und Wasserkrug und/oder Opferlöffel und Buch. Die Körperfarbe ist rot oder golden, seine Gewandung weiß, und sein →Vāhana ist Hamsa (Wildgans) oder Lotos.

Brahmājahr: hindu. *Weltenzyklus,* der periodisch wiederkehrt. Ein B. entspricht 360 Tagen und 360 Nächten Brahmās und dauert 720 →Kalpa (= 720 000 →Mahāyuga), das sind 3,1104 Billionen Menschenjahre (= 8,64 Milliarden Götterjahre). 100 B. ergeben 1 →Para.

Brahmakāyika, *Brahmaloka:* buddh. *Göttergruppe* (→Deva), die in der gleichnamigen siebten Himmelsetage lebt.

Brahmāloka →Satyaloka

Brahman ☉**: 1)** ved. *Zauberformel* beim Opfer, ein magisches Prinzip, das den Worten der heiligen Hymnen eigen ist. **2)** brahman. ewiges und transzendentes *Absolutes* und Urgrund allen Seins, aus dem alles hervorgeht »wie aus der Spinne der Faden und aus dem Feuer der Funke«. Es ist form- und namenlos, unvergänglich und unveränderlich, eigenschafts- und geschlechtslos, also ein Neutrum. Als ungeteiltes Ganzes und All-Eines steht es jenseits der Erscheinungswelt, in der es Teilung, Eigenschaften, Formen, Namen, Vergänglichkeit, Veränderlichkeit, Empfindung und Geschlechtlichkeit gibt. Es durchdringt die ganze Welt, »wie Salz das

Brahmā, hindu. vierköpfiger und vierarmiger Schöpfergott mit seiner Gattin Sarasvati.

Wasser salzig macht«. Aus diesem ewigen Neutrum B. geht für jeweils eine Weltperiode (→Para) ein zeitlich begrenzter männlicher Schöpfergott, →Brahmā, hervor.

Brahmanaspati →Brihaspati

Brahmānda (sanskr. »Brahmā-Ei«): hindu. *Weltbild* in der Gestalt eines Eis, das in 42 Schichten (→Loka) aufgeteilt ist, von denen 7 der Mittel- und Oberwelt zugehören und die obere Hälfte des Eis bilden sowie 35 (1 × 7 und 4 × 7) der Unterwelt zugerechnet werden, aus dem die untere Hälfte besteht (→Triloka).

Brahmani ▽, *Brahmi:* hindu. *Göttin* und weibliches Prinzip des Schöpfergottes →Brahmā und dessen Gattin, aber auch Beiname der →Sarasvati. Sie ist eine der 7 →Saptamātaras und wird vierköpfig und vierarmig und mit der Geste der Schutzverheißung und Wunschgewährung dargestellt. Ihre Attribute sind Gebetskette und Dreizack.

Brahmanirvāna: hindu. Aufgehen und Verlöschen des Atman in →Brahman.

Brahmi →Brahmani

Brân △: kelt. *Heldengott* (der Waliser) und *Beschützer* der Barden. Er ist Sohn des →Llyr, sowie Bruder des →Manawyddan und der →Brânwen. Aus seinem Kessel, in den man Tote hineingeworfen hat, stehen diese tags darauf wieder zum Leben auf. Solange sein Haupt, das auf dem weißen Berg in London, das Antlitz gegen Süden gerichtet, bestattet ist, dort ruhen bleibt, wird Britannien keine Invasion erleben.

Brânwen ▽: kelt. *Göttin* der *Liebe* und *Fruchtbarkeit* (der Waliser). Sie ist Schwester des →Brân.

Bress △: kelt. *Held* und *König* der Iren, später *Gott* der *Fruchtbarkeit* und Lehrer des Ackerbaus. Er ist Sohn der →Eriu und des Elatha, des Königs der →Fomore. Er wird von den →Tuatha Dê Danann adoptiert und Gatte der →Brigit. Nachdem er den →Nuada als König von Irland abgelöst hatte, blieb er 7 Jahre König. Während dieser Zeit gab es schlechte Ernten, und die Kühe gaben keine Milch. Da er die Fomore gegen die Tuatha aufhetzte, kam es nach 7 Jahren zur Schlacht von →Mag Tured, in der letztere siegten. Da bat B. den →Lug um Gnade und versprach, in Zukunft für Fruchtbarkeit und Milchreichtum zu sorgen.

Brigit ▽ (»Erhabene, Strahlende, Mächtige«): kelt. *Muttergöttin* (der Iren) sowie *Schutzgöttin* der Kunstschmiede, Dichter und Ärzte. Sie gehört zu den →Tuatha Dê Danann und ist Tochter des →Dagda, Halbschwester des →Oengus und Gattin des →Bress. Ihr zu Ehren wurde das Fest *imbolc* gefeiert. Später ist sie in der christl. Heiligen Brigitta von Kildare aufgegangen.

Brihaspati (sanskr. »Herr des Gebets«), *Brahmanaspati:* **1)** ved. *Kraft,* die dem heiligen Wort oder Spruch innewohnt und dessen *Personifikation* und *Götterbote,* der den Göttern die Gebete der Menschen überbringt. **2)** hindu. *Planetengott* Jupiter (→Navagraha), *Schutzpatron* der Brahmanen und der Kühe, sowie weiser Lehrer der →Daitya. Er ist Sohn des →Mahārishi →Angiras und Gatte der Tārā, die ihm der Planetengott →Budha entführt. Er wird auf einem von 8 Pferden gezogenen Wagen

Gegenüber:
Brahmānda, hindu. Weltbild in Gestalt eines Eies, das in 42 Schichten aufgeteilt ist, wobei die Mittelwelt bzw. Erdenwelt (1) den Wohnort der Menschen darstellt, eine Scheibe mit sieben kreisbzw. ringförmigen Kontinenten und ebenso vielen Ringmeeren.
Die Himmelswelt (2-7) ist Wohnort der Gottheiten. Die Höhlen in der Unterwelt (8-14) sind Wohnort der Asuras, Daityas, Dānāvas, Nāgas, Rākshas und Yakshas, wohingegen in den Höllenregionen (15-42) die Bösen von den Knechten des Yama gepeinigt werden.

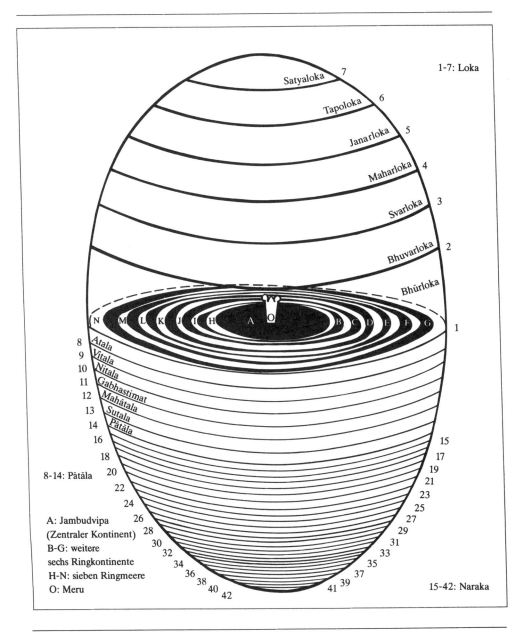

1-7: Loka

Satyaloka 7
Tapoloka 6
Janarloka 5
Maharloka 4
Svarloka 3
Bhuvarloka 2
Bhūrloka

N M L K J I H A O B C D E F G — 1

8 Atala
9 Vitala
10 Nitala
11 Gabhastimat
12 Mahātala
13 Sutala
14 Pātāla
16
18
20
22
24
26
28
30
32
34
36 38
40 42

15
17
19
21
23
25
27
29
31
33
35
37
39 41

8-14: Pātāla

A: Jambudvipa
(Zentraler Kontinent)
B-G: weitere
sechs Ringkontinente
H-N: sieben Ringmeere
O: Meru

15-42: Naraka

Buddha, Stifter des Buddhismus im Lotossitz und mit der Geste der Erdberührung. Seine Kennzeichen sind u. a. Schädelwulst (ushnisha), ein Stirnmal (ürnä) und überlange Ohrläppchen.

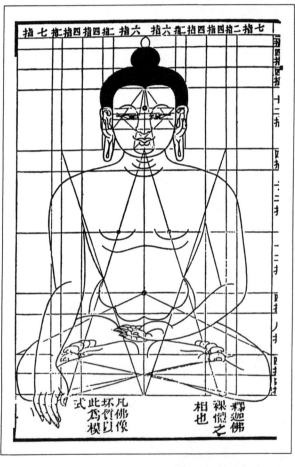

dargestellt, seine Attribute sind Buch oder Stab und Gebetskranz sowie Wassertopf.

Brísingamen ⊙, *Brisinga* (nord. »Halsschmuck«): german. kostbares *Halsband* und Attribut der →Freyja, das die 4 Zwerge (→Dvergr) Alfrigg, Dvalinn, Grerr und →Berlingr geschmiedet haben. Um es zu erwerben, mußte die Göttin mit jedem von ihnen eine Nacht verbringen. Vorübergehend wurde der Halsschmuck der Freyja von →Loki im Auftrag →Odins geraubt.

Buchis △: ägypt. *Stiergott,* dessen Mutterkühe heilig sind, weil sie »Re geboren haben«. Er selbst gilt als »Herold des Re«. Sein Kultort war Hermonthis bei Theben, seine Begräbnisstätte das *Bucheum.* Der mit weißem Körper und schwarzem Kopf dargestellte Stiergott wird auch »weißer Stier« genannt. Als das »lebende Abbild« des →Month, des Ortsgottes von Hermonthis, wird er mit diesem gleichgesetzt.

Buddha △ (sanskr. »der Erwachte, der Erleuchtete«), *Butsu* (japan.), *Butsuda* (japan.), *Fo* (chines.): 1) buddh. *Ehrentitel* für ein Wesen, das *bodhi* (»Erleuchtung«), das höchste Lebensziel, erlangt hat und damit, vom →Samsära erlöst, ins →Nirvāna eingeht. Vor seiner letzten Wiedergeburt weilt der Buddha als →Bodhisattva im →Tushita-Himmel. Einen B. erkennt man an 32 großen und 80 kleinen Körperzeichen. Er wird mit *ushnisha,* einer Erhöhung auf dem Scheitel, und mit *ürnä,* einem Punkt zwischen den Augenbrauen, dargestellt. Seine Hauptsymbole stehen in Beziehung zu seinem letzten Leben: Bodhibaum = Erleuchtung, Rad = Predigt, Stūpa = Nirvāna. 2) Der bekannteste der →Manushi-Buddhas ist Buddha →Siddhārtha →Gautama →Shākyāmuni, der zum Stifter des Buddhismus wurde. Sein Eingang ins Nirvāna (ca. 483 bzw. 543 v. Chr.) zählt für Buddhisten als Beginn der gegenwärtigen Zeitrechnung. Im →Trikāya bilden die Manushi-Buddhas zusammen mit den →Dhyāni-Buddhas und dem →Adi-Buddha die drei Körper, die ein Buddha nach mahāyān. Auffassung besitzt. **3)** hindu. neunter →Avatāra →Vishnus als *Religionsstifter* des Buddhismus zu Beginn des gegenwärtigen Kaliyuga (→Yuga), um die Menschen aufgrund der Ablehnung der Veden zu verführen und dadurch die verführten Bösen von den treuen Guten zu trennen.

Buddhisten: Abhirati, Acala, Āchārya, Adi-Buddha, Ākāshagarbha, Akshobhya, Amitābha, Amoghasiddhi, Anāgāmin, Ananda, Aniruddha, Apratishthita-Nirvāna, Arhat, Asura, Avalokiteshvara, Avidyā, Beg-tse, Bhaishajya-guru, Bhava-Chakra, Bodhisattva, Brahmakāyika, Buddha, Chakrasamvara, Chakravāda, Chakravartin, Chātummahārājika, Chatur-Yoni, Chenresi, Dākini, Dalai-Lama, Deva, Devadatta, Devaloka, Devarāja, Dharmapāla, Dhritarāshtra, Dhyāni-Bodhisattva, Dhyāni-Buddha, Dipamkara, bDud, Gandharva, Gati, Gautama, Guhyasamāja, Guru, Hayagriva, Hevajra, Ishta-Devatā, Jānguli, Jōdo, Jūgyū(no)-Zu, Kālachakra, Kalpa, Kanakamuni, Karmapa, Kāshyapa, Krakuchchanda, Krodhadevatā, Kshitigarbha, Kuan-yin, Kubera, Kurukullā, Mahābodhisattva, Mahākāla, Mahāsiddha, Maitreya, Mañjushri, Manushi-Buddha, Māra, Mārici, Meru, Mi-la-ra(s)-pa, Mi-lo Fo, Mudrā, Nāga, Nāgārjuna, Naraka, Nā-ro-pa, Nimmānarati, Nirupadhishesha-Nirvāna, Nirvāna, Padmasambhava, Panchen Lama, Paranimmitavasavattin, Parinirvāna, Prajñā, Prajñāpāramitā, Pratishthita-Nirvāna, Preta, Rāhu, Rāhula, Ratnapāni, Ratnasambhava, Sakridāgāmin, Sāmantabhadra, Samsāra, Sarvanivaranavishkambhin, Shākya, Shākyāmuni, Shik(h)in, Shri Devi, Siddha, Siddhārtha, Sopadhishesha-Nirvāna, Soshigata, Sukhāvati, Tārā, Tathāgata, Tāvatimsa, Ti-lo-pa, Trikāya, Triloka, Tson-kha-pa, Tulku, Tushita, Ushnishavijayā, Vāhana, Vairochana, Vaishravana, Vajra, Vajrapāni, Vajrasādhu, Vajrasattva, Vajravārāhi, Vasudhārā, Vipashyin, Virūdhaka, Virūpāksha, Vishvabhū(j), Vishvapāni, Wei-t'o, Yab-Yum, Yaksha, Yama, Yāma, Yamāntaka, Yami.

Budha △ (sanskr. »weise«): hindu. *Planetengott* Merkur (→Navagraha) und weiser *Schutzpatron* der Kshatriya. Er gilt als außerehelicher Sohn des →Chandra mit der Tārā, der Gemahlin des Planetengottes →Brihaspati. Dargestellt wird er auf einem von 8 Pferden gezogenen Wagen in goldgelber Gewandung. Seine Attribute sind Schwert, Schild und Keule.

Budongfo →Acala

Buga, *Boga;* sibir. *Himmelsgott* und *Hochgott* der Ewenken/Tungusen, *Weltenschöpfer* und *Weltenlenker* sowie Herrscher über Gottheiten und Geister, Menschen und Tiere. B. ist auch Bezeichnung für das Weltall.

Bugady musun ▽ (»Herrin der Welt«). sibir. *Jagdgöttin* der Ewenken/Tungusen.

Būiti ▽ (awest. »Wohlbefinden, Gedeihen, Macht«): iran. *Dämonin*

Buddhistische Mythologie

Die Mythologie des Buddhismus, der auf Siddharta Gautama zurückgeführten und nach dessen Ehrentitel *Buddha* (»Erleuchteter«) benannten Weltreligion, richtet ihr Interesse vor allem auf den Lebensweg ihres Buddha und auf Vorstellungen über Weltperioden und Weltsysteme, über Wiedergeburten, Versucher- und Helfergestalten.

Buddhas Lebensweg ist mit einem Kranz von verklärenden Mythen umgeben. So stieg der künftige Buddha nach unzähligen früheren Lebensverkörperungen, in denen er bis zum Bodhisattva im Himmel *Tushita* gelangt war, zu seiner letzten Wiedergeburt hernieder. Seine Empfängnis geschah durch einen weißen Elefanten, der seiner jungfräulichen Mutter *Maya* erschien und sie mit einem weißen Lotus berührte. Bei seiner Geburt trat er auf wunderbare Weise aus ihrer rechten Seite heraus. Auch sein heimliches nächtliches Verlassen der Familie ist von Wundern erfüllt. So tragen Dämonen die Hufe des Pferdes, damit nicht in der Stille der Nacht ihr Klappern die Bewohner des Palastes aufweckte und bereits den Beginn seiner Heilssuche verhinderte. Auch den weiteren Weg seiner Heilssuche begleiten viele Wunder, bis er unter einem Pipa-Baum (Feigenbaum) die Erleuchtung findet, der von nun an als Bodhi-Baum (Baum der Erleuchtung) bezeichnet wird. Auf seinem Lebensweg hat *Mara,* die Verkörperung der Sinnenlust, des Bösen und des Todes, mehrmals versucht, Buddhas Erleuchtung und seine spätere Lehrverkündigung sowie sein gesamtes Wirken zu verhindern. Buddha traf aber auch auf menschliche Gegner wie auf seinen Vetter und Jünger *Devadatta,* der, um ihn zu töten, einen wilden Elefanten auf ihn hetzt, den Buddha aber durch sein Erbarmen dazu bringt, vor ihm in die Knie zu gehen. Unter den 77 Wundererzählungen findet sich auch die über die Mangobäume, die von 7 Häretikern vernichtet wurden und wieder neu entstanden, als Buddha eine ihrer Früchte aß und deren Samen aussäte. Wie der Lebensanfang Buddhas, so ist auch sein Sterben von Wundern, vor allem aber von der mythischen Gegenwart des Baumes, begleitet. Während die Erde bebt und Donner rollt, geht er zwischen zwei blühenden Bäumen ins *Nirvana* ein.

Dieses von allen Buddhisten ersehnte Ziel steht am Ende einer zyklisch verstandenen Zeit, nach der sowohl die Weltzeit mit Ur- und Endzeit wie auch die Lebenszeit mit Geburt und Tod in einem mehrmaligen und periodisch wiederkehrenden Zyklus verlaufen. Wie die Welten gemäß der Weltperiode *Kalpa* periodisch entstehen, vergehen und wieder entstehen, so bestimmt auch das Leben der Einzelwesen ein ewiger Kreislauf von Geburt, Tod und Wiedergeburt, bis sie Erlösung aus dieser schier endlosen Kette erlangt haben. Die jeweilige Art der Wiedergeburt bzw. Wiederverkörperung richtet sich nach dem Karma, d. h. nach der Summe der moralisch guten oder schlechten Taten in den vorausgegangenen Leben. Dieser Kreislauf, an dem alle irdischen, unterirdischen und überirdischen Wesen teilhaben, heißt *Samsara* (»Umherwanderung«). Entsprechend dem zyklischen Zeitverständnis kennt der Mythos das Auftreten mehrerer Buddhas, so der 6 bis 24 Vorzeitbuddhas, des Gegenwartsbuddhas *Shakyamuni Siddharta Gautama*, des Stifters des Buddhismus, und des Zukunftsbuddhas *Maitreya.*

Wie die im Dreierrhythmus zyklisch wiederkehrende Zeit ist auch das Bild von der Welt ein dreifaches, mit der Erdenwelt *Chakravada,* der Unter- bzw.

Höllenwelt *Naraka* und der Über- bzw. Himmelswelt *Devaloka*, und heißt deshalb *Triloka* (»drei Welten«), wobei nur von der Erdenwelt aus eine endgültige Erlösung aus dem Geburtenkreislauf möglich ist und Himmel und Höllen nicht als Endstadien, sondern nur als vorübergehende Wiedergeburtsorte gelten.

In der buddhistischen Himmelswelt *Devaloka* (»Götterwelt«) mit ihren 8 bis 24 Regionen wohnen die Götter *Deva* so lange in herrlichen Palästen, bis sie in der Erdenwelt wiedergeboren werden. Hier leben auch die halbgöttlichen *Gandharvas* als himmlische Musikanten. Nach der Vorstellung der Mahayana-Buddhisten liegt vor dem Eingang ins Nirvana ein himmlisches Paradies, z. B. *Sukhavati* (»das Glückvolle«). In dieses lichtüberflutete »Reine Land« des Westens, über das als sein Schöpfer der transzendente Buddha *Amitabha* (»Unermeßliches Licht«) herrscht, kann jeder gläubig Vertrauende gelangen. Es wird beschrieben als überaus reich an Bäumen, Blumen, Früchten, Flüssen, Wohlgerüchen und lieblicher Musik. Darüber hinaus gibt es in ihm keinen Unterschied zwischen Göttern und Menschen. Alle genießen die gleichen Freuden.

Die Unterwelt *Naraka* (»Hölle«) hingegen, über die der Totenrichter *Yama* mit seinen 8 Generälen und 80000 Gefolgsleuten herrscht, besteht aus 7 bis 8 Haupthöllen und etwa 16 bis 128 Nebenhöllen. In »heißen« und »kalten« Höllen erleiden die Frevler je nach Art ihrer Vergehen so lange Qualen, bis sie in einer anderen Existenzweise wiedergeboren werden.

Die bildliche Darstellung des Weltbildes hat im *Bhava-Chakra* (»Lebensrad«) Gestalt gewonnen, wobei die sechs Daseinsformen, *Gati* (»Existenzweisen«), aufgezeigt werden, in denen die Wesen gemäß ihren guten oder schlechten Taten, also gemäß ihrem Karma, wiedergeboren werden. Letztendliches Erlösungsziel ist das *Nirvana* (»Verlöschen«) bzw. *Parinirvana*, das die fortwährende ursächliche Kette von Geburt, Tod und Wiedergeburt des individuellen Seins beendet und in einen unpersönlichen Zustand vollkommener Ruhe mündet.

Auf ihrem Weg zur Erlösung aus dem Kreislauf der Existenzen haben die Menschen mit zahlreichen halbgöttlichen und halbdämonischen Versuchern zu kämpfen, die ihnen nachstellen und Übles gegen sie ersinnen. Zu ihnen gehören u. a. die an sich friedlichen *Yaksha*, die gern durch Lärm die Meditation stören, aber auch die *Preta*, jene Totengeister beiderlei Geschlechts, die als »Hungrige Geister« umherirren und deren Bäuche riesig sind, während ihre Münder lediglich die Größe eines Nadelöhrs haben.

Andererseits gibt es aber auch für alle Lebewesen – selbst in der Tier- und Pflanzenwelt – die Erlöser- und Helfergestalten. Es sind vor allem *Bodhisattvas* (»Erleuchtungswesen«), die auf ihr endgültiges Eingehen ins Nirvana bzw. Parinirvana verzichtet haben, um die Erleuchtung und Erlösung alles Lebendigen zu erwirken. Die Buddhagestalten werden zum einen als die fünf transzendenten und zeitlosen *Dhyani-Buddhas* (»Meditations-Buddhas«) vorgestellt, darunter der *Buddha Amitabha*, zum anderen als deren geistige Söhne, die ebenfalls fünf *Manushi-Buddhas* (»menschliche Buddhas«) als Buddhas in menschlicher Gestalt auf der Erdenwelt, von denen einer Siddharta Gautama war.

Drei als Lausbuben agierende Dämonen versuchen, den unter einem Baum im Lotossitz meditierenden Siddharta Gautama daran zu hindern, ein Buddha zu werden (tibetanischer Blockdruck).

(→Drugs) und *Personifikation* der weltlichen Vergnügungen, die den Erlösungsweg behindern. Sie wurde von →Angra Mainyu ausgesandt, um →Zarathushtra zu töten. B. ähnelt dem buddh. →Māra.

Bukura e dheut ▽ (»Die Schöne der Erde«): alban. mächtige und hilfreiche *Fee*. Tagsüber weilt sie bei ihrer Schwester Bukura e detit, der »Meeresschönen«, und am Abend wird sie von Winden zum Lager ihres Geliebten →Tomor emporgetragen.

Bullar →Bolla

Buluga →Bilika

Bumba △: *Schöpfer-* und *Ahnengott* der Bushongo in Zaire, der am Anfang, als nur Wasser und Finsternis vorhanden waren, zuerst die Sonne und den Mond ausgespuckt hat und dann die Lebewesen und schließlich die Menschen. Für letztere bestimmte er die Totems.

Bunjil △: austral. *Himmels-* und *Schöpfergott* (der Kulin und Kurnai), der »unser Vater« heißt und Vater des Regenbogens Binbeal ist. B. ist dem →Baiame gleich.

Burāk (v. arab. *bark* = »Blitz«): islam. *Reittier* und Mischwesen, das den Propheten →Muhammad auf seinen nächtlichen Reisen von Mekka

Burāk, islam. blitzschnelles Reittier, ein Mischwesen aus Stute mit Frauenkopf sowie Pfauenschwanz. Auf ihm konnte Muhammad so schnell seine Himmelsreise bewältigen, daß er einen Wasserkrug, den er bei seiner Abreise umgestoßen hatte, bei seiner Rückkehr noch auffangen konnte.

nach Jerusalem (→Isrā') und von da in den Himmel (→Mi'rādj) forttrug. Auch dem →Ibrāhim diente B. als Reittier, um seinen nach Mekka verwiesenen Sohn →Ismā'il zu besuchen. Dargestellt wird B. als Stute mit Frauenkopf und Pfauenschwanz.

Búri △ (nord.»Erzeuger, Vater«): german. *Urriese* und *Urahn* der Gottheiten, der von der Urkuh →Audhumbla aus dem salzigen Eisblock geleckt wurde. B. ist der »Vater« von →Borr.

Burijash △: kassit. *Wettergott* und »Herr der Länder«, der dem akkad. →Adad gleichgesetzt wird.

Burr →Borr

Būshyāstā △: iran. langhaariger *Dämon* (→Daēva) der Faulheit und Schlaffheit, der gegen die fleißigen und arbeitsamen Menschen kämpft. Wenn morgens der Hahn kräht und die Menschen zur Arbeit ruft, will B. sie überreden, im Bett zu bleiben.

Butsu →Buddha

Butyakengo (»vieläugig«): zigeun. *Ahnen-* und *Schutzgeist,* der im jeweiligen Leib eines Nachkommen wohnt. B. ist ein Teil des Geistes eines verstorbenen Ahnen, der vom Vater auf den ältesten Sohn und von der Mutter auf die älteste Tochter vererbt wird. Bei einer Krankheit seines Schützlings verläßt er diesen durch das rechte Ohr, um erst bei dessen Genesung durch das linke Ohr zurückzukehren.

Bythos △: gnost. *Ur-* und *Vatergott* mit dem Beinamen »Vater des Alls«. Er ist der Vater und Paargenosse der →Énnoia und durch sie Vater des →Nús. Nur letzterer kann ihn voll erfassen und erkennen.

CHÍMAIRA

Cabiri →Kábeiroi

Cabracá △, *Kabrakan* (»Zweibein«): indian. *Riese* und *Erdbebendämon* der Maya. Er ist Sohn des →Vucub-Caquix und Bruder des →Zipacná. Im Gegensatz zu letzterem ist er der »Zerstörer der Berge«. C. wurde von den Zwillingsbrüdern →Hunapú und →Ixbalanqué überlistet und getötet.

Cacus △ (von griech. *kakós*=»schlecht«): röm. bösartiger und feuerschnaubender *Riese,* der in einer Höhle am Aventinus hauste und alle Vorübergehenden tötete, bis er von →Hercules, dem er einen Teil seiner Rinder geraubt hatte, erschlagen wurde. C. ist Sohn des →Vulcanus und Bruder der Caca.

Cadmus →Kádmos

Caeneus →Kaineús

Caesar △, *Divus Iulius:* röm. vergöttlichter *Staatsmann, Feldherr* und *Diktator* sowie *Pontifex Maximus,* Redner und Schriftsteller (100–44 v. Chr.). Der Senat verlieh ihm den Titel »Pater patriae« (»Vater des Vaterlandes«). Nach seiner Ermordung an den Iden des März (15. 3.) wurde C. zum *Divus Iulius* erklärt. Der von Caesar adoptierte Großneffe Octavianus (→Augustus) ließ im Jahr 29 v. Chr. zu Ehren des C. den Tempel *Divi Iulii* am Ort seiner Einäscherung auf dem Forum Romanum errichten. Nach dem Geburtsmonat des C., der in Iulius umbenannt wurde, ist der 7. Monat im Jahr, der *Juli,* benannt. Der Name C. wurde später

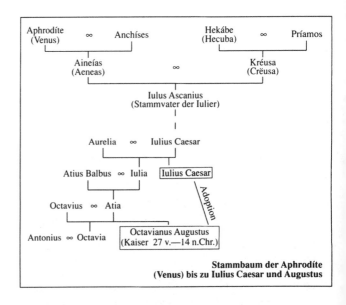

Stammbaum der Aphrodíte (Venus) bis zu Iulius Caesar und Augustus

Beiname aller röm. Kaiser. - *Drama:* W. Shakespeare (um 1600); *Oper:* Händel (1724); *Worte:* Kaiser, Zar.

Cagn △: *Schöpfergott* der Buschmänner in Botswana, der durch Befehl alle Wesen geschaffen und die Tiere in den Dienst der Menschen gestellt hat. Als *Heilsbringer* hat er Züge einer →Trickster-Gestalt. Manchmal hat er das Aussehen einer Gottesanbeterin oder einer Raupe.

Cakkavāla →Chakravāda

Calliope →Kalliópe

Callisto →Kallistó

Calypso →Kalypsó

Camaxtli △: indian. **1)** *Gestirns-* und *Stammesgott* der Chichimeken. **2)** *Jagd-* und *Schicksalsgott* der Azteken, der die Zeichen der 20 Tage an seinem Körper trägt. C. geleitet die gefallenen und geopferten Krieger, deren Seelen als Sterne an den östlichen Himmel versetzt werden. Sein Gesicht wird mit Sternmotiven dargestellt.

Camazotz △: indian. blutgieriger *Fledermausgott* der Maya, der mit langen Zähnen, Klauen und seiner messerscharfen Nase einen Menschenkopf mühelos vom Rumpf trennen kann, so wie es bei →Hun-Hunapú geschah.

Came △: indian. *Kulturheros* der Maya sowie riesenhafter *Herrscher* über →Xibalbá. Er ist ein Gegenspieler von →Hunahau. Der Clan des C. lud →Hunapú und →Ixbalanqué nach Xibalbá ein, um sie im Ballspiel zu besiegen. d. h. in Stücke zu zerreißen und somit der Erde als Opfer zu übergeben.

Camena ▽, Camenae (Pl.), *Kamene* (dt.): röm. *Göttinnen* der Weissagung sowie *Quellgöttinnen*, aus deren Heiligtum die Priesterinnen der →Vesta täglich Wasser schöpften. Später sind die C. Göttinnen der *Dichtung.* Eine C. ist z. B. die →Egeria. Sie entsprechen den griech. →Músai.

Camrōsh: iran. *Vogelwesen,* das die vom Lebensbaum →Gao-kerena zu Boden fallenden tausenderlei Samen einsammelt und sie zu →Tishtrya bringt, der sie dem Regenwasser beimengt. Die periodische Beutesuche des C. verschafft dem iran. Volk Lebensmöglichkeiten und bringt den nichtiranischen Stämmen, die die Vernichtung der Iraner vorbereiten, Not.

Cam-Srin →Beg-tṣe

bCan → bTsan

Candra →Chandra

Carman ▽: kelt. *Festgöttin* (der Iren) und Personifikation der Natur- und Bodenkräfte sowie große Zauberin, deren Zauberkunst durch die →Tuatha Dê Danann gebannt wurde, als diese sie gefangennahmen.

Carmenta ▽: röm. *Seherin,* die dem →Heracles dessen Schicksal voraussagte. Sie ist Mutter und Gattin des Evander. Ihr zu Ehren wurden am 11. und 15. Januar von den Frauen die *Carmentalia* begangen.

Cassandra →Kassándra

*Ceres, röm. Muttergöttin und Göttin
der Feldfrüchte auf ihrem Thron.*

*Cernunnos, kelt. Fruchtbarkeitsgott
und Herr der Tiere mit einer Schlange
in der Hand und einem Hirschgeweih
auf dem Kopf.*

Cassiope →Kassiépeia

Castor →Kástor

Castur und Pultuce △: etrusk. *Heroen* und göttliches Brüderpaar, das dem griech. →Kástor und Polydeúkes und dem röm. →Castor und Pollux entspricht.

Cath →Usil

Cāturmahārāja →Devarāja

Cautes und Cautapat(h)es: iran. *Fackelträger* in der Begleitung des →Mithras beim Tieropfer, *Personifikationen* von *Tag* und *Nacht*, von aufgehender und untergehender Sonne, von Frühlings- und Herbstanfang, von Leben und Tod. Der eine wird mit gehobener, der andere mit gesenkter Fackel dargestellt. Sie entsprechen dem griech. →Kástor und Polydeúkes.

Cautha →Usil

Centauri →Kéntauroi

Centeotl →Cinteotl

Centzon Huitznauna (»die 400 Südlichen«): indian. Gruppe von 400 *Sterngottheiten* des Südhimmels bei den Azteken, die vom Sonnengott →Huitzilopochtli besiegt wurden; ein Hinweis auf das morgendliche Verblassen der Sterne beim Aufgehen der Sonne.

Centzon Totochtin △ (»die vierhundert [=unzähligen] Kaninchen«): indian. Gruppe von 400 *Mondwesen* bei den Azteken. Sie gelten als die 400 Söhne des Götterpaares vom Pulque-Trank, →Mayauel und →Patecatl und verkörpern die verschiedenen Grade der Trunkenheit.

Cerberus →Kérberos

Ceres ▽: röm. *Erd-* und *Muttergöttin*, *Göttin* der *Feldfrüchte* und des *Landlebens*, Begründerin der *Gesetzgebung* und *Zivilisation*. Sie ist Mutter, des →Liber und der →Libera, mit denen zusammen sie einen Tempel auf dem Aventinus besaß, der das kultische Zentrum der Plebejer bildete. Alles Lebendige, das aus ihrem Schoß hervorgeht, nimmt sie nach dem Tode wieder in sich auf. Ihr Fest, die *Cerealia*, wurde vom 12. bis 19. April gefeiert. Nach C. werden die Feldfrüchte *Zerealien* (engl. *Cerealia*) genannt. - *Gemälde:* Rubęns (1612/15) und Böcklin (1874); *Schwank:* H. Sachs (1541). C. ist der →Tellus verwandt und wurde später der griech. →Deméter gleichgesetzt.

Cernunnos △ (?»der Gehörnte«): kelt. *Fruchtbarkeitsgott* und Herr der Tiere, *Gott* des *Reichtums* und der *Unterwelt* (der Gallier). Er wird in sitzender (»Buddha«-) Haltung mit einem Hirschgeweih auf dem Kopf dargestellt und hält eine Schlange mit Widderkopf in der Hand.

Ceroklis △ (von cerot = »sich stauden«): lett. *Acker-* und *Fruchtbarkeitsgott* sowie *Gott* der *Gastfreundschaft*, dem bei den Mahlzeiten der erste Bissen und Schluck auf dem Fußboden geopfert wird. Seit der Christianisierung ist er dem litau. →Vélnias gleichgesetzt.

Cetus →Kétos

Cēy(y)ōn △ (»der Strahlende, Rote«): ind. *Jagdgott* bei den Tamilen, *Gott* der *Liebe*, der *Zeugungskraft* sowie *ewiger Jugend*, *Kriegs-* und *Stammesgott*, aber auch *Kulturheros*. Später ist C. mit →Murukan identisch.

Chaabu ▽ (»Würfel«): nabatä. *Muttergöttin*, deren Name der »heilige Stein« bedeutet, was dem arab. Ka'ba entspricht. Ch. ist die jungfräuliche Mutter des Hochgottes →Dūsharā.

Chabakkūk △ (hebrä. »Basilienkraut, Wasserminze«), *Hambakum* (griech.), *Habakuk* (dt.): jüd. *Visionär* und *Prophet* (→Nabi') des →Jahwe-Elōhim im Südreich Juda (625-600 v. Chr.). Er führt einen zweifachen Dialog mit Gott und hat die Vision einer Theophanie mit der Vernichtung der Feinde. Nach Ch. ist die achte Schrift im Zwölfprophetenbuch der Bibel benannt.

Chac △ (»Donner«): indian. *Regen-* und *Gewittergott* der Maya, *Gott* der *Fruchtbarkeit* und des *Ackerbaus*. Ch. gehört zu den →Bacabs und wird mit langer Nase und Raffzähnen sowie mit Fackeln (Blitzen) in den Händen dargestellt. Er entspricht dem →Tlaloc der Azteken, dem →Tajin der Totonaken und dem →Cocijo der Zapoteken. - *Wort:* Chacmool.

Chagan ebügen △ (»weißer Alter«): mongol. *Herdengott* und *Gott* der *Fruchtbarkeit*. Er wird als weißhaariger und weißgekleideter Greis dargestellt.

Chaggaj △ (hebrä. »am Festtag geboren«), *Haggaios* (griech.), *Haggai* (dt.): jüd. *Prophet* (→Nabi') des →Jahwe-Elōhim in nachexilischer Zeit (520 v. Chr.). Er setzt sich für den Wiederaufbau des Jerusalemer Tempels ein und prophezeit, daß vom Tag des Beginns mit dem Tempelbau Gottes Segen wieder über dem Volk ruhen werde, während den anderen Völkern Gottes Gericht droht. Gott wird Himmel und Erde erschüttern und die nichtjüdischen Reiche vernichten. Ch. ist im Kidrontal begraben. Nach ihm wurde die zehnte Schrift im Zwölfprophetenbuch der Bibel benannt.

Chagrin △: zigeun. *Dämon*, der Tiere im Schlaf quält. Er ist der Liebling der bösen →Urmen und wird als gelbes Stachelschwein von 50 cm Länge und einer Spanne Breite dargestellt.

Chakrasamvara △ (sanskr. »der das Rad [der Wiedergeburt] anhält«), *Samvara, Sambara:* buddh.-tantr. *Schutz-* und *Initiationsgott* sowie Personifikation des gleichnamigen Tantra(buches), der zu den →Ishta-Devatā gehört. Ikonographisch ist er charakterisiert durch 4 Köpfe und 12 Arme in →Yab-yum mit seiner Yogini Vajravārāhi. Seine Attribute sind u.a. Vajra und Glocke in Kreuzungsgeste, seine Farbe ist blauschwarz.

Chakravāda (sanskr.), *Cakkavāla* (Pali): buddh. *Erdenwelt* im →Triloka mit dem Weltberg →Meru in der Mitte und dem Ozean als Umgebung. Sie liegt unterhalb von →Devaloka und oberhalb der →Narakas. Nur auf Ch. ist eine endgültige Erlösung vom →Samsāra möglich.

Chakravartin (sanskr. »Rad-Herrscher«): **1)** jin. *Weltherrscher*, dessen

»Wagenräder ohne Behinderung überallhin rollen«. Die Geburt eines künftigen Ch. wird dessen Mutter bald nach der Empfängnis durch 14 bzw. 16 glückverheißende Traumbilder angekündigt. Im gegenwärtigen Weltzeitalter gibt es 12 Ch.: *1.* →Bharata, *2.* Sagara, *3.* Maghavan, *4.* →Sanatkumāra, *5.* Shānti (= sechzehnter Tirthankara), *6.* Kunthu (= siebzehnter T.), *7.* Ara (= achtzehnter T.), *8.* Subhūma, *9.* Mahāpadma, *10.* Harishena, *11.* Jayasena, *12.* Brahmadatta. Man unterscheidet 4 Arten der Ch., die jeweils durch ein Rad aus Gold, Silber, Kupfer oder Eisen symbolisiert werden. **2)** buddh. idealer *Herrscher,* der durch seine von buddh. Prinzipien geprägte Herrschaft das Rad der Buddha-Lehre in seinem Reich in Gang hält. Ein Ch. wird nur in Zeiten geboren, in denen kein →Buddha auf der Erdenwelt ist.

Chala ▽: kassit. *Heilgöttin,* die der sumer. →Gula entspricht.

Chalchihuitlicue (»die mit dem grünen Edelsteinhüfttuch«): indian. *Wasser-* und *Regengöttin* der Azteken, *Göttin* der *Maispflanzen* und *Kalendergöttin* des fünften Tages im Monat sowie dritte Regentin der Tagstunden und sechste Regentin der Nachtstunden. Sie ist die ältere Schwester des →Tlaloc und Gattin des →Xiuhtecutli. Ihr Beiname lautet »Matlalcueye« (»Blaurock«). Einmal hatte sie nach einer Schöpfungsära einen so heftigen Regen auf die Erde niedergehen lassen, daß die Menschen sich in Fische verwandeln mußten, um zu überleben. Ihr Attribut ist der Rasselstab. Ch. entspricht der →Ixchel der Maya.

Chaldi △: urartä. *Kriegs-* und *Reichsgott* sowie *Stammvater* der Urartäer, der mit →Shiwini und →Tesheba eine Trias bildet. Er gilt als Gemahl der Göttin Bagbarti.

Chalki △ (»Gerste«): hethit. *Getreidegott* und *Schutzgott* des Weines.

Chalmecatecutli △: indian. *Gott* des *Opfers* bei den Azteken, *Kalendergott* und elfter Regent der Tagstunden.

Cham →Ham

Chamos →Kamosh

Chāmundā ▽: hindu. *Mutter-* und *Schutzgöttin* von Mysore (Maisur) sowie Beiname der →Durgā. Ch. zählt zu den →Saptāmatrikā. Als die →Asuras Sumbha und Nisumbha sowie deren beide Diener Chanda und Munda gegen die →Devas aufbegehren, besiegt sie alle Dämonen und nimmt seitdem die Namen der beiden letzten an. Dort, wo sie die beiden Diener bezwingt, steht heute der Durga-Tempel von Varanasi. Dargestellt ist sie in Skelettform, in roter oder schwarzer Farbe. Ihr Symboltier ist die Eule.

Chandra, (sanskr. »der Glänzende«), *Candra, Shashin:* hindu. *Mondgott,* der als *Planetengott* zu den →Navagraha gehört. Er ist Sohn des →Atri, und die 27 Töchter des →Daksha sind als Sternbilder des monatlichen Himmelsweges seine Gattinnen. Mit Tārā, der Frau des →Brihaspati, die er entführte, zeugte er den Planetengott →Budha. Später wird er von dem ved. →Soma absorbiert.

Chang Hsien (»Chang, der Unsterbliche«): chines. *Heiliger* und *Unsterblicher* (→Hsien) und *Schutzpatron* der Kinder. Er schenkt männliche Nachkommen und wird manchmal von Sung-tzu niang-niang, der Frau, die Söhne bringt, begleitet. Dargestellt ist er als alter Mann, der einen Bogen spannt und gen Himmel zielt.

Chang Kuo-lao △: chines. *Heiliger* und *Unsterblicher* (→Hsien), der zu den 8 →Pa-hsien des Taoismus zählt. Als alter Herr legte er jeden Tag viele tausend Meilen auf einem Esel zurück, den er, wenn er ihn nicht mehr benötigte, wie ein Taschentuch zusammenfalten und einstecken konnte. Als seine Schüler sein Grab öffneten, fanden sie es leer (→Shih-chieh). Sein Attribut ist eine Trommel mit 2 Stäben.

Chang Ling →Chang Tao-ling

Ch'ang-o →Heng O

Ch'ang-sheng pu-ssu (»lange leben, nicht sterben«): chines. körperliche und/oder spirituelle *Unsterblichkeit*, die ein →Hsien durch Einnahme einer Droge (→Ling-chih) erlangt hat. Ein körperlich Unsterblicher steigt gen Himmel (→Fei-sheng) oder stirbt nur zum Schein (→Shih-chieh). Als Vorstufe zu Ch. gilt →Shou. Symbol von Ch. sind der Kranich oder der Pfirsich, und →Shou-lao ist der Gott der Unsterblichkeit.

Chang Tao-ling, *Chang Ling:* chines.-taoist. *himmlischer Meister* (→T'ien-shih) und Begründer der Schule Wu-tou-mi tao. Er heilte viele Kranke, und es gelang ihm nach jahrelangen alchemistischen Experimenten, die Pille der Unsterblichkeit (→Ch'ang-sheng pu-ssu) herzustellen. Beides hat er von →Lao-tzu gelernt. In Szechwan ist er in hohem Alter (34-156 n. Chr.) am hellichten Tage gen Himmel aufgestiegen (→Fei-sheng).

Channachanna ▽ (»Großmutter-Großmutter«): hethit. *Mutter-* und *Geburtsgöttin*, deren Botin eine Biene ist. Bei der Suche nach entschwundenen Gottheiten (z. B. der protohatt. →Inar(a) und →Telipinu) spielt sie eine bedeutende Rolle.

Chantico ▽ (»die im Hause Weilende«): indian. *Göttin* des *Herd-* und des *Vulkan-Feuers* bei den Azteken, *Kalendergöttin* des neunzehnten Tages im Monat und Herrin des roten Pfeffers (Paprika). Trotz dem Verbot, an Fasttagen dieses Gewürz zu gebrauchen, hatte Ch. einen mit Paprikatunke gewürzten Bratfisch gegessen und danach geopfert. Wegen dieses Frevels wurde sie von →Tonacatecutli in einen Hund verwandelt. Ihre Farben sind gelb und rot.

Chanwashuit ▽: hethit. *Throngöttin*, von der der König die Regentschaft erhält.

Cháos ☉ (von *cheinein* = »gähnen«): griech. weiter und leerer, unermeßlicher und finsterer *Weltenraum* am Anfang der Welt, Urgrund allen Seins sowie Personifikation des ungeordneten Urzustandes der Welt - im Unterschied zum späteren geordneten →Kósmos. Aus dem Ch. sind →Érebos und →Nýx hervorgegangen. Ch. entspricht dem ägypt.

Chantico, indian. Feuer- und Kalendergöttin.

Cháron, griech. Fährmann, der am Eingang der Unterwelt, wo der Höllenhund Kérberos Wache hält, die Toten mit seinem Kahn über drei Grenzflüsse ins Totenreich hinüberrudert.

→Abydos, dem hebrä. →Tōhū wābōhū und dem german. →Ginnungagap. - *Wörter:* Ch (fg.), chaotisch, Gas.

Charana: zigeun. *Riesenvögel,* die Furcht verbreiten und der Königin der →Urmen, Matuya, dienen. Wenn sie jede Nacht an deren Brust saugen können, werden sie 999 Jahre alt. Die Ch. bewirken das Zu- und Abnehmen des Mondes.

Charbe △: kassit. *Sturmgott,* der dem sumer. →Enlil entspricht.

Chárites ▽ (von *charis*=»Anmut. Huld«), *Chariten* (dt.): griech. *Gruppe von 3 Göttinnen* der *Anmut* und *Lieblichkeit,* der *Schönheit* und *Freude.* Sie sind Töchter des →Zeús und der →Eurynóme. Zu ihnen zählen: Aglaia (»Glanz«), Euphrosýne (»Frohsinn«) und →Tháleia (»Blüte«). Sie bilden das Gefolge von →Aphrodíte, →Apóllon und →Hermés und befinden sich gern in Gesellschaft der →Músai und →Hórai. - *Plastiken:* Canova (1811), Thorwaldsen (1821); *Gemälde:* Botticelli (1480), Tintoretto (1578), Rubens (1613). Die Ch. entsprechen den röm. →Gratiae.

Cháron △, *Charọn* (lat.): griech. **1)** hundegestaltiger *Todesdämon.* **2)** greiser *Fährmann,* der mit seinem Kahn die Toten über die 3 Grenzflüsse →Achéron, →Kokytós und →Stýx bis zum Tor des →Hádes fährt. Er übernimmt die Schatten der Toten, die ihm von →Hermés zugeführt wurden. Voraussetzung dafür ist die Bestattung in der Oberwelt. Damit sie den Fährlohn bezahlen konnten, legte man den Verstorbenen eine Münze (Obolos) unter die Zunge. - *Gemälde:* Böcklin, die Toteninsel (1880).

Charun △: etrusk. *Todesdämon* der Unterwelt, Totenführer und Wächter am Eingang der Gräber sowie Peiniger der Toten in der Unterwelt. Dargestellt wird er meistens geflügelt, mit geierschnabelartiger Nase und mit spitzen Tierohren. Sein Attribut ist der Hammer. Er entspricht dem griech. →Cháron.

Chárybdis ▽, *Charybdis* (lat.): griech. *Meeresungeheuer* und Verkörperung des gefährlichen und alles verschlingenden Meeresstrudels, der der →Skýlla gegenüberliegt.

Chasca Coyllur ▽: indian. *Göttin* der *Morgendämmerung* und der *Blumen* sowie *Schutzgöttin* der Jungfrauen bei den Inka. Ihre Boten sind die Wolken, aus denen der Tau herabtropft.

Chasham(m)eli △: hethit. *Schmiedegott.*

Chātummahārājika, *Chāturmahārājika:* buddh. *Göttergruppe* (→Deva), die in der gleichnamigen ersten Himmelsetage (→Devaloka) wohnt und 500 Jahre lebt, wobei für sie 1 Tag wie 50 Menschenjahre ist. Zu ihnen zählen u. a. die 4 →Cāturmahārāja (→Devarāja). Auch die →Gandharvas wohnen hier.

Chatur-Yoni (sanskr. »vier Schöße«): buddh. vier Arten der Geburt, in denen Wesen der sechs →Gati in den drei Welten (→Triloka) wiedergeboren werden können: *1.* Jarāyuga, d. h. Lebendgeborene, wie z. B. Säugetiere und Menschen, *2.* Andaja, d. h. Eigeborene, wie z. B. Vögel und

Reptilien, *3.* Samsvedaja, d. h. Feuchtigkeits- oder Wassergeborene, wie z. B. Fische und Würmer, *4.* Aupapāduka, d. h. durch Metamorphose, nicht durch eine Mutter, sondern allein durch das Karma Geborene, wie z. B. →Devas, →Pretas und Bewohner der →Narakas.

Chawwāh ▽ (hebrä. v. chajim = »Leben«), *Eúa* (griech.), *Hawwā'* (arab.), *Eva* (dt.): **1)** jüd. erste *Frau* und *Stammutter* des Menschengeschlechts. Sie ist die Gattin des →Ādām, der sie »Mutter aller Lebendigen« nennt. Ihre Söhne sind →Kajin, →Hebel und →Shēt. Von →Jahwe-Elōhim wurde C. aus einer Rippe des Ādām gebildet. Durch die Schlange (→Nāchāsh) ließ sie sich verführen und verführte dann ihren Mann. **2)** christl. *Urfrau*, die sich von der arglistigen Schlange betrügen ließ. Aus dem Umstand, daß E. nach Adám, d. h. an zweiter Stelle, erschaffen wurde, und daß sie sich betrügen und verführen ließ, begründet Timotheus die Unterordnung der Frau gegenüber dem Mann und ihr Belehrtwerdenmüssen, ohne selbst lehren zu dürfen (1 Tim 2, 11-15). **3)** islam. *Urfrau* sowie Gattin des →Ādam und durch ihn *Stammutter* der Menschheit. →Hābil und →Kābil sowie →Shith sind ihre Kinder. H. wurde von

Chawwāh, jüd. Stammutter mit dem Stammvater Ādam während des Sündenfalls im Paradies Gan Ēden (Holzschnitt aus der Biblia Germanica, 1545).

→Allāh aus einer linken Rippe ihres schlafenden Gatten geschaffen. Sie trägt die Hauptschuld an der ersten Sünde, da sie, - von →Iblis verführt, ihrem Gatten zuerst Wein und dann die verbotene Frucht gab. Nach der Vertreibung aus dem Paradies pilgerten beide nach Mekka, wo H. ihre erste Menstruation bekam. Da stampfte Ādam auf die Erde, und ihr entsprang der Zamzambrunnen, den H. als Reinigungsbad benutzte. Zehn Strafen, u. a. Menstruation, Schwangerschaft und Geburtswehen, erinnern alle Töchter der H. an die Ursünde ihrer Stammutter. »Da Adam dem Staub und H. einem Knochen entstammte, erscheint der Mann mit zunehmendem Alter immer schöner und das Weib immer häßlicher.« - *Worte:* Eva (fig.), Evaskostüm, Evastochter.

Chāyā ▽ (sanskr. »Schatten«). hindu. *Göttin* der *Abendröte* sowie Begleiterin und Gattin des Sonnengottes →Sūrya.

Chazzi △ : hethit. und churrit. *Berggott,* der neben dem Berggott Namni ein Trabant des Wettergottes ist und in hethit. Staatsverträgen als *Schwurgott* angerufen wird.

Chebat ▽, *Hepat, Hepatu, Hapatu:* churrit. *Sonnengöttin* und zugleich Hauptgöttin. Die »Königin des Himmels« gilt als Gattin des →Teshub und Mutter von →Sharruma. Dargestellt ist sie stehend auf einem Löwen oder Panther bzw. sitzend auf einem Thron mit der spitzigen Königinnenhaube. Sie entspricht der protohatt. →Wurushemu und der hethit. Sonnengöttin von →Arinna.

Chedammu △ : churrit. *Dämon,* der als Schlangendrache im Meer lebt. Wegen seiner ungeheuren Gefräßigkeit richtet er Länder und Städte zugrunde, bis ihm die akkad. →Ishtar von Ninive aus mit ihren musizierenden Dienerinnen entgegenzieht und sich dem aus dem Meer auftauchenden Ch. nackt präsentiert. So vergißt der betörte und in ein Gespräch hineingezogene Drache seine Gefräßigkeit.

Cheiron △ (von *cheir* = »Hand«), *Chiron* (lat.): griech. *Musiker, Seher* und *Arzt,* der eine besonders heilwirksame Hand hatte, später ein weiser, gütiger und gerechter →*Kentaur,* der in seiner Höhle im Peliongebirge →Achilleús, →Asklepiós und →Iáson erzog und unterrichtete, bis ihn →Heraklés beim Zentaurenkampf unversehens mit einem vergifteten Pfeil traf. Ch. verzichtet zugunsten des →Prometheús auf seine Unsterblichkeit. Als *Sternbild* und *Tierkreiszeichen* »Schütze« (sagittarius) wurde er an den Himmel versetzt.

Chendursanga △ : sumer. *Richtergott,* der als Wahrer der Rechtsordnung angerufen wurde. Der von König Gudea als »Herold des Landes Sumer« Bezeichnete ist dem akkad. →Ishum gleich.

Ch'eng-huang: chines. *Erdgottheit* und später *Lokalgottheit,* die in einzelnen Bezirken für Recht und Ordnung sorgte. Als *Stadt-* und *Schutzgott* bewahrte Ch. vor Unheil und Katastrophen. Sie ist auch *Seelengeleiter.* Dem Ch. sind die →T'u-ti unterstellt.

Chen-jen (»wahrer Mensch«): 1) chines. *Idealfigur* eines Menschen, der die Wahrheit verwirklicht und das →Tao erlangt hat. Ch. ist synonym mit →Chih-jen, →Shen-jen und →Sheng-jen. »Die Ch. vermögen die höchsten Höhen zu erklimmen, ohne sich zu ängstigen, ins Wasser zu gehen, ohne naß zu werden, durchs Feuer zu schreiten, ohne zu brennen«, sagt Chuang-tzu. In der taoist. Hierarchie steht der Ch. über einem →Hsien und unter einem →Shen. **2)** taoist. *Ehrentitel* für bedeutende Persönlichkeiten (seit der T'ang-Dynastie). So verlieh Kaiser T'ang Hsüan-tsung dem Chuang-tzu den Titel Nanhua chen-jen (»Wahrer Mensch vom südlichen Blütenland«).

Chenresi, s*Pyan-ras-gzigs* (tibet. »Mit klaren Augen schauend«): buddh.-tibet. *Bodhisattva* des Erbarmens und *Schutzpatron* des »Schneelandes« sowie Urvater des tibet. Volkes, der dem ind. →Avalokiteshvara gleich ist. Als seine Inkarnation gelten der →Dalai Lama und der →Karmapa. Die ihm zugeordnete Mantra-Formel lautet: OM MANI PADME HUM (sanskr.), OM MANI PEME HUNG (tibet.).

Chensit ▽ **:** ägypt. *Lokalgöttin* des zwanzigsten unterägypt. Gaus, die sich als →Uräusschlange manifestiert und mit Krone oder Feder dargestellt wird.

Chentechtai △ **:** ägypt. *Lokalgott* von Athribis (zehnter unterägypt. Gau), der zunächst krokodil-, später falkengestaltig dargestellt wird. Er ist mit →Kemwer, dem »großen schwarzen« Stier von Athribis, gleichgesetzt.

Chepre △ (»der [von selbst] Entstehende«): ägypt. *Urgott,* der als Skarabäus – ohne gezeugt zu sein, wie die Ägypter glaubten – aus der Erde hervorkommt, und *Sonnengott,* der die aufgehende Morgensonne repräsentiert, aus der Unterwelt aufsteigt, um das Sonnenschiff zu begleiten. Sein Hauptkultort war Heliopolis. Dargestellt wird er käferköpfig oder als Käfer. Gleichgesetzt ist er dem →Atum, der die untergehende Abendsonne verkörpert, und auch dem →Re, der Personifizierung der Mittagssonne.

Cherti △ **:** ägypt. *Lokalgott* von Letopolis mit dem Ehrennamen »an der Spitze von Letopolis«. In den Pyramidentexten als *Totengott* und Fährmann der Unterwelt genannt. Cherti ist widdergestaltig dargestellt.

Cherubim →Kerubim

Chi →Chuku

Chia ▽ (»Mond«): indian. *Mondgöttin* und *Urmutter* bei den Chibcha. In einer Laune ließ sie einmal eine Sintflut über die Erde kommen.

Chibiados △ **:** indian. fleischfressender *Luchs-* und *Wolfsgott* sowie *Herr* der Geisterwelt bei den Algonkin. Ch. gilt als jüngerer Bruder des Hasen →Manabhozho.

Chibirias →Ix Chebel Yax

Chicomecoatl ▽ (»Sieben-schlange«): indian. *Mais-* und *Fruchtbarkeitsgöttin* der Azteken, der zu Ehren das elfte der 18 Monatsfeste des Jahres z. Zt. der Maisreife als Erntefest gefeiert wurde. Ch. wird mit Maiskolbenpaar und Rasselstab dargestellt und gleicht der →Coatlicue.

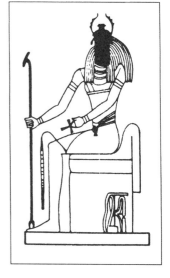

Chepre, ägypt. käferköpfiger Ur- und Sonnengott mit dem Lebenszeichen in der Linken.

Chignomanush △▽ (»kleiner Mensch«): zigeun. daumengroße →*Zwerge* männlichen und weiblichen Geschlechts. Sie hausen in Erdhöhlen und hüten große Schätze. Im Winter dringen sie in die Stallungen ein, wo sie an den Eutern der Kühe saugen.

Chih-jen (»vollkommener Mensch«): chines. *Idealfigur* eines Menschen, der die Einheit mit dem →Tao verwirklicht hat und frei ist vom Ich. Ch. ist synonym mit →Chen-jen, →Shen-jen und →Sheng-jen. »Ein Ch. fährt auf Luft und Wolken; er reitet auf Sonne und Mond und wandelt jenseits der Welt. Leben und Tod können sein Selbst nicht verändern«, sagt Chung-tzu.

Chih-nü ▽: chines. *Webergöttin*, die am Ostufer der Himmelsstraße aus Wolkenbrokat Himmelsgewänder webte. Da sie später als Gattin des Kuhhirten K'ien-niu und als Hirtin die Weberei vernachlässigte, wurde sie von ihrem Vater, einem Sonnengott, verbannt und darf seitdem nur einmal im Jahr, in der Nacht des siebten Tages des siebten Monats, ihren Gatten besuchen. Wenn sie dabei den Fluß überqueren muß, bilden Elstern als Symbole der Treue eine lebende Brücke.

Chihucoatl →Cihuacoatl

Ch'ih Yu: chines. *Dämon* des *Krieges* und Widersacher des →Huang-ti. Er verfertigt die Waffen, mit denen er Aufruhr und Zwietracht auf der Erde sät.

Chilan △ (»Sprachrohr, Sprecher«): indian. *Wahrsager* und *Priester* der Maya, der als Mittler zwischen Diesseits und Jenseits (→Mitnal, →Xibalbá) den Verstorbenen helfen und ihre Reinkarnation fördern kann.

Chimaira ▽ (»Ziege«), *Chimaera* (lat.), *Chimäre* (dt.): griech. feuerspeiendes *Ungeheuer* der Unterwelt, ein Mischwesen mit drei Köpfen, vorn ein Löwe, in der Mitte Ziege und hinten Schlange, sowie Verkörperung der vulkanischen Natur in Lykien. Ch. ist Tochter von →Échidna und →Tártaros und Schwester von →Kérberos, →Sphínx und →Hýdra. Sie lebte am Eingang zum →Hádes, bis →Bellerophóntes sie tötete. – *Worte:* Ch. (fig.), Schimäre, schimärisch.

Chimalman ▽ (»die auf dem Rundschild, liegender Schild«): indian. erdgeborene *Jungfrau* und *Mutter* des →Quetzalcoatl bei den Tolteken, bzw. des →Tlahuizcalpantecutli bei den Azteken, die durch das Verschlucken eines grünen Edelsteins schwanger wurde.

Chimäre →Chímaira

Chineke →Chuku

Chinesen: Chang Hsien, Chang Kuo-lao, Ch'ang-sheng pu-ssu, Chang Tao-ling, Ch'eng-huang, Chen-jen, Chih-jen, Chih-nü, Ch'ih Yu, Chuan Hsü, Chu Jung, Chung Kuei, Chung Li-ch'üan, Ch'ung-Ming, Fangchang, Fei-sheng, Feng, Feng Po, Fu-hsi, Fu-hsing, Fu Shen, Gung De Tien, Han, Han Hsiang-tzu, Heng O, Ho Hsien-ku, Ho Po, Hou Tsi, Hou T'u, Hsien, Hsi Wang Mu, Huang-ch'üan, Huang Fei-hu, Huang-lao, Huang-lao-chün, Huang-Ti, Ju Shou, Kiao-lung, Kieh, K'i-lin, K'iung-

Chimaira, griech. Ungeheuer, ein dreileibiges Mischwesen (nach Homer): vorn Löwe, Mitte Ziege, hinten Schlange.

K'i, Kou Mang, K'u, K'ua Fu, Kuan-Ti, Kuei, K'uei, K'uei-hsing, Kun, Kung Kung, K'ung-tzu, K'un-lun, Lan Ts'ai-ho, Lao-chün, Lao-tzu, Lei-kung, Lei-tsu, Ling, Ling-chih, Ling-pao t'ien-tsun, Li T'ieh-kuai, Lo, Lu-hsing, Lung, Lung-hu, Lü Tung-pin, Men-Shen, Ming, Ni-huan, Nü-kua, Pa-hsien, P'an-ku, P'eng-lai, P'eng-tzu, Pi-hsia yüan-chün, Po, San-ch'ing, San-ch'ung, San-hsing, San-huang, San-i, San-kuan, San-ts'ai, San-yüan, Shang-Ti, Shen, Sheng-jen, Shen-I, Shen-jen, Shen Nung, She-Ti, Shih-chieh, Shou, Shou-hsing, Shun, Siang, Sieh, Ssu-ming, T'ai-sui-hsing, T'ai-yüeh-ta-ti, T'ang, Tao, Tao-te t'ien-tsun, T'au-i, Ta-yü, Ti, T'ien, T'ien Kung, T'ien-ming, T'ien-shih, T'ien-tsun, Tou-mu, Ts'ai Shen, Tsao Chün, Tsao Kuo-chiu, T'u, Tung-fang Shuo, Tung Wang Kung, T'u-ti, Tzu, Wang-liang, Wen-ch'ang, Wu-ti, Yao, Yen-lo, Ying-chou, Ying-lung, Yin Hsi, Yin-yang, Yü, Yüan-shih t'ien-tsun, Yü-ch'iang, Yü-huang, Yü-jen, Yü-pu.

Ching-T'u →Jōdo

Chinnamastā ▽ (sanskr. »deren Kopf abgeschnitten ist«): hindu.-tantr. *Mutter-* und *Schutzgöttin* sowie Personifikation der illusionären Erscheinungswelt und der Vergänglichkeit des Lebens, auch Beiname der →Durgā. Dargestellt wird sie kopflos und nackt, mit roter und blauer Körperfarbe, stehend auf dem Dämon Nisumbha, dem leblosen →Shiva oder einem kopulierenden Paar (→Mithuna von →Kāma und Rati).

Chinvat-peretu (awest. »Brücke der Scheidung«): iran. *Brücke* der *Toten,* die sich vom Berg Chakat-i-Dāitih in der Mitte der Welt bis hinüber zum Gipfel des Elburz am Rand des Himmels spannt. An ihrem Anfang wird das Totengericht über die Seelen durch die Richter →Mithra, →Rashnu und →Sraosha abgehalten. Danach kann die Seele die Brücke überschreiten. Dem Gerechten ist sie 9 Speere breit und führt ihn ins Paradies, dem Sünder dagegen ist sie so schmal und scharf wie eines Messers Schneide, so daß er von der Brücke in die darunter liegende Hölle stürzt.

Chinvat-peretu, iran. Himmelsbrücke, die von den Verstorbenen beim Jenseitsgericht überquert werden muß, wobei die Bösen in den Abgrund stürzen und die Guten in den Himmel gelangen.

Chnum, ägypt. widdergestaltiger Fruchtbarkeits- und Geburtsgott, der den Leib des Pharao Amenophis III. und dessen Ka-Seele auf der Töpfer- scheibe formt, während die Göttin Heket dazu die Hieroglyphe des Lebens reicht.

Chons, ägypt. falkenköpfiger Mond- gott mit der Mondscheibe auf dem Kopf, die über der Sichel das volle Rund des Mondes zeigt.

Chiron →Cheíron

Chisei koro inao △ (»göttlicher Hausherr«), *Inao:* japan. *Haus-* und *Schutzgott* bei den Ainu. Er gilt als Gatte der Feuergöttin →Abe Kamui und hat in der Nordostecke des viereckigen Hauses den Platz seiner Ver- ehrung.

Chival, *Chual:* armen. böser *Geist* (→Devs), der nachts einem Schlafen- den im Traum erscheint, ihn erschreckt und foltert.

Chnum △ (?»Widder«), *Chnumis* (griech.), *Chnubis:* ägypt. *Vegetations- gott,* der als »Herr des Kataraktgebietes« von Assuan Spender der frucht- bringenden Nilüberschwemmung ist. Der *Fruchtbarkeits-* und *Geburts- gott* ist »Schöpfer des königlichen Kindes« und »Bildner, der belebt«. Er modelliert auf einer Töpferscheibe, die man ihm auch als Weihegeschenk darbringen kann, den Samen im Mutterschoß zum Leib des Kindes und hilft zusammen mit der Geburtsgöttin →Heket bei der Entbindung. Alles, was aus geschlechtlicher Zeugung entsteht (Götter, Menschen, Tiere), ist von ihm gebildet. Als *Ur-* und *Schöpfergott* ist er der »Vater der Väter, die Mutter der Mütter, die Amme der Ammen«. Zusammen mit seiner Ge- mahlin →Satis und mit →Anuket bildet er eine Trias des Kataraktgebie- tes von Elephantine.

Auf der Nilinsel Elephantine lag sein Hauptkultort. Sein Kult hat mit zu den Spannungen geführt, die zwischen den Priestern des Chnum und der jüdischen Militärkolonie in Elephantine bestanden, und schließlich zur Zerstörung des Jahwetempels führten. Chnum wird als Widder oder wid- derköpfig mit horizontal gedrehten Hörnern dargestellt und mit →Re, →Schu, →Osiris und →Geb gleichgesetzt.

Chochano (»Zauberer, Zauberin«): zigeun. *Vampir* und *Totengeist,* der wieder in seinen Leib zurückgekehrt ist und nachts die Lebenden er- schreckt. Ch. ist dem →Mulo ähnlich.

Chons △, *Chonsu* (ägypt. »der Durchwandler [des Himmels]«): ägypt. *Mondgott,* Sohn des Sonnengottes →Amun und der Himmelsgöttin →Mut, mit denen er in Theben eine heilige Trias bildet. Er ist »Herr der Zeit«, der Königen und Menschen die Jahre zählt, und »der Ratschläge erteilt« und wird auch als *Heilgott* und *Nothelfer* angerufen. Er ist Patron des nach ihm benannten neunten Monats Pachon im ägypt. Kalender. Sein Haupttempel in Karnak blieb fast vollständig erhalten. Er wird in Menschengestalt oder falkenköpfig, mit Stab und Mondscheibe, die über der Sichel das volle Rund des Mondes zeigt, dargestellt und von den Grie- chen dem →Heraklés gleichgesetzt.

Chont(i)amenti(u) △ (»der an der Spitze der Westlichen«): ägypt. *Toten- gott.* Der Schutzgott der »Westlichen« - im Westen, wo die Sonne unter- geht, liegt das Reich der Toten - wurde in Abydos verehrt. Er ist gewöhn- lich als liegender, schwarzer Hund (Schakal) dargestellt und verschmolz mit →Anubis zu Anubis-Chontiamentiu und mit →Osiris zu Osiris- Chontiamentiu.

Chors △, *Khors* (»der Abgekommene«): slaw. *Sonnengott, Jagd-* und *Krankheitsgott* der Ostslawen.

Chorum →Kmvoum

Christen: Aarón, Ábel, Abraám, Ábyssos, Adám, Ágar, Ángelos, Ángelos Kyriu, Antíchristos, Apoleía, Archángeloi, Babylón, Basileía tū Theū, Beëlzebúl, Beliár, Blasius, Cherubín, Christophorus, Daimónia, Daniél, Dauíd, Dekálogos, Diábolos, Diathéke, Drákon, Elías, Enóch, Enós, Esaías, Eúa, Gabriél, Gē, Géenna, Georgius, Góg, Hádes, Har Magedón, Hyós tū Anthrópu, Iakób, Ieremías, Iesūs, Incubus, Ioánnes, Iób, Ioél, Ionãs, Ioséph, Isaák, Iúdas, Jeanne la Pucelle, Káin, Kataklysmós, Kibotós, Kýrios, Lázaros, Limbus, Lót, Lucifer, Magóg, Mágoi, Mánna, María, María Magdalené, Martinus, Mathusála, Messías, Michaél, Moysēs, Nicolaus, Nōe, Óphis, Papa, Parádeisos, Parusía, Paūlos, Pétros, Pneūma hágion, Prophétes, Purgatorium, Rachél, Raphaél, Sábbaton, Salóme, Sancti, Satān, Sém, Seraphín, Séth, Siebenschläfer, Sodómon, Succubus, Suriel, Trinitas, Uranoí, Zacharías.

Christophorus △ (»Christusträger«): christl.-kath. *Heiliger* (→Sancti) und *Märtyrer* unter Kaiser Decius (249-251), *Schutzpatron* vor Pest und plötzlichem Tod sowie der Autofahrer. Er ist einer der 14 Nothelfer. Vorgestellt wird Ch. entweder als ehemals menschenfressendes, hundeköpfiges Ungeheuer »Reprobus«, das durch himmlische Einwirkung zum christl. Missionar bekehrt wurde, oder als der Riese »Offerus«, 12 Fuß hoch und von ungewöhnlicher Stärke, der nur dem Mächtigsten dienen wollte. So tat er zunächst Dienst beim Teufel, später als Fährmann. Als er einmal das (Christus-) Kind über einen Fluß trug, wurde das Kind so schwer, daß es den Riesen unter Wasser drückte und dabei taufte. So wurde aus dem Offerus der Ch. Sein Festtag wird am 24. Juli

Christophorus, christl.-kath. heiliger Riese »Offerus«, der gestützt auf einem Baumpfahl, das Kind Iesūs mit der Weltkugel über einem Fluß trägt (Erster datierter dt. Holzschnitt, 1423).

Christliche Mythologie

Die Mythologie des Christentums, der auf *Iesus* als Stifter zurückgeführten und nach dessen Ehrentitel Christus (»Gesalbter [Gottes]«) benannten größten Weltreligion, hat Motive der jüdischen Mythologie weithin übernommen und auch selbständig weitergeführt. Speziell beschäftigen sich die christlichen Mythen mit der Lebensgeschichte des Iesus als Messias und Gottmenschen, mit Engeln und Dämonen, mit Himmel und Hölle sowie mit den Geschehnissen zur Endzeit der Apokalypse.

Die Wundertaten Iesu, so bei der Heilung von unheilbar Kranken und bei der Wiedererweckung von drei Toten zum Leben, wiesen ihn bei vielen seiner Zeitgenossen als den von Gott gesandten Propheten und Messias aus. Schon bei seiner Taufe im Jordan war aus dem geöffneten Himmel der Geist Gottes wie eine Taube auf ihn herabgestiegen, während eine Stimme aus den Himmeln sprach: »Dies ist mein geliebter Sohn.« Nachdem er im Anschluß daran 40 Tage lang in der Wüste fastend einer dreimaligen Versuchung durch den *Diabolos* widerstanden hatte, traten Engel herzu und dienten ihm. So war Iesu gesamter Lebensweg von Engeln wie auch von Dämonen begleitet.

Engel, die als Vertreter der himmlischen Welt und als Gottesboten den Menschen göttliche Botschaften überbrachten, erschienen im Lichtglanz oder in hellen Gewändern. Wenn sie ihren Auftrag auf Erden erfüllt hatten, kehrten sie wieder in den Himmel, den Ort ihres ständigen Aufenthalts, zurück. So war auch durch den Engel *Gabriel* der Mutter Iesu die bevorstehende übernatürliche Empfängnis vom Heiligen Geist angekündigt worden, und seine erfolgte jungfräuliche Geburt verkündeten den Schafhirten auf den Feldern bei Bethlehem ein Engel des Herrn sowie Scharen von Engeln. Auch seinem Vater *Iosef* erschien ein Engel des Herrn im Traum, um ihn über die außereheliche Schwangerschaft seiner Verlobten Maria aufzuklären, ihm zur Flucht nach Ägypten zu raten und ihn später auch wieder aufzufordern zurückzukehren. Ein Engel stärkte Iesus im Garten in Gethsemani, als Todesangst ihn überfiel, und nach seiner Grablegung kam ein Engel des Herrn aus dem Himmel herab, wälzte den Stein vom Grab und deutete drei Frauen das leere Grab und die Auferstehung Iesu. Zwei Engel sah *Maria Magdalene* im leeren Grab Iesu sitzen, die dessen Wiederkehr ankündigten. Und auch am Ende der Tage wird Iesus als Menschensohn mit seinen Engeln kommen und seine Engel aussenden, und diese werden ausgehen und die Bösen aussondern.

Im Gegensatz zu den Iesus dienenden Engeln *Mala'ak* standen die in seinen Reden und Gleichnissen erwähnten bösen Geister der *Daimonia,* die in die Menschen eingehen und Krankheiten verursachen, weshalb Krankenheilung oft als Austreibung der Dämonen gesehen wurde. So traten bei Iesu Krankenheilungen die Dämonen, als deren Anführer *Beelzebul* galt, auf. Als Iesus einmal einen Gergesener heilte, traten die Dämonen aus diesem Kranken heraus und fuhren in eine auf dem Berge weidende Herde von Schweinen, die sich anschließend den Abhang hinunter in den See stürzten und ertranken.

Eine herausragende Bedeutung hat auch Hölle und Himmel. Die Hölle *Geenna* ist ein feuriger Abgrund, ein ewiges, unauslöschliches Feuer, wo »Heulen und Zähneknirschen« zu hören ist. Sie ist der endzeitliche Strafort nach dem Weltgericht für den *Diabolos* und seine Engel sowie für die Gottlosen, wo diese in Ewigkeit furchtbare Folterqualen erleiden müssen.

Die Himmel *Shamajim,* gleichsam ein Synonym für Gott, waren das zentrale Thema in der Lehre Iesu vom »Reich der Himmel« bzw. vom »Reich Gottes«. Als Heimat des Göttlichen ist der Himmel Wohnung und Thron Gottes, ein Ort des »Vaters in den Himmeln«. Der Himmel ist aber auch Wohnung der guten Geister, der »Engel in den Himmeln«. Einen Schatz und großen Lohn im Himmel zu erwerben, damit die eigenen Namen »in den Himmeln aufgeschrieben« werden, und überhaupt »in das Reich der Himmel zu kommen«, ist das Ziel aller Erlösten. *Paulos,* der schon zu seinen Lebzeiten einmal in den dritten Himmel entrückt wurde, spricht von einem »ewigen Haus in den Himmeln«. In Entsprechung zur wunderhaften Herabkunft des gottmenschlichen Stifters Iesus aus dem Himmel in den Schoß der irdischen Jungfrau Maria endet seine Anwesenheit auf Erden schließlich mit der Rückkehr in den Himmel durch seine Himmelfahrt, als er von der Erde entschwand und in den Himmel emporgehoben wurde. Und wie er in den Himmel aufgefahren ist, so wird er von dort am Ende der Tage wiederkommen.

Dramatisch erscheinen die Mythen über die Endzeit und die *Parusia.* Zu Beginn der Endzeit und noch vor der Parusia wird der *Antichristos* im Bund mit dem *Satan* und einem falschen Propheten als Widersacher Christi auftreten. Die Zeit wird von gewaltigen kosmischen Erschütterungen gekennzeichnet sein. Auf der Erde werden sich Kriege, Hungersnöte und Seuchen ausbreiten, und die Erde und die Werke auf ihr werden gänzlich verbrannt werden. An dem über der Erde ausgespannten Firmament des Himmels werden Zeichen erscheinen, die Kräfte des Himmels werden erschüttert werden, der Himmel selbst rollt sich zusammen, und die Sterne werden vom Himmel herabfallen.

Im Luftraum des Himmels, wo der Aufenthaltsort des Schlangendrachen *Tannin* und seiner Engel ist, findet der Endkampf statt. Dieser große, feuerrote Drache, der sieben Köpfe und zehn Hörner, dazu auf seinen Köpfen sieben Diademe hat, fegt mit seinem Schweif ein Drittel der Sterne vom Firmament des Himmels und wirft sie auf die Erde. Dann stellt er sich gegen die Frau, die das messianische Kind gebären will, um dieses zu verschlingen. Nach einem dramatischen Kampf zwischen dem Drachen und dem Engel *Mikael* wird ersterer von letzterem und dessen Engelscharen besiegt und auf die Erde geworfen. Hier verfolgt der Drache weiter die Frau und sucht sie durch einen Wasserstrahl aus seinem Mund zu ertränken. Dann gibt er seine Macht und seinen Thron an das »Tier« ab, das wie er selbst 7 Köpfe und 10 Hörner hat. Jedoch beim Anbruch des Tausendjährigen Reiches wird dann der Drache durch einen Engel in den Abgrund *Abyssos* eingeschlossen, der ein Ort des Schreckens ist und aus dessen Schlund der Rauch des unterirdischen Feuers aufsteigt. Erst nach 1000 Jahren wird der Drache wieder freigelassen, bevor er dann endgültig besiegt und in den feurigen See geworfen wird.

Bei der *Parusia* wird der Menschensohn auf den Wolken des Himmels kommen, und er wird seine Engel mit lautem Posaunenschall aussenden. Danach findet das große Weltgericht statt, bei dem die Menschen aufgrund des aufgeschlagenen Lebensbuches, in dem ihre guten und schlechten Taten aufgeschrieben sind, gerichtet werden. Dann werden ein neuer Himmel und eine neue Erde entstehen, wo weder Trauer noch Schmerz noch Tod herrschen.

Ein christlicher Engel schließt in der apokalyptischen Endzeit den gefesselten Satan in die feurige Abyssos ein, aus deren Tiefe Rauch aufsteigt (Kupferstich, 16. Jh.).

begangen. Dargestellt ist er als Riese, gestützt auf einem Stab oder Pfahl und mit dem Jesuskind, das den (Welt-)Apfel hält, auf der Schulter. - *Plastik:* Kölner Ch. (ca. 1470); *Gemälde:* D. Bouts, K. Witz (ca. 1435/40); *Holzschnitt* (ältester; 1423).

Christós →Māshiāch

Chrónos △ (»Zeit«): griech.-orph. *Urprinzip,* ein *Urgott* und *Welt‹ ‚schöpfer* sowie Personifikation der Lebenszeit. Der »nimmer alternde«, aus dem Dunkel entstandene Weltenurheber erzeugte aus dem →Aithír das silberne Welt-Ei, aus dem Phanes, der erste →Diónysos, hervorging, ein zweigeschlechtlicher Urgott der Liebe und des Lichts. Der zweite Diónysos heißt →Zagreús und der dritte Lyseus. Dargestellt wird Ch. als bärtiger Greis mit Sichel und Stundenglas.

Chshathra vairya (awest. »erwünschte Herrschaft, erwünschtes Reich«): iran. *Geistwesen* und *Personifikation* der kommenden *Reichsherrschaft* des →Ahura Mazdā sowie *Schutzgeist* der Metalle. Er ist einer der 7 →Amesha Spentas, der über seinen ständigen Widersacher, den Erzdämon →Saurva, in der Endzeit siegen wird. Ihm ist der sechste Monat geweiht. Dargestellt wird er mit Helm, Schild und Speer.

Chual →Chival

Chuan Hsü: chines. *Herrscher* der Urzeit und *Urahn,* der zu den →Wu-ti gehört. Als *Himmelsgott* ist er ein Enkel des →Huang-Ti. Er selbst gilt als Vater von drei Krankheitsdämonen, u. a. von →Wang-liang.

Chuban →Chumban

Chu Jung △, *Ch'ung Li, Li:* chines. *Feuergott* und Regent des Südens. Er gilt als Vater des →Kung Kung. Ch., der mithalf, den Himmel und die Erde voneinander zu trennen, wird auf einem Tiger reitend dargestellt.

Chuku △ (»Großer Geist«), *Chineke* (»Schöpfer«), *Chi, Ci:* Himmels- und *Schöpfergott* bei den Igbo in Nigeria, dessen Gattin →Ala ist. Er schickt den Regen, und, damit die Nahrungspflanzen für die Menschen wachsen können, befiehlt er dem König, einen Sohn und eine Tochter, einen Sklaven und eine Sklavin köpfen zu lassen. Aus den vergrabenen Köpfen der Opfer wachsen dann Yams, Kokospalmen, Getreide und verschiedene Bäume. Sein Symbol ist die Sonne.

Chūldāh ▽ (hebrä. »Wiesel«), *Holdan* (griech.), *Hulda* (dt.); jüd. *Prophetin* (→Nābi') des →Jahwe-Elōhim im Südreich Juda (ca. 639-609 v. Chr.). Als im Tempel von Jerusalem das Gesetzbuch aufgefunden wurde, erbat im Jahr 621 v. Chr. der König Joshija ihr Urteil darüber. Ch. prophezeite dem Volk von Juda die Zerstörung von Jerusalem wegen des Götzendienstes der Einwohner, und dem König verhieß sie einen friedvollen Tod.

Chumbaba △: akkad. *Bergdämon,* der dem sumer. →Chuwawa gleich ist.

Chumba(n) △, *Chuban:* elam. *Erdgott* und Gott der königlichen Herrschaft, Gatte der →Pinenkir und Vater des Hutram, mit denen er eine Trias bildet.

Chung Kuei: chines. *Schutzgott* vor Dämonen und *Gott* der *Literatur,* der einst Selbstmord beging, als er den im Examen verdienten ersten Platz nicht erhielt (→Kuei). Sein Attribut ist ein Schwert, mit dem er 5 giftige Tiere abwehrt.

Ch'ung Li →Chu Jung

Chung Li-ch'üan △: chines. *Heiliger* und *Unsterblicher* (→Hsien), der zu den 8 →Pa-hsien des Taoismus zählt. Dargestellt wird er als korpulenter Mann mit langem Bart. Sein Attribut ist ein Fächer aus Federn, mit dem Tote auferweckt werden.

Ch'ung-Ming: chines. *Inselgruppe der Seligen* und Unsterblichen (→Hsien) im Ostchinesischen Meer gegenüber der Mündung des Yangtzu. Zu ihnen gehören →P'eng-Lai, →Fang-Chang und →Ying-Chou. Seit dem 4. Jh. v. Chr. wurden Entdecker ausgesandt, um nach den Ch. zu suchen, jedoch jedesmal wurden die Seefahrer kurz vor der Landung vom Wind abgetrieben, ihre Schiffe kenterten, oder die Inseln versanken vor den Augen der Schiffsbesatzung im Meer.

Churri △ (»Nacht«), *Tella:* churrit. *Stiergott,* der zusammen mit →Sheri die Begleitung des →Teshub bildet.

Churriter: Alalu, Chebat, Chedammu, Churri, Chutena, Chutellura, Kubabat, Kumarbi, Kushuch, Sharruma, Shaushka, Sheri, Shimigi, Tarchunt, Tashmishu, Teshub, Ullikummi, Upelluri.

Chutena ▽ **und Chutellura** ▽: churrit. *Schicksalsgöttinnen,* die gemeinsam auftreten und den hethit. →Gul-shesh entsprechen.

Chuwawa △: sumer. *Bergdämon.* Der von →Enlil eingesetzte Wächter des »Zedernberglandes« im Libanon wird von →Gilgamesh und →Enkidu erschlagen. Er ist dem akkad. →Chumbaba gleich.

Ci →Chuku

Cihuacoatl ▽ (»Schlangenfrau«), *Chihucoatl:* indian. *Erd-* und *Muttergöttin* der Azteken in Culhuacan, *Schutzgöttin* der Geburt und der im Kindbett Verstorbenen. Bei der Erschaffung der Menschen im 5. Weltzeitalter zermahlte sie die »Edelsteinknochen«, die →Quetzalcoatl mit List aus der Unterwelt geholt hatte. Sie beschaffte den Menschen das Werkzeug (Hacke und Tragriemen) und wird oft mit einem Kind auf dem Arm dargestellt.

Cinteotl △ (»Maisgott«), *Centeotl:* indian. *Maisgott* der Totonaken und Azteken, *Kalendergott* und vierter Regent der Nachtstunden. Er gilt als Sohn der →Tlazolteotl und entspricht dem →Yum Kaax der Maya.

Cipactli: indian. *Ungeheuer* der Azteken, ein großer krokodilartiger Fisch, der in den Urgewässern lebte und aus dem die Gottheiten die Erde bildeten.

Cipaktonal △: indian. sterblicher *Urmann* der Azteken und *Stammvater* der Menschheit, der zusammen mit seiner Gattin →Oxomuco von →Quetzalcoatl und →Tezcatlipoca geschaffen wurde, um Nachkommen zu zeugen und Kultur zu schaffen.

Chung Kuei, chines. Schutzgott vor Dämonen mit dem Schwert in der Hand (chines. Steinabreibung).

Coatlicue, indian. jungfräuliche Erd- und Fruchtbarkeitsgöttin mit einer Krone und Halskette aus Menschenhänden

Circe →Kírke

Citlalinicue ▽ (»Sterne [sind] ihr Rock«): indian. *Himmels-* und *Muttergöttin* der Azteken, *Göttin* der *Milchstraße* und als *Kalendergöttin* dreizehnte Regentin der Tagstunden. Sie ist Gattin des →Citlaltonac und durch ihn Mutter der →Tzitzimime. C. ist identisch mit →Omecihuatl und →Tonacacihuatl.

Citlaltonac △: indian. *Morgensterngott* der Azteken, Gatte der →Citlalinicue und durch sie Vater der →Tzitzimime. C. ist identisch mit →Ometeotl und →Tonacatecutli.

Clio →Kleió

Clytaemestra →Klytaiméstra

Coatlicue ▽ (»die mit dem Schlangenrock«): indian. *Erd-* und *Fruchtbarkeitsgöttin, Frühlings-* und *Feuergöttin* der Azteken, *Schutzgöttin* der Ärzte, Hebammen und Bader. C. gilt als Mutter des Sonnengottes →Huitzilopochtli, der gewappnet ihrem Schoß entsprang, nachdem sie ihn durch einen vom Himmel gefallenen Daunenfederball jungfräulich empfangen hatte. Auch →Quetzalcoatl gilt als ihr Sohn. Dargestellt wird sie mit einem aus Schlangen geflochtenen Rock und einer Halskette aus Menschenhänden und -köpfen.

Cocijo △: indian. *Regen-* und *Gewittergott* der Zapoteken. Er entspricht dem →Chac der Maya, dem →Tlaloc der Azteken und dem →Tajin der Totonaken.

Cocytus →Kokytós

Colla →Ayar Aucca

Con △ (Quechua: »ich gebe, der Geber«), *Kon:* indian. *Regengott* und *Gott* des *Südwindes* bei den Inka. Er ist Sohn des →Inti und Bruder des →Pachacamac, von dem C. nach Norden, von wo er gekommen war, zurückgetrieben wurde. Dabei nahm er den Regen mit sich und ließ Peru trocken zurück.

Concordia ▽ (lat. »Eintracht, Einigkeit«), *Konkordia* (dt.): röm. *Göttin* und Personifikation der *Eintracht* unter den Bürgern. Nach Beendigung des Ständekampfes im Jahre 367 v. Chr. wurden zum Zeichen der Versöhnung zwischen Patriziern und Plebejern der C. zu Ehren Heiligtümer geweiht. Ihre Attribute sind Füllhorn und Opferschale. - *Worte:* Konkordienformel, Konkordienbuch.

Consus △ (? von lat. *condere*=»bergen«): röm. *Gott* des nach der Ernte glücklich »geborgenen« *Getreides* sowie *Totengott.* Ihm zu Ehren wurden am 21. August und 15. Dezember die *Consualia* mit Wettrennen begangen.

Coronis →Koronís

Cotys →Kótys

Coyolxauhqui ▽ (»die, die mit Glocken bemalt ist«): indian. *Mondgöttin* bei den Azteken und Anführerin der →Centzon Huitznauna, *Erdgöttin* und bösartige *Zauberin.* Sie ist (Halb-)Schwester des Sonnengottes

→Huitzilopochtli und der 400 Sterngottheiten. C. wird im Augenblick der Geburt des Sonnengottes von diesem enthauptet.

Coyote →Koyote

Cratti, *Kratti:* finn. *Geisterwesen,* das Wohlstand und Reichtum vermehrt. C. ist den →Para ähnlich.

Csodafiuszarvas ▽ : ungar. *Mischwesen,* eine Hindin als gefiederte und geflügelte Lichtgestalt, die auf der Stirn die Sonne und auf den Schultern Mond und Sterne trägt. Sie führt →Hunor und Magor in ein fruchtbares Land.

Cûchulainn △ (der »Hund des Culann«). kelt. göttlicher *Stammesheld* (der Iren). Er ist Sohn des →Lug und der Dechtire, Bruder von Conall und Gatte der Emer, deren Vater, den Zauberer Fongall Manach, er tötete, um sie zu besitzen. Jedes seiner Augen hat 7 Augäpfel, jede Hand 7 Finger, jeder Fuß 7 Zehen. Als ihn einst 3 Hexen in Rabengestalt dazu verleitet hatten, das Tabu, kein Hundefleisch zu essen, zu brechen, verlor er seine Kraft und wurde von feindlichen Kriegern getötet.

Cueravaperi ▽ : indian. *Erd-* und *Fruchtbarkeitsgöttin, Göttin* des *Regens* und der *Ernte* sowie *Göttermutter* bei den Tarasken. C. ist die Gattin des Sonnengottes →Curicaberis.

Culsu ▽ : etrusk. *Dämonin* der Unterwelt und Hüterin des Grabes. Ihre Attribute sind Fackel und Schere.

Cupido →Amor

Cûr △ (»Schrecken, Angst«), *Cûran:* ind. dämonische *Kraft* bei den Tamilen, die Angst und Betrübnis verursacht, ja den Menschen tötet, sowie *Personifikation* dieser *Angst,* die sich besonders der Frauen bemächtigt. Sie haust in Bergwäldern und Höhlen, an Quellen und Wasserfällen. Als Anführerin der Dämonen ist C. die Gegenspielerin des →Murukan.

Curche △, *Kurke:* 1) preuß. *Feld-* und *Fruchtbarkeitsgott, Getreide-* und *Erntegott,* der Speise und Trank gewährt. Aus der letzten Erntegarbe wird sein Abbild gefertigt und verehrt. 2) Name des schädlichen *Kornwurms.*

Curicaberis △ (»großer Brenner«), *Curicáveri:* indian. *Kulturheros* der Tarasken, *Himmels-* und *Sonnengott* sowie Gatte der →Cueravaperi. C. führte sein Volk aus der Barbarei, gab ihnen Gesetze und ordnete den Kalender. Seine Anweisungen gab er immer bei Sonnenaufgang.

Cybele →Kybéle

Cyclopes →Kýklopes

DAIMON

Dabog △ (»gib Reichtum!«) *Dazbog:* slaw. *Sonnen-* und *Feuergott,* der das »himmlische Feuer« spendet. Das russ. Volk wird im Igorlied als »Dabogs Enkel« bezeichnet. D. hat später seinen Vater →Svarog verdrängt und wurde dann selbst seit der Christianisierung zum christl. →Satān degradiert.

al-Dadjdjāl △: islam. *Pseudoprophet,* der am Weltende (→al-Kiyāma) erscheinen und fast alle Menschen in die Irre führen wird. Er wird die Erde erobern, außer Mekka und Medina, und 40 Tage oder Jahre herrschen. Seine Anhänger sind die Ungläubigen, Frauen und Juden. Darauf wird D. von dem wiedergekehrten →'Isā getötet werden. Vorgestellt wird der D. mit rotem, krausem Haar, korpulent und einäugig. Sein Reittier ist der Esel. Der D. gleicht dem christl. →Antichristos.

Daedalus →Daídalos

Daēnā ▽ (awest.»Gesetz, Religion«): iran. *Göttin* und *Personifikation* [dessen, »was offenbart worden ist«] der *Religion,* aber auch Verkörperung der Summe aller Handlungen eines Menschen, seiner Gedanken, Worte und Taten mit dem Schwerpunkt auf den rituellen Handlungen. D. ist Tochter des →Ahura Mazdā und Schwester von →Mithra und →Rashnu.

Daēvas △ (awest.), *Daivas* (altpers.), *Dēven* (neupers.), *Dēv* (Sg.): iran. Klasse von *Gottheiten* und *Geistern* neben der der →Ahuras. Seit dem jüngeren Avesta sind sie zu *Dämonen* degradiert, die alle Übel und Laster wie Krankheit und Tod, Winter und Hungersnot, Trunkenheit und Unzucht, Neid und Hoffart verursachen. Unter Anführung des →Angra Mainyu kämpfen sie gegen →Ahura Mazdā und seine →Amesha Spentas. Sie sind die Feinde der wahren Religion und verführen die Menschen. Zu ihnen gehören vor allem die 7 Erzdämonen: →Indra, →Saurva, →Nanghaithya, →Zairik und Taurvi, →Aka Manah und →Aēshma, aber auch →Akatash, →Apaosha, →Astōvidātu, →Azi Dahāka, →Būshyāstā, →Gandareva, →Marshavan, →Mithōcht und →Vaya. Die D. entsprechen den ved.-brahm.-hindu. →Devas.

Dag △, *Dagr* (nord.»Tag«): german. *Gott* und Personifikation des *Tages.* Er ist Sohn des →Dellingr und der →Nótt sowie Gatte der Thora. Zusammen mit seiner Mutter Nótt erhielt er von →Odin zwei Pferde mit Wagen, mit denen sie immer in zwei Tagen um die ganze Erde fahren. D. reitet täglich auf dem Pferd Skinfaxi (»Leuchtmähne«), das tagsüber den Himmel und die Erde mit seiner Mähne hell erleuchtet, der Nótt hinterher.

Dagān △ (phönik.»Korn, Getreide«), *Dāgōn* (hebrä.: dag = »Fisch«) **1)** amorit. *Stadtgott* von Mari. **2)** syro-phönik. *Wettergott* und *Getreide-* sowie *Unterweltsgott,* dessen Symbol die Kornähre ist. **3)** Nach der Bibel *Kriegs-* und *Nationalgott* der Philister mit einem Tempel in Gaza (Ri 16,23 ff.) und Aschdod (1 Sam 5,1–5). Letzterer wurde von dem Makkabäer Jonatan um 150 v. Chr. niedergebrannt (1 Makk 10,83 f.; 11,4).

Gemäß der mißverstandenen hebraisierten Namensform als Mischwesen (fischschwänzig) dargestellt.

Dagda △ (»guter Gott«): kelt. *Erdgott* und *Gott* der *Verträge* (der Iren), Gott der *Druiden* und *Totengott.* Er ist *Hochgott* der →Tuatha Dê Danann und Sohn der →Dan sowie Vater der →Brigit und des →Oengus. Eine seiner Geliebten heißt →Morrîgan. D. führt die Beinamen *Ollathir* (»Allvater«) und *Ruad Rofhessa* (»Herr des vollkommenen Wissens«). Seine Attribute sind eine Keule, eine Harfe und ein Kessel. D. ist dem gall. →Sucellos und dem walis. →Gwydyon gleich.

Dagōn →Dagān

Dagr →Dag

Daidalos △ (von *daidallein* = »kunstvoll arbeiten«), *Daedalus* (lat.): griech. *Künstler* und großer *Baumeister* aus Athen, »Erfinder« des Kunsthandwerks. Er ist Sohn des Metion und der Iphinoe sowie Vater des →Íkaros. D. konstruierte eine hölzerne Kuh für →Pasipháë und erbaute im Auftrag des →Mínos den →Labýrinthos für den →Minótauros. Weil er der →Ariádne zu dem Wollknäuel für →Theseús geraten hatte, wurde er zusammen mit →Íkaros vom erzürnten Mínos in den Labýrinthos eingesperrt. Aber mit Hilfe von Flügeln, die D. aus Federn und Wachs fertigte, erhoben sich Vater und Sohn in die Freiheit der Lüfte. Während Íkaros unterwegs abstürzte, konnte D. weiter bis nach Sizilien fliegen.

Daikoku △: shintoist. *Glücksgott* und *Gott* des *Reichtums,* einer der 7 →Shichi-Fukjin. Dargestellt wird er auf 2 Reissäcken stehend, mit dem Glückshammer in der Hand und einem Sack auf dem Rücken. Oft ist er mit dem Erdgott →O-kuni-nushi identisch.

Daímon △▽ (»Gottheit, Schicksal«), Dämon/in (dt.): griech. **1)** Bezeichnung einer nicht näher bestimmten *Gottheit* **2)** persönliche *Schutzgottheit* und innere Stimme **3)** *Heros* und *Halbgott,* ein ambivalentes Wesen zwischen Gott und Mensch bzw. *Geist* eines Verstorbenen, der aus seinem Grab auf die Lebenden einwirkt. Seit der Christianisierung wurde der/die D. zu einem bösen Geist und Teufel degradiert, dessen/deren ursprüngliche Stellung als Zwischenwesen zwischen Gottheit und Menschen jetzt der →Engel einnimmt.

Daimónia ☉ (Pl. griech.), *Daimónion* (Sg.), *Dämonen* (Pl; dt.): **1)** jüd.-hellenistische Gesamtbezeichnung (der Septuaginta) für verschiedenartige Gruppen hebrä. *böser Geister.* Zu ihnen zählen u.a. →Shēdim, She'irim und →Sijjim. Auch die namentlich genannten →Lilith und →Samael, →Azā'zēl und →Ashmodai sind dazuzurechnen. Sie bringen Plagen und Schaden aller Art. Sie verführen zur Sünde und verderben die Seelen. Sie erregen Krankheit und schädigen den Leib. Sie beeinträchtigen Hab und Gut und bringen Armut. Sie treiben ihr Unwesen in Häusern und auf Feldern, in Wüstengegenden und Ruinen, an Stätten der Unreinheit und an Wasserstellen, sowie im Bereich bestimmter Bäume und Sträucher. Ihre Hauptwirkungszeit sind die Dämmerung und

Daēvas, iran. dämonische Tiermenschen mit mächtigen Stoßzähnen, Hörnern und Schwanz.

Dagān, westsemit. fischschwänziger Wetter- und Unterweltsgott.

die Nacht, vertrieben werden sie durch Beschwörung und Verzicht auf bestimmte Dinge. **2)** christl. unreine und böse *Geister* und *Teufel,* die in den Menschen Krankheiten und Besessenheit verursachen. D. wurden von →Iesūs ausgetrieben, so z. B. allein sieben aus der →María Magdalené. So wurde dem Iesūs vorgeworfen, daß er durch →Beëlzebúl die D. austreibe. Auch die Jünger des Iesūs, denen die Macht über alle D. gegeben wurde, trieben diese aus. Am Ende der Tage ist für die D. das ewige Feuer bestimmt, in dem sie für immer bleiben werden.

Daimónion ⊙ (»das Göttliche«): griech. **1)** göttliches Wesen, eine *Gottheit* **2)** persönlicher *Schutzgeist* **3)** göttliche Fügung und *Schicksalsmacht,* die den Menschen die bösen und guten Geschicke zuteilt. In der griech. Philosophie (Sokrates) ist das D. die Bezeichnung für den höchsten göttl. Teil der Seele, vergleichbar dem Gewissen, die innere Stimme, der man gehorchen sollte.

Daityas (sanskr. »Abkommen der Diti«): brahm.-hindu. *Gruppe* von *Dämonen* und *Titanen,* die nach ihrer gemeinsamen Ahnfrau →Diti, der Gattin des →Kashyapa, benannt ist und zusammen mit der Gruppe der →Dānavas die Klasse der →Asuras bildet, die die Feinde der →Devas sind und die Opferhandlungen stören. Zu ihnen zählen u.a. →Hiranyaksha, →Hiranyakashipu, →Prahlāda, →Vairochana, →Bali und →Bāna. Die D. bewohnen die Unterwelt (→Pātāla).

Daivas →Daēvas

Dākini ▽ (sanskr. »Himmelswandlerin«): buddh.-tibet. *Initiationsgöttinnen*

Dākini, buddh.-tibet. Botengöttinnen in Hexengestalt, deren Nacktheit die Erkenntnis unverhüllter Wahrheit symbolisiert.

und *Schutzgöttinnen* der Lehre. Als *Botengöttinnen* übermitteln sie das für das Erlangen des Heils notwendige Wissen der →Dhyāni-Buddhas den irdischen, heilsuchenden Yogins. Um die Dämonen dabei zu überlisten, reisen sie in Hexengestalt und legen dabei Köpfe oder Masken von gefährlichen Tieren an. Als Gruppe der fünf D., die »die Welt bereits verlassen haben«, sind sie je einem Dhyāni-Buddha mit dessen Himmelsrichtung zugeordnet. Eine bekannte D. ist →Vajravārāhi. Da die D.

einem Yogin als nackte Yogini erscheinen, werden sie meist als nackte Frauen dargestellt, wobei ihre Nacktheit die Erkenntnis unverhüllter Wahrheit symbolisiert.

Daksha △ (sanskr. »fähig«): brahm.-hindu. *Weiser* und *Seher* der Vorzeit (→Rishi), der zu den 10 →Maharishi zählt. Er ist ein geistentsprossener Sohn des →Brahmā und Vater der →Aditi.

Dalai Lama △ (tibet. »Lehrer, dessen Weisheit so groß wie der Ozean ist«): buddh.-tibet. *Ehrentitel*, der 1578 erstmals vom Mongolenfürst Altan Khan an das dritte Oberhaupt der Gelugpa-Schule verliehen wurde. Seit dem fünften D. (1617-1682) wird jedes Oberhaupt dieser Schule als Inkarnation des →Bodhisattva →Chenresi angesehen. Jeder D. gilt als Wiedergeburt (→Tulku) des jeweils vorausgegangenen. Der jetzige vierzehnte D. (geb. 1935) lebt seit 1959 im indischen Exil.

Damavik →Domovoj

Damballah △, *Dambala, Bon Dieu:* afroamerikan. schlangengestaltiger *Fruchtbarkeitsgott* und Herr aller →Loa bei den Voduisten. D. ist Gatte der →Ayida-Weddo und führt den Beinamen »Bon Dieu« (franz. »Guter Gott«). Als *Schlangengott* lebt er auf Bäumen in der Nähe von Quellen. Seine von ihm besessenen Gläubigen schlängeln sich auf dem Erdboden oder klettern auf Bäume, zischen und pfeifen. D. wird zum christl. Heiligen und Evangelisten Johannes in Entsprechung gesetzt.

Damgalnunna ▽ (»Große Gemahlin des ›Hohen‹ [Enki]«): sumer. *Muttergöttin* und Gattin des →Enki. Die oft mit der →Ninchursanga identifizierte D. ist der akkad. →Damkina gleich.

Damkina ▽: akkad. *Muttergöttin*, Gemahlin des →Ea und Mutter des →Marduk. Sie entspricht der sumer. →Damgalnunna.

Damona ▽ (»große Kuh«): kelt. *Gesundheitsgöttin* (der Gallier), die in Tiergestalt vorgestellt wird.

Dämonen und Dämoninnen △▽: allg. Bezeichnung für übernatürliche *Wesen* niederen Ranges, die anders als die guten →Geister und →Engel gegenüber Menschen vorwiegend feindlich gesonnen sind. Sie bringen Übel, Krankheiten und Schaden. Ihr Anführer ist der →Teufel. Nach ihrer Funktion und ihren Aufenthaltsorten unterscheidet man Krankheits-, Natur-, Todes- und Unterwelts- sowie Zauberdämonen. Von den verschiedenen D. sind insbesondere zu nennen: hindu. →Apasmara, →Pishāchas und →Rākshas, iran. →Daevēas und →Drug, islam. →Djinn, akkad. →Sebettu und →Udug sowie slaw. →Vampir. Zur Vertreibung der schadenbringenden D. aus Kranken und Besessenen bedient sich der Exorzist des Exorzismus. Einer der bekanntesten Dämonenaustreiber war der christliche →Iesūs. - *Gemälde:* M. A. Wrubel (1890), J. Tovar (1970); *Worte:* Dämon, dämonenhaft, Dämonie, dämonisch, Dämonismus, Dämonologie, Exorzist, Exorzismus, exorzieren.

Damu △: sumer. *Heilgott*, der manchmal androgyn gesehen wird. Von

Melanes. Dämonenmaske aus Neuguinea.

seiner Mutter →Nin'insina hat er die →Me, die »göttlichen Kräfte der Ärztekunst« erhalten. Sein Kultort war Isin.

Dan ▽, *Danu, Ana, Anu:* kelt. *Erd-* und *Fruchtbarkeitsgöttin* (der Iren) sowie Mutter des Göttergeschlechts der →Tuatha Dê Danann. Sie gilt als Mutter von →Dagda, →Nuada, →Ogma, →Dian-Cêcht, →Goibniu, →Lug, →Lir und →Midir. Zwei Hügel bei Killarney in Munster werden *Da Chîch Anann* (die »zwei Brüste der Ana«) genannt.

Danáë, *Dạnaë* (lat.): griech. *Prinzessin* aus Argos und Tochter des Königs →Akrísios und der Eurydíke. Durch →Zeús ist sie Mutter des →Perseús. Da aufgrund eines Orakels ihrem Vater der Tod von der Hand seines zukünftigen Enkels prophezeit war, wurde D. in einen ehernen Turm eingesperrt, wo Zeús zu ihr in Gestalt eines Goldregens kam und sie schwängerte. Als danach D. den Perseús gebar, wurde sie mit ihrem Kind vom Vater in einem hölzernen Kasten auf dem Meer ausgesetzt. – *Gemälde:* Correggio (1539), Tizian (1545/46), Tintoretto (1555), A. van Dyck, Rembrandt (1636), Tiepolo (1740), G. Klimt (1907/08); *Oper:* R. Strauss (1944).

Danaídes ▽, *Danaiden* (dt.): griech. Gruppe von 50 *Töchtern* des *Danaos.* Als die Mädchen wider seinen und ihren Willen an die 50 Söhne seines Bruders Aigyptos verheiratet werden sollen, rät der Vater seinen Töchtern, ihre Verlobten in der Brautnacht zu ermorden. Da alle – außer Hypermḗstra – seinen Rat befolgen, müssen die 49 zur Strafe im →Tártaros Wasser mit Sieben in ein Faß ohne Boden schöpfen. – *Plastik:* A. Rodin (1885); *Worte:* Danaidenarbeit, Danaidenfaß.

Dānavas (sanskr. »dämonisch«): brahm.-hindu. Gruppe von halb göttlichen, halb dämonischen *Wesen,* die zusammen mit der Gruppe der →Daityas die Klasse der →Asuras bildet, die die Feinde der →Devas sind. Von →Indra in den Ozean verbannt, bewohnen sie jetzt die →Pātāla. Sie gelten als Söhne des →Kashyapa und der Dānu. Zu den D. zählt u. a. →Vritra.

Danda △ **und Pingala:** hindu. *Personifikationen* der kosmisch-ethischen Ordnung und des Todes (Abendsonne) sowie Begleiter des Sonnengottes →Sūrya, die im Auftrag des Totengottes →Yama mit Griffel und Tintenfaß die Taten der Menschen festhalten. Ihre Attribute sind Schwert und Schild.

Daniel →Dānijj'ēl

Dānijj'ēl △ (hebrä. »Richter ist [Gott] El«), *Daniél* (griech.): *Daniel* (dt.): 1) jüd. *Visionär* aus dem Südreich Juda und *Prophet* (→Nābi'im) des →Jahwe-Elōhim, der, nach Babylon deportiert, am Hofe des Königs Nebukadnezar II. (605–562 v. Chr.) zu hohen Würden aufstieg. D. deutet im Namen Jahwes die Träume des Königs von dem Koloß auf tönernen Füßen und vom stolzen Baum sowie die Schrift →Mene tekel an der Palastwand. Er wird in die Löwengrube geworfen und auf seine Gebete zu Gott hin vor dem Tod bewahrt. D. selbst hat apokalyptische Visionen

Danaídes, griech. Frauen, die zur Strafe für ihre Mordtaten im Tártaros Wasser mit Sieben in ein bodenloses Faß schöpfen müssen.

vom Weltgericht Gottes, von den 4 Tieren und dem Menschensohn. Sein Gesicht von dem Widder mit den Hörnern wird ihm vom Engel →Gabri'ēl gedeutet. Nach D. ist ein Buch der Bibel benannt. **2)** christl. *Prophet,* auf dessen Weissagung von den großen Drangsalen in Jerusalem →Iesūs sich in seiner Prophezeiung vom Ende bezieht.

Danu →Dan

Daōzos →Dumuzi

Dáphne ▽ (»Lorbeerbaum«): griech. schöne *Nymphe* und Tochter des Flußgottes Peneios. Als der sie umwerbende →Apóllon sie verfolgte, wurde sie auf ihre Bitte hin von →Zeús in einen Lorbeerbaum verwandelt, der seitdem dem Apóllon heilig ist. - *Plastik:* Bernini (1623/25); *Gemälde:* Giorgone; *Drama:* H.Sachs (1558); *Oper:* R.Strauss (1938); *Ballett:* Ravel (1912).

Daramulun △ (»Einbeiniger«): austral. *Himmels-* und *Mondgott, Schöpfergott* und *Stammvater* der Menschen sowie *Mittler* zwischen diesen und seinem Vater →Baiame. Sein Abbild als Bodenzeichnung wird nur den Initianden gezeigt, wobei diese gleichzeitig seine Stimme im Sausen des Schwirrholzes hören können. D. ist dem →Bunjil gleich.

Darni Pinnu ▽: ind. *Erdgöttin* bei den Kond. Sie gilt als Gattin des Gottes Bura Pinnu. Manchmal wird sie mit der Schöpfergöttin →Nirantali gleichgesetzt.

Dat →Duat

Datin △ (»der angreift, plötzlich überfällt«): arab. *Richter-* und *Orakelgott,* der dem →Haubas entspricht.

Dauid →Dāwid

Daūsos (Pl.): litau. *Land der Seligen,* in das die Seelen der Verstorbenen aufsteigen, indem sie immer der Milchstraße folgen - es sei denn, sie müssen in Bäumen fortleben, um dort zu büßen.

Dāwid △ (hebrä. »Freund, Geliebter«), *Dauid* (griech.), *Dāwūd* (arab.): **1)** jüd. *Hirte,* Zitherspieler und Waffenträger aus Bethlehem, später Begründer und *König* von Groß-Israel (1012-972 v.Chr.). D. ist jüngster Sohn des Isai. Im Auftrag des →Jahwe-Elōhim wird D. von →Shemū'ēl zum König gesalbt. Mit einer Schleuder tötet er den Riesen Goliath. Von 9 Frauen hat D. 10 Söhne. Er vergeht sich gegenüber seinem Feldherrn Urias (Uriasbrief), durch dessen Frau Bath-Seba er Vater des →Shelōmō ist. Aus dem Geschlecht der von D. begründeten Dynastie wird der endzeitliche König (→Māshiāch) erwartet, der Retter und Wiederhersteller des Reiches Israel. Die von D. eroberte Festung Jerusalem, von ihm zur Residenzstadt ausgebaut, wird nach ihm »*Davidstadt*« genannt. 73 bzw. 83 Psalmen der Bibel nennen in ihrer Überschrift den D. als Verfasser. **2)** christl. (35.) *Stammvater* des →Iesūs in dessen Ahnenreihe. I., der in Bethlehem, der (Geburts-)Stadt Dauids, geboren wurde, hieß »Sohn D's.« **3)** islam. *Prophet* (→Nabi) des →Allāh und weiser *König.* Er ist Vater des →Sulaimān. Durch die Eingebung des →Djabrā'il erfand D.

den Kettenpanzer anstelle des bisherigen Plattenpanzers. Derselbe Engel übergab ihm Blätter mit 10 Rätseln, die später Sulaimān löste. Von Allāh erhielt er Zabūr, das Buch der Psalmen. D. war ein begnadeter Sänger, selbst Berge und Vögel stimmten in seine Gesänge mit ein. Mit einer Schleuder tötete er den Riesen Djālūt, und Sabbatschänder verwandelte er zur Strafe in Affen. – *Plastik:* A. del Verrocchio (ca. 1473/75), Donatello (ca. 1430), Michelangelo (1501/04); *Gemälde:* Pollajuola (ca. 1470), Rembrandt (1656); *Oratorium:* A. Honegger (1921); *Ballett:* Rieti (1936); *Worte:* Davidsharfe, Davidstern, Uriasbrief.

Dāwūd →Dāwid

Dazbog →Dabog

Debata: indones. *Bezeichnung* des *Göttlichen* bei den Toba-Batak, die sowohl für die einzelne Gottheit als auch für die allgemeine göttliche Macht gebraucht wird.

Debōrāh ▽ (hebrä. »Biene«), *Debbora* (griech.), *Debora* (dt.): jüd. *Richterin* und *Prophetin* (→Nābi') des →Jahwe-Elōhim aus Efraim (ca. 1120 v. Chr.). Ihr Beiname ist »Mutter in Israel«. Im Namen Gottes fordert sie den Richter Barak auf, gegen den kanaanäischen Feldherrn Sisera zu Felde zu ziehen. Ihr Heldenmut führt zur Befreiung der nördlichen Stämme Israels. Diese siegreiche Schlacht am Kison besingt zum Triumph und Dank das D.-Lied (Richter 5,2–31), das älteste Textstück der Bibel. – *Oratorium:* Händel (1733).

Dedun △, *Dedwen:* nub. *Landesgott,* ursprünglich wohl ein *Vogelgott.* Er spendet den Weihrauch und führt dem König die Schätze und Völker der südlichen Länder zu. Dargestellt wird er menschen- oder löwengestaltig.

Deivas →Dievs

Deivė ▽ (»Gottheit«): 1) litau. allgemeine *Gottesbezeichnung,* aber auch *Feen* und *Göttinnen.* 2) litau. Bezeichnung für heilige Steine (deyves) und Pestjungfrauen (maro deives).

Dekálogos →Asseret

Del →devel

Dellingr △ (nord. »Glänzender, Berühmter«): german. *Zwerg* (→Dvergr) und *Personifikation* des Lichts. D. ist dritter Gemahl der →Nótt und durch sie Vater des →Dag.

Deméter: griech.-eleusin. *Muttergöttin, Göttin* der *Erdfruchtbarkeit* und des vegetativen Lebens, das im Frühjahr wiederkehrt, nachdem es im Herbst erstorben war, »Kornmutter« und *Getreidegöttin.* Sie gehört zu den 12 →Olýmpioi. D. ist Tochter des Titanenpaares →Krónos und →Rheía sowie Schwester von →Hestía, →Poseidón, →Zeús, →Héra und →Hádes. Von Zeús ist sie Mutter der →Persephóne und vom sterblichen →Iasíon Mutter des →Plútos. Sie suchte verzweifelt nach ihrer von Hádes und mit Wissen des Zeús geraubten Tochter Persephóne, dem Kornmädchen →Kóre. Zum Dank für ihre freundliche Aufnahme in Attika schenkte sie dem →Triptólemos das erste Weizenkorn. Sie ist

Deméter, griech.-eleusin. Mutter und Fruchtbarkeitsgöttin (links) mit ihrer Tochter Kóre (rechts), dem Triptólemos (Mitte) das erste Weizenkorn schenkend.

neben ihrer Tochter die Hauptgestalt in den Eleusinischen Mysterien. Ihr Hauptfest sind die *Thesmophorien*. Ihr Attribut ist die Ähre und ihr heiliges Tier die Biene. - *Plastik:* D. von Knidos (340 v. Chr.). Der D. entspricht die röm. →Ceres.

Deng-dit △ (»der große Regen«): *Schöpfer-* und *Regengott* der Dinka im Sudan, der mit seiner Keule den Blitz hervorruft und Regen und Fruchtbarkeit spendet.

Derceto →Derketo

Derketo ▽, *Derceto: Muttergöttin* der Philister, die das weibliche Pendant zu →Dagān bildet. In Aschkelon wurde sie als eine Erscheinungsform der syr. →Atargatis verehrt.

Deukalion△ **und Pyrrha** ▽, *Deucalion* (lat.): griech. *Heroen-* und *Stammelternpaar* der Hellenen als eines neuen Menschengeschlechts. D. ist Sohn des →Prometheús und seine Gattin P. die Tochter des →Epimetheús und der →Pandóra. Auf Anraten des Prometheús rettete sich D. mit P. in einer Arche aus Holz vor der großen »Deukalischen Flut«, die →Zeús aus Verärgerung über die Menschen hereinbrechen ließ. Als die Flut nach 9 Tagen und 9 Nächten zurückging, landete die Arche am →Parnassós. Auf Weisung des Zeús bzw. der Themis schufen D. und P. ein neues Menschengeschlecht, indem sie Steine hinter sich warfen. Aus denen des D. entstanden Männer, aus denen der P. Frauen. D. ist dem jüd. →Nōach ähnlich.

Deur △: ind. *Hauptgott* bei den Koya.

Deva (sanskr. »der Leuchtende, Himmlische«): **1)** ved. allgemeine *Gottesbezeichnung*. Nach dem Rigveda gibt es 33 Devas, je 11 für jedes der drei Weltgebiete. Zu ihnen gehören die →Ādityas des Himmels, die →Rudras des Luftraums und die →Vasus der Erde. **2)** brahm.-hindu. *Götterklasse,* die im Gegensatz zu den →Asuras steht und eine naturalistische Funktion hat. Nach dem Mahābhārata gibt es 3333 Devas. **3)** buddh. *Himmelswesen* oder Gottheiten im Mahāyāna und Vajrayāna, die zwar in einer der guten →Gati leben, aber weiterhin dem →Samsāra unterworfen sind. Deshalb können sie, im Gegensatz zu den →Bodhisattvas, den Menschen keine Erlösungshilfe gewähren, sondern nur diesseitige Bedürfnisse und Anliegen erfüllen, wie z. B. Schutz vor Gefahren, Gewährung von Gesundheit, Reichtum und guter Ernte. Man unterscheidet friedliche (Shānta, z. B. die →Devarāja, und zornige (→Krodhadevatās), wozu die 8 →Dharmapālas gehören.

Es gibt 7 Götterklassen, die die gleichnamigen 7 Himmelsregionen bewohnen: *1.* Chātummahārājika, Chāturmahārājika, *2.* Trāyastrimsha, Tāvatimsa. *3.* Yāma. *4.* →Tushita, Tusita. *5.* Nirmānarati, Nimmānarati. *6.* Paranirmitashavartin, Paranimmitavasavattin. *7.* Brahmakāyika, Brahmaloka. Diese Göttergruppen haben eine unterschiedliche, den aufsteigenden Himmelsregionen jeweils dupliziert entsprechende Lebensdauer, die in einer gewissen Entsprechung zu den

Lebensaltern der Bewohner der 7 →Naraka stehen. Dargestellt sind fast alle mit einer Krone aus fünf Blättern oder aus fünf Totenschädeln, die als Ausdruck ihrer übermenschlichen Daseinsform gilt.

Devadatta △ (sanskr. »gottergeben«): buddh. *Mönch* und Vetter des →Shākyāmuni mütterlicherseits, auf den er drei Mordanschläge plante, die u. a. durch →Ānanda vereitelt wurden, und der dann unter den Mönchen des Buddha ein Schisma herbeiführte, weshalb er zu langen Qualen in der Hölle (→Naraka) verdammt ist. Er wird mit dem christl. →Iúdas verglichen.

Devaki ▽: hindu. *Muttergöttin* und Inkarnation der →Aditi. Sie gilt auch als Cousine von →Kansa und Gattin des →Vāsudeva, durch den sie Mutter des →Krishna (und des →Balarāma) wurde.

Devaloka (sanskr. »Götterwelt«): buddh. *Himmelswelt* im →Triloka oberhalb von →Chakravāda mit 7 bzw. 8 (bis 24) Regionen, in denen die →Devas in herrlichen Palästen wohnen, bis sie infolge des →Samsāra in einer anderen Existenzweise (→Gati) wiedergeboren werden. Die 7 Himmelsregionen haben dieselben Namen wie die sie bewohnenden 7 Gruppen der Devas.

Devarāja △ (sanskr. »Himmelskönige«), *Shi-Tennō* (japan.), *T'ienwang* (chines.), *Cāturmahārāja* (sanskr. »vier Großkönige«): buddh. *Leibwächter* des Buddha gegen weltliche Bedrohung und *Beobachter* der Welt, die den Göttern über das Handeln der Menschen berichten. Als die 4 *Welthüter* thronen sie auf dem →Meru und bewachen die 4 Himmelsrichtungen vor den eindringenden Dämonen. Zu ihnen gehören: →Dhritarāshtra, →Virūdhaka, →Virūpāksha und →Vaishravana. Jeder von ihnen hat als Herrscher eine Gefolgschaft überirdischer Wesen und ist Vater von 91 Söhnen. Ihre Statuen befinden sich in jedem chines. und japan. Kloster. Ikonographisch sind sie durch bestimmte Farben charakterisiert. Sie sind ähnlich den hindu. →Lokapālas.

devel (von Sanskr. *deva*=»Gott«), *del:* zigeun. Bezeichnung für den *Hochgott.* Sein Beiname ist manchmal »baro« bzw. »phuro devel« (»großer« bzw. »alter Gott«).

Dēven →Daēvas

Devi ▽ (sanskr. »Göttin«): ved.-hindu. allgemeiner Name für eine *Göttin,* die insbesondere in mutterrechtlichen Gesellschaftsstrukturen als *Mahadevi* (»große Göttin«) gilt. Beinamen der *Muttergöttin* sind u. a. Ambā (»Mutter«), Ambikā (»Mütterchen«), Annapūrnā (»die an Nahrung Reiche«), Jagadamba (»Mutter der Welt«) und Bhagavati (»Erhabene«). In der Zeit der Überlagerung ihrer Verehrung durch männliche Hochgötter wird sie zur →Shakti und Gattin →Vishnus, insbesondere →Shivas. Im Shivaismus heißt sie in ihrer freundlichen Erscheinungsform →Umā, →Gauri und →Pārvati bzw. in ihrer schrecklichen Erscheinung →Durgā und →Kāli.

Devs: armen. Bezeichnung der unsterblichen *Geister,* die sich den Menschen in Gestalt von Tieren oder tierischen Mischwesen zeigen. Sie leben in den Ruinen von Städten und Dörfern. Mit Hilfe der Magier können die D. sowohl in den Körper eines Menschen einfahren, als auch daraus ausgetrieben werden. Es gibt böse D. (→Alk', →Vishap, →Chival, →Ays), aber auch gute (→Aralēz, →Uruakan) und neutrale (→K'ajk'). Seit der Christianisierung wurden die armen. Gottheiten und deren Priester D. genannt. – *Redewendung:* Divahar (»von D. geschlagen«).

Dharam △: ind. *Sonnen-* und *Hauptgott* der Juang.

Dharam-Raja △: ind. *Hauptgott* bei den Asur.

Dhārani ▽ (sanskr. »Erde«): hindu. *Erdgöttin* und Gattin →Vishnus in dessen sechstem →Avatāra als →Parashu-Rāma.

Dharmapāla (sanskr. »Schützer der Lehre«), *Hu Fa* (chines.): buddh.-tibet. acht *Schutzgottheiten* der Lehre und deren Institutionen vor feindlichen Mächten sowie Personifikationen von Naturgewalten, die zu den →Krodhadevatā gehören. Es sind meist ehemalige Gottheiten der Bon-Religion, die zu buddh. Schutzgottheiten aufgestiegen sind. Zu ihnen zählen: →Yamāntaka, →Shri Devi, Sitabrahman, →Beg-ts'e, →Yama, →Kubera, →Mahākāla und →Hayagriva. Sie werden im Tanzschritt mit einem dritten Weisheitsauge auf der Stirn dargestellt und sind oft mit Ketten aus abgeschlagenen Menschenköpfen geschmückt.

Dharti Mata ▽ (»Mutter Erde«): ind. *Erdgöttin* bei den Baiga.

Dhritarāshtra △ (sanskr. »der sein Reich fest [in der Hand] hat«), *Tschi Guo* (chines.): buddh. *Welthüter* des Ostens und einer der 4 →Devarāja. Als Herr der musikalischen →Gandharvas spielt er selbst die Laute, deren Klang die Gedanken der Menschen reinigt. Seine Körperfarbe ist das Weiß.

Dhyāni-Bodhisattva (sanskr. »Meditations-Bodhisattvas«): buddh. transzendenter →Bodhisattva in einer Fünfergruppe, zu der →Avalokiteshvara (→Kuan-yin), →Vajrapāni, →Sāmantabhadra, →Ratnapāni und →Vishvapāni gehören. Jeder dieser Dh. ist einem der 5 transzendenten Buddhas (→Dhyāni-Buddhas) als dessen Heilswirker beigeordnet und wird manchmal auch als dessen geistiger Sohn betrachtet.

Dhyāni-Buddha (sanskr. »Meditations-Buddhas«), *Tathāgatha:* buddh. »transzendenter« Buddha, der treffender als →Tathāgata bezeichnet wird und der die verschiedenen Aspekte des erleuchteten Bewußtseins repräsentiert. Er ist zeitlos und doch für die Menschenwelt stets präsent. Zu ihnen zählen: →Vairochana, →Akshobhya, →Ratnasambhava, →Amitābha und →Amoghasiddhi. Für das Mahāyāna sind sie die geistigen Väter der »irdischen« →Manushi-Buddhas und bilden im →Trikāya den »Körper des Entzückens« (Samhogakāya). Jeder Dh. ist Herrscher über eine der 5 Himmelsrichtungen, weshalb sie auch »Richtungs-Buddhas« heißen. Ikonographisch werden sie charakterisiert durch →Mudrā und Attribute, durch Körperfarbe und →Vāhana. Im Vajrayāna ist jedem Dh. ein →Dhyāni-Bodhisattva zugeordnet, und

Dhyāni-Buddha Amitābha, buddh. Tathāgata, die Hände zur Mudrā der Meditation zusammenlegend und den Almosentopf mit Früchten haltend. Am Sockel sind Lotos und Pfauen als sein Vāhana.

*Drei Teufel wollen mit Musik und Tanz
eine Frau verführen (Augsburg 1486).*

jeder wird zusammen mit einer →Prajña als Partnerin in →Yab-Yum-Stellung dargestellt.

Diábolos △ (griech. »Verleumder«): **1)** jüd. *Ankläger* der sündigen Menschen vor dem Gericht des →Jahwe und *Widersacher* des gläubigen Volkes, das er zu verführen sucht, weshalb er die Erde durchstreift. In der Septuaginta ist der D. mit →Sātān identisch. **2)** christl. böser *Geist* und *Teufel*, mit dem einst der Erzengel →Michaél stritt und der zusammen mit seinen Anhängern aus dem Himmel auf die Erde gestürzt wurde. Bevor →Iesūs öffentlich auftrat, hat der D. ihn dreimal versucht. Weil der D. von →Iúdas Besitz ergriffen hatte, wurde letzterer zum Verräter des Iesús. Er ist der *Widersacher* aller gläubigen Menschen, »geht umher wie ein brüllender Löwe und sucht, wen er verschlingen kann«. Am Ende der Tage wird er für 1000 Jahre im →Abyssos gefangengehalten. Dann kommt er für kurze Zeit wieder frei, bevor er endgültig ins ewige Feuer gestoßen wird. Manchmal ist D. mit dem →Satān identisch.

Diana ▽ (von lat. *diviana* = »die Leuchtende«): röm. jungfräuliche *Göttin* des *Lichts*, insbesondere des Mondlichts, Göttin der freien *Natur,* des *Wildes* und der *Jagd, Schutzgöttin* der Frauen und der Geburt sowie *Bundesgöttin* der Latiner. Ihr Fest am 13. August wurde als Festtag der Sklaven begangen. Bei Nemi heißt ein Kratersee »Spiegel der Diana«. – *Gemälde:* F. Boucher (1742). Sie gleicht der griech. →Artemis.

Dian-Cêcht △: kelt. *Arztgott* (der Iren) und Sohn der →Dan, der zu den →Tuatha Dê Danann gehört. Seinem Bruder →Nuada hat er in dreimal neun Tagen eine gelenkige Ersatzhand aus Silber für dessen im Kampf abgeschlagene rechte Hand angefertigt. Er ersetzte auch seinem Bruder →Midir das ausgeschlagene Auge. D. taucht die in einer Schlacht Gefallenen in eine Quelle, so daß sie wieder lebendig werden.

Diathéke →Berit

Didó ▽, *Elis(s)a, Djdo* (lat.): griech. *Heroin,* Gründerin und *Königin* von Karthago (888 v. Chr.). Sie ist eine Tochter des Königs Belos von Tyros, Schwester des →Pygmalíon und Gattin des Sychaios sowie Geliebte des →Aineias. Aus Treue zu ihrem von Pygmalíon ermordeten Gatten weist sie die Heiratsanträge des Königs Iarbas zurück. Als sie sich schließlich den Drohungen des Königs nicht mehr entziehen kann, sucht sie durch den Sprung in einen brennenden Scheiterhaufen den Freitod. – *Gemälde:* Rubens (1635/38); *Oper:* H. Purcell (1688).

Diesseits ☉: allg. Bezeichnung **1)** der irdischen *räumlichen* Lebenswelt im Gegensatz zum →Jenseits (→Weltbilder). Als Erdenwelt ist das D. Wohnstätte der Menschen bis zu ihrem Tod, aber auch bleibender Aufenthaltsort der Erdgottheiten und Erdgeister. Das D. ist vom Jenseits manchmal durch einen Fluß, See oder Meerarm (griech. →Achéron und →Stýx, german. →Gjöll) getrennt, oder beide sind durch eine Brücke miteinander verbunden (iran. →Chinvat-peretu und german. →Bifröst). **2)** des irdischen *zeitlichen* →Lebens der Menschen bis zur Grenze des

Todes sowie der irdischen Weltzeit bis zum Weltende, Weltgericht, Weltuntergang und Weltbrand (→Endzeit). - *Worte:* diesseitig (fig.), D.

Dieva dēli △ (»Gottes-Söhne«): lett. zwei bzw. drei *Himmelswesen* und Söhne des →Dievs sowie Freier der →Saules meitas. Als reiche Bauernsöhne arbeiten sie auf den himmlischen Feldern ihres Vaters. Sie mähen die Wiesen, auf denen die Saules meitas später das Heu zusammenrechen. In der himmlischen Badestube gießen sie Wasser zum Verdampfen auf heiße Steine. Dargestellt sind sie auf Pferden reitend, mit Marderfellmützen und Säbel.

Dievas →Dievs

Dievini (Pl.:) lett. Sammelname für eine *Gruppe* von *Haushalts-* und niederen *Schutzgottheiten* des Hauses.

Dievs △ (lett. »Himmel«), *Dievas* (litau.), *Deivas* (preuß.): lett. und litau. sowie preuß. *Himmelsgott* und *Gott* der *Fruchtbarkeit*. Er ist Vater der →Dieva dēli und Freier der →Saule. Als himmlicher Großbauer kümmert er sich um seine Äcker und Wälder und läßt die Arbeit von seinen Söhnen und Knechten verrichten. Z.Zt. der Aussaat und Ernte reitet er zur Erde hernieder und beaufsichtigt die irdischen Landarbeiten. An bäuerlichen Festen nimmt er als Gast am Kopfende des Tisches in der Bauernstube teil und wird mit Speise und Trank bewirtet. Dargestellt ist er als Reiter auf dem Himmelsberg, mit Mütze und Säbel. Seit der Christianisierung im 13.Jh. ist D. der Name des christl. →Kýrios. Dem ind. →Dyaus und dem griech. →Zeús ist er gleich.

Dike ▽ (»Recht, Gerechtigkeit«), *Astraia, Astraea* (lat.): griech. jungfräuliche *Göttin* und Personifikation der *Gerechtigkeit.* Sie ist eine der 3 →Hórai und gilt als Tochter des →Zeús und der →Thémis sowie als Schwester der Eunomía und der →Eiréne. Sie meldet ihrem Vater jeden Frevler, damit dieser seiner gerechten Strafe zugeführt werden kann. Zu Beginn des jetzigen 5.Weltalters, des eisernen Zeitalters, das in einem Zustand völliger Rechtlosigkeit enden wird, ist sie jedoch als letzte der Gottheiten von der Erde der Menschen geflohen und wurde als *Sternbild* (Tierkreiszeichen) *Jungfrau* (virgo) an den Himmel versetzt.

Dikpāla →Lokapāla

Dimistipatis △ (»Hof-Herr«): litau. *Haushaltsgott* und *Schutzgott* von Herd und Rauch. Von den ihm zu Ehren geschlachteten Hähnen werden das Fleisch gegessen und die Knochen ins Opferfeuer geworfen. D. ist dem röm. →Lar familiaris gleich.

Dimme ▽: sumer. böse *Dämonin* des Kindbettfiebers und der Säuglingskrankheiten, die der akkad. →Lamashtu entspricht.

Dingir (»Gott«): sumer. Gottesdeterminativ, das dem akkad. Ilu, dem westsemit. →El entspricht.

Dingirmach →Ninmach

Diónysos △, *Dionysus* (lat.): griech.-röm. *Gott* der *Vegetation,* später des *Weines* und *Weinbaus* sowie der *Ekstase,* ein sterbender und *auferstehen-*

Diesseits und Jenseits

Mythische Erzählungen spielen sich – außer in den Lebens- und Weltzeiten – auch in den Räumen von Diesseits und Jenseits ab, die sich beide auf die Grenzlinie des Todes beziehen. Das Diesseits meint zum einen die dem Menschen durch Erfahrung und Erforschung zugängliche, irdisch-räumliche Lebenswelt, zum anderen auch das irdisch-zeitliche, durch den Tod begrenzte Leben des Menschen, ferner die irdische Weltzeit von der Urzeit bis zur Endzeit.

Das Jenseits hingegen meint die außer- bzw. über- und unterirdische räumliche Lebenswelt, die den Aufenthaltsort der Gottheiten und Geister wie auch der Verstorbenen bildet. Das Jenseits bedeutet zudem ein außerirdisches Weiterleben, ein ewiges Leben nach der Todesgrenze, und es ist entweder vom Diesseits getrennt – manchmal durch einen Fluß, See oder Meerarm wie z. B. den griechischen *Acheron,* die griechische *Styx* oder den germanischen *Gjöll* – oder aber mit dem Diesseits verbunden durch eine Brücke, wie den germanischen *Bifröst* als gewaltigen Regenbogen, die shintoistische Schwebebrücke *Ama-no-uki-hashi* oder die iranische *Chinvat-peretu,* von der die Bösen nach ihrem Tod sogleich in den Abgrund der Hölle stürzen. Um ins Jenseits zu gelangen, bedarf der Tote oft einer entsprechenden Ausrüstung, z. B. ein Totenschiff bzw. ein Totenbuch oder einen Seelenführer. Ein Jenseitsgericht über den Toten entscheidet über dessen Zugang zu Himmel oder Hölle, und je nach dem linearen oder zyklischen Zeitverständnis ist der Aufenthalt im Jenseits entweder vorübergehend oder endgültig.

Die Weltbilder des Diesseits und des Jenseits haben eine sehr unterschiedliche bildliche Gestaltung erfahren. Sie können ein Gebäude darstellen, eine Kugel oder Halbkugel wie der griechische *Kosmos,* ein Rad wie das buddhistische *Bhava-Chakra,* ein Baum wie die germanische *Yggdrasill,* ein Ei wie das hinduistische *Brahmanda,* eine Kuh wie die ägyptische *Hathor* oder auch einen Menschen wie der jainistische *Loka-Purusha.*

Die Weltbilder erscheinen meist dreigeteilt in Erden-, Unter- und Überwelt. Die Erdenwelt als mittlerer Teil des Weltbildes ist die Wohnstätte der Menschen bis zu ihrem Tod. Sie wird meist als Quadrat oder öfters als kreisförmige Scheibe (Erdkreis) vorgestellt, wobei die Mitte ein Nabel wie der griechische Omphalos, ein Berg wie der buddhistische und hinduistische *Meru* oder ein Pfahl oder Baum wie die germanische Weltesche Yggdrasil sein kann. Die germanische Erdenwelt heißt *Midgard* als Mittelwelt.

Die Unterwelt im unteren Teil des Weltbildes ist das Reich der Unterweltsgottheiten und der Verstorbenen. Sie ist oft ein von Mauern und verriegelten Toren umschlossener Raum und Ort, im Westen, wo die Sonne untergeht, gelegen. Den Eingang bildet meist eine Höhle oder ein Brunnen. Kein Sterblicher findet aus diesem »Land ohne Wiederkehr« zurück. Zu den zahlreichen Unterwelten gehören das aztekische nördliche Totenreich *Mictlan,* das westlich des Nils vorgestellte ägyptische dunkle Totenreich *Duat,* das der Sonnengott Re während der 12 nächtlichen Stunden auf einer Barke durchfährt, oder die germanische Höllenwelt *Helheim,* über die die Totengöttin Hel herrscht und deren Helweg selbst Götter wie Balder beschreiten müssen. Auf eine Unterweltsreise, eine sog. »Höllenfahrt«, begeben sich gelegentlich Gottheiten oder Heroen, die anschließend in den Himmel oder auf die Erde zurückkehren. Eine derartige Unterweltsreise unternahmen u. a. die akkadische Göttin *Ishtar* und die griechischen Heroen *Herakles, Odysseus* und *Orpheus*.

In der Unterwelt befindet sich manchmal der Strafort für die Bösen: die spätere Hölle. Sie ist der Aufenthaltsort des Teufels, der bösen Geister und Dämonen sowie Endstation der bösen, unerlösten und verdammten menschlichen Sünder. Oft ist sie ein von Mauern umgebener, ein von Finsternis beherrschter oder von einem Feuerstrom umflossener Ort, an dem die Bewohner ewige Qual und Peinigung erleiden.

Zahlreich sind auch die Vorstellungen einer Überwelt im oberen Teil des Weltbildes, die oft mit dem Himmel und dem Jenseits gleichgesetzt wird. Hier ist der Ort aller überirdischen Wesen, der Gottheiten und guten Geister, aber auch der als Belohnung angesehene Ort der guten, erlösten und seligen Menschen bzw. Heiligen, wo ewige Freude und Glück herrschen. Eine eindrucksvolle mythische Vorstellung des Himmels ist der sich über der Erde hochwölbende, sternenbesetzte Leib der ägyptischen Göttin *Nut*. Der Himmel wird auch als Kuppel oder als ein über mehrere Stockwerke zugängliches Gewölbe betrachtet. So gibt es nach babylonischer Anschauung sieben übereinander gewölbte Himmel. Im Unterschied zu einer Reise in die Unterwelt kann es zu einer vorübergehenden Himmelsreise mit einem zeitlich begrenzten Aufenthalt und anschließender Rückkehr zur Erde kommen, z. B. für den sumerischen *Etana*. Eine Himmelfahrt hingegen als Aufstieg eines irdischen Wesens von der Erde zum Himmel endet dort für immer, wie für den polynesischen *Tawhaki*, den römischen *Romulus*, den hinduistischen *Sundaramurti*. Eine weitere Möglichkeit, ins Jenseits zu gelangen, ist die Entrückung, bei der ein Wesen wie der akkadische *Utanapishti*, ohne den Tod erleiden zu müssen, von Gottheiten in den Himmel versetzt wird. Eine andere Bezeichnung für ein himmlisches Jenseits ist das Paradies, eine als blühende Gartenlandschaft vorgestellte Stätte des Glücks ohne Not, ohne Leid und nahe den Gottheiten.

Weltbild in Gestalt der Göttin Hathor als Kuh, an deren Unterleib als Himmelsgewölbe der Sonnengott Re tagsüber mit seiner Sonnenbarke entlang fährt (Zeichnung, Grab von Sethos I.).

Für das Jenseits im Himmel und Paradies sind in den Mythen der Völker zahlreiche verheißungsvolle Utopien entworfen worden. So können die Verstorbenen im ägyptischen Jenseitsland *Earu* (»Binsengeflecht«), wenn sie vor dem Jenseitsgericht bestanden haben, allen früheren beliebten Tätigkeiten wieder nachgehen. Die germanische Jenseitswelt *Asgard* (»Asenwelt«) ist die Götterburg der Asen mit ihren Palästen und Sälen *Folkwang* und *Walhall* (»Gefallenen-Halle«) für die Aufnahme der im Krieg gefallenen Helden. In das aztekische paradiesische Land *Tonatiuhican* des Sonnengottes *Tonatiuh* gelangen alle Geopferten, im Krieg Gefallenen und im Kindbett verstorbenen Frauen, wie auch Könige und auf Reisen gestorbene Kaufleute. Denen, die auf ungewöhnliche Weise ums Leben gekommen sind, winkt das himmlische, an Pflanzen und Blumen überreiche Land *Tlalocan* des Regengottes *Tlaloc*, von wo aus sie nach vier Jahren wieder ins irdische Leben zurückkehren. Das chinesische glückhafte Jenseits und Ort der Unsterblichen ist das im Westen gelegene Weltgebirge *K'un-lun*, wo Unsterblichkeit verleihende Pfirsiche wachsen und wohin einst Lao-tse auf seinem Büffel reitend entschwand.

Diese Weltbilder für die Räume von Diesseits und Jenseits existieren entweder seit Ewigkeit, oder sie sind in der Urzeit einmal geschaffen und gestaltet worden, und sie bestehen entweder ewig oder nur bis zu einer fernen Endzeit.

der Gott, Schutzgott der dramatischen Spiele. Er gehört zu den 12 →Olýmpioi und ist Sohn des →Zeús und der →Seméle, Gatte der →Ariádne, Vater von→Príapos und→Hymén. Beim Tode seiner Mutter wurde der noch ungeborene D. bis zum Zeitpunkt seiner Geburt von seinem Vater in dessen Oberschenkel ausgetragen. Zyklische Feste zu seinem Kommen und Verschwinden waren die »großen« *Dionysien* im März und die »kleinen« *Dionysien* im Dezember. Im Rahmen der großen Dionysien wurden Tragödien und Komödien aufgeführt. Aus dem Kultlied des D., dem Dithyrambos, hat sich das Drama entwickelt. Als Gott des Orgiasmus ist D. ein Gegenstück zu →Apóllon, dem Gott des Maßhaltens. Das Grab des D., dessen Wiedergeburt alle 2 Jahre gefeiert wurde, befand sich in Delphi. Seine Hauptattribute sind Thyrsosstab und Phallos, Rebe und Becher.

Plastiken: Michelangelo (1497), Thorwaldsen; *Gemälde:* Altdorfer, Tizian (1518/19), Rubens (1611/12), Velázquez (1628), Feuerbach (1849); *Dramen:* Euripides (406 v.Chr.), J.Cocteau (1953), *Opern:* Debussy (1904), Massenet (1909); *Wort:* dionysisch (= »rauschhaft, wild«) als Gegensatz zu apollinisch. – D. ist mit →Bákchos identisch und entspricht dem orph. →Zagreús.

Dióskuroi △ (»Zeus-Söhne«), *Dioscuri* (lat.), *Dioskuren* (dt.): griech. *Brüderpaar* →Kástor und →Polydeúkes sowie *Schutzpatrone,* die bei Menschen einkehren und ihnen in Kriegs- und Notzeiten helfen. Sie sind Söhne des →Zeús und der →Léda sowie (Halb-)Brüder von →Heléne und →Klytaiméstra. Sie befreien ihre von →Theseús geraubte Schwester Heléne und beteiligen sich am Zug der →Argonaútai. Im Rom wurde ihr Fest am 28.Juni gefeiert. Die unzertrennlichen D. wurden als *Sternbild* und Tierkreiszeichen »Zwillinge« (Gemini) an den Himmel versetzt. – *Wort:* D. (fig.)

Dipamkara △ (sanskr. »Lichtanzünder«), *Dipankara* (Pali): buddh. *Vorzeitbuddha* eines früheren Weltzeitalters (→Kalpa), der seine Erleuchtung unter einem Pulita-Baum hatte und dem →Shākyāmuni als erster von 24 →Manushi-Buddhas vorausgegangen ist. Er gilt als das Sinnbild aller Buddhas der Vergangenheit, genießt in Nepal besondere Verehrung und entspricht dem chines. Jan Deng Fo.

Disen ▽, *disir*(nord.; Pl.): nordgerman. Kollektivbezeichnung für *Fruchtbarkeits-* und *Schicksalsgöttinnen* sowie *Geburtshelferinnen.* Zu den D. gehören die →Walküren und →Nornen. Als »dis der Vanen« wird →Freyja bezeichnet. Möglicherweise sind die D. mit den →Idisi verwandt.

Dis Pater △ (lat. *dives pater* = »reicher Vater«): röm. *Gott* der *Unterwelt* und des *Reichtums,* dem die alle 100 Jahre stattfindenden »ludi Tarentini« geweiht waren. Er entspricht dem griech. →Plútos.

Diti ▽: **1)** ved. *Erd-* und *Muttergöttin* sowie Gabenspenderin. **2)** brahm.-hindu. *Ahnfrau* der Titanen und Dämonen →Daityas. Sie gilt als Tochter

Diónysos, griech.-röm. Gott des Weines und der Ekstase bei einer Meerfahrt, umgeben von Reben und Delphinen (Vasenbild, 540 v. Chr.).

des →Mahārishi →Daksha und als Gattin des →Rishi →Kashyapa und
von ihm als Mutter von →Hiranyaksha und →Hiranyakashipu.

Diva →Theía

Divus Iulius →Caesar

Djabrā'il →Gabri'ēl

Djahannam (arab. »tiefer Brunnen«): islam. *Hölle* und *Aufenthaltsort* der
Bösen nach dem Letzten Gericht (→al-Kiyāma). Je nach Art und Schwere
der Vergehen sind die Strafen verschiedenartig. Die Scheidewand →Bar-
zakh trennt die Hölle vom Himmel →Djanna. Vorgestellt wird D.: *a)* als
ein riesenhaftes *Ungeheuer* mit aufgesperrtem, glühendem
Rachen, um die Verdammten zu verschlingen. Jeder seiner
4 Füße ist mit 70 000 Ringen gefesselt, und auf jedem Ring
sitzen 70 000 Dämonen (→Djinn), von denen jeder so
mächtig ist, daß er Berge versetzen kann. *b)* als ein weiter
Trichter aus konzentrischen Kreisen mit 7 Stockwerken,
über die eine Brücke (al-Sirat) führt. Das letzte Stockwerk
besteht aus dem Baum Zakkūm, der statt Blumen Dämo-
nenköpfe trägt, und aus einem Kessel mit siedendem und
stinkendem Pech. Djahannam entspricht dem jüd. →Gē-
Hinnōm.

Djanna, islam. Paradies sowie Himmel. dessen sieben von insgesamt acht Stockwerken Muhammad auf seiner nächtlichen Himmelsreise aufsuchen konnte.

Djanggawul ▽ ▽: austral. *Schwesternpaar* und doppelte
Personifikation der *Fruchtbarkeit* sowie *Ahnmütter* der
Menschen (vom Arnhem-Land). Die Töchter von Sonne
und Morgenstern folgten – zusammen mit ihrem jüngeren
Bruder, der dafür sorgte, daß sie immer schwanger waren
– dem Morgenstern und landeten in der Traumzeit von
Osten kommend mit Booten an der austral. Küste. Überall,
wohin sie kamen, sprossen Bäume aus dem Boden. Die
Landschaft nahm Gestalt an, und die Vorfahren der Menschenrassen wurden von ihnen geboren. Alle Wesen und
Dinge erhielten ihren Namen. An bestimmten Orten ließen
sie heilige Gegenstände zurück, wie Djangawan, Ranga
und Tschuringa, die im Dilly-Beutel, dem Symbol für den
Schoß der D., aufbewahrt werden. Als der jüngere Bruder
seinen beiden Schwestern eines Tages diese machtvollen
Kultgegenstände stahl, ging die Macht zum Vollzug des Rituals von den Frauen auf die Männer über, die letztere
seitdem innehaben. Die Djanggawul wurden von
→Galeru verschluckt, und dieses »Verschlucktwerden« bildet heute den
Abschluß der Initiation junger Männer als eine Wiedergeburt in einen
neuen (Wissens-)Stand. Die D. gleichen den →Wawalag.

Djanna (arab. »Garten«): islam. *Paradies* und *Aufenthaltsort* der Auserwählten und *Guten* nach dem Letzten Gericht (→al-Kiyāma). Nur die im
Heiligen Krieg für den Islam gefallenen Märtyrer (→Shahid) gelangen

sofort ins Paradies. D. ist ein Garten mit Bächen (→Salsabil) von Wasser und Milch, Wein und Honig, mit Teppichen und kostbaren Sesseln, mit schönen →Hûris und mit jungen Knaben, die Früchte und Geflügel servieren. Die Scheidewand →Barzakh trennt das Paradies von der Hölle →Djahannam. Vorgestellt wird D. als Pyramide oder Kegel mit 8 Stockwerken und 8 Türen. Im obersten Stockwerk wächst der Grenz-Lotus, dessen Zweige alle überschatten.

Djata →Tambon

Djebauti △: ägypt. *Lokalgott* von Djebaut, der in Gestalt eines Reihers dargestellt und mit →Horus gleichgesetzt wird.

Djehuti →Thot

Djibril →Gabri'ēl

Djinn △▽: 1) arab. *Naturgeister* der Wüste und Steppe sowie *Personifikationen* der dem Menschen feindlichen Seite der Natur. Sie sind *Mischwesen* aus Mensch und Dämon, sterblich und fortpflanzungsfähig. Unter ihnen bilden die →Ghûl eine eigene Gruppe. Die D. sind Genossen →Allâhs. 2) islam. *Geistwesen,* die →Allâh aus Feuer bzw. aus rauchloser Flamme geschaffen hat. Sie essen und trinken, sind entweder gut oder böse, gläubig oder ungläubig. Jeder Mensch hat einen guten und einen schlechten D. an seiner Seite. Einige der D. werden ins Paradies gelangen, einige in die Hölle. Die bösen D. bilden zusammen mit ihrem Anführer →Iblis die Widersacher der →Malâ'ika. Dem →Sulaimân standen Legionen von D. zur Verfügung. Nach den D. ist die 72. Sure im Kur'ân benannt.

Djirdjis →Georgius

Djyotishka →Jyotisha

Djinn, arab. Naturgeister und Tiermenschen, die oft geflügelt erscheinen.

Dogai △ ▽: melanes. *Dämon(in),* der/die auf den westlichen Inseln weiblich, auf den östlichen männlich gesehen wird. Er/sie kann Kokosnüsse verderben, Sturmfluten verursachen und Fische vernichten. Zwecks Sicherung oder aus Anlaß einer guten Ernte werden im September/Oktober die Dogaira-Zeremonien abgehalten, bei denen ein Teilnehmer die gleichnamige Maske trägt.

Doh: sibir. *Urschamane* (der Keten/Jenissejer), der in Begleitung von Schwimmvögeln über das Urmeer flog und einen Rotkehlchentaucher vom Grund des Meeres Schlamm im Schnabel heraufholen ließ, aus dem er selbst die Erde formte.

Dolichenus △: 1) syr. *Wetter-* und *Kriegsgott.* Er wird als bärtiger, gerüsteter Mann auf einem Stier stehend dargestellt. Seine Attribute sind Doppelaxt und Blitzbündel. **2)** Beiname des griech. →Zeús in der Stadt Doliche (Nordsyrien).

Dölma →Tārā

Domovoj (russ. von *dom*=»Haus«), *Damavik* (weißruss.) *Domovyk* (ukrain.): slaw. *Hausgeist*, in dem die Seele eines Ahnen wohnt, sowie *Schutzgeist* von Herd und Stall, der seinen Platz an einer Seite des Ofens oder auf dem Dachboden hat und sich in der Gestalt eines dem Hausherrn ähnlichen Menschen zeigt. Wenn ein neues Haus bezogen wird, muß der D. eigens gebeten werden mitzukommen.

Dôn ▽: kelt. *Göttermutter* (der Waliser) und Gattin des →Beli. Sie ist die Mutter von →Gwydion, →Amaethon und →Arianrhod. D. gleicht der ir. →Dan.

Donar →Thor

Donn △: kelt. *Totengott* (der Iren), der selbst auf der Insel Tech Duinn im SW Irlands ertrunken ist, wohin alle Toten gelangen. D. ist ein Sohn des Míl.

Doóto: sibir. *Bärengeist* (der Amur-Tungusen) und Herr der Taiga.

Do-rje →Vajra

Do Wen →Vaishravana

Drache △: allg. Bezeichnung für ein übernatürliches →*Mischwesen*, dessen Gestalt aus Schlange, Echse, Krokodil, Vogel und manchmal Löwe gebildet ist. In Europa, Vorderasien und Westasien ist der D. die Verkörperung des Bösen und ein Feind der Gottheiten und Menschen, bis er schließlich im Drachenkampf getötet wird. Von den verschiedenen D. sind zu nennen: hethit. →Illujanka, jüd. →Liwjātān und →Tannin, akkad. →Tiāmat, ved. →Vritra und griech. →Typhón. In Ostasien hingegen ist der Drache die Verkörperung des Guten und des Glücks für die Menschen (chines. →Lung).

Draco →Tannin

Drákon →Tannin

Draugas →Drugs

Draupadi ▽: hindu. *Fürstin* und Tochter des Draupada, des Königs von Pañchāla. Als gemeinsame Ehefrau der 5 Pāndu-Prinzen (→Pāndavas) symbolisiert sie die Polyandrie.

'Dre: tibet. *Dämonen* und *Todesboten* bei den Bon-po. In der Umgangssprache wird 'D. für alles Schädliche gebraucht.

Dreiheiten ▽ (griech.: Triaden): allg. Bezeichnung für die Zusammenstellung von *drei Gottheiten* zu einem besonderen Beziehungsverhältnis als Repräsentanten des Allumfassenden. Sie stehen in einem gewissen Gegensatz zur dualen →Polarität von →männlich und weiblich sowie

Drache, siebenköpfiges Ungeheuer und Mischwesen (Holzschnitt von H. Burgkmaier, Augsburg 1523).

zur →androgynen Einzigkeit. Hinsichtlich ihrer Geschlechtszugehörigkeit gibt es 1. rein männliche D., wie z. B. die *kosmologischen* (Himmel, Wasser, Erde bzw. Unterwelt) akkad. →Anu, →Ea und →Ellil und die griech. →Zeús, →Poseidón, →Hádes, aber auch die der hindu. →Trimūrti und der röm. von →Iupiter, →Mars und →Quirinus. Eine besondere chines. D. bilden →Buddha, →Lao-tzu und →K'ung-tzu. 2. Zu den rein weiblichen D. gehören die arab. →al-Lāt, →Manāt und →al-'Uzzā sowie die kelt. →Matrona, die lappländischen Akkas (Großmutter, Mutter, Tochter); die griech. →Moírai, die röm. →Parca und die german. →Nornen. 3. Als gemischtgeschlechtliche D. gelten die *astrologischen* (Mond, Sonne, Venusstern) akkad. →Sin, →Shamash. →Ishtar und die *anthropologischen* (Mutter, Vater, Kind) ägypt. →Isis, →Osiris, →Horus. In diesen Zusammenhang gehört auch die christl. →Trinitas. – *Worte:* dreieinig, Dreieinigkeit.

Chines. Dreiheit aus Buddha, Lao-tzu und K'ung-tzu.

Drug(s) ▽ (awest. »Trug, Lüge«), *Druch(s), Druj(s), Drauga(s)* (altpers.): iran. **1)** *Klasse von Dämoninnen,* die »betrügen«, da sie das Böse für das Gute ausgeben und auch selbst dafür halten. Sie stehen auf der Seite des →Ahriman. Zu ihnen gehören →Agash, →Būiti und →Nasu. **2)** *Erzdämonin* der Lüge, die mit unreinen Männern allerlei Übel zeugt. Vor allem hat sie 4 Buhlen: den, der den Gläubigen Almosen verweigert, den, der seinen Fuß mit seinem eigenen Wasser besudelt, den, der sein Sperma verliert und den, der nicht den heiligen Gürtel trägt. Sie ist die ständige Widersacherin des →Asha vahishta.

Drvāspā ▽ (awest. »gesunde Pferde besitzend«): iran. *Schutzgöttin* des *Viehs,* der *Freunde* und *Kinder.* Sie fährt auf einem Wagen. Ihr ist der vierzehnte Monatstag geweiht.

Dryádes ▽ (von *drys* =»Baum, Eiche«), *Dryades* (lat.), *Dryaden* (dt.): griech. *Gruppe* von →*Nymphen,* die in Bäumen und Wäldern hausen. Zu ihnen gehört u. a. →Eurydíke. Eine Dryás (Sg.) stirbt, wenn der Baum, auf dem sie lebt, verdorrt; es sei denn, sie ist vorher auf einen anderen jungen Baum übergewechselt. Die D. sind verwandt mit den →Hamadryádes.

Dseng Dschang →Virūdhaka

Dua △ (»der Morgendliche«): ägypt. Gott der *Toilette,* der dem König das Gesicht wäscht und ihn rasiert. Der als »großer Dua« und »göttlicher Dua« Bezeichnete wird z.T. reihergestaltig dargestellt.

Duamutef △ (»der seine Mutter verehrt«): ägypt. *Schutzgott* des Leichnams und eines der vier →Horuskinder, dem als schakalköpfigen *Kanopengott* der Magen des Verstorbenen zur Bewachung anvertraut wird. Ihm ist von den Himmelsrichtungen der Osten zugewiesen.

Duat ▽, *Dat* (»Unterwelt«): ägypt. Jenseitsland als dunkles *Totenreich* westlich des Nils, im Gegensatz zur lichten →Earu. Das Reich des Dunkels im Schoß der Erde spannt sich des Nachts über den Himmel. In den Horizonten von Ost und West berühren sich die unterirdische und die himmlische Duat. In der unteren findet das Totengericht über den →Ka, die Wägung der Herzen, statt. Wer die Prüfung besteht, kann seine Reise nach →Earu fortsetzen, wer nicht, der muß hungernd und dürstend im dunklen Totenreich verbleiben. Seit dem Neuen Reich ist die Unterwelt ein Teil des Weltbaus, und die Grundelemente der Welt werden »Himmel, Erde, Duat, Wasser und Berge« genannt. In die D. versinkt das Tagesgestirn der Sonne, um sie des Nachts zu durchwandern. Die Hieroglyphe für die D. ist ein Stern.

bDud: 1) tibet. Gruppe von *Geistern* (→dMu) bei den Bon-po, die den Himmelsraum bevölkern. **2)** Im späteren Lamaismus werden sie zu Dämonen degradiert.

Dumuzi △ (sumer. »rechter Sohn«), *Daōzos* (griech.): vierter *König* von Uruk nach der Sintflut, auch *Herden-* und *Vegetationsgott* der Steppe. Er gilt als Bruder der →Geshtinanna und der →Belili sowie als Geliebter der →Inanna. Während Inanna das weibliche Naturprinzip verkörpert, steht Dumuzi für das männliche. Nach dem Mythos von »Inannas Gang zur Unterwelt« wurde er durch sie in die Unterwelt versetzt. Sein Abstieg in die Unterwelt und seine Rückkehr von dort symbolisieren das jährliche Absterben der Steppenvegetation in der Hitze des Hochsommers und deren Wiederaufleben im Frühjahr. Der sumer. Dumuzi ist dem akkad. →Tamūzu gleich.

Dumuziabzu ▽ (»rechtes Kind des Abzu«): sumer. *Stadtgöttin* von Kinirsha.

Dur △: kassit. *Unterweltsgott,* der dem akkad. →Nergal gleichgesetzt wird.

Durgā ▽ (sanskr. »Unergründliche«): hindu. *Muttergöttin* (→Devi), *Sieges-* und *Schutzgöttin.* Sie gilt als →Shakti und Gattin →Shivas. Im Vishnuismus ist D. eine Schwester von →Krishna und →Balarāma und mit Subhadra identisch. Sie bekämpft die Dämonen und Feinde der →Devas und besiegt den Dämonenkönig →Mahisha. Ihre Beinamen sind u.a. Mahishamardini, →Chāmundā und →Chinnamastā. Die →Kumari gilt als ihre Inkarnation. Ihr Hauptfest Durgapuja im Herbst dauert mindestens 5 Tage. Ikonographisch ist sie gekennzeichnet durch 10 Arme mit den 10 Waffen verschiedener Götter. Ihr →Vāhana ist der Löwe bzw. Tiger.

Dūsharā △, *Dū-sh-Sharā* (arab. »der [Gott] von esh-Sharā«), *Dusạres* (lat.): nabatä. *Sonnen-* und *Fruchtbarkeitsgott* sowie *Hochgott*. Seine jungfräuliche Geburt aus der →Chaabu wurde am 25. Dezember gefeiert, und ihm zu Ehren hielt man die Festspiele »Dusaria« ab. Sein Kultbild in Petra stand als ein schwarzer, viereckiger Stein auf einer goldenen Basis im Tempel. Sein heiliges Tier war der Panther, sein Symbol der Weinstock. In hellenistischer Zeit wurde er fälschlich mit →Diónysos gleichgesetzt. Noch heute heißt die Gebirgsgegend zwischen Totem und Rotem Meer, wo Petra lag, esh-Sharā.

Dvergr (nord.), *Zwerc* (ahd.): german. *Zwerge, Erd-* und *Schmiedegeister* sowie *Schatzhüter,* die aus den Maden in →Ymirs Leichnam entstanden sind. Sie hausen im Erdinnern und meiden das Tageslicht. Zu ihnen gehören u. a. →Berlingr, →Dellingr, →Ívaldi und →Kvasir. Sie schmiedeten die Attribute der Götter: →Thors Hammer Mjöllnir, →Odins Speer Gungnir, →Freyjas Halsband →Brisingamen und die Schlinge →Gleipnir. Vorgestellt werden sie als kleinwüchsige, mißgestaltete Menschen. Im übertragenen Sinn bedeutet Zwerg ein »sehr kleiner Mensch«.

Dyaus △ (sanskr. »Himmel«), *Dyaus Pitar* (»Himmelsvater«): ved. *Himmels-* und *Vatergott,* der zusammen mit seiner Gattin →Prithivi das Urgötterpaar bildet. Der Vater von →Agni, →Indra, →Sūrya und →Ushas hat als Symbol den Stier und ist dem griech. →Uranós ähnlich.

Dyok →Jok

Ea △ (»Wasserhaus«?): akkad. *Gott* und Personifikation des *Süßwasserozeans, des Wassers* auf und unter der Erde sowie über dem Himmel. Er empfiehlt dem →Utanapishti, ein Schiff zu bauen, um sich mit der Familie, mit einigen Tieren, mit Gold und Silber vor der drohenden Sintflut zu retten, und er formt mit seinen Händen den Menschen nach Weisung des →Marduk. Er ist Gott der *Weisheit* und *Beschwörung*. Sein Epithet »Ea der Ärzte« weist ihn als Schutzpatron der Ärzte aus. Er ist Sohn von →Anshar und →Kishar und Bruder (bzw. Sohn) von →Anu und →Anatum. Er gilt als Gemahl der →Damkina und Vater von →Marduk, →Tamūzu und →Adapa. Mit Anu und →Ellil gehört er zur männlichen Trias der ruhenden Mächte. Seine Stadt war Eridu an der Mündung von Euphrat und Tigris. Ein Rollsiegel zeigt ihn, wie er in seinem von Strömen umflossenen Tempel auf dem Thron sitzt und Wasserstrahlen aus seinen Schultern hervortreten. Sein Emblemtier ist der »Ziegenfisch« und seine heilige Zahl die Vierzig. Der akkad. Ea entspricht dem sumer. →Enki.

Earu (»Binsengefilde«): ägypt. Jenseitsland als lichtes *Totenreich* am östlichen Himmel, im Gegensatz zur dunklen →Duat. Hier erwartet man nach bestandenem Jenseitsgericht eine Fortsetzung aller beliebten irdischen Tätigkeiten.

Damit man jedoch »keine Arbeit im Jenseits« zu tun braucht, werden den Toten seit dem Neuen Reich die Uschebtis (»Antwortende«) als stellvertretende Helfer mit ins Grab gegeben.

Eate △, *Egata:* bask. *Feuer-* und *Wettergott,* dessen dumpfe Stimme man vernehmen kann, wenn Hagel oder verheerender Brand (erraate, erreeta) bevorstehen.

Ebisu △ : shintoist. *Glücksgott* und *Schutzgott* der Händler in den Städten, der Fischer an der Küste und der Bauern auf dem Lande. Er ist einer der 7 →Shichi-Fukjin. Sein Attribut ist die Angel.

Échidna ▽ (»Viper, Otter, Natter«), *Echidna* (lat.): griech. *Ungeheuer* der Unterwelt (→Hádes), ein dämonisches Mischwesen aus Schlange und Frau, das aus einer Höhle heraus den Vorübergehenden auflauert. É. ist Tochter der →Gaía und des →Tártaros (bzw. von →Phórkys und →Kétos), sowie Schwester und Gattin des →Typhón und von letzterem Mutter vieler Ungeheuer, wie →Kérberos, →Chímaira, →Sphínx, →Hýdra und Ládon.

Echó ▽ (»Widerhall, Gerücht«), *Echo* (lat.): griech. *Bergnymphe* (→Oreiádes) aus Böotien und *Personifikation* des *Widerhalls* in felsiger Landschaft. E. vermag weder zuerst zu reden, noch, wenn ein anderer redet, zu schweigen. Als sie sich in den →Nárkissos verliebte, fand sie bei ihm keine Gegenliebe. Aus Gram darüber magerte sie zu einem Knochengerüst ab, ihr Gebein wurde zu Felsen, und nur ihre Stimme blieb (als Echo) übrig. Eine andere Version: Da E. den in sie verliebten →Pán nicht erhörte, schlug er die Hirten mit Wahnsinn. Letztere rissen darauf-

EINHORN

Ea, akkad. Gott des Süßwasserozeans, aus dessen Schultern Wasserströme fließen, in denen Fische schwimmen.

hin E. in Stücke, und nur ihre Stimme blieb (als Echo) lebendig. - *Worte:* E. (fig.), echoen, Echolot, Echomimie.

Ēden →Gan Ēden

Edenkema △: *Schöpfer-* und *Himmelsgott* der Akan in Ghana, der die Welt und die Götter, aber auch Geister und Menschen geschaffen hat. Mit →Nyamenle und →Azele Yaba bildet er eine Triade.

Egata →Eate

Egeria ▽: röm. *Quellnymphe* (→Camena) sowie *Orakel-* und *Geburtsgöttin.* Als Geliebte bzw. Gattin des Numa Pompilius, des zweiten Königs von Rom, offenbarte sie ihm bei ihren nächtlichen Zusammenkünften den Willen der Götter und inspirierte ihn zu seiner weisen Herrschaft. Bei seinem Tod vergoß sie so viele Tränen, daß sie sich in eine Quelle verwandelte.

Egres →Äkräs

Eguzki →Ekhi

Ehecatl △: (»Wind«) indian. *Windgott* der Azteken, der als Manifestation des →Quetzalcoatl Leben in das Unbelebte bläst. Als er die Jungfrau →Mayahuel berührte, brachte er den Menschen die Liebe. Von dieser Liebe zeugt ein Baum, der dort emporwuchs, wo sie die Erde betreten hat.

Ehi →Jhi

Eileithyia ▽ (»der [zu Hilfe] Kommende«), *Ilithyia* (lat.): griech. *Geburtsgöttin,* die die Wehen der Frauen kennt und beschleunigen kann. Sie ist Tochter des →Zeús und der →Héra sowie Schwester von →Áres, →Hébe und →Héphaistos. Mit Hilfe der E. versuchte Héra die Entbindung →Letós und die Geburt des →Heraklés zu verzögern. E. entspricht der röm. →Lucina.

Einherier △, *Einheri* (nord. »der allein Kämpfende«), *Einherjar* (Pl.): german. *Helden,* die im ruhmvollen Zweikampf auf der Walstatt gefallen sind und von den →Walküren zu →Odin nach →Walhall gebracht werden. Hier trainiert sie Odin täglich im Kampf, damit sie für →Ragnarök gerüstet sind, um die Götter zu verteidigen. Abends trinken sie beim Gelage die Unsterblichkeit verleihende Milch der Ziege Heidrun, essen das Fleisch des Ebers →Saehrímnir und erfreuen sich an den Liedern →Bragis.

Einhorn ☉: allg. Bezeichnung für ein übernatürliches →*Mischwesen* von pferdeähnlicher Gestalt mit einem langen Horn auf der Stirn. Durch die

Einhorn, scheues Mischwesen in pferdeähnlicher Gestalt mit einem langen Horn auf der Stirn. Nur im Schoß einer Jungfrau findet das Einhorn Ruhe.

Berührung mit seinem Horn kann das E. das von einer Schlange vergiftete Quellwasser wieder reinigen. Das weiße und scheue E. findet nur im Schoß einer Jungfrau Ruhe und Schlaf. Von den verschiedenen E. ist vor allem das chines. →K'i-lin zu nennen. Das E. ist Symbol der Tugenden, insbesondere der Keuschheit, und Attribut der christl. Jungfrau →María. Außerdem ist es das Wappentier Schottlands, während England den Löwen im Wappen führt. – *Ballett:* Chailley (1953).

Eiréne (»Friede«), *Irẹne* (dt.): griech. *Göttin* der sittlichen *Ordnung* und eine der 3 →Hórai, später *Friedensgöttin*. Sie ist eine Tochter des →Zeús und der Gesetzesgöttin →Thémis sowie Schwester der Eunomía und der →Díke. Ihre Mutter symbolisiert, daß Recht und Gesetz die Voraussetzung für Entstehung und Erhaltung des Friedens sind. Dargestellt wird E. mit einem Speer ohne Spitze und mit →Plútos als Kind und einem Füllhorn auf dem Arm. – *Plastik:* Kephisodot (4. Jh. v. Chr.). – Der E. entspricht die röm. →Pax.

Ek Chuah, indian. »schwarzer Gott« und Schutzgott der Kakaopflanzen mit herabhängender Unterlippe und mit einem Skorpionschwanz.

Ek Chuah △ (»schwarzer Gott«): indian. *Gott* der reisenden *Kaufleute* und *Schutzgott* der *Kakaopflanzen,* der sog. »Gott M«. Dargestellt wird er mit herabhängender Unterlippe und mit einem Skorpionschwanz. Seine Attribute sind Lanze und Traglast.

Ekhi ▽ (»Sonne«), *Eguzki* (»Sonnenlicht«): bask. *Sonnengöttin* und Personifikation der Sonne. Wenn sie bei Sonnenuntergang hinter dem Erdhorizont verschwindet, kehrt sie in den Schoß ihrer Mutter →Lur (»Erde«) zurück. Sie ist die Schwester der Mondgöttin →Illargui. Nur ein einziger Sonnenstrahl der E. genügt, um alle bösen Nachtgeister zu entmachten, die nachts auf der Erde ihr Unwesen treiben.

Ēl △ (»Starker, Mächtiger, Erster, Oberhaupt«): **1)** westsemit. Gattungsname (Appellativ) für Gott. **2)** Eigenname des syro-phönik. *Fruchtbarkeitsgottes.* Dieser gilt als Gatte der →Atirat und →Ashera, als Vater der »70 Söhne der Ashera« und Vater des →Ba'al, des →Mōt und der →'Anath und manchmal als Bruder des →Dagān. Er ist »Schöpfer der Erde« und »Vater der Menschheit«. Als König der Götter präsidiert er der Götterversammlung und muß zu allen wichtigen Angelegenheiten der Götter seine Zustimmung geben. Als idealer Herrscher ist er tolerant, gütig, duldsam und weise. Er zeigt Freude und Trauer, aber niemals Ärger. E., der durch das Epithet »Stier« symbolisiert ist, schwängert zwei Frauen und zeugt mit ihnen →Shahar und →Shalim. Nach dem Verlust seiner Zeugungskraft im hohen Alter muß er dem jüngeren Ba'al weichen. Der als Greis und als König dargestellte syro-phönik. E. entspricht dem ugarit. →'L, dem arab. →'Ilāh, dem südarab. →'Il und dem akkad. Ilu.

El, syro-phönik. Fruchtbarkeitsgott und Götterkönig mit gehörnter Götterkrone auf seinem Thron mit Fußschemel sitzend. Die Rechte hält dem stehenden Adoranten ein Gefäß hin, die Linke ist segnend erhoben. Oben ein achtstrahliger, geflügelter Stern.

Elagabal △ (»El des Berges«), *Heliogabalos* (griech.): syr. *Stadtgott* von Emesa, der in einem vom Himmel gefallenen Steinkegel verehrt wurde. Als einer seiner Priester, die alle den Namen des Gottes trugen, röm. Kaiser (218–222 n. Chr.) war, ließ dieser den schwarzen, bienenkorbförmigen Kultstein nach Rom bringen und erhob den E. als »Deus Sol Elagabalus« bzw. »invictus Sol Elagabalus« zum obersten röm. *Reichsgott.* Dann vermählte er ihn in einer göttl. Hochzeit mit der griech.-röm. Pallas →Athena und der karthag. →Tinnit. Nach dem Tod des Kaisers Elagabal wurde der Kultstein des Gottes nach Emesa zurückgebracht.

Elamiter: Chumban, Inshushinak, Jabru, Lachuratil, Nachchundi, Napirisha, Naprusha, Pinenkir.

Elat →Ashera

Eléktra ▽, *Electra* (lat.): griech. **1)** *Flußgöttin,* die zu den →Okeanínes gehört. Sie ist Tochter des Titanenpaares →Okeanós und Tethys sowie Gattin des Thaumas und von ihm Mutter der →Íris und der →Harpyien. **2)** *Nymphe,* eine der 7 →Pleiádes, Tochter des →Átlas und der Pleione. Durch →Zeús ist sie Mutter des Dardanos und des →Iasíon. **3)** *Heroin,* Tochter des →Agamémnon und der →Klytaiméstra, Schwester von →Iphigéneia, Chrysothemis und →Oréstes sowie Gattin des Pylades. In Mykene ist E. den vielfältigen Erniedrigungen durch ihre Mutter und deren Geliebten Aigisthos, die Mörder ihres Vaters, ausgesetzt. Ihren Bruder Oréstes treibt sie zur Blutrache.

Dramen: Sophokles (415 v. Chr.), Euripides (413 v. Chr.), Hofmannsthal (1904), O'Neill (1931), J. Giraudoux (1937); *Oper:* R. Strauss (1909); *Film:* Kakojannis (1962).

Elias →Ēlijjāhū

Ēlijjāhū △ (hebrä. »Jahwe ist [Gott] El«), *Elías* (griech.), *Ilyās* (arab.), *Elija* (dt.): **1)** jüd. *Prophet* (→Nābi') des →Jahwe-Elōhim im Nordreich Israel (ca. 871–851 v. Chr.) und *Wundertäter* aus Tisbi. Bei einem Gottesurteil über die Priester des syro-phönik. →Ba'al-Karmelos auf dem Berge Karmel ließ er Feuer vom Himmel fallen. Er bewirkte, daß der Regen für Jahre ausblieb, und daß es dann wieder regnete. Bei der Witwe von Sarepta vermehrte er Mehl und Öl, so daß der Mehltopf und der Ölkrug nicht leer wurden. E. weckte den Sohn der Witwe von den Toten auf. Nach dem Erscheinen eines feurigen Wagens und feuriger Pferde fuhr er in einem Sturmwind zum Himmel und wurde unter die Engel aufgenommen. Bis zur Endzeit verbleibt er im Paradies. Hier wirkt er als Nothelfer seines Volkes. Vor dem (Gerichts-)Tag Jahwes wird er wiederkommen. Bei jeder Beschneidung ist er anwesend (Stuhl des E.), und am Seder-Abend ist er

Ēlijjāhū, jüd. Prophet, der auf einem von feurigen Pferden gezogenen Wagen während eines Sturmwindes in den Himmel auffährt (Holzschnitt aus der Biblia Germanica, 1545).

zu Gast (Becher des E.). Am 12. Aw wird jährlich eine Wallfahrt zu seiner Höhle auf dem Karmel veranstaltet. **2)** christl. *Prophet, der bei der Verklärung des* →Iesūs neben →Moysēs erschien. **3)** islam. *Prophet* (→Nabi) des →Allāh, der wie →Idris in den Himmel entrückt wurde. – *Oratorium:* F. Mendelssohn Bartholdy (1838).

Elioun →'Eljōn

Elishā △ (hebrä. »[Gott] El hat geholfen«), *Elisaios* (griech.), *Elisa* (dt.): jüd. *Prophet* (→Nābi') des →Jahwe-Elōhim im Nordreich Israel (850–800 v. Chr.) und *Wundertäter.* Er wurde vom Propheten →Êlijjāhū berufen. Als sein Jünger und Nachfolger übertraf er ihn an Zahl und Größe seiner Wunder. E., ein Sohn des Saphat, konnte bitteres Wasser in süßes verwandeln, er vermehrte wunderbar das Öl einer Witwe und die Gerstenbrote. Er heilte den Syrer Naaman vom Aussatz und erweckte den toten Sohn der Shunemitin wieder zum Leben. Ja selbst der Leichnam eines Menschen kam allein durch die Berührung mit dem Leichnam des Propheten E. in dessen Grab in Samaria wieder zum Leben.

Elissa →Didó

Eliun →'Eljōn

Élivágar (nord.; Pl.): german. Kollektivbezeichnung für die 11 *Flüsse, die* aus dem Brunnen →Hvergelmir in →Niflheim hervorgehen und deren Fluten sich in der Urzeit in einen Eisstrom verwandelten und →Ginnungagab mit Reif und Eis füllten.

'Eljōn △ ('alaj: »hinaufsteigen, hoch sein«), *Elioun, Eliun:* syro-phönik. *Himmelsgott, der zur ersten Göttergeneration gehört und als Gemahl der* →Beruth sowie als Vater des →Epigeus gilt. Philon von Byblos nennt ihn *Hypsistos* (griech. »der Höchste«), weil er im Himmel wohnt. In der Bibel (Ps 9,3; Jes 14,14) werden E. und »die Söhne des E.« (Ps 82,6) öfter genannt. Der Name E. wird im Titel des Gottes von (Jeru-)Salem z. Zt. des Priesterkönigs Melchisedek (Gen 14,18) mit →El zu *El-Eljōn* verbunden und dann auch mit dem Gottesnamen →Jahwe zu *Jahwe 'ēl 'eljōn* (»Jahwe höchster El«; Gen 14,22) erweitert. Alle 3 Namen bezeichnen ursprünglich 3 vollkommen verschiedene Gottheiten. Der Name E. wird auch mit →Elōhim (Ps 57,3; 78,35) verbunden. Durch diese Verbindungen wird E. mit Jahwe und Elōhim vollständig identifiziert.

El-kunirsha △ (»El-Schöpfer der Erde«): hethit. *Schöpfergott* und Gatte der →Asherdush.

Ellel △**,** *Ellilush:* hethit. *Himmelsgott, der in hethit. Staatsverträgen als Schwurgott* genannt wird und dem churrit. →Kumarbi gleich ist.

Elli ▽ (nord. »Alter«): german. *Riesin* (→Jötunn) und uralte, starke Amme des Riesen →Útgardaloki. E. ist die Personifikation des schleichenden Alters. Selbst der Gott →Thor muß mit ihr einen Ringkampf austragen, in dem er unterliegt, da es niemanden gibt, der nicht schließlich vom Alter überwältigt wird.

Ellil △ **:** akkad. Gott des *Luftraums und der Erde.* Als »Herr der Länder«

verkörpert er das Festland. Er ist Sohn von →Anshar und →Kishar, Bruder (bzw. Sohn) von →Anu und Bruder der →Aruru sowie Vater des →Sîn. Mit Anu und →Ea bildet er eine männliche Trias der ruhenden Mächte. Sein Symbol ist die »Hörnerkrone« und seine heilige Zahl die Fünfzig. Dem sumer. →Enlil ist er gleich.

Ellilush →Ellel

Elōhim △ (Pl. »die Gewaltigen«), *Ēl* (Sg.; hebrä. »Starker, Führer, Gebieter«); jüd. appellative Bezeichnung Gottes, *Gattungsname* des *Universalgottes,* später *Eigenname* des *Gottes* der *Patriarchen* →Abrāhām, →Jizhāk und →Ja'akōb, denen er sich unter verschiedenen Formen u. a. im Traum der Nacht offenbart und ihnen Verheißungen gibt. Êl bzw. Elōhim bedient sich dabei oft seiner Engel (→Mala'āk) als Boten. Er beruft die ersten Propheten (→Nābi') →Êlijjāhū und →Elishā, die in seinem Namen Heil oder Unheil ankündigen. Der Name E. ist meist mit Beinamen verbunden, wie Êl 'Eljōn (»Êl der Erhabene«), Êl Shaddaj (»Êl der Mächtige«), Êl Ôlām (»El der Ewige«), Êl Bētēl (»Êl von Bethel«), und auch Bestandteil zahlreicher Personennamen, wie z. B. →Mikā'ēl, →Refā'ēl und →Ūri'ēl. Der Plural Elōhim ist Ausdruck der Zusammenfassung göttlicher Macht und Stärke in einem einzigen Gott. Später wurde E. als Appellativ dem Eigennamen →Jahwe beigefügt und mit ihm gleichgesetzt.

Elýsion ☉ (»Gefilde der Hinkunft«), *Elysium:* griech. paradiesisches *Gefilde* mit ewigem Frühling und »Inseln der Seligen« im äußersten Westen der Erde, am Rande des →Okeanós gelegen, und von der →Léthe, dem Fluß des Vergessens, umflossen. Der Aufenthaltsort der Seligen, die durch die Gunst der Götter Unsterblichkeit erlangt haben, insbesondere der Heroen u. a. Diomedes, Achilleús, Kádmos und Menélaos, steht im Gegensatz zum →Tártaros. - *Worte:* elysäisch, elysisch. - Das E. entspricht dem ägypt. →Earu.

Emain ablach →Annwn

Embla →Askr

Emesu ▽, *Emese* (von emse = »Sau«): ungar. *Ahnfrau,* die vor ihrer Niederkunft träumte, daß der Falke →Turul sie schwängerte und daß sich ein gewaltiger »Strom« (Attila) aus ihrem Leib ergoß, weshalb sie ihr Neugeborenes →Álmos (»der Traum«) nannte.

Emma-ten →Yama

Empung Luminuut ▽: indones. *Erdgöttin* bei den Minahasa, *Ahnfrau* der Gottheiten und Menschen sowie Mutter und Gattin des Sonnengottes →Toar. Als Erdgeborene wurde sie von einem Stein ausgeschwitzt. Vom Westwind befruchtet wurde sie Mutter des Toar, den sie später unerkannt zum Gatten wählte. Aus dieser Verbindung entstammen die Geschlechter der Gottheiten und Menschen.

En △ (»Gott, Herr«): sumer. *Titel* für »Herr« bzw. »Gott« und Wortbestandteil in Götternamen, wie z. B. →Enki und →Enlil, und in Königs-

namen, wie z. B. Enmerkar, im Gegensatz zum weiblichen →Nin. Nach
der Trennung sakraler und profaner Ämter wurde En der Titel des Ober-
priesters.

En △ (»Dämon, Schatten, Gott«), *Hen:* alban. allgemeine *Gottesbezeichnung* sowie *Himmelsgott,* nach dem der Donnerstag *enjëtë* bzw. *enjtë*
benannt ist. Seit der Christianisierung wird E. als Kollektivum für die vorzeitlichen Dämonen verwendet.

Enbilulu △: **1)** sumer. *Bewässerungs-* und *Ackerbaugott.* **2)** In akkad.
Zeit gilt er als Sohn des →Ea und wird schließlich einer der fünfzig
Namen des babylon. →Marduk.

Enduri: sibir. *Himmelsgott* bei den Golden.

Endzeit ▽: allg. Bezeichnung für das zyklisch oder linear verstandene
Ende eines →Weltzeitalters. Die zyklisch verstandene Zeitgeschichte
sieht ein periodisch wiederkehrendes Ende des Weltalls sowie des Lebens
der einzelnen Menschen (→Samsāra), wohingegen das einmalige Ende
des Einzellebens sowie der Welt am Abschluß einer linear verlaufenden
Geschichtsentwicklung gesehen wird. Diese E. steht in jeweiliger Entsprechung zur →Urzeit. In der E. spielen die eschatologischen Mythen.
Am Ende des Einzellebens steht meist das Gericht durch Richtergottheiten, das über die Fortsetzung des irdischen Lebens in Form einer Verbes-
serung (→Himmel) oder Verschlechterung (→Hölle) entscheidet. Das
Weltende ist gekennzeichnet durch Erdbeben, Überschwemmung (Sintflut), Einsturz des →Himmels, Herabfallen der Gestirne, Weltbrand oder
Eiseskälte und Endkampf zwischen →Göttern, →Engeln und →Dämo-
nen. Die Vorgänge von der E. schildern die →Visionäre und Apokalyptiker. - *Gemälde:* Rubens (ca. 1615/16); *Holzschnitt:* A. Dürer (vor 1498);
Oratorium: F. Schmidt (1937); *Worte:* Apokalypse, Apokalyptik, Apokalyptiker, apokalyptisch, Weltgericht, Weltuntergang, Jüngster Tag, Jüngstes Gericht.

Enee ▽ (von ünö =»Hinde«): ungar. *Ahnfrau* und als Gattin des Riesen
→Ménróth die Mutter von →Hunor und Magor.

Engel △: allg. Bezeichnung für übernatürliche *Geistwesen* (→Geister) in
der Umgebung von Gottheiten, deren Diener und deren Boten sie oft
sind. Als →Mittler zwischen Gottheiten und Menschen stehen sie auch
hinsichtlich ihrer Machtfülle oft zwischen beiden. Ihr Aufenthaltsort ist
meist der →Himmel. Sie repräsentieren im Gegensatz zu den bösen
→Dämonen die himmlische Welt und das Gute. Als schützende Begleiter der Menschen werden sie Schutzengel genannt. Von den verschiedenen E. sind insbesondere zu nennen: iran. →Amesha Spentas und →Fra-
vashi, akkad. →Anunnaku und →Igigū, german. →Fylgjen, aztek.
→Nagual, jüd. →Mala'āk und islam. →Malā'ika. Dargestellt werden die
E. geflügelt. - *Gemälde:* V. v. Gogh (1888), G. Moreau (ca. 1890), M. K. Ci-
urlionis (1909); *Gouache:* G. Rouault; *Worte:* E. (fig.), Engelchen, Engelein, engelgleich, engelhaft, Engelmacherin, Engelschar, Engelsgeduld,

Endzeit als Ende des Weltzeitalters, wenn Gott (oben Mitte) mit einer Sichel, dem Symbol der Ernte, zum Gericht erscheint und der Endkampf zwischen Engeln und dämonischen Un-geheuern stattfindet (Kupferstich v. A. Dürer, 1497/98).

Engelsgruß, Engelsgüte, engelsrein, Engelsreinheit, engelschön, Engelsstimme, Engelsüß, Engelszungen, Engelwurz.

En-kai →N'gai

Enki △ (»Herr der Erde, Herr des Unten«): sumer. Gott des →Abzu und der *Quellen,* die der Erde Fruchtbarkeit bringen, dazu Gott der *Weisheit* und Ratgeber der Götter sowie Gott der *Künste.* Sein Hauptepithet *Nudimmud* (»der erschafft [und] gebiert«) weist ihn als *Schöpfergott* aus. Da er die →Me verwaltet, ist er Ordner der Erde, dessen Bote →Isimu heißt. Enki gehört neben →An und →Enlil zur heiligen Trias. Er gilt als Sohn der →Nammu, als Gemahl der →Damgalnunna bzw. →Ninchursanga und als Vater des →Asalluchi und der →Ashnan und →Nanshe. Sein Hauptkultort war Eridu, eine Stadt, die als Ausgangsort der Zivilisation gilt, mit dem Tempel Eabzu oder E'engura. Sein Symboltier ist der Steinbock. Enki ist dem akkad. →Ea gleichgesetzt.

Enkidu △: sumer.-akkad. *Naturmensch* im Gegensatz zum kultivierten »Herrscher« →Gilgamesh, dessen »Sklave« und Untergebener er ist. Nach der akkad. Fassung des Gilgamesh-Epos ist er der Freund, Vertraute und Waffenbruder von Gilgamesh und ihm gleichgestellt. Der von →Aruru erschaffene E. wird nach seinem Tod von Gilgamesh in der Unterwelt aufgesucht. Dabei erschrickt dieser so, daß er von da an das Kraut der Unsterblichkeit zu suchen beginnt.

Enkimdu △: sumer. *Bewässerungsgott* und »Herr des Deiches und Kanals«. Der *Ackerbaugott* Enkimdu und der Hirtengott →Dumuzi sind Kontrahenten in einem Streitgespräch über die von beiden umworbene →Inanna. Letztere entscheidet sich dann für Dumuzi als ihren Gemahl.

Enlil △ (»Herr Wind«): sumer. Gott der *Naturgewalten* und des *Sturms,* Beherrscher des *Luftraums,* der die Trennung zwischen Himmel und Erde bewirkt hat. Er gilt als Sohn des →An und der →Ki, als Gemahl der →Ninlil und Vater von →Ninurta, →Ningirsu, →Nanna, →Nerigal, →Nina, →Nisaba und →Lugalbanda. Sein Vezier ist →Nusku. Er gehört neben →An und →Enki zur Göttertrias. Er ist »Herr der Schicksalstafeln«, die er an letzteren verloren hat. Der Weltordner von der Urzeit an hat auch die Hacke geschaffen, das bei der Erdarbeit wichtige und als Voraussetzung für den Ziegelbau notwendige Arbeitsgerät der Menschen. Sein Hauptheiligtum war in Nippur der Tempel Ekur (»Haus [das ein] Berg [ist]«), der symbolische Weltberg als Sitz der Götter. Er ist dem akkad. →Ellil gleich.

Enmesharra △ (»Herr aller Me«): sumer. *Unterweltsgott* und als Gott der Gesetze und Kräfte »Herr der 100 →Me«. Mit seiner Gattin Ninmesharra (»Frau aller Me«) zählt er zu den Urahnen des →An und →Enlil, denen er Zepter und Herrschaft übergeben hat. Er ist Vater von 7 Kindern.

Énnoia ▽ (griech. »Überlegung, Gedanke«): gnost. *Muttergöttin* und *Personifikation* des *Leidens* und der *Schmach* der Seele im Menschenleib. Sie ist die Emanation bzw. Tochter des →Bythos und von ihm Mutter des →Nús. Ihre Beinamen sind »Mutter des Alls« und »Sigé« (»Stille, Schweigen«). Von ihren Kindern, den Engeln und Mächten, wird sie in der Welt gefangengesetzt, so daß sie von einem Frauenleib in den anderen wandern muß. Ihr Leiden und ihre Schmach erreichen den Höhepunkt, als E., in den Leib einer Helena eingeschlossen, in einem Bordell in Tyrus landet. Jetzt greift ihr Vater Bythos ein und erlöst sie. Manchmal ist E. identisch mit →Barbelo.

Enóch →Hanōk

Enōsh (hebrä. »Mensch«), *Enós* (griech.): **1)** jüd. *Urvater,* Sohn des →Shēth und Vater von Kenan. Er erreichte ein Lebensalter von 905 Jahren. **2)** christl. (dritter) *Stammvater* des →Iesūs in dessen Ahnenreihe.

Entmythologisierung: allg. Bezeichnung für das wissenschaftliche Bemühen, überlieferte Anschauungen von ihren mythischen Motiven (→Mythe) zu lösen, um so zu ihrem historischen Gehalt und Hintergrund zu gelangen. Im Jahr 1941 hat Rudolf Bultmann (1884-1976) diesen Begriff für den Versuch geprägt, das mythologische Weltbild und die mythologischen Motive der Bibel als zeitbedingte Denk- und Redeweisen zu verstehen bzw. zu entfernen, und diese aufgrund der »existentialen« Interpretation für die heutige Zeit in neuzeitliche Denk- und Redeweisen, insbesondere die des Existentialismus, zu übersetzen. Den nichtwissenschaftlichen Versuch, die autoritative, überlieferte Weltanschauung ihres mythischen Gewandes zu entkleiden, kann man als »Entmythisierung« bezeichnen, so wie dies in einem Holzschnitt des 16. Jh. zur Darstellung kommt.

Entmythisierung des mythisch begrenzten, mittelalterlichen Weltbildes durch einen Menschen der Neuzeit (Holzschnitt, 16. Jh.).

Eós ▽ (»Morgenröte«), *Eos* (lat.), [gelegentlich] *Heméra* (»Tag«): griech. *Göttin* und Personifikation der *Morgenröte.* Sie ist die Tochter des Titanenpaares →Hyperíon und →Theia sowie Schwester des →Hélios und der →Seléne. Vom Gestirnsgott Astraios ist sie Mutter der Winde →Boréas, →Eúros, →Nótos und →Zéphyros. Jeden Morgen kommt sie in ihrem von Pferden gezogenen Wagen aus der Tiefe des Meeres herauf und fährt über den Himmel, wobei ihr Sohn →Phosphóros den Weg zeigt und die übrigen Sterne vor ihr fliehen. E. entführte ihren Gemahl Tithonos, den Jäger →Oríon und den Kephalos. Ihre um den vor Troja gefallenen Sohn Memnon vergossenen Tränen fallen als Tau auf die Erde herab. - *Worte:* Eosin, eosinieren. - E. entspricht der röm. →Aurora.

Epigeus △, *Auchthon:* phönik. *Himmelsgott,* der zur 2. Göttergeneration gehört. Er gilt als Sohn von →'Eljön und →Beruth. Später wird er dem griech. →Uranós gleichgesetzt.

Epígonoi △ (»Nachkommen«), *Epigoni* (lat.), *Epigonen* (dt.): griech. *Gruppe* von 7 *Nachkommen* der »Sieben gegen Theben«. Zehn Jahre nach dem unglücklichen Zug und dem Tod ihrer Väter erneuerten sie den Krieg und eroberten unter Anführung des →Ádrastos die Stadt Theben. - *Worte:* Epigone (= unschöpferischer Nachahmer), epigonal, epigonenhaft, Epigonentum.

Epimetheús △ (»der hinterher Überlegende«), *Epimetheus* (lat.): griech. törichter *Heros,* ein Sohn des Titanenpaares →Iapetós und Klymene, Bruder des →Prometheús und →Átlas sowie Gatte der →Pandóra und durch sie Vater des Pyrrha. Trotz der Mahnung seines Bruders Prometheús, von →Zeús keinerlei Geschenke anzunehmen, nahm er Pandóra zur Gattin und brachte damit alles Unheil über die Menschheit. - *Wort:* epimetheisch (= erst handelnd, dann denkend«).

Epona, kelt. Pferdegöttin bei der Fütterung der Füllen.

Epona ▽ (»große Stute«): kelt. *Pferdegöttin* und *Schutzgöttin* der Reiter, sowie *Göttin* der *Fruchtbarkeit* (der Gallier). Dargestellt wird sie im Damensitz zu Pferde oder vor einem oder zwischen mehreren Pferden stehend oder auf einem Pferd liegend. Ihr Attribut ist das Füllhorn.

Erató ▽, *Erąto* (lat.), griech. *Muse* der *Lyrik,* insbesondere des Minneliedes. Sie ist eine der 9 →Músai, eine Tochter des →Zeús und der →Mnemosýne. Dargestellt wird sie mit einem Saiteninstrument in der Hand. – *Gemälde:* F. Lippi (ca. 1500).

Érebos △, *Erebus* (lat.): griech. *Dunkel* der Erdentiefe sowie Personifikation der unterweltlichen *Finsternis.* E. ist Sohn des → Cháos und Bruder der → Nýx und durch letztere Vater von → Aithír und Heméra (»Tag«).

Eres ▽ (hebrä. »Erdboden, Erde«), *Gē* (griech.): **1)** jüd. Erdplattform als runde Scheibe (Erdkreis), bestehend aus rotem Ackerboden, aus dem das Leben hervorgeht, und grauweißem Kalkboden der Wüstengegenden. Sie wird umspült vom salzigen Meer, das mit dem Süßwasser unter der Erde, aus dem die Quellen entspringen, verbunden ist. Die Erde ruht auf dem großen Urmeer (Tehōm), und tief unter der Oberfläche befindet sich die Unterwelt (→She'ōl, →Abaddōn, →Hádes, →Gē-Hinnōm). Im zweigeteilten Weltbild stellt die E. den unteren Teil dar, der vom oberen Teil des Himmels (→Shāmajim) überspannt wird. Sie ist jetzt die *Wohnstatt* für die *Menschheit.* Anfangs war sie wüst und leer (→Tohū wābōhū) und wurde von →Jahwe-Elōhim in seinem sechstägigen Schöpfungswerk ausgestaltet. Am dritten Tag ließ Gott aus der Erde die Vegetation entstehen. Am fünften Tag schuf er die Tiere des Wassers, der Luft und des Erdbodens. Am sechsten Tag wurde der Mensch als männliches und weibliches Lebewesen geschaffen. Auf der Erde lag der von Gott für die Menschen eingerichtete →Gan Eden. Sie ist auch Ort und Schauplatz der Sintflut (→Mabul) und des Turmbaus von →Bābēl. **2)** christl. *Schöpfung* des →Kýrios, der als »Herr der Erde« bezeichnet wird. Im Gegensatz zum Himmel, der der Thron Gottes ist, bildet die Erde seinen Schemel. Sie ist unvollkommen und vorläufig. Was auf Erden geschieht, ist wertlos, wenn es nicht vom Himmel bestätigt wird. Am Ende der Tage wird Gott eine neue Erde schaffen, ohne Schmerzen, Alter und Ungerechtigkeit.

Ereshkigal ▽ (»Herrin der großen Erde [Unterwelt]«): sumer. und akkad. *Unterweltsgöttin* und (unterirdische) Schwester der (himmlischen) →Ishtar. Sie ist die Gattin des Gugalanna (»Großer Stier des Himmels«) bzw. des →Nergal sowie Mutter und Gattin des →Ninazu. Ihr Bote ist →Namtar. Die Unterwelt, das »Land ohne Wiederkehr«, hat sie zu Urbeginn als »Geschenk« erhalten. Auf jeden in die Unterwelt Eintretenden richtet sie im Beisein von 7 Unterweltsrichtern das »Auge des Todes«.

Erichthónios △ (von *chthon* = »Erde«), *Ericthonius* (lat.): griech. *König*

Erinýes, griech. Rachegöttinnen mit Schlangen im Arm, die den Muttermörder Oréstes rastlos verfolgen.

von Athen und *Kulturheros,* Erfinder des Ackerbaus und des Viergespanns. Als sein Vater →Héphaistos einmal der jungfräulichen und sich zur Wehr setzenden →Athéne nachstellte, floß sein Sperma auf die Erde (→Gaía), woraus der E. hervorging, den die Göttin Athéne aufzog und der als Sternbild »Fuhrmann« (Bootes) an den Himmel versetzt wurde.

Erinýs ▽ (Sg.), *Erinýes* (»die Grollenden«), *Erin(n)yen* (dt.): griech. **1)** *Göttin* (Sg.) der *Strafe.* **2)** *Gruppe* von *Rachegöttinnen* in der Unterwelt (→Hádes) und *Schutzgöttinnen* der sittlichen Ordnung, die rastlos und erbarmungslos alle Frevler gegen das heilige Recht, insbesondere Mörder und Blutschänder, verfolgen und mit Wahnsinn schlagen. Sie sind aus den Blutstropfen des von →Krónos entmannten →Uranós hervorgegangen, die in die Erde →Gaía geflossen waren. Ihre euphemistischen Beinamen sind: →Sémnai (»Ehrwürdige«) und →Eumenídes (»Wohlgesinnte«). Zu ihnen gehören: Al(l)ekto (»die Unablässige«), →Mégaira und Teisiphone (»die den Mord Rächende«). Ihre Attribute sind Fackel und Geißel. Sie entsprechen den röm. →Furiae.

Éris ▽ (»Streit, Hader«): griech. *Göttin* und Personifikation des *Kampfes* und der *Zwietracht,* die sowohl Feindschaft und Not verursacht als auch den Wettkampf zwischen den Menschen weckt. Sie ist Tochter der →Nýx und Schwester von →Kér, →Thánatos, →Hýpnos, →Mómos und →Némesis. Nach Homer ist sie Schwester und Gefährtin des →Áres. Da É. zur Hochzeit des Peleús und der →Thétis nicht eingeladen war, warf sie aus Rache einen goldenen Apfel mit der Aufschrift »der Schönsten« unter die Hochzeitsgäste und verursachte damit einen Streit unter den Göttinnen →Héra, →Athéne und →Aphrodíte, der aufgrund des Urteils des →Páris entschieden werden sollte. - *Worte:* Erisapfel, Eristik.

Eriu ▽: kelt. *Göttin* der *Iren* und *Personifikation* von *Irland* (Eire), sowie Name dieser Insel. E. gehört zu den →Fomore und ist Tochter von Delbaeth und Mutter des →Bress.

Erlik: sibir. teuflische *Gottheit* (der Altaier) und Verführer der Menschen. E. erschlägt den von →Ülgän gesandten Heilbringer Maidere. So wird der Himmel des E. zerstört und er selbst in die Unterwelt verstoßen.

Erlöser: siehe Übersichtsartikel S. 144–145.

Éros △ (»Liebe, Lust«): griech. *Gott* der *Liebe.* Er entfacht die Liebe zwischen den Geschlechtern, zwischen Menschen und Göttern, aber auch die Knabenliebe. E. ist Sohn des →Áres und der →Aphrodíte sowie Geliebter der →Psyché. In der weltbewegenden Macht des E. sahen die Orphiker den Schöpfer, der aus dem →Cháos den →Kósmos schuf. Dargestellt ist er als geflügelter Bogenschütze. - *Plastik:* Lysippos (4.Jh. v.Chr.), Canova (1793), Thorwaldsen (1806), Rodin (1893); *Gemälde:* Correggio (1525), Tizian (1545), G. Reni, Rubens (1614), O. Kokoschka (1955); *Ballett:* P. Hindemith (1944); *Worte:* E. (fig.), Eroten, Erotik, Erotika, Erotiker, erotisch, Erotomanie. - E. entspricht dem röm. →Amor (Cupido).

Érotes, *Amorętten* (lat. mit franz. Endung), *Eroten* (dt.): griech. *Liebesgottheiten* als kleine →Érosfiguren, die Alltagsarbeiten verrichten, jagen, reiten, Wagenrennen veranstalten und Streiche vollführen. Sie sind oft die Begleiter der →Aphrodíte. Sie leben als *Putten* der Renaissance, des Barock und Rokoko fort. Dargestellt werden sie als geflügelte und meist nackte Kinder mit Pfeil und Bogen.

Erra △: akkad. *Kriegs-* und *Pestgott,* der zeitweilig von →Marduk die Weltherrschaft übertragen bekam. Sein Herold und Berater ist →Ishum. Der als Sohn des →Anu und als Gemahl der →Māmit Geltende besaß zusammen mit →Nergal den Doppeltempel Emeslam in Kutha.

Erysichthon △, *Erysicthon* (lat.): griech. *Prinz* aus Thrakien und Sohn des Königs Triopas. Aus Frevel drang er in den heiligen Hain der →Deméter ein und, obwohl die Göttin in Gestalt einer Priesterin ihn gewarnt hatte, fällte die heiligen Bäume, um sich einen Speisesaal zu bauen. Dafür wurde er mit einem unstillbaren Heißhunger bestraft, so daß er als Bettler endete.

Erzulie ▽, *Ezili:* afroamerikan. *Liebesgöttin* (→Loa), Göttin der Fruchtbarkeit und des Reichtums bei den Voduisten. Dargestellt wird sie als Mischling von den Antillen.

Es △ (»Himmel«), *Esdrum:* sibir. *Himmelsgott* und *Hochgott* der Keten/Jenissejer sowie *Ordner* der Welt. Einmal im Jahr, am längsten Tag im Frühling, nähern sich die Erde und die Sterne seiner Wohnung, und E. gibt ihnen Glückwünsche mit auf ihre Reise. Manchmal erteilt er ihnen auch Befehle, die ein ganzes Jahr lang Geltung haben. E. ist auch *Schöpfergott.*
Aus der Erde, die er mit der rechten Hand nach links warf, entstand der Mann, was aus seiner linken Hand nach rechts fiel, wurde zur Frau. Wer den unsichtbaren E. sieht, muß sogleich sterben. E. ist Gatte der →Hosadam.

Esaias →Jesha'jāhū

Eschara →Ishchara

Ese →Isis

Eshchara →Ishchara

Eshmun △: syro-phönik. und pun. *Vegetationsgott,* der vom Tode aufersteht und zum *Heilgott* wird, da er Kranken neues Leben bringt. Als *Schutzgott* der Akropolis von Karthago wird er dann zum *Stadtgott,* wie er vorher schon Stadtgott von Sidon war. In seinem Heiligtum in Karthago versammelt sich der Senat der Stadt in Notzeiten. Sein Emblem ist die Schlange. Mit dem griech. →Asklepiós wird er identifiziert.

Eshtan △ (»Sonne, Tag«). protohatt. *Sonnengott,* der dem hethit. →Ishtanu gleicht.

Eshu →Exu

Eskimo: Alignak, Inua, Sedna, Sila.

Estanatlehi ▽: indian. *Schöpfergöttin* bei den Athapasken-Navajos sowie

Erlöser und Heilbringer als Vermittler

Als meist übermenschliche Vermittler stellen Erlöser und Heilbringer die Verbindung des Diesseits mit dem Jenseits her und stehen kraft ihrer Machtfülle im Spannungsfeld von Natur und Übernatur, von Mensch und Gottheit. Sie vermitteln den Angehörigen eines Stammes oder Volkes, ja der ganzen Menschheit irdische Güter wie Nahrungspflanzen und Feuer, sie lehren sowohl die Jagd, den Fischfang und das Handwerk wie auch Weisheit, ethische Werte und Normen. Als Hoffnungsträger bringen sie Befreiung von Leid und Krankheit, von Armut und Knechtschaft, von Angst und Unwissenheit, ja von Schuld und Sünde. Dabei ist ihre heilbringende Mittlertätigkeit oft mit einem Kampf gegen die Mächte des Bösen verbunden. Heilbringende Vermittler sind Götterboten und Propheten, Gottmenschen und Gottherrscher, aber auch Heroen. Götterboten werden ständig oder zeitweilig von allen oder einzelnen Gottheiten zu den Menschen entsandt, um Dinge oder Nachrichten zu überbringen. Manchmal begleiten sie auch Gottheiten oder geleiten die Seelen von Verstorbenen vom Diesseits ins Jenseits. Zum Zeichen ihres Sendungsauftrages halten sie oft wie Herolde einen Stab. Zeichen für die schnelle Ausführung ihres Auftrags zwischen Himmel und Erde sind Flügelschuhe, Flügelhut oder ein Paar Flügel. Als Götterboten treten auf z. B. der ägptische *Thot*, der sumerische *Isimu*, die akkadischen *Ishum*, *Namtar* und *Nusku* oder der germanische *Hermod* auf seinem Roß *Sleipnir*.

In ebenfalls vermittelnder Funktion wirken die Propheten, wenngleich sie im Unterschied zu den Götterboten mit meist göttlicher Natur eine Menschennatur haben. Kraft ihrer übermenschlichen Begabung treten sie im Namen einer Gottheit auf, teilen bislang geheimes Wissen aus der Vergangenheit oder über die Gegenwart und Zukunft als Offenbarung mit und weissagen in Verbindung damit Heil und/oder Unheil. Zu Beginn ihres Wirkens steht oft eine göttliche Berufung, verbunden mit Visionen und Auditionen. Eine herausragende Rolle spielen die jüdischen Propheten des Jahwe-Elohim wie z. B. *Mosheh* und *Elijjahu* als Tatpropheten oder *Jesha'jahu* und *Jirmejahu* als Schriftpropheten sowie *Mirjam*, *Deborah* und *Hulda* als Prophetinnen.

Heilbringende Vermittler sind außerdem Gottmenschen, übermenschliche Wesen beiderlei Geschlechts von halb menschlicher und halb göttlicher Abstammung wie z. B. der sumerische *Gilgamesh*, der griechisch-römische *Aeneas*, die römischen Zwillingsbrüder *Romulus* und *Remus* sowie der koreanische *Tankun*.

Gottherrscher gelten ebenfalls als heilbringende Vermittler. Sie sind irdische Amtsträger meist männlichen Geschlechts und mit überirdischer, d. h. theokratischer Vollmacht ausgestattet, amtieren also im Namen eines überirdischen Wesens und treten als dessen Stellvertreter auf. Da ihre Herrschaft zugleich Gottesherrschaft bedeutet, erhalten ihre Entscheidungen für die Untergebenen bindende, oft sogar unfehlbare Bedeutung. Gottherrscher sind entweder aufgrund (halb-)göttlicher Abstammung oder göttlicher Adoption bzw. einer übernatürlichen, inspirierten Wahl für dieses Amt bestimmt. Zu ersteren zählen u. a. der ägyptische *Pharao*, römische *Kaiser*, peruanische *Inka*, shintoistische *Tenno* und arabische *Mukarrib*. Zu den letzteren gehören die hinduistische *Kumari*, der buddhistische *Dalai-Lama* und Pantschen-Lama sowie der islamische *Imam*.

Als Übermenschen stehen die Heroen aufgrund ihrer Kraft und Macht zwischen Gottheiten und Menschen. Oft entstammen sie der Verbindung einer Gottheit mit einem Menschen. Während ihres irdischen Lebens haben sie große Heldentaten im Dienst von Kultur und Ordnung vollbracht, die meist mit Kämpfen gegen die Mächte des Chaos – repräsentiert in Drachen, Ungeheuern, Riesen oder Dämonen – verbunden waren. Zu den Heroen zählen z. B. der sumerische *Gilgamesh*, der griechische *Achilleus, Herakles, Odysseus* und *Theseus* oder der hinduistische *Arjuna.*

Für eine Reihe von Heilbringern und Erlösern geschieht sowohl ihr Eintritt in die irdische Welt wie auch ihr Verlassen des Diesseits auf übernatürliche Weise. So kann der Beginn ihres Lebens durch eine *Jungfrauengeburt* allein aus einer Göttin oder aus einer Menschenfrau ausgezeichnet sein – im Gegensatz zur natürlichen Zeugung zwischen zwei verschiedengeschlechtlichen Partnern gleicher Gattung oder zu einer Zeugung aus einem androgynen Wesen oder auch zu einer Emanation. Ein solcher übernatürlicher Lebensbeginn weist auf die außerordentliche Bedeutung eines Vermittlers zwischen den Göttern und den Menschen hin. So verstand sich z. B. der jeweilige ägyptische *Pharao* als ein vom Sonnengott Re mit der menschlichen Gemahlin des Königs gezeugter Gottessohn und nannte sich deshalb »Sohn des Re«. Außer den Gottherrschern wurden auch Heroen von einer Jungfrau geboren wie der griechische *Perseus,* der römische *Romulus,* der aztekische *Quetzalcoatl,* aber auch große Religionsstifter wie *Buddha, Lao-tse* und *Iesus.*

In Entsprechung zur außernatürlichen Jungfrauengeburt am Lebensbeginn kann die *Apotheose* (»Vergöttlichung«) in Form einer Entrückung oder Himmelfahrt als Verherrlichung und Aufstieg zur Gottheit am Ende des Lebens eines Mittlers stehen, der sich als Retter und Wohltäter, als Herrscher und Heros um die Menschen verdient gemacht hat. In einer Apotheose entrückte z. B. der griechische Gott Zeus seinen mit der Menschenfrau Alkmene gezeugten Sohn, den Heros und Retter *Herakles,* in den Olymp.

Erlöser und Heilbringer haben nicht nur in der Vergangenheit gewirkt, sondern sie werden auch für die Zukunft erwartet. Zu den ersteren zählen z. B. der polynesische *Maui,* der afrikanische *Nommo,* der sumerische *Oannes,* der griechische *Prometheus,* der aztekische *Quetzalcoatl,* der hinduistische *Krishna* sowie die Religionsstifter Mahavira, Shakyamuni Buddha, Zarathustra, Konfuzius und Lao-tzu, Mosheheh, Iesus und Muhammad. Als künftige Erlöser und Heilbringer gelten der hinduistische *Kalki,* der buddhistische *Maitreya,* der iranische *Saoshyant,* der jüdische *Messias* und der islamische *Mahdi.*

Heilbringer, Erlöser und Hoffnungsträger sind ebenfalls die in der Gegenwart wirkenden heroischen Gestalten des 20. und 21. Jahrhunderts wie z. B. der aus dem planetarischen Kosmos stammende Übermensch *Superman,* der mit Hilfe seiner außerirdischen Fähigkeiten und übernatürlichen Kräfte für Recht und Ordnung in der menschlichen Gesellschaft sorgt. Auch in dem Superheros *Batman* ist ein mythischer Heros im Kampf gegen das Böse erstanden, das er durch kriminalistische Allwissenheit aufspürt. Aufsehen erregen außerdem die *UFOs,* außerirdische Raumschiffe, auf denen Planetarier aus dem Kosmos zur Erde gelangen. Diese spielen eine moderne Vermittlerrolle zwischen dem von menschenähnlichen Wesen belebt gedachten All und den Irdischen.

Der Superheros Batman eilt mit dem Umhang und der Maske einer Fledermaus als Heilbringer fliegend herbei.

gute *Herrscherin* des Totenreiches im Westen. Aus Maismehl schuf sie das Urelternpaar.

Estēr ▽ (hebr. »Stern«), *Esther* (griech.), *Ester* (dt.): jüd. *Königin* und gottesfürchtige *Heroin,* Titelheldin des nach ihr benannten Buches der Bibel. Sie ist Tochter des Abihail und Gattin des Perserkönigs Xerxes I. (485–460 v.Chr.). Nach einer Vorbereitungszeit im Harem des Xerxes wird E. zur Königin erkoren. Gemeinsam mit ihrem Pflegevater Mordechai verhindert sie das Vorhaben des Großwesirs Haman, ihre jüd. Landsleute in der persischen Diaspora, im Reich des Xerxes, auszurotten. Da der Großwesir das Los befragte, wann er seinen geplanten Anschlag auf die Juden durchführen sollte und dabei den dreizehnten Tag des zwölften Monats genannt erhielt, wird zur Erinnerung an die Tat der E., die die Juden vor einem Pogrom rettete, das Fest *Purim* (»Losfest«) am 14. Adar gefeiert. Da E. vor ihrem Gang zum König und Gemahl, dem sie den Mordanschlag mitteilte, ihre Landsleute zum Fasten aufforderte, geht dem Fest ein Fasttag voraus. – *Gemälde:* Rembrandt, Poussin, Rubens, Lorrain; *Dramen:* H.Sachs (1536), Racine (1689), Grillparzer (1848); *Oratorium:* Händel (1728).

Esu →Exu

Esus △ (»Herr, Meister«): kelt. *Handelsgott* (der Gallier), *Himmels-* und *Feuergott.* Einer seiner vielen Beinamen ist »der gute Herr«. E. ist Partner der →Rosmerta und wird als »Holzfäller« mit der Axt dargestellt. Er ist dem röm. →Mercurius ähnlich.

Etana △: sumer. zwölfter nachsintflutlicher *König* der ersten Dynastie von Kish, der »Hirte, der zum Himmel aufstieg«. Auf Siegelzylindern ist dargestellt, wie er auf einem in die Höhe aufsteigenden Adler sitzt, während ihm 2 (Hirten-)Hunde von der Erde aus nachschauen. E. wollte für seine kinderlose Gattin »das Kraut des Gebärens« vom Himmel herunterholen, stürzte aber in dem Augenblick, als er fast das Ziel erreicht hatte, mitsamt seinem Adler in die Tiefe.

Eurōpe, griech.-phönik. Prinzessin, die von Gott Zeús in Gestalt eines Stieres vom Strand in Sidon übers Meer nach Kreta entführt wird. (franz. Holzschnitt, 1558).

Etemmu △: akkad. *Dämon,* der dem sumer. →Gidim gleich ist.

Etrusker: Aita, Alpan, Ani, Aplu, Artumes, Atunis, Castur, Charun, Culsu, Evan, Fufluns, Hercle, Laran, Lasa, Mantus, Maris, Menrva, Nethuns, Nortia, Phersipnai, Satre, Selvans, Semla, Summanus, Tages, Thalna, Thesan, Tinia, Tuchulcha, Turan, Turms, Uni, Usil, Vanth, Veive, Velchans, Voltumna.

Etsai: bask. *Hausgeist,* der nachts aus seiner unterirdischen Höhle Leze (in Sara) heraustritt und in Tiergestalt, als Stier, Pferd, Schwein oder Ziege, erscheint. Er ist ein Meister der Künste und Wissenschaften und Lehrer des →Atarrabi.

Etügen ▽: mongol. *Erdgöttin,* deren Gestalt zuweilen die 77 Erdmütter repräsentiert, die den 99 Himmelsvätern des →Tengri gegenüberstehen.

Etxajaunak (»Hausherren«): bask. gute und dienstwillige *Familiengeister,* die den →Aiharra-haio entsprechen.

Eúa →Chawwāh

Eumenídes ▽ (»die Wohlgesinnten, Wohlwollenden«), *Eumeniden* (dt.): griech. gnädige *Göttinnen* und zugleich euphemistische Bezeichnung der →Erinýes. Aus den Rachegöttinnen wurden *Segensgöttinnen*, die Fruchtbarkeit bringen und Unglück abhalten.

Európe ▽ (semit. *ereb*=»Abendland«), *Europa* (lat.): griech.-phönik. *Abendgöttin*. Sie ist eine Tochter des Königs Agenor von Tyros und der Telephassa, Schwester von →Kádmos, Kilix und Phönix. Von →Zeús ist sie Mutter des →Mínos, →Rhadámanthys und Sarpedón. Die am Ufer von Sidon spielende E. wurde von Zeús in Gestalt eines weißen Stiers übers Meer nach Kreta entführt und zu seiner Geliebten gemacht. Der Stier (Taurus) wurde als *Sternbild* und Tierkreiszeichen an den Himmel versetzt.
Gemälde: Tizian (1560), P. Veronese (1580), Rembrandt (1632), Tiepolo; *Wort:* Nach E. ist der Erdteil *Europa* benannt.

Eúros, *Eurus* (lat.): griech. *Windgott* und Personifikation des (Süd)Ostwindes, der Regen und Sturm bringt. Er ist Sohn des Gestirnsgottes

Eurydíke, griech. verstorbene Baumnymphe, zwischen ihrem lebenden Gatten Orpheús (rechts) und dem Götterboten Hermés (links).

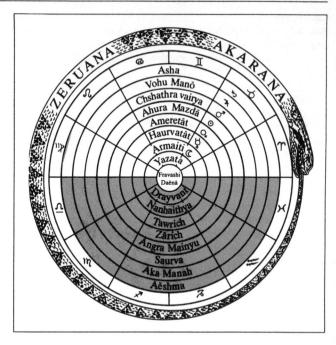

Ewigkeit, iran. Weltbild in Gestalt einer Schlange (Uroboros), die sich in den eigenen Schwanz beißt und dabei den Kosmos mit den 12 Tierkreisen, den 7 Planeten sowie mit allen guten und bösen Gottheiten und Geistern umgibt.

Astraios und der →Eós sowie Bruder von →Boréas, →Nótos und →Zéphyros.

Eurydíke ▽, *Eurydice* (lat.), *Eurydike* (dt.): griech.-orph. *Baumnymphe* (→Dryádes) und Gattin des Sängers →Orpheús. Kurz nach der Hochzeit trat sie auf der Flucht vor dem zudringlichen →Aristaíos auf eine Schlange, von deren Biß sie getötet wurde, und kam als Verstorbene in den →Hádes. Der Versuch ihres Gatten, sie aus der Unterwelt zurückzuholen, scheiterte an der Nichtbeachtung des Gebots, sich vor Erreichung der Oberwelt nicht nach der Gattin umzudrehen. - *Drama:* Anouilh (1942).

Eurynóme ▽, *Eurynome*(lat.): griech. *Meeresnymphe)*(→Okeanínes) und Flußgöttin. Sie ist eine Tochter des Titanenpaares →Okeanós und Tethys und durch →Zeús Mutter der →Chárites.

Eutérpe ▽ (»die Freudenspendende, Ergötzende«): griech. *Muse* der *Musik,* insbesondere des lyrischen *Gesangs* sowie Personifikation der vom Flötenspiel begleiteten lyrischen Poesie. Sie gilt als Erfinderin der Flöte. E. gehört zu den 9 →Músai und ist eine Tochter des →Zeús und der →Mnemosýne. Dargestellt wird sie mit einer Doppelflöte. - *Gemälde:* A. Böcklin (1872).

Eva →Chawwäh

Evan ▽ △: etrusk. göttliche *Wesen* und Personifikationen der persönlichen *Unsterblichkeit* (meist weiblichen Geschlechts). Sie gehören zu den →Lasa und werden oft geflügelt dargestellt.

Ewigkeit ▽: allg. Bezeichnung für die *Zeitlosigkeit*, eine gesteigerte und erweiterte →Zeit, die nicht endet. Sie ist u. a. verwirklicht im Kreislauf und in der ewigen Wiederkehr aufeinanderfolgender →Weltzeitalter mit stets gleichem Geschehensablauf. Symbol der E. ist z. B. der Uroboros, eine Schlange, die sich in den Schwanz beißt. - *Worte:* ewig, E.

Exu △, *Eshu, Esu,* **1)** *Orakelgott* und → *Trickstergestalt* bei den Yoruba in Nigeria. Er verkörpert das Dynamisch-Unberechenbare. Der »göttliche Schelm« hat 200 Namen und vereinigt Gegensätze in sich. Er ist groß und klein, alt und jung. Weites ist ihm nah, Nahes fern. »Er wirft heute einen Stein, der gestern trifft.« Als böser Eshu steht er im Gegensatz zu den gütigen →Orisha. Dargestellt ist er mit einer Tabakspfeife, dem Symbol für den Phallus, wobei der Pfeifenkopf den Hoden gleicht. Seine Emblemfarben sind schwarz und weiß. Ähnlich ist er dem →Legba der Ewe und dem griech. →Hermés. **2)** afroamerikan. *Gruppe* von bösen *Gottheiten* und *Geistern* bei den Umbandisten, die im Gegensatz zu den gütigen →Orixa stehen und von →Exú-Rei angeführt werden.

Exú-Rei △ (franz. »Exú-König«): afroamerikan. böser *Geist* und Anführer aller →Exú bei den Umbandisten. Sein Hauptwiderpart ist →Olorun. E. wird dem christl. →Satän gleichgesetzt.

Ezechiel →Jehezk'ēl

Ezili →Erzulie

Exu, afrikan. Orakelgott und Trickstergestalt.

FU-HSI

Fama ▽ (lat. »Gerücht, öffentliche Meinung«): röm. *Botengöttin* des →Iupiter und Personifikation des Gerüchts und Geredes der Leute, das sich aus kleinen Anfängen mit überraschender Geschwindigkeit zu ungeheurer Größe ausbreitet. Vorgestellt wird sie als *Dämonin* mit vielen Augen, Ohren und Zungen. – *Wort:* F. (fig.)

Fames ▽ (lat. »Hunger«): röm. *Dämonin* und Personifikation des *Hungers* und der *Hungersnot.*

Fang-chang (»Vierecksklafter«), *Fang-hu* (»Vierecksurne«): chines. *Insel der Unsterblichen* (→Hsien) im Ostchinesischen Meer. Hier leben 100000 Hsien, die das Unsterblichkeitskraut →Ling-chih pflanzen. F. ist eine der 3 →Ch'ung-Ming.

Faro ◇: *Himmels-* und *Wassergottheit* der Bambara in Mali. Die von →Mangala erschaffene hat die 8 Ahnen der Menschen als weibliche Zwillinge geboren, nachdem sie von den Schwingungen des Universums schwanger geworden war. Sie gab als *Kulturbringer* den Menschen die Werkzeuge für Ackerbau und Fischfang und ist *Schutzgottheit* des Kono-Geheimbundes, dem alle Beschnittenen angehören. F. ist dem →Nommo der Dogon ähnlich.

Fati ▽, *Fatit* (Pl.): alban. *Schicksalsgeister* und *Geburtsfeen,* die zu dritt erscheinen am dritten Tag nach der Geburt eines Kindes, um dessen Schicksal schon in der Wiege zu bestimmen. Eine fatalistische Redewendung heißt:»So haben es die F. [auf die Stirn] geschrieben.« Die F. sind den griech. →Moírai ähnlich.

Fat-i △: alban. *Schicksalsgeist* und Personifikation des Schicksals. Für den Fleißigen arbeitet der F. in Gestalt eines Taglöhners bei Tag und Nacht. Der Faule findet seinen F. jedoch in Gesellschaft von Nichtstuern.

Fātima ▽: islam. *Stammutter* der Fātimiden, aus deren Nachkommenschaft einst der →al-Mahdi geboren werden wird. F. ist die Tochter des →Muhammad und der Khadidja, Gattin des 'Ali und von ihm Mutter des al-Hasan und des →al-Husain. Sie führt den Beinamen »Jungfrau« und ist eine der 4 besten Frauen, die je gelebt haben, zusammen mit ihrer Mutter, mit →Maryam und Āsiya. Am Tag der Auferstehung (→al-Kiyāma) wird F. sich auf derselben Stufe wie ihr Vater befinden, und ein Engel (→Malā'ika) wird auf ihrem Weg rufen:»Senkt die Augen, Sterbliche!«.

Fatum ⊙ (lat.»Götterspruch, Schicksal, Verhängnis«), *Fata* (Pl.): **1)** röm. *Schicksalsspruch* als das vom Götterwillen festgelegte, unabwendbare Schicksal und Verhängnis, insbesondere der natürliche Tod. **2)** röm. *Dämonin* ▽ des Unglücks. – *Worte:* fatal, Fatalismus, Fatalist, fatalistisch, Fatalität.

Fauna ▽: röm. *Feld-* und *Waldgöttin, Göttin* der *Fruchtbarkeit* von Äckern und Vieh, *Heil-* und *Segensgöttin,* aber auch *Orakelgöttin.* Sie ist Schwester bzw. Gattin des →Faunus und von ihm Mutter der Fauni. Ihr

Beiname ist »Bona Dea« (»gute Göttin«). Bei ihrem nächtlichen Fest Anfang Dezember durften weder Männer noch männliche Tiere anwesend sein. Nach ihr wird die Tierwelt eines Gebietes F. genannt. - *Worte:* Faunschichten, Faunistik.

Faunus △, *Fauni* (Pl.), *Faun* (dt.): **1)** röm. *Gott* der freien *Natur,* der *Wälder* und *Fluren, Schutzgott* der Bauern und Hirten, ihrer Äcker und Herden, auch *Orakelgott.* Er ist Sohn des →Picus und Gatte der Nymphe Marica und durch sie Vater des Latinus sowie Bruder und Gatte der →Fauna und durch sie Vater der Fauni. Er führt den Beinamen »Inuus« (»der Bespringer [der Herden]«). - *Plastiken:* Rodin (1892) und Picasso; *Gemälde:* Rubens (1612); *Symphonische Dichtung:* C. Debussy; *Worte:* F. (fig.), faunisch. - Der F. entspricht dem griech. →Pán. **2)** Die Fauni sind griech. *Walddämonen,* Söhne des Faunus und der →Fauna. Dargestellt werden sie krummnasig, spitzohrig, mit Schwänzen und Bocksfüßen.

Februa ☉ (Pl.): röm. *Sühne-* und *Reinigungsfest,* das alljährlich gegen Ende des nach ihm benannten Reinigungsmonats im röm. Jahr gefeiert wurde und an dem Sühneopfer dargebracht wurden. Dieser Monat (Februar) war bis 450 v.Chr. der letzte, danach der zweite Monat des röm. Jahres. Nach F. wird noch heute der zweite Monat im Jahr *Februar* genannt.

Fee ▽ (v. lat. *fatum*= »Schicksal«): allg. Bezeichnung für ein übernatürliches, meist gütiges *Geistwesen* (→Geister) weiblichen Geschlechts, das in das menschliche Schicksal eingreift.

Fei →Huang Fei-hu

Fei Lien →Feng Po

Fei-sheng (»bei hellem Tag gen Himmel steigen«): chines. *Apotheose* eines Menschen, der aufgrund der Umwandlung seiner Natur zum →Hsien wurde und am hellichten Tag - auf einem Kranich - gen Himmel steigt. Damit ist die Lösung vom Irdischen vollzogen.

Fene: ungar. bösartiger und wilder *Dämon,* der den dunklen Weltaspekt repräsentiert und dem lichten →Isten kämpfend gegenübersteht. Ein

Faunus, röm. Gott der freien Natur, der Wälder und Fluren (Zeichnung von Bakst, Nijinsky in »Der Faun«).

Feng, chines. Phönix, ein Mischwesen mit dem Kopf und Kamm eines Fasans und den Federn eines Pfaus.

Fluch lautet: »Fene soll dich holen!« Manchmal wird die Krebserkrankung als F. bezeichnet. F. heißt auch der Aufenthaltsort der Dämonen.

Feng, *Feng-huang:* chines. *Phönix* und *Verkörperung* der zeugenden *Urkraft* des Himmels im Reich der Vögel. Als Zauber- und Mischwesen gehört er zu den 4 →Ling.

Feng Po, *Fei Lien:* chines. *Windgott,* der seine Winde aus einem Sack entläßt, ein Unruhestifter, den →Shen I bändigen muß. Dargestellt wird er mit Hirschkopf und Schlangenschwanz.

Fenrir △, *Fenrisúlfr* (nord. »Fenriswolf«): german. riesiger *Dämon* in Wolfsgestalt, der als Sohn →Lokis und der Riesin Angrboda sowie als Bruder von →Midgardsomr und →Hel gilt. Den Göttern gelingt erst der dritte Versuch, den F. mit der Schnur →Gleipnir bis zum Weltende zu fesseln, wobei →Týr eine Hand verliert. Z. Zt. von →Ragnarök wird F. sich losreißen, die →Sól verschlingen und im Zweikampf →Odin auffressen, wofür →Vidarr ihm den Rachen entzweireißt.

Feridün →Thraëtaona

Feronia ▽ : röm. *Göttin* der *Fruchtbarkeit* und des *Frühlings* sowie *Schutzgöttin* der von ihr besonders verehrten Freigelassenen. Als Mutter des Königs Erulus hat sie diesem drei Seelen gegeben, so daß dieser von Evander auch dreimal getötet wurde.

Fides ▽ (lat. »Glaube, Vertrauen«): röm. *Göttin* des *Eides* und Personifikation von *Treue* und *Glauben* sowie Göttin der *Unterworfenen.* Ihre Beinamen sind: »F. populi Romani« (»F. des röm. Volkes«) und »F. publica« (»öffentliche F.«).

Fimbulvetr (nord. »riesiger Winter«): german. *Naturkatastrophe* mit drei strengen *Wintern,* ohne Sommer dazwischen, mit Schnee, strengem Frost und kalten Stürmen als Einleitung zu →Ragnarök.

Finn △ (»weiß, blond«): kelt. göttlicher *Held* (der Iren). Er ist Sohn des Cunhall und Gatte der Hirschkuh Saar sowie Vater des Oisîn/Ossian. Durch Drehen seiner Kappe kann er sich beliebig in einen Hirsch, Hund oder Menschen verwandeln.

Finnische Völker (→Finnen, Karelier, Wepsen, →Lappen, Mordwinen, Tscheremissen, Wotjaken, Syrjänen): Ahti, Äkräs, Anniki, Cratti, Hiisi, Hittavainen, Ilmarinen, Inmar, Jen, Juma, Jumala, Kalevanpojat, Köndös, Kullervo, Lemminkäinen, Maahiset, Maailmanpatsas, Metsähinen, Nyrckes, Pajainen, Para, Pellonpekko, Pohjola, Rachkoi, Rauni, Rongoteus, Sampo, Sämpsä, Scabas, Tapio, Tonttu, Turisas, Ukko, Väinämöinen, Virankannos.

Fjörgyn →Jörd

Fjörgynn △ : nordgerman. *Gewitter-* und *Donnergott* sowie Vater der →Frigg.

Fljamë ▽ (»Fallsucht, Grippe«): alban. *Dämonin,* die Fallsucht und Grippekrankheit verursacht. Ein Fluch lautet: »Möge dich die F. schlagen!«

Flora ▽: röm. *Göttin* der *Blumen*, der *Blüten* und der *Jugend* sowie *Frühlingsgöttin*. Ihr zu Ehren wurden zwischen dem 28. April und 3. Mai die *Floralia* mit zirzensischen Spielen gefeiert. Nach ihr wird die Pflanzenwelt eines Gebietes F. genannt. - *Gemälde:* Tizian (ca. 1515/16), N. Poussin (ca. 1636/39); *Worte:* Florenelement, Florengebiet, Florengeschichte, Florenreich, Florist, floristisch.

Fo →Buddha

Folkwang, *Fólkvangr* (nord. »Feld des Volkes«): german. *Wohnsitz* der →Freyja in →Asgard. Hier nimmt die Göttin die ihr zukommende Hälfte der →Einherier auf, während die andere Hälfte nach →Walhall gelangt, das kleiner ist als F.

Fomore: kelt. *Dämonen* der Unterwelt und riesenhafte Ureinwohner Irlands, aber auch Feinde der →Tuatha Dê Danann. Sie wurden in der Schlacht von →Mag Tured von den letzteren besiegt. Zu den F. gehören u. a. König Elatha und →Eriu, die Eltern des →Bress, sowie der Riese →Balor als ihr Anführer.

Fornjotr △ (nord. »alter Jüte, Urriese«): german. *Urzeit-* und *Reifriese* (→Hrimthursar). Als Ahnherr der Naturgewalten ist er Vater der drei Riesen: Hlér (»Meer«), Logi (»Feuer«) und Kari (»Wind«). Als Sohn des letzteren gilt Jökull (»Gletscher«) oder Frosti. Kari ist auch Großvater von Snaer (»Schnee«).

Forseti △ (nord. »Vorsitzender [am Thing]«): nordgerman. *Gott* des *Windes* und *Fischfangs* sowie *Rechtsgott,* der im von Gold und Silber glänzenden Saal Glitnir residiert, wo er täglich über Götter und Menschen Recht spricht und alle Fehden schlichtet. Der »gerechte Richter« ist Sohn →Balders und der →Nanna.

Fortuna ▽ (lat. »Glück, Schicksal«): röm. *Göttin* des *Glücks, Zufalls* und *Schicksals, Muttergöttin* und *Schutzgöttin* von Personen, Gemeinschaften, Orten und Ereignissen. Dargestellt wird sie auf rollender oder schwebender Kugel, mit Flügeln und mit den Attributen: Steuerruder, Füllhorn und Rad. - *Gemälde:* Mantegna, Rubens (1635) und Tiepolo (1757); *Redewendung:* F. war ihm hold (= »Er hat Glück gehabt«). F. ist der griech. →Týche gleich.

Frashō-kereti (awest. »Vorwärtsschaffen, Wunderbarmachen«): iran. zukünftiger *Endzustand* der *Welt,* der von 3 →Saoshyants herbeigeführt wird. Diese Wiederherstellung der Welt bedeutet die körperliche Auferstehung der Toten, deren erster →Gaya-maretān sein

Fenrir, german. Dämon in Wolfsgestalt, dem Vidarr z. Zt. von Ragnarök den Rachen entzweireißt.

wird, dem →Māshya und Māshyai und danach die übrige Menschheit folgen werden. Dann erfolgen die Scheidung der bösen von den guten Menschen und die Trennung der schwarzen von den weißen Schafen. Die ersteren kommen in die Hölle, die letzteren in den Himmel. Die →Amesha Spentas kämpfen gegen ihre dämonischen Widersacher und besiegen sie. →Ahura Mazdā und →Sraosha stürzen →Ahriman und →Aži Dahāka in den glühenden Strom →Ayōhshust. Dann wird es eine vollkommen reine und lichte Welt geben.

Fravashi ▽ (awest. »Bekenntnis, Bekennerin«); *Fravardin* (neupers.): iran. *Geistwesen* und *Schutzgeist* eines Menschen vor den →Daēvas und →Drugs. Jede F. hat ihre Sippe und ihre Landschaft, jede versorgt ihren Bezirk mit Wasser. Nach dem Tode eines Menschen ist die F. dessen Seelengeleiter. Bei der Weltschöpfung halfen sie →Ahura Mazdā. 99 999 F. bewachen die Samenflüssigkeit des →Zarathushtra im See →Kasaoya, aus der die →Saoshyants hervorgehen werden. Den F. sind der erste Monat und der neunzehnte Monatstag geweiht. Eine F. entspricht dem röm. →Genius.

Freki (nord. »der Gefräßige«) und **Geri** (»der Gierige«): german. *Wolfspaar,* das - zusammen mit den Raben →Huginn und Muninn - zu →Odins ständiger Begleitung gehört. Beide verzehren alle Speisen, die Odin in →Walhall vorgesetzt werden, während der Gott nur den Wein genießt.

Freyja ▽ (nord. »Frau, Herrin«): nordgerman. *Göttin* der *Fruchtbarkeit* und des *Frühlings, des Glücks* und der *Liebe.* Ihr Wohnsitz ist →Folkwang in →Asgard. F. ist Tochter der →Skadi und des →Njörd, sowie Schwester und Gattin des →Freyr. Sie gehört zu den →Vanen mit dem Beinamen »Vanadis«. Nach dem Vanen-Asen-Krieg kommt sie zusammen mit ihrem Vater und Bruder als Geisel zu den →Asen, lehrt diese →Seidr und wird Gattin von Odr (→Odin). F. und Odin wählen täglich je zur Hälfte die →Einherier aus. Ihr Reittier ist der Eber Hildeswin, und ihre Attribute sind die Halskette →Brísingamen und das Falkengewand. Zahlreiche schwedische und norwegische Orte sind nach ihr benannt. Zeitweilig ist ihre Gestalt in die von →Frigg eingegangen.

Freyr △ (nord. »Herr«): nordgerman. *Fruchtbarkeits-* und *Vegetationsgott,* Gott der Ernte und des Wohlstands, *Hochgott* der →Vanen und *Ahnherr* des schwedischen Königshauses der Ynglinge. F. ist Sohn des →Njörd und der →Skadi, Bruder und Gatte der →Freyja, aber später Gemahl der Riesin →Gerd und durch sie Vater von Fjölnir. Ihm gehören das Schiff →Skidbladnir und der goldene Eber Gullinborsti. Z. Zt. von →Ragnarök wird er als einer der ersten gegen den Riesen →Surtr fallen.

Frigg ▽ (nord. »Frau, Gattin, Geliebte«), *Frija* (südgerman.), *Fria* (ahd.): german. *Göttin* der *Fruchtbarkeit, Liebes-* und *Muttergöttin, Schutzgöttin* des Lebens und der Ehe, Himmelskönigin und *Hochgöttin* der →Asen. Sie ist die Tochter des →Fjörgynn und Schwester der →Fulla. Wenn sie mit ihrem Gatten →Odin die Erde besucht, bringt sie Glück in die Häuser. F. ist die Mutter →Balders, →Hödurs und →Hermodurs. Der Freitag ist als *frijetag* bzw. *friatag* (ahd. »Tag der Fria«; engl. »Friday«) nach ihr benannt, da sie der röm. →Venus gleichgesetzt wurde. Ihr Attribut ist das Falkengewand.

Fudō →Acala

Fufluns △: etrusk. *Vegetationsgott,* der im Süden des Himmelsbogens wohnt. Er ist Sohn der →Semla und Gatte der Aratha (→Ariádne). Zu seiner Begleitung gehören Sime und Esia. Häufig ist er auf Spiegeln dargestellt: jugendlich, nackt oder leicht bekleidet, mit Efeu oder Lorbeer bekränzt. F. entspricht dem griech. →Diónysos und dem röm. →Bacchus.

Fu-gen →Sāmantabhadra

Fu-hsi △, *Fu Hi, P'ao Hi:* chines. *Jagdgott* und *Kulturheros,* Lehrer der Seidenraupenzucht und des Fischfangs mit Netzen. Er schuf die Musik und die 8 Trigramme (Pa-kua). Als erster Souverän Chinas (2852-2737 bzw. 2952-2836 v. Chr.) gehört er zu den →San-huang. Er gilt als Bruder bzw. Gatte der →Nü-kua. Dargestellt ist er mit schlangengestaltigem Unterkörper. Sein Emblem ist das von ihm erfundene Winkelmaß, ein Symbol des Himmels.

Fu-hsing (»Glücksstern«): chines. *Stern-* und *Glücksgottheit,* ein ehemaliger Beamter namens Yang Ch'eng (6. Jh.), der vergöttlicht wurde und zur Gruppe der →San-hsing zählt. Dargestellt wird er mit einem Kind oder mit einer Fledermaus.

Fujin △: shintoist. *Windgott,* der aus seinem Sack voller Winde je nach der Größe der Sacköffnung leichte Brisen oder Hurrikane herauslassen kann. Seine Farbe ist blau.

Fukurokuju △ (japan. »Glück, Reichtum, langes Leben«): shintoist. *Glücksgott, Gott* des *Reichtums* und des langen *Lebens,* einer der 7 →Shichi-Fukjin. Dargestellt wird er mit einem hohen Schädel. Seine Begleittiere sind Kranich und Schildkröte.

Fulla ▽ (nord. »die Fülle«), *Volla:* german. jungfräuliche *Göttin* der *Fülle* und Spenderin von Segen und Reichtum. Sie ist die Dienerin der →Frigg, deren Schatztruhe sie hütet, bzw. - nach dem zweiten Merseburger Zauberspruch - deren Schwester.

Furia ▽ (lat. »Wut, Raserei«), *Furiae* (Pl.), *Furien* (dt.): röm. (Dreier-)

Fu-hsi, chines. Urherrscher und Kulturheros mit dem von ihm erfundenen Winkelmaß zusammen mit seiner Gattin Nü-kua. Beide sind Tiermenschen mit dem Unterkörper einer Schlange

Gruppe von *Göttinnen* und Personifikationen der *Wut* und *Raserei*. Sie beschützen die sittliche Weltordnung und rächen den Frevel gegen Blutsbande. - *Redewendungen:* wie eine F. auf jemanden zustürzen, wie von der F. gehetzt fliehen. - Die F. entsprechen den griech. →Erinýes.

Fu Shen △ (»Glücks-Gott«): chines. *Gott* des *Glücks,* der oft zusammen mit →Shou Lao und →Ts'ai Shen zu einer Dreiergruppe vereinigt ist. Dargestellt wird er in der blauen Robe der Beamten und mit einem Kind auf dem Arm.

Futotama-no-mikoto △ (japan.»Gott der großen Opfergaben«): shintoist. *Gott* der *Opfergaben* und *Ahnengott* der Imube von Izumo. Er ist Sohn des Himmelsgottes →Taka-mi-musubi. Zusammen mit anderen Gottheiten erwirkte F. die Rückkehr der Sonnengöttin →Amaterasu aus ihrer Felsenhöhle →Ama-no-iwato.

Futsu-nushi-no-kami △ (japan. »Feuer-Herr«): shintoist. *Feuer-* und *Blitzgott,* der aus dem von →Izanagi in Stücke zerschnittenen Feuergott →Kagutsuchi entstanden ist. Als späterer *Kriegsgott* ist er einer der zwei großen Generäle der →Amaterasu, der zusammen mit →Take-mika-zuchi als dritte Abordnung auf die Erde entsandt wurde, um die Herrschaft des →Niningi vorzubereiten.

Fylgjen, *Fylgjur* (Pl.; nord.»Folgerinnen«), *Fylgja* (Sg.): nordgerman. **1)** *Seelenwesen,* die vom Leib der Menschen losgelöst sind. Nur im Traum werden sie wahrgenommen und erscheinen in Frauen- oder Tiergestalt. **2)** *Schutz-* und *Schicksalsgeister* einzelner Personen oder eines Geschlechts und Personifikationen der Seele des Menschen. Sie belohnen das Gute und rächen den Ungehorsam.

Djabrā'il, islam. Engel, der dem Propheten Muhammad erscheint und ihn im Namen Allāhs auffordert, den Kur'ān zu rezitieren, (→ Gabri'ēl.)

Gabijà ▽, *Gabietà, Gabètà:* litau. *Feuer-* und *Haushaltsgöttin,* der als Herrin des heiligen Feuers Salzopfer mit den Worten: »Heilige Gabijà, sei gesättigt!« dargebracht werden.

Gabjáuja ▽: litau. *Göttin* des *Getreides* und der *Darre,* Spenderin von Wohlstand und Reichtum. Seit der Christianisierung wurde sie zur Dämonin degradiert.

Gabjáujis △: litau. *Hausgeist* und Verwalter des Vorratsraumes. Nach Abschluß des Dreschens wird ihm zu Ehren ein Hahn unter einen Topf gesetzt. Wenn dieser dann zerschlagen wird und der Hahn dabei weglaufen kann, darf er am Leben bleiben.

Gabri'ēl △ (hebrä. »Held bzw. Mann des [Gottes] El«), *Gabriél* (griech.), *Djabrā'il* und *Djibril* (arab.): **1)** jüd. *Engel* (→Mala'ǎk) und *Bote* des →Jahwe-Elōhim sowie *Herr* des →*Gan Ēden.* Zusammen mit →Mikā'ēl ist er *Fürbitter* und *Schutzengel* des Volkes Israel, aber auch *Straf-* und *Todesengel.* Er gehört zu den →Archángeloi und besteht ganz aus Feuer. Dem →Danijj'ēl deutet er die Vision von Widder und Ziegenbock, und er verkündet die Geburt des Tannaiten und Hohenpriesters Ismael ben Elisa (1./2.Jh.). **2)** christl. *Engel* und *Bote* des →Kýrios, der manchmal mit dem Ángelos Kyríu (→Mala'ǎk Jahwe) identisch ist. Dem →Zacharias verkündet er im Tempel die wunderbare Geburt des →Ioánnes d.T., und der →Maria bringt er in Nazareth die Botschaft von der Geburt des →Iesūs. Sein Fest wird am 29.September gefeiert. In der Ostkirche ist er (zusammen mit Michael) dargestellt zu seiten des Iesūs oder der Maria. Seine Attribute sind Stab und Lilie, bzw. Weltkugel und Zepter. **3)** islam. *Engel* und *Bote* des →Allǎh, einer der vier großen Engel (→Malǎ'ika) neben →Mikǎl, →'Izrǎ'il und →Isrǎfil. Er ist der »Engel der Offenbarung«. D. hat den →Ādam nach dem Sündenfall getröstet und den Anbau des Getreides sowie die Buchstaben des Alphabets gelehrt. Er zeigte dem →Nūh den Bau der Arche, errettete den →Ibrāhim aus dem Feuer, half dem →Mūsā gegen die ägyptischen Zauberer und lehrte →Dāwūd die Kunst des Kettenpanzers. D. wurde zu →Maryam gesandt, er erschien dem →Muhammad und hat ihm den Kur'ǎn geoffenbart. Zusammen mit dem Propheten machte er die nächtlichen Reisen (→Isrā' und →Mi'rādj).

Gad (»Glück[gottheit]«): **1)** arab. appellative *Bezeichnung* für eine männliche oder weibliche *Spender-* und *Schutzgottheit* von Personen und Orten, die später der griech. →Týche gleichgesetzt wurde. **2)** palmyren. *Schutzgott* »der gesegneten Quelle [Efka]«, der Gärten und des Öls. **3)** jüd. *Prophet* z.Zt. des →Dāwid (2 Sam 24, 11ff.).

Gaía ▽, *Géa* (»Erde, Land«), *Gē:* griech. *Erd-* und *Muttergöttin, Urgöttin* und *Ahnherrin* aller Götter, *Allmutter* und Hervorbringerin aller Lebewesen. Aus ihrem Schoß gehen - ohne männlichen Partner - →Uranós, →Póntos und →Tártaros hervor. Später wird sie durch Uranós Mutter der →Titánes, →Kýklopes und →Hekatoncheires, sowie der →Gigan-

G

GARUDA

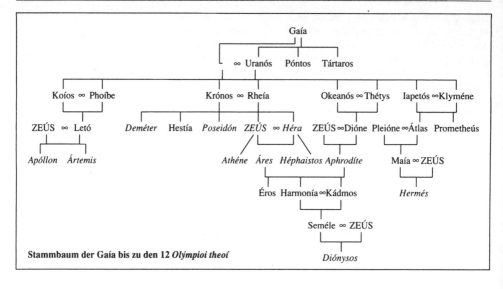

Gaía

∞ Uranós   Póntos   Tártaros

Koíos ∞ Phoíbe   Krónos ∞ Rheía   Okeanós ∞ Thétys   Iapetós ∞ Klyméne

ZEÚS ∞ Letó   Deméter   Hestía   *Poseidón*   ZEÚS ∞ *Héra*   ZEÚS ∞ Dióne   Pleíóne ∞ Átlas   Prometheús

Apóllon   *Ártemis*   *Athéne   Áres   Héphaistos   Aphrodíte*   Maía ∞ ZEÚS

Éros   Harmonía ∞ Kádmos   *Hermés*

Seméle ∞ ZEÚS

Stammbaum der Gaía bis zu den 12 *Olýmpioi theoí*

Diónysos

tes und →Erinýes. Ihrer Verbindung mit Póntos entstammen u. a. →Nereús, →Phórkys und →Kétos. Von Tártaros ist sie Mutter von →Échidna und →Typhón. Ihren Sohn →Krónos veranlaßt sie, den Uranós zu entmannen. Ihre Attribute sind Füllhorn, Früchte und Kinder. – *Gemälde:* Feuerbach (1875). – G. entspricht der röm. Terra Mater bzw. →Tellus.

Gaizkiñ: bask. *Krankheitsgeist,* der in den Federn des Kissens vom Krankenbett die Gestalt eines Hahnenkopfes annimmt. Nur dann, wenn letzterer verbrannt wird, kann der Kranke genesen.

Gajavrishabha: hindu. *Mischwesen* aus Elefant und Büffel, wobei die beiden Tiere sich zwar gegenüberstehen, aber nur ein und denselben Kopf haben. G. ist Symbol der Gegensätze von Leben und Tod, Entstehen und Zerstören, die allen Daseinsformen eigen zu sein scheinen.

Gaki →Preta

Gala →Yala

Gala →Mangala

Galaru →Galeru

Galáteia ▽, *Galatęa* (lat.): griech. *Meeresnymphe* und eine der schönsten 50 →Nereiden. Sie ist Tochter des →Nereús und der →Okeanide Doris. Von dem Kyklopen →Polýphemos, der aus Eifersucht ihren Geliebten Akis mit einem Felsblock erschlug, wird sie aus glühender Liebe verfolgt. – *Gemälde:* Raffael (1514), Lorrain (1657); *Oper:* Händel (1720), Haydn (1763).

Galaxías △ (von *gala*=»Milch«), *Milchstraße* (dt.): griech. *Götterstraße* am Himmel und *Seelenpfad,* ein Band, auf dem man am besten von der Erde in den Himmel gelangt. Da nur derjenige, der als Säugling an der Brust →Héras gelegen ist, später unter die Unsterblichen aufgenommen wird, läßt →Zeús den kleinen →Heraklés durch →Hermés der schlafenden Héra an die Brust legen. Als Héra dabei erwacht und empört das fremde Kind von ihrer Brust losreißt, verspritzt die Göttermilch derart, daß sich ein milchiges Band über den ganzen Himmel verbreitet. – *Gemälde:* Tintoretto (1570). Nach der Muttermilch der Héra ist ein als mattleuchtendes Band erkennbares *Sternsystem* benannt.

Galdr △ (nord.»Zauber, Zauberweise«): german. *Zauberverfahren* der →Asen, das im Gegensatz zum →Seidr der →Vanen steht. Als Vater des G. gilt →Odin. Durch Wortbeschwörung erfolgt ein Bewirkzauber, mit dem feindliche Mächte gebannt werden. Die Zauberspruchstrophe heißt *galdralag.*

Galeru, *Galaru:* austral. *Riesen-* und *Regenbogenschlange* (im Arnhem-Land), deren Leib sich als Regenbogen über den Himmel spannt, und die ein Symbol der Erneuerung und Erhaltung des Lebens ist. Sie hat die zwei →Djanggawul-Schwestern verschlungen, was an den Initianden rituell nachvollzogen wird. In der kultischen Vergegenwärtigung ist die Kulthütte ihr Leib und das Schwirrholz ihre Stimme. Sie gleicht →Wollunqua und →Yurlunggur.

Galla: sumer. *Unterweltsdämonen,* die u. a. den →Dumuzi als Ersatzperson für die aus der Unterwelt zurückgekehrte →Inanna ergriffen und in die Unterwelt entführten. Sie entsprechen dem akkad. →Gallū.

Gallū: akkad. böser *Dämon,* der die Hand des Menschen packt. Er entspricht den sumer. →Galla.

Galtxagorri: bask. gute *Familiengeister* und *Kobolde* in Menschen- oder Insektengestalt, von denen vier in einer Nadelbüchse Platz finden. Die G. gleichen den →Etxajaunak.

Gamab △: *Schöpfer-* und *Schicksalsgott* der Bergdama in Namibia, in dessen Händen Leben und Tod liegen. Wenn er seinen Pfeil auf die Menschen abschießt, müssen sie sterben. Auch das Jagd- und Sammelglück liegen in seinen Händen. Nur wenn er es zuläßt, treffen der Jäger auf Beute und die Sammlerin auf Kräuter.

Ganapati →Ganesha

Gandareva △**,** *Kundran:* iran. *Wasserdämon* (→Daēva), der mit ständig geöffnetem Rachen die gute Schöpfung zu verschlingen sucht. Er lebt im See →Vouru-kasha und ist Herr des Abyssus. Am Ende der Zeit (→frashō-kereti) wird G. in einer 9 Tage und Nächte dauernden Schlacht von →Keresāspa getötet. Der G. ist den brahm.-hindu. →Gandharvas verwandt.

Gandharva: 1) ved. *Gott* der himmlischen *Wahrheit* sowie Personifikation des *Lichts* und der *Sonne.* Den Göttern bereitet er den →Soma-

*Gandharva, hindu. Fruchtbarkeits-
genius, der bei den Festen der
Gottheiten aufspielt und tanzt,
ein Vogelmensch mit der Zither Vina
in der Hand.*

Trank. **2)** brahm.-hindu. *Geistwesen [Gandharvas* (m.) und *Gandharvi* (w.)], die als *Fruchtbarkeitsgenien* Glück und Wohlergehen bringen und als himmlische *Musikanten* bei den Banketten der Götter singen und tanzen. Nach ihnen ist die Musiklehre *Gandharvaveda* benannt. Sie gelten als Kinder des →Rishi →Kashyapa und der Arishtā. Ihre Partner sind die →Apsarās, mit denen sie den Himmel →Indras bevölkern. Ihr Anführer ist der Weise →Nārada. Dargestellt werden sie als Vogelmenschen und oft mit der Zither *Vina* in der Hand. **3)** buddh. halbgöttliche *Wesen*, die als himmlische *Musikanten* im →Chāturmahārājika-Himmel wohnen und dem →Dhritarāshtra unterstehen.

Gan Éden (hebrä. »Garten Eden«), *Éden* (hebrä. »Wonne«), *Parádeisos* (griech. »Paradies«): **1)** jüd. fruchtbarer, wasserreicher Garten und Obsthain der Erde (→Eres), den →Jahwe-Elōhim als *Aufenthaltsort* für die *ersten Menschen* →Ādām und →Chawwāh anlegte. In ihm stehen der Baum des Lebens (Ez ha-Chajim), dessen Frucht Unsterblichkeit verleiht, und der Baum der Erkenntnis des Guten und Bösen (Ez ha-Daat Tow wa Ra). Als die ersten Menschen trotz des göttlichen Verbotes von der Frucht des zweiten Baumes aßen, gingen ihnen die Augen auf, und sie erkannten, daß sie nackt waren. Nach diesem Sündenfall wurden die Menschen von Gott aus dem Paradies vertrieben, das seitdem →Kerubim bewachen. **2)** jüd. jenseitiger *Wohnort* der *Gerechten*, die hier in Öl baden und das Fleisch des →Liwjātān und des Wildochsen verzehren. **3)** christl. zwischenzeitlicher *Aufenthaltsort* der verstorbenen Gerechten, wohin →Paŭlos zu Lebzeiten einmal entrückt wurde, und wo ihm unaussprechliche Offenbarungen zuteil wurden. – *Roman:* J. Steinbeck (1952); *Worte:* Paradies (fig.), Paradiesapfel, Paradieskörner, paradiesisch, Paradieslilie, Paradiesvogel.

Ganesha △ (sanskr. »Herr der Scharen des Isha [Shiva]«); *Ganapati:* hindu. Gott der *Wissenschaft, Weisheit* und *Literatur* sowie Beseitiger aller Hindernisse, dessen Name am Anfang jeder Unternehmung zwecks Erfolg angerufen wird. G. ist der älteste Sohn von →Shiva und →Pārvati sowie Bruder des →Skanda. Seine Gattin ist Siddhi (»Erfolg«) bzw. Riddhi (»Gedeihen«). Ikonographisch ist er gekennzeichnet durch Elefantenkopf mit nur einem Stoßzahn. Er ist vierhändig mit Lotos, Stoßzahn, Schüssel und Stachelstock. Er ist dickbäuchig und von roter Farbe, und sein →Vāhana ist die Ratte.

Gangā ▽: hindu. *Flußgöttin* und Personifikation des heiligen (männlichen) Ganges, der im Himālaya entspringt. Die aus einem Zeh →Vishnus entspringende G. teilt sich auf dem →Meru in mehrere Arme und stürzt auf die Seitengebirge hinab, um später in den Mond und den Sternenhimmel zu fließen. Die G. gilt als Tochter des →Himavat und der →Mena, sowie als Schwester von →Pārvati. Es ist der Wunsch vieler Hindus, daß die Asche ihrer einmal bei Benares verbrannten Leiche der G. übergeben wird. Dargestellt wird G. oft als Torhüterin vor Tempeln, auf einem →Makara stehend, neben →Yamunā auf der Schildkröte. Ihre Attribute sind Wassertopf und Lotos.

Ganymédes △ (»der Glanzfrohe«), *Ganymed* (dt.): griech. *Prinz* und Schönster der Sterblichen, Sohn des Königs Tros von Ilion und der Kalirrhoe. Wegen seiner Schönheit läßt ihn →Zeús durch einen Adler entführen bzw. entführt ihn selbst in Gestalt eines Adlers vom Berg Ida in den →Ólympos und bestellt ihn zum Mundschenk der →Olýmpioi bzw. macht ihn zu seinem Geliebten (Päderastie). Der Adler wurde als *Sternbild* und G. als Sternbild und *Tierkreiszeichen* »Wassermann« (Hydrochoos) an den Himmel versetzt. - *Plastiken:* Leochares (4.Jh.v.Chr.), Thorwaldsen (1817); *Gemälde:* Correggio (1531), Rubens (1611), Rembrandt (1635), v. Marées (1887); *Wort:* Ganymed (= Kellner).

Gao-kerena (awest. »Rinder-Horn«), *Gōkarn:*iran. *Lebens-* und *Unsterblichkeitsbaum,* dessen Früchte den Tod vertreiben, der Altersschwäche vorbeugen und die Wiederauferstehung in Unsterblichkeit bewirken. Seine Wurzeln ragen hinein in die Wasser des Sees →Voura-kasha, und in seinen Zweigen sitzt der Vogel →Camrōsh.

Gapn △ (»Weinstock, Rebe«): syro-phönik. *Weingott* und neben →Ugar ein *Botengott* des →Ba'al.

Garabonciás △ : ungar. *Zauberer,* der in der Gewitterwolke auf dem Rücken des →Sárkány reitet.

Garbo, Greta (1905–1990): schwed. *Filmschauspielerin* mit dem bürgerlichen Namen G. Lovisa Gustafsson, *Typus* der tragischen Heroin, deren meist unrechtmäßige Liebesbeziehung zwangsläufig tragisch endet, sowie *Symbolgestalt* der außergewöhnlichen *Schönheit* und zeitlosen *Sinnlichkeit.* Ihr Beiname ist »die Göttliche«. G. ist einer der geheimnisvollsten Weltstars. Seit 1941 hat sie nicht mehr gefilmt und sich mit dem berühmten Ausspruch ins Privatleben zurückgezogen: »I want to be alone« (Ich wünsche, allein zu sein). Für ihre unvergeßliche Erscheinung auf der Leinwand erhielt die G. 1954 den Oscar. - *Collage:* J. Beuys (1964).

Garelamaisama ▽ : ind. *Wald-* und *Hochgöttin* bei den Chenchu. Als *Herrin* des *Jagdglücks* achtete sie ursprünglich streng darauf, daß nur männliche Tiere gejagt wurden.

Garm, *Garmr:* german. riesiger *Hund* der →Hel und Dämon der Unterwelt. Er bewacht am Fluß →Gjöll den Eingang zur Hel und stürzt sich mit Gebell auf jeden, der hier ankommt. Vorgestellt wird er vieräugig und mit blutiger Brust. Zu Beginn von →Ragnarök wird er von →Týr bekämpft, wobei beide den Tod finden. G. ist dem →Fenrir und dem griech. →Kérberos ähnlich.

Garshasp →Keresāspa

Garuda △ (sanskr. von garut = »Flügel«), *Garumat:*brahm.-hindu. halbgöttliches *Vogelwesen* sowie *Verkörperung* des lichten Prinzips und damit zugleich Feind der erdgebundenen →Nāgas. Der Sohn des →Kashyapa

Ganesha, hindu. Gott der Weisheit und der Beseitigung aller Hindernisse, ein elefantenköpfiges Mischwesen mit nur einem Stoßzahn, vierhändig und dickbäuchig.

und der Vinatā ist Halbbruder von →Aruna und Vater des Geierkönigs Jatayu. G. dient als →Vāhana des →Vishnu. Dargestellt wird er mit Kopf, Flügel und Schwanz eines Adlers und mit Leib und Beinen eines Menschen, manchmal auch vierarmig. Attribute sind Schirm und Nektarschale. Sein Körper ist golden, sein Gesicht weiß, und die Flügel sind rot.

Gati (sanskr. »Existenzweisen«): buddh. sechs *Daseinsformen*, innerhalb derer die Wesen je nach Qualität ihrer Taten (Karma) wiedergeboren werden, die insgesamt das →Samsāra bilden. Es gibt 3 gute oder höhere und 3 schlechtere oder niedere G. Zu ersteren zählen: →Devas, →Asuras und Menschen, zu letzteren gehören: Tiere, →Preta und →Naraka. Für diese 6 G. gibt es 4 →Chatur-Yoni auf dem Schauplatz von →Triloka.

Gatumdu(g) ▽: sumer. *Göttin von Lagash* und *Muttergöttin*, die Gudea »Mutter von Lagash« nennt. Sie ist eine Tochter des →An und durch ihn Mutter der →Baba.

Gaueko (»der der Nacht«): bask. *Nachtgeist* und *Geist* der *Finsternis*, der es nicht zuläßt, daß Menschen sich nachts außerhalb ihrer Häuser aufhalten. Wenn er gelegentlich im Windstoß erscheint, sagt er: »Die Nacht dem der Nacht (dem Gaueko), der Tag dem des Tages (dem Menschen).«

Gauna: *Böser Dämon* oder *Schadenbringer* bei den Buschmännern in Botswana. Er ist dem →Gaunab der Hottentotten ähnlich.

Gaunab △: *Böser Geist* und *Schadenbringer* bei den Hottentotten in Südafrika, der den dunklen, abnehmenden Mond personifiziert und das böse Prinzip verkörpert, im Gegensatz zu seinem jüngeren Bruder →Tsui-Goab, gegen den er kämpft und den er am Knie verwundet. Er ist dem →Gauna der Buschmänner ähnlich.

Gauri ▽ (sanskr. »Weiße, Blonde, Glänzende«): **1)** brahman. Göttin des *Weins,* die als Gattin →Varunas oft Varuni/Varunani genannt wird. Ihr Symboltier ist →Makara. **2)** hindu. *Muttergöttin* (→Devi), die Nahrung spendet, sowie →Shakti und Gattin →Shivas. Dargestellt wird sie mit Reisschale und Löffel.

Gautama (sanskr.), *Gotama* (Pali): buddh. *Familienname* des →Siddhārtha, der zu einem →Buddha wurde. Er ist Sohn des Suddhodana und der →Māyā sowie Gatte der Yashodharā und Vater des →Rāhula.

Gauteóvan: indian. *Urmutter* und *Schöpfergöttin* bei den Kagaba. Sie hat Sonne und Welt erschaffen.

Gaya-maretān ◇ (awest. »sterbliches Leben«), *Gayōmart* (mittelpers.): iran. androgyner *Urmensch,* von dem alle Menschenrassen abstammen. G. ist das Kind der Erdgöttin →Armaiti. Als er starb, fiel sein Samen auf die Erde und befruchtete sie, und daraus entstanden →Māshya und Māshyāi. Sein Körper löste sich in die 7 Metalle auf. Bei der Auferstehung der Toten (→frashō-kereti) wird G. sich als erster erheben. Er entspricht dem ved. →Purusha und dem german. →Ymir.

Gāyatri →Sāvitri

Gegenüber:

Garuda, hindu. Vogelmensch mit Kopf, Schwanz und Flügeln eines Adlers, oft das Vāhana des Gottes Vishnu.

Eskimo. Geistwesen, die aus der Finsternis kommen und im Glanz des Nordlichts erscheinen (zeitgenöss. Druck von Pudlo), (→ Geister.)

Geister: Westafrikan. ianusköpfige Totengeister und Wächterfiguren der Ahnengebeine, sogenannte »Kopffüßler«, (→ Geister.)

Gē → Eres

Gē → Gaía

Géa → Gaía

Geb △ (»Erde«), *Keb* (griech.): ägypt. *Erdgott,* Personifikation der Erde als eines Grundelements des Kosmos, sowie Spender der in der Erde verborgenen Schätze. Nach der → Götterneunheit ist er der Sohn von → Schu und → Tefnut, der Zwillingsbruder und Gatte der Himmelsgöttin → Nut und Vater von → Isis, → Osiris, → Nephthys und → Seth. Der Vater des Osiris sorgt als *Schutzgott* der Toten, die in ihn, die Erde, eingehen, für deren Wohl, und er sendet ihnen, wie einst dem Osiris, seine Töchter Isis und Nephthys. Wie er dem Osiris und seinem Enkel → Horus zu ihren Rechten verhalf, so stellt er den Toten die Rechtstitel aus. Geb ist auch ein *Königsgott.* Wie Osiris seinen Vater Geb beerbt hat, so sitzt der König auf dem »Thron des Geb« und hat die Königsherrschaft als »Erbe des Geb« erhalten. Durch eine Erburkunde wird der König auf den Thron berufen, wie des Geb Enkel Horus. Seine als »Hof des Geb« bezeichnete Kultstätte war Heliopolis. Wie alle kosmischen Gottheiten ist Geb in Menschengestalt dargestellt, in der Regel mit der unterägypt. Krone auf dem Haupt, manchmal auch mit der Gans, seinem Schriftzeichen.

Gedeón → Gid'ōn

Géenna → Gē-Hinnōm

Gefjon ▽ (nord. »geben«): nordgerman. *Riesin* und *Göttin des Glücks, Fruchtbarkeitsgöttin* und Segenspenderin. Als *Göttin* der *Jungfräulichkeit* nimmt sie alle verstorbenen Jungfrauen zu sich auf. Sie ist die Gattin des Skjöldr. Als die → Asen nach Norden zogen, sandte → Odin die G. voraus, um Land ausfindig zu machen. Die → Freyja führt den Beinamen G.

Gē-Hinnōm ▽ (hebrä. »Tal Hinnom«), *Géenna* (griech.): **1)** jüd. Name für das *Hinnomtal,* das im Südwesten von Jerusalem in das Kidrontal mündet, ein Ort, wo dem phönik.-pun. → Moloch Kinder als Brandopfer dargebracht wurden, und der von den Propheten (→ Nābi') verflucht wurde, später die *Feuerhölle* und eschatologischer *Strafort* für die gefallenen Engel und die Frevler. G. liegt tief unter der Erde (→ Eres) und ist später eine der vier Abteilungen der *Unterwelt,* u. a. neben → Abaddōn und → She'ōl. Ihr Kennzeichen ist ein ständig loderndes Feuer oder ewige Finsternis. Hier leiden die Frevler schreckliche Folterqualen. Der Prophet → Hanōk hat sie auf seiner Himmelsreise besucht. **2)** christl. endzeitlicher *Strafort* für die Sünder, den → Diábolos und seine Engel, nach dem das Letzte Gericht als »Gericht der Geenna« bezeichnet ist. G. heißt auch »Feuersee«, »ewiges, unauslöschliches Feuer«, wo »Heulen und Zähneknirschen« ist. G. entspricht dem islam. → Djahannam.

Geirrödr △ (nord. »Speer-Schutz«): german. *Riese* (→ Jötunn), der vom Gott → Thor auf dessen Fahrt nach Geirrödargard überwältigt wurde.

Geister △: allg. Bezeichnung für übernatürliche und nichtkörperliche *Wesen* niederen Ranges, die im Unterschied zu den →Göttern und Göttinnen nur eine begrenzte Macht besitzen. Im Hinblick auf ihr Verhältnis zu den Menschen unterscheidet man gute, neutrale oder böse Geister. Zu ersteren zählen u. a. die →Engel und zu letzteren die →Dämonen. Von den verschiedenen G. sind insbesondere zu nennen: Kobolde und →Feen, ved. →Apsarās, buddh. →Dākinis, austral. →Mimi, afrikan. →Nommo, slaw. →Vila und buddh.-hindu. →Yakshini. Nach ihrer Herkunft und Funktion oder nach ihren Aufenthaltsorten gibt es u. a. Toten-, Ahnen-, Schutz-, Haus-, Flaschen-, Natur- (Wald, Busch, Korn) und Elementargeister (Wasser, Feuer, Erde, Luft). Die Macht der G. über die Menschen wird von Geisterbeschwörern gebannt, deren bekanntester der buddh. →Padmasambhava war. Vorgestellt werden die G. in Menschen-, Tier- oder Mischgestalt. - *Worte:* Geisterbeschwörer, Geisterbeschwörung, Geistererscheinung, Geisterglaube, geisterhaft, geistern, Geisterseher, Geisterwelt.

Genius △ (von lat. *gignere*= »zeugen, hervorbringen, gründen«), *Genii*

Genius, röm. Gott der männlichen Zeugungs- und Lebenskraft sowie Schutzgeist

(Pl.), *Genien* (dt.): röm. *Gott* und Personifikation der männlichen *Zeugungs-* und *Lebenskraft* - im Gegensatz zur weiblichen Gebärfähigkeit (→Iuno) -, dann persönlicher *Schutzgeist* jedes einzelnen Mannes, des Hauses, der Familie, des Volkes und des Staates, auch eines jeden Ortes

(G. loci). In der Kaiserzeit wurde beim G. des Kaisers (G. Augusti) geschworen. Das Hauptfest des G. war der Geburtstag des Schützlings. Dargestellt wird der G. mit Flügeln. – *Worte:* Genie, Geniestreich, Geniezeit. – Später ist der G. dem griech. →Daimon gleich.

Georgius △ (lat.), *Djirdjis* (arab.), *Georg* (dt.): **1)** christl.-kath. Prinz und Ritter aus Kappadokien (3. Jh.), *Heiliger* (→Sancti) und *Märtyrer* unter Kaiser Diokletian (284–305), *Schutzpatron* der Waffenschmiede und Soldaten, der Pfadfinder sowie des engl. Volkes. G. tötete einen Drachen, der ein Mädchen zu verschlingen drohte. Sein Festtag wird am 23. April begangen. Dargestellt ist er als schöner junger Mann in Ritterrüstung und auf einem Schimmel. Sein Attribut ist die Lanze. Nach G. sind einige geistliche Ritterorden benannt. Er entspricht dem griech. →Bellerophóntes. **2)** islam. *Heiliger* (→Wali) und *Märtyrer* (→Shahid), ein *Symbol* der *Auferstehung* und Erneuerung, dessen Fest die Wiederkehr des Frühlings bedeutet. Bei seiner Hinrichtung unter Kaiser Diokletian zu Mawse starb und erwachte D. dreimal zum Leben. – *Plastiken:* Donatello (1417), B. Notke (1489), J. M. Guggenbichler (1682/84); *Gemälde:* A. Pisano (15. Jh.), A. Mantegna, W. Kandinsky (1911); *Ikone:* Nowgoroder Schule (15. Jh.).

Gerd ▽, *Gerdr* (isländ.): german. *Riesin* (→Jötunn) sowie *Göttin* der *Erde,* um die der Sonnengott →Freyr durch Skirnir, dem er sein Roß und Schwert leiht, werben läßt. G. ist Tochter des Riesenpaares →Gymir und →Aurboda, Schwester des →Beli,

Georgius, christl.-kath. heiliger Heros zu Pferde, einen Drachen mit der Lanze tötend, der ein Mädchen (im Hintergrund) zu verschlingen drohte. (Holzschnitt von A. Dürer, um 1502/03).

sowie Gattin des Sonnengottes Freyr und von ihm Mutter des Königs Fjölnir.

Geri →Freki

Germanische Völker (Isländer, Dänen, Norweger, Schweden, Deutsche, Niederländer, Engländer): Aegir, Alfr, Asen, Asgard, Askr, Audhumbla, Aurboda, Aurgelmir, Balder, Beli, Bergelmir, Berlingr, Berserker, Bestla, Bifröst, Borr, Bragi, Brísingamen, Búri, Dag, Dellingr, Disen, Dvergr, Einherier, Élivágar, Elli, Fenrir, Fimbulvetr, Fjörgynn, Folkwang, Fornjotr, Forseti, Freki, Freyja, Freyr, Frigg, Fulla, Fylgjen, Galdr, Garm, Gefjon, Geirrödr, Gerd, Ginnungagap, Gjallarbrú, Gjöll, Gleipnir, Gridr, Gullveig, Gunnlöd, Gymir, Heimdall, Hel, Hermod, Höd, Hoenir, Hrímthursar, Hrungnir, Huginn, Hvergelmir, Hymir, Idisi, Idun(n), Ífing, Irminsul, Ívaldi, Jörd, Jötunheim, Jötunn, Kvasir, Lif, Lodur(r), Loki, Magni, Mani, Midgard, Midgardsomr, Mimir, Mimis brunnr, Mjöllnir, Módgudr, Muspelheim, Muspell, Naglfar, Nanna, Nerthus, Nidhögg, Nifhel, Niflheim, Nix, Njörd, Nornen, Nótt, Odin, Ôstara, Ragnarök, Rán, Rind, Saehrímnir, Seidr, Sif, Sigyn, Skadi, Skaldenmet, Skidbladnir, Skrýmir, Skuld, Sleipnir, Sól, Surtr, Suttungr, Svadilfari, Tanngnjóstr, Thjazi, Thökk, Thor, Thrivaldi, Thrúdgelmir, Thrúdr, Thrymr, Thurs, Troll, Týr, Ull, Urd, Urdar brunnr, Utgard, Útgardaloki, Vafthrúdnir, Vali, Vanen, Vé, Verdandi, Vidar, Vili, Vör, Walhall, Walküren, Wuotanes her, Yggdrasill, Ymir.

Gerovit →Jarovit

Geshtinanna ▽ (»Wein-[rebe] des Himmels«): sumer. *Unterweltsgöttin.* Die Schwester des →Dumuzi und Gattin des →Ningizzida entspricht der akkad. →Bēletsēri.

Gēush Urvan ◇ (awest. »Seele des Rindes«), *Gōshurwan* und *Gōshurun* (mittelpers.): iran. **1)** Seele des Rindes, die jammert und sich bei →Ahura Mazdā, →Asha und →Vohu Manō über ihre schlechte Behandlung durch die Krieger beschwert. Daraufhin bestimmen die Götter →Zarathushtra zum Beschützer des Rindes, Wasser und Pflanzen zu seiner Nahrung und Hirten zu seinen Hütern. Nach einem Leben von 3000 Jahren wurde G. von →Angra Mainyu bzw. von →Mithra erschlagen, und seine Seele ging zum Himmel als **2)** Wächter über alle Rinder.

Ghanan →Yum Kaax

Ghede →Guede

Ghūl ▽ (Sg.), *Ghilān* (Pl.): arab. menschenfeindliche *Dämoninnen* (→Djinn), die die Fähigkeit haben, ihre Gestalt zu verändern und Wanderer durch die Wüste von ihrem Weg wegzulocken, um sie dann zu überfallen und aufzufressen.

Gibil △: sumer. *Feuergott* und Lichtbringer, Verursacher von Feuersbrünsten und Erreger der Schilfbrände. Als Gott der Beschwörung wird er gegen Zauberei angerufen. Der Sohn des →Nusku ist Gehilfe des →Enlil und entspricht dem akkad. →Girra.

Gidar △: kassit. *Jagd-* und *Kriegsgott*, der dem sumer. →Ninurta entspricht.

Gideon →Gid'ōn

Gidim (»Totengeist«): sumer. *Geist* eines nicht bestatteten Verstorbenen oder desjenigen Toten, der nicht die notwendigen Totenopfer erhalten hat. Der auf der Erde umherirrende und den Lebenden Schaden zufügende Dämon wurde beschworen, damit er in die Unterwelt eingeht. G. entspricht dem akkad. →Etemmu.

Gilgamesh, sumer. Heros mit einem Löwen in der Linken und einer Schlange in der Rechten.

Gid'ön △ (hebrä. »Haudegen, Fäller«), *Gedeón* (griech.), *Gideon* (dt.): jüd. *Heros, Retter* und *Richter* des Volkes Israel (um 1100 v. Chr.). G. ist Sohn des Joas. Der Engel Jahwes (→Mala'ăk Jahwe) ruft ihn zum Kampf gegen die Midianiter auf, und auf Befehl des →Jahwe-Elōhim zertrümmert er die Altäre des syro-phönik. →Ba'al und der →Ashera. Auf Jahwe vertrauend, besiegt er mit nur 300 eigenen Kriegern 15000 Midianiter. Danach herrscht 40 Jahre lang Frieden. – *Drama:* P. Chayefsky (1961).

Gigas △ (Sg.), *Gígantes* (»Riesen«), *Giganten* (dt.): griech. Geschlecht wilder *Riesen,* Repräsentanten der ungeordneten, kulturlosen Urzeit und Gegner der Götter (→Olýmpioi). Sie gingen aus den auf die Erde →Gaía fließenden Blutstropfen des entmannten Himmels →Uranós hervor. Im Gegensatz zu den →Titánes sind sie sterblich. Als sie – von Gaía veranlaßt – im Kampf gegen →Zeús und die anderen Götter *(Gigantomachie)* den Ólympos zu stürmen versuchen, unterliegen sie und werden unter Inseln und Bergen zermalmt. – *Plastik:* Friese des Pergamonaltars (2. Jh. v. Chr.); *Oper:* Gluck (1746); *Worte:* Giganten, gigantisch, Gigantismus, Gigantomachie, Gigantopithekus.

Gilgamesh △ (sumer. Bilga-mes: »Der Alte ist [noch] ein junger Mann«): sumer. 5. *König* von Uruk und Titel- *Held* des Gilgamesh-Epos (um 1900 v. Chr.). Der Sohn des vergöttlichten →Lugalbanda und der Göttin →Ninsun kämpft gegen →Chuwawa und tötet den Himmelsstier →Guanna. Als →Enkidu, sein Kampfgefährte, daraufhin stirbt, zieht G., von Todesangst erfüllt, über die ganze Erde, um die Unsterblichkeit zu suchen. Auf der Insel der Seligen gibt ihm →Ziusudra einen Rat. Als G. dann das Lebenskraut vom Grunde des Meeres geholt hat, wird es ihm von einer Schlange geraubt. So wird er belehrt, daß ewiges Leben den Göttern vorbehalten, den Menschen hingegen das unabänderliche Todeslos zugeteilt ist. 126jährig stirbt Gilgamesh.

Giltinė ▽ (von gelti = »stechen, wehtun«): litau. *Todesgöttin* und *Hexe.* Wenn sie, in Weiß gekleidet, in das Haus eines Kranken gelangt, erwürgt oder erdrückt sie ihn. Deshalb ist es ratsam, zwischen Friedhof und Dorf einen Fluß zu haben, da sie Wasser nicht zu überqueren vermag.

Ginnungagap (nord. »der mit Kräften erfüllte Raum«): german. leerer *Raum* der Windstille, eine »Schlucht des gähnenden Nichts«, in der Urzeit noch vor der Schöpfung. G. lag zwischen dem südlichen →Muspelheim und dem nördlichen →Niflheim. Hier wurden die vom Norden eindringenden Eisströme durch die vom Süden kommende Luftströmung zum Schmelzen gebracht, so daß aus diesem Schmelzvorgang →Ymir entstand.

Girra △, *Girru:* akkad. *Feuer-* und *Lichtgott,* Patron der Schmiedekunst, von dem sich →Marduk seine unrein gewordenen Herrschaftsinsignien reinigen läßt. Sein Symbol ist die Fackel. Der Sohn der →Shalash ist dem sumer. →Gibil gleich.

Girtablulu: sumer. und akkad. Skorpionenmensch, ein *Mischwesen,* das mit dem Oberkörper eines Menschen und dem Unterleib und Stachel eines Skorpions als Bogenschütze dargestellt wird. G. (Mann und Frau) bewachen den Eingang zum Mashu-Gebirge, der morgens und abends vom Sonnengott durchschritten wird. Ein G. wird auch von der akkad. →Tiāmat zum Kampf gegen die Götter erschaffen.

Giselemukaong, *Gishelemukaong:* indian. *Hochgott* der Algonkin-Delawaren. Er lenkt vom höchsten Himmel, von der Spitze des Weltpfahls aus, das irdische Geschehen.

Gjallarbrú (nord. »Brücke über den Jenseitsfluß Gjöll«): german. *Jenseitsbrücke,* die auf dem nach Norden führenden Helvegr (»Helweg«) liegt. Über sie wird →Hermódr auf dem Weg nach →Hel reiten. G. wird von der Riesin →Módgudr bewacht.

Gjöll (nord. »Lärm«): **1)** german. *Unterweltsfluß* am Rande des Totenreichs →Hel, wo der Höllenhund →Garm die Neuankömmlinge erwartet. Eine goldene Brücke, →Gjallarbrú, überspannt den G., und die Riesin →Módgudr hält hier Wache. **2)** german. *Steinplatte,* an der die Götter den →Fenrir gefesselt haben.

Glaúkos △ (»blauglänzend«), *Glaucus* (lat.): griech. wandlungsfähiger und wahrsagender *Meeres-* und *Schutzgott* der Fischer, Schiffer und Taucher. G. war ursprünglich selbst Fischer gewesen und nach dem Genuß eines Zaubertrankes ins Meer gesprungen und zum Gott geworden. G. gilt als Sohn der →Merópe und des →Sísyphos. Durch Eurymede ist er Vater des →Bellerophóntes. Er führt den Beinamen »Halios Geron« (»der Meeresalte«).

Gleipnir ▽ (nord. »die Offene«): german. *Schlinge,* mit der die Götter →Fenrir fesseln, nachdem zwei andere Fesseln gerissen sind. Obwohl G. fadendünn ist, vermag niemand sie zu zerreißen. G. wurde von Zwergen (→Dvergr) angefertigt aus dem Geräusch einer Katze, dem Bart einer Frau, den Wurzeln der Berge, dem Atem eines Fisches und der Spucke eines Vogels.

Gluskap, *Kluskave:* indian. *Kulturheros* und →*Trickster* bei den Algonkin. Er führt einen ständigen Kampf gegen seinen bösen Zwillingsbruder →Malsum und gegen gefährliche →Manitus. Aus einem Stück Schlamm, bzw. aus dem Leichnam seiner jungfräulichen Mutter schuf er einst nach der großen Flut eine neue Erde mit Tieren, Mond und Sonne. Manchmal wird G. als Hase dargestellt. Er ist identisch mit →Nenabojoo und →Wisakedjak.

Gnostiker: Abraxas, Achamoth, Aiónes, Archóntes, Barbelo, Bythos, Énnoia, Hóros, Jaldabaoth, Nús, Sophía.

Gobannon →Goibniu

Gofannon →Goibniu

Gōg (hebrä.), *Góg*(griech.): **1)** jüd. eschatologischer *König* von →Magog im Norden sowie *Typus* der Feinde des →Jahwe-Elōhím und seines Volkes Israel, der in der Endzeit das heilige Land überfluten, dann aber vernichtet werden wird. Sein Ende geht dem Reich des →Máshiách voraus. **2)** christl. *Typus* der Völkerwelt, die in der Endzeit gegen das Gottesvolk anstürmt, zusammen mit der Personifikation des Landes Magóg. Er ist der Anführer der von →Satán gesammelten Völkerheere, die nach der messianischen Zeit des Tausendjährigen Reiches zum letzten Kampf gegen die Gemeinde des →Kýrios heranziehen, aber von Gott durch Feuer vernichtet werden.

Goibniu △ (ir. von *goban*=»Schmied«), *Govannon* (walis.), *Gofannon, Gobannon:* kelt. *Gott* des *Schmiedehandwerks* (bei Iren und Walisern) und Sohn der →Dana, der zu den →Tuatha Dê Danann gehört. Er besitzt den Met des ewigen Lebens und konnte selbst in einem Gesundbrunnen wieder genesen, nachdem er in der Schlacht von →Mag Tured verwundet worden war.

Gōkarn →Gao-Kerena

Goloka (sanskr. »Kühe-Welt«): hindu. *Oberwelt* als neuzeitliche Hinzufügung einer achten zu den bisherigen 7 Himmelsregionen im →Triloka. Hier ist →Krishna mit →Rādhā auf ewig vereint, denn es ist der ewige Wohnsitz →Vishnus.

Gommata →Bāhubalin

Gompo →Mahākāla

Gopāla △ (sanskr. »Kuhhirte«): hindu. *Beiname* für →Krishna als Jüngling, der Hirten und Herden schützt, während er in seinem Geburtsort Vrindāvan seine Jugend verbringt. Als schalkhafter Liebhaber von 84 000 →Gopis tändelt er vor allem mit →Rādhā.

Gōpat-Shāh: iran. *Stiermensch,* ein Mischwesen halb Mensch, halb Stier. G. hütet den Stier →Hadayaosh in einem Gehege, um ihn vor →Ahriman zu schützen.

Gopis ▽ (sanskr. »Hirtenmädchen«), *Gopinis:* hindu. *Hirtinnen* und *Milchmädchen* von Vrindāvan, allen voran →Rādhā, die als die 84 000 Gespielinnen und Verehrerinnen des schalkhaften →Gopāla →Krishna gelten, der ihnen z.B. beim Bad die Kleider entwendet und diese erst zurückgibt, als sie nackt vor ihm hintreten. Ihnen spielt K. mit seiner Flöte zum Reigentanz auf. Sie sind die Vorbilder für eine intensive Gottesliebe.

Gorgó(n) ▽ (»Starrblickende«), *Gorgo* (lat.), *Gorgonen* (Pl.; dt.): griech. **1)** *Ungeheuer* mit schreckerregendem Antlitz, dessen Anblick versteinerte. **2)** Gruppe von 3 Schwestern, die im äußersten Westen der Erde leben. Zu ihnen gehören: Stheno, Euryale und →Médusa. Nur letztere war sterblich. Die G. sind die Töchter des →Phórkys und der →Kétos sowie Schwestern der →Graien und →Hesperídes. Dargestellt werden sie geflügelt, mit Schlangenhaar und Hauzähnen. Das an Tempeln und Gräbern angebrachte *Gorgonenhaupt* dient zur Abwehr böser Mächte. - *Worte:* Gorgonenhaupt, Gorgoniden.

Gotama →Gautama

Götter △ und **Göttinnen** ▽ : allg. Bezeichnung für übernatürliche *Wesen* höheren Ranges und größerer Machtfülle (im Unterschied zu →Geistern), die, anders als →Dämonen und →Teufel, den Menschen meist wohlgesonnen sind. Im Verkehr mit den Menschen bedienen sie sich manchmal der →Mittler, insbesondere der →Gottmenschen. Es gibt →männliche und weibliche sowie →androgyne Gottheiten. Die beiden ersteren sind oft zu *Götterpaaren* vereinigt. Nach ihrer genealogischen Stellung in der *Götterfamilie* unterscheidet man →Muttergöttinnen und →Vatergötter, nach ihrer *Lebenszeit:* Urgottheiten und ewige G. (→Unsterblichkeit), zeitliche und Augenblicksgottheiten, sterbende und →Auferstehungsgottheiten, nach ihrem *Wohnraum:* Überwelt- und Himmels-, Erd- und Unterweltsgottheiten, nach ihrer *Funktion:* Universal- und Lokal- bzw. Sondergottheiten, wie z. B. →Schöpfungs- und Richtergottheiten. Zu den Astralgottheiten gehören Sonnen- und Mond-sowie Morgen- und Abendstern-, Planeten-, Jahreszeiten- und Monats-gottheiten. Nach den Elementen werden unterschieden: Feuer- und Luft- sowie Erd- (Berg u. Vulkan) und Wassergottheiten. Zu letzteren zählen die Quell-, Fluß-, See-, Meeres- und Regengottheiten. Letztere gehören neben den Blitz-, Donner- und Windgottheiten zu den Wetter- bzw. Gewittergottheiten. →Tiergottheiten sind insbesondere die Jagd-, Fischfang- und Herdengottheiten. Die Pflanzengottheiten bilden die Baum-, Busch-, Wald-, aber auch Ackerbaugottheiten (Getreide, Mais, Weinbau). Leben und Zusammenleben der Menschen personifizieren die

Gorgó, griech. Ungeheuer, dessen Anblick Tod bedeutete, bis ihm Perseús das Haupt abschlug.

Haus- und Herd-, Geburts-, Liebes- und Ehegottheiten. Schicksals- und Orakel-, Glücks- und Reichtums-, Schutz- und Wächter-, Krankheits- und Heil-, Erlöser- und Todesgottheiten. Ferner gehören dazu: Ahnen-, Stammes- und Volks-, Reichs-, aber auch Stadt-, Königs- und Herrscher- sowie Rechts- und Rache-, Schwur- und Vertrags-, Kriegs-, Sieges- und Friedensgottheiten. Kulturgottheiten sind Handwerker-, Weisheits- und Wissenschafts-, Kunst- (Musik, Tanz, Literatur), Handels- und Verkehrs- gottheiten. Alle vorgenannten Funktionen, Qualifikationen und Prädikationen sind im Monotheismus in einem einzigen Gott bzw. in einer einzigen Göttin vereinigt. Manchmal sind G. zu Triaden (→Dreiheit) zusammengefaßt. Über die G. und ihre Entstehung erzählen die theologischen und theogonischen Mythen. Dargestellt werden die G. in Gestalt von Menschen (anthropomorph), von Tieren (Tiergottheiten), von →Mischwesen, von Naturdingen bzw. -vorgängen (z. B. Sonne →Aton) und von Schriftzeichen (z. B. →Allāh, →Jahwe). – *Worte:* gottähnlich, Gottähnlichkeit, gottbegnadet, gottbewahre, Gotterbarmen, Götterbaum, Götterbild, Götterblume, Götterbote, Götterdämmerung, Götterfunke, Göttergatte, Göttergestalt (fig.), göttergleich, Göttermahl, Götterpflaume, Göttersage, Götterspeise, Götterspruch, Göttertrank, Gottesanbeterin, Gottesgericht, Gottesgnadentum, Gotteskindschaft, Gotteslohn, Gottesmutter, Gottessohn, Gottesstaat, Gottesurteil, göttlich, gottlob, Gottmensch, Gottseibeiuns, gottselig, gottserbärmlich, gottsjämmerlich, Gottvater, gottverflucht, gottvergessen, gottverlassen, gottvoll (fig.), vergotten, vergöttern, Vergötterung, Vergottung.

Götterachtheit, Schmun (ägypt.»die Acht«): ägypt. *Urgottheiten,* die als Gruppe von 8 Gottheiten in Hermopolis zusammengefaßt sind und die urzeitlichen Erscheinungen und Kräfte verkörpern, in denen sich der Urzustand der Welt befand, aus dem der Urhügel auftauchte, auf dem der Lichtgott entstand. Dessen Väter und Mütter sind die in vier Paaren zusammengestellten acht Gottheiten:

Ihre Namen weisen auf ein Negativum, die große Leere hin. Von den 8 Gottheiten werden die Götter froschköpfig bzw. als Frösche und die Göttinnen schlangenköpfig bzw. als Schlangen dargestellt, d. h. als Tiere, die aus dem Schlamm hervorkommen.

	Gott	Göttin	Personifikation
1.	Nun	Naunet	Urgewässer
2.	Huh	Hauhet	räuml. Unendlichkeit
3.	Kuk	Kauket	Finsternis
4.	Amun	Amaunet	Verborgenheit, Luft
4a	Niau	Niaut	Verneinung, Nichts

Götterneunheit: ägypt. *Urgottheiten,* die in On (Heliopolis, griech.) als Gruppe von neun systematisch und genealogisch zu vier Göttergenerationen zusammengefaßt wurden. Sie repräsentieren die Grundelemente des Kosmos, wie Luftraum, Wasser, Erde und Himmel, aber auch Existentialien des Menschen, wie Leben und Tod, Liebe und Haß. Gemäß der Götterneunheit von On steht der selbstentstandene →Atum an der Spitze der Gottheiten. Er zeugt die Zwillinge →Schu, den Luftgott, und →Tefnut, die Feuchtigkeitsgöttin. Dieses erste Götterpaar zeugt das Kinderpaar →Geb, den Erdgott, und →Nut, die Himmelsgöttin. Diese wiederum zeugen zwei Kinderpaare, einerseits →Osiris, den Gott des

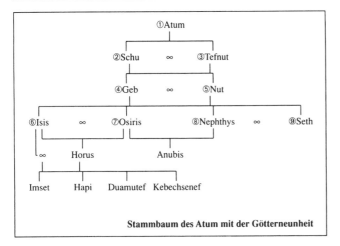

Stammbaum des Atum mit der Götterneunheit

Fruchtland heranbringenden Überschwemmungswassers, und →Isis,
die Göttin des Königsthrons, sowie andererseits →Seth, den Wüstengott,
und →Nephthys, die Göttin des Hauses. Die kosmischen Gottheiten sind
menschengestaltig dargestellt.

Gottherrscher und Stellvertreter allg. Bezeichnung für irdische Amtsträger meist männlichen Geschlechts mit überirdischer (theokratischer)
Vollmacht (→Mittler), die im Namen eines überirdischen Wesens (z. B.
einer Gottheit) auftreten und als deren irdische Stellvertreter (z. B. Kaiser,
Könige) amtieren. Da ihre Herrschaft zugleich Gottesherrschaft (Theokratie) ist, sind ihre Entscheidungen allgemein bindend und oft auch un-
fehlbar. Der Amtsantritt und die Bestattung der G. gelten als kultische
Akte. Die G. sind entweder aufgrund ihrer (halb-)göttlichen Abstammung, oder göttlicher Adoption oder einer übernatürlich inspirierten
Wahl für diese Amtsübernahme bestimmt. Zur ersteren Gruppe zählen
u. a.: ägypt. →Pharao, arab. →Mukarrib, chines. T'ien-tzu (→Ti), shintoist. →Tennō, röm. Kaiser (→Caesar und →Augustus) und peruan.
→Inka. Zur letzten Gruppe gehören: buddh. →Dalai Lama, islam.
→Imām und christl. →Papa. Die überirdische Vollmacht der G. wird oft
durch deren *Insignien* symbolisiert, so z. B. der *Spiegel* der →Amaterasu
für den Tennō oder die *Schlüssel* des Himmelreiches für den Papa. – *Trau-
erspiel* »Der Stellvertreter«: R. Hochhuth (1963); *Worte:* Infallibilität, infallibel, Theokratie, theokratisch.

Gottmenschen: allg. Bezeichnung für übermenschliche Wesen (→Mitt-
ler) →männlichen oder weiblichen Geschlechts mit halbmenschlicher
und halbgöttlicher Abstammung. Entweder haben sie einen Überirdischen (u. a. Gott) zum Vater und eine Menschenfrau zur Mutter, oder eine

Göttin zur Mutter und einen Irdischen zum Vater (z. B. griech. →Ariádne und →Phaídra; sumer. →Gilgamesh). Sowohl ihr Eintritt (z. B. →Jungfrauengeburt) in die irdische Welt so auch oft ihr Austritt aus dem →Diesseits (→Apotheose, →Himmelfahrt) geschehen oft auf übernatürliche Weise. Die *Menschwerdung* überirdischer Wesen kann *sporadisch* geschehen, wie z. B.: hindu. →Avatáras und christl. →Iesũs, oder aber die Überirdischen sind *ständig* in bestimmten irdischen Wesen inkarniert oder präsent, wie z. B. (→Gottherrscher): buddh. →Dalai Lama und →Panchen Lama sowie hindu. →Kumari. - *Worte:* Inkarnation, inkarniert.

Govannon →Goibniu

Graia ▽ (Sg.; »Greisin, Alte«), *Graiai* (Pl.), *Graien* (dt.): griech. Gruppe von 2 oder 3 häßlichen *Meeresungeheuern,* die bereits als Greisinnen geboren wurden. Gemeinsam besitzen sie nur ein Auge und einen Zahn, die ihnen von →Perseús geraubt und erst dann zurückgegeben wurden, als sie ihm den Weg zu den →Nymphen gezeigt hatten. Zu den G. zählen: Pemphredo, Enyo und Deino. Sie sind die Töchter von →Phórkys und →Kétos sowie die Schwestern der →Gorgonen und der →Skýlla.

Graiveyaka △: jin. *Göttergruppe,* die als Untergruppe der →Kalpātita zu den →Vaimānika gehört und deren neun Wohnstätten sich in der Halsgegend, *Griva,* des →Loka-Purusha befindet, d. h. oberhalb der Kalpa- und unterhalb der Anuttara-Region.

Grāmadevatā △▽ (»Dorfgottheit«): ind. Bezeichnung einer *Dorfgottheit* und lokalen *Schutzgottheit* bei den Tamilen. Sie ist gewöhnlich launenhaft und von unberechenbarem Temperament. Ihr Sitz wird mit einem rot bemalten, rohen Stein bezeichnet. Unter den G. überwiegen diejenigen weiblichen Geschlechts.

Grannos △ (von *ghrena* = »heiß, warm«): kelt. *Heilgott* und *Gott* der *heißen Quellen* (der Gallier), dessen Hauptkultort *Aquae Granni* (Aachen) war. Mit seiner Gefährtin →Sirona bildet er ein Götterpaar.

Grazien, röm. Dreiergruppe von meist nackten Göttinnen der Anmut.

Gratia ▽ (lat. »Anmut, Wohlgefallen«), *Gratiae* (Pl.), *Grazien* (dt.): röm. (Dreier-)Gruppe von *Göttinnen* der jugendlichen *Anmut* und *Huld* sowie Personifikationen der *Dichtung* und bildenden *Kunst.* Dargestellt werden sie meist nackt, jedoch bekränzt. - *Worte:* Grazie, graziös, grazioso. - Die G. entsprechen den griech. →Chárites.

Greif △ (griech. grýps): allg. Bezeichnung eines übernatürlichen

→*Mischwesens* mit dem Kopf eines Adlers und dem Leib eines Löwen und Flügeln. Der G. ist Hüter des heiligen Feuers und des Lebenswassers bzw. des Lebensbaumes. Sein Adlerkopf symbolisiert die Herrschaft über den Himmel und sein Löwenleib die Macht über die Erde.

Gridr ▽ (nord. »Gier, Heftigkeit«): german. freundliche *Riesin* (→Jötunn), die den Gott →Thor während seiner Fahrt nach Geirrödargard beherbergt und ihm einen Kraftgürtel, Eisenhandschuhe und den nach ihr benannten Zauberstab Gridarvölr (»Stab der Gridr«) gibt. G. ist die Mutter des →Vidar.

Griechen: Achelóos, Achéron, Achilleús, Ádonis, Ádrastos, Agamémnon, Aiakós, Aígina, Aineías, Aíolos, Aithír, Akrísios, Aktaíon, Álkestis, Alkméne, Amáltheia, Amazónes, Ambrosía, Amphíon, Amphitríte, Amphitrýon, Anchíses, Androméda, Antaíos, Antigóne, Antíope, Aphrodíte, Apóllon, Aráchne, Áres, Aréthusa, Argó, Argonaútai, Árgos, Ariádne, Aristaíos, Arkás, Ártemis, Asklepiós, Athéne, Átlas, Bákchos,

Greif, ein Mischwesen mit geflügeltem Löwenkörper und Adlerkopf.

Baúbo, Bellerophóntes, Boréas, Cháos, Chárites, Cháron, Chárybdis, Cheíron, Chímaira, Chrónos, Daídalos, Daímon, Daimónion, Danáë, Danaídes, Dáphne, Deméter, Deukalíon, Didó, Díke, Diónysos, Dióskuroi, Dryádes, Échidna, Echó, Eileíthyia, Eiréne, Eléktra, Elýsion, Eós, Epígonoi, Epimetheús, Erató, Érebos, Erichthónios, Erinýs, Éris, Éros,

Griechische Mythologie

Die griechische Mythologie gewinnt ihre Anschaulichkeit und ihren überwältigenden Reichtum aus den vor allem in menschlichen Beziehungen begründeten Vorstellungen über das Göttliche und den Kosmos. So eignet den Gottheiten eine Vielzahl menschlicher Eigenschaften, Tugenden und Schwächen, die sie verkörpern. Sie sind das Spiegelbild der Sterblichen, sind jedoch – obschon unsterblich – nicht allmächtig; denn über ihnen waltet das ewige Schicksal. Für die Entstehung und Ordnung des Universums hat die Genealogie der Götter und Göttinnen eine die Welt der Menschen bestimmende Bedeutung. Dabei stehen die Naturgottheiten am Anfang und liefern sich mit den jeweils jüngeren göttlichen Nachkommen oft erbitterte Ablösungskämpfe, bis diese schließlich als Zivilisationsgottheiten über die Ordnung der Welt und der Menschen wachen bzw. sich sogar in diese einlassen.

Am Beginn allen Seins steht die Urgöttin und Ahnherrin aller Gottheiten *Gaia* (»Erde«). Sie erschafft ohne männlichen Partner das Universum, indem sie als oberen Raum *Uranos,* den Himmel, gebiert sowie *Tartaros* als tiefsten Raum und *Pontos,* das Meer. Später entstehen durch sie und ihren Sohn *Uranos* als Naturgottheiten die 12 *Titanen,* darunter *Kronos* und *Rheia. Uranos* wird durch seinen jüngsten Sohn *Kronos* gestürzt, der den Vater mit einer Sichel entmannt. Aus dem dabei in Gaia, d. h. in die Erde, tropfenden Blut aber werden das Riesengeschlecht *Gigas* und die Erinyen geboren, welche diejenigen strafend verfolgen, die gegen Sitte und Ordnung verstoßen. Von Kronos, der nun die Weltherrschaft an sich gerissen hat, und seiner Schwester *Rheia* stammen jene Kinder, die er schließlich verschlingt, damit ihn nicht das Schicksal seines Vaters *Uranos* ereile. Der jüngste Sohn Zeus jedoch zwingt seinen Vater, die älteren Geschwister wieder auszuspeien, und stürzt ihn dann in den *Tartaros.*

Zeus wird Hochgott von zwölf Gottheiten, die den zwölf Monaten des Jahreskreislaufs und den Tierkreiszeichen entsprechen. Die sechs Götterpaare aus der Familie des *Zeus* sind der Himmelsvater *Zeus* selbst mit seiner Schwester, der Erd- und Muttergöttin *Hera,* der Meeresgott *Poseidon* mit seiner Schwester, der Getreidegöttin *Demeter,* dann der Licht- und Totengott *Apollon* mit seiner Zwillingsschwester, der Fruchtbarkeitsgöttin *Artemis,* der Kriegsgott *Ares* mit der Liebesgöttin *Aphrodite,* der Götterbote *Hermes* mit der Friedensgöttin *Athene* sowie der Feuergott *Hephaistos* mit der Staats- und Feuergöttin *Hestia.* Die olympischen Gottheiten verkörpern in dieser Konstellation als Paare z. T. die gegensätzlichen Elemente wie Himmel und Erde, Wasser und Erdfruchtbarkeit oder aber die dualistischen Prinzipien wie Tod und Leben, Streit und versöhnende Liebe, Krieg und Frieden.

Eng in das Miteinander und Gegeneinander der Götter und Göttinnen verwoben sind die Menschen mit ihrem Schicksal. Ein anschauliches Bild vermittelt Platon in seinem »Symposion«, wonach die Menschen ursprünglich kugelförmig gewesen seien, d. h. Kugeln mit je vier Händen und vier Füßen, mit zwei einander entgegengesetzten Gesichtern auf einem einzigen Kopf und mit vier Ohren. Da sie als Kugeln schnellster Bewegung fähig und mit großer Kraft ausgestattet den Göttern gefährlich wurden, hat der Göttervater Zeus die Kugelmenschen in zwei Hälften geschnitten. Seitdem geht jede Hälfte aufrecht auf zwei Beinen und verlangt sehnsüchtig nach seiner anderen Hälfte. »Aus zweien eins zu werden liegt also darin begründet, daß wir einst ungeteilte Ganze waren.«

Als Mittler zwischen Göttern und Menschen amtieren Götterboten. Die Botengöttin *Iris* steigt auf dem Regenbogen hernieder, und die geflügelte *Nike* ist bei Schlachten und Wettkämpfen gegenwärtig. Der sonst mit Heroldstab, Flügelschuhen und Reisehut ausgestattete Götterbote *Hermes* geleitet zudem als Seelenführer Psychopompos die Toten vom Diesseits ins Jenseits.

Aus den ständigen Kampfsituationen, in denen sich alle Wesen befinden, ergibt sich auch die pessimistische Vorstellung vom *Weltzeitalter*. Dieses ist nach Hesiod in die Zeitalter der fünf *Aiones* unterteilt, die sich mit dem progressiven Verfall der Menschheit fortschreitend verschlechtern. Im ersten »goldenen« Aion unter der Herrschaft des Kronos lebten die Menschen paradiesisch glücklich und alterslos wie die Götter selbst. Darauf folgte der noch relativ gute »silberne« Aion, der abgelöst wurde vom »ehernen«, kriegerischen Aion unter Zeus. Das vierte Zeitalter gehörte den »Heroen und Halbgöttern«. Den Abschluß bildet der gegenwärtige »eiserne« Aion, die von moralischem Verfall bedrohte Endzeit.

Innerhalb des Weltbildes sind die Vorstellungen über die Unterwelt von herausragender Bedeutung. Der *Hades* ist ein finsteres Reich unter der Erde, über das der gleichnamige Totengott herrscht. Der Götterbote *Hermes* geleitet die Seelen der Verstorbenen durch die eherne Pforte. Dann setzt sie der greise, hundsköpfige Fährmann *Charon* mit seinem Kahn über die Gewässer der Unterwelt, d. h. über den Fluß *Acheron* oder durch die sumpfige *Styx*. Der mehrköpfige Hund *Kerberos* bewacht den Eingang und läßt niemanden wieder herauskommen. Selbst der griechische Sänger und Leierspieler *Orpheus* mußte scheitern, als er seine verstorbene Gattin *Eurydike* durch die Zauberkraft der Musik zur Erde zurückführen wollte.

Noch tiefer liegt der vom Feuerfluß Pyriphlegethon umflossene höllische »Abgrund« des *Tartaros*. In diesem finsteren Strafort verbüßen die Frevler, besonders jene, die sich gegen die Allmacht der Götter versündigt haben, ewige Strafen. Dort hielt einst *Zeus* die *Titanen* gefangen, hier muß *Sisyphos* den stets wieder von der Bergspitze hinabstürzenden Felsbrocken von neuem hinaufwälzen, und hier erleidet *Tantalos* die Qualen von Hunger und Durst, da ihm Speise und Trank immer vor Augen, aber nie erreichbar sind.

Die Vorstellung des Himmels hingegen wird beherrscht von dem Gebirgsstock *Olympos*. Dort, in seinen oft umwölkten Höhen, ist der Wohn- und Versammlungsort der zwölf »olympischen« Gottheiten gedacht, die stets *Nektar* trinken und *Ambrosia* speisen, um ihre ewige Jugend und Unsterblichkeit zu erhalten. Die von den Göttern auserwählten und mit Unsterblichkeit gesegneten Heroen werden nach *Elysion,* in ein westliches Paradies mit ewigem Frühling entrückt wie z. B. *Achilleus*. Eine andere Art der Aufnahme in den Himmel durch Gottheiten ist die »todlose« Entrückung, wie sie z. B. der schöne *Ganymedes* erfährt.

In ihrer nahezu unerschöpflichen Vielfalt hat die Mythologie auf die künstlerische Gestaltungskraft eingewirkt und dabei nicht allein die Literatur mit ihren Gattungen der Epik, Lyrik und Dramatik beeinflußt, sondern auch die bildende Kunst der griechischer Antike zu Höchstleistungen beseelt.

Griechische Kugelmenschen vor und nach ihrer Zweiteilung durch den Göttervater Zeus (Holzschnitt von Raphael Drouart).

Giganten, griech. Riesen, Mischwesen aus Menschen- und Schlangenleibern. Als Gegner der Götter werden sie von Zeús aus einem vierspännigen Wagen heraus bekämpft.

Érotes, Erysíchthon, Eumenídes, Európe, Eúros, Eurydíke, Eurynóme, Eutérpe, Gaía, Galáteia, Galaxías, Ganymédes, Gígas, Glaúkos, Gorgó, Graía, Hádes, Hamadryádes, Harmonía, Hárpyia, Hébe, Hekáte, Hekatoncheíres, Heléne, Hélios, Héphaistos, Héra, Heraklés, Hermaphróditos, Hermés, Heró, Hesperídes, Hestía, Hórai, Hyákinthos, Hýdra, Hygíeia, Hymén, Hyperíon, Hýpnos, Iakchos, Iapetós, Iasíon, Iáson, Ikários, Íkaros, Inó, Ió, Iphigéneia, Íris, Ixíon, Kábeiroi, Kádmos, Kaineús, Kalliópe, Kallistó, Kalypsó, Kassándra, Kassiépeia, Kástor, Kéntauroi, Kér, Kérberos, Kétos, Kírke, Kleió, Klytaiméstra, Kokytós, Kóre, Koronís, Kósmos, Kótys, Krónos, Kýklopes, Labýrinthos, Ládon, Laokóon, Lapíthai, Léda, Léthe, Letó, Leúkippos, Lógos, Lykáon, Maía, Mainás, Marsýas, Médeia, Médusa, Mégaira, Meléagros, Melpoméne, Menélaos, Méntor, Meróme, Métis, Mídas, Mínos, Minótauros, Mnemosýne, Moírai, Mómos, Morpheús, Músai, Myrtílos, Naídes, Nárkissos, Néktar, Némesis, Nereídes, Nereús, Néstor, Níke, Nióbe, Nótos, Nýmphe, Nýx, Odysseús, Oidípus, Okeanídes, Okeanínes, Okeanós, Olympía, Olýmpia, Olýmpioi theoí, Ólympos, Omphále, Oreiádes, Oréstes, Oríon, Orpheús, Pán, Pandóra, Páris, Parnas(s)ós, Pasipháë, Pégasos, Peiríthoos, Pélops, Penelópe, Penthesíleia, Pérse, Persephóne, Perseús, Phaëthon, Phaídra, Phóbos, Phoíbe, Phórkys, Phosphóros, Phríxos, Pleiádes, Plútos, Polydeúkes, Polyhymnía, Polýphemos, Póntos, Poseidón, Príapos, Prokrústes, Prometheús, Psyché, Pygmalíon, Pyriphlegéthon, Pythía, Rhadámanthys, Rheía, Sátyros, Seirénes, Seléne, Seméle, Sémnai theaí, Silenós, Sísyphos, Skýlla, Sphínx, Stýx, Tántalos, Tártaros, Teiresías, Terpsichóre, Tháleia, Thánatos, Theía, Thémis, Theseús, Thétis, Titánes, Tityós, Triptólemos, Tríton, Týche, Typhón, Uranía, Uranós, Zagreús, Zéphyros, Zeús.

Gu △: *Ahnengott* der Fon in Dahome, aber auch *Schutzgott* der Eisenschmiede und zugleich *Kriegsgott*. Er und sein Vater →Lisa waren die ersten Sippengründer. Er ist dem →Ogun der Yoruba ähnlich.

Guanna △ (»Stier des Himmels«). sumer. *Großstier,* der von →An der →Inanna anvertraut wurde. Als Inanna aus Rache gegen →Gilgamesh diesen Stier ausschickte, das Land um Uruk zu verwüsten, wurde er von diesem und von →Enkidu getötet. Er ist gleich dem akkad. →Alû.

Guan-yin →Avalokiteshvara

Guan-yin →Kuan-yin

Gubaba →Kubaba

Gucumatz →Kukulkan

Guede, *Ghede:* afroamerikan. *Gruppe* von ca.30 *Todesgottheiten* sowie Gottheiten des Obszönen bei den Voduisten. Zu ihnen zählen u. a.: Baron Samedi (franz.»Baron Samstag«), Baron la Croix (»Baron das Kreuz«), Maman Brigitte (»Mama Brigitte«) und Baron Cimetière (»Baron Friedhof«). Letzterer ist ihr Anführer. Die von den G. besessenen Gläubigen verkleiden sich manchmal als Leichen, kleben sich Penis-Symbole an ihre

Lenden und tanzen »banda«, den wohl flagrantesten Sexualtanz. Dargestellt werden die G. als Leichenbestatter mit Zylinder und Gehrock sowie mit dunkler Brille.

Gugumatz →Kukulkan

Guhyasamāja △ (sanskr. »geheime Vereinigung«): buddh.-tantr. *Schutz-* und *Initiationsgott,* sowie Personifikation des gleichnamigen Tantra(buches). Er ist einer der →Ishta-Devatā, der das Wissen und Wesen aller Buddhas in sich vereint. Dargestellt wird er dreiköpfig und sechsarmig in →Yab-Yum mit seiner dreiköpfigen Yogini. Seine Attribute sind Rad, Lotos, Vajra sowie Glocke, Juwel und Schwert.

Guizotso: bask. *Geist,* ein Mischwesen in Menschengestalt mit Tierfell und rundsohligen Füßen.

Gula ▽ (»die Große«): sumer. *Heilsgöttin* und Gemahlin des →Ninurta. Ihr waren der neunte und neunzehnte Tag eines jeden Monats geweiht. Der Hund war ihr Symboltier. Mit der →Baba und →Nin'insina wurde sie gleichgesetzt.

Gul-ashshesh →Gul-shesh

Gullveig (nord. »Gold-Trank, -Rausch, -Macht«): german. *Seherin* und *Zauberin,* die sich auf →Seidr verstand, sowie *Schatzhüterin* und *Personifikation* der Gier nach Gold. Als G., eine → Vanin, zu den → Asen geschickt wurde, erlagen auch die letzteren der Goldgier. Da die Asen von G. keine Antwort auf den Ursprung des Reichtums erhielten, haben sie dreimal vergeblich versucht, G. zu foltern und zu verbrennen. So kam der erste Krieg in die Welt zwischen Asen und Vanen, dem unaufhörlich andere folgen bis zum letzten Krieg z. Zt. von →Ragnarök.

Gul-shesh ▽, *Gul-ashshesh* (?»Schreiberinnen, [Schicksals-]Bestimmerinnen«): hethit. *Schicksalsgöttinnen,* die meist in der Mehrzahl auftreten und Leben und Tod, Gutes und Böses schicken. Ihrer Macht können sich auch die Gottheiten nicht entziehen. Sie entsprechen den churrit. →Chutena und →Chutellura und sind den griech. →Moiren, den röm. →Parzen und den german. →Nornen vergleichbar.

Gumenik (von *gummo*=»Tenne«): slaw. *Hauskobold,* der sich auf der Tenne tummelt und dem →Ovinnik ähnlich ist.

Gung De Tien ▽: chines. *Glücks-* und *Schutzgöttin,* deren rechte Hand die Geste der Furchtlosigkeit zeigt und die in der linken Hand die wunscherfüllende Perle hält. G. ist der hindu. →Lakshmi ähnlich.

Gunnlöd ▽ (nord. »Einladung zum Kampf«): german. *Riesin*(→Jötunn), die den →Skaldenmet ihres Vaters →Suttungr bewachte. Da ihr Vater dem Gott →Odin einen Schluck des Skaldenmets verweigerte, kroch Odin in Schlangengestalt zu ihr und verführte sie. Nachdem er drei Nächte bei ihr verbracht hatte, durfte sie drei Schlucke des Mets trinken. Daraufhin entfloh Odin in Adlergestalt.

Guru (sanskr. »Ehrwürdiger«): buddh. *Titel* für einen spirituellen Meister, der im Unterschied zum →Āchārya als ein Spezialist für einzelne Erlösungswege oder Texte gilt und oft von rigoroser Selbstdisziplin ist. Berühmte G. sind →Ti-lo-pa und →Na-ro-pa.

Gut und Böse ⊙: allg. Bezeichnung für die gegensätzlichen Kräfte und Mächte (→Polarität) und später auch für die Wertmaßstäbe und Verhaltensweisen, die einer übernatürlichen Ordnung entsprechen bzw. zuwiderlaufen. Gut ist das, was das →Leben fördert und dem Menschen wohlgesonnen ist, Böse hingegen das, was lebensfeindlich und bedrohlich wirkt. Für die Personifikation und Verkörperung des Guten stehen Gottheiten (→Götter), →Engel, →Heilbringer und →Heilige. Für die des Bösen →Teufel und →Dämonen, →Hexen und →Sünder. Der Kampf zwischen Gut und Böse und zwischen deren Personifikationen und Verkörperungen durchzieht das Leben des einzelnen Menschen bis zu dessen Erlösung und das der ganzen Menschheit von der →Urzeit bis zur →Endzeit und ist Gegenstand des →Mythos. Dargestellt wird das Gute meist als licht und schön, das Böse als dunkel und häßlich.

Guta: ungar. *Dämon,* der seine Opfer erschlägt. Als Repräsentant des dunklen Weltaspekts ist er der Widersacher des lichten →Isten. Eine Redewendung heißt: »G. schlug ihn«, wenn jemanden der Schlaganfall getroffen hat, und ein Sprichwort sagt: »Dem G. kann selbst Gott nicht schaden.«

Gwydyon △ : kelt. *Gott* des *Krieges* und der *Dichtkunst* (der Waliser), aber auch *Unterweltsgott.* Er ist Sohn der →Dôn und Gatte der →Arianrhod. Von →Pryderi erwarb er die Schweine und brachte sie nach Gwynedd. Nach G. ist die als Weg der Toten verstandene Milchstraße *Caer Gwydyon* benannt. Dem gall. →Sucellos und dem ir. →Dagda ist er gleich.

Gymir △ (nord. »Meer«?): german. *Meerriese* (→Jötunn) sowie *Erdgott* mit dem Beinamen »Erdmann«. G. ist Gatte der →Aurboda und Vater der →Gerd und des →Beli. Manchmal ist G. mit →Aegir identisch.

Ha △ : ägypt. *Wüstengott.* Als Herr der westlichen Wüste ist er zugleich *Totengott,* dessen Titel sind: »Herr des Westens«, »Herr der Libyer« und »Herrscher der Verklärten«. Auf Särgen wird er an die westliche, d. h. rechte Seite gesetzt. Dargestellt ist er menschengestaltig mit dem Bildzeichen der Wüste auf dem Kopf, gleichgesetzt wird er z. T. mit →Horus.

Habakuk →Chabakkūk

Habib al-Nadjdjār (arab. »H. der Zimmermann«): islam. *Heiliger* (→Wali) von Antākiya, der zunächst Götzenbilder schnitzte, bis er die von →Allāh gewirkten Wunder (→Mu'djiza) sah und sich bekehrte. Das ihm abgeschlagene Haupt nahm er in die linke Hand und setzte es auf die rechte. So ging er drei Tage und drei Nächte durch die Gassen und Märkte der Stadt, wobei sein Haupt laut Worte aus dem Kur'ān rezitierte.

Hābil →Hebel

Hābil und Kābil △△ : islam. *Brüderpaar* als Söhne des Urelternpaares →Ādam und →Hawwā'. Als K. seinen Bruder H. erschlagen hatte, belehrte ihn ein von →Allāh gesandter Rabe, indem er auf dem Boden scharrte, wie K. den Leichnam seines Bruders verbergen könne.

Hachiman △ : shintoist. →Tennō, der ehemals friedvolle Kaiser Ojin (270-312), der zum *Kriegsgott* und *Schutzgott* der japanischen *Nation* aufstieg. Ihm sind ca. 25000 Schreine geweiht. Sein heiliges Tier ist die Taube.

Hadad △ : syro-phönik. *Gewitter-* und *Wettergott* sowie *Hauptgott* von Damaskus. Als Gott der Fruchtbarkeit kann er auch Dürre und Verderben bringen. Mit seiner Gattin →Atargatis und mit seinem Sohn →Simios bildet er eine göttl. Trias. Kultorte sind Aleppo, Damaskus, Zincirli und Dura-Europos. Aramä. Könige wie Hadad-Eser (»Hadad ist Hilfe«; 2 Sam 8,3) und Ben-Hadad (»Sohn des Hadad«; 1 Kön 15,18; 2 Kön 6,24) und auch Edomiter (1 Kön 11,14.19.21) haben sich nach H. benannt. Seine Attribute sind Blitzbündel und Axt. Dem H. entspricht der akkad. →Adad.

Hadad →Adad

Hadayaosh: iran. *Stier,* der - im Gegensatz zu →Gēush Urvan - erst bei der Erneuerung der Welt (→Frashō-kereti) geopfert wird. Seit der Schöpfung wird er von →Gōpat-Shāh in einem Gehege gehalten, um ihn vor →Ahriman zu schützen, bis er von →Saoshyant und dessen Helfern geschlachtet wird, um sein Fett mit dem weißen →Haoma zu einem Unsterblichkeitstrank zu mischen.

Haddúr →Hadúr

Hádes →She'ōl

Hádes △, *Háides* (»der Unsichtbare«), *Plúton, Plu̯to* (lat.): griech. **1)** *Unterwelt,* die im Westen der Erdscheibe und nahe dem →Okeanós gelegen ist, ein finsteres Reich der Toten unter der Erde, über das der gleichnamige Gott und →Persephóne herrschen. Eingänge zum H. sind auf dem

HARPYIA

Peloponnes, am Schwarzen Meer und im Avernersee. →Hermés geleitet die Seelen der Toten durch die eherne Pforte, und der Fährmann →Cháron setzt sie über die Gewässer der Unterwelt: →Achéron, →Kokytós und →Stýx. Jenseits wacht der Hund →Kérberos. Je nach Ausgang des Totengerichts, bei dem →Mínos →Rhadámanthys und →Aiakós fungieren, dürfen die Gerechten ins →Elýsion, und die Ungerechten müssen in den →Tártaros. In die Unterwelt hinabgestiegen sind einmal →Heraklés, →Odysseús, →Orpheús und →Theseús. Hier hausen: →Chímaira, →Échidna, Empusa →Erinýes, →Gorgonen, →Hárpyia, →Hekáte und →Hýdra. H. entspricht der ägypt. →Duat, dem röm. →Orcus, dem german. →Helheim. **2)** *Gott* der *Unterwelt,* der, da im Innern der Erde auch Schätze sind, *Plúton* genannt wird. Er ist ältester Sohn des Titanenpaares →Krónos und →Rheía sowie Bruder von →Deméter, →Hestía, →Poseidón, →Zeús und →Héra. Er nimmt die Toten in sein Schattenreich auf, verschließt als *Pylartes (»Torschließer«)* das Tor und versperrt allen die Rückkehr ins Leben. H. entführte die →Persephóne in die Unterwelt und machte sie zu seiner Gattin. Nach P. ist ein *Planet* benannt. *Worte:* plutonisch, Plutonismus, Plutonist, Plutonium. - H. entspricht dem röm. Pluto.

Hádes, griech. Unterwelt mit dem Palast des gleichnamigen Gottes Hádes (auf dem Thron) und seiner (stehenden) Gattin Persephóne, links der Sänger Orpheús mit der Zither, darunter der leidende Sísyphos mit dem Felsblock, rechts unten der leidende Tántalos. In der Mitte unten Heraklés mit dem Hund Kérberos.

Hadjar →Hāgār

Hadúr △ (von *úr=* »Herr, Herrscher, Fürst, Gott« und *had=* »Heer, Sippe, Stamm«), *Haddúr:* ungar. *Kriegs-* und *Stammesgott* sowie als *Lichtgott* Personifikation des lichten Weltaspekts vom Hochgott →Isten.

Hāgār ▽ (hebrä.), *Ágar* (griech.), *Hadjar* (arab.): **1)** jüd. *Stammutter* der Ismaeliten. Sie ist eine Nebenfrau des →Abrāhām und von ihm Mutter des →Jishmā'ēl. H. ist eine ägypt. Leibmagd Saras, der Frau des Abrāhām. Da Sara bis ins hohe Alter kinderlos blieb, gab sie dem Abrāhām ihre Leibmagd als Konkubine. Als H. von Abrāhām schwanger war, floh sie vor Sara vorübergehend in die Wüste, wo ihr der Engel Jahwes (→Mala'āk Jahwe) die künftige Bedeutung ihres Sohnes prophezeite. Als später →Jizhāk geboren war, wurde H. zusammen mit ihrem Sohn auf Veranlassung der Sara von Abrāhām endgültig verstoßen. In der Wüste rettete sie der Engel Jahwes vor dem Verdursten. **2)** christl. *Typus* des alten Gesetzesbundes vom Berge Sinai im Gegensatz zu Sara, dem Typus des neuen Bundes der Verheißung. **3)** islam. *Stammutter* der nordarabischen Völker. Sie ist rechtmäßige Gattin des →Ibrāhīm und von ihm Mutter des →Ismā'īl. Zusammen mit ihrem Sohn liegt sie in der Ka'ba von Mekka begraben. – *Gemälde:* C. Lorrain (1668).

Haggai →Chaggaj

Haggaios →Chaggaj

Hah △ : ägypt. *Luft-* und *Zeitgott,* Personifikation der Endlosigkeit des Luftraums, der sich über die Erde spannt, wodurch er zum Himmelsträger wird. In ihm als Verkörperung der Endlosigkeit der Zeit sind die »Millionen von Jahre« gegenwärtig, die die Götter als Ausdruck ewiger Dauer dem König verheißen. Sein Bild wird deshalb zugleich zur Schreibung des Zahlworts für »Million« verwendet.

Háides →Hádes

dū-l-Halasa △ (»aufrichtig, treu sein«): arab. *Orakelgott,* dessen Lospfeilorakel in Mekka befragt wurden. Sein Idol war ein weißer Kultstein, auf dem eine Krone eingemeißelt war.

Ham △ (hebrä. »der heiße«), *Cham* (Vulgata), *Hām* (arab.): **1)** jüd. *Stammvater* der Völker des Südens, der Äthiopier und Ägypter, der Libyer und Kanaaniter. H. ist zweiter Sohn des →Nōach und Bruder von →Shēm und →Jāfēt. Als Noach nach der Sintflut (→Mabul) einmal vom Wein trunken war und entblößt in seinem Zelte lag, machte sich H. über seinen Vater lustig, woraufhin er und seine Nachkommen von Nōach zu(m) Knecht(en) seiner Brüder und deren Nachkommen verflucht wurde(n). **2)** islam. *Stammvater* der schwarzen Völker und zweiter Sohn des →Nūh sowie Bruder von →Sām, →Yāfith und Kan'ān. Obwohl während des Aufenthalts in der Arche Menschen und Tiere geschlechtlich enthaltsam leben sollten, vollzog er, neben Hund und Rabe, in der Arche den Beischlaf, wofür alle drei bestraft wurden. Der Hund wird (bei der Begattung) angeschlossen, der Rabe spuckt (den Samen), und H. wurde an seiner Haut(-farbe) bestraft. – *Worte:* Hamit, Hamite, hamitisch.

Hamadryádes ▽, *Hamadryaden* (dt.): griech. *Gruppe* von →Nymphen, deren Dasein an die Lebensdauer der von ihnen bewohnten Bäume geknüpft ist. Sie sind den →Dryádes eng verwandt.

Hambakum →Chabakkūk

Han ▽ : chines. *Flußgöttin* und Personifikation des Han. Ihr Beiname ist »schwimmende Frau«.

Hananim △ : korean. *Himmels-* und *Hochgott.* Er gilt als Vater des →Ung. Als Herr des Universums bewegt er die Gestirne und bewacht das Ethos der Menschen, belohnt die Guten und bestraft die Bösen. Die Koreaner verstehen sich als Nachkommen seines Enkels →Tan-kun. In der neuen Religion *Tonghak* wird H. monotheistisch verehrt.

Hanan Pacha (Quechua: »höhere Welt«): indian. paradiesisches *Jenseitsreich* bei den Inka, in das die Seelen der Verstorbenen auf einer aus Haaren geflochtenen und einen Fluß überspannenden Brücke gelangen, sofern sie nicht in die Unterwelt →Ucu Pacha müssen.

Han Hsiang-tzu: chines. *Heiliger* und *Unsterblicher* (→Hsien), der zu den 8 →Pa-hsien des Taoismus zählt. Er ließ im Winter Pfingstrosen in allen Farben erblühen, auf deren Blütenblättern ein Gedicht geschrieben war. Sein Attribut ist eine Flöte oder ein Blumenkorb bzw. Pfirsich.

Hanōk △ (hebrä. »Einweiher, Anfänger«), *Enóch* (griech.), *Idris* (arab.), Henoch (dt.): **1)** jüd. erstgeborener Sohn des →Kajin, nach dem die von letzterem gegründete Stadt benannt ist. **2)** jüd. *Urvater* und *Prophet* des →Elōhim, der wegen seines gerechten Lebenswandels im Alter von 365 Jahren von Gott entrückt wurde und dem →Ūri'ēl bei der Himmelswanderung den Weg wies. **3)** christl. (siebter) *Stammvater* des →Iesūs in dessen Ahnenreihe, *Prophet* des →Kýrios und *Typus* des *Glaubens,* der deshalb nicht sterben mußte, sondern von Gott entrückt wurde. **4)** islam. *Prophet* (→Nabi) des →Allāh. Als *Kulturbringer* lehrte er den Gebrauch der Feder und war erster Astronom. Nachdem er 365 Jahre auf Erden gelebt hatte, nahm ihn Allāh zu sich, ohne daß der Todesengel →'Izrā'il ihn holen mußte. →Muhammad traf ihn auf seiner Reise →Mi'rādj im vierten Himmel an.

Hanumān (sanskr. »der mit den Kinnbacken«), *Hanumat:* hindu. *Affengott,* Gott der Gelehrsamkeit und *Schutzgott* der Dörfer. Er ist Sohn des Windgottes Pavana bzw. des →Vāyu und der →Apsara Añjanā. Als er einmal nach der Sonne griff, die er für etwas Freßbares hielt, zertrümmerte →Indra seinen Kinnbacken mit dem Donnerkeil. Im Rāmayana ist er der treue Gefährte →Rāmas, der sich bei der Wiedergewinnung der von →Rāvana entführten →Sitā auszeichnet. Der als Vorbild für die treue Haltung der Diener gegenüber ihren Herren geltende H. wird mit roter Körperfarbe und mit einer Keule dargestellt.

Haokah: indian. doppelgehörnter *Donnergott* bei den Dakota (Sioux), der sich des Windes als Schlegels für seine Donnertrommel bedient und

Hanumān, hindu. Affengott und Gott der Gelehrsamkeit, ein Mischwesen und Tiermensch mit Affenkopf und langem Schwanz.

mit Meteoren wirft. Ist er glücklich, so senkt er sein Haupt und beginnt zu weinen, ist er traurig, so lacht er. Hitze macht ihn frösteln, und bei Kälte bricht ihm der Schweiß aus.

Haoma (awest.»Pressung«), *Hauma:*iran. *Gott* der *Heilpflanzen*und *Personifikation* des »Preßtranks« bzw. der »Preßpflanze«, aus deren Saft ein Opfer- und Rauschtrank gewonnen wird. Der weiße H., der, mit dem Fett des →Hadayaosh vermischt, zum Unsterblichkeitstrank wird, befindet sich im See →Vouru-kasha. H. entspricht dem ved. →Soma.

Hapatu →Chebat

Hapi △ : **1)** ägypt. *Schutzgott* des Leichnams, dem als *Kanopengott* die Lunge des Verstorbenen zur Bewachung anvertraut wird und dem von den Himmelrichtungen der Norden zugewiesen ist. Hapi, einer der vier →Horuskinder, ist menschengestaltig, dann seit dem Neuen Reich affenköpfig dargestellt. **2)** ägypt. *Nilgott* und Bezeichnung des Nil. Die Personifikation der Nilüberschwemmung ist dargestellt als gut Genährter, der den Göttern und Königen seine Gaben zum Opfer darbringt.

Hapi →Apis

Harachte △ (»Horus vom Horizont«): ägypt. *Sonnengott,* →Horus als Herr der aufgehenden Morgensonne. Wenn der Sonnengott sich am Morgen zwischen den östlichen Wüstenbergen am Horizont erhebt, wird er freudig begrüßt und durch Opfer verehrt. Der als Falke dargestellte »gewaltige Gott, Herr des Himmels« ist mit →Re zu Re-Harachte verschmolzen.

Haremachet →Harmachis

Harendotes △ (»Horus, der seinen Vater schützt«): ägypt. *Schutzgott,* →Horus, der den Verstorbenen an den Sargwänden umgibt, da Horus nach dem Osirismythos seinem Vater →Osiris durch den Vollzug des Totenrituals das Weiterleben in der Unterwelt sichert.

Harensnuphis →Arsnuphis

Hargi, *Showokoi:*sibir. *Schutzgeister* bei den Ewenken/Tungusen.

Hari-Hara ▽ △ (sanskr. »Entführer[in]-Wegraffender«): hindu. *Götterzweiheit* aus →Vishnu (Hari) und →Shiva (Hara). Die Doppelgottheit in einer Gestalt verkörpert die Vereinigung von Raum (Hari) und Zeit (Hara). Dargestellt wird H. zweiköpfig mit Königs- und Flechtenkrone oder auch einköpfig. Manchmal repräsentiert die linke Körperseite mit dem Rad die (weibliche) Hari und die rechte mit dem Dreizack den (männlichen) Hara.

Harinaigamaishin △ : jin. *Gott* des *Kindersegens* und *Botengott* des →Shakra, der auf dessen Befehl hin die Embryo-Verpflanzung des künftigen →Tirthankara →Vardhamāna bei dessen Mutter →Trishalā vornahm. Er ruft anläßlich der Geburt eines Tirthankara die Götter Shakras zusammen.

Harmachis △ (griech.), *Haremachet* (ägypt. »Horus im Horizont«): Name des großen Sphinx auf dem Totenfeld von Gizeh, der ursprünglich den König Chephren darstellte und seit dem Neuen Reich als Abbild des →Horus als Herr der Morgensonne gilt.

Harmagedon (hebrä. »Berg Megiddo«?), *Har Magedón* (griech.): christl. eschatologischer *Kriegsort* und Schauplatz, wo drei Dämonengeister (→Daimónia) die Könige der ganzen Welt zum endzeitlichen Kampf gegen den →Kýrios versammeln und untergehen werden (→Parusía).

Harmerti △ (»Horus der beiden Augen«): ägypt. *Lichtgott* →Horus als Himmelsfalke mit den beiden Augen von Sonne und Mond, dann auch *Stadtgott* von Horbeit im Ostdelta und schließlich siegreicher *Kampfgott* und *Helfergott*, der den →Re bzw. →Osiris begleitet und →Apophis bezwingt.

Harmonía ▽ (»Einklang«): griech. *Göttin* und Personifikation des *Ebenmaßes*, der *Proportion* und *Harmonie*. Sie ist eine Tochter der →Aphrodíte und des →Áres, Gattin des Königs →Kádmos und durch ihn Mutter der →Inó und →Seméle. Als Brautgeschenk erhielt sie von den Göttern ein von →Héphaistos geschmiedetes Halsband, an dem für jeden Besitzer das Verderben hing.

Haroëris △, *Her-ur* (ägypt. »Älterer Horus«): ägypt. *Falken-* und *Himmelsgott* →Horus, der in Kom Ombo als Sohn des →Re verehrt wurde, im Gegensatz zu →Harpokrates, dem Horus des Osirismythos.

Harpokrates △ (griech.), *Hor-pe-chrod* (ägypt. »Horus, das Kind«): ägypt. *Fruchtbarkeitsgott*, insbesondere Spender der Hülsenfrüchte, und kindlicher →Horus als unmündiger Sohn der →Isis, im Gegensatz zum erwachsenen Horus →Haroëris. Der in griech.-röm. Zeit sehr volkstümliche, kindliche Horus wird als Sonnenkind in der Lotosblüte sitzend dargestellt.

Har-p-re △ (»Horus, die Sonne«): ägypt. *Heilgott* →Horus als *Schutzgott* des Königs vor Krankheit und Unheil. Er gilt als Sohn des →Month und der →Rait-taui und gehört mit diesen zur Göttertrias von Hermonthis.

Hárpyia ▽ (Sg.; »die Raffende«), *Harpyien* (Pl.; dt.): griech. *dämonische Sturmgöttinnen*, die Menschen rauben, und Personifikation des alles wegraffenden Hungers. Sie sind Mischwesen aus Mädchen- und Vogelleibern und gelten als die Töchter des Thaumas und der →Eléktra, einer Tochter des →Okeanós sowie die Schwestern der →Iris. Ihre Anzahl und Namen wechseln: Aello (»Sturmwind«), Podarge (»Schnellfuß«), Okypete (»Schnellflügel«) und Kelaino (»Dunkelheit«). – *Wort:* Harpyie (fig.).

Hárpyia, griech. Sturmgöttinnen und Mischwesen mit dem Leib eines Vogels, mit den Klauen eines Löwen und mit Kopf und Brust einer Frau.

Harsaphes △ (griech.), Herischef (ägypt. »der auf seinem See«): ägypt. *Lokalgott* von Herakleopolis und *Fruchtbarkeitsgott*, auch *Urgott*, der aus dem Ursee auftaucht und dessen beide Augen von Sonne und Mond gebildet werden. Der widderköpfig Dargestellte wird später mit →Re und →Osiris gleichgesetzt.

Harsiesis △, *Harsiese* (griech. »Horus, Sohn der Isis«): ägypt. *Schutzgott* →Horus, den →Isis (die »Mutter mit dem Kind«) von dem toten →Osiris empfangen, den sie im verborgenen aufgezogen und während seiner Kindheit vor vielen Nachstellungen und Gefahren beschützt hat. Der Umstand seiner Zeugung – Isis empfängt Horus aus dem Leib des toten Osiris, über den sie sich im Schmerz der Klage beugt – bezeugt die selbst durch den Tod nicht zu brechende Lebenskraft des Osiris.

Hārūn →Aharōn

Hārūt und Mārūt: islam. *Engelpaar* (→Malā'ika), das von →Allāh einst auf die Erde geschickt wurde. Sie verliebten sich jedoch in ein wunderschönes Mädchen und verkehrten geschlechtlich mit diesem. Als sie dabei ertappt wurden, töteten sie den, der sie entdeckt hatte. Zur Strafe dafür wurden sie in einer Höhle bei Babylon an den Füßen aufgehängt. Seitdem lehren sie die Menschen die Zauberei. H. und M. entsprechen den iran. →Haurvatāt und →Ameretāt.

Hathor ▽ (»Haus des Horus«), *Athyr* (griech.): ägypt. *Muttergöttin*, Personifikation des weiblich gedachten Königspalastes, der als Mutter des Königs gilt. Die Mutter bzw. Gemahlin des →Horus ist auch die Mutter des jungen Königs, den sie säugt. Später wird sie zur Mutter, Genossin und Tochter des →Re. Sie ist auch *Liebesgöttin* und Herrin der Freude, des Tanzes, der Musik, Weltgöttin und Schöpferin der Mädchen. Da der König sich im Himmelsfalken manifestiert, wird Hathor auch zur *Himmelsgöttin,* und durch die im Nildelta verbreitete Vorstellung vom Himmel als einer großen Kuh, die sich am Uranfang aus den Urgewässern erhoben hat, erhielt sie als Himmelsgöttin u. a. Kuhgestalt. Als *Baumgöttin* ist sie »Herrin der Dattelpalme« und »Herrin der südlichen Sykomore«, als *Totengöttin* ist sie die Schutzherrin der Westseite von Theben. Sie ist Patronin des nach ihr benannten dritten Monats *Athyr* im ägypt. Jahr. Ihr Fest wurde am 19. II. des ägypt. Jahres begangen. Ihren Gatten Horus besuchte sie einmal im Jahr in Edfu von ihrem Haupttempel in Dendera aus. In dem am Eingang ihres Tempelbezirks gelegenen *Mammisi* (»Geburtshaus«) bringt sie das göttliche Kind zur Welt. Die Attribute der menschengestaltigen oder kuhköpfigen H. sind Kuhgehörn mit Sonnenscheibe und Sistrum. *Hathor-Locken* meinen das in zwei hirtenstabförmigen Spirallocken links und rechts vom Gesicht angeordnete Haar, und *Hathor-Säulen* sind Rundpfeiler mit einem Kapitell aus vier Hathorköpfen. Mit der →Nut ist sie zur Hathor-Nut bzw. zur Nut-Hathor verschmolzen. Die Griechen haben sie der →Aphrodite gleichgesetzt.

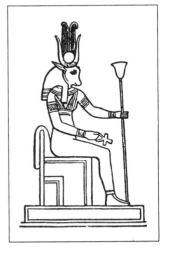

Hathor, ägypt. kuhköpfige Mutter- und Himmelsgöttin mit Sonnenscheibe und Sistrum.

Hatmehit ▽ (»die Erste der Fische«): ägypt. *Ortsgöttin* von Mendes. Im Osirismythos hilft sie beim Aufsuchen der zerstückelten Leiche des →Osiris. Sie wird mit einem Fisch (Delphin) auf dem Kopf dargestellt.

Haubas △ (»der plötzlich kommt, überfällt«), *Hōbas:* arab. *Richter-* und *Orakelgott* bei den Sabäern. Innerhalb der Göttertrias wird er zwischen Venussterngott →'Attar und Mondgott →'Almaqah genannt. H. entspricht dem →Anbay in Qatabān.

Hauhet ▽: ägypt. *Urgöttin,* die nach der →Götterachtheit mit ihrem männlichen Pendant →Huh die räumliche Endlosigkeit repräsentiert und das zweite Götterpaar bildet. Dargestellt wird sie als Schlange oder schlangenköpfig.

Haukim △ (»weise sein, Recht sprechen«): arab. *Richtergott* in Qatabān, der oft zusammen mit →'Anbay genannt wird.

Hauma →Haoma

Haumea ▽: polynes. *Schutzgöttin* des Kindbetts (auf Hawaii), die die natürliche Niederkunft anstelle des »Kaiserschnitts« einführte. Sie war *Herrin* der wilden und Nahrungs*pflanzen* und verfügte über mächtige Zauberkräfte, bis der →Trickster Kaulu (»Wachsen in Pflanzen«) ihre Macht brach und sie tötete.

Haumia △: polynes. *Schutzgott* der Wildpflanzen. Er ist Sohn von →Papa und →Rangi sowie Bruder des →Tane, →Tangaroa, →Tu, →Rongo und →Tawhiri.

Haurvatāt ▽ (awest. »Gesundheit, Heilsein«): iran. *Geistwesen* und *Personifikation* der *Vollkommenheit* des →Ahura Mazdā sowie *Schutzgeist* des heilkräftigen *Wassers.* Sie ist eine der 7 →Amesha Spentas, deren ständiger Widersacher der Hungerdämon Tawrich ist. Ihr ist der dritte Monat geweiht. H. und →Ameretāt leben in den islam. →Hārūt und Mārūt fort.

Hawa ▽: iran. *Urfrau* und *Abbild* der bösen →Rūhā bei den Mandäern. Sie wurde von →Ptahil geschaffen als Gefährtin des →Adam pagria, mit dem sie das menschliche Urpaar bildet. Sie entspricht der jüd. →Chawwāh.

Hawaiki, *Pulotu, Kahiki:* polynes. *Land der Geister* und Heimat der Ahnen, in die die Seelen der Toten eintreten, wenn sie nicht nach →Po müssen. H. ist entweder im Himmel oder in der Tiefe des Meeres gelegen oder wird als Insel verstanden. Letztere kann man zuweilen vor der Küste treiben sehen. Jedoch jedesmal, wenn man auf sie zeigt, verschwindet sie. Über H. herrscht →Roma-Tane.

Hawd: islam. *Wasserbecken,* an dem z. Zt. des Weltendes (→al-Kiyāma) →Muhammad seine Glaubensgemeinde treffen wird. Dieses Becken wird von zwei Rinnen aus dem Paradies →Djanna gespeist, deren eine aus Gold, die andere aus Silber ist. Sein Wasser ist weiß wie Milch und süß wie Honig.

Hawwā' →Chawwāh

Hayagriva △ (sanskr. »Pferdenacken«), *Tamdrin* (tibet.): **1)** buddh.-tibet. *Schutzgott* der Lehre und Hüter der hl. Schriften vor den Dämonen, einer der →Dharmapāla, der oft als Inkarnation des Buddha →Amitābha oder →Akshobhya angesehen wird. Ikonographisch ist er gekennzeichnet mit bis zu 3 Köpfen und mit bis zu 8 Händen und ebenso vielen Füßen. Seine →Mudrā ist die Umarmung einer Yogini. Seine Attribute sind Zepterstab und Elefantenhaken, Rot ist seine Körperfarbe. **2)** hindu. *Dämon* und →Daitya, der die Veden stahl und von →Vishnu in seiner ersten →Avatāra als →Matsya getötet wurde, aber auch eben dieser Vishnu selbst als Gott des Lernens.

Hayagriva, buddh. Schutzgott der Lehre. Seine Mudrā ist die Umarmung einer Yogini, sein Attribut ist der Zepterstab.

Hayk △: armen. *Göttervater* und *Kriegsgott, Hochgott* und *Stammvater* der Armenier, *Gott der Zeit* (der Tage und Monate des Jahres), dessen Söhne und Töchter den Monaten ihre Namen gaben (u. a. →Aray, →Arev, →Tir). Sein Name ist in ca. 10 Wörtern (besonders Eigenschaftswörtern) erhalten: haykabar (»stark wie H.«), haykasirt (»ein Herz wie H. habend«), haykanman (»dem H. ähnlich«). H. ist dem urartä. →Chaldi ähnlich.

Hébe ▽ (»Jugend[alter]«): griech. *Göttin* der *Jugend* und Personifikation des Jünglingsalters und der Mannbarkeit. Sie ist eine Tochter des →Zeús und der →Héra sowie Schwester von →Áres, →Héphaistos und →Eileíthyia, und sie wird die himmlische Gemahlin des vergöttlichten →Heraklés. Als Dienerin und Mundschenkin der Götter im →Ólympos, denen sie Néktar einschenkt, wird sie später von →Ganymédes abgelöst. - *Plastiken:* Canova (1796), Thorwaldsen (1816); *Oper:* Gluck (1747). - H. entspricht der röm. →Iuventas.

Hebel △ (hebrä. »Windhauch«, Ábel (griech.), *Hābil* (arab.): **1)** jüd. erster *Schafhirte* und zweiter Sohn des →Ādām und der →Chawwäh sowie Bruder von →Kajin und →Shēt. Als sein Opfer von →Jahwe angenommen wurde, das seines Bruders Kajin aber nicht, wurde er von letzterem auf dem Felde erschlagen. **2)** christl. *Märtyrer* und *Typus* des *Glaubens*, dessen Taten gerecht waren. Dargestellt wird A. mit einem Lamm.

Hecate →Hekáte

Hego →Heqo

Heilbringer und Erlöser: allg. Bezeichnung für meist übermenschliche Wesen (→Mittler), die als *Kulturbringer* den Angehörigen einer Sippe, eines Stammes und Volkes, ja der Menschheit, irdische Güter wie Nahrungspflanzen und Feuer, die Lehre der Jagd und des Fischfangs, des Handwerks, des Wissens und der Weisheit, sowie Werte (ethische Normen) vermitteln und/oder als *Hoffungsträger* die Befreiung von Leid und Krankheit, von Armut und Knechtschaft, von Angst und Unwissenheit, von Schuld und Sünde bringen. In dieser Mittlerfunktion müssen sie oft den Kampf mit den Repräsentanten des Bösen bestehen. Wie ihr Eintritt in die irdische Welt oft auf außergewöhnliche Weise geschieht (→Jungfrauengeburt), so vollzieht sich auch ihr Austritt aus dem irdischen

Zwei Blutkonserven unter dem Zeichen der Rot-Kreuz-Organisation, ein Symbol für die Rettung und Erlösung vom Tod. (Kreuzigung von J. Beuys, 1962/63).

Welt, der zugleich Eintritt in die überirdische Welt bedeutet (→Apotheose, →Himmelfahrt), auf ungewöhnliche Weise. Zu den H. der *Vergangenheit* zählen u.a.: afrikan. →Nommo, buddh. →Shākyāmuni, jainist. →Mahāvira, hindu. →Krishna, chines. →K'ung-tzu und →Lao-tzu, polynes. →Maui, sumer. →Oannes, iran. →Zarathushtra, jüd. →Mōsheh, christl. →Iesūs, islam. →Muhammad, griech. →Prometheús, und aztek. →Quetzalcoatl. In der *Gegenwart* sind es →Batman und →Superman. Für die *Zukunft* werden erwartet: hindu. →Kalki, buddh. →Maitreya, iran. →Saoshyant, jüd. →Māshiāch und islam. →al-Mahdi.

Heilige △▽: allg. Bezeichnung für diejenigen vollkommenen Menschen, die den Erlösungsweg beschritten, die Daseinsweise des Heils erlangt haben und am Ort der Vollendung (→Himmel, →Nirvāna) sind. Sie gelten als Vorbild für alle noch nicht Erlösten und stehen im Gegensatz zu den →Sündern (→Gut und Böse). Zu ihnen zählen u.a.: buddh. →Arhat und →Bodhisattva, hindu. und jainist. →Siddha, chines. →Hsien, islam. →Wali und christl. →Sancti. In der röm.-kath. Kirche werden die H. seit 1234 durch den Papst (→Papa) heiliggesprochen.

Heimdall △, *Heimdallr* (nord. »der Hellerleuchtende«): nordgerman. *Schutzgott* und Sohn von 9 Riesenschwestern. Als »Wächter der Götter« und Warner steht H. am Brückenkopf des Regenbogens →Bifröst und wird durch Blasen des Gjallarhorns den Beginn von →Ragnarök ankündigen. Im Endkampf werden H. und →Loki einander töten.

Heitsi-Eibib △: *Stammesheros, Ahnengott* und *Buschgeist* der Hottentotten in Südafrika, der ihnen Jagdglück gewährt. Als *Fruchtbarkeitsgott* stirbt er selbst mehrmals und kommt wieder zu Leben. Er wird an Steinhaufen, die sein Grab darstellen, verehrt.

Hekáte ▽, *Hecate* (lat.): griech. dreigestaltige Göttin, die in Himmel und Unterwelt sowie auf Erden wirkt. Sie ist *Mondgöttin* am Himmel, *Zaubergöttin* und *Herrin* der *Toten* in der Unterwelt und *Jagdgöttin* auf der Erde. H. gilt als Tochter des Titanen Perses und der Sterngöttin Asteria. Ihre Beinamen sind: »Antaia« (»Begegnerin«), weil sie bei ihrer nächtlichen Jagd den ihr Begegnenden Schrecken bringt, und »Trióditis« (»Dreiwege«), weil sie in ihrer Dreigestalt den drei Mondphasen entspricht. H. half der →Deméter bei der Suche nach →Kóre. Dargestellt wird sie mit Schlangenhaar, dreiköpfig oder dreigestaltig, bzw. mit drei Armpaaren und 6 Attributen: Fackel, Schwert, Dolch, Strick, Schlüssel und Schlange. Später ist sie mit →Seléne und →Ártemis verschmolzen.

Hekatoncheíres △, *Hekatoncheiren* (dt.): griech. Gruppe von *Riesen* mit 100 Armen und 50 Köpfen. Es sind die 3 Söhne von →Gaía und →Uranós: Briareos, Gyes und Kottos. Sie sind die Geschwister der →Titánes und →Kýklopes. Von ihrem Vater wurden sie in den →Tártaros verbannt, jedoch von →Zeús daraus befreit. Sie verhalfen diesem zum Sieg über Krónos und die anderen Titánes.

Heket ▽ (?»Fürstin«): ägypt. *Ortsgöttin* von Herwer, die als »Herrin der Stadt Herwer« angerufen wird. Als *Geburtsgöttin* gehört sie neben →Chnum zu den Gottheiten, die »die Menschen bauen«. Sie bildet das Kind im Mutterschoß und leitet die Entbindung ein. Auf Särgen erscheint sie als *Schutzgöttin* der Toten. Sie gilt als Tochter des →Re, und ihre Titel sind: »Gottesmutter«, »Auge des Re«, »Herrin des Himmels«, »Fürstin der Götter«. Später wird sie mit →Nut und →Nechbet gleichgesetzt.

Hel ▽ (nord. »Hölle«), *Helheim* (»Höllenwelt,- raum«): german. 1) *Totenreich* für alle, die auf dem Land durch Krankheit oder Altersschwäche sterben - die Ertrunkenen gehören der →Rán und die Kriegstoten →Odin. Auch Götter, wie z. B. →Balder, müssen den »Helweg« gehen. H. umfaßt 9 Welten und liegt in der Unterwelt →Niflheim. Wer einmal das Gatter der Brücke →Gjallarbrú, die über den Fluß →Gjöll führt, durchschritten hat, kehrt niemals zurück. Wachhund der H. ist →Garm. »Nach H. kommen« ist synonym für »sterben«. Seit der Christianisierung ist H., der Aufenthaltsort der Toten, zum Strafort der christl. Hölle geworden. Herrscherin über H. ist die gleichnamige 2) *Totengöttin*. Sie gilt als Tochter des →Loki und der Riesin Angrboda sowie als Schwester des →Fenrir und der →Midgardsomr.

Heléne ▽, *Helena* (lat.): griech. *Vegetations*- und *Baumgöttin*, später *Königin* von Sparta und schönste, verführerischste Frau. Sie ist Tochter des →Zeús und der →Léda sowie Schwester des →Polydeúkes, Gattin des →Menélaos und Mutter der Herminone. Schon in der Jugend wurde sie von →Theseús entführt, aber von den →Dióskuroi wieder befreit. Im Streit um den Apfel der →Éris wurde sie von →Aphrodíte dem →Páris versprochen, von dem sie sich - nach 10jähriger Ehe mit Menélaos von Sparta - nach Troja entführen ließ. Dies löste den 10jährigen Trojanischen Krieg seitens der Griechen aus. Nach dem Tod des Páris wurde sie die Frau des Deiphobos. - *Gemälde:* Tiepolo (1760), H. v. Marées (1881);

Hekáte, griech. dreigestaltige Göttin im Himmel, auf Erden und in der Unterwelt, ein Mischwesen mit Schlangenhaar und Schlangenfuß, auch mit Pferdekopf oder dreiköpfig und sechsarmig.

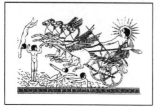

Hélios, griech. Sonnengott, der mit seinem von vier Flügelrossen gezogenen Wagen während des Tages von Ost nach West über den Himmel fährt.

Drama: Euripides (412 v. Chr.); *Opern:* Gluck (1770), J. Offenbach (1864), R. Strauss (1928).

Helheim →Hel

Heliogabalos →Elagabal

Hélios △ (»Sonne, Osten«): griech. jugendlicher *Sonnen-* und *Schwurgott,* Sohn des Titanenpaares →Hyperíon und →Theía, Bruder von →Seléne und →Eós, Gemahl der →Pérse und durch sie Vater der →Kírke und →Pasipháë. Durch die →Okeaníne Klymene ist H. Vater des →Phaëthon. Als *Lichtgott* heilt er Blinde, straft aber auch Frevler mit Blindheit. Da er alles sieht und hört, verriet er dem →Héphaistos den Seitensprung der →Aphrodíte und der →Deméter den Aufenthaltsort der →Persephóne. H. fährt mit einem vierspännigen Wagen während des Tages von Ost nach West über den Himmel – ihm voraus Eós, dem später Seléne folgt. Bei Nacht kehrt er von West nach Ost in einer goldenen Schale durch den →Okeanós zurück. Sein 31 m hohes Standbild (224 v. Chr.), der *Koloß von Rhodos,* war eines der 7 Weltwunder. H. entspricht dem röm. →Sol.

Hélle →Phríxos

Hemen △: ägypt. *Falkengott,* der in Hesfun (Asphynis) verehrt und dem →Haroëris gleichgesetzt wurde. Sein weibliches Pendant ist die Göttin Hemenet.

Heméra →Eós

Hemsut ▽, *Hemuset, Hemusut:* ägypt. *Geistwesen* und Personifikation der weiblichen schöpferischen Kräfte. Sie schaffen die Nahrung als den Urquell aller Lebenskraft heran und verleihen Macht. Außerdem sind sie auch *Schutzgöttinnen,* vor allem bei der Geburt, und *Schicksalsgöttinnen,* die das neugeborene Königskind in ihre Arme nehmen. Sie bilden das weibliche Gegenstück zu den männlichen →Kas und werden in Menschengestalt mit einem von Pfeilen durchkreuzten Schild auf dem Haupt dargestellt.

Hen →En

Heng O ▽, *Ch'ang-o, Shang Yeh:* chines. *Mondgöttin* und jüngere Schwester des →Ho Po. Nachdem sie ihrem Gatten →Shen I heimlich die Droge der Unsterblichkeit (→Ch'ang-shen pu-ssu) entwendet hatte, floh sie in den Mond, dessen Göttin sie ist. Dargestellt wird sie mit der Mondscheibe in der rechten Hand auf einer dreifüßigen Kröte sitzend.

Henoch →Hanōk

Heosphóros →Phosphóros

Hepat →Chebat

Héphaistos △, *Hephaestus* (lat.), *Hephǎst* (dt.): griech. *Gott* des *Feuers* und *Schutzgott* der *Schmiedekunst* sowie Personifikation des aus der Erde hervorbrechenden Feuers. Er gehört zu den 12 →Olýmpioi, ist Sohn des →Zeús und der →Héra sowie Bruder von →Áres, →Hébe und →Eileithyia. Er ist der Gatte der →Aphrodíte, die ihn mit Áres betrügt. Da er lahm geboren wurde, warf ihn seine Mutter vom Ólympos ins Meer hinab. Im Auftrag des Zeús bildete er die →Pandóra. Er spaltete das Haupt des Zeús zum Zweck der Geburt der →Athéne. In seiner unterirdischen Schmiede fertigt er mit den →Kýklopes als Gehilfen die Attribute der Götter: das Zepter des Zeús, die Pfeile des →Éros, den Wagen des →Hélios, den Bogen der →Ártemis und die Rüstung des Áres. Bei dem ihm geweihten Fest *Hephaistia* wurde ein Fackellauf veranstaltet. - *Gemälde:* Velázquez (1630), A. van Dyck (1632/34), Rubens (1636/37), Tiepolo. - H. entspricht dem röm. →Volcanus.

Heqo △ (»Zauber«), *Hego: Himmels-* und *Sonnengott* der Kaffa in Äthiopien. Als *Schicksalsgott* teilt er Glück oder Unglück zu.

Héra ▽, *Hére* (»die Starke, Schützerin«): griech. *Erd-* und *Muttergöttin, Schutzgöttin* von Ehe und Geburt, *Himmelskönigin* und *Hochgöttin* der Griechen. Sie ist eine der 12 →Olýmpioi und gilt als Tochter des Titanenpaares →Krónos und →Rheía sowie als Schwester von →Deméter, →Hádes, →Hestía und →Poseidón sowie als Schwester und Gattin des →Zeús. Von ihm ist sie Mutter des →Áres und →Héphaistos, der →Hébe und →Eileíthyia. Eifersüchtig beobachtet sie die vielen Seitensprünge ihres Gatten und verfolgt die Nebenbuhlerinnen und deren Kinder. Der H. zu Ehren wurden die *Heraia* gefeiert. Nach ihrer Muttermilch ist das Sternsystem der *Milchstraße* (→Galaxías) benannt. Ihre Attribute sind Pfau und Apfel, Diadem und Zepter. - *Gemälde:* Correggio (1518/19), Tiepolo (1731). H. entspricht der röm. →Iuno.

Heraklés, griech. Heros mit dem Höllenhund Kérberos, den er vorübergehend aus der Unterwelt entführte, wobei ihm eine Erinýs leuchtet und Hermés den Weg weist.

Heraklés (»der durch Héra Berühmte«), *Hércules* (lat.), *Herkules* (dt.): griech. bedeutendster *Heros, Retter* und *Schutzpatron* vor allen Übeln sowie *Kulturbringer.* Als *Übermensch* und →*Gottmensch* ist er die Personifikation von Kraft, Mut und Tapferkeit. H. ist Sohn des Gottes →Zeús und der sterblichen →Alkméne. Infolge der Eifersucht der →Héra muß er viele Mühsale auf sich nehmen. Am Scheideweg zwischen Tugend und Laster erwählte H. erstere. Er diente u. a. der Königin →Omphále. In einem von Héra geschickten Wahnsinnsanfall tötete H. seine Gattin Megára und seine Kinder. Er tötete den Adler des →Prometheús, beteiligte sich am Kampf der →Gígantes und festigte durch die 12 Arbeiten im Dienst des Königs Eurystheus die göttliche Ordnung auf Erden: *1.* Erwürgung des Nemeischen Löwen. *2.* Tötung der →Hýdra. *3.* Einfangen der Kerynitischen Hirschkuh. *4.* Einfangen des Erymanthischen Ebers. *5.* Tötung der Stymphalischen Raubvögel. *6.* Ausmistung der Ställe des Königs Augias. *7.* Einfangen des →Minótauros. *8.* Herbeischaffen der Rosse des Königs Diomedes. *9.* Erbeutung des Gürtels der →Amazonenkönigin Hippolyte. *10.* Erbeutung der Rinder des Riesen Geryoneus. *11.* Gewinnung der Äpfel der →Hesperides. *12.* Eindringen in den →Hádes und Entführung des →Kérberos. Diese 12 Arbeitsaufgaben, die die 12 Tierkreise versinnbildlichen, kennzeichnen den Weg des Sterblichen zur Unsterblichkeit. Durch das von seiner Gattin Deiáneira vergiftete Gewand wurde H. in den Flammentod auf dem Scheiterhaufen getrieben und alsdann in den →Ólympos entrückt, wo die Göttin →Hébe seine Gattin wurde. Seine Attribute sind das Keule und das dem Löwen (erste Tat) abgezogene Fell. H. wurde in knieender Stellung im Kampf mit dem Drachen →Ládon (elfte Tat) als *Sternbild* an den Himmel versetzt. - *Gemälde:* Dürer (1500), Rubens (1615/16), Tiepolo (1760); *Dramen:* Euripides (421 v.Chr.), F.Wedekind (1917), F.Dürrenmatt (1954), C.Zuckmayer (1958); *Oratorium:* Händel (1744); *Worte:* herakleisch.

Hercle △, *Herchle:* etrusk. *Heros* und Sohn der →Uni. Er entspricht dem röm. →Hercules und griech. →Heraklés.

Hercules △, *Herkules* (dt.): röm. *Gott* des *Handels* und *Verkehrs, Schutzgott* der Münzen und Gewichte sowie der Kaufleute, die ihm den Zehnten ihrer Erträge opfern. Als *Heros* tötete er den Riesen →Cacus. *Herculaneum* in Kampanien, die von H. erbaute Stadt, wurde 79 n.Chr. durch den Vesuv-Ausbruch verschüttet. Als »Säulen des H.« (columnae Herculis) werden die beiden Berge Kalpe in Europa und Abyla in Afrika an der Meerenge von Gibraltar, bezeichnet. Nach H. ist ein Sternbild benannt. - *Worte:* H. (fig.), H.-arbeit, H.-käfer, H.-keule, herkulisch. Der H. ist dem griech. →Heraklés gleich.

Hére →Héra

Herensugue (von sugue = »Schlange«): bask. teuflischer *Höhlengeist* in Gestalt einer siebenköpfigen Schlange, der mit seinem Atem die Tiere anlockte, um sie zu verschlingen, und der sich auch von Menschenfleisch ernährte, bis er schließlich von einem Heros vergiftet wurde. Dann hat er sich in Flammen gehüllt und ist in rasendem Flug zum Ozean geflogen, wobei er noch mit seinem Schwanz die Gipfel der Buchen abschlug.

Herischef →Harsaphes

Herkules →Heraklés →Hercules

Hermaphróditos △◇ (Herm[es und] Aphrodite), *Hermaphrodjtus* (lat.): griech. *Zwittergottheit* mit männlichen und weiblichen Geschlechtsmerkmalen. H. ist ein Kind des →Hermés und der →Aphrodite. Als die Quel-

Hermaphróditos, griech. Zwittergottheit mit männlichen und weiblichen Geschlechtsmerkmalen.

lennymphe Salmakis bei dem (zunächst) männlichen H. keine Gegenliebe fand, wurde sie, als H. in ihrer Quelle badete, auf ihren Wunsch hin mit ihm für immer zu einem einzigen zweigeschlechtlichen Wesen (Mannweib) verschmolzen. Die Quelle, in der diese Verwandlung stattfand, macht alle, die darin baden, zu einem H. - *Gemälde:* C. Carrà, A. Jones (1963); *Worte:* Hermaphrodit (= Zwitter), hermaphroditisch, Hermaphrodismus, Hermaphroditismus.

Hermés △ (von *hermaion* = »Steinhaufen«), *Hẹrmes* (lat.): griech. *Götterbote, Schutzgott* der Kaufleute und Reisenden, der Schelme und Diebe. Als Gott des sicheren Weggeleits und *Psychopompos* (»Seelenführer«) geleitet er die Toten vom →Diesseits ins →Jenseits. H. ist einer der 12 →Olýmpioi und Sohn des →Zeús und der Nymphe →Maía. Er gilt als Vater des →Pán und des →Hermaphróditos. Zusammen mit Zeús besuchte er in Gestalt müder Wanderer das fromme alte Ehepaar Philemon und Baukis. Als *Schutzpatron* der *Musik* hat er die erste Leier aus einer Schildkröte gebaut, die jetzt als *Sternbild* (Lyra) am Himmel versetzt ist. Seine Attribute sind Heroldsstab, Flügelschuhe und Reisehut. - *Plastiken:* Praxiteles (340 v.Chr.), Thorwaldsen (1818); *Gemälde:* Tintoretto (1578), Rubens (1634), C. Lorrain; *Worte:* Hermen, Hermeneutik, Hermetika. - H. entspricht dem röm. →Mercurius.

Hermés, griech. Götterbote und Seelenführer, der eine Verstorbene zum Fährmann Cháron geleitet.

Hermod △, *Hermódr* (nord.), *Hermodur:* nordgerman. *Heros* und *Götterbote*. Zusammen mit →Bragi begrüßt er die in →Walhall ankommenden →Einherier. Als Bote der →Frigg reitet er auf →Sleipnir während 9 Nächten nach →Hel, um die Göttin Hel zur Herausgabe des ermordeten →Balder zu bewegen. H. ist Sohn der Frigg und des →Odin, sowie Bruder von Balder und →Hödur.

Heró (»Frau«) ▽ und **Léandros** (»Mann«) △, *Hẹro* und *Lẹander* (lat.): griech. berühmtes *Liebespaar*. L. aus Abydos liebte H., die junge und schöne Priesterin der →Aphrodite in Sestos, jenseits der Meerenge des Hellespontos. Obwohl seine Eltern gegen eine Heirat waren, schwamm L. jede Nacht übers Meer zu seiner Geliebten, wobei ihm die kleine Lampe der H. von einem Leuchtturm aus den Weg wies. Da einmal ein

Sturm das Licht auslöschte, ertrank L., und als H. die Leiche ihres Geliebten am Strand entdeckte, stürzte sie sich aus Verzweiflung vom Turm. – *Gemälde:* Rubens (1602/05); *Drama:* Grillparzers »Des Meeres und der Liebe Wellen« (1831).

Heroen △ (m. Pl.; griech. »Helden«), **Heroinnen** ▽ (w.): allg. Bezeichnung für Übermenschen (→Mittler), die aufgrund ihrer Kraft und Macht zwischen →Göttern und Göttinnen einerseits und Menschen andererseits stehen. Oft entstammen sie der Verbindung einer Gottheit mit einem Menschen (→Gottmensch). Im Verlauf ihres irdischen Lebens haben sie große (Helden-) Taten im Dienst der Kultur und Ordnung vollbracht, die meist mit Kämpfen gegen die Mächte des Chaos jeder Art (→Drachen, →Riesen, →Dämonen und Ungeheuer) verbunden waren. Im Einzelfall steigt der H. zur Gottheit auf, wie umgekehrt eine Gottheit zum H. herabsinken kann (z. B. →Hyákinthos). Nach ihrem Tod und Eintritt in die himmlische Welt (→Himmel) haben sie, den Gottheiten entsprechend, die Fähigkeit, den Menschen aus eigener Macht zu helfen. Zu bekannten H. gehören u. a.: sumer. →Gilgamesh, griech. →Achilleús, →Heraklés, →Theseús und →Odysseús, afrikan. →Faro, melanes. →Ambat, polynes. → Kupua, chines. → Fu-hsi, hindu. → Arjuna, indian. →Hunapú und →Itzamná, jüd. →Estēr, christl. →Jeanne la Pucelle. – *Worte:* Heroine, Heroenkult, heroisch, heroisieren, Heroismus.

Heruka →Hevajra

Her-ur →Haroëris

Hesat ▽ (»die Grimmige«): ägypt. *Kuhgöttin,* die als »Erste der Kühe« in Atfîh (22. oberägypt. Gau) verehrt wird. Die auf Bildern als siebenfache »weiße« Kuh dargestellte Mutter des →Apis und des →Mnevis säugt nach dem Mythos von der göttlichen Geburt des Königskindes den jungen König.

Hesperídes ▽, *Hesperiden* (dt.): griech. hellsingende *Göttinnen* der *Natur* (→Nymphen) sowie Töchter der →Nýx oder des →Átlas. Sie bewachten im »Hesperidengarten« der Götter, weit im Westen und jenseits des →Okeanós, zusammen mit dem Drachen →Ládon die goldenen Äpfel, ein Hochzeitsgeschenk der →Gaía für →Zeús und →Héra, bis →Heraklés den Drachen tötete und die Äpfel für Eurystheus stahl. – *Gemälde:* Raffael, H. v. Marées (1884/87).

Hestía ▽ (»Herd«), *Hestia* (dt.): griech. jungfräuliche *Göttin* des *Feuers* sowohl im häuslichen Herd wie auch im Staatsherd, *Schutzgöttin* des häuslichen Friedens und aller Schutzflehenden. H. ist eine der 12 →Olýmpioi, eine Tochter des Titanenpaares →Krónos und →Rheía sowie Schwester von →Deméter, → Hádes, →Poseidón, →Zeús und →Héra. Ihr wurde täglich am Familienherd etwas von der Mahlzeit geopfert. Sie entspricht der röm. →Vesta.

Hetepet ▽: ägypt. *Lokalgöttin* des gleichnamigen Kultorts Hetepet bei Heliopolis, wo sie als »Herrin von Hetepet« sowie als »Baumgöttin am

Brunnen« verehrt wird. Seit der 18. Dynastie wird sie der →Hathor gleichgesetzt.

Hethiter: Arinna, Arma, Aruna, Asherdush, Atramchashi, Chalki, Channachanna, Chanwashuit, Chasham(m)eli, Chazzi, El-kunirsha, Ellel, Gul-shesh, Illujanka, Ishkur, Ishtanu, Jarri, Kamrushepa, Lama, Lel(u)wani, Pirwa, Pishaisha, Rundas, Shiush, Washitta.

Hevajra △, *Heruka:* buddh.-tantr. *Schutz-* und *Initiationsgott* sowie Personifikation des gleichnamigen Tantra(buches), der zu den →Ishta-Devatā gehört. Dargestellt wird er achtköpfig mit je einem Stirnauge, sechsarmig und vierbeinig in →Yab-Yum mit seiner Yogini Nairātmyā (»Seelenlosigkeit«).

Hexen ▽ (v. ahd. *hag[a]zus[sa]*= »Zaunweib, Zaunreiterin«): allg. Bezeichnung für Gottheiten, Geistwesen und Menschen weiblichen Geschlechts mit außernatürlichen und meist als negativ bewerteten Eigenschaften und Fähigkeiten (→Magier und Zauberer, →Mittler). Sie gelten als Kindesentführerinnen, Giftmischerinnen und Ketzerinnen, die einen Pakt mit dem →Teufel geschlossen haben und mit ihm sexuell verkehren. Als Hurenlohn haben sie von ihm die Macht erhalten, sich und andere in Tiere zu verwandeln und auf Besen durch die Lüfte zu fliegen. Aufgrund des Hexenwahns fielen vom 14. bis 18. Jh. viele Frauen der *Hexenverfolgung* (Inquisition, Hexenprozesse) zum Opfer. Bekannte H. sind die jüd. Hexe von Endor, die den Totengeist des Königs Saul aus der Unterwelt heraufzitierte, die jüd. Dämonin →Lilit und die griech. Göttin →Hekáte. - *Gemälde:* F. d. Goya (ca. 1815); *Kupferstich:* H. B. Grien; *Worte:* H. (fig.), hexen, Hexenbesen, Hexenbuch, Hexenei, Hexen-Einmaleins, Hexenglaube, Hexenhäuschen, Hexenjagd, Hexenkessel, Hexenbraut, Hexenküche, Hexenkunst, Hexenmehl, Hexenmeister, Hexenmilch, Hexenpilz, Hexenprozeß, Hexenring, Hexensabbat, Hexenschuß, Hexenstich, Hexentanzplatz, Hexenverbrennung, Hexenwahn, Hexenzirkel, Hexenzwirn, Hexer, Hexerei.

Hibil: iran. *Geist-* und *Lichtwesen* (→Uthrā) bei den Mandäern. Er ist *Heros* einer eschatologischen →»Höllenfahrt«, bei der er mit dem Dämon →Krūn kämpfen und alle frommen Seelen aus dem »Maul des →Ur« erretten, insbesondere →Ptahil, →Jōshamin und →Abāthur erlösen wird. Vielfach wird er mit →Mandā d-Haijē gleichgesetzt.

Hido →Sido

Hexen als Zauberinnen und Giftmischerinnen, die durch die Lüfte fliegen können (Holzschnitt von H. Baldung Grien).

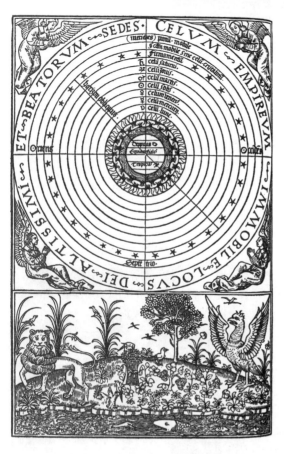

Christl. geozentrisches Weltbild (Holzschnitt, 1546).

Hie ▽ (»Schatten«): alban. *Totengeist* und alpartige *Fee* mit edelsteingeschmückter Goldhaube. Wenn der von der H. Gedrückte ihre Haube zu berühren vermag, wird er sehr reich und mächtig. Eine Redewendung lautet: »Eine H. hat mich gedrückt.«

Hiisi △, *Hijsi:* finn. *Waldgeist,* der den Menschen die Waldtiere zuführt. In Westfinnland werden die bewaldeten heiligen Haine *hiisi* (»Wald«) genannt. Später wurde H. →zum Teufel degradiert.

Hike △: ägypt. *Arztgott* und Personifikation einer geheimen Kraft, die überirdische Wirkungen hervorbringt und die Gottheiten erfüllt. Die Ärzte verstehen sich als Priester des Hike, der als ältester Sohn des →Atum oder als Sohn des →Chnum und der →Nebetu bzw. →Menchit gilt. Er wird gleichgesetzt mit Atums schöpferischen Organen Herz und Lunge.

Hilāl △ (»der neue Mond«): arab. *Mondgott,* der insbesondere in seiner Phase als Neumond verehrt wurde.

Himavat, *Himavan* (sanskr. »Schneegipfel«), *Himālaya* (»Schneestätte«): hindu. Personifikation des Himālaya-Gebirges, in dessen Mitte der Kailāsa liegt. Als Gatte der →Menā ist er Vater der →Gangā und der →Pārvati.

Himmel △: allg. Bezeichnung eines *Raumes,* der im oberen Teil des →Weltbildes, in der →Überwelt und im →Jenseits, lokalisiert ist und als Wohn- bzw. Aufenthaltsort der →Götter und Göttinnen, insbesondere der Himmelsgottheiten, sowie der guten →Geister gilt. Er ist auch Zielort der guten, erlösten und seligen Menschen und →Heiligen. Der H. ist Stätte und Reich des überirdischen Lebens, Ort der Belohnung, der Freude und des Glücks. Er steht im Gegensatz zur →Hölle der Verdammten. H. und Erde gelten als ein Urpaar, das aus einem bestimmten Grund - wie z. B. ehelicher Zwist oder Auflehnung seiner Kinder - aus seiner ursprünglichen Umarmung getrennt worden ist. Daher wird der H. als der oben Liegende männlich (→Vatergott, Himmelsgott), Erde hingegen als die unten Liegende weiblich (→Muttergöttin, Erdgöttin) gedacht. Ausnahmen bilden die ägypt. Himmelsgöttin →Nut und der

Erdgott →Geb. Vorgestellt wird der H. auch als Hirtenzeltdach, als sternenbesäter Mantel einer Gottheit, als Kuppel, die vom Weltenbaum, von Pfeilern oder Titanen getragen wird, als Scheibe, als Trennwand zwischen oberen und unteren Gewässern sowie als ein mehrere Stockwerke umfassendes Gewölbe. Manchmal ist der H. durch Tore verschlossen und wird von Himmelswächtern bewacht. So hat z. B. der christl. →Pétros die Schlüssel zum Reich der H. Vom H. steigen überirdische Wesen zu den Menschen auf die Erde herab. Eine Verbindung vom H. zur Erde schafft die Himmelsleiter des jüd. →Ja'akōb. Der H. ist Ziel einer →Himmelfahrt oder Himmelsreise. Oft ist H. identisch mit Paradies. Von den verschiedenen H. sind insbesondere zu nennen: ägypt. →Earu, jüd. →Shāmajim, islam. →Djanna, buddh. →Abhirati, →Jōdo und →Sukhāvati, chines. →Ch'ung-Ming und →K'un-lun, shintoist. →Takama-ga-hara, griech. →Elýsion bzw. →Ólympos, german. →Asgard und →Walhall, kelt. →Annwn, ungar. →Kacsalábon, litau. →Daūsos, polynes. →Hawaiki, indian. →Hanan Pacha und →Tlalocán. - *Gemälde:* L. Signorelli (1499/1505); *Worte:* H. (fig.), himmelangst, Himmelbett, anhimmeln, Himmelsbraut, Himmelsbrot, Himmelsschlüssel, himmelschreiend, Himmelsleiter, Himmelslilie, Himmelssohn, Himmelstür, himmelwärts, himmelweit, himmlisch.

Himmelfahrt und Himmelsreise ▽: allg. Bezeichnung für den *Aufstieg* eines irdischen Wesens von der Erde zum →Himmel. Während die Himmelfahrt im Himmel für immer endet, meint die Himmelsreise nur einen vorübergehenden, zeitlich begrenzten Aufenthalt mit anschließender Rückkehr zur Erde. Zu nennen sind insbesondere: die *Himmelfahrt:* christl. →Iesūs und →María, jüd. →Hanōk und Ēlijjāhū, hindu. →Sundaramūrti, chines. →Fei-sheng und →Chang Tao-Ling sowie die *Himmelsreise:* islam. →Muhammad, sumer. →Etana und sibir. →Schamanen. In den *Himmel entrückt* wurde der griech. →Ganymédes. - *Worte:* H., Himmelfahrtskommando, Himmelfahrtsnase.

Hina ▽, *Hine, Ina, Sina:* polynes. *Mondgöttin* (der Maori), die im Mond das Tapatuch klopft, oder auch *erste* leibliche *Frau* der Welt, die von →Tane als seine Gattin erschaffen wurde. Sie ist aber auch die Frau von →Tiki und von ihm Mutter des →Maui. H. wird von Tane aus dem weichen, roten Sand der Küste von →Hawaiki geformt, um eine eben-

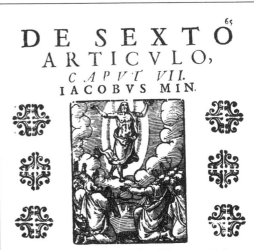

DE SEXTO ARTICVLO, *CAPVT VII.* IACOBVS MIN.

Afcendit ad Coelos, fedet ad dexteram Dei Patris omnipotentis.

Himmelfahrt des christl. Gottmenschen Iesūs während seine Jünger ihm anbetend nachschauen (Holzschnitt aus dem Catechismus Romanus, Udine, 1706).

Hinduistische Mythologie

Die Mythologie der im Abendland als Hinduismus bezeichneten drittgrößten Weltreligion, welche die vielfältigen Glaubens- und Lebensformen der heutigen Inder umfaßt und zudem die dritte und letzte geschichtliche Entwicklungsphase in der indischen Religionsgeschichte nach dem Vedismus und dem Brahmanismus darstellt, fragt nach dem Ursprung und Sinn allen Seins, nach dem Einen und Ewigen hinter der mannigfaltigen und vergänglichen Erscheinungswelt. Dabei gewinnen die Vorstellungen über Weltbilder und Zeitalter, über Weltperioden und Wiedergeburten in systematisierender Weise farbige Gestalt. Der Weg menschlicher Erlösung wird als ein von mächtigen Gottheiten sowie von guten und bösen Geistern begleiteter Prozeß gesehen.

Die *Weltbilder* zählen nach dem Vishnu-Purana Tausende von Millionen vergänglicher Welten und Weltsysteme *Brahmanda* (»Brahma-Eier«), wobei jedes Weltsystem eine Erde zum Zentrum hat, unter der sich Unterwelten und Höllen befinden und über der sich stockwerkartig überirdische Himmelsparadiese erheben. Ein solcherart dreigeteiltes Weltbild *Triloka* (»Drei Welten«) besteht z. B. aus der Mittel- bzw. Erdenwelt *Bhurloka*, der Unterwelt *Patala* mit den Höllen *Naraka* und der Himmelswelt *Svarloka*.

Bhurloka (»Erd-Welt«), die irdische Welt der Menschen, wird als eine Scheibe mit sieben ringförmigen Kontinenten vorgestellt, die jeweils nach der auf ihnen stehenden Pflanze – häufig Baumarten – benannt sind. Der zentrale und bedeutendste Kontinent (Dvipa) ist *Jambudvipa* (nach dem »Rosenapfelbaum« bezeichnet), in dessen Mitte sich der goldene Berg *Meru* mit dem Wohnsitz der Götter erhebt. Die sieben Ringkontinente sind von ebenso vielen ringförmigen Ozeanen umgeben, die Fruchtbarkeit symbolisieren und nach den in ihnen enthaltenen Flüssigkeiten benannt sind, wie u. a. das Salz-, Wein-, Milch- oder Süßwasser-Meer. Unter der Erdoberfläche liegen die sieben unterweltlichen *Patalas,* die in sieben Etagen und Höhlen absteigen und herrliche Paläste enthalten. In dem Ozean darunter ruht Gott *Vishnu* in Gestalt der die Erde tragenden Weltschlange *Ananta.* Noch eine Etage tiefer liegen die Höllen *Naraka,* in die Lügner, Mörder, Säufer und Diebe hinabgestürzt werden, bis sie nach Abbüßung ihrer Strafzeit in einer neuen Verkörperung auf der Erdenwelt wiedergeboren werden. Über der Erdenwelt *Bhurloka* erheben sich die Regionen (loka) des Luftraums *Bhuvarloka* und des Himmelsraums *Svarloka.* In einer Reihe von weiteren, noch höheren Regionen leben *Gandharvas* und *Apsaras* als himmlische Geister sowie gute Menschen bis hin zur Region der ewigen Welt der Wahrheit bzw. des *Brahma,* in die all jene eingehen, die vom Kreislauf der Wiedergeburten erlöst sind.

Von größter Bedeutung für den langen, in diesen Welten zu durchlebenden Läuterungsprozeß aller irdischen Lebewesen ist die Vorstellung von den Zeitaltern als Weltzyklen, die in einem dauernden periodischen Wechsel von vier guten und schlechten Zeitaltern stattfinden. Diese vier *Yugas* (»Zeitalter«) sind nach den vier Würfen eines Würfelspiels benannt, wobei die Würfelseiten mit ihrer Augenzahl von vier, drei, zwei bis eins abnehmend und – bezeichnet als Krita, Treta, Dvapara und Kali – die vier-, drei-, zwei- und eintausend Götterjahre darstellen. Dabei entspricht ein Götterjahr 360 Menschenjahren. Die abnehmenden Zahlenwerte symbolisieren hier den entsprechend abnehmenden körperlichen und sittlichen Verfall bis zum gegenwärtigen Zeitalter Kaliyuga. Da dieses, mit dem Tod des Gottes Krishna am 17. Februar 3102 v. Chr. beginnend, erst etwa 5000 Menschenjahre besteht, müssen noch über 400 Jahrtausende vergehen, bis wieder ein neues goldenes Zeitalter Kritayuga mit einer erneuten Inkarnation des Gottes *Vishnu* anbricht. Die Gesamtsumme der vier Yugas mit 4320000 Menschen- bzw. 12000 Götterjahren ergibt ein *Mahayuga* (»großes Zeitalter«), und tausend Mahayugas bilden ein *Kalpa* (»Weltperiode«) als kleinsten periodisch wiederkehrenden Weltzyklus. Er durchläuft die vier Phasen von der Weltentstehung, der Fortdauer der entstandenen Welten bis zum Weltuntergang als kleiner Auflösung und der Fortdauer des so entstandenen Chaos als totaler Vernichtung. Die Endzeit *Pralaya* (»Auflösung«) vernichtet periodisch die manifestierte Welt durch Feuer, Wasser und Sturm, bevor eine neue Welt wiedersteht. Ein Kalpa ist nur ein »Tag Brahmas«, dem als ein weiteres Kalpa eine »Nacht Brahmas« als Periode der Weltenruhe folgt, bevor ein neues Kalpa beginnt. Solche Tage und Nächte Brahmas werden zu einem Jahr des Brahma, und hundert Brahmajahre stellen die Gesamtlebenszeit eines Brahma, das *Para* (»höchst«), dar, welches als der größte periodisch wiederkehrende Weltzyklus gilt. Para dauert 72 Millionen Mahayugas und entspricht 311,04 Billionen Menschenjahren bzw. 864 Milliarden Götterjahren. Ein Para umfaßt 100 Brahmajahre, so lange wie die Lebensdauer des jeweiligen Weltenschöpfers *Brahma*.

Den in riesigen, zeitlich nicht vorstellbaren Dimensionen verlaufenden periodischen Weltzyklen, die entstehen, vergehen und wieder neu entstehen, entspricht ein ebenfalls periodisch wiederkehrender Lebenszyklus von Geburt, Tod und Wiedergeburt aller irdischen, unter- und überirdischen Einzelwesen. An *Samsara* (»Umherwanderung«), den ewigen Kreislauf des Daseins von Werden und Vergehen und die Kette der Wiedergeburten, sind alle so lange gebunden, bis sie endlich Erlösung erlangt haben. Die Art der jeweiligen Wiederverkörperung richtet sich nach der moralischen Qualität der Summe aller guten und schlechten Gedanken, Worte und Taten in den vorausgegangenen Leben und stellt so das Karma eines jeden Individuums dar. Gemäß dem Vishnu-Purana umfaßt die Stufenleiter der Existenzen, die alle Wesen zu durchlaufen haben, um schließlich das Ziel der Erlösung zu erreichen, die Gradstufen der Pflanzen, gefolgt von denen der Würmer und Insekten, der Fische, Vögel und Säugetiere, dann die der Menschen und heiliger Menschen, schließlich den Grad der Götter und letztendlich den als Erlöste.

In der Weise, wie Welt- und Lebenszyklen in jeweils drei Stadien einander ablösen, so sind auch die drei Götter *Brahma, Vishnu und Shiva*, zusammen als *Trimurti* (»Dreigestalt«) bezeichnet, für Erschaffung, Erhaltung und Vernichtung der Welt zuständig. Dabei stehen sie sowohl mit anderen Göttern, den Devas, wie auch mit den Dämonen *Asuras* in einem ständigen Kampf. Wenn die Macht der Dämonen auf Erden so stark wird, daß Weltordnung und Gerechtigkeit unterzugehen drohen, dann steigt Vishnu vom Himmel auf die Erde herab, um in einer seiner *Avataras* siegreich in diese Kämpfe einzugreifen. Die erste Inkarnation des Vishnu geschah als Fisch, der den Manu (»Mensch«) errettete. Dieser wurde zum Stammvater einer neuen Menschheit wie auch zum Begründer menschlicher Sitte und Ordnung. Eine Avatara Vishnus als *Kalki* (»Weißes Pferd«) steht für die Zukunft noch bevor.

Der hinduistische vierarmige Gott Vishnu in seiner ersten Avatara als Fischmensch (Matsya).

bürtige Gattin zu haben. Ihr erstes Kind war →Hine-nui-te-Po. Nachdem H., die beschirmte Jungfrau von hoher Geburt, einmal von dem Aal Tuna verführt worden war, als sie in einem Teich badete, wurde dieser vom aufgebrachten Volk bzw. von Maui erschlagen. Aus dem begrabenen Kopf ihres Aalliebhabers sproß die erste Kokospalme.

Hindus: Aditi, Ādityas, Agni, Airāvata, Amrita, Ananta, Angiras, Anhakā, Aniruddha, Apasmara, Apsarās, Arjuna, Aruna, Aryaman, Ashvins, Asura, Atri, Avatāra, Bālakrishna, Balarāma, Bali, Bāna, Bhaga, Bhairava, Bhārata, Bhārata-varsha, Bhima, Bhrigu, Bhūdevi, Bhūrloka, Bhūtas, Bhuvarloka, Brahmā, Brahmājahr, Brahman, Brahmānda, Brahmani, Brahmanirvāna, Brihaspati, Buddha, Budha, Chāmundā, Chandra, Chāyā, Chinnamastā, Daityas, Daksha, Dānavas, Danda, Deva, Devaki, Devi, Dhārani, Diti, Draupadi, Durgā, Dyaus, Gajavrishabha, Gandharva, Ganesha, Gangā, Garuda, Gauri, Goloka, Gopāla, Gopis, Hanumān, Hari-Hara, Hayagriva, Himavat, Hiranyagarbha, Hiranyakashipu, Hiranyaksha, Indra, Indrāni, Isha, Ishvara, Jagannātha, Jambūdvipa, Jivanmukta, Ka, Kāla, Kāli, Kāliya, Kalki, Kalpa, Kāma, Kāmākshi, Kansa, Kashyapa, Kauravas, Ketu, Kinnaras, Kratu, Krishna, Krishnamurti, Kubera, Kumari, Kunti, Kūrma, Lakshmana, Lakshmi, Lalita, Laya, Lilā, Linga, Loka, Lokapāla, Mahādeva, Mahākāla, Mahāmayā, Maharishi, Mahāyuga, Mahisha, Makara, Manasa, Mangala, Manu, Marichi, Maruts, Matsya, Māyā, Mena, Meru, Mithuna, Mitra, Moksha, Nāgas, Nandi, Nārada, Naraka, Narasimha, Nārāyana, Natarāya, Navagraha, Nirrita, Nirriti, Nirvāna, Pāndavas, Pāndu, Para, Parashu-Rāma, Pārvati, Pashupati, Pātāla, Pishāchas, Pitā, Pradyumna, Prahlāda, Prajāpati, Pralaya, Pratyūshā, Pretas, Prithivi, Pulastya, Punarājāti, Purusha, Pūshan, Pūtanā, Rādhā, Rāhu, Rajarishi, Rākshas, Rāma, Rāmakrishna, Rātri, Rāvana, Rishi, Rudra, Rukmini, Samsāra, Saptāmatrikā, Sarasvati, Sati, Satyaloka, Savitar, Sāvitri, Shakti, Shani, Sharabha, Shatarupa, Shitalā, Shiva, Shukra, Siddha, Sitā, Skanda, Soma, Sundaramūrti, Surabhi, Sūrya, Svarloka, Triloka, Trimūrti, Tvashtar, Umā, Ushā, Ushas, Vāc, Vāhana, Vaikuntha, Vairochana, Vajra, Vālmiki, Vāmana, Varāha, Varāhi, Varuna, Vasishtha, Vāsudeva, Vāsuki, Vasus, Vāyu, Virabhadra, Vishnu, Vishvakarma, Vivasvan, Vritra, Yakshas, Yama, Yami, Yamunā, Yashodā, Yogeshvara, Yoni, Yudishthira, Yuga.

Hine-nui-te-Po ▽ (»Große Göttin der Finsternis«): polynes. *Göttin* der *Unterwelt* und des Totenreiches →Po. Sie ist die Tochter des →Tane und der →Hina. Sie hieß zunächst Hina-titama (»Jungfrau der Morgendämmerung«). Als sie herangewachsen war, nahm Tane sie zur Frau, und als sie erfuhr, daß er ihr Vater war, floh sie in die Unterwelt, wo sie deren Herrscherin wurde. Da →Maui Unsterblichkeit erlangen und die Unterweltsgöttin herausfordern wollte, versuchte er zwischen den Schenkeln der schlafenden H. in ihren Körper einzudringen, um aus ihrem Munde wieder herauszutreten. Als jedoch nur noch seine Beine sichtbar waren, erwachte die Göttin und zerquetschte ihn mit ihrer Scheide. Seitdem müssen alle Menschen sterben.

Hinkon △ (»Herr der Tiere«): sibir. *Jagdgott* und Herr der Tiere bei den Jenissej-Tungusen. Als Besitzer der Waldtiere lebt er in den Wurzelknollen der Bäume. Vor jeder Jagd wird H. in der Gestalt einer Holzfigur verehrt, durch deren Beine die Jäger hindurchkriechen.

Hiranyagarbha △ (sanskr. »Goldei, goldener Mutterschoß«): **1)** ved. Uranfang, der als kosmische Potenz Himmel und Erde enthält, sowie belebendes Prinzip in allen Wesen, das später im Brahmanismus →Prajāpati genannt wird. **2)** hindu. Beiname des Schöpfergottes →Brahmā, der, nachdem er ein Jahr im (Gold-)Ei verbracht hat, durch bloßes Denken dieses zweiteilt und aus den beiden Schalenhälften Himmel und Erde (→Brahmānda) bildet.

Hiranyakashipu △ (sanskr. »der Goldgekleidete«): brahm.-hindu. *Dämonenkönig* und Personifikation von Maßlosigkeit, Egoismus und Askese als Selbstzweck. Durch seine asketischen Übungen unterwarf er sich die 3 Welten (→Triloka), so daß →Vishnu ihn bei seiner (vierten) →Narasimha-avatāra erschlagen mußte. H. wird als Anführer der →Daityas zu den →Asuras gerechnet und gilt als Sohn der →Diti und Bruder von →Hiranyaksha. Er ist Vater des →Prahlāda.

Hiranyaksha △ : brahm.-hindu. *dämonischer Titan,* den →Vishnu in seiner (dritten) →Varāha-avatāra besiegt. Er gilt als Sohn der →Diti und Bruder von →Hiranyakashipu.

Hitapúan →Watavinewa

Hitler, Adolf (1889–1945): deutschösterr. *Politiker* und *Staatsmann, Führer* des Nationalsozialismus (NSDAP), *Begründer* des Dritten und »tausendjähri-

gen« Reiches, Oberbefehlshaber der Wehrmacht und oberster Gerichtsherr (seit 1942) sowie *Symbolgestalt* des *Pangermanismus, Rassismus* und

Hölle als christl. Klage der Verdammten (Holzschnitt von A. Dürer).

Faschismus. (→Zwanzigstes Jahrhundert). Sein Beiname ist »Größter Feldherr aller Zeiten«. Aufgrund seiner Ideologie von der german. Herrenrasse provozierte er den totalen 2. Weltkrieg, an dem direkt oder indirekt 72 Staaten und $^4/_5$ der Erdbevölkerung beteiligt waren, und der über 50 Millionen Tote und 35 Millionen Kriegsversehrte forderte. Fast 11 Millionen Menschen wurden in Konzentrationslagern erschlagen, erschossen, vergast oder starben den Hungertod. Symbolische Bedeutung haben der *Hitlergruß*, die geöffnet erhobene rechte Hand, die sich der Sonne zuwendet und solare Kräfte anruft, sowie die zum Gestus gesprochenen Worte: »Heil H.«. Das *Hakenkreuz*, Symbol der völkischen Bewegung mit antisemitischem Akzent, wurde 1920 in die nationalsozialistische Parteifahne gesetzt und war für H. Zeichen »des Kampfes für den Sieg des arischen Menschen« (Mein Kampf, S. 557). Die *schwarze* Uniform*farbe* von H.'s Elitetruppe der SS war Ausdruck der Todesbereitschaft und zugleich Ankündigung des Todes für alle politischen Gegner. Die *braune* Uniform*farbe* der SA und der *Hitler-Jugend* war Sinnbild der Verbundenheit mit dem Erdboden. H. ist einerseits *Symbolgestalt* des *Bösen* und des *Teuflischen* für die Mehrheit der Bevölkerung, aber auch andererseits kämpferischer *Heros* für das Germanische und gegen alles Fremdländische bei verschiedenen neonazistischen Gruppierungen. Nach H. waren zahlreiche Straßen und Plätze in den Orten des dt. Reiches benannt.

Hittavainen △: finn. *Hasengott* und *Schutzpatron* der Hasenjäger, der die Hasen aus dem Gebüsch bringt, wenn die Jäger diese lärmend erschrecken, so daß sie auf die ausgelegten Netze zulaufen. Seit der Christianisierung wird H. mit dem christl. →Heiligen Vitus identifiziert.

Hlódyn →Jörd

Hobal →Hubal

Hōbas →Haubas

Höd △, *Hödr* (nord. »Kämpfer«), *Höder*, *Hödur*: nordgerman. blinder *Gott*, der die Menschen nicht nach ihrer äußeren Erscheinung, sondern nach ihren inneren Werten beurteilt. H. ist Sohn →Odins und

Iran. Hölle.

der →Frigg sowie Bruder von →Balder und →Hermodur. Auf Anstiften
→Lokis schleudert er den Mistelzweig unwissentlich auf Balder und verursacht so dessen Tod. Dafür wird H. von seinem Halbbruder →Vali erschlagen. Nach →Ragnarök werden H. und Balder wiederkommen und
versöhnt und einträchtig in der neuen Welt herrschen.

Hoderi →Umisachi-hiko

Hoenir △: nordgerman. *Wassergott.* H. (= →Vili) erschuf zusammen mit
→Odin und →Lodurr (= →Vé) das erste Menschenpaar →Askr und
Embla. Als Wassergott gab er diesen klaren Verstand und Gefühl. Nach
dem Friedensschluß zwischen →Asen und →Vanen kam er zusammen
mit →Mimir als Geisel zu den Vanen.

Hohodemi →Yamasachi-hiko

Ho Hsien-ku ▽: chines. *Heilige* und *Unsterbliche* (→Hsien), die zu den
8 →Pa-hsien des Taoismus zählt und *Schutzpatronin* der Hausfrauen ist.
Beim Teepflücken in den Bergen erhielt sie von →Lü Tung-pin einen
Pfirsich der Unsterblichkeit. Ihr Attribut ist der Pfirsich oder Löffel oder
die Lotosblüte.

Holdan →Chūldāh

Hölle ▽: allg. Bezeichnung eines *Raumes,* der im unteren Teil des
→Weltbildes, in der →Unterwelt und im →Jenseits, lokalisiert ist und
als Wohn- und Aufenthaltsort des →Teufels, der bösen →Geister und
→Dämonen sowie als Zielort der bösen, unerlösten und verdammten
→Sünder gilt. Die H. ist das Reich des Todes, Ort der Strafe, Qual und
Plage. Die H. steht im Gegensatz zum →Himmel der Seligen. Zu den Un-
terirdischen in der H. steigen bei der →Höllenfahrt überirdische Wesen
hinab. Oft ist die H. identisch mit der →Unterwelt. Vorgestellt wird die

Jin. Hölle

H. oft als von einer Mauer und von einem Feuerstrom umgebener Ort. Von den verschiedenen H. sind insbesondere zu nennen: jüd. →Gē-Hinnōm, islam. →Djahannam, buddh.-hindu. →Naraka, griech. →Tártaros und german. →Hel. - *Gemälde:* L.Signorelli (1499/1505); *Worte:* H. (fig.), Höllenangst, Höllenbrut, Höllenfürst, Höllenhund, Höllenlärm, Höllenmaschine, Höllenpein, Höllenqual, Höllenspektakel, Höllenstein, höllisch.

Höllenfahrt ▽: allg. Bezeichnung für den *Abstieg* einzelner →Götter und Göttinnen und →Heroen vom →Himmel bzw. von der Erde zur →Hölle und →Unterwelt. H. ist der vorübergehende, zeitlich begrenzte Aufenthalt mit anschließender Rückkehr zur Erde bzw. zum Himmel. Von den verschiedenen H. sind insbesondere zu nennen: mandä. →Hibil, christl. →Iesūs, akkad. →Ishtar, griech. →Heraklés, →Odysseús und →Orpheús. - *Wort:* H.

Honor △ (lat. »Ehre«), *Honos:* röm. *Gott* der *Ehre* und Personifikation des *Kriegsruhms,* der eng mit der →Virtus verbunden ist. Dargestellt wird der H. als Jüngling mit Füllhorn und Lanze.

Ho Po △, *Ping-i:* chines. *Flußgott* und Personifikation des Hoangho mit dem Beinamen »Flußgraf«. Er gilt als Bruder der →Heng O und Gatte der →Lo. H. erlangte Unsterblichkeit, indem er sich selbst mit einer Steinlast als Opfer in den Fluß warf. Bis zum Ende der Chou-Dynastie wurde jedes Jahr ein Mädchen als Braut des H. den Fluten des Flusses übergeben.

Horagalles △: lapp. *Donner-* und *Gewittergott,* der im Laufe der Geschichte aus der Gestalt des →Tiermes abgeleitet wurde. Er ist Gatte der →Raudna, wird mit zwei Hämmern dargestellt und ist dem german. →Thor ähnlich.

Hórai ▽ (»Jahreszeiten«), *Hǫrae* (lat.), *Hǫren* (dt.): griech. 1) *Gruppe* von 3 *Göttinnen* der *Ordnung* in der *Natur,* der »Jahreszeiten« Frühling, Sommer und Winter. Bei den Athenern heißen sie: Thallo, die Göttin des

Höllenfahrt des christl. Gottmenschen Iesūs nach seiner Auferstehung von den Toten und vor seiner Himmelfahrt (Holzschnitt von A. Dürer, 1510).

Blühens; Auxo, die Göttin des Wachstums und Karpo, die Göttin der Früchte. **2)** *Gruppe* von 3 *Göttinnen* der sittlichen Ordnung und des *Ethos*. Sie sind die Töchter des →Zeús und der →Thémis und heißen: Eunomía (»gesetzliche Ordnung«) →Díke (»Recht«) und →Eiréne (»Frieden«). - *Wort:* Horen (= Literaturzeitschrift der dt. Klassik).

Hor-Hekenu △ (»Horus der Salbe«): ägypt. *Schutzgott* und Personifikation der Salbe, die dem König überirdische Kräfte verleiht. Als »Herr des Schutzes« repräsentiert er den verzehrenden Sonnenbrand, der mit seinem Gluthauch das Böse vertreibt. Dieser in Bubastis unter dem Aspekt des *Salbengottes* verehrte →Horus wird z. T. falkenköpfig dargestellt und im Neuen Reich dem →Nefertem gleichgesetzt.

Horon △ **:** phönik.-ugarit. *Heil-* und *Unterweltsgott,* auch *Vertragsgott,* dessen Name als theophores Element in Personen- und Ortsnamen Verwendung findet. Horon, der Beschützer von Ramses II., wird als (Horus-)Falke dargestellt. Während der 18. Dynastie wird der große Sphinx von Gizeh als H. (→Harmachis) verehrt.

Hóros △ (griech. »Grenze, Schranke«): gnost. *Geistwesen* und *Ordnungshüter* des Pleroma der 30 →Aiónes. Die von der →Sophía verursachte Verwirrung des Pleroma bringt er wieder in Ordnung und verbannt Sophía aus dem Pleroma.

Hor-pe-chrod →Harpokrates

Horus △ (»der oben Befindliche, der Ferne«): ägypt. *Ortsgott,* dann auch *Landes-* und *Schutzgott* des Königs. Als Sohn und dann auch Gatte der →Hathor ist er der Vater des jeweils regierenden Königs, was die bei der Thronbesteigung verliehenen 5 Horusnamen des Königs symbolisieren. Als falkengestaltiger bzw. falkenköpfiger *Welt-* und *Himmelsgott* überspannt er mit seinen Flügeln den Himmel und wird als *Lichtgott* →Harach-

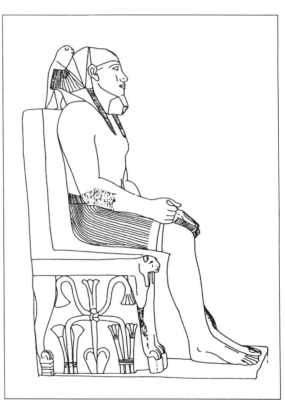

Horus, ägypt. falkengestaltiger Schutzgott des Königs, der schützend seine Flügel um den Gottherrscher Chephren ausbreitet.

te, dessen (Horus-)Augen Sonne und Mond bilden, mit →Re zu Re-Harachte verschmolzen. In der Theologie von Heliopolis wird Horus zum Sohn von →Isis und →Osiris, der in Buto geboren wird und als Jüngling seinen von →Seth ermordeten Vater rächt. Im Mythos von den beiden »feindlichen Brüdern« Horus und Seth spiegelt sich der Gegensatz zwi-

schen nomadischer Herrenschicht und den unterworfenen Niltalbewoh-
nern - später von Ober- und Unterägypten - wider. Horus reißt dem Seth
die Hoden, Seth dem Horus ein Auge heraus, so daß beide ihre macht-
vollsten Körperteile verlieren. Im späteren Mythos, in dem sich der Gegensatz von fruchtbarem Niltal und unfruchtbarer Wüste widerspiegelt,
wird Seth zum Onkel des Horus, so daß sich die Gestalt des Horus in die
des kindlichen →Harsieses und die des älteren →Haroëris aufspaltet.
Das Horusfest von Edfu, wo ein berühmter Horus-Tempel (3./1.Jh.
v.Chr.) steht, wurde am 28. VIII. des ägypt. Jahres gefeiert. Die Griechen
haben ihn dem →Apóllon gleichgesetzt.

Horuskinder ▽△: ägypt. *Schutzgottheiten* des Leichnams, denen die in
4 Kanopen aufbewahrten Eingeweide eines Toten zur Bewachung anvertraut sind, um den Toten vor Hunger und Durst zu bewahren. Jeder der
4 als Kinder des →Horus und der →Isis geltenden *Kanopengottheiten,*
→Imset, →Hapi, →Duamutef und →Kebechsenef, ist eine der Himmelsrichtungen zugewiesen, und auf Särgen des Mittleren Reiches
werden ihre Bilder bzw. Namen an den vier Ecken angebracht. Am
Himmel bilden die H. die Sterne hinter dem »Oberschenkel des Nord-
himmels« (= Großer Bär), die dieses Sternbild des →Seth im Dienst des
→Osiris bewachen. Dargestellt werden die H. als Mensch, Affe, Seth-
Hund und Falke.

Name	Geschlecht	Gestalt	Schutzfunktion	Himmels-richtung
Imset	▽ bzw. △	Mensch	Leber	Süden
Hapi	△	Affe	Lunge	Norden
Duamutef	△	Hund	Magen	Osten
Kebechsenef	△	Falke	Unterleib	Westen

Hosadam ▽ (»Mutter«): sibir. *Erdgöttin* (der Keten/Jenissejer), die den
Menschen Kälte und Dunkelheit, Krankheit und Tod schickt. Als H., die
Gattin des →Es, einmal mit dem Mondgott Hys (»Großvater«) Ehebruch
beging, wurde sie von ihrem betrogenen Gatten auf die Erde gestürzt, wo
sie seitdem auf der »toten Insel« im Eismeer lebt. Diese liegt unweit der
Mündung des Jenissej, wo die Wasser der Oberwelt in die der Unterwelt
fließen.

Hōshēa' △ (hebrä. »Jahwe hat gerettet«), *Hoseé* (griech.), *Hosea* (dt.):
jüd. *Prophet* (→Nābi'im) des →Jahwe-Elōhim im Nordreich Israel (ca.
755-725 v.Chr.). Er ist Sohn des Beeri und nimmt auf Anweisung Gottes
die Kultdirne Gomer zur Gattin, um mit ihr »Dirnenkinder« zu zeugen.
So wird H. durch sie Vater von 3 Kindern, deren symbolische Namen
dem jüd. Volk Gottes Gericht ankündigen sollen. H.'s Ehe mit der un-
treuen Gomer soll die Liebe Gottes zum treulosen Volk symbolisieren,

das nach der Zeit des Ehebruchs, der Prüfung und Läuterung wieder zu Gott zurückfindet. Nach H. ist die erste Schrift im Zwölfprophetenbuch der Bibel benannt.

Ho-surori →Umisachi-hiko

Hotei △: shintoist. *Glücksgott* sowie *Schutzgott* der Schwachen und der Kinder, einer der 7 →Shichi-Fukjin. Dargestellt wird der freundliche und zufriedene H. mit dickem, nacktem Bauch und einem Sack auf der Schulter. H. entspricht dem buddh. →Mi-lo Fo.

Hou Tsi △ (»Urmutter Hirsegott«): chines. *Feldbaugott* und *Schutzgott* des Getreides, der die von der Flut gepeinigten Menschen den Anbau des Getreides lehrte. H. gilt als Sohn der Urmutter Kiang Yuan.

Hou T'u ▽ (»Fürstin Erde«): chines. *Erdgöttin* und Urmutter Erde, *Feldgöttin* und *Schutzgöttin* des Bodens, die auch Kou-lung heißt. Sie ist eine Tochter der →Yü und des →Kung Kung. Ihr Enkel heißt →K'ua Fu. Als dieser die irdische Welt beherrschte, stellte H. das Gleichgewicht auf den 9 Erden wieder her.

Howori →Yamasachi-hiko

Hrímthursar (nord. »Reifriesen«): german. *Frost-* und *Reifriesen*, deren Ahnherr →Ymir aus dem Eis hervorgegangen ist. Zu den H. zählen u. a. →Fornjotr und →Vafthrúdnir. Als lebensbedrohende Mächte (→Thurs) wohnen sie im kalten Norden und Nordosten.

Hrungnir △ (nord. »Lärmer«): nordgerman. *Gewitterriese* (→Jötunn), der →Thrúdr, eine Tochter des Gottes →Thor, entführte und deshalb mit dem (eisenzeitlichen) Hammerwerfer Thor einen Zweikampf austragen mußte. Dabei konnte Thor zwar mit List den H. töten, wurde aber selbst vom Stück eines Steines am Kopf getroffen.

Hsien (»Unsterbliche«): chines. *Heilige* und *Weise,* die über den Weg der Alchemie, Hygiene- oder Atemübungen, Gymnastik oder Sexualpraxis, Fasten oder Meditieren die körperliche Unsterblichkeit (→Ch'ang-sheng pu-ssu) erlangt und sich vom Leichnam gelöst (→Shih-chieh) haben und in den Himmel auffahren (→Fei-sheng). Zu den H. gehören u. a. →Yin Hsi und →Chang Hsien, aber vor allem die →Pa-hsien. In der taoist. Hierarchie stehen die H. unter den →Shen. Ihre Aufenthaltsorte sind die Inseln der Seligen (→Ch'ung-Ming) im Osten oder das →K'un-lun-Gebirge im Westen. Dargestellt werden die H. auf Kranichen reitend.

Hsi Wang Mu ▽ (»Westkönigsmutter«): chines. *Göttin* der *Epidemien* und dann *Personifikation* und *Göttin* der *Unsterblichkeit.* Sie ist Herrscherin über das im Westen gelegene Paradies →K'un-lun, wo sie einen neunstöckigen Palast aus Jade bewohnt, der von einer Mauer aus purem Gold umgeben ist, die 1000 Meilen lang ist. Von den ihr untergebenen →Hsien bewohnen die männlichen den rechten und die weiblichen den linken Flügel ihres Palastes, wo von überallher zauberhafte Musik erklingt. In ihrem Palastgarten wächst ein Baum, an dem alle 6000 Jahre ein Pfirsich reift, der Unsterblichkeit verleiht. H. ist die Verkörperung des Yin,

Hsi-Wang-Mu, chines. Göttin der Unsterblichkeit und Herrin des Paradieses mit zwei weiblichen Hsien, von denen eine den Wedel und die andere eine Schale mit Pfirsichen hält. Zur Linken ist der Phönix als ihr Begleittier.

während ihr Gatte →Tung Wang Kung das Yang (→Yin-yang) repräsentiert. Ihr Begleittier ist der Phönix, ihr Symbol der Pfirsich.

Huaca (Quechua: »Mächte«): indian. außerordentliche *Kräfte* und *Schutzmächte* bei den Inka, die mit Wesen und Dingen, wie Bergen, Bäumen, Seen und Flüssen, verbunden sind. Von einem H. leitet jede Sippe ihre Abstammung her. H. entspricht dem →Manitu der Algonkin, dem →Wakonda der Sioux und dem →Orenda der Irokesen.

Huang-ch'üan (»gelbe Quellen«): chines. *Unterwelt,* in die die Seelen aller Menschen, die nicht →Hsien geworden sind, zurückkehren. Da H. im Norden liegt, werden die Toten im Norden einer Stadt und mit dem Kopf nach Norden bestattet.

Huang Fei-hu △ (»gelber, fliegender Tiger«), *Fei:* chines. *Erdgott,* später *Berggott* und Herr des T'ai shan sowie *Totenrichter* der Seelen, die in seinem Berg einkehren. Er wird dargestellt als einäugiger Bulle mit einem Schlangenschwanz.

Huang-lao (»gelb-alt«): chines. Gott, der mit seinem Namen den Himmelsgott →Huang-ti und den Philosophen →Lao-tzu umfaßt und seit ca. 200 v. Chr. verehrt wird. Später entwickelte er sich zu →Huang-lao-chün.

Huang-lao-chün (»Herr Gelber Alter«): chines. Gott und Herrscher der Welt, der in der Welt den Menschen hilfreich beisteht und sich in den taoist. Meistern inkarniert, u. a. in →Lao-tzu.

Huang-Ti (»gelber Kaiser«): chines. *Herrscher* der Urzeit (2697–2597 bzw. 2674–2575 v.Chr.) und *Urahn,* der zu den →Wu-ti gehört. Als *Kulturheros* erfand er die Töpferscheibe und das Rad, die Schrift und den Kompaß. Als *Sonnen-* und *Himmelsgott* ist er Großvater des →Chuan Hsü und wird unter der Chou-Dynastie als höchster Gott verehrt. Er ist einer der Begründer des religiösen Taoismus. H., der Gatte der →Lei-tsu, konnte mit Hilfe der Ho-ch'i-Zeremonie mit 1200 Konkubinen sexuell verkehren, ohne daß es zu einer Ejakulation kam.

Hubal △, *Hobal:* **1)** arab. *Orakelgott* der Kuraishiten, dessen 7 Lospfeilorakel bei wichtigen Anlässen befragt wurden, und *Hauptgott* der Ka'ba in Mekka, wo sein menschengestaltiges Kultbild aus rotem Karneol stand. Nach der islam. Eroberung von Mekka wurde das Bild des H. aus der Ka'ba entfernt und vernichtet und der ehemalige Haupt- und Orakelgott zum **2)** islam. *Götzen* degradiert.

Hūd △ **:** islam. *Prophet* (→Nabi) und *Gesandter* (→Rasūl) des →Allāh. Bei der großen Mehrheit des Volkes 'Ād fand er Unglauben und Ablehnung, nur wenige folgten ihm. Nach H. ist die elfte Sure des Kur'ān benannt.

Huehuecoyotl △ (»alter Präriewolf«): indian. *Feuergott* und *Gott* der sinnlichen *Freuden* bei den Azteken sowie *Kalendergott* des vierten Tages im Monat. Dargestellt wird H. in Wolfsgestalt.

Huehueteotl →Xiuhtecutli

Hu Fa →Dharmapāla

Huginn (nord. »der Gedanke«) und **Muninn** (»die Erinnerung«): german. *Rabenpaar, das* - zusammen mit den Wölfen →Freki und Geri - den Gott →Odin ständig begleitet. Sie flüstern ihm zu, was sie bei ihren Rundflügen über die Welt erkundet haben. R. Wagner sieht in seinem Gedicht »Zum 25. August 1870« die beiden Raben als Zeichen einer neuen Welt (ähnlich wie die Tauben des jüd. →Nōach).

Huh △ : ägypt. *Urgott* und Personifikation der räumlichen Endlosigkeit. Nach der →Götterachtheit bildet er mit seinem weiblichen Pendant →Hauhet das zweite Götterpaar und wird als Frosch oder froschköpfig dargestellt.

Huiracocha →Viracocha

Huitzilopochtli △ (»Kolibri zur Linken [des Südens]«), *Vitzliputzli:* indian. *Stammes-* und *Hochgott* der Azteken, *Kriegs-* und *Sonnengott* sowie *Personifikation* der jungen Sonne, des Taghimmels, des Sommers und des *Südens.* Er ist Sohn der →Coatlicue und (Halb-)Bruder der →Coyolxauhqui. Jeden Morgen tritt er aus dem Leib seiner Mutter, der Erdgöttin, hervor, um jeden Abend wieder zu sterben, wenn er nimt der Erde verschwindet. Als *Sonnengott* besiegt er täglich die Sterngötter →Centzon Huitznauna und seine Schwester, die Mondgöttin. H. ist der lichte Gegenspieler zum dunklen →Tezcatlipoca. Dargestellt wird er mit blauer Körperbemalung und waagerechten gelben Streifen im Gesicht.

Hulda →Chūldāh

Hunabku △ (»einziger Seins-Gott«), *Hunab* (»einziges Sein«): indian. *Schöpfer-* und *Hochgott* der Maya, von dem der Aufbau des Kosmos stammt. Sein Beiname ist »Gott über den Göttern«, und er gilt als Vater des →Itzamná. H. entspricht dem aztek. →Ometeotl.

Hunahau △ (»Häuptling«), *Ah Puch:* indian. *Gott* des *Todes* bei den Maya sowie Personifikation des Unheils, der Finsternis und der Kälte, Herrscher über →Mitnal und Gegenspieler des →Came, der sogenann. »Gott A«. Seine Boten sind die Eulen. H. kam zur Erde herab, nahm menschliche Gestalt an und starb, um die Menschen zu erlösen. Sein Kopf gilt als Ball beim heiligen Ballspiel. Dargestellt wird er als Skelett mit Schädeln und gekreuzten Knochen oder nur als Totenschädel. Sein Symboltier ist der Hund. H. entspricht dem aztek. →Mictlantecutli.

Hunapú △, *Hunahpu:* indian. *Heros* der Maya, der später durch Selbst-

Huitzilopochtli, indian. Stammesgott der Azteken, Kriegs- und Sonnengott.

opferung zum *Sonnengott* wurde. Er ist Sohn des →Hun-Hunapú und einer Jungfrau sowie Zwillingsbruder des →Ixbalanqué. Zusammen mit letzterem besiegt H. den bösen →Vucub-Caquix. Sie steigen in die Unterwelt→Xibalbá hinab, um den Tod ihres Vaters zu rächen. Hier müssen sie im »Haus der Finsternis«, im »Haus der Kälte«, im »Haus der Jaguare«, im »Haus des Feuers« viele Gefahren bestehen. Im »Haus der Fledermäuse« endete das Ballspiel mit der Zerstückelung des Geschwisterpaares. Dann erhoben sie sich zum Himmel. H. wurde zum Sonnengott, sein Bruder zur Mondgöttin.

Hun-Hunapú △ : indian. *Fruchtbarkeitsgott* der Maya, Sohn der Göttin Ixmukane und durch eine Jungfrau Vater der Zwillinge →Hunapú und →Ixbalanqué. Beim Ballspiel in →Xibalbá verlor er seinen Kopf. Nachdem dieser an einen bisher unfruchtbaren Kalebassen-Baum aufgehängt war, trug dieser erstmals Früchte. Als eine Jungfrau nach den Früchten griff, bespie der Schädel des H. ihre Handfläche. Von dem Speichel wurde sie schwanger und gebar Zwillinge, die später den Tod ihres Vaters in Xibalbá rächten.

Hunor und Magor △△ : ungar. *Stammväter,* ein Brüderpaar, das beim Jagen in der Steppe auf die Hindin →Csodafiuszarvas traf, die sie in ein fruchtbares Land führte. Von dort raubten sie später die Töchter des Alanenkönigs Dula, mit denen sie die Vorfahren der Hunnen und Magyaren zeugten. Deshalb sind die letzten beiden Blutsverwandte. Das Brüderpaar hat den Riesen →Ménróth zum Vater und →Enee zur Mutter.

Huracán △ (»Einbein«), *Hurricán, Hurakan:* indian. *Sterngott,* später *Donner-* und *Blitzgott* sowie *Fruchtbarkeitsgott* der Maya, eine Personifikation der großen und ungezügelten, entfesselten Kräfte der Natur. Sein Beiname ist *uguxcah* (»Herr des Himmels«). - *Worte:* Hurrikan, Orkan. - H. entspricht dem aztek. →Tezcatlipoca.

Hūr(i) ▽ (Pl.; arab. »die weißen«): islam. schöne *Jungfrauen* im Paradies →Djanna. Sie haben schwarze, keusch blickende Augen. Es gibt zwei Klassen von H., eine menschenartige und eine djinnartige (→Djinn). Sie sind geschaffen aus Safran, Moschus, Ambra und Kampfer und so durchsichtig, daß das Mark ihrer Beine durch 70 seidene Gewänder scheint. Auf ihrer Brust sind zwei Namen geschrieben, der →Allāhs und der ihres Gatten. Jeden, der ins Paradies eintritt, heißen sie willkommen, und jeder Selige kann mit jeder von ihnen so oft kohabitieren, wie er im Ramadān Tage gefastet und außerdem gute Werke verrichtet hat.

Hurricán →Huracán

al-Husain △ : islam. *Märtyrer* (→Shahid), der zweite Sohn von 'Ali und →Fātima sowie Bruder des al-Hasan (†669). Nach dem Tod des letzteren wurde H. Haupt (zweiter →Imām) der Shi'iten. Er selbst fand in der Schlacht bei Kerbelā', in der er gegen das Heer des →Khalifa Yazid ben Mu'awiya kämpfte, am 10. Muharram 680 den Tod. Dieser Gedenktag wird von den Shi'iten als großer Trauertag begangen, wobei das Passionsspiel →Ta'ziya im Mittelpunkt steht. Die Ereignisse um den Tod des H. waren schon vom Engel →Djabrā'il, von den Propheten (→Nabi) und von →Muhammad selbst prophezeit worden.

Hushēdar →Uchshyat-ereta

Hushēdar māh →Uchshyat-nemah

Huwe △, *Huwu, Khu, Xu, Xuwa: Schöpfer-*, aber auch *Jagdgott* der

Hūri, islam. geflügelte Paradies-jungfrau, die von einem Dämon, einem Mischwesen mit Menschenleib und Tierkopf, geraubt wird.

Hygieia, griech. Göttin der Gesundheit, die ihr hl. Tier, die Schlange, tränkt.

Buschmänner in Botswana und Namibia. In der Urzeit lebte er auf der Erde unter den Menschen, die er aus Lehm gebildet und belebt hatte. Weil letztere seinem Gebot nicht gefolgt sind, zog er sich erzürnt in den Himmel zurück.

Hvar (awest. »Sonne«): iran. *Sonnengottheit*, die zu den →Yazata zählt. Wenn H. am Himmel aufgeht, versammeln sich alle Yazata, und Erde und Wasser werden geläutert. Wenn H. nicht mehr aufginge, würden die →Daēvas alles beherrschen.

Hvergelmir (nord. »brodelnder Kessel«): german. *Brunnen* und rauschendes Wasserbecken, das im Zentrum von →Niflheim liegt, und aus dem eine der Wurzeln der →Yggdrasil ihre Kraft zieht. Hier haust der Drache →Nidhöggr. Aus H. entspringen alle Flüsse der Welt (→Élivágar).

Hyákinthos △, *Hyacínthus* (lat.): vorgriech. *Vegetationsgott* und Personifikation der absterbenden und wiedererstehenden Natur, ein schöner und junger Heros und Liebling des →Apóllon. Als H. durch einen Diskos des Apóllon, den der eifersüchtige →Zéphyros aus der Flugbahn gelenkt hatte, tödlich am Kopf getroffen wurde, wuchs aus seinem auf die Erde geflossenen Blut die nach ihm benannte Blume *Hyazinthe*. - *Gemälde:* Tiepolo; *Oper:* Mozart (1767); *Worte:* Hyazinth, Zirkon.

Hýdra ▽ (»Wasserschlange«): griech. neunköpfiges *Meerungeheuer* von Lerna (»Lernäische Schlange«), dessen Giftatem alles vernichtete. Sie ist Tochter von →Échidna und →Typhón sowie Schwester von →Kérberos, →Chímaira und →Sphínx. Wenn ihr die 9 Köpfe abgeschlagen wurden, wuchsen diese jedesmal doppelt nach, bis →Heraklés (bei seiner zweiten Arbeit) ihre Halsstümpfe ausbrannte. Seitdem leuchtet H. als *Sternbild* am Himmel.

Hygíeia ▽ (»Gesundheit«), *Hygja* (lat.): griech. *Göttin der Gesundheit* und Tochter des →Asklepiós. Ihr heiliges Tier ist die Schlange.

Hymén △, *Hyménaios* (»Brautgesang, Hochzeitslied«), *Hymenaeus* (lat.): griech. *Vermählungsgott* und Personifikation der Hochzeit und Ehe, der bei jeder Eheschließung angerufen wird. Er ist Sohn des →Diónysos und der →Aphrodite bzw. des →Apóllon und einer Muse. Weil er bei einer Götterhochzeit stirbt bzw. seine Stimme verliert, wird zur Erinnerung daran der nach ihm benannte H. als Hochzeitsgesang eingeführt. Er wird als geflügelter Jüngling mit Brautfackel und Kranz dargestellt.

Hymir △: german. *Wasserriese* (→Jötunn), der ein Sohn des Gottes →Týr ist und am Rande des Himmels wohnt. →Thor will seinen großen Metkessel bzw. Bierbottich für die →Asen erwerben und erschlägt ihn. Thors Abenteuer mit H. werden im Eddalied Hymiskvida erzählt.

Hyós tū Anthrópu →ben Ādām

Hyperíon △ (»Sohn der Höhe«), *Hyperion* (dt.): griech. *Licht-* und *Sonnengott*, einer der 12 →Titánes und Sohn der →Gaía und des →Uranós.

Er ist Bruder und Gatte der →Theía und durch sie Vater von →Hélios, →Seléne und →Eós.

Hýpnos △ (»Schlaf«): griech. *Gott* und Personifikation des *Schlafes*. Er gilt als Sohn der →Nýx und Bruder von →Kér, →Thánatos, →Mómos, →Némesis und →Éris sowie Vater des →Morpheús und wird als geflügelter Jüngling mit Mohnstengel dargestellt.

Hypsistos →Alalu

IMDUGUD

Íakchos △ (»der Jubelnde«), *Iacchus* (lat.): griech. **1)** *Festruf* und *Gesang* am sechsten Tag der großen eleusinischen Mysterien. **2)** *Gott* und Personifikation des beim Festzug zu Ehren von →Deméter und →Persephóne ausgestoßenen Jubelrufes »Iakche!«. I. ist Sohn oder Gatte der Deméter bzw. Sohn der Persephóne. Mit Deméter und Persephóne bildet er eine Trias in Eleusis. Er selbst gilt als wiedergeborener →Zagreús.

Iakób →Ja'akōb

Ianus △ (lat. *ianua* = »Haustür, Tür«), *Janus* (dt.): röm. *Gott* der öffentlichen *Tordurchgänge,* der Ein- und Ausgänge sowie Personifikation von *Anfang* und *Ende.* Er lehrte die Menschen den Gebrauch der Münzen und Schiffe. Nach I. sind der Hügel in Rom *Janiculus* sowie der erste Monat im Jahr, *Januar,* benannt. Sein Tempel, ein Doppeltor am Forum Romanum, war in Kriegszeiten geöffnet und nur in Friedenszeiten geschlossen (vor →Augustus zweimal und unter Augustus dreimal). Der doppelgesichtige *Januskopf* war auf der kleinsten röm. Kupfermünze, dem As, abgebildet. Seine Attribute sind Schlüssel und Pförtnerstab. – *Wort:* Januskopf (fig.).

Ianus, röm. doppelgesichtiger Gott der Ein- und Ausgänge.

Iapetós △, *Iapetus* (lat.): griech. *Gott* und einer der 12 →Titánes. Er ist Sohn der →Gaía und des →Uranós, Bruder und Gatte der Titanin Klymene und durch sie Vater von →Átlas, →Prometheús, →Epimetheús und Menoitios.

Iaphet →Jāfēt

Iasíon △, *Iasius* (lat.). griech. *Halbgott*, ein sterblicher *Heros* aus Troja. Er ist Sohn des →Zeús und der Altlantide →Eléktra, sowie Bruder des Dardanos. I. ist der Geliebte der Göttin →Deméter, die sich mit ihm auf einem Feld vereinigte. Aus dieser Vereinigung ging →Plútos hervor. I. wird von →Zeús durch einen Blitz getötet.

Iáson, *Ïaso(n)* (lat.): griech. *Heros* und Anführer der →Argonaútai, Sohn des Königs Aison und der Alkimede sowie Gatte der →Médeia. Mit Hilfe von Médeia entwendete er heimlich das Goldene Vlies und kehrte mit ihr in seine Heimat zurück. Später verstieß er Médeia, um sich mit Glauke (Krëusa) zu verbinden.

Iblis: islam. *Teufel*, der von →Allāh aus Feuer geschaffen wurde. Zusammen mit den bösen →Djinn, deren Anführer er ist, gilt er als Widersacher

Iáson, griech. Heros, der aufgrund des Zaubers der Göttin Athéne von einer Schlange wieder ausgespien wird. Im Hintergrund das Widderfell (Goldenes Vlies) an einem Baum.

der →Malā'ika. Er ist der Verführer der →Hawwā' im Paradies. Nachdem Allāh den ersten Menschen →Ādam aus Erde gebildet hatte, sollten sich alle Engel vor dem Menschen als ihrem König niederwerfen. Der einzige, der diese Huldigung verweigerte, war I., der dies unter seiner Würde hielt. So wurde er aus dem Paradies →Djanna in die Hölle →Djahannam verbannt. Der Vollzug der Strafe wurde jedoch auf seine Bitte hin bis zum Weltende (→al-Kiyāma) ausgesetzt. Jetzt haust er in Ruinen und Grabstätten. Seine Speise ist Götzenopferfleisch, sein Getränk Wein, seine Liebe gehört Musik, Tanz und Poesie. I. wird oft mit →Shaitān gleichgesetzt.

Ibrāhim →Abrām

Icarius →Ikários

Icarus →Íkaros

Idisi ▽ (altsächsisch »Frau«): westgerman. *Kriegerin,* die nach dem ersten Merseburger Zauberspruch im Kampf zugegen ist. Sie bereitet Fesseln für Gefangene und löst Gefangene aus Fesseln. Möglicherweise ist die I. mit den →Disen verwandt.

Idris →Hanōk

Idun(n) ▽ (nord. »Erneuernde, Verjüngende«): nordgerman. *Göttin* der *Fruchtbarkeit,* die die goldenen Äpfel besitzt, durch die die →Asen bis z. Zt. von →Ragnarök ewige Jugend erlangen. Die den Asen zugehörige I. ist eine Tochter des Zwerges →Ívaldi und Gattin des Dichtergottes →Bragi. Als einmal der Riese →Thjazi die Göttin I. entführt hatte, begannen selbst die Götter zu altern, bis →Loki die Entführte befreite.

Iephtháe →Jiftah

Ieremías →Jirmejāhū

Iesūs △ (griech. v. hebrä. Je[hō]shūa' = »Jahwe ist Hilfe«), *'Isā* (arab.), *Jesus* (dt.): **1)** christl. *Zimmermann* aus Nazareth (ca. 4 v.Chr.-30/33 n.Chr.), →*Prophétes* des →*Kýrios, Wundertäter* und *Märtyrer* sowie *Stifter* des Christentums. I. ist als Sohn des göttlichen Kýrios und der menschlichen Jungfrau →María →Gottmensch. Sein Pflegevater ist →Ioséph, der von →Dauid abstammt. Als Sohn Gottes und zweiter der drei göttlichen Personen bildet I. zusammen mit dem Vatergott Kýrios und dem Heiligen Geist (→Pneúma hágion) eine →Trinitas. Sein vorwiegend gebrauchter Beiname ist *Christós* (→Māshiāch). Seine übernatürliche Empfängnis vom Heiligen Geist wird seiner Mutter María durch den Engel →Gabriél angekündigt. Die erfolgte Geburt verkünden Engel den Hirten auf dem Felde. Zur Erinnerung an seine Menschwerdung wird das *Weihnachtsfest* am 25. Dezember, der Zeit der Wintersonnenwende, gefeiert. Bei seiner Taufe durch →Ioánnes steigt der Geist Gottes wie eine Taube auf ihn herab, und eine Stimme erschallt vom Himmel: »Dies ist mein geliebter Sohn.« Danach wird I. dreimal vom →Diábolos versucht. Während seines öffentlichen Wirkens predigt I. den Anbruch der →Basileía tū Theū und wirkt 33 Wunder. Dabei treibt er u. a. die 7 →Daimó-

Iesūs, christl. Gottmensch, der während einer 40tägigen Fastenzeit in der Wüste vom Diábolos versucht wird, Steine in Brot zu verwandeln, um seinen Hunger zu stillen (Merian-Bibel, 1630).

nia der →María Magdalené aus und erweckt 3 Tote wieder zum Leben, darunter seinen Freund →Lázaros. Nach seinem Märtyrertod am Kreuz steigt er hinab in das Reich des Todes (→Hádes), den Aufenthaltsort der Verstorbenen, zu dem er die Schlüssel hat, steht am dritten Tag von den Toten auf und erscheint mehrmals seinen Jüngern und Jüngerinnen, u. a. zwei Jüngern auf dem Weg nach Emmaus (»Emmausjünger«), der María Magdalené, dem →Pétros und dem →Paũlos. Zur Erinnerung an die Auferstehung des I. wird am Sonntag nach dem 1. Frühjahrsvollmond (nach dem 21. März) das *Osterfest* begangen. Am 40. Tag nach Ostern ist das Fest seiner *Himmelfahrt,* bei der I. von den Vätern des Totenreiches (→Limbus) begleitet wird. Nun sitzt er zur Rechten des Kýrios, seines Vaters im Himmel, und wird von dort am Ende der Tage wiederkommen, um die Lebendigen und Toten zu richten (→Parusía) und die Basileía tũ Theũ zu vollenden. *Vicarius Christi* (lat. »Stellvertreter Christi«) auf Erden ist für Katholiken der jeweilige →Papa, der im Namen des I. lehrt und handelt. **2)** islam. *Prophet* (→Nabi) und *Gesandter* (→Rasũl) des →Alläh. Er ist Sohn der Jungfrau →Maryam, wirkte Wunder (→Mu'djiza) und erweckte Tote wie z. B. den →Sãm zum Leben. Da ein gerechter Prophet nicht unschuldig sterben kann, hat Alläh in letzter Minute den Leib des 'I. am Kreuz durch den Leib eines anderen Menschen ersetzt, so daß 'I., ohne am Kreuz sterben zu müssen, in den Himmel auffahren konnte. →Muhammad traf ihn auf seiner Reise →Mi'rãdj zusammen mit →Yahyã im zweiten Himmel an. Am Ende der Tage (→al-Kiyãma) wird 'I. in Damaskus wieder erscheinen, den Antichrist →al-Dadjdjãl erschlagen, eine Herrschaft des Friedens und Wohlstandes herbeiführen, dann sterben und in Medina begraben werden. Manchmal wird 'I. →al-Mahdi genannt.

Plastik: N. Pisano (1260), G. Pisano (1302/12), E. Barlach (1926); *Gemälde:* F. Lippi (vor 1435), H. v. d. Goes (1473/75), M. da Forli (nach 1477), P. de Francesco (1478), G. David (nach 1503), A. Altdorfer (ca. 1512), M. Grünewald (ca. 1512/16), Correggio (ca. 1530), Michelangelo (1534/41), Tintoretto (1561), Theotocopuli (vor 1595), Rubens (ca. 1615/16), E. Fuchs (1956); *Holzschnitt:* A. Dürer (1510), K. Schmidt-Rottluff (1918); *Drama:* P. Claudel (1912); *Roman:* Tolstoj (1899); *Oratorium:* J. S. Bach (1734), Händel (1742); *Oper:* G. v. Einem (1976); *Musical:* L. Webber (1971).

Iezekiél →Jehezk'ĕl

Ifa △ (»Recht«): **1)** *Orakelgott* der Yoruba in Nigeria, der in der hl. Stadt Ile-Ife sein Ifa-Orakel gibt. Als *Kulturbringer* lehrte er die Menschen die Heilkunst. Manchmal ist er mit Orunmila gleichgesetzt. **2)** afroamerikan. *Heilbringergott* bei den Umbandisten, durch dessen Kraft die Menschen mit den →Orisha in Verbindung treten können. I. wird dem christl. →Pneúma hágion gleichgesetzt.

Ífing (nord. »der Ungestüme«?): german. *Grenzfluß,* der die Himmelswelt →Asgard der Götter von der Riesenwelt →Jötunheim trennt und niemals zufriert.

Igigū: akkad. oberirdische *Gottheiten* des *Himmels,* im Gegensatz zu den unterirdischen →Anunnaku. Nach dem Enuma elish setzte →Marduk 300 von ihnen ein.

Ihi △, *Ehi:* ägypt. *Musikgott* und Herr des Sistrumspiels, das die bösen Mächte vertreibt. Der als Sohn der →Hathor und des →Horus Geltende wird als Knabe mit Sistrum und Menat dargestellt.

Ijjōb △ (hebrä.), *Iób* (griech.), *Aiyūb* (arab.), *Ijob* (dt.): **1)** jüd. gottesfürchtiger *Heros* aus dem Lande Us, *Typus* der *Gerechtigkeit* und *Geduld* sowie Titelheros des nach ihm benannten Buches der Bibel. Der reiche, gerechte und fromme I. wird mit Erlaubnis des →Jahwe-Elōhim vom →Sātān mit Unglück, Krankheit und Armut geschlagen. Trotz dieser Schicksalsschläge und der Anfechtungen von seiten seiner Familie und Freunde hält I. an seiner Frömmigkeit fest. Da er die göttliche Erprobung besteht, wird I. belohnt und in seinen ursprünglichen Zustand zurückversetzt. **2)** christl. *Typus* der *Geduld* und *Standhaftigkeit,* der bei Gott Mitleid und Erbarmen findet. **3)** islam. *Prophet* (→Nabi) des →Allāh. Er ist Gatte der Rahma und Vater von 12 Söhnen und 12 Töchtern. Sein Beiname ist »Diener Allāhs«. - *Plastik:* Donatello (1423/26); *Ballett:* R. Vaughan Williams (1931); *Worte:* Hiobsbotschaft, Hiobspost.

Ijjōb, jüd. Typus der Gerechtigkeit und Geduld, der mit Erlaubnis des Jahwe vom Sātān (rechts oben) mit Unglück und Krankheit geschlagen und von seinen Angehörigen und Freunden arg bedrängt wird (Merian-Bibel, 1630).

Ikários △, *Icarius* (lat.): griech. *Heros* aus Athen und Vater der Erigone. Als I. einmal den →Diónysos gastfreundlich aufnahm, erhielt er zum Dank eine Weinrebe mit einer Anweisung zum Weinanbau geschenkt. Nachdem seine Mitbürger von dem ersten Wein gekostet hatten und davon trunken wurden, glaubten sie, vergiftet worden zu sein. Sie erschlugen den I. und bestatteten ihn. Als seine Tochter Erigone von dem Hund Maira zum Grab ihres Vaters geführt wurde, erhängte sie sich in ihrer Verzweiflung an einem Baum. Beide, Vater und Tochter, wurden als *Sternbilder* »Ochsentreiber« (Bootes) und »Jungfrau« an den Himmel versetzt. - *Gemälde:* R. Magritte (1960).

Íkaros △, *Icarus* (lat.): griech. *Heros* und Sohn des →Daídalos. Mit Hilfe von Flügeln, die aus Federn und Wachs gefertigt waren, erhob er sich zusammen mit seinem Vater aus ihrem Gefängnis →Labýrinthos in die Freiheit der Lüfte. Dabei kam I. der Sonne zu nahe, so daß das Wachs schmolz und er in das seitdem nach ihm benannte *Ikarische Meer* stürzte. - *Worte:* Icaria, ikarisch.

Ika-zuchi-no-kami: shintoist. Gruppe von 8 *Krankheitsdämonen,* die in der Unterwelt →Yomi-no-kuni wohnen und als unterirdische »Donnergötter« gelten, deren Grollen bei Vulkanausbrüchen und Erdbeben zu vernehmen ist. Entstanden sind sie aus dem verwesenden Körper der toten Göttin →Izanami.

Ikenga △ (»Rechter Oberarm«): *Schutzgott* der Igbo in Nigeria, der die Hände und Arme der Menschen zu lenken versteht. Dargestellt wird er mit zwei (Doppel-)Hörnern auf dem Kopf und mit Schwert und Menschenkopf in seinen Händen.

Iki-gami (japan. »lebender Kami«), *Kami-gakari:* shintoist. *(Gott-) Mensch*, in dem ein →Kami gegenwärtig ist, ein »fleischgewordener« Kami. Die »kami-Erfülltheit« (kami-gakari) besaßen einige Stifter neuer Religionen, wie z. B. die der Kurozumi-kyo und der Konko-kyo.

Iko →Sido

'Īl △ (»Gott«): arab. appellative *Bezeichnung* für einen *Gott* und Wortelement theophorer Personennamen in Südarabien. 'I. entspricht dem westsemit. →Ēl.

Ilabrāt: akkad. *Botengott*, der dem sumer. →Ninshubur(a) entspricht.

'Ilāh →Allāh

'Ilāt →al-Lāt

Ilazki →Illargui

Ilia →Rhea Silvia

Ilithyia →Eileithyia

Illapa △ (Quechua: »Blitz«), *Ilyap'a, Katoylla:* indian. *Gewitter-* und *Regengott* der Inka, der es regnen läßt, indem er mit seiner Schleuder einen von seiner Schwester gehaltenen Krug zerschmettert. Der Knall seiner Schleuder ist der Donner, das Werfen der Schleuder zeigt sich als Blitz.

Illargui ▽ (»Licht der Toten«), *Iretargui, Irargui, Ilazki:* bask. *Mond-* und *Lichtgöttin*, die den Seelen der Verstorbenen als Licht leuchtet. Sie ist die Tochter der Erdgöttin →Lur und Schwester der Sonnengöttin →Ekhi. Wenn I. über den Bergen im Osten aufgeht, fragt man sie: »Großmutter Mond, was gibt es Neues im Himmel?« Wenn ein Mensch bei zunehmendem Mond stirbt, ist dies ein gutes Vorzeichen für das Weiterleben seiner Seele. Das auf dem Grab brennende Wachslicht heißt »arguizagui« und leuchtet als Mondlicht den Verstorbenen. Der I. ist der Freitag als »ostiral« (»Tag des Mondes«) geweiht, der mit dem Donnerstag des →Ortzi korrespondiert.

Illujanka △: hethit. *Schlangendämon*, der im Meer und in Höhlen des Festlands lebt. Er besiegt zunächst den Wettergott →Ishkur, wird dann aber von diesem betrunken gemacht und erschlagen. Dieser beim Neujahrsfest rituell gefeierte Mythos vom Kampf des Wettergottes gegen den Drachen ist ähnlich dem vom Kampf des westsemit. →Ba'al Sāpōn gegen →Liwjātān und des griech. →Zeús gegen →Typhón.

'Ilmaqahū →'Almaqahū

Ilmarinen (von ilma = »Luft, Wetter«): finn. *Himmels-, Wind-* und *Wettergott* sowie *Schutzgott* der Reisenden. Als *Kulturheros* ist er der *göttliche Schmied* der Urzeit, von dem das Himmelsgewölbe stammt, an dem er die Sterne befestigte. Er ist auch Schmied des →Sampo, und er lehrte die Menschen die Gewinnung von Eisen aus Raseneisenerz. I. schlug als erster Feuer, so daß →Väinämöinen blitzen konnte. So kam das Feuer zu den Menschen.

'Ilmuqah →'Almaqahū
'Ilumquh →'Almaqahū
Ilyap'a →Illapa
Imām △ (arab. »Muster, Vorbild, Führer«): islam. legitimer und von →Allāh inspirierter *Leiter* der gesamten Glaubensgemeinde bei den Shi'iten. Ihm kommt die unfehlbare Autorität (→'Isma) zu, insofern er aus der leiblichen Nachkommenschaft des Propheten →Muhammad stammt. Der erste I. ist 'Ali (†661), der Gatte der →Fātima. Beider erstgeborener Sohn al-Hasan (†669) ist der zweite I. und der zweitgeborene Sohn →al-Husain (†680) der dritte I. Für die Zaiditen gibt es insgesamt fünf, für die Ismā'iliten sieben und für die Imāmiten zwölf »sichtbare« I. Da es z. Zt. keinen »offenkundigen«, lebenden I. gibt – der letzte I. ist vielmehr verborgen und wird zur von Allāh vorherbestimmten Zeit zurückkehren –, fällen stellvertretend Mullās die Entscheidungen.

Imana △ (»Der große Weise«): *Schöpfer-* und *Ahnengott* der Ruanda in Ruanda und der Rundi in Burundi. Als *Schicksalsgott* und Herr über Leben und Tod hat er die Beinamen: Ruremba (»der, welcher dem einen gibt, aber nicht dem

Imāme, islam. zwölf von Allāh inspirierte Leiter der gesamten Glaubensgemeinde und Gottherrscher für die Imamiten. Ihre Namen sind kalligraphisch in Form eines Pferdes mit einem Sonnenschirm dargestellt.

anderen«), Itangita (»der Zwietracht Schaffende«), Intuhe (»der, welcher jemandem das Böse zuteilt«) und Thumye (»der ein böses Los wirft«).

Imdugud: sumer. löwenköpfiger Adler, ein *Mischwesen* und Emblem des →Ningirsu. Dargestellt wird I., wie er über Herden- und Haustieren kreist oder seine Krallen in sie schlägt. Er ist gleich dem akkad. →Zū.

Imhotep △, *Imuthes* (griech.): ägypt. Hoherpriester von On und Ratgeber des Königs Djoser (um 2600 v. Chr.), Arzt und Schriftsteller sowie Bauleiter der Stufenpyramide von Sakkara. Der Sohn des Kanofer und der Chereduanch (= Chroduanch) und Gatte der Ronpetnofret wurde seit der Spätzeit als *Arztgott* und Gott der Schreiber und als »Sohn des Ptah« in Memphis und Theben göttlich verehrt. Weil von ihm die älteste, aber nicht mehr erhaltene ägypt. Weisheitslehre stammt, wird er »Schreiber des Gottesbuches« genannt, dem die Schreiber im Neuen Reich zu Beginn ihrer Schreibarbeiten einen Tropfen ihres Malwassers opfern. Er wird als kahlköpfiger Priester mit der Papyrusrolle dargestellt und dem griech. →Asklepiós gleichgesetzt.

Imiut △ (»der in der Umwicklung, der in Ut«): ägypt. *Schutzgott*, dessen Schutzzeichen am Thron des Königs aufgepflanzt ist. Der als Sohn der →Hesat Geltende wird als kopfloses, an einer Stange aufgehängtes Kalbfell dargestellt und später dem →Anubis gleichgesetzt.

Imlja →Koi

Immap ukua →Sedna

Imset ▽ △, *Amset:* ägypt. *Schutzgottheit* des Leichnams, dem als *Kanopengottheit* die Leber des Verstorbenen zur Bewachung anvertraut und der Süden als Himmelsrichtung zugewiesen ist. I., eines der vier →Horuskinder, wird zunächst weiblich, später, im Neuen Reich, männlich gedacht und in Menschengestalt dargestellt. Das menschliche Haupt wird noch im Mittleren Reich bartlos und mit der gelben Hautfarbe der Frauen gemalt.

Imuthes →Imhotep

Ina →Hina

Inanna ▽ (von Nin-anna »Herrin des Himmels«): sumer. *Himmelskönigin* und als *Ninsianna* Personifikation des Planeten *Venus.* Sie ist die Göttin der *Liebe* und des *Geschlechtslebens.* Als *Kriegsgöttin* verlangt sie von ihrem Vater →An den →Guanna gegen →Gilgamesh. Sie gilt auch als Tochter des →Nanna und der →Ningal, als Schwester des →Utu sowie als Gattin des →Dumuzi und manchmal als Mutter des →Shara. Ihre Botin ist →Ninshubur. Während »Inannas Gang zur Unterwelt«, in

Imdugud, sumer. riesiges Mischwesen, ein löwenköpfiger Adler.

der ihre Schwester →Ereshkigal herrscht, muß I. 7 Tore durchschreiten, wobei ihr bei jedem der Tore je eines ihrer 7 Insignien abgenommen wird (*1.* Krone und Obergewand, *2.* Ohrgehänge, *3.* Halskette, *4.* Brustschmuck, *5.* Edelsteingürtel, *6.* Spangen von Händen und Füßen, *7.* Untergewand). Schließlich steht sie nackt wie jeder Sterbliche vor Ereshkigal, so daß sie machtlos deren »Todesblick« ausgeliefert ist. Da während ihres Aufenthalts in der Unterwelt jede Zeugung und Entstehung neuen Lebens in der Oberwelt unterbleibt, sendet →Enki zwei Boten hinab ins Totenreich, um von Ereshkigal die Freilassung der gefangenen I. zu erreichen. Daraufhin kann I. die Unterwelt durch die 7 Tore wieder verlassen, erhält jeweils wieder Kleidung und Schmuck und kehrt in die Oberwelt zurück, womit sich Zeugung und Wachstum auf der Erde wieder einstellen. Als Ersatz für I. entführen die →Galla-Dämonen den Dumuzi in die Unterwelt. Ihr Hauptkultort war Uruk mit dem Tempel Eanna (»Haus des Himmels«). Ikonographisch ist I. der Typ der »nackten Göttin«. Ihr Keilschriftzeichen ist das »Schilfringbündel«, ihr Symbol ist der achtstrahlige Stern. Die sumer. I. ist gleich der akkad. →Ishtar, der ugar. →'Attart, der hebrä. →Ashera, der moabit. →'Ashtar und der phönik. →Astarte.

Inao →Chisei Koro inao

Inar(a) ▽: protohatt. *Göttin,* die als Tochter des →Taru und der →Wurunshemu gilt. Sie wird als verschwundene Göttin von der Biene der hethit. →Channachanna gesucht und hilft dem Wettergott bei der Überwältigung des hethit. Dämons →Illujanka.

Inari △ ▽ (japan. »Reismann«): shintoist. *Reis-* und *Nahrungsgottheit,* die männlichen oder auch weiblichen Geschlechts sein kann. Jedes Jahr steigt I. von ihrer Bergbehausung in die Reisfelder hinab, wobei ihre Boten die Füchse sind. Dargestellt wird I. mit zwei Reisbündeln auf den Schultern.

Incubus △ (lat. »der Aufliegende«), *Inkubus* (dt.): christl. *Dämon,* ein *Alp* und *Nachtmahr,* der sich dem Schläfer auf die Brust setzt und dadurch schwere Träume (Alpdrücken) verursacht. Sein weibliches Gegenstück ist →Succubus. Im Schlaf bedrängt er sexuell die Frauen. I. ist in der Hexenliteratur der *Buhlteufel* der →Hexen. – *Gemälde:* J. H. Füßli (1781).

Indianer (Algonkin, Athapasken, →Azteken, Chibcha, Chimu, →Inka, Irokesen, Kagaba, →Maya, Pawnee, Pueblo, Tarasken, Tlingit, Totonaken, Tupi, Uitoto, Yámana, Zapoteken): Achiyalatopa, Ahayuta Achi, Anaya, Apoyan Tachu, Atira, Awitelin Tsita, Awonawilona, Bachúe, Bathon, Bochica, Chia, Chibiados, Cocijo, Cuervaperi, Curicaberis, Estanatlehi, Gauteóvan, Giselemukaong, Gluskap, Haokah, Iya, Kabibonokka, Kabun, Katchinas, Kitanitowit, Kitshi Manitu, Kokko, Koloowisi, Koyote, Malsum, Manabhozho, Manitu, Michabo, Moma, Muskrat, Nainuema, Nanderuvucu, Nenabojoo, Ni, Oki, Orenda, Otgon, Ototeman, Pariacaca, Shawano, Shiwanni, Shiwanokia, Si, Skan,

Tajin, Tate, Tawa, Tawiskaron, Teharonhiawagon, Thunderbird, Tieholtsodi, Tirawa, Tupan, Urendequa Vécara, Wabun, Wakan, Wakanda, Watavinewa, Whope, Wi, Wisakedjak, Xaratanga, Yakista, Yehl.

Indische Völker (Andamanesen, Asur, Baiga, Bhil, Birhor, Bondo, Chenchu, Didayi, Gadaba, Gond, Hill Sora, Ho, Juang, Kaccha Naga, Kachari, Kaman Mishmi, Kharia, Kond, Kota, Koya, Lakher, Lushai, Munda, Santal, Singhalesen, Sora, →Tamilen, Toda): Alow, Ayiyanāyaka, Basmoti Ma, Bhagavantara, Bhagvān, Bilika, Darni Pinnu, Deur, Dharam, Dharam-Raja, Dharti Mata, Garelamaisama, Jam Deota, Kataragama, Khazangpa, Khrane, Kittung, Kituurpayk, Mahāprabhu, Nanga Baiga, Nirantali, Ön, Ote Boram, Pathian, Ponomosor, Rumrok, Rusi, Sahibosum, Sibrai, Singbonga, Thakur Baba, Upulvan, Uyungsum.

Indonesische Völker (Batak, Dajak, Minahasa, Niasser, Timoresen, Toradja): Alatala, Debata, Empung Luminuut, Latura, Lowalangi, Mula Djadi, Pue m Palaburu, Ratu Adel, Silewe Nazarata, Sirao, Tambon, Tempon Telon, Tingang, Toar, Upulevo.

Indra △ (sanskr. »stark, mächtig«): 1) ved. *Gewittergott* und als Regenspender *Fruchtbarkeitsgott, Götterkönig* der →Devas. Der Sohn des →Dyaus und der →Prithivi ist Bruder von →Agni und →Sūrya, mit denen er eine alte Triade bildet. Als gewaltiger Esser und Trinker strotzt er von Vitalität und Energie. Er liebt den Somatrank, wobei er im Rausch den Dämon der Dürre →*Vritra* tötet. Daher sein Beiname Vritrahan (»Vritratöter«). Nachdem er auch seinen Vater getötet hat, wird er Oberster aller drei Welten (→Triloka). 2) brahm. Kriegsgott und *Hauptgott* der Krieger- und Herrscherklasse, dessen Begleiter die →Maruts sind. Als →Āditya ist er der Sohn des →Kashyapa und der →Aditi. 3) hindu. *Schutzgott* der östlichen Himmelsrichtung (→Lokapāla) und Bewohner von →Svarloka. Er ist Gatte der →Indrāni und Vater des →Arjuna. Er wird von →Rāvana besiegt und ist dem →Krishna unterlegen. Seine Hauptattribute sind Wurfkeule und Stachelstock, sein →Vāhana ist das Pferd oder der Elefant. 4) jin. *Gott* im Rang eines Fürsten in der jeweils ersten, d. h. höchsten Rangstufe innerhalb jeder der 4 Götterklassen. Ihre Zahl beträgt 64, nämlich je 2 für die 10 Klassen der →Bhavanavāsin und für die (2 ×) 8 Klassen der →Vyantara, ferner 2 bei den →Jyotisha und 10 bei den 12 →Kalpabhava der →Vaimānika. Jeder I. hat 4 →Lokapāla und 17 Heere, die von 7 Heerführern befehligt werden. Jedes Heer umfaßt 8 128 000 Gottheiten. 5) iran. *Erzdämon* (→Daēva), der zwischen Männern Streit verursacht.

Indrāni ▽**, Aindri, Shaci:** hindu. *Muttergöttin* und Personifikation der Nörgelei. Sie ist die Gattin →Indras sowie Mutter des →Rudra Jayanta und zählt zu den →Saptāmatrikā. Ihr →Vāhana ist der Elefant.

Inguma: bask. böser *Nachtgeist,* der in der Nacht die Menschen heimsucht, ihnen die Kehle zudrückt und das Atmen erschwert, so daß sie große Angst bekommen.

Indra, ved. vierhändiger Kriegsgott und Götterkönig auf seinem Elefanten reitend. Seine Attribute sind Wurfkeule und Stachelstock.

Inka △ (Quechua: »Sohn der Sonne«): indian. *Dynastie* eines Quechua-Stammes, der zwischen 1100 und 1533 das bedeutendste Reich in Südamerika mit der Hauptstadt Cuzco beherrschte. Die Dynastie beginnt mit →Manco Capac und endet mit dem 1533 von dem Spanier Pizarro hingerichteten dreizehnten Inka Atahualpa.

Inka: Ayar Aucca, Ayar Cachi, Ayar Manco, Ayar Uchu, Chasca Coyllur, Con, Hanan Pacha, Huaca, Illapa, Inka, Inti, Mama Allpa, Mama Cocha, Mama Cora, Mama Oello, Mama Quilla, Manco Capac, Pachacamac, Pachamama, Ucu Pacha, Vichama, Viracocha.

Inkubus →Incubus

Inmar (von in = »Himmel«): finn. *Himmelsgott* der Wotjaken sowie *Blitz-* und *Donnergott.* Seit der Christianisierung wird die christl. Mutter →María als *Inmar-Mutter* bezeichnet.

Inmutef △ (»Pfeiler seiner Mutter«), *Junmutef:* ägypt. *Sohngott* und Personifizierung des »ältesten Sohnes«. Der als männlicher Träger des als weiblich gedachten Himmels Verehrte wird dem →Horus als Sohn des →Osiris gleichgesetzt.

Innara →Lama

Inó ▽, *Ino* (lat.), *Leukothea:* griech. *Prinzessin* und spätere *Seegöttin.* Sie ist eine Tochter des Königs →Kádmos und der →Harmonía, Schwester der →Seméle, Stiefmutter von →Phríxos und Hélle, sowie Gattin des Athamas und durch ihn Mutter des Learchos und Melikertes. Auf der Flucht vor ihrem wahnsinnigen Gatten, der ihr erstes Kind erschossen hatte, stürzte sie sich mit ihrem zweiten Kind von den Klippen ins Meer. Sie wird von den →Nereídes freundlich aufgenommen und verwandelt sich in eine Seegöttin namens Leukothea. – *Oper:* Donizetti (1828).

Inshushinak △, *Ninshushinak* (sumer. »Herr von Susa«), *Shushinak* (akkad.): elam. *Stadtgott* von Susa und *Reichsgott* von Elam, Eidesgott und Totenrichter, der als Gatte der →Pinenkir gilt.

Inti (Quechua: »Sonne«), *Intu:* indian. **1)** allwissender *Vogel,* der →Viracocha begleitete und ihm die Zukunft voraussagte. Während der erste →Inka ihn in einem Käfig hielt, gab sein Nachfolger ihm die Freiheit. **2)** *Sonnengott,* der seit dem neunten Inka Pachacutec (15.Jh.) *Reichsgott* und *Stammvater* der Inkas war. I. gilt als ältester Sohn des Viracocha, Gatte der →Mama Quilla, durch die er Vater von →Manco Capac und →Mama Oello ist. Irdischer Repräsentant des I. ist der jeweils regierende Inka. Dargestellt wird I. durch eine Goldscheibe mit Menschengesicht.

Inka, indian. Gottherrscher, der in einer Sänfte getragen wird.

Inua (»Geist«): eskimo. übernatürliche *Kraft* und *Macht*, die allen Lebewesen und Naturdingen innewohnt. So ist z. B. I. die Seele des leblosen Körpers. I. entspricht dem →Manitu der Algonkin, dem →Orenda der Irokesen und dem →Wakanda der Sioux.

Io ☉ (»Mark, Kern«), *Kio, Kiho:* **1)** polynesische unpersönliche *Hauptgottheit* (der Maori), die als erstes Wesen in sich einen weiblichen Kern →Io Wahine und einen männlichen →Te Io Ora enthält. Der Name des »Ewigen« und »Selbstgestalteten« darf nur flüsternd ausgesprochen werden. **2)** polynesischer zehnter *Himmel*, in den →Tane hinaufsteigt, um die »3 Körbe der Lehre« zu erbitten, die er zu →Hina nach →Hawaiki bringt.

Ió ▽, *Io* (lat.): griech. *Priesterin* der →Héra und Geliebte des →Zeús. Sie ist Tochter des Flußgottes und Königs Ínachos und durch Zeús Mutter des Épaphos. Nachdem die sittenstrenge Héra sie bei einem Liebesabenteuer mit Zeús überrascht hatte, wurde sie von Héra in eine weiße Kuh verwandelt und dem Wächter →Árgos übergeben. →Hermés schläferte im Auftrag des Zeús den Árgos ein und befreite I. Daraufhin schickte Héra eine Bremse, die die Kuhgestaltige von Land zu Land, u. a. über den nach ihr benannten Bosporos (»Rinderfurt«) bis nach Ägypten trieb, wo sie ihre Menschengestalt wiedererhielt und den Épaphos, den Stammvater der Ägypter, gebar. – *Gemälde:* Correggio (1530), Rubens (1610), Velázquez (1659).

Ioánnes △ (griech.; von hebrä. Jōchānān = »Jahwe ist gnädig«), *Yahyā* (arab.), *Johannes* (dt.): **1)** christl. →*Prophétes* des →*Kýrios, Bußprediger* und Täufer am Jordan, Vorläufer des →Iesús und *Märtyrer.* Er ist Sohn des →Zacharías und der Elisabeth. Seine Empfängnis und Geburt sowie die spätere prophetische Berufung waren seinem alten, bisher kinderlosen Vater im Tempel von Jerusalem durch den Engel →Gabriél angekündigt worden, und der Sohn wurde von seinem Vater als Vorbote des →Messias gepriesen. I. taufte den →Iesús am Jordan und wurde von diesem »als der Größte unter den von Frauen Geborenen« bezeichnet. Das Auftreten des I., das eine wachsende Volksbewegung auslöste, wurde von Herodes Antipas (4 v.–39 n. Chr.) mit immer größerer Besorgnis beobachtet, vor allem weil I. freimütig das ehebrecherische Verhältnis des Vierfürsten mit der Herodias, der Mutter der →Salóme, tadelte. Schließlich wurde I. auf Befehl des Herodes gefangengesetzt und auf Veranlassung der Herodias um 28. n. Chr. hingerichtet. Das Geburtsfest des I. wird am 24. Juni begangen, seiner Enthauptung gedenkt man am 19. August. **2)** islam. *Prophet* (→Nabi) des →Allāh. Er ist Sohn des →Zakāriyā'. →Muhammad traf ihn auf seiner Reise →Mi'rādj zusammen mit →'Isā im zweiten Himmel an. Sein Grab und das Grab seines Vaters befinden sich in der großen Moschee zu Damaskus. – *Plastik:* Donatello (1416); *Gemälde:* R. van der Weyden (um 1445/50), A. del Sarto (1515), Caravaggio (ca. 1608), A. Jawlensky (1917); *Worte:* Johannisbee-

Ioánnes, christl. Prophet (links), den Iesūs (Mitte) am Jordan taufend, während das Pneúma hágion in Gestalt einer Taube herabkommt. Zur Rechten ein Engel, der ein Gewand hält (dt. Armenbibel, 1471).

re, Johannisbrot, Johannisfeuer, Johanniskäfer, Johanniskraut, Johannisnacht, Johannistrieb, Johanniswürmchen.

Iób →Ijjōb

Ioél →Jō'ēl

Ionās →Jōnāh

Ioséph (griech.), *Josef* (dt.): christl. gottesfürchtiger *Bauhandwerker* aus Nazareth und *Visionär*. Er stammt aus dem Geschlecht des →Dauid und ist der Sohn des Jakob bzw. des Heli und Gatte der →María sowie durch sie (Pflege-)Vater des →Iesūs. Als sich für I. herausstellte, daß seine Verlobte María schwanger war, wollte er sie in aller Stille entlassen. Da jedoch der Engel des →Kýrios (→Ángelos Kyríu) ihm im Traum erschien und die Geburt des Erlösers Iesūs ankündigte, nahm er María zu sich und verkehrte nicht mit ihr, bis sie ihren Sohn, den Erstgeborenen, gebar. Als dann der König Herodes alle neugeborenen Kinder in Bethlehem ermorden lassen wollte, floh I. auf die im Traum erfolgte Weisung des Engels hin mit dem Kind und dessen Mutter nach Ägypten und kehrte erst nach dem Tod des Herodes, wiederum auf Weisung des Engels im Traum, nach Israel zurück. Sein Fest wird am 19. März begangen. Dargestellt wird I. meist als alter Mann mit Bart. – *Gemälde:* M. Pacher (1481), L. Cranach d. Ä. (1504), J. de Patinier (16. Jh.), Ph. O. Runge (1805/06); G. Rouault (1935 und 1946); *Wort:* Josefsehe.

Io Wahine ▽: polynes. weiblicher *Lebenskern* von →Io, dem später →Hina gleicht. Ihre männliche Entsprechung ist →Te Io Ora.

Ipet ▽: ägypt. Nilpferd- und *Geburtsgöttin*. Sie ist die Mutter und Gefährtin des →Amun und Amme des Königs. Sie, »die die Götter gebar«, ist die »Herrscherin der beiden Länder« Ober- und Unterägypten. Als Ausdruck des mütterlichen, empfangenden und gebärenden Prinzips wird sie nilpferdgestaltig dargestellt und der Urmutter gleichgesetzt.

Iphigéneia ▽, *Iphigenja* (lat.), *Iphigenie* (dt.): griech. *Heroin* und *Priesterin*, eine Tochter des →Agamémnon und der →Klytaiméstra, Schwester des →Oréstes und Chrysothemis und der →Eléktra. Da I. von ihrem Vater der →Ártemis in Aulis geopfert werden sollte, tauschte die Göttin sie gegen eine Hirschkuh aus und versetzte sie als ihre Priesterin nach Tauris, wo sie alle ankommenden Fremdlinge der Göttin opfern sollte. Als I. eines Tages in einem der zu Opfernden ihren Bruder Oréstes erkannte, flohen beide mit dem Bild der Göttin nach Attika, wo I. als Priesterin starb. – *Gemälde:* Tiepolo (1757), Feuerbach (1871); *Dramen:* Euripides (413 v. Chr.), Goethe (1779); *Opern:* Gluck (1774 und 1779).

Iraner (Altiraner, →Mandäer, →Manichäer, Zoroastrier). Aēshma, Agash, Ahriman, Ahura, Ahura Mazdā, Ahurāni, Aión, Airyaman, Aka Manah, Akatash, Ameretāt, Amesha Spentas, Angra Mainyu, Apām napāt, Apaosha, Aredvi Sūrā Anāhitā, Armaiti, Asha, Ashi Vanuhi, Astōvidātu, Astvat-ereta, Ayōhshust, Aži Dahāka, Baga, Bahrām, Būiti, Būshyāstā, Camrōsh, Cautes, Chinvat-peretu, Chshathra vairya, Daēnā,

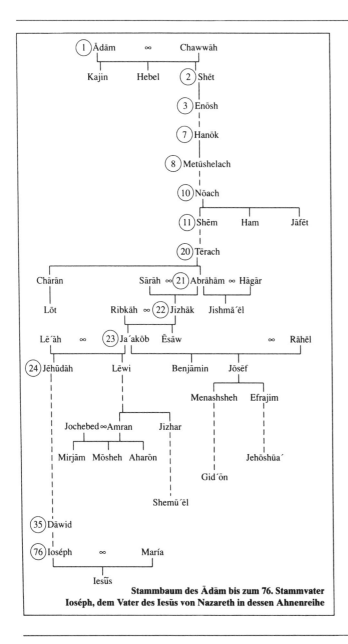

Stammbaum des Ādām bis zum 76. Stammvater Ioséph, dem Vater des Iesũs von Nazareth in dessen Ahnenreihe

Daēvas, Drugs, Drvāspā, Frashō-kereti, Fravashi, Gandareva, Gao-kerena, Gaya-maretān, Gēush Urvan, Gōpat-Shāh, Hadayaosh, Haoma, Haurvatāt, Hvar, Indra, Kasaoya, Keresāspa, Māh, Marshavan, Māshya, Mithōcht, Mithra, Nairyō-sangha, Nanghaithya, Nasu, Ōhrmazd, Pairikās, Rapithwin, Rashnu, Saoshyants, Saurva, Simurg, Spenta Mainyu, Sraosha, Thraētaona, Tishtrya, Uchshyat-ereta, Uchshyat-nemah, Ushah, Uthrā, Vāta, Vaya, Vayā Daregō-chvadāiti, Vayu, Verethragna, Vohu Manō, Vouru-kasha, Yātus, Yazata, Yima, Zam, Zarathushtra, Zārich, Zurvan.

Irargui →Illargui

Irene →Eiréne

Iretargui →Illargui

Íris ▽ (»Regenbogen«): griech. jungfräuliche *Göttin* und Personifikation des den Himmel und die Erde verbindenden *Regenbogens*, auf dem sie zur Erde herabsteigt. Sie ist *Götterbotin* für die Menschen und Dienerin der →Héra. I. ist Tochter des Thaumas und der →Eléktra, einer →Okeanós-Tochter, sowie Schwester der →Hárpyia und Gattin des →Zéphyros. Dargestellt wird sie mit Flügeln und Heroldsstab. – *Worte:* Iris (fig.), irisieren, Irisöl, Iritis.

Íris, griech. jungfräuliche Göttin des Regenbogens und Götterbotin mit Flügeln und Heroldsstab.

Irminsul (ahd. »gewaltige Säule, Irminsäule«): german. großer heiliger *Baumstamm*, der nach dem Kriegsgott Irmin benannt ist und eine Nachbildung der →Yggdrasill darstellt. Nach der Christianisierung wurde sie auf Veranlassung Karls d. Gr. 772 zerstört. Die I. ist Symbol der neugermanischen Bewegungen des 20. Jh.

Iruwa →Ruwa

'Isā →Iesūs

Isaák →Jizhāk

Isāf △ und **Nā'ila** ▽: arab. menschliches *Liebespaar*, das in der Ka'ba von Mekka geschlechtlich miteinander verkehrte und zur Strafe dafür in Steine verwandelt wurde. Diese Steine wurden zur Warnung bei der Ka'ba aufgestellt und mit der Zeit als steinerne *Gottesbilder* insbesondere von den Kuraishiten verehrt, indem die göttlichen Steine mit dem Blut der Opfertiere bestrichen wurden.

Ischara →Ishchara

Isdes ▽: ägypt. *Totengott*. In der Unterwelt fungiert er als Totenrichter. Der auch »Herr des Westens« Genannte wird oft mit →Thot und →Anubis gleichgesetzt.

Ísha △, *Īshāna* (sanskr. »Herr [des Wissens]«): hindu. *Schutzgott* der nordöstlichen Himmelsrichtung (→Lokapāla), der den →Soma (Chandra) darin abgelöst hat. Er ist einer der 11 →Rudras. Dargestellt wird er fünfköpfig und zehnarmig mit den Attributen: Buch, Stachelstock, Schlinge, Beil, Schädelschale, Trommel und Dreizack. Sein →Vāhana ist der Widder oder Stier. I. ist auch einer der fünf Aspekte →Shivas.

Ishāk →Jizhāk

Ishāna △: jin. *Götterfürst,* ein →Indra der nördl. Hälfte der untersten Himmelsregion Aishana (→Loka-Purusha), der Finsternis bewirkt. Nach ihm, dem →Lokapāla des NO, wird die nordöstliche Himmelsrichtung Ishani benannt. Sein Attribut ist der Spieß (shūla) und sein →Vāhana der Stier.

Ishchara ▽, *Ischara, Eshchara, Eschara:* sumer. Göttin des *Eides* und *Krieges.* Die »Herrin des Gerichts und der Opferschau« ist Mutter von sieben Kindern. Ihr Emblem ist der Skorpion, dessen Sternbild sie entspricht.

Ishdushtaja ▽: protohatt. *Schicksalsgöttin,* die zusammen mit →Papaja - mit Spindel und Spiegel - das Schicksal der Menschen bestimmt.

Ishkur △: 1) hethit. *Wettergott,* der auf einem von Stieren gezogenen Wagen dahinfährt. Der »König des Himmels« ist *Hauptgott* und Gatte der Sonnengöttin von →Arinna. Seine Attribute sind Keule und Blitzbündel, sein Symboltier ist der Stier und seine hl. Zahl die Zehn. Er entspricht dem protohatt. →Taru, dem urartä. →Tesheba und dem churrit. →Teshub. 2) sumer. *Wettergott.* Er ist ein wild dahinstürmender Stier unter dem zerstörerischen Aspekt des Gewittersturms, des Hagels und der Überschwemmung. Er gilt als Sohn des →An und wird meist mit dem Keilschriftzeichen für »Wind« geschrieben.

Ishta-Devatā (sanskr. »Wunsch-Gottheit«), *Sādhita, Yidam* (tibet. »fester Geist«), *Yid-dam:* buddh.-tantr. *Personifikationen* verschiedener Tantra(bücher), deren Namen sie tragen, *Schutz-* und *Initiationsgottheiten,* die ein tantr. Verehrer persönlich erdacht und für sich gewünscht hat, damit das in dem Buch enthaltene Erlösungswissen auf ihn übergeht. Nur der Meister und sein Schüler kennen die jeweils erwählte Gottheit. Es gibt friedliche (shāta) und zornige (krodha) Typen. Zu ihnen zählen: →Guhyasamāja, →Chakrasamvara, →Hevajra, →Kālachakra. Die männlichen Ish. werden im →Yab-Yum mit ihrer Yogini dargestellt.

Ishtanu △: hethit. *Sonnengott,* der bei seinem täglichen Weg über den Himmelshorizont alles irdische Geschehen überblickt und deshalb *Richtergott* über Menschen und Tiere ist. In *Schwurgötter*listen der hethit. Staatsverträge steht er oft an erster Stelle und heißt »Zeuge« und »Vater«. Sein Kultort ist die Hauptstadt Chattusha, dargestellt wird er mit der Flügelsonne an der Kopfkappe. Der hethit. König, der bei kultischen Funktionen in der Tracht des Sonnengottes auftritt, nennt sich selbst »Meine Sonne«. I. entspricht dem protohatt. →Eshtan, dem urartä. →Shiwini und dem churrit. →Shimigi.

Ishtar ▽ (Appellativ »Göttin«): akkad. *Venussterngöttin,* Göttin des Abend- und Morgensterns, dem sie mit dem Doppelcharakter ihres lichten und dunklen Antlitzes entspricht: als *Himmels-* und *Unterweltsgöttin,* als *Mutter-* und *Liebesgöttin,* als Göttin der *Fruchtbarkeit* und der *Wollust.* Mit →Sīn und →Shamash bildet sie eine kosmische Trias. Sie gilt als Tochter von →Anu und →Anatum sowie als Geliebte des →Tamūzu und vieler Götter. Ihre Hauptkultorte waren Uruk und Ninive, Akkad und Arbela, in Babylon stand das ihr zu Ehren errichtete Ishtartor. Dargestellt wird sie oft als *Kriegsgöttin* mit Hörnermütze, Köchern auf dem Rücken und Pfeilen und Bogen in den Händen. In Ninive gab es ein wundertätiges Bild von ihr. Der Stern ist ihr Emblem, und ihre hl. Zahl ist fünfzehn. Fast alle Göttinnen Babyloniens wurden im Laufe der Zeit der I. als Hauptgöttin gleichgesetzt und galten dann nur noch als ihre Erscheinungsformen. Die akkad. I., die der sumer. →Inanna gleicht, entspricht der ugar. →'Attart, der moabit. →'Ashtar, der phönik. →Astarte und der hebrä. →Ashera. Der Name der jüd. Titelheldin des Buches Estēr erinnert an die akkad. I.

Ishtar, akkad. Venusstern- und Kriegsgöttin mit Pfeil und Bogen auf einem Tiger stehend.

Ishtaran →Sataran

Ishum △: akkad. *Botengott,* Herold und »Aufpasser« des →Nergal und des →Erra. Der den Menschen freundlich Gesonnene begütigt den wütenden Erra und legt Fürsprache für die Menschen bei Nergal ein. Der *Schutzgott* der Kranken und der Menschen während der Nacht entspricht dem sumer. →Chendursanga.

Ishvara △▽ (sanskr. »Gebieter, Herr«), *Ishvari* (»Herrin«): hindu. *Name* für den persönlichen höchsten Gott einer jeweiligen religiösen Richtung, meist für →Shiva und seine Gattin →Shakti. Der Gott der Christen und der Muslime sowie alle Götter der Hindus sind Aspekte von I.

Isimu △: sumer. *Botengott* des →Enki. Der janusköpfig Dargestellte ist dem akkad. →Usmū gleich.

Isis ▽, *Ese* (ägypt. »Sitz, Thron«): ägypt. *Muttergöttin, Frauen- und Geburtsgöttin*. Nach der →Götterneunheit ist sie die Tochter des →Geb und der →Nut sowie Schwester der →Nephthys und des →Seth, aber auch Schwester und Gattin des →Osiris und von ihm Mutter des →Horus und als solche Mutter und *Schutzgöttin* des regierenden Königs, der sich mit Horus identifiziert. Sie ist die Personifikation des Königsthrones, dessen Schriftzeichen sie häufig auf ihrem Haupt trägt. Als man den lebenden König (als Horus) mit dem Osiris als Erscheinungsform des verstorbenen Königs in Verbindung brachte, wurde Isis in den Osirismythos einbezogen. Sie ist die *»Göttermutter«*, die den Horus empfängt, als sie sich in Gestalt eines Sperbers auf die Leiche ihres Gatten Osiris setzt. In der Einsamkeit der Sümpfe des Nildeltas gebiert sie, versteckt vor den Nachstellungen des Seth, ihr Kind. Später hat sie zusammen mit ihrer Schwester Nephthys den Leichnam des Osiris bewacht und ihn zu neuem Leben erweckt. Da sie den toten Osiris beklagt und dessen Leiche bewacht hat, ist sie die *Schutzgöttin* der Toten. Mit ausgebreiteten Flügeln Schutz gewährend und Lebensluft zuwehend wird sie so an den Sargwänden dargestellt. Da sie sich in ihrer Beziehung zu Osiris und Horus wirksamer Zaubermittel bediente, wird sie als *»Zauberreiche«* verehrt. Als *Meergöttin* und *Sirius-Göttin* ist sie die Beschützerin der Seefahrt in Alexandrien. Im Isis-und- Osiris-Mysterienkult fand die Verehrung der *Himmelsgöttin* weite Verbreitung im röm. Weltreich.

Das geheimnisvolle Wesen dieser Göttin mit ihren 10 000 Namen kennzeichnet eine Inschrift auf dem Sockel ihres Standbildes von Sais: »Ich bin alles, was war, was ist und was sein wird . . . kein Sterblicher hat je erfahren, was unter meinem Schleier sich verbirgt.« Das Fest der Isis wurde am 6. II des ägypt. Jahres gefeiert. Ihr Hauptkultort war in der Spätzeit die Insel Philae. Dargestellt wird sie rein menschlich, oft wie sie das Horuskind auf dem Schoß trägt und säugt. Durch die spätere Verschmelzung mit der →Hathor erhält sie als Kopfschmuck ein Kuhgehörn mit der Sonnenscheibe. In hellenist. Zeit gab es kaum eine griech. oder röm. Göttin, die nicht mit der Isis gleichgesetzt wurde.

'Isma: islam. *Immunität* von Irrtum und Sünde, die

Isis, ägypt. Muttergöttin, das Horuskind säugend. Als Kopfschmuck trägt sie Kuhgehörn mit Sonnenscheibe.

bei den Sunniten den *Propheten* (→Nabi) und bei den Shi'iten den →Imāmen zukommt.

Ismael →Jishmā'ēl

Isrā': islam. nächtliche *Reise* des Propheten →Muhammad von der Ka'ba nach Jerusalem, der die Himmelsreise →Mi'rādj folgt. Als Muhammad eines Nachts in der Nähe der Ka'ba zu Mekka eingeschlafen war, wurde er vom Engel →Djabrā'il zu →Burāk geführt, und beide, Muhammad auf dem Reittier und der Engel, wanderten nach Jerusalem. Unterwegs besuchten sie Hebron und Bethlehem. Der siebzehnte Rabi al-awwal, an dem die Reise stattfand, wird als Feiertag begangen. Nach I. ist die 17. Sure im Kur'ān benannt.

Isrāfil (arab.): islam. *Engel* und *Bote* des →Allāh. Er ist einer der 4 großen Engel (→Malā'ika) neben →Djabrā'il, →Mikāl und →'Izrā'il. Sein Beiname ist »Herr der Posaune«, weil er fortwährend die Posaune am Mund hält, um sogleich diese blasen zu können, sobald Allāh den Befehl erteilt, daß die Toten aus ihren Gräbern auferstehen (→al-Kiyāma). Dreimal am Tag und in der Nacht schaut er in die Hölle →Djahannam hinab, und er schrumpft vor Schmerz darüber zusammen. Er ist von außerordentlicher Größe. Während er mit seinen Füßen unter der siebten Erde steht, reicht sein Kopf bis zu den Säulen des Thrones Allāhs im Himmel →Djanna.

Isten △ (»Gott«): ungar. *Schöpfergott* und *Hochgott* der Ungarn, Personifikation des lichten Weltaspekts im Gegensatz zum dunklen der Dämonen. I. führte durch die Flügelschläge seiner Adler die ungar. Stämme über die Karpaten in ihre neue Heimat, weshalb er *Magyar Isten* (»Gott der Ungarn«) genannt wird. Seine Epitheta sind *Úr* (»Herr«) und *élo* (»der da lebt«), und seine Attribute sind Pfeil und Pferd, Baum und Phallus, die in vielen Redewendungen, Sprichwörtern und Flüchen genannt werden. Seit der Christianisierung ist I. im christl. →Kýrios aufgegangen.

Itzamná △ (»Tau des Himmels, Haus des Herabtropfens«): indian. *Kulturheros* und Begründer der Maya-Kultur, *Sonnen-* und *Himmelsgott*, Herrscher über Tag und Nacht, über Osten und Westen. Der sogen. »Gott D« führt auch den Beinamen *Yaxcocahmut* (»Herr des Wissens, grüner Leuchtkäfer«). I. ist Sohn des →Hunabku bzw. des →Kinich Ahau, Gatte der →Ixchel und von ihr Vater der →Bacabs. Er machte die Menschen auf den Mais und Kakao aufmerksam, lehrte sie die Medizin und den Kalender. Seine Attribute sind Schlange und Muschel. I. ist identisch mit →Kukulkan.

Itzpapalotl ▽ (»Obsidianschmetterling«): indian. *Erd-* und *Todesgöttin* der Azteken, *Feuergöttin* und *Herrin* der in Sterne verwandelten Seelen der Toten, *Kalendergöttin* des sechzehnten Tages im Monat. Ihr männliches Pendant ist →Itztlacoliuhqui. Als sie ein Obsidianmesser (Symbol der Lebenskraft und Seele) gebar, entstanden daraus 1600 Halbgötter der

Itzamná, indian. Kulturheros mit Schlange und Muschel.

Erde. Dargestellt wird sie als Schmetterling oder als Frau mit Opfermesser und einem Herzen auf ihrem Rock, manchmal auch mit der Schambinde der Männer.

Itztlacoliuhqui △ (»Gekrümmtes Obsidianmesser«): indian. *Gott* des *Eises* und der *Kälte, der Blindheit* und des *Starrsinns* bei den Azteken sowie Personifikation der unbelebten und unbeweglichen Materie. Sein weibliches Pendant ist →Itzpapalotl.

Itztli △: indian. *Gott* des *Opfermessers* und des scharfgeschliffenen Steins der Azteken, *Kalendergott* und zweiter Regent der Nachtstunden.

Iúdas △ (griech.; von hebrä. Jehūdāh = »Gepriesener«), *Judas* (dt.): christl. *Mann* aus Iskariot und *Apostel* des →Iesūs, einer seiner Zwölf. Die hebrä. Buchstaben seines Namens haben den Zahlenwert 30. Nachdem →Diábolos und →Satān von ihm Besitz ergriffen hatten, nannte er den Hohenpriestern für 30 Silberlinge den Aufenthaltsort des Iesūs und verriet diesen durch einen Kuß. Als er später sah, daß Iesūs zum Tode verurteilt wurde, warf er die 30 Silberlinge in den Tempel und erhängte sich.
Dargestellt wird I. mit einem Geldsäckel und dem Teufel auf der Schulter. - *Worte:* Judasbaum, Judaskuß (fig.), Judaslohn.

Iudith →Jehūdit

Iulus →Ascanius

Iuno ▽, *Juno* (dt.): etrusk.-röm. *Mutter-* und *Himmelsgöttin, Schutzgöttin* der Frauen, der Ehe und Geburt sowie Personifikation des weiblichen Wesens im Gegensatz zum männlichen →Genius. Sie ist die Tochter des →Saturnus und der →Ops sowie Schwester und Gattin des →Iupiter, mit dem sie neben der →Minerva eine Göttertrias bildet. Sie führt zahlreiche Beinamen, u. a.: I. Sospita (»Retterin«), I. Lucina (»Lichtbringerin«) und I. Moneta (»Mahnerin«). In ihrem Tempel auf dem Forum Romanum nahe dem Kapitol wurde der Staatsschatz aufbewahrt, und in der Nähe befand sich die Münzstätte. Ihr zu Ehren wurden die *Matronalia* am 1. März gefeiert. Ihr Attribut ist der Pfau. Nach I. ist der sechste Monat im Jahr *Juni* benannt. - *Worte:* junonisch, Moneten. - Später wurde sie der griech. →Héra gleichgesetzt.

Iup(p)iter △ (lat. *Diupiter, Deus pater* = »Gott Vater«), *Jup(p)iter* (dt.): röm. *Licht-* und *Himmelsgott, Wettergott* und *Schutzgott* von Recht, Ordnung und Treue, *Vater-* und *Hochgott* der Römer. I. ist Sohn des →Saturnus und der →Ops, sowie Bruder und Gatte der →Iuno. Mit letzterer und mit →Minerva bildete er eine kapitolinische Göttertrias, die diejenige mit →Quirinus und →Mars abgelöst hatte. Er führt zahlreiche Beinamen, u. a.: I. O(ptimus) M(aximus) (»J. der Beste und Größte«). Alle Vollmondtage, die Iden, sind ihm geweiht, und er ist der Schutzherr der Weinfeste *(Vinalia).* In seinem Tempel begann der Auszug des Feldherrn zum Kampf und endete der Siegeszug. Seine Attribute sind Blitz und Zepter. Nach I. sind der größte der Planeten und nach I. Maius, dem

»Wachstum bringenden I«, der fünfte Monat des Jahres *Mai* benannt. - *Worte:* jovial, Jupitersäule. - Später wird I. dem griech. →Zeús gleichgesetzt.

Iustitia ▽ (lat. »Gerechtigkeit«), *Justitia* (dt.): röm. *Göttin* des *Sittengesetzes* und Personifikation der *Gerechtigkeit.* Sie ist der griech. →Dike gleich.

Iuturna ▽, *Juturna* (dt.): röm. *Quellnymphe* und *Schutzgöttin* vor Wassermangel. Ihre Quelle am Albanischen Berg führt heilkräftiges Wasser. I. ist Schwester des Königs Turnus. Als Sterbliche wurde sie vom Gott →Iupiter geliebt und mit Unsterblichkeit beschenkt.

Iuventas ▽ (lat. »Jugend«), *Juventas* (dt.): röm. *Göttin* der *Jugend(kraft)* und *Schutzgöttin* der Jünglinge, die ihr beim Anlegen der Männertoga ein Geldstück opfern. I. ist Gattin des →Hercules. Dargestellt wird sie mit langem Gewand und einer Schale voll Räucherwerk. Sie ist der griech. →Hébe gleich.

Ívaldi △: german. *Zwerg* (→Dvergr) der Schmiedekunst, der zusammen mit seinen Söhnen →Freyrs Schiff →Skidbladnir und →Odins Speer Gungnir angefertigt hat. Í. ist Vater der Göttin →Idun.

Ivo △ und **Ukaipu** ▽: melanes. *Ahnenpaar* (der Oro Kolos). I. entsprang der Erde, die ihm dann U. als Gattin aus dem Stengel des wilden Ingwer schuf.

Iwa △: polynes. *Heros* (auf Hawaii), ein *Gauner* (→Kupua) und *Meisterdieb,* der schon stahl, als er noch im Schoß seiner Mutter war. Sein Zauberpaddel bringt ihn mit 4 Schlägen von einem Ende der Inselkette bis zum anderen.

Ixbalanqué △ ▽ (»Kleiner Jaguar«): indian. *Heros* der Maya, der später zur *Mondgöttin* wurde. I. ist Sohn des →Hun-Hunapú und einer Jungfrau. Zusammen mit seinem Zwillingsbruder →Hunapú besiegt er den bösen →Vucub-Caquix. Nach dem endgültigen Sieg über Tod und Unterwelt (→Xibalbá) kommen die Zwillinge als Mondgöttin und Sonnengott an den Himmel, wo sie Menschen erschaffen, die die Götter nähren und erhalten sollen.

Ix Chebel Yax ▽, *Chibirias:* indian. *Mondgöttin* und *Göttin* der *Malerei* und *Bilderschrift* bei den Maya. Sie führte die Farbmusterwebkunst ein.

Ixchel ▽ (»ausgestreckt liegende Frau«): indian. *Erd-* und *Mondgöttin* der Maya, *Göttin* der *Wasserfluten* und des *Regenbogens, Schutzgöttin* der Schwangeren und *Erfinderin* des Webens. Sie ist die Gattin des →Itzamná und durch ihn Mutter der →Bacabs bzw. Gattin des →Votan. Ihr Bild wird unter das Ruhelager der Gebä-

Ixchel, indian. Erd- und Mondgöttin sowie Göttin der Wasserfluten mit einer Schlange als Kopfschmuck.

renden gestellt. Dargestellt ist sie mit einer Schlange als Kopfschmuck, und ihr Rock ist mit gekreuzten Knochen besetzt, an Händen und Füßen hat sie Tierklauen. Manchmal ist sie identisch mit der Fruchtbarkeitsgöttin Ixkanleom (»Frau Spinnengewebe«). Sie entspricht der aztek. →Chalchihuitlicue.

Ixíon, *Ixion* △ (lat.): griech. *König* der →Lapithai, ein Sohn des Lapithenkönigs Phlegyas, Gatte der Dia und durch sie Vater des →Peiríthoos. →Zeús hatte ihm Unsterblichkeit verliehen und ließ ihn an seiner Tafel speisen. Als I. einmal →Héra zu verführen versuchte, bildete Zeús aus einer Wolke ein Ebenbild der H., die Nephéle, durch die I. Vater der →Kéntauroi wurde. Zur Strafe dafür wurde er im →Tártaros auf ein sich ständig drehendes, glühendes Rad gespannt. - *Gemälde:* Rubens (1615), J. Ribera (1632).

Ixtab ▽ (»Herrin des Seils«): indian. *Göttin* der *Schlinge* und des *Galgens, Schutzgöttin* der *Selbstmörder* bei den Maya. Diejenigen, die sich durch Hängen das Leben nehmen, gelangen direkt in das Paradies der I.

Iya: indian. *Ungeheuer* und *Verkörperung* des *Bösen* bei den Dakota (Sioux). Seine Erscheinungsform ist der Orkan. Sein Atem bringt Krankheit. Menschen und Tiere werden von ihm verschlungen.

Íz: ungar. *Toten-* und *Schattenseele* im Gegensatz zu der eigentlichen Seele *lélek.* Später ist Í. die Personifikation des bösen Zaubers und der Krankheit.

Izanagi-no-kami △ (japan. »der Umwerbende«): shintoist. *Urgott, Himmels-* und *Göttervater* sowie *Personifikation* des Hellen und der lebenspendenden Kräfte. Er gilt als Bruder und Gatte der →Izanami und durch sie als Vater des →Kagutsuchi. Zusammen mit seiner Gattin bildet er das urzeitliche Götterpaar, das von der Himmelsbrücke →Ama-no-uki-hashi aus die japan. Inselwelt schuf und die Haupt-Naturgottheiten zeugte. I. versuchte vergeblich, seine im Kindbett verstorbene Gattin aus der Unterwelt →Yomi-no-kuni zurückzuholen. Als er sich bei der Rückkehr von den Verunreinigungen der Unterwelt wusch, entstanden seine Kinder →Amaterasu, →Tsuki-yomi und →Susa-no-o. Da I. jetzt in den Himmel hinaufstieg, übergab er die Herrschaft über den Himmel der Sonnengöttin Amaterasu, die Herrschaft über die Nacht dem Mondgott Tsuki-yomi und die Herrschaft über das Meer dem Sturmgott Susa-no-o.

Izanami-no-kami ▽ (japan. »die Umworbene«): shintoist. *Urgöttin, Erd-* und *Göttermutter, Herrscherin* über das *Totenreich* →Yomi-no-kuni sowie *Personifikation* alles Trüben und der lebensfeindlichen Mächte. Sie ist die Schwester und Gattin des →Izanagi und durch ihn Mutter von 40 Gottheiten, u.a. von →Kagutsuchi. Zusammen mit ihrem Gatten schuf sie von der Himmelsbrücke →Ama-no-uki-hashi aus die erste Insel Japans, Onokoro, auf die das Geschwisterpaar zu seiner Hochzeit hinab-

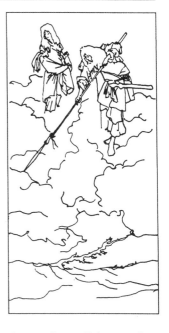

Izanami, shintoist. Erdgöttin mit ihrem Gatten, dem Himmelsgott Izanagi. Von der Himmelsbrücke aus schufen sie durch Umrühren des Meerwassers die japan. Inselwelt.

Ja'akōb, jüd. Stammvater, der auf der Flucht vor seinem Bruder Esau von der »Himmelsleiter« träumt, auf der Engel des Jahwe auf- und niedersteigen (Merian-Bibel, 1630).

stieg. Bei der Geburt des Feuergottes Kagutsuchi starb sie und herrscht seitdem über die Unterwelt.

'Izrā'il (arab.), *Azrā'il:* islam. *Engel* und *Bote* des →Allāh. Er ist einer der vier großen Engel (→Malā'ika) neben →Djabrā'il, →Mikāl und →Isrāfil. Sein Beiname ist »Engel des Todes«. Wenn der Todestag eines Menschen naht, läßt Allāh von dem Baum des Lebens unter seinem Thron dasjenige Blatt herunterfallen, auf dem der Name des Todeskandidaten steht. Dann muß I. nach 40 Tagen die Seele des Betreffenden vom Körper trennen. I. ist von ungeheurer Größe, so daß, wenn das Wasser aller Meere und Flüsse auf sein Haupt ausgegossen würde, kein einziger Tropfen davon auf die Erde herabfallen würde. Während einer seiner Füße auf einem Lichtsitz im siebten Himmel ruht, steht der andere auf der Brücke zwischen Paradies und Hölle. Vorgestellt wird I. manchmal viergesichtig, mit 4000 Flügeln und 70000 Füßen. Am 15. Shaban wird das Fest »Nacht der Unschuld« gefeiert, in der im Himmel der Baum des Lebens geschüttelt wird, auf dessen Blättern die Namen aller Menschen stehen. Wessen Blatt herabfällt, den holt der Todesengel I. noch im selben Jahr.

Ja'akōb △ (hebrä. »Fersenhalter, Überlister«), *Iakób* (griech.). *Ya'kūb* (arab.): **1)** jüd. *Stammvater* des nach seinem Beinamen benannten Volkes Israel und dritter *Patriarch.* Er ist der jüngere Sohn des →Jizhāk und der Ribkāh, Zwillingsbruder des →Ēsāw, Gatte von 4 Frauen, darunter Lē'āh und →Rāhēl, und durch diese Vater von 12 Söhnen, die die Ahnherren der 12 Stämme Israels sind, darunter auch Jēhūdāh und →Jōsēf. J. bringt seinen Bruder um das Erstgeburtsrecht und erschleicht sich den Erstgeburtssegen. Auf der Flucht vor Esau träumt er von der »Himmelsleiter«, einer auf die Erde gestellten Leiter, deren anderes Ende den Himmel berührt, und auf der die Engel (→Mala'āk) des →Jahwe-Elōhim auf- und niedersteigen. Ganz oben steht Gott und verheißt dem J. Land und Nachkommenschaft so zahlreich wie der Staub der Erde. Seit seinem nächtlichen Kampf am Jabbok mit dem →Mala'āk Jahwe führt er den Beinamen *Israel* (»Streiter mit [Gott] El«). J. starb im Alter von 147 Jahren. **2)** christl. (dreiundzwanzigster) *Stammvater* des →Iesūs in dessen Ahnenreihe. **3)** islam. *Prophet* (→Nabi) des →Allāh, Sohn des →Ibrāhim, Bruder des →Ishāk und Vater des →Yūsuf. Vor Gram über den Verlust des letzteren ist Y. erblindet und wird erst wieder sehend, als das Gewand des verloren geglaubten Sohnes sein Auge berührt. - *Gemälde:* Rembrandt (1660), P. Gauguin (1888), O. Redon (1908); *Oratorium:* A. Schönberg (1922); *Worte:* Israel, Israeli, israelisch, Israelit(in) israelitisch, Jakobsleiter, Jakobssegen.

Jabmeaio: lapp. düsteres *Totenreich,* im Gegensatz zu →Saivaimo. Über J. herrscht die Göttin →Jabmeakka.

Jabmeakka ▽ (»Totenalte«): lapp. *Totengöttin* und *Herrscherin* über das düstere Totenreich →Jabmeaio.

Jabru △: elam. *Beschwörungs-* und *Unterweltsgott,* der als akkad. →»Anu von Elam« bezeichnet wird.

Jaldabaoth △: gnost. *Geistwesen* und böser *Demiurg* der materiellen Welt sowie Herrscher der unteren Welt. Er ist ein Sohn (»Fehlgeburt«) der →Sophia. Nach dem Vorbild der oberen Himmelswelt schafft er sich die untere Welt mit 7 Himmeln, über die er thront. Nach der Weltschöpfung bildet er den Menschen. Als das erste Menschenpaar aus dem Paradies vertrieben war, vergewaltigte J. die Frau und verführte so beide Menschen zum Geschlechtsverkehr.

Jāfēt △ (hebrä.), *Iaphet* (griech.), *Yāfith* (arab.), *Jafet* (dt.): **1)** jüd. *Stammvater* der Völker des Nordens, der indogermanischen Völkergruppe. J. ist dritter Sohn des →Nōach und Bruder von →Shēm und →Ham. Als sein Vater einmal im Weinrausch entblößt in seinem Zelt lag, deckte J. ihn gemeinsam mit seinem Bruder Shēm zu, während Ham sich über den Vater lustig machte. **2)** islam. *Stammvater* der Helden und Könige, aber auch von →Yādjudj und Madjudj. Er ist dritter Sohn des →Nūh und Bruder von →Sām und →Hām. - *Worte:* Japhetit, japhetitisch.

Jagannātha △ (sanskr. »Herr der Welt«): hindu. *Beiname* für →Krishna,

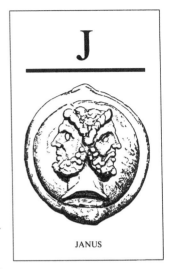

J

JANUS

Jahwe, jüd. Schöpfer- und Bundesgott, dessen Name als Tetragramm (»vier Zeichen«) JHWH geschrieben wird und der bildlich nicht dargestellt werden darf.

dem zu Ehren, zusammen mit seinem Bruder →Balarāma und seiner Schwester Subhadrā, in Puri (Orissa) alljährlich das Wagenfest Rathayātrā gefeiert wird, bei dem alle Kastenunterschiede aufgehoben sind.

Jāghūt →Yagūt

Jahwe ◇ (hebrä. »Ich bin da«): 1) arab. *Berg-* und *Naturgott* u. a. bei den Kenitern auf der Halbinsel Sinai. 2) jüd. *Eigenname* des ewigen und einzigen *Gottes.* Er wohnt im Himmel und hat das Firmament (→Shāmajim) und die Erde (→Eres) geschaffen. Zur Erinnerung an sein sechstägiges Schöpfungswerk wird der →Shabbāt gefeiert. J. nahm das Opfer des →Hebel an, das des →Kajin aber nicht. Er stieg vom Himmel auf die Erde herab, um sich den Turmbau zu →Bābēl näher zu besehen. Er ist Herr der (Heils-)Geschichte seines Volkes Israel, befreite es aus ägypt. Knechtschaft, führte es während der vierzigjährigen Wüstenwanderung, offenbarte sich ihm am Sinai und schloß mit ihm einen Bund (→Berit). Als Anführer des israelitischen Heerbanns im heiligen Krieg führt er den Beinamen J. Zebaoth (»Jahwe der Heere«). Der Hauptwidersacher des J. ist →Sātān bzw. der →Diábolos. Der als Tetragramm (»vier Zeichen«) geschriebene Eigenname des J. (JHWH) bleibt aus Ehrfurcht zwar unausgesprochen, ist aber Bestandteil zahlreicher Personennamen, z. B. →Jehōshūa', →Jesha'jāhū, →Jirmejāhū. J. beruft die großen und kleinen Schriftpropheten (→Nābi') und sendet sie als seine Boten zu seinem Volk.

Zur Erinnerung an die Großtaten Jahwes an seinem Volk werden die großen Festtage begangen: *Pesach* (hebrä. »Vorüberschreiten, Verschonung«) vom 14./15. bis 21. Nissan, weil vor dem Auszug aus ägypt. Knechtschaft der Engel des J. an den Häusern der Iraeliten vorüberging, wohingegen er die Erstgeborenen der Ägypter tötete; *Shabu'ot* (hebrä. »Wochen [-Fest]«) am 6. und 7. Siwan, zur Erinnerung an die Offenbarung des J. am Sinai und die Berufung zum heiligen Volk; *Sukkot* (hebrä. »[Laub-]Hütten[-Fest]«) vom 15. bis 22. Tishri zum Gedenken an den Aufenthalt in den Laubhütten während der Wüstenwanderung und den göttlichen Schutz des J. Dem Eigennamen J. wird oft der Appellativ →Elōhim beigefügt und mit diesem gleichgesetzt. Die griech. Septuaginta hat den Namen J. mit →Kýrios wiedergegeben. - *Oratorium:* Haydn (1798).

Jainas: Ābhiyogya, Anuttara, Arishthanemi, Bāhubalin, Baladeva, Bharata, Bhavanāvāsin, Chakravartin, Graiveyaka, Harinaigamaishin, Indra, Ishāna, Jina, Jyotisha, Kalpabhava, Kalpātita, Kilbishika, Krishna, Kulakara, Lokapāla, Loka-Purusha, Mahāvira, Malli, Nirvāna, Pārshva, Rishabha, Sanatkumāra, Shakra, Shāsana-deva, Siddha, Supārsha, Tirthankara, Trishalā, Vāhana, Vaimānika, Vardhamāna, Vāsudeva, Vyantara.

Jambhala →Vaishravana

Jambūdvipa (sanskr. »Rosenapfelbaumkontinent«): hindu. ringförmiger *Zentralkontinent* im →Bhūrloka, der durch 6 parallel verlaufende Gebirgsstreifen in 7 parallele Zonen (Varsha) geteilt wird, wobei der in der Mitte gelegene Landstreifen wiederum durch zwei Gebirgszüge in 3 Landschaften geteilt wird. Von diesen insgesamt 9 Landschaften heißt die südlichste Zone →Bhārata.

Jam Deota △, *Jamu Deota:* ind. *Todesgott* bei den Gond und Juang.

Jam(m) △ (»Meer«), *Yam:* phönik.-ugarit. *Wasser-* und *Meeresgott.* Als Gott des primordialen und tellurischen Meeres, der stehenden Wasser (Seen und Flüsse), steht er im Gegensatz zum fließenden Wasser des Regens. Seine Beinamen sind »Fürst See« und »Herrscher Fluß«. Er tyrannisiert die Götter und verlangt immer größere Tribute, so daß →Ba'al ihn bekämpft. Er ist dem jüd. →Liwjātān ähnlich.

Jānguli ▽ (sanskr. »die Giftkennerin«): buddh. weiblicher transzendenter → *Bodhisattva* und *Schutzpatronin* vor Schlangenbiß und Vergiftung. Die auch »Mahāvidyā« Genannte wird manchmal dreigesichtig und sechsarmig mit Gewährungsmudrā dargestellt. Ihre Attribute sind ein Musikinstrument (vinā) oder Lotos. Ihr →Vāhana ist der Pfau. Manchmal wird sie der grünen →Tārā gleichgesetzt.

Janus →Ianus

Jaret →Uräus

Jarich △: phönik.-ugarit. *Mondgott,* der als Gatte der Mondgöttin →Nikkal im »Nikkal-Gedicht« erwähnt wird.

Jarovit △ (von jar = »heftig, hitzig, feurig«), *Gerovit:* slaw. *Kriegsgott* (der pommerschen Westslawen). Im Tempel des »gestrengen Herrn« wird ein Schild aufbewahrt, der bei Kriegszügen siegverheißend mitgetragen wird.

Jarri △, *Jarrai:* hethit. *Pestgott.* Mit dem Beinamen »Herr des Bogens« ist er auch *Kriegsgott* und Schlachthelfer des Königs.

Jā'ūk →Ya'ūq

Jeanne la Pucelle ▽: christl.-kath. *Hirtenmädchen* aus Domremy (ca. 1412-1431), *Heilige* (→Sancti) und *Märtyrin, Nationalheroin* und *Typus* der nationalen Tugenden des franz. Volkes. Ihre Beinamen sind »Jungfrau von Orléans« oder »Jeanne d'Arc«. Vom 13. Lebensjahr an wurde J. 5 Jahre lang von himmlischen Stimmen aufgefordert und schließlich gesendet, Orléans von den Engländern zu befreien und den Dauphin (Karl VII.) krönen zu lassen. In einem Feldzug vertrieb sie 1429 die Engländer und führte den König zur Krönung nach Reims. 1430 wurde sie von ihren eigenen Landsleuten gefangengenommen, an die Engländer verkauft und 1430 in Rouen eingekerkert, wo man ihr den Inquisitionsprozeß machte. Sie wurde exkommuniziert und wegen Ketzerei und Hexerei zum Tod auf dem Scheiterhaufen verurteilt. J. starb, den Namen des →Iesūs auf den Lippen. Ihre Asche streute man in die Seine. Bereits 1456 wurde in Rouen das frühere Urteil aufgehoben und J. aller angeklagten Verbrechen für unschuldig erklärt. Erst 500 Jahre später, im Jahr

1920, erfolgte ihre Heiligsprechung durch die Kirche. Ihr Fest wird am 30. Mai begangen. – *Tragödie:* Schiller (1801); *Dramen:* P. Claudel (1938), G. B. Shaw (1923); *Oper:* Verdi (1845).

Jehezk'ēl △ (hebrä. »[Gott] El macht stark«), *Iezekiél* (griech.), *Ezechiel* (dt.): jüd. *Visionär* und *Prophet* (→Nabi') des →Jahwe-Elōhim im babylonischen Exil (593–571 v. Chr.). Er ist Sohn des Priesters Buzi. Im Jahr 597 v. Chr. wurde J. nach Babylon verschleppt und dort in einer Vision vom göttlichen Thronwagen mit →Kerubim von Gott zum Propheten berufen, der seinen Mitgefangenen mahnend und tröstend beistehen sollte. Er prophezeite den Fall Jerusalems (586 v. Chr.) als Gottes Strafgericht, aber auch den Anbruch der Heilszeit mit der Wiederauferstehung der verdorrten Totengebeine. Nach J. ist ein Buch der Bibel benannt.

Jehezk'ēl, jüd. Prophet, der in einer Vision sah, wie auf einem Feld weit zerstreute dürre Totengebeine sich Bein zu Bein fügten, Sehnen, Fleisch und Haut darüber kamen, wieder lebendig wurden und sich auf ihre Füße stellten (Merian-Bibel, 1630).

Jehōshūa' △ (hebrä. »Jahwe ist Hilfe«), *Iesūs* (griech.), *Yūsha'* (arab.), *Josua* (dt.); **1)** jüd. *Heros* und Führer des Volkes Israel bei der Landnahme Kanaans. J. ist Sohn des Nun. Als Nachfolger des →Mōsheh führte er nach dessen Tod das Volk ins Westjordanland. Als es die Fluten des Jordan durchquerte, blieben diese stehen. Im Auftrag des →Jahwe-Elōhim ließ J. vor der Eroberung Jerichos an sechs Tagen je einmal die Stadt umschreiten, und am siebten Tag gingen 7 Priester mit ebenso vielen Posaunen siebenmal um die Stadt und stießen in die Posaunen. Jetzt stürzten die Stadtmauern Jerichos zusammen. Während der Schlacht bei Gibeon blieb die Sonne aufgrund eines Gebets des J. zu Jahwe fast einen Tag lang wunderbar stehen, so daß die Israeliten die gegnerischen Amoriter bis zum Endsieg verfolgen konnten. J. starb im Alter von 110 Jahren. Sein Grab ist in Haris, und sein Gedenktag wird am 25./26. Nissan begangen. Nach J. ist das 6. Buch der Bibel benannt. **2)** islam. *Heros,* der den →Mūsā auf der Reise zu Khadir begleitete. Nachdem Y. die Stadt Jericho 6 Monate lang belagert hatte, stürzten ihre Mauern im 7. Monat beim Schall der Posaunen ein. Am Vorabend des →Shabbāt ließ Y. einmal die Sonne stillstehen, da mit Sonnenuntergang die Shabbātruhe dem noch nicht entschiedenen Kampf ein Ende setzen würde. Anfangs widersetzte sich die Sonne, mußte aber dann doch →Allāhs Gebot erfüllen und gab nach. – *Plastik:* L. Ghiberti (1425/52); *Oratorium:* Händel (1748).

Jehūdit ▽ (hebrä. »Judäerin, Jüdin«), *Iudith* (griech.), *Judith* (dt.): jüd. gottesfürchtige *Heroin* und *Typus* des *Widerstandes,* Titelheldin des nach ihr benannten Buches der Bibel. Als ihr Heimatort, die Bergfeste Betulia, vom Heer des babylon. Königs Nebukadnezar II (605–562 v. Chr.) belagert wurde, rettete sie diesen, indem sie →Jahwe-Elōhim um seinen Beistand bei ihrem Vorhaben bat. Sie verließ ihren Heimatort festlich geklei-

det, ging ins Lager des Feldherrn Holofernes und bot sich ihm als Kund-
schafterin an. Als dieser sie am vierten Tag zu einem Festgelage einlud
und verführen wollte, jedoch, nachdem alle Gäste bis auf J. und ihre Dienerin gegangen waren, vom Wein trunken einschlief, schlug J. ihm mit
dessen eigenem Schwert den Kopf ab. Als dieser Mord bei den babylon.
Soldaten bekannt wurde, ergriffen sie die Flucht, und die jüd. Stadt war
befreit. - *Plastik:* C. Meit (ca. 1520); *Gemälde:* Botticelli (ca. 1470),
G. Klimt (ca. 1901); *Dramen:* H. Sachs (1551), Hebbel (1840), J. Giraudoux (1931), *Oper:* A. Honegger (1925).

Jen △ (»Himmel«): finn. *Himmelsgott* der Syrjänen sowie *Blitz-* und *Donnergott.*

Jenseits ☉: allg. Bezeichnung 1) der außerirdischen (über- und unterirdischen) *räumlichen* Lebenswelt im Gegensatz zum
→Diesseits (→Weltbilder). Das J. ist Aufenthaltsort
der →Götter und Göttinnen, der →Geister, aber
auch der Verstorbenen, die nach dem Tode dorthin
gelangen. Das J. ist vom Diesseits manchmal durch
einen Fluß, See oder Meerarm (griech. →Achéron
und →Stýx, german. →Gjöll) getrennt, oder beide
sind durch eine Brücke miteinander verbunden (iran.
→Chinvat-peretu, german. →Bifröst). 2) Bezeichnung des außerirdischen *ewigen* →Lebens (nach der
Grenze des Todes). Um dies zu erlangen, bedarf der
Tote einer entsprechenden Ausrüstung (z. B. Totenschiff) und eines Seelengeleiters. Ein Jenseitsgericht
über den Toten entscheidet über dessen Zugang zu
→Himmel oder →Hölle.

Jeremia →Jirmejāhū

Jesha'jā(hū) △ (hebrä. »Jahwe ist Rettung«), *Esaias* (griech.), *Sha'yā*
(arab.), *Jesaja* (dt.): 1) jüd. *Visionär* und *Prophet* (→Nabi') des →Jahwe-
Elōhim im Südreich Juda (746–701 v. Chr.). Er ist Sohn des Amos, Gatte
einer Prophetin und durch sie Vater von 2 Söhnen, deren symbolische
Namen Gottes Strafgericht über das Volk verdeutlichen. J., der seine Berufung in einer Vision von Gottes Thron, der von →Serafim umgeben ist,
im Tempel von Jerusalem erhält, prophezeite das unmittelbar bevorstehende Gericht Gottes, wobei ein Rest des Volkes und des Königshauses
erhalten bleibt. Der Prophet erlitt später den Martertod, da der hohle
Baumstamm, in den er geflüchtet war, absichtlich zersägt wurde. Nach J.
ist ein Buch der Bibel benannt. 2) christl. *Prophet,* aus dessen Buch
→Iesūs in der Synagoge von Kapernaum vorlas und dessen prophetische
Textstellen (61, 1 f.; 58,6) »der Geist des →Kýrios ruht auf mir« er auf
sich bezog. 3) islam. *Prophet* (→Nabi) des →Allāh, der zu den Israeliten
gesandt wurde, und *Märtyrer* (→Shahid). Als Sh. von seinen Landsleuten verfolgt wurde, flüchtete er in einen Baum, der sich vor ihm gespal-

*Jesha'jāhū, jüd. Prophet, der seine Be-
rufung in einer Vision von Gottes
Thron, der von Serafim umgeben ist,
erhielt. Ein Engel schwebte mit einer
Zange auf ihn zu, in der er eine glühende Kohle vom göttlichen Altar hielt und
womit er die Lippen des Propheten rei-
nigte (Merian-Bibel, 1630).*

ten und dann wieder zusammengefügt hatte. →Shaitān ergriff einen Zipfel seines Gewandes, der außerhalb sichtbar geblieben war, und denunzierte ihn. Daraufhin sägten die Verfolger den Baum mit dem Sh. mittendurch. – *Plastik:* C.Slutes (1395/1406), Donatello (1426/28); *Gemälde:* Michelangelo (1508/12).

Jesus →Iesūs

Jiftah △ (hebrä. »er öffnet«), *Iephtháe* (griech.), *Jiftach* (dt.): jüd. *Heros, Retter* und *Richter* des Volkes Israel aus Gilead. Als der Geist des →Jahwe-Elōhim über ihn kam, legte er für den Fall seines Sieges über die Ammoniter das Gelübde ab, daß er Gott dasjenige als Brandopfer darbringen werde, was ihm als erstes aus der Tür seines Hauses entgegenkäme. Als er die Schlacht gewonnen hatte und nach Hause zurückkehrte, kam ihm als erstes seine Tochter, sein einziges Kind, zur Pauke tanzend, entgegen. Diese fügte sich in ihr Schicksal, nachdem sie zwei Monate, zusammen mit ihren Freundinnen in den Bergen ihre Jungfrauenschaft, d.h. das Schicksal, kinderlos sterben zu müssen, beweint hatte. Dann opferte J. seine jungfräuliche Tochter dem Jahwe-Elōhim. – *Oratorium:* Händel (1752).

Jimmu-tennō △ (japan. »Kaiser Göttlicher Krieger«): shintoist. *Begründer* des japan. Reiches und Ahnherr der herrschenden Dynastie. Er gilt als Urenkel des →Ninigi, der selbst Enkel der Sonnengöttin →Amaterasu ist, als Sohn des →Ama-tsu und der Seegöttin →Tamayori. Mit der Geschichte dieses ersten irdischen →Tennō (660–585 v.Chr.) endet das Zeitalter der Gottheiten und beginnt das der Menschen. Als nationaler Feiertag der Reichsgründung wurde bis 1945 der 11. Februar begangen. Er wird seit 1966 wieder als solcher gefordert.

Jina (sanskr. »der Sieger, der Erobernde«): jin. *Ehrentitel* eines →Tirthankara, der nach wundervoller Empfängnis und Geburt später der Welt entsagt, die Kevala-Erkenntnis (Allwissenheit) gewonnen hat und damit die weltüberwindende Erlösung im →Nirvāna erlangt. Als letzter J. führt →Vardhamāna diesen Titel, nach dem die Religion des Jinismus benannt ist.

Jirmejāhū △ (hebrä. »Es richtet auf Jahwe«), *Ieremías* (griech.) *Jeremia* (dt.): **1)** jüd. *Prophet* (→Nabi') des →Jahwe-Elōhim im Südreich Juda (626–585 v.Chr.). Er ist ein Sohn des Priesters Chilkia aus Anathoth. Bereits vor seiner Geburt ist J. von Gott zum Propheten bestimmt und wurde noch im jugendlichen Alter berufen. Er prophezeite das göttliche Strafgericht über das Volk Juda und wurde selbst Zeuge der von ihm vorausverkündeten Zerstörung des Tempels in Jerusalem. Verfolgt und verhaftet, geschlagen und gefoltert, wurde er während der Belagerung Jerusalems von den eigenen Landsleuten in eine Schlammgrube geworfen, in der er umkommen sollte. Aus dieser befreiten ihn die Babylonier. Seine Landsleute verschleppten ihn später nach Ägypten und steinigten ihn. Nach J. ist ein Buch der Bibel benannt. **2)** christl. *Prophet*, dessen Weis-

sagung (31, 15) vom »Wehklagen in Rama« nach Matthäus (2, 18) im
bethlehemitischen Kindermord durch Herodes erfüllt wurde.
Plastik: Donatello (1423/36): *Chorwerk:* E. Krenek (1941); *Wort:* Jeremiade.

Jishmā'ēl △ (hebrä. »Hören möge [Gott] El«), *Ismael* (griech.), *Ismā'il*
(arab.): **1)** jüd. *Stammvater* der nach ihm benannten Ismaeliten. Er ist
Sohn des →Abrāhām und der ägypt. Sklavin →Hāgār sowie Halbbruder
des →Jizhāk. Nach der Geburt des letzteren werden J. und seine Mutter
auf Veranlassung Sārāhs, der Gattin des Abrāhām, verstoßen, aber in der
Wüste von dem Engel Jahwes (→Mala'āk Jahwe) vor dem Verdursten errettet. Von →Jahwe-Elōhim wird J. mit einer großen Nachkommenschaft
gesegnet. Er erreicht das Alter von 137 Jahren. **2)** islam. *Prophet* (→Nabi)
des →Allāh und *Stammvater* der nordarabischen Völker. I. ist ältester
Sohn des →Ibrāhim und der →Hadjar sowie Halbbruder des →Ishāk.
Um seinen nach Mekka verwiesenen Sohn I. zu besuchen, benutzte
Ibrāhim →Burāk als Reittier. Vater und Sohn bauten dann die Ka'ba in
Mekka wieder auf, in der letzterer zusammen mit seiner Mutter begraben
liegt. – *Wort:* Ismaelit.

Jivanmukta (sanskr. »zu Lebzeiten Erlöster«): hindu. *Heiliger,* der,
obwohl er sich noch im irdischen Leben befindet, endgültige Erlösung
(→Moksha) erlangt hat. Er hat die Identifizierung mit seinem Körper
und Denken aufgegeben und weiß sein selbst (Atman) eins mit dem Absoluten (→Brahman).

Jizhāk △ (hebrä. »er wird lachen«), *Isaák* (griech.), *Ishāk* (arab.): **1)** jüd.
Stammvater des Volkes Israel und zweiter Patriarch. J. ist Sohn des

Jizhāk, jüd. Stammvater der Israeliten, den sein Vater Abrāhām, von Gott auf die Glaubensprobe gestellt, als Brandopfer darbringen sollte. Jedoch im letzten Augenblick gebot der Engel des Jahwe Einhalt (Zeichnung nach Rembrandt).

→Abrāhām und der Sārāh, Halbbruder des →Jishmā'el, Gatte der Ribhāh und durch sie Vater von →Êsāw und →Jaakôb. J. wurde aufgrund einer Verheißung des →Jahwe-Elōhim geboren, obwohl seine neunzigjährige Mutter bisher kinderlos geblieben war. Um seinen Vater auf die Glaubensprobe zu stellen, wollte Gott, daß J. ihm als Brandopfer dargebracht werde. Doch kurz vor dem Vollzug des Opfers gebot der Engel Jahwes (→Mala'āk Jahwe) Einhalt. In Beersheba erschien dem J. Gott, der ihm zahlreiche Nachkommenschaft verhieß. Er starb mit 180 Jahren und wurde in der Höhle Machpela bei Hebron begraben. **2)** christl. (zweiundzwanzigster) *Stammvater* des →Iesūs in dessen Ahnenreihe. **3)** islam. *Prophet* (→Nabi) des →Allāh und *Stammvater* der Juden. Er ist zweiter Sohn des →Ibrāhim und der Sāra sowie Halbbruder des →Ismā'il. I. wurde seinen Eltern verheißen, als sein Vater 120 und seine Mutter 90 Jahre alt waren. Mit 7 Jahren sollte er dann als Glaubensprobe für seinen Vater dem Allāh zum Opfer dargebracht werden. Zur Erinnerung daran werden heute während des Opferfestes Id al-adha (türk. Kurban Bayram) am 10. Dul-higga Tiere (fast ausschließlich Schafe) geschächtet. – *Gemälde:* Rembrandt (1636).

Jizō →Kshitigarbha

Jōdo (japan.»Reines Land«), *Ching-Tu* (chines.): buddh. Buddhaland oder Buddha-Paradies im Mahāyāna, über das ein transzendenter →Buddha herrscht. Dieses Zwischenparadies ist eine Vorstufe zum →Nirvāna. Das bedeutendste ist →Sukhāvati des Buddha →Amitābha, ein anderes ist →Abhirati des Buddha →Akshobhya.

Jō'ēl △ (hebrä.»Jahwe ist [Gott] El«), *Ioél* (griech.) *Joel* (dt.): **1)** jüd. *Prophet* (→Nābi') des →Jahwe-Elōhim in nachexilischer Zeit in Jerusalem (ca. 370 v.Chr.). Er ist Sohn des Petuel. J. prophezeit Naturkatastrophen (Heuschreckenplage und Dürre) als Vorzeichen des nahenden (Gerichts-)Tages Jahwes, er verheißt die besondere Ausgießung des göttlichen Geistes über das Volk Israel und eine apokalyptische Vernichtung der Feinde des erwählten Volkes. Nach J. ist die zweite Schrift im Zwölfprophetenbuch der Bibel benannt. **2)** christl. *Prophet,* dessen Worte von der Geistausgießung sich für →Pétros im Pfingstereignis erfüllt haben.

Johannes →Ioánnes

Jok △, *Juok, Jwok, Juong, Dyok: Himmels-* und *Schöpfergott,* aber auch *Ahnen-* und *Schicksalsgott* der Dinka und der Shilluk im Sudan. Er ist Urheber des Guten und des Bösen. Dem einen spendet er gute Gaben, dem anderen schickt er Krankheit und Tod.

Jōnāh △ (hebrä.»Taube«), *Ionās* (griech.), *Yūnus* (arab.), *Jona* (dt.): **1)** jüd. *Prophet* (→Nābi') des →Jahwe-Elōhim in nachexilischer Zeit (ca. 350 v.Chr.). Er ist Sohn des Amittai. Seiner Berufung zum Gerichtsprediger in Ninive durch Gott will er sich durch die Flucht aufs Meer entziehen. Hier wird er jedoch während eines Sturms von einem großen

Fisch verschlungen. Nachdem J. im Bauch des Fisches zu Gott gebetet hat, wird er auf Gottes Geheiß hin nach 3 Tagen wieder unversehrt ans Land ausgespieen. Nach J. ist die fünfte Schrift im Zwölfprophetenbuch der Bibel benannt. **2)** christl. *Typus* für den Menschensohn, der drei Tage und drei Nächte im Herzen der Erde ruht, wie vorher J. ebensolange im Bauch des Meerungeheuers. **3)** islam. *Prophet* (→Nabi) und Gesandter (→Rasūl) des →Allāh, den ein Fisch verschlang, der wiederum von einem zweiten und dieser von einem dritten Fisch verschlungen wurde. Als Y. schließlich von den drei Fischen wieder ans Ufer ausgespieen war, nährte ihn eine Antilope mit ihrer Milch. Nach Y. ist die zehnte Sure im Kur'ān benannt.

Jörd ▽ (nord.»Erde«), *Hlódyn, Fjörgyn:* nordgerman. *Erd-* und *Fruchtbarkeitsgöttin,* die »Mutter Erde« genannt wird. Sie ist die Tochter der →Nótt und des Annar und eine der Gattinnen →Odins und von ihm Mutter des →Thor.

Josef →Ioséph

Jōsēf (hebrä. »[Jahwe] möge [zu den geborenen weitere Kinder] hinzufügen«), *Ioséph* (griech.), *Yūsuf* (arab.): **1)** jüd. *Patriarch* und *Stammvater* eines nach ihm benannten Stammes Israels. J. ist elfter Sohn des →Ja'akōb und erster Sohn der →Rāhēl, Gatte der Asenath und durch sie Vater von Manasse und Efraim. Als Liebling seines Vaters wird er von seinen Brüdern aus Eifersucht an eine Handelskarawane nach Ägypten verkauft. Dort kommt er ins Gefängnis. Da er die Träume des →Pharao zu deuten vermag, wird er Reichsverwalter Ägyptens. Als seine Brüder zum zweiten Mal nach Ägypten reisen, um Getreide zu kaufen, gibt er sich ihnen zu erkennen. So bleiben sie in Ägypten. Ihre Nachkommen sind die Israeliten, die →Mōsheh aus ägyptischer Knechtschaft führte. J. wurde 110 Jahre alt, sein Grab liegt in Shekhem bei Nablus, und sein Todestag wird am 1./2. Tamus begangen. **2)** islam. *Prophet* (→Nabi) des →Allāh. Y., Sohn des Ya'kūb, wurde von seinen neidischen Brüdern nach Ägypten verkauft. →Muhammad traf ihn auf seiner Reise →Mi'rādj im dritten Himmel an. Nach Y. ist die zwölfte Sure im Kur'ān benannt, die aber die Shi'iten nicht anerkennen. - *Gemälde:* P. von Cornelius (1816/17); M. Ernst (1927); *Radierung:* Rembrandt (1638); *Roman:* Th. Mann (1933/43); *Oratorium:* Händel (1744); *Musical:* A. L. Webber (1973); *Ballett:* R. Strauss (1914).

Jōshamin: iran. *Schöpfer-* und hybrides *Lichtwesen* sowie *Personifikation* des »zweiten Lebens« bei den Mandäern. J. ist eine Emanation bzw. der Sohn des »ersten Lebens« →Mānā rurbē sowie Vater des →Abāthur. Mit J. setzte eine zunehmende Neigung zur Welt der Finsternis ein. Der abgefallene J. wird am Ende der Tage von →Hibil erlöst werden.

Jōnāh, jüd. Prophet, der während eines Seesturms von einem großen Fisch verschlungen, jedoch nach 3 Tagen unversehrt von diesem wieder ans Land ausgespien wurde (Merian-Bibel, 1630).

Josua →Jehōshūa'

Jötunheim, *Jötunheimr* (nord. »Welt der Riesen«): german. *Wohnort der* Riesen (→Jötunn), der einen Teil von →Utgard bildet und östlich oder nordöstlich von →Midgard und →Asgard am Ende der Himmelswölbung liegt.

Jötunn △ ▽ (nord. »Riese«), *Jötnar* (Pl.): german. *Riesen* bzw. *Riesinnen* als übermenschliche Naturwesen mit großer Kraft. Sie repräsentieren verschiedene Naturphänomene, die menschliches Maß übersteigen und außerhalb des näheren Erfahrungsbereichs der Menschen liegen. Die J. wohnen in →Jötunheim. Man unterscheidet Reif-, Wasser, Berg-, Sturm- und Feuerriesen. Als Urzeitwesen sind sie »die früh Geborenen« (→Ymir), die schon vor der Entstehung der Welt und vor der Geburt der Götter existierten. Den →Asen und Menschen stehen sie entweder positiv (→Aegir und →Mimir), meist aber negativ gegenüber. Andererseits heiraten oder verführen Götter die Riesinnen (→Njördr die →Skadi, →Freyr die →Gerd, →Odin die →Gunnlöd), oder Riesen versuchen vergeblich Göttinnen mit Gewalt oder List zu gewinnen (→Thjazi die →Idun, →Hrungnir die →Sif und →Freyja). Da die Riesen oft eine Bedrohung für die Götter darstellen, bekämpft →Thor sie ständig, und dieser Kampf dauert bis →Ragnarök. Die J. überragen die Menschen so weit an Wuchs, wie die Zwerge (→Dvergr) darin den Menschen nachstehen. J. ist im Gegensatz zu →Thurs und →Troll eine mehr wertfreie Bezeichnung für Riesen.

Judas →Iúdas

Juden (Israeliten): Abaddōn, Abrām, Ādām, ben Ādām, Aharōn, Amōs, Archángeloi, Ashmodai, Asseret ha-Diwrot, Azā'zēl, Bābēl, Behēmōt, Belija'al, Berit, Chabakkūk, Chaggaj, Chawwāh, Chūldāh, Daimónia, Dānijj'ēl, Dāwid, Debōrāh, Diábolos, Ēl, Ēlijjāhū, Elishā, Elōhim, Enōsh, Eres, Estēr, Gabri'ēl, Gan Ēden, Gē-Hinnōm, Gid'ōn, Gōg, Hāgār, Ham, Hanōk, Hebel, Hōshēa', Ijjōb, Ja'akōb, Jāfēt, Jahwe, Jehezk'ēl, Jehōshūa', Jehūdit, Jesha'jāhū, Jiftah, Jirmejāhū, Jishmā'ēl, Jizhāk, Jō'ēl, Jōnāh, Jōsēf, Kajin, Kerubim, Kýrios, Lilit, Liwjātān, Lōt, Mabul, Magog, Mala'āk, Mala'āk Jahwe, Mala'āk ha-Mawet, Mal'āki, Mān, Māshiāch, Mene tekel, Metatron, Metūshelach, Mikā'ēl, Mikāh, Mirjām, Mōsheh, Nābi', Nāchāsh, Nachchūm, Nimrōd, Nōach, Ōbadjāhū, Rahab, Rāhēl, Refā'ēl, Refā'im, Samael, Sātān, Sedōm, Se'irim, Serafim, Shabbāt, Shāmajim, Shēdim, Shelōmō, Shēm, Shemū'ēl, She'ōl, Shēt, Shimshōn, Sijjim, Tannin, Tēbāh, Tōbijjāhū, Tōhū wābōhū, Úri'ēl, Zefanjāh, Zekarjāh

Judith →Jehūdit

Juesaes ▽, *Jusas:* ägypt. Göttin und Personifikation der »Gotteshand«, mit der →Atum durch Selbstbegattung (Masturbation) die Welt aus sich selbst erschuf. Sie gilt als Mutter oder Tochter des →Re. Nach einem anderen Mythos ist sie aus dem Scheitel des →Geb hervorgegangen.

Jūgyū(no)-Zu (japan. »zehn Ochsenbilder«): buddh.-japan. bildliche Darstellung der Erleuchtungserfahrung bzw. des Zen-Weges durch 10 Bilder eines Wasserbüffels und seines Hirten: *1.* Suche nach dem Ochsen. *2.* Erblicken seiner Spuren. *3.* Erblicken des Ochsen. *4.* Einfangen des Ochsen. *5.* Zähmen des Ochsen. *6.* Heimritt auf dem Ochsen. *7.* Der Ochse ist vergessen, der Mensch bleibt. *8.* Der Mensch ist vergessen. *9.* Zum Ursprung zurückgekehrt. *10.* Betreten des Marktes mit offenen Händen.

Juma (»Gott, Himmlischer«), *Jumo:* finn. *Himmelsgott* der Tscheremissen sowie *Blitz-* und *Donnergott* mit dem Beinamen »der Große«. J. ist auch Bezeichnung für die *Geister* der Erde, des Wassers und des Windes.

Jumala (»Gott, Heiliger«): finn. *Himmelsgott* und *Göttervater.* Seit der Christianisierung ist J. die Bezeichnung des christl. →Kýrios.

Jumis △: lett. *Feld-* und *Fruchtbarkeitsgott,* der sich im Sommer auf dem Feld aufhält und im Winter in der Scheune schläft. Seine Macht bleibt dem Acker erhalten, wenn beim Erntefest im Herbst die Ähren der letzten Garbe zur Erde gebogen und mit einem Stein beschwert werden. Sein Symbol ist die Doppelähre, zwei zusammengewachsene Feldfrüchte, meist Roggen- oder Gersten-Ähren.

Jumo →Juma

Jungfrauengeburt ▽ (griech.: Parthenogenese): allg. Bezeichnung für die übernatürliche Geburt eines Wesens aus einer Göttin oder aus einer Menschenfrau - im Gegensatz zur natürlichen Zeugung, Empfängnis und Geburt in Verbindung mit dem Geschlechtsverkehr zwischen zwei verschiedengeschlechtlichen Partnern (→männlich und weiblich) gleicher Gattung oder auch im Gegensatz zur Emanation oder Zeugung aus einem →androgynen Wesen. Diese außernatürliche Entstehung eines Wesens (u.a. bei →Göttern, →Gottmenschen, →Gottherrschern, →Heilbringern) weist auf deren außerordentliche Bedeutung (z.B. als →Mittler) für die übrige Welt und Menschheit hin. Ihre Entstehung aufgrund einer J. verdanken z.B. die ägypt. →Pharaonen. Die ägypt. Königin wurde vom Gott →Amun-Re in der Gestalt ihres eigenen Gatten, des Pharao, als →Kamutef (»Stier seiner Mutter«) begattet. Die ägypt. Göttin →Isis wurde durch den Genuß von Trauben schwanger und gebar den →Horus. Die chines. Götterjungfrau Yü-niu empfing den →Lao-tzu, als eine kleine Lichtkugel sich auf ihre Lippen niederließ. In den Schoß der jungfräulichen →Māyā ging →Buddha in der Gestalt eines weißen Elefanten ein. Eine Brahmanenwitwe empfing den ind. Kabir auf übernatürliche Weise, als sie von dem heiligen Rāmānada gesegnet wurde. Der aztek. →Quetzalcoatl wurde durch einen grünen Edelstein gezeugt, der seiner Mutter in den Busen gefallen war. Die griech. Göttin →Héra wurde durch ein Lattichblatt schwanger und auf diese Weise Mutter der →Hébe. Der griech. →Danáë nahte sich der Gott →Zeús im Goldregen, und so gebar sie den →Perseús. Die röm. Vestalin →Rhea Silvia wurde

Übernatürliche Geburt des Buddha Shākyāmuni aus der rechten Seite seiner stehenden jungfräulichen Mutter Māyā. Diese hatte ihn empfangen, als ihr ein weißer Elefant im Traum erschienen war und sie mit einem weißen Lotos berührt hatte.

Jüdische Mythologie

Die Mythologie des Judentums, das – da es seine grundlegenden Traditionen bis auf den prophetischen Gesetzgeber *Mosheh* zurückführt – als die älteste der drei monotheistischen Weltreligionen gelten kann, enthält hauptsächlich Erzählungen über diesen Mosheh und andere Propheten und Heroen, über Riesen, Engel und Dämonen, über Himmel und Erde sowie über Urzeit und Endzeit.

Bereits in der Erzählung von der Adoption des im Schilfgras des Nilufers aufgefundenen Kindes Mosheh durch die Tochter des Pharao ist ein erstes Anzeichen seines Führungsanspruchs beim späteren Auszug seines Volks aus der ägyptischen Knechtschaft erkennbar. Seine Berufung zum *Propheten* geschieht durch das Erscheinen *Jahwes* in einem brennenden Dornbusch, und seine führende Stellung erweist sich in packenden Bildern, wie z. B. in der ständigen, schützenden Anwesenheit Gottes, der seinem auserwählten Volk bei Tag in einer Wolkensäule und des Nachts in einer hell leuchtenden Feuersäule den Weg weist sowie beim Durchzug des gesamten Volks durch das Rote Meer, wenn die Wassermassen wie Mauern zur Rechten und Linken des Volks stehen bleiben, oder bei der Überreichung der Gesetzestafeln an Mosheh auf dem Berg Sinai. Wasser und Feuer als Elemente, Himmelsgestirne und der Berg als Überhöhung der Erde sind die mächtigen mythischen Bilder, in denen sich Jahwe seinen Propheten offenbart.

Auch *Jehoshua'* konnte die Wasser bannen. Das gewaltige Himmelsgestirn, die Sonne, blieb während der Schlacht bei Gideon in ihrem Lauf stehen, und die Mauern von Jericho stürzten bei ihrer Eroberung allein durch die Wirkung des gewaltigen Schallwellendrucks von Posaunen ein. Die Macht Jahwes erweist sich aber nicht allein an seinen Propheten, sondern auch an den *Heroen,* die wie *Shimshon* das Volk aus Nöten erretten. Mit seiner übermenschlichen Kraft zerreißt er einen Löwen, erschlägt mit dem Kinnbacken eines Esels eine Übermacht von 1000 Feinden und stürzt eigenhändig den Tempel des Philistergottes (Ri 15,15).

Für die Vorstellung von der Entstehung der zweigeteilten Welt mit einer Himmels- und Erdenwelt als den Orten göttlich-menschlichen Geschehens spielen die mythischen Erzählungen der Genesis eine bedeutende Rolle, gemäß denen der Schöpfergott Jahwe in einem Sechstagewerk aus dem »Wüsten und Leeren«, dem *Tohu wabohu,* Himmel und Erde entstehen läßt.

Schamajim (»Himmel«) sind die *Himmel,* deren oberer, unsichtbarer Teil der Wohnort und Thron des Jahwe-Elohim ist, von dem er auf die Erde herabstieg, um sich den von den Menschen gebauten Turm zu *Babel* anzusehen. Und um Mosheh die Zehn Gebote zu übergeben, stieg er ebenfalls von den Himmeln auf den Berg Sinai herab. Den sichtbaren Teil hingegen bildet eine trennende Wölbung mit Schleusen und Toren zwischen den oberen und den unteren Gewässern (Gen 1,6-8). Aus den Schleusen spendet Jahwe Regen und ließ einst in einer Strafaktion Pech und Schwefel auf die Erde herabfallen, wie z. B. auf die sündigen Städte *Sedom* und Gomorrha. Durch die Tore des Himmels ließ er das *Manna* herabregnen.

Die *Eres* (»Erdboden, Erde«) – zugleich der Fußschemel Jahwes (Jes 66,1) – wird von einer Erdplattform gebildet, die einerseits aus rotem »Ackerboden« *Adamah* besteht, aus welchem der erste »Mensch« *Adam* durch Jahwe gebildet wurde und in den er beim Tode wieder zurückkehrt (Gen 3,19), und andererseits aus grau-weißem Kalkboden der Wüstengegenden.

Den direkten Aufstieg von der Erde zum Himmel erreichten die Propheten *Hanok* (Gen 5,24) und *Elijjahu* (2 Kön 2,11) in ihrer *Himmelfahrt,* während alle übrigen, Gerechte und Ungerechte, nach dem Tod in die *She'ol* hinabsteigen müssen und in Finsternis und Schweigen ein schattenhaftes Dasein führen. Dieses in der Tiefe der Erde gelegene und durch Tore verschlossene »Land des Vergessens« ist ohne Aussicht auf Wiederkehr (Jes 38,10). Ein Strafort ist hingegen die Feuerhölle *Ge-Hinnom* (»Tal Hinnom«), in der die gefallenen Engel und Frevler schreckliche Folterqualen erleiden.

Der als Säugling in einem Binsenkörbchen auf dem Nil ausgesetzte jüdische Mosheh wird von einer Tochter des Pharao entdeckt (Merian-Bibel, 1630).

Gut und Böse findet personifizierte Gestalt in vielen Erzählungen, in denen Jahwe richtend auf der Seite der Guten und Gerechten steht und die Bösen und Ungehorsamen bestraft, wie z. B. bei der Errettung des gerechten *Noach,* der auf einer Arche *Tebah* mit je einem Paar der gesamten Tierwelt der strafenden *Sintflut* entgeht. In den Auseinandersetzungen zwischen Gut und Böse spielen die Engel *Mala'ak* eine bedeutende Rolle als gehorsame Boten oder als Widersacher Jahwes. Es sind einerseits die den Menschen wohlgesonnenen *Geistwesen* wie *Kerubim, Serafim und als herausragende Gestalten Gabri'el, Mika'el* und *Uri'el,* andererseits aber auch die dem Menschen schadenbringenden *Daimonia,* wie die *Shedim, Sijjim, Se'irim, Ashmodai* und *Lilith,* aber auch *Belija'al, Diabolos* und *Satan,* insbesondere deren Anführer *Aza'zel.*

Gewaltige Bilder malen die Mythen auch von der Urzeit und Endzeit. In der Urzeit gab es das als Garten *Gan Eden* (»Wonne«) vorgestellte Paradies, in dem das erste Menschenpaar Adam und Chawwah zunächst alterslos und unsterblich, im Einklang mit Flora und Fauna lebte, dann aber dem Versucher in Gestalt einer Schlange erlag und gegen das Gebot Jahwes verstieß, nicht vom Baum der Erkenntnis zu essen. Als Strafe Jahwes folgte die Sterblichkeit der Menschen. In der Urzeit lebte auch das Geschlecht der Riesen Nephilim, das entstand, als die Söhne des Elohim sich mit den Töchtern der Menschen paarten (Gen 6,1-4). Diese Helden Gibborim der Urzeit waren so groß wie Zedern und stark wie Eichen (Am 2,9). Goliath maß sechs Ellen und eine Spanne (2, 86 m), trug einen Panzer von ca. 80 kg Gewicht und benutzte einen Speer von der Größe eines Weberbaumes. Im Vergleich zu den Riesen waren die Menschen nur Heuschrecken (Num 13,33).

Über die schreckenerregende Endzeit erzählt die apokalyptische Vision des Propheten *Danijj'el* vom Weltgericht Gottes und von den vier Weltzeitaltern mit zunehmender Entartung (Dan 2,31ff.; 7,3ff.). Diese sind in einem aus vier verschiedenen Metallen in absteigender Reihenfolge bestehenden *Standbild* versinnbildlicht, dessen Kopf aus Gold, Brust und Arme aus Silber, Bauch und Lenden aus Bronze, Schenkel aus Eisen und dessen Füße teils aus Eisen, teils aus Ton sind. Für das Ende der Zeiten wird das Kommen des *Mashiach*, eines charismatischen Führers und gesalbten Heilbringers, aus dem Hause David erwartet, der als idealer Friedensfürst und König in einem erneuerten Jerusalem auftreten wird.

Die jüdischen Mythen weisen zweifellos auffällige Parallelen zu anderen, im vorderorientalischen Raum beheimateten polytheistischen Erzählungen auf, die jedoch hier auf den einzigen Gott Jahwe-Elohim konzentriert wurden.

von dem Gott →Mars Mutter des →Romulus und des Remus. Die Mutter des röm. Kaisers →Augustus ist im Tempel des Gottes →Apóllon von einer Schlange heimgesucht worden. An dieser Stelle ist auch die christl. →María zu nennen, die vom göttlichen →Pneúma hágion schwanger wurde und dann den →Iesûs gebar.

Junit ▽: ägypt. *Lokalgöttin* von Tuphium (el Tod) bei Theben, ursprünglich die Personifizierung eines heiligen Pfeilers. Sie verschmolz mit →Month und →Suchos.

Junmutef →Inmutef

Juno →Iuno

Juok →Jok

Juong →Jok

Jup(p)iter →Iup(p)iter

Jūras māte ▽ (»Meer-Mutter«): lett. *Göttin* des *Meeres* und des *Heilzaubers.* Sie gehört zu den ca. 60 →Māte.

Jūrōjin △: shintoist. *Glücksgott* und *Gott* des *langen Lebens,* einer der 7 →Shichi-Fukjin. Seine Begleittiere sind Kranich und Schildkröte.

Jusas →Juesaes

Ju Shou: chines. *Botengott* und - neben →Kou Mang - Sendbote des Himmelsgottes, der Strafe und Unheil verkündet. J. steht für die Jahreszeit Herbst und die Himmelsrichtung Westen. Sein Attribut ist der doppelte Drache.

Justitia →Iustitia

Juturna →Iuturna

Juventas →Iuventas

Jwok →Jok

Jyotisha (sanskr.»Himmelskörper«), *Jyotishka, Djyotishka:* jin. *Göttergruppe* und neben →Bhavanavāsin, →Vyantara und →Vaimānika dritte von 4 Götterklassen. Sie haben 5 Unterabteilungen: *1.* Monde, *2.* Sonnen, *3.* Planeten, *4.* Mondstationen (Nakshatra) und *5.* Fixsterne, bewohnen den Raum zwischen Erdenwelt und Himmel (→Loka-Purusha) und werden von Tausenden von Göttern in prächtigen Wagen gezogen.

Ka △ (»Stier«): ägypt. Personifikation der *Lebenskraft* und neben →Ba bedeutendster der beiden Seelenbegriffe. Ursprünglich ist der Ka die Zeugungskraft des Mannes, dann die »Mächtigkeit« jedes Lebewesens und jeder Sache, deren Gegeneinander eine machtmäßige Abstufung aller Wesen bewirkt, und schließlich die weltbewegende Kraft des Königs. Der (männliche) Ka ist das Gegenstück zur (weiblichen) →Hemsut. Der *Einzel-Ka* wird von der Göttin →Meschenet während der Schwangerschaft geschaffen und begleitet den Menschen von der Geburt an. Er lebt nach dessen Tod weiter, wobei das Grab zum *Ka-Haus* wird, da *Ka-Statuen* im Grab aufgestellt werden. Vom Verstorbenen sagt man, daß er »zu seinem Ka geht«, d. h. sich im Jenseits wieder mit ihm verbindet. Gegenüber dem Einzel-Ka gibt es auch die *Ka-Geister,* die in sich bestehen und ein ewiges und zeitloses Sein haben. Die *Ka-Hieroglyphe* ist mit der Zaubergeste der abwehrend erhobenen Hände geschrieben, deren Daumen sich berühren. Mit dieser schützt man sich gegen fremde Mächte.

Ka (sanskr. »Wer?«): brahm.-hindu. *Ur-* und *Schöpfergott* unbekannten Namens, der im Anschluß an das Schöpfungslied im Rigveda (10,121), in dem die Frage nach dem unbekannten Urgott mit dem Fragepronomen *ka* (»Wer?«) gestellt wird, benannt ist. Als dessen Gattin gilt Kāya. Später wird er mit →Prajāpati bzw. →Daksha identifiziert.

Kábeiroi △ (»die großen [Götter]«), *Cabiri* (lat.), *Kabiren* (dt.): griech.-samothrak. *Gruppe* von 2 bis 4 *Fruchtbarkeits-* und *Schutzgöttern* der Seefahrt, die den Schiffbrüchigen Hilfe gewähren. Sie gelten als Nachkommen oder Söhne des →Héphaistos. Die K. stehen im Mittelpunkt des samothrak. Mysterienkultes.

Kabibonokka: indian. *Heros* des Nordens und *Gott* des *Nordwindes* bei den Algonkin, einer der Vierlinge der Urmutter »Dämmerung«, die starb, um diesen das Leben zu geben. Seine Brüder sind →Kabun, →Shawano und →Wabun.

Kābil →Hābil

Kābil →Kajin

Kabiren →Kábeiroi

Kabrakan →Cabracá

Kabun: indian. *Heros* des Westens und *Gott* des *Westwindes* bei den Algonkin, einer der Vierlinge der Urmutter »Dämmerung«, die starb, um diesen das Leben zu geben. Seine Brüder sind →Kabibonokka, →Shawano und →Wabun. K. gilt als Vater des →Michabo.

Kacsalábon forgó vár (»die sich auf einem Entenfuß drehende Burg«): ungar. *Himmelsburg,* die von einem fest auf der Erde ruhenden Entenfuß getragen wird und sich um den Weltenbaum →Tetejtlen nagy fa dreht. Im obersten Stockwerk von K. wohnen →Isten, Dämonen, Heroen und →Sárkány.

Kadesh ▽ (»die Heilige«): westsemit. *Mutter-* und *Liebesgöttin,* nach der

KÉNTAUROI

*Kadesh, westsemit. nackte Mutter-
und Liebesgöttin mit Kuhgehörn und
Sonnenscheibe sowie mit Sistrum als
Kopfschmuck, in den Händen zwei
Schlangen haltend und auf einem
Löwen stehend.*

die Tempelprostituierten Palästinas und der Ort, der zum Einfallstor der Israeliten bei ihrer Landnahme wurde, benannt sind. Dargestellt wird sie nackt auf einer Löwin stehend, in den Händen zwei Schlangen haltend und auf dem Haupt ihr Symbol, das Sistrum, tragend. Sie ist der ägypt. →Hathor angeglichen.

Kádmos △, *Cadmus*(lat.): griech. *König* von Phönikien und Gründer der Burg Theben. Er ist Sohn des Königs Agenor und der Telephassa, Bruder der →Európe und Gatte der →Harmonía sowie durch sie Vater der →Seméle und →Inó. Als er im Auftrag seines Vaters die von →Zeús entführte Schwester Európe suchte, riet ihm das Orakel von Delphi, statt dessen eine Stadt an der Stelle zu gründen, wo sich eine Kuh niederlegen würde. So entstand die Burg des späteren Theben. K. säte die Zähne eines von ihm getöteten Drachen, aus denen Krieger erwuchsen, die sich gegenseitig umbrachten.

Kagura (japan.»Göttervergnügen, Götterfreude«): shintoist. *Ritualtanz* und geistliches Spiel, die als Tanzpantomime bei Shintō-Festen den Besuch von Gottheiten darstellen und zugleich zum Vergnügen der Götter von jungfräulichen Tänzerinnen als Opfergabe dargebracht werden. K. bringt den Teilnehmern Glück und bannt Unheil. Dieser K.-Tanz, der auf den Tanz der Göttin →Ama-no-uzume zurückgeht, bildet die Grundlage des japan. Theaters.

Kagutsuchi-no-kami △ (japan.»der glühende Altehrwürdige«): shintoist. *Feuergott* und *Personifikation* der verheerenden Brände. Er ist Sohn des Urgötterpaares →Izanagi und →Izanami. Da bei seiner Geburt die Vagina seiner Mutter so stark verbrannte, daß die Urgöttin starb und in die Unterwelt →Yomi-no-kuni eingehen mußte, wurde er von seinem Vater in 5 Stücke zerteilt, aus denen 5 neue Berggottheiten entstanden, u. a. →O-yama-tsu-mi und →Futsu-nushi.

Kahiki →Hawaiki

Káin →Kajin

Kaineús ▽ △, *Caeneus*(lat.), *Kainís*(w.), *Caenis*(lat.): griech. *Heros* und König der →Lapíthai. Ursprünglich war K. als Tochter des Lapithen Elatus geboren (weiblichen Geschlechts) und hieß Kainís. Als sie dem →Poseidón ihre Liebe schenkte, verwandelte dieser sie auf ihren Wunsch hin in einen unverwundbaren Mann. Dieser beteiligte sich am Zug der →Argonaútai. Beim Kampf zwischen Lapíthai und →Kéntauroi wurde K. unter einem Fichtenstamm begraben bzw. entfloh als Vogel und wurde nach seinem Tod wieder in eine Frau zurückverwandelt.

Kajin △ (hebrä.»Schmied«?), *Káin* (griech.), *Kābil* (arab.): **1)** jüd. erster *Ackerbauer* und *Stammvater* der Keniter. K. ist ältester Sohn des →Ādām und der →Chawwāh, Bruder von →Hebel und →Shēt. Da das Opfer seines Bruders Hebel von →Jahwe angenommen wurde, sein eigenes aber keine Beachtung fand, erschlug er aus Zorn seinen Bruder auf dem Felde. Danach mußte er ruhelos umherschweifen und trug seitdem ein

Zeichen (Mal) an der Stirn, damit sich an ihm niemand vergreifen solle.
2) christl. *Typus* des *Unglaubens,* dessen Taten böse waren, und dessen Weg die Irrlehrer gehen. Dargestellt wird K. mit einem Ährenbündel. – *Gemälde:* L. Corinth (1917); *Wort:* Kainsmal.

K'ajk' (Pl.): armen. neutrale *Geister* (→Devs), die die für Menschen festgesetzten Strafen lediglich vollziehen. Die K. leben in Bergen, Höhlen und Schluchten.

Kāla (sanskr. »die Zeit, die Schwarze«), Mahākāla (»die große Zeit, die große Schwarze«): **1)** ved. Personifikation der *Zeit* als kosmogonische Kraft und der alles verschlingenden Zeit des Todes. Als ihr Vater ist sie zugleich ihr Sohn. **2)** hindu. Beiname für den Todesgott →Yama.

Kālachakra △ (sanskr. »Rad der Zeit«): buddh.-tantr. *Schutz-* und *Initiationsgott* sowie Personifikation des gleichnamigen Tantra(buches) und einer der →Ishta-Devatā, der das Absolute verkörpert. Dargestellt ist er vierköpfig und zwölf- oder vierundzwanzigarmig in →Yab-Yum mit seiner Yogini.

Kalevanpojat △ (»Söhne des Kaleva«): finn. *Riesen,* die die Erdoberfläche mit Bergrücken und Seen schufen, aber auch *Dämonen,* die fruchtbare Äcker in Steinhalden und Wälder in Moore und Sümpfe verwandeln. Die K. sind Söhne des Urvaters und Riesen Kaleva, nach dem das Kalevala-Epos benannt ist.

Kāli ▽ (sanskr. »Schwarze, Zeit«), *Mahākāli* (»große Schwarze, große Zeit«): hindu. *Muttergöttin* (→Devi) und *Schutzgöttin* von Kalkutta, das nach ihr benannt ist, sowie Herrin der Zeit und Göttin des Todes, der die Voraussetzung für neues Leben ist. Die →Shakti und Gattin →Shivas führt die Beinamen Kalikamata (»schwarze Erdmutter«) und Kalaratri (»schwarze Nacht«). Wie alle Farben in Schwarz verschwinden, so verschwinden alle Formen und Namen in ihr. Dargestellt ist sie, wie sie auf ihrem Gatten tanzt oder den linken Fuß auf ihn setzt, mit heraushängender Zunge und vierarmig. Ihre Attribute sind u. a. der Dreizack und eine Halskette aus

Kāli, hindu. Mutter- und Schutzgöttin von Kalkutta sowie Todesgöttin mit schwarzem Gesicht, roten Augen und Handflächen, mit vier Armen und einer Halskette aus Menschenköpfen.

Kāliya, hindu. fünfköpfiger Schlangendämon, der von Krishna, der achten Inkarnation des Gottes Vishnu, bezwungen wurde, und auf dem Krishna jetzt tanzt.

50 Menschenköpfen, von denen jeder 1 der 50 Buchstaben des Sanskr.-Alphabets repräsentiert. Ihr →Vāhana ist die Eule.

Kāliya △: hindu. *Schlangendämon,* der die Wasser der →Yamunā vergiftet hatte und deshalb von →Krishna (→Balakrishna) in Mathurā besiegt und ins Meer zurückgeschickt wurde. Dargestellt wird K. als fünfköpfige Schlange, auf der Krishna tanzt.

Kalki(n) (sanskr.»Weißes Pferd«): hindu. zehnte und letzte noch ausstehende →Avatāra →Vishnus am Ende des gegenwärtigen Kaliyuga (→Yuga) in der Gestalt eines apokalyptischen Reiters auf einem Schimmel. Er wird das Ende dieser Weltperiode in Feuer und Flammen herbeiführen und zugleich ein neues Weltzeitalter (→Mahāyuga) einleiten. Dargestellt wird er als dunkler, manchmal pferdeköpfiger Reiter mit 4 Armen und auf einem Schimmel. Sein Hauptattribut ist das Schwert.

Kalliópe ▽ (»die Schönstimmige«), *Calliope* (lat.): griech. *Muse* des heroischen *Epos* und der *Elegie.* Sie gehört zu den 9 →Músai und ist eine Tochter des →Zeús und der →Mnemosýne. Durch den thrakischen König (bzw. Flußgott) Oiagros ist sie Mutter des Sängers →Orpheús.

Kallistó ▽ (»die Schönste«), *Callisto* (lat.): griech. *Bärengöttin,* später *Nymphe* im Jagdgefolge der →Ártemis. Sie ist eine Tochter des Arkaderkönigs Lykaon und durch →Zeús Mutter des →Arkás. Als Ártemis beim Baden die Schwangerschaft der von Zeús Verführten erkannte, verwandelte sie bzw. →Héra aus Eifersucht die K. in eine Bärin, die von Ártemis erschossen und von Zeús zusammen mit ihrem Sohn, dem Bärenhüter, als *Sternbild* »Großer Bär« (ursa major) an den Himmel versetzt wurde. – *Gemälde:* Tizian (1559), Rubens (1638/40), Tiepolo.

Kalpa (sanskr.»Weltperiode«), *Kappa* (Pali): **1)** hindu. *Weltenzyklus,* der periodisch wiederkehrt, und Zeitspanne zwischen der Entstehung und der kleinen Auflösung Avantrapralaya (→Pralaya) einer Welt. 1 K. ist gleich 1 »Tag Brahmās« und dauert 1000 →Mahāyuga, was 4,32 Milliarden Menschenjahren (= 12 Millionen Götterjahren) entspricht. Danach folgt eine gleichlange Periode der Weltenruhe, d. h. eine »Nacht Brahmās« (= 1 K.). 360 »Tage Brahmās« und 360 »Nächte Brahmās« ergeben 1 →Brahmājahr. **2)** buddh. Weltenzyklus und *Weltperiode* als Grundlage der Zeitrechnung.

Ein K. umfaßt 4 Phasen: Weltentstehung, Fortdauer der Welten, Weltuntergang und Fortdauer des Chaos. Alle vier Phasen bilden ein Mahākalpa (»großes Kalpa«).

Kalpabhava (sanskr.»Kalpa-Bewohner«): jin. *Göttergruppe,* die zusammen mit den →Kalpātita zu den →Vaimānika gehört. Als Kalpa-Götter mit 12 Rangstufen bewohnen sie die ersten 8 (Kalpa-)Himmelsetagen von Saudharma bis Acyuta (→Loka-Purusha).

Kalpātita (sanskr.»kalpalose [Götter]«): jin. *Göttergruppe,* die zusammen mit den →Kalpabhava zu den →Vaimānika gehört. Sie sind unterteilt in die Gruppe der →Graiveyaka und →Anuttara und bewohnen die neunte und zehnte Himmelsetage oberhalb des Acyuta-Himmels (→Loka-Purusha).

Kaltesch ▽: sibir. *Schutzgöttin* der Geburt und *Schicksalsgöttin* (der Nenzen/Samojeden). Sie gilt als Schwester, Gattin oder Tochter des →Num. Ihre Tiere sind Gans und Hase.

Kalunga △: 1) *Erd-* und *Ahnengott,* später *Himmels-* und *Schöpfergott* der Lunda in Angola, Zaire und Sambia. Als *Richtergott* ist er von großer Weisheit und Barmherzigkeit, und als *Totengott* personifiziert er die Unterwelt und das Meer, die beide Totenreiche sind. Kalunga heißt auch der Fluß, den die Toten überqueren müssen. 2) *Unterwelts-* und *Schöpfergott* bei den Ambo in Sambia, dessen Reich im Himmel oder unter der Erde ist. Zu ihm gehen die Toten ein. 3) *Himmels-* und *Schöpfergott* bei den Ovambo in Namibia, der den Regen spendet. Er trägt zwei Körbe an seinem Gürtel, aus denen er gute und böse Gaben an die Menschen verteilt. Er gilt als Vater bzw. Mann der →Musisi.

Kalypsó ▽ (»die Bergende«), *Calypso* (lat.): griech. *Nymphe* auf der Insel Ogygia und *Todesgöttin.* Sie ist eine Tochter des →Átlas und Schwester der →Pleiádes. Sie rettete den schiffbrüchigen →Odysseús, verliebte sich in ihn, beherbergte ihn 7 Jahre und half ihm beim Bau eines Bootes zur Heimfahrt. – *Gemälde:* A. Böcklin (1883), J.M. Atlan (1956); *Oper:* Ph. Telemann (1727).

Kāma △ (sanskr. »Begehren, Verlangen«): 1) ved. kosmische Kraft und Personifikation der Begierdeerfüllung. 2) hindu. *Liebesgott,* der aus dem Herzen →Brahmās geboren wurde. →Shiva, dessen Askese er gestört hatte, verbrannte ihn zu Asche, er wurde jedoch als Sohn →Krishnas und →Rukminis wiedergeboren. Er gilt als Gatte der Rati (»Wollust«) bzw. der Priti (»Freude«). Seine Attribute sind Pfeile aus Blumen und Bogen aus Zuckerrohr, dessen Sehne aus Bienen besteht. Sein →Vāhana ist der Papagei.

Kāmākshi ▽ (sanskr. »Liebesäugige«): hindu. Göttin der *Barmherzigkeit,* die aus der offenen Himmelswölbung hervorging, um die →Devas von den →Asuras zu befreien und den Dämon Bhandakāsura erschlug. K. ist auch Beiname der →Shakti →Shivas.

Kamanggabi: melanes. *Figuren* als *Verkörperungen* von *Geistern,* die den Kriegs- und Jagderfolg, aber auch das Gedeihen der Feldfrüchte günstig beeinflussen. In den Zeremonienhäusern der Männer erhalten sie Opfergaben.

Kamba △ (»Großer Raum«), *Kangba, Kanimba, Kangmba: Himmels-* und *Schöpfergott* der Vai in Liberia, dessen Wohnsitz im Himmel ist. Er regiert Sonne und Mond und schickt Blitz und Regen.

Kamene →Camena

Kami (japan. »oben, das Obere, Höherstehende«): shintoist. 1) außergewöhnliche und ehrfurchtheischende *Macht* und *Kraft,* die in der Natur präsent ist, wie z. B. in Himmelskörpern, Bergen, Seen, Pflanzen und im

Sturm. **2)** *Personifikationen* dieser Mächte und Kräfte, von denen es 8 Millionen Wesenheiten (yao-yorozu-no-kami) als Geister und Gottheiten gibt. Zu ihnen gehören u.a. →Uji-kami, →Oya-gami, →Iki-gami, →Kami-kaze. Der K. entspricht dem →Kamui der Ainu.

Kami-gakari →Iki-gami

Kami-kaze (japan.»Kami-Wind«): shintoist. *Wind-* und *Schutzgeist,* der dem Japaner zum Sieg verhilft. Sein Beiname ist»Sieger des Krieges«. Als im 13.Jh. die Mongolen in Japan einfielen, kam K. den Japanern zu Hilfe, indem er als plötzlich auftretender Taifun der Invasion von ca. 15 000 Mann auf über 1000 Schiffen in wenigen Stunden ein Ende setzte. Im 2.Weltkrieg nannten sich diejenigen Flieger K., die sich in ihren voll mit Bomben beladenen Flugzeugen selbstmörderisch auf feindliche Schiffe stürzten.

Kami-musubi-no-kami △ (japan.»Gott, göttlicher Lehrer, Erzeuger«): shintoist. Ur- und Himmelsgott, Herr der Geburten und des Werdens, einer der 5 →Koto-amatsu-kami. Er sandte auf Bitten der →Kushi-nada seine Boten aus, um deren getöteten Sohn →O-kuni-nishi wieder zum Leben zu erwecken.

Kamosh △, *Kemosh* (hebrä.), *Chamos* (griech.): moabit. *Stammesgott* und *Hauptgott* der Moabiter, die als »Volk des Kemosh« bezeichnet werden (Num 21,29). Die Inschrift auf der Siegesstele des Königs Mesha erwähnt K. elfmal. König Shelōmō führt seinen Kult in Jerusalem ein (1 Kön 11,7.33). Dem *Sonnen-* und *Kriegsgott* K. werden Menschenopfer dargebracht (2. Kön 3,27), bis Josia, König von Juda, den Kult des K. beendet (2 Kön 23,13). K. gleicht dem akkad. →Nergal und dem griech. →Áres.

Kamrushepa ▽: hethit. *Heilgöttin* und Mutter des →Aruna.

Kamsa →Kansa

Kamui (»Überschattender, Höchster«): japan. allgemeine Bezeichnung für die *Gottheiten* bei den Ainu. Man unterscheidet den →Pase Kamui von den →Yaiyen Kamui. Die K. entsprechen den →Kami der Shintoisten.

Kamulla △: kassit. *Gewässergott,* der dem akkad. →Ea entspricht.

Kamutef △ (»Stier seiner Mutter«): seit dem Neuen Reich ägypt. *Beiname* des →Min und des →Atum, mit dem der Gott als sein eigener Zeuger charakterisiert wird. Diese eigene Erzeugung durch Selbstbegattung stellt den Uranfang des Gottes dar, der durch sich selbst existiert und niemand anderen vor sich hat.

Kana △: polynes. *Heros* (auf Hawaii), der zu den →Kupua zählt. Er wurde in Gestalt eines Seils geboren, so daß er sich bei Rettungsaktionen bis zur Höhe eines Berges recken oder so dünn wie ein Spinngewebe werden kann.

Kanakamuni △: buddh. *Vorzeitbuddha* des gegenwärtigen Weltzeitalters (→Kalpa), der seine Erleuchtung unter einem Udumbara-Baum hatte

Kamosh, moabit. Stammesgott, dessen Linke eine Lanze hält.

und dem →Shākyāmuni als fünfter von 6 (bzw. dreiundzwanzigster von 24) →Manushi-Buddhas vorausging. Er gilt als geistiger Sohn des transzendenten Buddha →Akshobhya und wird der »Gold-Weise« genannt, weil es am Tage seiner Geburt über Indien Gold geregnet hat. Als →Bodhisattva wird ihm →Vajrapāni zugeordnet.

Kane →Tane

Kangba →Kamba

Kangmba →Kamba

Kanimba →Kamba

Kansa △, *Kamsa:* hindu. *Tyrann* und *Dämonenkönig* von Mathurā, eine Inkarnation des Dämons Kālanemi bzw. Sohn des Königs Ugrasena von Mathurā und Cousin der →Devaki. Aufgrund einer Prophezeiung des →Nārada, daß er durch ein Kind seiner Cousine getötet würde, läßt er Devakis erste 6 Nachkommen sowie alle Kinder des betreffenden Alters in Mathurā und Gokula töten. Die beiden nächsten Söhne Devakis, →Krishna und →Balarāma, entgehen dem Kindermörder, der später durch die Hand Krishnas getötet wird. K. ist dem christl. Herodes ähnlich.

Kanzeon →Avalokiteshvara

Kappa: shintoist. *Flußdämon*, ein *Wasserungeheuer*, das Kinder auf den Grund des Flusses oder Sees hinabzieht und ertränkt. Dargestellt wird der K. mit dem Leib einer Schildkröte, dem Kopf eines Affen und mit den Extremitäten eines Frosches.

Kappa →Kalpa

Kappadokier: Ma.

Karei △ (»Donner«), *Kari:* austroasiat. *Donner-* und *Schöpfergott, Hochgott* bei den Semang. Er bestraft die Bösen, insbesondere diejenigen, welche Tabu-Vögel töten oder lahme und hilflose Tiere verspotten.

Karmapa: buddh.-tibet. Autorität der Karma-Kagyü-Schule und zugleich eine Verkörperung des →Bodhisattva →Chenresi, die die ungebrochene Überlieferung der Vajrayāna-Lehren garantiert. Seit dem 12. Jahrhundert gibt es 16 Inkarnationen »zum Wohle aller Lebewesen« (→Tulku).

Kārta ▽ (von kārt = »hängen«): lett. *Schicksalsgöttin* sowie Hypostase der →Laima in deren Funktion, das Schicksal zu verhängen.

Kārttikeya →Skanda

Kasaoya, *Kasava:* iran. *See,* in dem drei Samenkeime des →Zarathushtra von 99 999 →Fravashi bewacht werden. Von diesen werden 3 Jungfrauen, die nacheinander im Abstand von je 1000 Jahren im See baden, schwanger, woraufhin sie die 3 →Saoshyants gebären werden. K. ist manchmal mit →Vouru-kasha identisch.

Kashku △: protohatt. *Mondgott,* der vom Wettergott mit Regengüssen verfolgt wird und deshalb vom Himmel auf den Markt herabfällt. Die hethit. Heilgöttin →Kamrushepa steht ihm, der sich vor dem wütenden

Wettergott fürchtet, jedoch mit einer Beschwörung bei, woraufhin der Wettergott den Mondgott wieder an den Himmel zurückkehren läßt. K. entspricht dem hethit. →Arma.

Kāshyapa △ (sanskr. »Schildkröte«): **1)** brahm.-hindu. bedeutendster → *Rishi.* Er gilt als Sohn des →Maharishi →Marichi und der Kalā. Von dem Maharishi →Daksha erhielt er 10 bzw. 18 Töchter, u. a. →Aditi, →Diti, Danu, Arishtā, Kadrū und Vinatā zu Frauen. Durch sie wird er zum Stammvater der meisten Götter und Geistwesen, aber auch der Menschen. Zu seinen Nachkommen zählen die →Ādityas, →Daityas, →Dānavas, →Gandharvas, →Nāgas, →Yakshas und →Rākshas. **2)** buddh. letzter *Vorzeitbuddha* des gegenwärtigen Weltzeitalters (→Kalpa), der seine Erleuchtung unter einem Banyan-Baum hatte und dem →Shākyāmuni als letzter von 6 bzw. 24 →Manushi-Buddhas vorausging. Er gilt als geistiger Sohn des transzendenten Buddha →Ratnasambhava. Er wurde im Gazellenhain von Isipatana (Sārnāth bei Benares) geboren, wo der Shākyāmuni seine erste Lehrrede hielt. Als →Bodhisattva wird ihm →Ratnapāni zugeordnet.

Kassándra ▽, *Cassandra* (lat.): griech. *Heroin* und *Prophetin,* schönste Tochter des Königs Príamos und der Hekábe, Schwester des →Páris und des Héktor. Da K. die Liebe des →Apóllon nicht erwiderte, erhielt sie von diesem zwar die Gabe der Weissagung, jedoch strafte er sie damit, daß niemand ihren Prophezeiungen Glauben schenkte. So wurde ihre Warnung vor dem hölzernen Pferd der Griechen und dem Untergang Trojas in den Wind geschlagen. Als K. nach dem Fall Trojas im Tempel der →Athéne Schutz suchte, wurde sie von Aias am Altar vergewaltigt. Als Sklavin des →Agamémnon wurde sie zusammen mit diesem von →Klytaiméstra getötet. – *Plastik:* M. Klinger (1895); *Gemälde:* Rubens (1617); *Wort:* Kassandrarufe.

Kassiépeia ▽, *Kassiopéia, Cassiope* (lat.): griech. *Heroin,* Gattin des Äthiopierkönigs Kepheus und Mutter der →Androméda. Ihrem Frevel, daß sie sich für schöner als die →Nereídes bzw. als →Héra hielt, mußten

Kassándra, griech. Heroin und Prophetin, die nach dem Fall Trojas im Tempel der Göttin Athéne Schutz suchte, aber von Aias am Altar vergewaltigt wurde.

sie und ihre Töchter büßen. Nach ihrem Tod wurde sie als *Sternbild* (Cassiopeia) an den Himmel versetzt. - *Wort:* Kassiopeium (= Lutetium).

Kassiopeia →Kassiépeia

Kassiten: Burijash, Dur, Gidar, Chala, Charbe, Kamulla, Sach, Shichu, Shumalija, Shuqamuna.

Kástor △, *Castor* (lat.): griech. *Roßbändiger* und *Wagenlenker* sowie *Schutzpatron* der Schiffer in Not. Zusammen mit →Polydeúkes gehört er zu den →Dióskuroi. Er gilt als Sohn des Tyndareos bzw. des →Zeús und der →Léda, sowie als Bruder der →Klytaiméstra. Als der sterbliche K. im Kampf gefallen ist, erreicht sein Halbbruder, der unsterbliche Polydeúkes, von Zeús, daß sie beide verbunden bleiben und für je einen Tag auf der Oberwelt und in der Unterwelt verbringen können.

Kataklysmós →Mabul

Kataragama △: ind. *Schutzgott* des Hügellandes bei den Singhalesen, dessen zweite Gattin Valli ammä heißt. Dargestellt wird er mit 6 Köpfen, sein →Vāhana ist der Pfau. Er entspricht dem →Murukan der Tamilen.

Katchinas (Pl.), *Katcinas, Katschinas* (dt.): indian. *Ahnengeister* bei den Puebloindianern, *Schutzgeister* und Erzieher der *Kinder.* Sie herrschen über Wolken und Regen und bringen Fruchtbarkeit der Felder und Segen, Wohlstand und Glück. An ihrem jährlichen Fest werden ungezogene Kinder bestraft. Dargestellt werden die K. durch »Tiku« genannte Puppen aus Holz, die den Kindern als Lernmittel dienen.

Katoylla →Illapa

Ka Tyeleo ▽: *Schöpfergöttin* bei den Senufo in Mali, Obervolta und an der Elfenbeinküste. Sie hat am fünften Schöpfungstag die Tiere und am siebten die Fruchtbäume geschaffen und in zehn Phasen - Sinnbild der kulturellen Evolution vom Sammeln zum Schmieden - das von →Kulo Tyelo erschaffene erste Menschenpaar unterwiesen. Dargestellt wird die »Mutter des Dorfes« als sitzende, reife Frau, gelegentlich mit einem Säugling. Manchmal ist sie Trägerin der Kulttrommel.

Kaūkas △, *Kaūkai* (Pl.): litau. *Kobold* und zwergenhafter *Haushaltsgeist,* nach dem viele Orte, Flüsse und Berge benannt sind. Die K. zeigen sich und wirken gewöhnlich zu zweit, bringen

Hai-i Wuhti, indian. Mutter aller Katchinas und Ahnengeister.

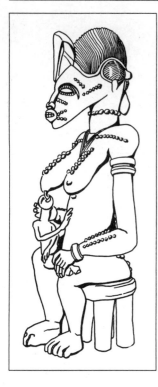

Ka Tyeleo, afrikan. Schöpfer- und Muttergöttin mit einem Säugling.

Glück für den Haushalt und verrichten Arbeiten in Haus, Stall, Scheune und Speicher. K. entspricht dem →Aitvaras.

Kauket ▽: ägypt. *Urgöttin,* die nach der →Götterachtheit mit ihrem männlichen Pendant →Kuk die Finsternis repräsentiert und das dritte Götterpaar bildet. Dargestellt wird sie als Schlange bzw. schlangenköpfig.

Kauravas (sanskr. »von Kuru stammend«), *Kurus:* hindu. *Volksstamm* und *Fürstengeschlecht.* Sie überfielen die →Pāndavas und vertrieben sie, wurden jedoch, als letztere zurückkehrten, von diesen besiegt. Diese Schlacht wird im Mahabhārata geschildert.

Kautar →Kōtar

Keb →Geb

Kebechet ▽: ägypt. Göttin des *Überschwemmungswassers* und Personifikation des reinigenden Wasserübergusses im Totenkult. Als Tochter des →Anubis hilft sie dem König beim Aufstieg in den Himmel. Sie wird in Gestalt einer Schlange dargestellt.

Kebechsenef △ (»der seine Brüder labt«); ägypt. *Schutzgott* des Leichnams. Als falkenköpfigem Kanopengott und einem der 4 →Horuskinder werden ihm die Unterleibsorgane des Verstorbenen zur Bewachung anvertraut. Als Himmelsrichtung ist ihm der Westen zugewiesen.

Keltische Völker (Iren, Gälen, Waliser, Bretonen, Gallier): Amaethon, Annwn, Arduinna, Arianrhod, Artio, Badb, Balor, Belenos, Beli, Belisama, Bile, Brân, Brânwen, Bress, Brigit, Carman, Cernunnos, Cûchulainn, Dagda, Damona, Dan, Dian-Cêcht, Dôn, Donn, Epona, Eriu, Esus, Finn, Fomore, Goibniu, Grannos, Gwydyon, Lir, Lug, Machas, Mag Mell, Mag Mor, Mag Tured, Manannân, Matrona, Medb, Midir, Mog Ruith, Morrîgan, Nantosuelta, Nemetona, Nuada, Oengus, Ogma, Ogmios, Pryderi, Pwyll, Rhiannon, Rosmerta, Sequana, Sheila-na-gig, Sirona, Smertrios, Sucellos, Tailtiu, Taranis, Tethra, Teutates, Tuatha Dê Danann.

Kematef △ (»der, der seine Zeit vollendet hat«): ägypt. *Urgott,* der in Medinet Habu bei Theben verehrt wurde. Alle zehn Jahre kam der Gott →Amun von Luxor herübergefahren, um seinem Vorfahren ein Opfer darzubringen. Der schlangengestaltig Dargestellte wird bei den Griechen die Urschlange Kneph genannt.

Kemosh →Kamosh

Kemwer △, *Kemur* (»großer Schwarzer«): ägypt. schwarzer *Stiergott* und *Himmelsgott,* der in Athribis (zehnter unterägypt. Gau) verehrt und mit →Chentechtai und →Osiris gleichgesetzt wurde.

Kéntauroi △, *Centauri* (lat.), *Kentauren* und *Zentauren* (dt.): griech. wilder *Volksstamm* in den Bergwäldern Thessaliens, dämonische Mischwesen mit menschlichen Oberkörpern und Pferdeleibern. Sie sind Söhne des →Ixíon und der →Héra(-Nephele) und gelten mit Ausnahme des →Cheíron als heimtückisch und gewalttätig. Als sie bei der Hochzeit des

→Peiríthoos versuchten, die Braut zu entführen, entbrannte die *Kentauromachie*, der Kampf zwischen K. und →Lapíthai, in dem die K. untergingen. Als *Sternbild* (Kentaur) leuchten sie seitdem am Himmel. - *Plastik:* Relief am Westgiebel des Zeustempels in Olympia (5. Jh. v. Chr.).

Kér (»Verderben, Tod«): griech. *Todesgöttin* und schadenbringende *Dämonin* sowie Personifikation des *Todesloses.* K. ist Tochter der →Nýx und Schwester von →Thánatos, →Hýpnos, →Mómos, →Némesis und →Éris.

Kérberos △, *Cerberus* (lat.), *Zerberus* (dt.): griech. *Ungeheuer* in der Unterwelt, ein blutgieriger Hund, der das Tor des →Hádes bewacht. K. ist Sohn der →Échidna und des →Typhón sowie Bruder von →Chímaira, →Sphínx und →Hýdra. Er wedelt jeden Verstorbenen freundlich an und läßt ihn in die Unterwelt eintreten. Er erlaubt jedoch niemandem, die Unterwelt wieder zu verlassen. Nur von →Orpheús konnte er durch die Musik verzaubert und von →Heraklés vorübergehend auf die Oberwelt entführt werden. Um den Verstorbenen vor dem (Leichen fressenden) K. zu schützen, gibt man ihm Honigkuchen mit. Dargestellt wird K. mehrköpfig, mit Schlangenschwanz und mit einem Schlangenkopf auf dem Rücken. - *Wort:* Zerberus (fig.).

Griech. Kentaurenpaar, Mischwesen mit menschlichem Oberkörper und Pferdeunterleib. (Engl. Holzschnitt, 1520).

Keresãspa △, *Garshasp:* iran. eschatologischer *Heros,* der am Ende der Weltzeit (→Frashō-kereti) dem →Saoshyant zu Hilfe kommt, den Schlangendämon →Aži Dahāka überwältigen sowie den Wasserdämon →Gandareva töten wird.

Kerubim (Pl.; hebrä. v. akkad. *karūbu*=»Beter, Fürbitter«), *Kerúb* (Sg.), *Cherubím* bzw. *Cherubín* (Pl.; griech.); *Cherúb* (Sg.): **1)** jüd. himmlische geflügelte *Geistwesen* und *Engel* (→ *Mala'āk)* des →Jahwe-Elōhim, deren Bild die Gegenwart des unsichtbaren Gottes anzeigt. Seit dem Sündenfall von →Ādām und Chawwāh bewachen sie den Weg zum Baum des Lebens im →Gan Ēden. Sie hüten die Bundeslade in der Stiftshütte und im Tempel. In der Vision des →Jehezk'ēl tragen sie den Thronwagen Gottes, wobei jeder von ihnen die 4 Gesichter (Mensch, Löwe, Stier, Adler) hat, die auch die **2)** christl. 4 *Geistwesen* um den Thron des →Kýrios haben. (Später sind dies die 4 Symbole der 4 Evangelisten). Die Cherubím bilden nach den →Seraphim die zweithöchste *Engelklasse* unter den 9 Engelchören. - *Wort:* cherubinisch.

Keshali ▽ (von sanskr. *kesha*=»Haar«): zigeuner. *Wald-* und *Gebirgs-*

Kérberos, griech. dreiköpfiger Hund am Eingang zur Unterwelt, aus der er vorübergehend von Heraklés entführt worden ist.

Kerúb, jüd. Engel des Jahwe-Elōhim, der die Pforte zum Paradies Gan Ēden bewacht, ein Mischwesen mit geflügeltem Menschenleib.

feen, die unter ihrer Königin Ana leben und 99 Jahre alt werden. Sie gelten als Töchter des Nebelkönigs. Wenn sie von den hohen Felsriffen ihr Haar weit in die Täler und Schluchten wehen lassen, entsteht der Nebel. Einst wurden sie von den →Locholicho überfallen, und viele wurden erschlagen. Um die Überlebenden zu retten, ging ihre Königin widerwillig eine Ehe mit dem König der Locholicho ein. Aus dieser Verbindung gingen 9 Krankheitsdämonen hervor.

Kétos ⊙, *Cetus* (lat.): griech. *Meeresungeheuer,* Tochter der →Gaía und des →Póntos sowie Gattin des →Phórkys, durch den sie Mutter der →Graíen, →Gorgonen und →Hesperídes wurde.

Ketu △: hindu. *Planetengott* (→Navagraha) und dämonische *Personifikation* des absteigenden *Mondknotens.* Er ist ein Sohn des →Rudra und Zwillingsbruder des →Rāhu. In der Form eines Drachenschweifes fährt er auf einem von 8 roten Pferden gezogenen Himmelswagen, um wie sein Bruder Rāhu zu handeln. Dargestellt ist er mit Flammenhaupt und Schuppenleib. Seine Attribute sind Keule und Lampe.

al-Khadir △ (arab.»der Grüne«): islam. *Heiliger* (→Wali), ein Reisegefährte des →Mūsā. Ohne daß der Todesengel →'Izrā'il ihn holen mußte, nahm →Allāh ihn in den Himmel auf.

Khagarbha →Ākāshagarbha

Khalifa △ (arab.»Nachfolger, Stellvertreter«): islam. *Hoheitstitel* des weltlichen und geistlichen *Oberhaupts* der Glaubensgemeinde als des Nachfolgers und Stellvertreters des von →Allāh Gesandten, des Propheten →Muhammad. Zu den K. gehören *1.* die 4 rechtgeleiteten K. Abū Bakr (632-634), 'Umar (634-644), 'Uthmān (644-656) und 'Ali (656-661), *2.* die 13 Omajjaden-K. (661-750), *3.* die 37 'Abbāsiden-K. (750-1258) und *4.* die 37 Ottomanen-K. (1290-1924).

Khazangpa △: ind. *Hauptgott* bei den Lakher.

Khmvum →Kmvoum

Khoisaniden *(Bergdama, Buschmänner, Hottentotten):* Cagn, Gamab, Gauna, Gaunab, Heitsi-Eibib, Huwe, Tsui-Goab.

Kholomodumo, *Kholumolumo: Dämonisches Ungeheuer* bei den Sotho in Lesotho, das in der Urzeit außer einer Greisin alle Lebewesen verschlang. Diese gebar Zwillinge, die das Ungeheuer töteten, so daß die verschlungenen Menschen wieder aus dessen Leib hervorkommen konnten.

Khors →Chors

Khrane △: ind. *Erdgott* bei den Kaman Mishmi.

Khu →Huwe

Ki ▽ (»Unten, Erde«): sumer. *Erdgöttin.* Seit altbabylon. Zeit ist Ki anstelle von →Urash die Gattin des →An. Ferner gilt sie als Mutter des →Enlil.

Kiambi →Kyumbi

Kiao-lung (»gepaarter Drache, Doppeldrache, Zwitterdrache«), *Kiao:* chines. *Drache* (→Lung), ein Mischwesen als vierbeinige Schlange. Im

Elefantenwagen mit sechs K. fuhr einst →Huang-Ti zur Versammlung aller Dämonen und Geister auf den Gipfel des T'ai-shan hernieder.

Kibotós →Tēbāh

Kieh: chines. *Höllenfürst* und *Totenrichter*, dessen Verdikt auf Vierteilung lautet, damit die zerstückelten Leichen die Erde düngen, aber auch *Dämon* der *Dürre*. Ein grausames Spiel mit den Menschen, Wein, Weib und Tanzmusik erfüllen sein Dasein. Neben seiner Gattin Mo Hi hat er als Lieblingskonkubinen die Jademädchen Yüan und Yen.

Kiho →Io

Ki'i →Tiki

Kilbishika (sanskr. »unterstes Volk«): jin. *Gott* von niederer Stellung auf der neunten, d.h. letzten Rangstufe in jeder der vier Götterklassen (→Bhavanavāsin, →Vyantara, →Jyotisha, →Vaimānika).

K'i-lin ◇, *Lin:* chines. *Einhorn* und *Verkörperung* der *Güte* und *Friedensliebe*. Als Zauber- und Mischwesen gehört es zu den 4 →Ling. K'i meint den männlichen und lin den weiblichen Aspekt des K., das 1000 Jahre alt wird. Als →Kung-tzu während eines Jagdausflugs im Jahr 480 v. Chr. einmal ein K. sah, rief er: »Mein Weg hat geendet«, und bald darauf (479 v. Chr.) ist er gestorben. Dargestellt wird K. als Hirsch mit einem einzigen Horn, dem Schweif eines Ochsen, den Hufen von Pferden und den Schuppen von Fischen.

K'i-lin, chines. androgynes Einhorn, das 1000 Jahre alt wird, ein Mischwesen mit Hirschkörper und Fischschuppen, mit Ochsenschweif und Pferdehufen.

Kilya →Mama Quilla

Kimnaras →Kinnaras

Kingu △, *Qingu:* akkad. *Dämonenfürst* und Sohn der →Tiāmat sowie nach dem Tod des →Apsū deren zweiter Gatte. Als K. von Tiāmat zum Herrn der Götter erhoben werden soll, wird er von →Marduk besiegt, und aus seinem Blut werden von →Ea die Menschen erschaffen.

Kinich Ahau △ (»sonnengesichtiger Herr«), *Kinich kakmó:* indian. *Feuervogel* und *Sonnengott* der Maya sowie Personifikation der Mittagssonne, deren Symbol, ein Papagei, herniederkommt, um das der Sonne dargebrachte Opfer zu verzehren. K. ist Vater des →Itzamná und wird später dessen Erscheinungsform. Dargestellt wird er manchmal in Vogelgestalt. Er entspricht dem aztek. →Quetzalcoatl.

Kinilau →Tinirau

Kinnari, hindu. Koboldweibchen und himmlische Musikantin, die zur Unterhaltung der Gottheiten musiziert, ein Mischwesen mit Frauenoberkörper und Vogelunterleib, dazu mit einer Laute in den Händen.

Kinnaras △ (m.), *Kinnaris* ▽ (w.), *Kimnaras:* hindu. *Geistwesen* und himmlische *Musikanten,* die zur Freude und Unterhaltung der Götter musizieren und tanzen. Sie werden den →Gandharvas zugerechnet und gehören zum Gefolge des →Kubera. Dargestellt werden sie mit menschlichem Oberkörper und Vogelunterleib sowie mit der Laute in der Hand.

Kio →Io

Kírke ▽, *Circe* (lat.): griech. *Nymphe* und *Zauberin* auf der Insel Aiaia. Sie ist die Tochter des →Hélios und der →Pérse sowie Schwester der →Pasipháë. Die Gefährten des →Odysseús verwandelte sie vorübergehend in Schweine, und den Odysseús schickte sie zur Befragung des →Teiresías in den →Hádes. K. zeugte mit Odysseús, der ein Jahr mit ihr lebte, den Telegonos. - *Gemälde:* Dosso Dossi (ca. 1514/16); *Drama:* Th. Corneille (1675); *Opern:* H. Purcell (1685), W. Egk (1947); *Wort:* bezirzen.

Kis △ (»der Bändiger«): ägypt. *Lokalgott* von Kusae (fünfzehnter ober-

ägypt. Gau) und Personifizierung des Häuptlings als Jäger, der die Wildtiere bändigt. Dargestellt ist er mit zwei langhälsigen »Drachen« bzw. Gi-
raffen.

Kisasszony →Boldogasszony

Kishar ▽ (»Erdhorizont«): akkad. *Erdgöttin,* die mit ihrem Bruder und
Gatten →Anshar ein Paar in der dritten Göttergeneration bildet. Sie galt
als Tochter von →Lachmu und →Lachamu und als Mutter des →Anu
und der →Anatum.

Kiskil-lilla ▽ (»Windmädchen«): sumer. böse *Nachtdämonin,* die sich in
dem von →Gilgamesh gefällten Chaluppu-Baum der →Inanna eingeni-
stet hat. Sie ist der akkad. →Lilītu gleich.

Kitanitowit (»guter Schöpfer«); indian. *Ur-* und *Hochgott* bei den Algonkin. Dargestellt wird der unsichtbare, ewige und allgegenwärtige K.
durch einen Kreis, in dessen Mitte ein Punkt das Zentrum des Kosmos
markiert und an dessen Peripherie 4 angesetzte orientierte Dreiecke die
Himmelsgegenden symbolisieren.

Kitshi Manitu (»Großer Geist«): indian. außerordentliche und unsichtbare *Macht* und kosmische lebensspendende *Kraft* bei den Algonkin. K.
ist ein anderer Name für →Manitu. Er wird durch die Sonne symbolisiert und steht in Auseinandersetzung mit Mitshi-Manitu bzw. Mudje-
Monedo, dessen Symbol die Schlange ist.

Kittung △: ind. *Kulturbringer* und *Stammvater* bei den Sora.

Kituurpayk △: ind. *Kulturbringer* bei den Kota, der den Menschen das
Feuer und die Kenntnisse über die Landwirtschaft brachte.

Kiumbi →Kyumbi

K'iung-K'i: chines. *Nutzdämon,* der Gifte vertilgt, aber auch *Krankheits-
dämon* und *Menschenfresser.* Der Sohn des Shao Hao wird als Rind mit
Igelborsten und Flügeln dargestellt.

al-Kiyāma (arab.»das Auferstehen«): islam. *Weltende* mit der Auferstehung der Toten am Tag des Gerichts. Die Ereignisse werden in dieser
Reihenfolge stattfinden: der Antichrist →al-Dadjdjāl wird erscheinen,
und →Yādjūdj und Mādjūdj werden auftreten. Beim ersten Trompetenstoß des Engels →Isrāfīl werden alle lebenden Wesen sterben und beim
zweiten werden alle gestorbenen ins Leben zurückkehren. →Allāh wird
aufgrund der guten und bösen Taten, die in Büchern aufgeschrieben sind,
Gericht halten. Für seine Gläubigen wird →Muhammad Fürsprache
(→Shafā'a) einlegen. Die Taten derer, über die Zweifel besteht, werden
auf einer Waage abgewogen. Dann werden die Gerichteten die Brücke
al-Sirat, die feiner als ein einziges Haar und schärfer als ein Schwert ist,
überschreiten. Diese Brücke führt über das Feuer der Hölle →Djahan-
nam ins Paradies →Djanna. Nach K. ist die 75.Sure im Kur'ān benannt.

Kiyumbi →Kyumbi

Kleió ▽ (»die Rühmende«), *Clio* (lat.), *Klio* (dt.): griech. *Muse* der *Ge-
schichtsschreibung.* Sie gehört zu den 9 →Músai und ist eine Tochter des

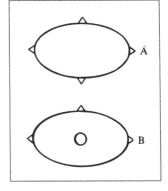

*Kitanitowit, indian. unsichtbarer
Schöpfergott, der durch ein Oval
dargestellt wird, dessen Mittelpunkt
das Zentrum des Kosmos markiert und
an dessen Peripherie 4 angesetzte
Dreiecke die Himmelsgegenden symbolisieren (A und B).*

→Zeús und der →Mnemosýne. Ihre Attribute sind Papierrolle und Griffel. – Klio ist der Name einer Zeitschrift für Alte Geschichte.

Klu: tibet. Gruppe von *Geistern* (→dMu) bei den Bon-po, die in Gewässern leben.

Kluskave →Gluskap

Klytaiméstra ▽, *Clytaemestra* (lat.), Klytäm(n)estra (dt.): griech. *Königin*, Tochter des Tyndareos und der →Léda, Schwester von →Heléne und den →Dióskuroi, Gattin des →Agamémnon und durch ihn Mutter von →Iphigéneia, →Eléktra, →Oréstes und Chrysothemis. Da sie mit ihrem Geliebten Aigisthos den aus Troja heimgekehrten Gatten zusammen mit dessen Begleiterin →Kassándra ermordete, wurde sie auf Befehl des →Apóllon von Oréstes und unter Mithilfe der Eléktra als Gattenmörderin erschlagen. K. gilt, im Gegensatz zu →Penelópe, als Symbol der Treulosigkeit. – *Ballett:* Halim El-Dabh (1958).

Kmvoum △, *Kmwum, Khmvum, Chorum: Himmels-* und *Schöpfergott* der Pygmäen in Zaire. Er ist Urheber der sichtbaren Welt und Lenker der Himmelserscheinungen. Die Menschen hat er aus Lehm geformt, die Pygmäen aus rotem, die Neger aus schwarzem und die Europäer aus weißem Lehm. Täglich erneuert er mit den Sternen das Licht der Sonne.

Koi △ und **Imlja** ▽: sibir. *Götterpaar* (der Keten/Jenissejer), das im Innern der Erde wohnt und viele Nachkommen hat.

Kojote →Koyote

Kokko, *Koko:* indian. Gruppe von *Maskengottheiten* bei den Pueblo-Zuni. Ihr Anführer ist die Schlange →Koloowisi.

Kokytós △ (»der Klagende«), *Cocytus* (lat.): griech. *Fluß* des Wehklagens, ein Arm der →Stýx, der in den →Achéron mündet und einen der 5 Flüsse im →Hádes darstellt.

Kolivilori △: alban. dämonische *Geister*, die während zwölf Nächten im Winter ihr Unwesen treiben, Frauen belästigen und den Herd beschmutzen, jedoch selbst das Feuer fürchten.

Koloowisi (Zuni), *Palulukon* (Hopi): indian. mit Federn geschmückte *Schlange,* sowie *Blitz-* und *Fruchtbarkeitsgott* und *Hochgott* bei den Puebloindianern. K. verfügt über himmlische (Regen) und unterirdische (Erde) Kräfte und ist das Haupt der →Kokko.

Kon →Con

Köndös △ (von köynnös = »Ranke«): finn.-karel. *Donnergott, Gott* der *Saat* und *Personifikation* des *Getreides,* an dessen Festtag die Frühjahrsbestellung der Felder abgeschlossen wird. Seit der Christianisierung wird er mit dem christl. →heiligen Urbanus identifiziert.

Konfuzius →K'ung-tzu

Konjin △: shintoist. *Metallgott,* **1)** *Schutzgott* über die Nordostrichtung, aus der Dämonen und Krankheiten kommen, ein Gott im Staatsshintō, der den Menschen im Zorn Leiden und Tod schickt, **2)** *Urgott* des *Universums* bei der Konko-kyo, der unter dem Beinamen »Tenchi-kane no-kami« (»Metallgott des Himmels und der Erde«) als höchster →Kami verehrt wird.

Konkordia →Concordia

Konohana-sakuya-hime ▽ (japan. »Prinzessin ›Blütenpracht‹«): shintoist. *Göttin* der *Baumblüte,* insbesondere der *Kirschen-* und *Pflaumenblüte* sowie *Ahnengöttin* des japan. Kaiserhauses. Sie ist die jüngere Tochter des →O-yama-tsu-mi und jüngere Schwester der Iha-naga-hime sowie Gattin des →Ninigi und durch ihn Mutter des →Umisachi und →Yamasachi. Alle Nachkommen der K. sind so kurzlebig wie die Kirschbaumblüte.

Kóre ▽ (»Mädchen, Tochter, Beischläferin«): griech. *Beiname* der Unterwelts- und Fruchtbarkeitsgöttin →Persephóne. - *Worte:* K. (= archaische Mädchenstatuen als Weihegaben, Gewandstatuen, Gebälkträgerinnen), Korenhalle.

Koreaner: Hananim, Kud, Olkum, Palk, Tan-kun, Ung.

Koronis ▽, *Corọnis* (lat.): griech. *Heroin* aus Thessalien. Sie ist Tochter des Phlegyas und Schwester des →Ixíon und durch →Apóllon Mutter des →Asklepiós. Als Apóllon durch eine weiße Krähe von einer neuen Liebschaft der von ihm schwangeren K. mit dem Sterblichen Ischys erfuhr, tötete er bzw. →Ártemis die K. mit einem Pfeil, befreite seinen noch ungeborenen Sohn aus dem toten Mutterleib und übergab ihn dem →Cheiron zur Pflege und Erziehung. Aus Trauer über die verlorene Liebe verwandelte er die weiße Krähe in eine schwarze. Seitdem sind alle Krähen schwarz.

Korware: melanes. *Ahnenstatuen,* die bei Todesfällen angefertigt werden, damit der Geist des Verstorbenen darin Wohnung nehmen kann. Der große Kopf der aus Holz oder Stein gefertigten, hockenden Statuen ist zuweilen hohl, damit er den Schädel als Wohnsitz des Geistes aufnehmen kann.

Kōshar →Kōtar

Koshi: shintoist. achtköpfiger *Schlangendrache,* dem jedes Jahr ein Mädchen geopfert werden mußte. Als zuletzt →Kushi-nada an die Reihe kommen sollte, wurde K. von →Susa-no-o mit dem Schwert geviertelt, nachdem er mit jedem seiner 8 Köpfe je eines von 8 Reisweinfässern ausgetrunken hatte und volltrunken in tiefen Schlaf gefallen war. K. ist dem griech. →Minótauros ähnlich.

Kósmos △ (»Ordnung, Anstand, Schmuck«): griech. *Weltall* sowie *Weltordnung* in ihrer harmonischen Schönheit - im Unterschied zum ursprünglichen, ungeordneten →Cháos.

Kōtar △, *Kautar,* später *Kōshar, Kūshōr:* phönik.-ugarit. *Handwerks-* und *Schmiedegott,* Meistergott in vielen Künsten. Er erfand die Fischereigeräte und fuhr als erster aufs Meer. Er entdeckte das Eisen und die Kunst, es zu bearbeiten. Er errichtete den Palast des →Ba'al und versorgte ihn mit unbesiegbaren Waffen für den Kampf mit →Jamm. Der Name

Kóre, griech. Fruchtbarkeits- und Unterweltsgöttin mit Ähren.

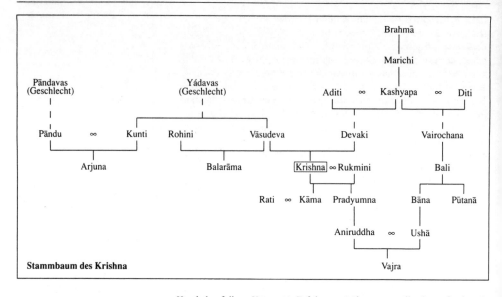

Stammbaum des Krishna

K. wird auf die →Kōtarat (»Erfahrene«) übertragen, die als professionelle Sängerinnen und Klageweiber bei Geburt, Heirat und Begräbnis auftreten. Der K. ist dem ägypt. →Ptah und dem griech. →Héphaistos gleich.

Koto-amatsu-kami (japan. »die besonderen Himmlischen Gottheiten«): shintoist. Gruppe von 5 *Urgottheiten,* die als erste nach der Schöpfung der Welt auftraten. Zu ihnen gehören →Ama-no-minaka-nushi-no-kami, →Ama-no-tokotachi-no-kami, →Kami-musubi-no-kami. →Taka-mi-musubi-no-kami und →Umashi-ashikabi-hikoji-no-kami.

Kótys ▽, *Kotyt(t)ó, Cotys* (lat.), *Cotytto* (lat.): griech.-thrak. *Vegetations-* und *Fruchtbarkeitsgöttin,* der zu Ehren die nächtlichen *Kotyttia* (lat. Cotyttia) veranstaltet wurden. K. ist der →Kybéle ähnlich.

Kou Mang: chines. *Botengott* und – neben →Ju Shou – Sendbote des Himmelsgottes, der Glück und langes Leben verkündet. K. steht für die Jahreszeit Frühling und die Himmelsrichtung Osten. Sein Attribut ist der doppelte Drache.

Koyote (»Präriewolf«), *Coyote* (span.), *Kojote* (dt.): indian. **1)** *Präriewolf* und *Kulturbringer* bei den Athapasken (Apachen und Navajos), der das Saatgut brachte. K. beseitigte die Kinder des Ungeheuers →Tieholtsodi, damit die Sintflut zurückging und die gegenwärtige (fünfte) Welt entstehen konnte. **2)** *Schöpfer-* und *Hochgott* der Miwok. **3)** göttlicher Gegenspieler bei den Maidu. – *Wort:* Kojote.

Krakuchchanda △, *Krakucchanda:* buddh. *Vorzeitbuddha* des gegenwärtigen Weltzeitalters (→Kalpa), der seine Erleuchtung unter einem Shiri-sha-Baum hatte und dem →Shākyāmuni als vierter von 6 (bzw. als zwei-undzwanzigster von 24) →Manushi-Buddhas vorausging. Er gilt als geistiger Sohn des transzendenten Buddha →Vairochana. Als →Bodhisattva ist ihm →Sāmantabhadra zugeordnet.

Kratti →Cratti

Kratu △ (sanskr. »Plan, Einsicht«): brahm.-hindu. *Weiser* und *Seher* der Vorzeit (→Rishi), der zu den 10 →Maharishi zählt. Er ist ein geistentsprossener Sohn des →Brahmā sowie Gatte der Samnati und Vater der 60000 Vālakhilyas.

Krishna △ (sanskr. »der Dunkle, Schwarze«): **1)** jin. *Held* und neunter →Vāsudeva der gegenwärtigen Weltepoche. Er ist ein Vetter des Heilskünders und zweiundzwanzigsten →Tirthamkara →Arishthanemi und ein Halbbruder des neunten →Baladeva →Balarāma. **2)** hindu. *Hirtengott* und achter →Avatāra →Vishnus im Dvāparayuga (→Yuga) in der Gestalt des dunkelhäutigen Hirten Krishna, um vor allem den Dämonenkönig →Kansa zu töten und als Freund der →Pāndavas und Wagenlenker →Arjunas die Bhagavadgita zu verkünden. K. führt u. a. die Beinamen →Balakrishna, →Gopāla und →Jaganātha. Er ist das achte Kind des →Vāsudeva und der →Devaki. Zusammen mit seinem hellhäutigen Halbbruder →Balarāma tötet er viele Dämonen. Seine Hauptgeliebte ist →Rādhā. Als Stadtfürst von Dvarka heiratet er →Rukmini, mit der er den Sohn →Pradyumna hat. Sein Tod am 17. 2. 3102 v. Chr. ist der Beginn des Kaliyuga (→Yuga). Die Lebensgeschichte K.s wird im Mahabhārata und Bhagavata-Purana ausführlich erzählt.

Krishnamurti △ **:** hindu. Pseudonym des von der Theosophin Annie Besant adoptierten ind. Jungen Jiddu Nariahua (geb. 1897), den sie 1910 als eine →Avatāra →Krishnas bezeichnet.

Krodhadevatā (sanskr. »zornige Gottheiten«): buddh.-tibet. *Schutzgottheiten* der Lehre und im Vajrayāna Torhüter (Dvārapāla) der Mandalas, die aus ehemaligen dämonischen Feinden

Krishna, hindu. Hirtengott mit der Flöte (= Mensch) in der Hand, die erst durch den Hauch des Gottes zum Erklingen kommt. Krishna ist die achte Inkarnation des Gottes Vishnu.

des Buddhismus durch einen magiegewaltigen Meister bezwungen und unter dem Versprechen am Leben gelassen wurden, daß sie in Zukunft die buddh. Lehre beschützen. Zu ihnen gehören außer den 8 →Dharmapāla u.a. →Vajrapāni, →Acala und →Rāhu. Dargestellt werden sie in blauschwarzer oder roter Farbe, dreiäugig und mit 8 Schlangen und Totenschädeln als Attributen.

Krónos △ : **1)** vorgriech. *Fruchtbarkeits-* und *Erntegott,* dem zu Ehren das Erntefest *Kronia* gefeiert wurde. **2)** griech. *Göttervater* und einer der 12 →Titánes. Er ist jüngster Sohn der →Gaía und des →Uranós, Bruder und Gatte der →Rheía und durch sie Vater der Kroniden: →Deméter, →Hádes, →Hestía, →Poseidón, →Zeús, →Héra. K. entmannte seinen Vater mit einer Sichel, die ihm seine Mutter gegeben hatte, und bemächtigte sich so der Weltherrschaft, die als »Goldenes Zeitalter« gilt. Um selbst dem Schicksal seines Vaters zu entgehen, verschlang er alle seine Kinder, bis auf Zeús, von dem er später entmachtet und in den →Tártaros gestürzt wurde. Die verschlungenen Kinder mußte K. wieder ausspeien, durfte aber später nach der Versöhnung mit Zeús dem Tártaros entsteigen und wurde Herrscher über →Elýsion. Sein Attribut ist die Sichel. K. entspricht dem röm. →Saturnus.

Krūn: iran. dämonischer *Herrscher* über die *Unterwelt* bei den Mandäern. Mit ihm muß →Hibil anläßlich seiner eschatologischen »Höllenfahrt« einen Kampf austragen.

Kshitigarbha △ (sanskr. »dessen Mutterschoß die Erde ist«), *Ti-ts'ang* (chines.), *Jizō* (japan.): buddh. transzendenter →*Bodhisattva* und *Schutzpatron* der Kinder, Schwangeren und Wanderer sowie Weggeleiter ins Paradies, aber auch Retter aus Höllenqualen. Er ist einer der 8 →Mahābodhisattvas und wird als Mönch mit der Gewährungsmudrā dargestellt. Seine Attribute sind der Rasselstab mit 6 klingelnden Ringen, da er allen Wesen in den 6 →Gati beisteht, und das Juwel Cintāmani, dessen Strahlen die Höllen erleuchtet und die Qualen der Verdammten lindert.

Ku →Tu

K'u: chines. *Herrscher* der Urzeit und *Urahn,* der zu den →Wu-ti gehört. Als *Gestirns-* und *Himmelsgott* ist er Urenkel des →Huang-Ti, Nachfolger des →Chuan Hsü und Vater des →Yao. Z.Zt. der Shang-Yi-Dynastie ist er höchster Gott.

K'ua Fu (»Vater des Prahlens«): chines. *Dämon* der *Dürre,* ein Enkel der →Hou T'u. Durch seinen Ehrgeiz, einen Wettlauf mit der Sonne zu veranstalten, bekommt er einen derart maßlosen Durst, daß zeitweilig der Wasserstand in den Flüssen absinkt.

Kuan-hsing →Lu-hsing

Kuan-Ti △ (»Kuan-Kaiser«): chines. *General* namens Kuan Chung (Kuan Yü) aus dem 3.Jh., der 1594 deifiziert wurde und seitdem *Kriegsgott* ist. 1856 erschien er am Himmel und verhalf den gegen die T'ai-p'ing-

Bewegung kämpfenden kaiserlichen Truppen zum Sieg. Bis zum Ende des Kaiserreiches (1911) wurden ihm am fünfzehnten Tag des zweiten Monats und am dreizehnten Tag des fünften Monats Opfer dargebracht. Als *Schutzgott* des Reiches bekämpft er alle Friedensstörer. Er ist zudem *Gott* der *Literatur* und *Gerechtigkeit* sowie *Schutzgott* der Soldaten und Kaufleute, insbesondere der Bohnenquarkverkäufer. Sein Leben steht im Mittelpunkt vieler Dramen. Dargestellt wird er als 9 Fuß großer Riese mit einem 2 Fuß langen Bart.

Kuan-yin ▽ (chines. »den [flehenden] Ton der Welt betrachtend«), *Guan-yin:* buddh.-chines. weiblicher transzendenter →*Bodhisattva* und »Göttin der Barmherzigkeit«. Sie schenkt Kindersegen und ist *Patronin* der Seefahrer. Allen, die von Wasser, Feuer, Dämonen und Schwert bedroht werden, ist sie eine *Schutzgöttin*. Als →Yama sie einmal in die Unterwelt entführt hatte, linderte sie die Qualen der Verdammten und verwandelte die Hölle in ein Paradies, so daß Yama sie daraufhin sofort wieder freiließ. Ikonographisch wird sie tausendarmig und tausendäugig in weißem Gewand und oft mit einem Kind auf dem Arm dargestellt. Ihre Attribute sind Lotosblüte und Gefäß. Sie ist dem ind. →Avalokiteshvara gleich.

Kubaba(t) ▽, *Kupapa, Gubaba:* churrit. *Muttergöttin*, die der →Shaushka gleicht. Nach ihrem Hauptkultort Karkamish wird sie »Herrin von Karkamish« genannt. Ihre Attribute sind Spiegel und Granatapfel. Man betrachtet sie als Prototyp der phryg. →Kybéle.

Kubera △ (sanskr. »der Unförmige«), *Kuvera:* **1)** brahm. *Reichtumsgott* und Anführer der dämon. →Yakshas, Guhyaka und →Rākshas, mit denen er über die Schätze der Erde wacht. Er ist Sohn des Vishravas und der Devavarnini sowie Halbbruder des →Rāvana und Gatte von (V)Riddhi (»Gedeihen«). **2)** hindu. *Schutzgott* der nördlichen Himmelsrichtung (→Lokapāla). Ikonographisch wird er mit dickem Bauch und einäugig dargestellt. Seine Attribute sind u. a. Keule und Geldsack. Sein →Vāhana sind Widder und Elefant. **3)** buddh.-tibet. *Schutzgott* der Lehre und einer der →Dharmapāla. Seine Attribute sind Schirmstandarte und Mungo.

Kūbu: akkad. Personifikation des Foetus und der Fehlgeburt, die als göttliches Numen verehrt werden. Von dem vorzeitig aus dem Mutterleib gekommenen Embryo wurde Schaden befürchtet wie von einem umherirrenden Totengeist. Die Worte Kūbum, Kūbu oder Kubi wurden in Personennamen apotropäisch verwendet.

Kud △: korean. *Gott* der *Finsternis* und *Personifikation* des dunklen, unheilvollen und bösen Weltprinzips, das als Widerpart zum lichten →Palk gesehen wird.

Kuei (»Geister, Dämonen«): **1)** chines. *Totengeister,* zu denen nach dem Tode die Seelen derjenigen Menschen werden, die fern der Heimat sterben, ertrinken und erhängt werden, oder aber keine Ahnentafel erhal-

Kuan-yin, buddh. weiblicher transzendenter Bodhisattva und Schutzgöttin.

K'uei-hsing, chines. Literaturgott und Schutzpatron der Dichter, dargestellt als Ideogramm.

ten. Nur →Chung Kuei wurde deifiziert. Sie irren ruhelos umher und rächen sich für das während ihres Lebens erlittene Unrecht. Im siebten Monat werden ihnen zu Ehren Opferzeremonien abgehalten, man spendet ihnen u. a. Papiergeld. **2)** *Schildkröte,* ein Symbol für *Glück* und *Segen,* die zu den 4 →Ling zählt. Oberhaupt von 360 Exemplaren gepanzerter Tiere ist Shen-kuei, die Engelschildkröte und Emanation eines Sterns. Die Schildkröten mit 3 Beinen sind dämonischer Natur.

K'uei: chines. *Dämon* und *Donnergeist,* als Einbeinbüffel ein Fabelwesen. Chuang-tzu (Kap. 17) konfrontiert den einbeinigen K. mit einem Tausendfüßler, und →Kung-tzu nennt ihn zusammen mit →Wang-liang ein »Gespenst der Bäume und der Steine«, d. h. des Waldgebirges.

K'uei-hsing (»K'uei-Stern«): chines. *Sterngottheit.* Als *Gott* der *Examina* ist er auch ein Begleiter des →Wen-ch'ang.

Kuju: sibir. *Himmelsgott* (der Jukagiren), der Fische vom Himmel fallen läßt, um diese den Menschen als Nahrung zu spenden.

Kuk △: ägypt. *Urgott* und Personifikation der Urfinsternis vor der Erschaffung der Gestirne. Nach der →Götterachtheit bildet er mit seinem weiblichen Pendant →Kauket das dritte Götterpaar. Er wird als Frosch bzw. froschköpfig dargestellt.

Kukulkan △ (»grüne Federschlange«), *Kukulcan, Kukumatz, Gugumatz, Gucumatz:* indian. **1)** deifizierter *Kulturheros* der Tolteken, Gesetzgeber, Begründer des Kalenders und der Medizin. Er lehrte Fischfang und Bodenbestellung. Von Osten war er aus dem Himmel über das Meer gekommen, wohin er auch wieder verschwunden ist. Von dorther wird seine Wiederkehr erwartet. **2)** *Erd-, Wasser-, Wind-* und *Feuergott* der Maya, *Schöpfer-* und *Himmelsgott* sowie *Gott* der *Auferstehung* und *Wiedergeburt,* der sogen. »Gott B«. Dargestellt wird er mit großer Nase. Seine 4 Attribute sind: Mais (Erde), Fisch (Wasser), Eidechse (Feuer) und Geier (Luft). Er ist identisch mit →Itzamná und entspricht dem aztek. →Quetzalcoatl.

Kukuth △ (»Kern, Beule, Pest«): **1)** alban. männlicher *Totengeist* und ehemaliger Geizhals, der in sein Haus zurückkehren und jeden Bewohner darin umbringen will. Ein böser Mensch wird als »ein wahrer K.« bezeichnet. **2)** alban. blinde *Krankheitsdämonin,* die die als *kukudhi* bezeichnete Pest ins Land bringt. Eine verächtliche Redensart lautet: »Dich frißt nicht einmal die K.«.

Kulakara △ (sanskr. »Stammvater«): jin. *Stammvater* und *Kulturstifter,* deren es 7 bzw. 14 gibt und die den →Tirthankara und →Chakravartin als Führer der Menschen vorausgehen. So ist z. B. der 14. und letzte K. Nābhi zugleich der Vater des ersten Tirthankara →Rishabha.

Kullervo △: finn. *Schöpfer,* der die Meere und Wälder pflügte, wobei aber ein Grashügel ungepflügt blieb, der sich später in zwei Teile aufspaltete. Daraus entstanden die beiden Kinder Kalervo und Untamo, ein Junge und ein Mädchen.

Kulo Tyelo △ : *Himmels-* und *Schöpfergott* bei den Senufo in Mali, Obervolta und an der Elfenbeinküste. Durch sein Wort erschuf er in zehn Phasen die Welt und das erste Menschenpaar, das von →Ka Tyeleo unterwiesen wurde. Alle sieben Jahre wird im *lo-Ritual* die Weltschöpfung kultisch wiederholt, um den Weltlauf und das Leben fortzusetzen.

Kulshedra ▽ : alban. dämonisches *Schlangenwesen* mit lang behaartem Leib. Die K. orakelt auf dem Kamm von Nenschati den Umwohnern. Vor ihrem zwölften Lebensjahr ist die K. eine →Bolla. Sie wird als riesiges graues Weib mit hängenden Brüsten oder als Drache mit neun Zungen, der aus seinem Maul Feuer speit, dargestellt.

Kululu: sumer. und akkad. Fischmensch, ein *Mischwesen,* das mit dem Oberkörper eines Menschen und dem Unterleib und der Schwanzflosse eines Fisches dargestellt wird. Es gehört dem Bereich des sumer. →Enki bzw. des akkad. →Ea an.

Kumarbi △ : churrit. *Himmelsgott* und »Vater der Götter«. Er gilt als dritter Götterkönig im Himmel, der seinem Vater, dem akkad. →Anu, die Herrschaft entreißt und selber dann von seinem Sohn →Teshub abgelöst wird. Seine Residenz ist die Stadt Urkish.

Kumāri ▽ (sanskr. »Mädchen, Jungfrau«): hindu. jungfräuliche *Göttin,* die in Nepal als *Inkarnation* der →Durgā lebt. In Kathmandu und einigen Dörfern der Himalayatäler wird ein Mädchen an besonderen Kennzeichen als inkarnierte Durgā erkannt. Sie lebt dann in ihrem Haustempel, den sie nur einmal im Jahr zu einer Prozession verläßt. Mit Einsetzen der ersten Menstruation wird sie durch eine neue K. ersetzt.

Kun △ : chines. *Erdgott* und Sohn des Himmelsgottes →Chuan Hsü und Vater der Erdgottheit →Yü. Als er die zum Himmel aufsteigende Urflut durch Anhäufung von Erde vergeblich zu bekämpfen suchte und die Flut noch bedrohlichere Ausmaße annahm, wurde er ungewollt zum Helfershelfer des →Kung Kung, wofür er von →Shun bzw. →Yao am Berg Yü-shan hingerichtet wurde.

Kunapipi ▽ : austral. *Schöpfer-* und *Muttergöttin* (vom Arnhem-Land) mit dem Beinamen »Mutter, die uns alle schuf«. Mit den Reizen ihrer Tochter versuchte sie, junge Männer anzulocken, zu töten und zu verspeisen. Wenn sie dann diese wieder ausspie, kamen nur noch deren Knochen hervor. Schließlich wurde sie selbst von dem mächtigen Mann »Adlerfalke« getötet.

Kundran →Gandareva

K'ung-fu-tzu →K'ung-tzu

Kung Kung: chines. *Dämon* der Urflut und Widersacher des herrschenden Erd- und Himmelsgottes. Er ist Sohn des →Chu Jung und Vater von →Hou T'u. Sein Diener heißt Hsiang Yao. Dargestellt wird er als schwarzer Drache.

K'ung-tzu (»Meister Kung«), *K'ung-fu-tzu, Konfuzius* (latinisiert): chines. *Philosoph* (551–479 v. Chr.) und *Begründer* des Konfuzianismus, der von sich sagte: Mit 50 kannte ich den Willen des Himmels (→T'ien), und mit 60 war ich bereit, auf ihn zu hören (→T'ien-ming). Bei seiner Geburt erschienen 2 →Lung über dem Elternhaus, und kurz vor seinem Tod sah er ein →K'i-lin. Auf seinem noch heute erhaltenen Grab opferte 174 v. Chr. erstmals ein Kaiser der Han-Dynastie, und bald darauf wurde ihm der erste Tempel errichtet. In einem Edikt der Ch'ing-Dynastie (1906) wird K. den Gottheiten des Himmels und der Erde gleichgestellt.

K'un-lun: chines. *Weltgebirge* als im Westen gelegene Stätte des Glücks und Aufenthaltsort der Unsterblichen (→Hsien), worüber →Hsi Wang-Mu herrscht. Im K. entschwand →Lao-tzu, als er nach Westen ritt. K. ist 3 bzw. 9 Stockwerke hoch und hat ebenso viele Stockwerke unter der Erde. Im K. wachsen, ähnlich wie auf den im Osten gelegenen Inseln der Seligen (→Ch'ung-Ming), die Pfirsiche, die Unsterblichkeit verleihen.

Kunti ▽: hindu. *Fürstin* aus dem Geschlecht der Yadavas. Sie ist die Schwester des →Vāsudeva und erste Gemahlin →Pāndus, durch den sie Mutter des →Yudishthira, →Bhima und →Arjuna (→Pāndavas) wurde.

Kun-tu-bzan-po △ (»der allgütige Gott«): tibet. *Schöpfer-* und *Hochgott* bei den Bon-po, der die Welt aus einem Schleimklumpen und die Lebewesen aus einem Ei geschaffen hat.

Kupapa →Kubaba

Kupua △: polynes. *Heroen* und *Wundertäter,* aber auch Unheilbringer und →Trickster. Zu ihnen gehören →Pekoi, →Iwa, →Ono, →Kana und auch →Maui.

Kurke →Curche

Kūrma (sanskr. »Schildkröte«): 1) ved. *Personifikation* kosmogonischer Macht. 2) hindu. zweiter →Avatāra →Vishnus im vergangenen Kritayuga (→Yuga) in Gestalt einer Schildkröte. Auf ihrem Rücken als fester Grundlage, mit dem Berg Mandara als Quirlstock und der Schlange →Vāsuki als Seil, an dem →Devas und →Asuras zogen, quirlte er den Milchozean Kshiroda, so daß 14 Kostbarkeiten, u. a. →Lakshmi, →Airāvata, →Surabhi, →Apsarās und →Amrita, wieder zutage kamen. Die Kumbha-melās, das größte Pilgerfest der Menschheit, nimmt darauf Bezug.

Kurnugia (»Land ohne Heimkehr«): sumer. *Unterwelt,* über die →Ereshkigal zusammen mit ihrem Gatten →Nerigal herrscht. K. entspricht dem akkad. →Aralu.

Kurukullā ▽: buddh.-tibet. *Liebesgöttin* und auch Göttin des *Reichtums.* Als *Bezauberin* bezaubert sie Götter, Dämonen und Menschen, um sie so für den sie um Hilfe Bittenden gefügig zu machen (z. B. bei unglücklich Liebenden). Sie tritt in 5 Erscheinungsformen auf. Dargestellt ist sie auf einem Widersacher stehend mit 4, 6 oder 8 Armen. Ihre Attribute sind Pfeil und Bogen, Elefantenhaken und Fangschlinge, die alle aus Blüten bestehen. Ihre Farbe ist rot oder weiß.

Kurus →Kauravas

K'ung-tzu, chines. Begründer des Konfuzianismus mit seinen 16 Schülern als Vorbild und Lehrer aller Generationen.

Kushi-nada-hime ▽: shintoist. *Reisgöttin,* Gattin des Sturmgottes →Susa-no-o und durch ihn Mutter des Erdgottes →O-kuni-nushi. Von ihrem späteren Gatten Susa-no-o wurde sie errettet, als sie dem Drachen →Koshi geopfert werden sollte, dem schon 7 ihrer Schwestern dargebracht worden waren.

Kushiten *(Galla, Kaffa):* Heqo, Wak.

Kūshōr →Kōtar

Kushuch △: churrit. *Mondgott,* dessen heilige Zahl entsprechend dem dreißigtägigen Mondmonat die 30 ist. Er gleicht dem protohatt. →Kashku und dem hethit. →Arma.

al-Kutba ▽ (von arab. »schreiben«): nabatä. *Schutzgöttin* der Schreibkunst, die oft mit der →al-'Uzzä identifiziert wird.

Kuth nhial △ (»Kuth des Oben«): *Himmels-* und *Schöpfergott* bei den Nuer im Sudan, dessen Anrede lautet: »Großvater«, »Vater« und »Unser Vater«. Er strahlt im Mond und offenbart sich im Blitz. Als *Richtergott* straft und belohnt er.

Kutkhu △, *Kutchu:* sibir. *Rabe* und *Heilbringer* (der Itelmenen), der auch die Welt erschaffen hat.

Kutkinnáku (»Großrabe«): sibir. *Heilbringer* (der Korjaken) und *Heros,* der zahlreiche Abenteuer bestand. Als *Kulturbringer* lehrte er die Menschen Jagd und Fischfang, schenkte ihnen den Feuerbohrer und die Schamanentrommel. K. ist Gatte der Miti und Vater von 7 Söhnen und 5 Töchtern.

Kuvera →Kubera

Kvasir: nordgerman. weiser *Zwerg* (→Dvergr) und *Personifikation* eines Gärtranks. K. ist aus dem in einem Kessel vermischten Speichel der →Asen und →Vanen als Symbol ihrer Versöhnung entstanden, nachdem sie ihren Götterkrieg beendet hatten und sich zu einem Versöhnungstreffen bereit fanden. Später wurde K. von Mitzwergen erschlagen, die sein Blut mit Honig mischten. Jeder der von diesem →Skaldenmet trinkt, wird ein Weiser und Dichter. →Odin gelangte durch Überlistung der →Gunnlöd in dessen Besitz.

Kwannon →Avalokiteshvara

Kybéle ▽ (griech.), *Kybebe, Cybele* (lat.): 1) phryg. *Berggöttin, Erd-* und *Muttergöttin,* die Leben und Fruchtbarkeit spendet. Als *Herrin* der *Natur* läßt sie alljährlich die erstorbene Natur zu neuem Leben erstehen. Sie gilt als Tochter des phryg. Königs Meon und der Dindyma, die von ihrem Vater als neugeborenes Kind auf dem Berg Kybelos, von dem sie den Namen hat, ausgesetzt wurde, da sie kein Junge war. Zunächst haben Panther und Löwen sie gesäugt, später wurde sie von Hirtinnen aufgezogen. K. verliebte sich in den

Kybéle, griech.-röm. Muttergöttin auf einem von Löwen gezogenen Wagen vor dem an einen Baum gelehnten Attis.

schönen →Attis, den sie, als dieser ihr untreu werden wollte, mit Wahnsinn schlug. Ihr Beiname ist »Bergmutter« und ihr Kultsymbol ein Meteorstein. **2)** griech.-röm. *Muttergöttin* mit dem Beinamen »Megále méter« (griech.) bzw. »Magna Mater« (lat. »Große Mutter«), deren Priester die entmannten *Galli* waren, an deren Spitze der *Archigallus* stand. Dargestellt wird sie meist sitzend, auf einem Wagen, der von Löwen und Panthern gezogen wird. Ihre Attribute sind Spiegel und Granatapfel. Manchmal ist sie identisch mit →Agdistis und →Nana, - *Plastik:* Rodin (1904); *Gemälde:* Mantegna, Böcklin (1869/70).

Kýklopes △ (»Rundaugen«), *Cyclopes* (lat.), *Kyklopen* und *Zyklopen* (dt.): griech. Geschlecht wilder *Riesen* und Menschenfresser mit einem Auge auf der Stirn. Sie sind die 3 Söhne von →Gaía und →Uranós: Brontes (»Donnernder«), Steropes (»Blitzender«) und →Árgos (»Schimmernder«). Sie sind Brüder der →Titánes und →Hekatoncheíres. Als Gehilfen des →Héphaistos im Vulkan schmieden sie dem →Zeús die Donnerkeile und Blitze. Mit ihren starken Armen schleppten sie die Steine zum Bau der Mauern von Tiryns und Mykene herbei. Von ihrem Vater wurden sie in den →Tártaros geworfen, woraus →Krónos sie vorübergehend und →Zeús endgültig befreite. Sie standen auf der Seite des Zeús im Kampf gegen Krónos und die anderen Titánes. Schließlich wurden sie durch einen Pfeil →Apóllons getötet. Dieser Pfeil (sagitta) erscheint als *Sternbild* am Himmel. - *Worte:* Zyklop, Zyklopenmauer, zyklopisch.

Kýrios △ (griech. »Herr«): **1)** jüd. *Eigenname* des ewigen und einzigen *Gottes* in der griech. Septuaginta als Wiedergabe des hebrä. Gottesnamens →Jahwe. **2)** christl. *Eigenname* des allmächtigen *Vatergottes* und *Schöpfers* des Himmels (→Uranoí) und der Erde (→Gē), dessen Vorsehung über allem Geschehen der Welt und dem Leben der Menschen waltet. Als Gottvater und erster der 3 göttlichen Personen bildet er zusammen mit seinem Sohn →Iesũs und dem →Pneúma hágion eine →Trinitas. Sein Beiname ist *Abba* (aramä. »Vater«). Seine Boten sind die Engel (→Ángelos), insbesondere der

Kýrios, christl. Vatergott und Schöpfer des Himmels und der Erde. (Holzschnitt aus der Biblia Germanica, 1545).

Engel des Herrn (→Ángelos Kyríu), aber auch →Gabriél und →Michaél. Sein Widersacher ist der →Satän. Zu seinen berufenen Propheten, die in seinem Namen Heil und Unheil verkünden, gehören u. a. →Zacharías, →Ioánnes und Iesūs. Damit sich sein Himmelreich (→Basileía tū Theū) auch auf der Erde ausbreitet, wirkt und stirbt Iesūs und wird es am Ende der Tage vollenden. **3)** christl. *Hoheitstitel* für Iesūs. - *Gemälde:* Meister Bertram von Minden (ca. 1380), Michelangelo (1508/12), Blake (1794); *Zeichnung:* P. Klee (1934).

Kyumbi △ (»einer der formt, wie ein Töpfer«), *Kiumbi, Kiyumbi, Kiyumbe,* Kiambi: *Himmels-* und *Schöpfergott* bei den Pare in Tansania. Als die von ihm geschaffenen Menschen einmal einen hohen Turm bauten, um mit »dem dort oben« im Himmel zu kämpfen, machte Kyumbi ein Erdbeben, so daß der Turm einstürzte und die Arbeiter unter sich begrub. Für alle Fälle aber rückte er das »obere Land« des Himmels noch weiter von der Erde weg.

sK'yun ka'i mgo-chan △: tibet. vogelköpfiger *Sonnengott* bei den Bonpo, der den Kopf des Vogels K'yun hat.

'L: ugarit. *Gottesbezeichnung,* die dem syro-phönik. →Êl, dem arab. →'Ilāh und dem akkad. Ilu entspricht.

Labbu: akkad. *Meeresungeheuer,* das nach dem Labbu-Mythos von →Tishpak getötet wird. L. wird mit der Milchstraße assoziiert und manchmal schlangengestaltig dargestellt.

Labýrinthos △ (»Haus der Doppelaxt«), *Labyrinthus* (lat.), *Labyrinth* (dt.): griech. großes und unübersichtliches *Gebäude* mit vielen verschlungenen Gängen und Höfen bei Knossos auf Kreta, das im Auftrag des Königs →Mínos von →Daídalos erbaut wurde, um den →Minótauros darin gefangenzuhalten. - *Worte:* L. (fig.), Labyrinthfisch, labyrinthisch.

Lachama: sumer. *Wasserdämonen,* die dem →Enki untertan sind und den akkad. →Lachmu ähneln.

Lachamu ▽ akkad. *Göttin* und Personifikation der *Finsternis,* die als Tochter von →Tiāmat und →Apsū, als Gattin des →Lachmu sowie als Mutter von →Anshar und →Kishar galt.

Lachar ▽ (»Mutterschaf«): sumer. Göttin und Personifikation des *Mutterschafs.* Zusammen mit der Getreidegöttin →Ashnan versorgt sie in Duku (»Heiliger Hügel«) die Gottheiten mit ihren Erzeugnissen der Viehzucht und des Ackerbaus. Als die Götter davon nicht mehr satt wurden, ließ →Enki die beiden Göttinnen zu den Menschen hinabsteigen, damit die Menschen, die bisher nur ein tierisches Dasein gefristet hatten, mit den Kulturarbeiten des Ackerbaus und der Viehzucht vertraut würden, damit auf diese Weise die Götter aus dem Überfluß der Viehwirtschaft und des Getreidebaus besser versorgt werden konnten.

Lachmu △ **1)** akkad. *Gott* und Personifikation der *Finsternis,* Sohn des →Apsū und der →Tiāmat, Gatte der →Lachamu und Vater von →Anshar und →Kishar. **2)** akkad. halb fischgestaltige *Mischwesen,* die den sumer. →Lachama ähnlich sind.

Lachuratil △: elam. *Beschwörungsgott.*

Ládon △: griech. **1)** dämonischer *Schlangendrache* mit 100 Köpfen. Er ist Sohn von →Phórkys und →Kétos. Zusammen mit den →Hesperídes bewachte er den Baum mit den goldenen Äpfeln, bis er von →Heraklés getötet wurde. Seitdem leuchtet er als *Sternbild* (Draco) am Himmel. **2)** *Flußgott* in Arkadien und Personifikation des gleichnamigen Flusses, eines Nebenflusses des Alpheios.

Lāh →Allāh

Laima ▽ (lett. »Glück«) und *Laime, Láima* (litau. von leisti = »lassen, bescheren«) und *Láimė:* **1)** lett. *Schicksalsgöttin* und *Personifikation* des *Glücks* wie des *Unglücks,* deren Ambivalenz zur Verselbständigung der Göttin Nelaime (»Unglück«) führte. L. ist *Schöpferin* des Menschen und *Schutzgöttin* der Schwangeren und Wöchnerinnen. Solange sie im Hause weilt, steht alles zum besten. Als Laima mäte (»Glücks-Mutter«) greift sie in alle schicksalhaften Ereignisse, bei Geburt, Heirat und Tod, entscheidend ein. **2)** Die litau. L. wird oft in Volksliedern genannt. Ein Sprich-

LABYRINTHOS

wort heißt »Taip Laima lēme« (»So hat's die Laima beschlossen«). Manchmal wirkt die Schicksalsgöttin zu dritt als die drei *Laimos,* wobei zuweilen 2 als ihre Schwestern auftreten, die den griech. →Moiren, den röm. →Parzen und den german. →Nornen gleichen.

Laindjung △ **:** austral. *Ahnenwesen,* das dem Meer entstieg, wobei sein Gesicht mit Brandungsspritzern übersät war und sein Körper ein Muster mit Spuren vom Salzwasser trug, das er seinen Nachfahren als Totem mit den dazugehörigen Riten vermacht hat. L. gilt als Vater von →Banaidja.

Laka ▽ **:** polynes. *Göttin* des jungfräulichen *Waldes* und *Schutzherrin* der Hulatruppen (auf Hawaii). Sie ist die Schwester Lonos (→Rongo). Ihre Gegenwart dokumentiert ein kleiner Holzklotz, der mit einem Fetzen gelber Tapa bekleidet ist und auf dem Altar des Hulahauses steht. Blumengirlanden werden L. zum Geschenk dargebracht.

Lakshmana △ **:** hindu. *Held* des Rāmayana, Sohn des Königs Dasharatha und seiner Gattin Sumitrā sowie Halbbruder zu →Bhārata und zu →Rāma, dem er ins Exil folgt und im Kampf gegen →Rāvana beisteht.

Lakshmi ▽ (sanskr. »Glück, Schönheit, Reichtum«), *Shri:* **1)** ved. Personifikation teils des Glücks, teils des Unglücks und Gattin →Varunas oder →Sūryas. **2)** brahm.-hindu. Göttin der *Schönheit* und *Liebe,* des *Glücks* und *Reichtums,* die aus dem Schaum des Ozeans (→Kūrma) geboren wird. Sie ist →Shakti und Hauptgattin →Vishnus, auch in jeder seiner →Avatāras. Für →Vāmana ist sie die Padma (»Lotos«), für →Parashu-Rāma die →Dhārani (»Erde«), für →Rāma die →Sitā (»Furche«), für →Krishna die →Rukmini. Als letztere ist sie die Mutter des →Kāma. Zu den →Saptāmatrikās gehört sie als Vaishnavi. Ihre Beinamen sind u. a. Shri (»Glück, Gedeihen«) und Lokamata (»Mutter der Welt«). Der

Lamassu, akkad. Schutzgeist und Stiermensch, ein Mischwesen als geflügelter Löwe mit Menschenkopf.

schönen und gütigen *Muttergöttin* ist das große Lichterfest (Divāli) zu Beginn des Hindu-Jahres im Herbst geweiht. Ikonographisch ist sie charakterisiert durch 4 Arme mit Lotosblumen oder mit Diskus, Muschel, Keule und Lotos. Die goldfarbene Göttin sitzt auf einem Lotos oder auf →Garuda. Zusammen mit Vishnu ist sie auf →Ananta als Urpaar dargestellt. Sie ist der japan.-buddh. Kichijō-ten und der chines.-buddh. →Gung De Tien gleich.

Lalita ▽ hindu.-tantr. *Muttergöttin* und Personifikation der kosmischen

Energie, aber auch Beiname der →Shakti →Shivas, durch die als weiblich-dynamische Kraft, in Verbindung mit dem männlich-statischen Prinzip Shivas, die vergängliche Welt der Täuschung (→Māyā) entsteht.

Lama ▽, *Lamma:* sumer. *Schutzdämonin,* die der akkad. →Lamassu entspricht.

Lama △, *Innara:* hethit. *Schutzgott.*

Lamashtu ▽: akkad. böse *Dämonin,* die Kindbettfieber und andere fiebrige Erkrankungen verursacht. Dargestellt wird sie mit entblößten Brüsten, an denen ein Hund und ein Schwein saugen. Ihre Attribute sind Kamm und Spinnwirtel. Sie entspricht der sumer. →Dimme.

Lamassu ▽: akkad. *Schutzdämonin,* die zusammen mit dem →Shēdu in neuassyr. Zeit als geflügelter Stiermensch dargestellt wird und als wachende Schutzgestalt an Palasteingängen aufgestellt ist. Sie entspricht der sumer. →Lama.

Lamiñ ▽ (Pl.): bask. *Nachtgeister* und Mischwesen mit Hühnerfüßen, die, wenn ein Bauer ihnen tagsüber am Rande seines Hofes Speisen niedergelegt hatte, diese bei Nacht verzehrten und zum Dank dafür sein Land bearbeiteten. Als der von Ochsen gezogene Pflug eingeführt wurde, verschwanden sie für immer. Den weiblichen L. entsprechen die männlichen →Maide.

Lamma →Lama

Lan Ts'ai-ho △◇: chines. *Heiliger* und *Unsterblicher* (→Hsien), der zu den 8 →Pa-hsien des Taoismus zählt. Auf einem Kranich reitend, verschwand er in den Wolken. Dargestellt ist er als *Hermaphrodit.* Sein Attribut ist die Flöte oder ein Blumenkorb.

Lao-chün (»Herr Lao«), -*T'ai-shang lao-chün* (»Höchster Herr Lao«): chines. Bezeichnung des →Lao-tzu in seiner vergöttlichten Form, als Inkarnation des →Tao-te t'ien-tsun, des Lehrers der Menschen und Offenbarers heiliger Schriften. Die Vergöttlichung des Lao-tzu begann im 2. Jh. v. Chr.

Laokóon △, *Laocoon* (lat.): griech. *Priester* des →Poseidón zu Troja, der die Trojaner davor warnte, das hölzerne Pferd der Griechen in die Stadt zu ziehen. Als bei einer Opferhandlung plötzlich zwei Schlangen aus dem Meer auftauchten und ihn und seine beiden Söhne umschlangen und töteten, schenkten die Trojaner seiner Warnung keinen Glauben mehr und zogen das Pferd zu ihrem eigenen Verderben in die Stadt. - *Plastik:* Laokoon-Gruppe (50 v. Chr.); *Gemälde:* El Greco.

Lao-tzu (»Meister Lao«): chines.-taoist. *Philosoph* (6. Jh. v. Chr.) und *Begründer* des religiösen *Taoismus, Schutzpatron* des Geheimwissens und der Alchemie. Seine Mutter hat ihn jungfräulich empfangen, ging 72 bzw. 81 Jahre mit ihm schwanger und gebar ihn aus ihrer linken Achselhöhle. Der Paßwächter →Yin Hsi hat ihn als →Chen-jen erkannt, bevor er auf einem schwarzen Wasserbüffel reitend im Westen (→K'un-lun) verschwand. Der seit dem 2. Jahrhundert v. Chr. vergöttlichte Meister Lao

Lao-tzu, chines.-taoist. Begründer des Taoismus, auf einem schwarzen Wasserbüffel reitend, mit dem er im westlichen Gebirge für immer verschwunden ist.

wird als →Lao-chün und T'ai-shang lao-chün bezeichnet und gilt als Inkarnation des →Huang-lao, des →Huang-lao-chün bzw. des →Tao-te t'ien-tsun.

Lapíthai △, *Lapithae* (lat.), *Lapithen* (dt.): griech. *Volksstamm* in den Bergen Nordthessaliens. Als der Lapithe →Peiríthoos zu seiner Vermählung mit Hippodameia auch die →Kéntauroi geladen hatte, wollte der Kentaur Eurytion im Rausche die Braut entführen. Daraus entstand der Kampf zwischen Kentauren und Lapithen, in dem letztere siegten. Zu bekannten L. gehören: →Ixíon, →Kaineús und Peiríthoos.

Lappen : Biegg-Olmai, Horagalles, Jabmeaio, Jabmeakka, Olmai, Pajonn, Raudna, Saivaimo, Tiermes, Waralden-Olmai.

Lar △, *Lares* (Pl.), *Laren* (dt.): röm. gute *Geister* sowie *Schutzgottheiten* von Haus, Herd und Familie (L. familiares), der Felder und Kreuzwege (L. compitales) sowie der Reisenden (L. viales). Ihre Bilder stehen im *lararium*, einem Schrein im Innern des Hauses. Im Unterschied zu den L. privati gibt es die L. publici/urbani. Zu letzteren zählen →Romulus und →Remus sowie →Acca Larentia. Zu Ehren der L., insbesondere der Acca Larentia, wurden am 23. Dezember die *Larentalia* gefeiert.

Laran △ : etrusk. Götterjüngling und *Kriegsgott*, der nackt und mit Lanze und Helm dargestellt wird.

Larva ▽, *Larvae* (Pl.), *Larven* (dt.): röm. böse *Totengeister* und Seelen von Verstorbenen, die nachts als Gespenster die Lebenden auf der Erde erschrecken und die Bösen in der Unterwelt quälen. Die L. zählen zu den →Lemures. – *Worte:* larval, Lärvchen, L. (= Maske).

Lasa ▽, *Lasen:* etrusk. Gruppe jugendlicher *Dienergöttinnen*, die insbesondere die Gräber hüten. Manchmal bilden sie das Gefolge der →Turan. Zu ihnen gehören u. a. →Alpan und →Evan. Meist werden sie geflügelt und mehr oder weniger nackt dargestellt. Ihre Attribute sind Kranz und Spiegel.

Laskowiec △ (poln.), *Borowiec* (tschech.): slaw. *Waldgeist* und *Schutzherr* der Hirsche, Rehe und Hasen, dessen Wachhunde Wölfe und Luchse sind. Als »Herr der Wölfe« (bei Ost- und Südslawen) versammelt er alljährlich diese um sich und weist ihnen die Beute für das kommende Jahr zu. Dargestellt wird er als Hirt auf einem Wolf reitend, als Wolf oder Uhu.

al-Lāt ▽ (von *al-ilāhat* = »die Göttin«), *Allāt*, *Lāt*, *'Ilāt:* **1)** arab. appellative *Bezeichnung* für *Göttin* in Zentral- und Nordarabien sowie weiblicher Gegenbegriff zum männlichen →Allāh. **2)** arab. (Eigenname der) *Venussterngöttin* und *Schutzgöttin* des *Eides* bei den Kuraishiten. Zusammen mit →Manāt und →al-'Uzzā bildet sie eine weibliche, göttliche Trias, wobei die beiden letzten zugleich ihre Erscheinungsformen als Abend- und Morgenstern darstellen. In Zentralarabien gilt sie als eine der drei »Töchter Allāhs«. An ihrem Hauptkultort bei Tā'if in der Nähe von Mekka wurde ein weißer Granitblock als ihr Idol verehrt. **3)** islam. weiblicher *Götze*, der im Kur'ān (Sure 53, 19–23) erwähnt ist und dessen

Anrufung als *Fürsprecherin* bei →Allāh von →Muhammad zunächst erlaubt, kurz darauf aber widerrufen wurde.

Latona →Letó

Latura △, *Lature Danö:* indones. *Todes-* und *Krankheitsgott, Gott* der *Finsternis* und *Verursacher* der Unwetter sowie *Herr* der *Unterwelt* bei den Niasser. L. gilt als älterer Bruder und Gegenspieler von →Lowalangi. Sein Symboltier ist die Schlange.

Laukasargai (von laukas = »Feld« und sargas = »Hüter«): litau. *Götter* der *Fruchtbarkeit* und *Schutzgötter* von Feld und Flur.

Lauku māte ▽ (»Acker-Mutter«): lett. *Feld-* und *Fruchtbarkeitsgöttin,* die in einigen Volksliedern erwähnt wird. Sie zählt zu den ca. 60 →Māte.

Lauma ▽ (lett.), *Laumē* (litau.) *Laŭmē:* lett. und litau. *Fee,* ein *Spinn-* und *Webergeist* sowie *Schutzpatronin* der Armen und Waisen. Sie kann von schönen und starken Männern für kurze Zeit geheiratet werden, verschwindet danach aber wieder. Für Beleidigungen rächt sie sich z. B. durch das Vertauschen eines Neugeborenen mit einem Wechselbalg. Der Donnerstagabend ist der »Laumen-Abend«, an dem nicht gesponnen werden darf. Später hat L. die Züge der →Ragana angenommen. Dargestellt wird sie als schöne, meist nackte Frau mit großen Brüsten und langem blonden Haar.

Laverna ▽ : röm. *Göttin* des *Gewinns* und *Schutzgöttin* der Diebe und Betrüger. Ihr war ein heiliger Hain an der Via Sabina in Rom geweiht.

Laya (sanskr. »Auflösung, Verschmelzung, Verschwinden«): hindu. Eingehen der Einzelseele in das Absolute bzw. die Vereinigung der Einzelseele mit der Gottheit.

Lázaros △ (griech.; von hebrä. El'āzar = »[Gott] El hat geholfen«), al-'Āzar (arab.), *Lazarus* (dt.): 1) christl. Mann aus Bethanien und *Freund* des →Iesūs, Bruder von Maria und Martha. Noch 4 Tage nach seinem Begräbnis wird er von Iesūs wieder zum Leben erweckt, und 6 Tage danach ist er wieder Tischgenosse des Iesūs. - *Gemälde:* Giotto, V. van Gogh (1890). 2) christl.-islam. *Typus* des *frommen Armen,* der im Jenseits für das Elend dieses Lebens von Engeln in den Schoß des →Abraám bzw. →Ibrāhīm getragen wird, wo er Ersatz findet, während der zur Hölle verdammte Reiche danach lechzt, von dem Armen im →Parádeisos mit einigen Tropfen Wasser gelabt zu werden. Beide sind jedoch durch einen Abgrund voneinander geschieden (Bibel: Lukas 16, 19-31; Kur'ān: Sure 7, 44-48). Im Mittelalter ist L. der *Schutzpatron* der Bettler und Armen, insbesondere der Aussätzigen. - *Worte:* Lazarett, Lazarettschiff, Lazarettzug.

Léandros →Heró

Leben und Tod ☉ △ : allg. Bezeichnung für einen Abschnitt der →Zeit, dessen Grenzen durch Geburt und Tod gezogen sind. Das sterbliche L. steht im Gegensatz zu →Unsterblichkeit und ewigem Leben. Der Beginn des L. ist abhängig von Entstehung, Erschaffung oder Zeugung und

Lázaros, christl. Mann aus Bethanien, der noch 4 Tage nach seinem Tod und Begräbnis von seinem Freund Iesūs wieder zum Leben erweckt wurde (Merian-Bibel, 1630).

Geburt. Die Dauer hängt von Leben erhaltenden Bedingungen ab (Lebensbuch, Lebensfaden) und wird bedroht durch Krankheit, Alter und Tod. Am *Schicksalsfaden* hängt das Leben eines jeden einzelnen Menschen (griech. →Moírai, röm. →Parca und →Fortuna, german. →Nornen, lett. →Laima). Der Abwehr der Lebensbedrohungen gelten die Krankenheiligungen und Totenerweckungen der →Wundertäter. Sterblich sind nicht nur Menschen, sondern auch viele Gottheiten (→Auferstehungsgottheiten). Das prädestinatorische *Lebensbuch* auch »Tafel des Schicksals« genannt, enthält die schriftlichen Aufzeichnungen über das einem jeden Menschen vorausbestimmte Geschick (→Enlil, →Marduk), während das ethische *Lebensbuch,* in dem die Taten der Menschen festgehalten sind, beim christl. und islam. Jüngsten Gericht aufgeschlagen wird (Bibel: Apokalypse 20, 32; Kur'ān: Sure 82, 10ff.). Das *Totenbuch* wird den Verstorbenen mit ins Grab gegeben oder auch vorgelesen, um ihnen das Bestehen vor dem Jenseitsgericht und ein glückliches Jenseitsgeschick zu ermöglichen. Das irdische Leben ist oft (Ab-)Bild des jenseitigen Lebens. In dem zeitlichen Spannungsgefüge (→Polarität) von Leben und Tod spielt der →Mythos.

Léda ▽ (von lyk. *lade=*»Frau«): griech. *Muttergöttin,* die dem →Zeús →Polydeúkes und →Heléne und ihrem Gatten Tyndareos →Kástor und →Klytaiméstra gebar. Nach späterer Version erzeugte Zeús in Gestalt eines Schwans mit ihr 2 Eier, deren eines Heléne und das andere die →Dióskuroi enthielt. Der Schwan wurde von Zeús als Sternbild (Cygnus) an den Himmel versetzt. – *Gemälde:* Leonardo da Vinci, Correggio (1532), Veronese, Tintoretto, S. Dali (1945).

Legba △: **1)** Dämonische →*Trickstergestalt* der Fon in Dahome, zu deren Wesen die Transition, Wandlung und Veränderung gehören. Er gilt als jüngster Sohn von →Mawu und →Lisa. Die Mythen erzählen über ihn von Inzest, Ehebruch, Promiskuität und Nekrophilie. In seinem Kult tanzt ein den L. repräsentierendes Mädchen zu den Rhythmen der L.-Trommeln, hält in der Hand einen hölzernen Phallus und masturbiert mit ihm oder benutzt ihn, um mit einer Zuschauerin die Kohabitation zu imitieren. Dargestellt wird L. mit betontem bzw. erigiertem Glied. L. ist dem →Exu der Yoruba ähnlich. **2)** afroamerikan. *Kulturheros* der Voduisten, der die Menschen die Orakeldeutung lehrte. Er ist Sprecher der →Loa und Mittler zwischen diesen und den Menschen. Ohne seine Zustimmung kann kein Loa mit den Menschen in Verbindung treten und umgekehrt. Sein Beiname ist »Papa L.« (franz. »Papa L.«). Dargestellt wird er als gebrechlicher Mann mit Pfeife und gestützt

Leben und Tod: Der Krämer und der Tod (Holzschnitt von H. Holbein d. J.).

auf eine Krücke. Sein Symboltier ist der Hund. Oft ist L. dem christl.
→Pétros gleichgesetzt.

Lei-kung △ (»Donner-Herzog«): chines. *Donnergott* und Beamter des
Donnerministeriums in der himmlischen Bürokratie. Dargestellt wird er
mit Schnabel, Flügeln und Krallen eines Uhu, dazu mit einer Trommel,
auf die er mit einem Hammer schlägt.

Lei-tsu ▽: chines. *Donnergöttin* und *Kulturheroin*, die die Seidenraupenzucht gelehrt hat. Sie gilt als Gattin des →Huang-Ti.

Lel(u)wani △ ▽, *Lil(i)wani:* hethit. *Unterweltsgottheit,* die »in der dunklen
Erde« wohnt und deren Prädikate »König« und »Herr« sie als ursprünglich männliche Gottheit ausweisen. Später wird sie
zumeist weiblich gedacht. Ihr werden Ersatzbilder
von durch den Tod bedrohten Menschen dargebracht. Ihr Heiligtum ist in Shamuha. Unter ihren
Tempeln haben die »cheshta«-Häuser (»Beinhäu-
ser«), d. h. Mausoleen, eine besondere Bedeutung.
L. ist gleich der sumer. →Ereshkigal und der
akkad. →Allatu.

Lemminkäinen △: finn.-karel. *Heros* und *sterbender Gott,* der, obwohl ungeladen, zu einem »Trink-
gelage der Götter« nach Päivölä (»Sonnenheim«)
reiste und dort von einem Blinden mit einem
Schierlingsstengel tödlich ins Herz getroffen und
dann in den Fluß des Totenreichs geworfen wurde.
Seine herbeieilende Mutter fischte zwar den
Leichnam des L. heraus, aber als dieser wieder in
den Strom zurücksank, wurde er zu einem Fisch.

Lemur △, *Lemures* (Pl.), *Lemuren* (dt.): röm. *Totengeister* und Seelen der Verstorbenen, die nachts
als Schreckgespenster die Lebenden belästigen
und vor denen man sich durch verschlossene
Haustüren schützt. Zu den L. zählen die guten
→Lares und die bösen →Larvae. Zur Versöhnung
der L. wurden am 9. November und 12. Mai die
Lemuria gefeiert, wobei die Tempel geschlossen bleiben. Als L. werden
in der Biologie die *Maki* bezeichnet.

*Léda, griech. Muttergöttin, mit der sich
Gott Zeús in der Gestalt eines
Schwanes vereinigt. Aus zwei befruchteten Eiern entschlüpften später Heléne
und die beiden Dióskuroi.*

Lenin, eigentlich Uljanow Wladimir Iljitsch (1870-1924): russ. *Revolutio-
när* und *Staatsmann, Führer* der Werktätigen (Arbeiter und Bauern) in
der Weltrevolution gegen die Bourgeoisie, *Begründer* des (Marxismus-)
Leninismus, der Kommunistischen Partei der Sowjetunion und der kommunistischen Internationale, *Schöpfer* des ersten sozialistischen Staates
der Erde sowie *Symbolgestalt* der Hoffnung, der Zukunft und des Fort-
schritts für Kommunisten (→Zwanzigstes Jahrhundert). *Kommunisten-
gruß* ist der erhobene Arm mit der geballten Faust. Letztere, eine Droh-

gebärde, ist Symbol der Kampfbereitschaft. Das Zusammengehen von Arbeitern und Bauern symbolisieren *Hammer* und *Sichel*, die 1924 bis 1991 im Staatswappen der UdSSR waren. Hammer und Zirkel im Ährenkranz, das Staatsemblem der ehemaligen DDR, erweiterte den Arbeiter- und-Bauern-Staat durch die »technische Intelligenzschicht«. Der fünfzackige *rote* Stern, zunächst Sinnbild der Zentralgewalt der ganzen Sowjetunion, ist Heilszeichen der klassenlosen Gesellschaft. *Rot* ist die *Parteifarbe* der Kommunisten, die Farbe des Blutes (Kampfes), des Feuers (Untergang der bürgerlichen Gesellschaft) und der aufgehenden Sonne (neue Zeit). Aus diesem Grund sprach man auch von »Roter Armee«. An L.'s Geburtstag wurden in der mit roten Tüchern und mit Bildern und Büsten der Parteiführer geschmückten »Roten Ecke« in Parteizentralen und Jugendhäusern Blumen und rote Fahnen aufgestellt. An dem im L.-Mausoleum am »Roten Platz« in Moskau einbalsamierten Leichnam L.'s defilieren täglich Menschen vorbei. Nach L. waren zahlreiche Plätze, Straßen, aber auch Städte in der UdSSR benannt. Die bekannteste Stadt war Leningrad. Leninorden und Leninpreis trugen seinen Namen. – Gemälde: S. Dali (1991).

Ler →Lir

Lesa →Leza

Léthe ▽ (»Vergessenheit«): griech. *Fluß* im →Hádes, aus dem die in die Unterwelt eintretenden Verstorbenen trinken, um die Erinnerung an ihr früheres Leben in der Oberwelt zu vergessen. - *Wort:* L. (fig.).

Letó (von *gletó* = »die Glänzende«), *Leto* und *Lato(na)* (lat.): griech. *Muttergöttin* und Tochter des Titanenpaares Koios und →Phoíbe. Als sie von →Zeús mit den Zwillingen →Apóllon und →Ártemis schwanger war, wurde sie von der eifersüchtigen →Héra verfolgt. Diese setzte den Drachen →Typhón auf ihre Spur und versuchte durch die Geburtsgöttin →Eileíthya die Entbindung der L. zu verzögern. L. wurde von allen Ländern abgewiesen, durfte nirgendwo rasten und konnte schließlich auf der Insel Delos niederkommen. Ihre Kinder blieben ihr allzeit treu und verteidigten sie gegen →Nióbe und →Tityós.

Letó, griech. Muttergöttin, die mit den Zwillingen Apóllon und Ártemis schwanger, vom Drachen Typhón (Python) verfolgt wird.

Letten: Auseklis, Ceroklis, Dieva dēli, Dievini, Dievs, Jumis, Jūras māte, Kārta, Laima, Lauku māte, Lauma, Mājas gars, Māte, Mēness, Meža māte, Mievilks, Pērkons, Pūkis, Ragana, Rūkis, Saule, Saules meitas, Ūsinsh, Vadātājs, Veja māte, Velis, Velu māte, Vilkacis, Zaltis, Zemes māte, Zilnieks.

Leúkippos △, *Leucippus* (lat.): griech. *König* in Messene und Vater der

Töchter Hilaeira und Phoibe (Leukippiden), die mit den Söhnen seines Bruders Aphareos, Idas und Lynkeos, verlobt waren, jedoch von den →Dióskuroi entführt wurden. Im Kampf erschlug →Polydeúkes den Lynkeos und Idas den →Kástor. Den Idas tötete →Zeús mit seinem Blitz. – *Gemälde:* Rubens (1619/20).

Leukothea →Inó

Leviathan →Liwjātān

Leza ◇ (»Blitz«), *Lesa, Reza, Rezha, Urezwa: Himmels-* und *Schöpfer-,* aber auch *Regengottheit* u.a. bei den Bemba in Sambia und anderen Bantu-Stämmen in Ostafrika. Sie ist *Schicksals-* und *Unterweltsgottheit.* Leza stellte alle Geschöpfe vor die Entscheidung zwischen Tod und Leben, indem sie ihnen zwei Bündel zur Wahl gab. Die Menschen und alle Tiere bis auf die Schlange wählten daraufhin ein und dasselbe Bündel. Es enthielt den Tod. Die Schlange aber nahm das andere mit dem Leben.

Lha (»Götter«): tibet. *Bezeichnung* für *Gottheiten* und gütige Wesen bei den Bon-po. Sie entsprechen den ved. →Deva.

Lha-mo ▽ (»Göttin«): tibet. 1) *Dämonin* bei den Bon-po 2) *Schutzgöttin* der Buddha-Lehre (→Dharmapāla) im Lamaismus, *Schutzpatronin* von Lhasa und den beiden Oberhäuptern Tibets, des →Dalai und des →Panchen Lama. Dargestellt wird sie mit Schädelkrone und Stirnauge. Ihr → Vāhana ist der Wildesel.

Li →Chu Jung

Liber △ : röm. *Gott* der vegetativen und animalischen *Befruchtung,* später Gott des von Sorgen und Mühen befreienden *Weines.* Er ist Sohn der →Ceres und Bruder der →Libera, mit denen zusammen er eine Trias bildet. An seinem Fest, den *Liberalia* des 17. März, erhielten die Jünglinge erstmals die »toga virilis« (Männertoga) als Zeichen der Männlichkeit. Der L. ist dem →Bacchus verwandt und dem griech. →Diónysos gleich.

Libera ▽ : röm. *Göttin* der vegetativen *Fruchtbarkeit.* Sie ist Tochter der →Ceres und Schwester des →Liber. Alle drei standen als chthonische Trias der kapitolinischen Dreiheit aus →Iupiter, →Iuno und →Minerva gegenüber. Die L. ist der griech. →Persephóne gleich.

Libertas ▽ (lat. »Freiheit«): röm. *Göttin* und Personifikation der *Freiheit.* Sie besaß in Rom mehrere Tempel. Ihre Attribute sind: pilleus (Freiheitskappe), Zepter und Lanze.

Libitina ▽ röm. *Göttin* der *Bestattung,* des *Todes* und der *Verstorbenen.* Ihr wurde für jeden Toten ein Geldstück entrichtet. Da sie den gesetzmäßigen Ablauf des Bestattungsrituals überwachte, war ihr Tempel das Zentrum für alle mit der Leichenbestattung zusammenhängenden Angelegenheiten.

Lif ▽ (nord. »Leben«; w.) und **Lifthrasir** △ (»der nach Leben Strebende«; m.): german. *Menschenpaar* der Zukunft, das sich im Gehölz Hoddmimir vom Morgentau ernähren und den Weltuntergang →Ragnarök überleben wird. Beide werden im Unterschied zu →Askr und Embla die Ahnen eines neuen Menschengeschlechts werden.

Li Hsüan →Li T'ieh-Kuai

Lilā (sanskr.»Spiel«): hindu. Bezeichnung für die periodische Entstehung des Universums oder einer Welt nach einem →Para bzw. →Kalpa, die als göttliches *Spiel* in der Erscheinungswelt und als Relatives im Gegensatz zum Absoluten, zum →Brahman, angesehen wird.

Lilavatu ▽: melanes. *Krankheitsgöttin* (der Fidschi-Inseln), die einen geschwollenen Hals verursacht. Wer ihr kein Opfer darbringt, muß sterben. Sie ist die Gattin des obersten Gottes von Nandi. »Lila« nennen die Eingeborenen eine Epidemie, die mit den ersten weißen Einwanderern auf ihre Inseln kam.

Lilit ▽ (hebrä.»die Nächtliche«), *Lilith* (dt.): jüd. böse und schädliche *Nachtdämonin,* die Männer verführt, schwangere Frauen gefährdet und insbesondere Säuglinge tötet. Zusammen mit den →Se'irim treibt sie sich in Ruinen und an wüsten Orten herum. In der Kabbala ist sie die Partnerin des →Samael. Manchmal gilt sie als die erste Frau des →Ādām, die diesen verließ und eine Dämonin (→Daimónia) wurde. Ihr Symboltier ist die Eule. L. entspricht der akkad. →Lilītu.

Lilītu ▽, *Aradat-lilī:* akkad. böse *Dämonin* der Nacht, die die Männer im Schlaf reizt. Sie ist das weibliche Pendant zu →Lilū und wird meist mit erhobenen Armen, mit Flügeln oder Umhang, mit Geierfüßen zu Füßen von Steinböcken dargestellt. Die der sumer. →Kiskil-lilla Entsprechende lebt in der hebrä. →Lilit fort.

Lili wani →Leluwani

Lilū △: akkad. böser *Dämon* der Nacht und des Windes, der Tod, Krankheit und Pest verursacht und die Frauen im Schlaf angreift. Er ist das männliche Pendant zu →Lilītu und entspricht dem sumer. →Lulilla.

Liluri ▽: syr. *Berggöttin* und Gattin des Wettergottes Manuzi, der Stieropfer dargebracht wurden.

Limbus △ (lat.»Saum, Rand«): christl.-kath. *Aufenthaltsort* bzw. Zustand natürlicher Glückseligkeit, eine Art Vorhölle. Für die alttestamentlichen Gerechten vor der Himmelfahrt des →Iesūs ist es der »L. patrum« (»L. der Väter«), für die danach verstorbenen, ungetauften Unmündigen und Kinder ist es der »L. puerorum« (»L. der Kinder«).

Lin →K'i-lin

Ling: chines. Gruppe von 4 *Zauberwesen,* zu denen der Drache →Lung, das Einhorn →K'i-lin, der Phönix →Feng und die Schildkröte →Kuei gehören. Die L. sind Repräsentanten der schuppentragenden, behaarten, gefiederten und gepanzerten Tierwelt.

Linga(m) △ (sanskr.»Zeichen, Merkmal«): hindu. *Symbol* des unveränderlichen, statisch-männlichen Prinzips, das in Gestalt eines aufgerichteten *Phallus* als Zeichen der Zeugungskraft verehrt wird. Im Shivaismus ist der L. mit dem Kult des →Shiva eng verbunden. Eingebettet in die

Linga, hindu. Symbol des männlichen Prinzips in Gestalt eines aufgerichteten Phallus, ein »Gesichtslinga« mit den drei Aspekten des Gottes Shiva.

→Yoni symbolisiert der L. die Aufhebung der Geschlechterpolarität, die Rückführung des Geteilten und Geformten in den Urzustand des ungeteilten und formlosen Absoluten (→Brahman).

Ling-chih (»zauberwirksames Kraut«): chines. *Unsterblichkeitsdroge,* die auf den Inseln der Unsterblichen wächst (→Ch'ung-Ming) und für mindestens 500 Jahre Unsterblichkeit verleiht. Dargestellt wird L. als Gras oder Pilz.

Ling-pao t'ien-tsun (»Himmlischer Ehrwürdiger des Magischen Juwels«): chines. *Himmelsgott,* der auch T'ai-shang tao-chün (»Höchster Herr des Tao«) genannt wird. Er bewohnt den Himmel Shang-ch'ing und gehört zu den →San-ch'ing. Die zweite Abteilung des taoist. Kanons (Tao-tsang) untersteht dem L.

Lir △, *Ler* (ir. »Meer«), *Llyr* (walis.): kelt. *Meergott* (der Waliser und Iren). Er ist Sohn der →Dana und Tapferster der →Tuatha Dê Danann. L. gilt als Vater des →Manannân. Die Wellen des Meeres werden die »Ebene L.« genannt.

Lisa △: *Sonnen-* und *Schöpfergott* bei den Fon in Dahome. Er gilt als männlicher Aspekt vom androgynen →Mawu-Lisa bzw. als Zwillingsbruder der Mondgöttin →Mawu, mit der er sieben göttl. Zwillingspaare zeugte, und ist Vater von →Sakpata, →Gu und →Legba. L. ist zuständig für das Zusammenleben der Menschen, und sein Bote und Symboltier ist das als unsterblich geltende Chamäleon (litsa). Er repräsentiert den Osten und den Tag, die Helle und die Hitze, aber auch Stärke und Härte.

Litauer: Aitvaras, Apidėmė, Aushrinė, Bangpūtуs, Daūsos, Deivė, Dievas, Dimistipatis, Gabijà, Gabjáuja, Gabjáujis, Giltinė, Kaūkas, Láima, Laukasargai, Laumē, Medeīne, Mėnùlis, Perkúnas, Pūkys, Rāgana, Rugiū bóba, Sáulė, Slogùtė, Teljawelik, Vaīdilas, Vėlē, Vélnias, Vilkatas, Žaltуs, Žemépatis, Žemуna, Žvėrinė.

Li Tieh-kuai △ (»Li mit der eisernen Krücke«), *Li Hsüan:* chines. *Heiliger* und *Unsterblicher* (→Hsien), der zu den 8 →Pa-hsien des Taoismus zählt. Wegen eines Geschwürs am Bein, das →Hsi Wang-Mu aber heilte, wird er mit einer Krücke dargestellt. Sein Attribut ist die Fledermaus oder der Flaschenkürbis mit dem die Toten auferweckenden Arkanum.

Liwjātān ▽ (hebrä. »gewundenes, windungsreiches Tier«), *Leviathan* (dt.): jüd. *Meeresungeheuer* und *Verkörperung* der *Chaosmächte* und des

Liwjātān und Behēmot, zwei jüd. Ungeheuer und Mischwesen: der vielköpfige Drache Liwjātān und der Stier Behēmot, einem Nilpferd oder Wasserbüffel gleich.

die Erde ringartig umgebenden Urozeans. L. ist das weibliche Gegenstück zum männlichen Landungeheuer →Behēmōt. Zusammen mit letzterem wird sie in der Endzeit geschlachtet und den Gerechten als himmlische Speise vorgesetzt werden. Nach Leviathan ist ein staatsphilosophisches Werk (1651) von Th. Hobbes benannt. - *Roman:* J. Green (1929).

Ljubi ▽: alban. schwanzgestaltige *Dämonin*, die besonders das Fleisch von kleinen Kindern liebt. Sie läßt alles Wasser im Land so lange versiegen, bis ihr eine Jungfrau geopfert wird.

Llyr →**Lir**

Lo ▽: chines. *Flußgöttin* und Personifikation des Lo in Honan. Als Gattin des →Ho Po wird sie vom Jagdgott →Shen I geraubt.

Loa: afroamerikan. *Gruppe* von *Gottheiten* und *Personifikationen* von *Naturgewalten* bei den Voduisten. An ihrer Spitze steht →Damballah. Die L. gliedern sich in 2 Hauptgruppen, die Rada-Loa und Petro-Loa. Dargestellt werden sie durch Vevés-Symbole, die als Zeichen auf den Erdboden gemalt sind. Die L. stehen in Entsprechung zu Gestalten der christl. Heilsgeschichte.

Locholicho △: zigeuner. dämonische *Erdgeister*, die geraubte Menschenjungfrauen durch ihren Urin in Stuten verwandeln und diese im Koitus zu Tode quälen. Die L. sind ehemalige böse Menschen, die mit dem Teufel →Beng einen Bund eingingen und nach Ablauf der Frist von diesem verwandelt und unter die Erde verbannt wurden. Sie überfielen eines Tages die →Keshali, und ihr König ging mit der Feenkönigin Ana eine Ehe ein, aus der 9 Krankheitsdämonen hervorgingen. Dargestellt werden sie mit langen Ohren und stockdünnen Beinen.

Loco △: afroamerikan. baumgestaltiger *Gott* der *Pflanzen* (→Loa) und der *Heilkunde* bei den Voduisten.

Lodur(r)△ (nord. »der Lodernde«): german. *Feuergott, Gott* der *Fruchtbarkeit* und *Schutzgott* menschlicher Gemeinschaft. L. (= →Vé) erschuf zusammen mit →Odin und →Hoenir (= →Vili) das erste Menschenpaar →Askr und Embla. Als Feuergott gab er diesen das warme Blut und das blühende Aussehen sowie die Sprache. Vermutlich ist er mit →Loki identisch.

Lógos △ (»Wort, Vernunft«): **1)** griech.-hellenist. *Weltgesetz* und alles durchdringende *Weltvernunft* der Stoiker. Der L. ist göttlicher Geist, ja Gott selbst, aus dem alle anderen Gottheiten entstanden sind. Als »L. spermatikos« durchwirkt diese Denkkraft alles und bringt alles hervor. **2)** christl. Bezeichnung der Person des Iesūs, des *Sohnes Gottes* als dessen fleischgewordenes Wort.

Lo-han →**Arhat**

Loka (sanskr. »Welt«) hindu. *Bewußtseinsebene* und Weltregion im Universum, die aus 3 Welten (→Triloka) besteht: Unterwelt, Mittelwelt und Himmelswelt, wobei die letzten beiden die Oberwelt bilden und in 7 L.

unterteilt sind. *1.* →Bhūrloka, *2.* →Bhuvarloka, *3.* →Svarloka, *4.* Maharloka, *5.* Janarloka, *6.* Tapoloka und *7.* →Satyaloka. Manchmal wird
noch →Goloka hinzugezählt. Die ersten 3 werden am Ende eines
→Kalpa zerstört, während die letzten 3 unvergänglich sind.

Lokapāla (sanskr. »Welthüter«), *Dikpāla* (»Himmelsrichtungshüter«):
1) hindu. Gruppe von *Schutz-* und *Wächtergottheiten* der 4 bzw. 8 Himmelsrichtungen des Weltkreises. Zu-
nächst gab es nur 4 für die Haupthim-
melsrichtungen: →Indra (Osten),
→Yama (Süden), →Varuna (Westen)
und →Kubera (Norden). Später kamen
weitere 4 für die Nebenhimmelsrichtun-
gen hinzu: →Agni (Südosten), →Sūrya
(Südwesten), →Vāyu (Nordwesten) und
→Soma (Nordosten). Anstelle von Soma
und Sūrya erscheinen heute →Nirrita
und →Isha. Im Tantrismus gibt es noch
→Brahmā für den Zenit und →Vishnu
für den Nadir. Jedem von ihnen ist ein
Elefant als Helfer beigegeben. Die L. sind
den buddh. →Devarāja ähnlich. **2)** jin.
Gott im Rang eines Markgrafen in der
jeweils fünften Rangstufe innerhalb jeder
der 4 Götterklassen (→Bhavanavāsin,
→Vyantara, →Jyotisha, →Vaimānika).
Zu den wichtigsten gehören: Soma im
Osten, Yama im Süden, Varuna im
Westen und Vaishravana im Norden. Zusammen mit den →Indras herrschen sie
über die niederen Gottheiten. Jeder L. hat
4 Gemahlinnen und jede davon ist von je
1000 Göttinnen niederen Ranges
umgeben.

Loka-Purusha (sanskr. »Welt-Mensch«):
jin. *Weltgebäude* als *Tribhuvana* (»Drei-
welt«) in Form einer spindelartigen Menschengestalt - nach den Shvetāmbara -,
deren mit einem weiten Gewand beklei-
deter Unterkörper die Unterwelt, deren
Hüftgegend die Mittelwelt und deren

*Loka-Purusha, jin. Weltbild in Gestalt
einer spindelartigen Frauengestalt,
deren Unterleib die sieben Unterwelten,
deren Hüftgegend die Erdenwelt und
deren Oberkörper die zehn Himmels-
welten umschließt.*

Oberkörper die Überwelt umschließt. Die *Unterwelt* besteht aus 7 unter-
einanderliegenden Regionen: *1.* Ratnaprabhā (»die Edelsteinfarbige«),
2. Sharkarāprabhā (»die Kieselfarbige«), *3.* Vālukāprabhā (»Sandfarbi-
ge«), *4.* Pankaprabhā (»Schlammfarbige«), *5.* Dhūmaprabhā

(»Rauchf.«), *6.* Tamahprabhā (»Finsternisf.«) oder Tamā, *7.* Mahātamahp. oder Tamastamaprabhā (»große Finsternis«). Jede dieser Regionen hat zahlreiche Etagen mit insgesamt 8 400 000 Einzelhöllen, deren Bewohner z. T. Götter (→Bhavanavāsin) und alle Höllenwesen sind. Die *Mittelwelt* ist eine kreisrunde Scheibe, in deren Mitte →Jambūdvipa liegt, der von Ozeanen und weiteren Kontinenten konzentrisch umgeben ist. Hier gibt es Pflanzen, Tiere und Menschen, aber auch Götter (→Jyotisha, →Vyantara). Die *Überwelt* besteht zunächst aus 8 übereinanderliegenden Regionen mit 12 bzw. 18 Himmelssphären, die von Göttern (→Kalpabhava, →Vaimānika) bewohnt sind: *1.* Saudharma (Süden), Aishāna (Norden). *2.* Sanatkumāra (Süden), Māhendra (Norden). *3.* Brahmaloka. *4.* Lāntaka, *5.* Shukra, *6.* Sahasrāra, *7.* Ānanta (Süden), Prānata (Norden), *8.* Ārana (Süden), Acyuta (Norden). Darüber erstrecken sich – nach den Shvetāmbara – weitere 2 Regionen: *9.* Graiveyaka und *10.* Anuttara (upapātika), die von den »kalpalosen« Kalapātika (→Vaimānika) bewohnt werden. Ganz oben im Scheitelpunkt des Weltgebäudes liegt Ishatprābhārā (»die sich leicht neigende [Region]«), die Wohnstätte der Vollendeten (→Siddha).

Lokeshvara →Avalokiteshvara

Loki △ (nord. von *logi*=»Lohe«): german. dämonischer → *Trickster,* halb Gott, halb dämonischer Riese, der sich in verschiedene Gestalten wie Adler, Stute oder Lachs verwandeln kann. L. ist sowohl listenreicher, verschlagener Helfer der Götter, als auch ihr Gegner. L. gilt als Sohn des Riesen Fárbauti und der Göttin Nál. Er ist Gatte der Göttin →Sigyn und durch die Riesin Angrboda (»Angstmacherin«) Vater des Wolfs →Fenrir, der Schlange →Midgardsomr und der Todesgöttin →Hel. Als Stute hat L. den Hengst →Sleipnir geboren. L. stiftet den blinden →Höd an, mit dem tödlichen Mistelzweig auf →Balder zu zielen. Zur Strafe dafür wird L. von den Göttern an einen Felsen gekettet, wo eine Schlange unaufhörlich Gift über sein Gesicht tropfen läßt, was die Sigyn durch eine Schale zu verhindern sucht. Als *Endgott* führt Loki →Ragnarök herbei. Eine Redensart in Island heißt »Da ist ein L. drin«, wenn ein Faden sich verwickelt hat. In Norwegen heißt es »Lokje schlägt seine Kinder«, wenn der Ofen prasselt. Seit der Christianisierung wird L. mit dem christl. →Lucifer identifiziert.

Longo →Rongo

Lōt △ (hebrä.), *Lót* (griech.), *Lūt* (arab.): **1)** jüd. *Stammvater* der Moabiter und Ammoniter aus →Sedōm. L. ist Sohn des Haran und Neffe des →Abrāhām, auf dessen Fürsprache hin er dem göttlichen Strafgericht über Sedōm entgeht. Von zwei Engeln (→Mala'āk) erhält er den Rat, zusammen mit seinen Angehörigen die Stadt zu verlassen, da diese von →Jahwe zerstört werde. Als die Bewohner der Stadt die beiden (Engel-) Gäste des L. zum Beischlaf auffordern, versucht L. vergeblich, an deren Stelle seine beiden noch jungfräulichen Töchter anzubieten. Während

L. bei der Vernichtung der Stadt Sedōm dem Tod entgeht, erstarrt seine Frau, die sich nach Sedōm umgeschaut hatte, zu einer Salzsäule. Seine beiden Töchter machen später ihren Vater trunken und verführen ihn zum Beischlaf, um von ihm Kinder zu haben. So werden die Töchter von L. die Stammütter von Moab und Ammon. **2)** christl. *Typus* des Gerechten. **3)** islam. *Prophet* (→Nabi) und Gesandter (→Rasūl) des →Allāh. L. ist Gatte der Halsaka' bzw. der Wā'ila und Vater der Töchter Rith, Rariya und Zughar. Als Allāh seine strafenden Engel →Djabrā'il →Mikāl und →Isrāfil zu L. nach Sadūm schickt, fordert das Volk diese zur Sünde auf. In der Stunde der Zerstörung der Stadt kehrt Djabrā'il die Stadt von unterst zuoberst und hebt sie in die Höhe. - *Gemälde:* Altdorfer, L. Cranach, Rubens, Tintoretto, P. Veronese.

Lowa: mikrones. schöpferisches *Urwesen* (der Marshall-Inseln), das aus dem uranfänglichen Meer gekommen ist und die Inseln durch sein magisches Summen »Mmmmm« geschaffen hat. Aus einer Blutblase seines Beines sind seine Nachkommen, ein Junge und ein Mädchen, geboren.

Lowalangi △, *Lowalani:* indones. *Sonnen-* und *Lichtgott, Schöpfer* der Menschen und *Herr* der *Oberwelt* sowie Verursacher alles Guten bei den Niasser. L. gilt als Sohn des →Sirao und als jüngerer Bruder des →Latura sowie als Gatte der →Silewe Nazarata. Seine heiligen Tiere sind Adler, Hahn und Nashornvogel.

Lua ▽ (? von lat. *lucrum*=»Gewinn, Vorteil«): röm. *Beutegöttin,* der zu Ehren nach jeder Schlacht die erbeuteten Waffen verbrannt wurden.

Lucifer △ (lat. »Morgenstern, Lichtbringer«), *Luzifer* (dt.): **1)** röm. *Morgensterngott* und *Aufseher* des *Sternenheeres.* Der beständige Vorläufer des Morgens gilt als Sohn der →Aurora und Vater von Ceyx und Daedalion, die in einen Eisvogel und Habicht verwandelt wurden. **2)** christl. Name des →*Satān,* der früher einmal zu den Erstlings- und Lichtgeschöpfen des →Kýrios gehörte, dann aber wegen seines anmaßenden

Lucifer, christl. Satān, der gerade den Iúdas aus Iskariot, den Verräter des Iesūs, verschlingt (italien. Holzschnitt, 1512).

295

Hochmuts »wie ein Blitz vom Himmel fiel«, d. h. aus dem Himmel auf die Erde gestürzt wurde.

Lucifer →Phosphóros

Lucina ▽ (lat. »die ans Licht Fördernde«): röm. *Geburtsgöttin,* die die Wehen der Gebärenden beschleunigen kann. In Rom wurden →Iuno und →Diana als L. verehrt. Ursprünglich hatte jede Frau ihre individuelle L. wie auch ihre eigene →Iuno. Die L. ist der griech. →Eileíthyia gleich.

Lug △ (ir. »der Leuchtende«), *Lugus* (gall.): kelt. *Lichtgott* und *Gott* der *Künste* (der Iren und Gallier), Gott des *Krieges,* der *Handwerker* und *Dichter,* mit dem Beinamen *Samildânach* (ir. »der in vielen Künsten Erfahrene«). L. ist Sohn der →Dana und gehört zu den →Tuatha Dê Danann. Seine Amme ist →Tailtiu. In der zweiten Schlacht von →Mag Tured zielte er mit seiner Schleuder auf das einzige Auge des Riesen →Balor. Sein Name, meist verbunden mit dem Wort *dun* (»befestigter Ort«), ist in einigen Städtenamen erhalten. Auf das gall. *Lug(u)-dunon* (»Lugus-Festung«) gehen die Ortsnamen Lyon, London, Laon, Leiden und Liegnitz zurück.

Lugalbanda △ (»der starke König«): sumer. vergöttlichter *König* der ersten Dynastie von Uruk und *Unterweltsgott,* der als Gemahl der Göttin →Ninsuna und Vater des →Gilgamesh gilt.

Lugalgirra △ : sumer. *Kriegs-* und *Unterweltsgott,* eine Erscheinungsform des →Nerigal und ein Zwillingsbruder des →Meslamta'ea.

Lugat: alban. *Totengeist* und ehemaliger böser Mensch, der jede Nacht, außer samstags, sein Grab verläßt und das Haus seiner Angehörigen heimsucht.

Lugeiläng →Luk

Lugus →Lug

Lu-hsing (»Stern der Würden«), *Kuan-hsing:* chines. *Stern-* und *Glücksgottheit,* ein ehemaliger Gefolgsmann des Begründers der Han-Dynastie mit Namen Shih Fei, der zu der Gruppe der →San-hsing zählt und mit einem Hirsch dargestellt wird.

Luk △**,** *Lugeiläng:* mikrones. schöner und gütiger *Heros* (der Karolinen). Als L. vom Himmel auf die Erde herabstieg, um eine Sterbliche zur Frau zu nehmen, versuchte seine himmlische Gattin, dies zu verhindern und folgte ihm, jedoch ohne Erfolg. L. ist Sohn bzw. Enkel des →Anulap und Bruder bzw. Vater des →Olifat.

Lukmān △ **:** islam. *Spruchdichter* und *Symbol* der *Langlebigkeit,* dem siebenmal das Leben eines Geiers, also (7 × 80 =) 560 Jahre, gewährt waren. Als ihm von →Allāh ein langes Leben angeboten wurde, wählte er die Dauer der Jahre von 6 Geiern, also (6 × 80 =) 480 Jahre. Er zog einen Geier groß, und als dieser starb, zog er einen zweiten groß, usw. Auf diese Weise überlebte er 6 Geier. Mit dem siebten Geier Lubad (»Dauer«) starb er dann. Nach L. ist die 31. Sure im Kur'ān benannt.

Lulilla △ (»Windmann«): sumer. böser *Nachtdämon*, der dem akkad. →Lilū entspricht.

Luna ▽ (lat. »Mond«): röm. *Mondgöttin* und *Schutzgöttin* der Wagenlenker. Sie ist Schwester des →Sol, mit dem sie einen Tempel auf dem Aventinus besaß. Nach L. ist der zweite Wochentag (dies Lunae; italien. *Lunedi;* franz. *Lundi*) benannt. Später wird sie der griech. →Seléne gleichgesetzt.

Lung (»Drache«): chines. *Drache* und *Verkörperung* des Prinzips *Yang* (→Ying-yang), *Donner-, Wolken-* und *Regengeist* sowie himmlischer *Sendbote*. Als Zauber- und Mischwesen gehört L. zu den 4 →Ling. Von

Lung, chines. Drache als Verkörperung des Prinzips Yang. Oft bewegt er sich inmitten von Wasser und Wolken, die das Prinzip Yin symbolisieren.
Der kaiserliche Drache hat fünf Krallen – im Gegensatz zu den anderen mit nur vier.

L. gibt es 5 Arten: Himmelsdrachen, die die Wohnstätten der Gottheiten bewachen, Drachengeister, die über Wind und Regen herrschen, Erddrachen, die die Flüsse reinigen, Drachen, die die Schätze bewachen, und kaiserliche Drachen. Die ersten 4 Arten haben 4 Krallen, die letzte Art hat 5 Krallen. Besonders zu erwähnen sind →Kiao-lung und →Ying-lung. Dargestellt werden sie oft inmitten von Wolken oder Wasser, die das Prinzip →Yin symbolisieren.

Lung-hu (»Drache [und] Tiger«): chines.-taoist. *Symbole* für Yang und Yin (→Yin-yang). Die Vereinigung beider Prinzipien führt zur Verwirklichung des →Tao.

Lupercus △ (lat. »Wolfsabwehrer«): röm. *Herden-* und *Fruchtbarkeitsgott*. Ihm zu Ehren wurden am 15. Februar die *Lupercalia* gefeiert. Die

Luperci sind seine Priester, und das *Lupercal* ist seine heilige Grotte am Fuß des Palatin in Rom. L. ist dem →Faunus gleich.

Lur ▽ (»Erde«): bask. *Erd-* und *Höhlengöttin,* die Pflanzen, Tieren und Menschen Lebenskraft verleiht. Sie gilt als Mutter der Töchter Sonne →Ekhi und Mond →Illargui, die sie täglich wieder in ihren Schoß aufnimmt, wenn diese im Westen untergehen. Der Schoß der Erde ist auch der Aufenthaltsort der Seelen und der meisten Gottheiten und Geister. Der L. zu Ehren werden Goldstücke in Höhlen niedergelegt.

Lūt →Lōt

Lü Tung-pin, *Lü Yen:*chines. *Heiliger*und *Unsterblicher*(→Hsien), der zu den 8 →Pa-hsien des Taoismus zählt und *Schutzpatron* der Friseure und Boxer ist. Er hat zahlreiche Wunder gewirkt. Mit 100 Jahren besaß er noch sein jugendliches Aussehen. Sein Attribut ist das Schwert.

Luwier: Tiwaz.

Lü Yen →Lü Tung-pin

Luzifer →Lucifer

Luzifer →Phosphóros

Lykáon △ (von *lýkos*=»Wolf«), *Lycaon* (lat.): griech. *König* von Arkadien und Vater der →Kallistó. Da er dem →Zeús bei dessen Besuch auf Erden Menschenfleisch vorsetzte, wurde er von ihm in einen Wolf (lýkos) verwandelt. Ferner sandte der verärgerte Göttervater über die entartete Menschheit die »deukaleonische Sintflut« (→Deukalíon).

Ma ▽: kappadok. (kleinasiat.) *Muttergöttin* und Personifikation der fruchtbaren Natur, aber auch *Kriegsgöttin* mit den Beinamen »Siegbringende« und »Unbesiegte«. Ihr Hauptkultort war Komana, von wo ihr Kultbild von →Oréstes und →Iphigéneia nach Tauris entwendet und wieder hierher zurückgebracht wurde. Auf Münzen wird sie mit Doppelaxt und Keule dargestellt. In hellenist. Zeit war sie vielen griech. Göttinnen gleichgesetzt, so der →Athéne, der →Ártemis und der phryg. →Kybéle. Als Kriegsgöttin gleicht sie der röm. →Bellona.

Maahiset △▽ (»Erdbewohner«), *Maanalaiset* (»Unterirdische«): finn. *Erdgeister*, die in Bergen und Hügeln, in Wäldern und Einödseen wohnen. Ein Mensch, der sie dort besucht, stellt bei seiner Rückkehr fest, daß ein Tag unter der Erde gleich 50 Jahre über der Erde ist. Die M. sorgen für das Vieh und führen Wanderer in die Irre. Die Welt dieser menschenähnlichen Zwerge ist, dem Spiegelbild im Wasser gleich, der der Menschen entgegengesetzt. Sie laufen mit den Füßen nach oben, links ist für sie rechts und umgekehrt. Die M. sind den litau. →Kaūkas gleich.

Maailmanpatsas: finn. riesige *Weltsäule,* die auf der kreisförmigen Erde steht und das diese bedeckende kuppelförmige Himmelsgewölbe trägt. Sie ist manchmal identisch mit einem riesenhaften Mittelpunktsberg, dem »Steinhügel von Nordheim«, dessen Gipfel an der Stelle des Polarsterns, des »Himmelsnabels«, liegt. Wo das Himmelsgewölbe die Erde berührt, liegt hinter dem Khubur-Strom das Totenreich →Pohjola.

Ma'an △: palmyren. *Reitergott* in der Begleitung des →Abgal. Dargestellt wird er als Reiter auf dem Pferd.

Maanalaiset →Maahiset

Ma'at ▽ (»Basis«): ägypt. *Schutzgöttin* des *Gerichtswesens* und Personifikation der Weltordnung, die auf Wahrheit, Recht und Gesetz beruht und als Norm für alle gilt. Jeder muß sie beachten, da im Jenseitsgericht sein Herz gegen die Ma'at auf der Gerichtswaage abgewogen wird. Sie ist die Tochter des Sonnengottes →Re, den sie zusammen mit ihrem Gatten →Thot auf der täglichen Fahrt in der Sonnenbarke begleitet. »Geliebter der Ma'at, der in seinen Gesetzen in ihr lebt« heißt der König. Ihr Haupttempel in Karnak war Sitz des Gerichtswesens, aber auch Untersuchungsgefängnis, und die Richter galten als ihre Priester. Dargestellt wird sie in Menschengestalt mit der Straußenfeder auf dem Kopf, die zugleich das Schriftzeichen für Ma'at ist, und mit einem Lebenszeichen in der Hand.

Maböge →Mebere

Mabul (hebrä. »Flut, Überschwemmung«), *Kataklysmós* (griech.), *Sintflut* (dt.; v. mhdt. sintfluot = »große Flut«): jüd.-christl. große *Überschwemmung* der gesamten Erde, die zur Vernichtung des vorzeitlichen Menschengeschlechts führte. Ein von →Jahwe-Elōhim als Strafe für die Sünden der Menschen verursachter 40 Tage andauernder Regen setzte selbst die Gebirge unter Wasser und ließ alle Menschen und Tiere bis auf

MOLOCH

die Insassen einer Arche (→Tēbāh), die →Nōach auf göttliche Anweisung gebaut hatte, in der Flut umkommen. - *Gemälde:* J. A. Uytewael (ca. 1590).

Mach →Ninmach

Machas ▽ (Pl.), *Macha* (Sg.): kelt. (Dreier-)Gruppe von *Erd-* und *Mutter-* sowie *Kriegsgöttinnen* (der Iren), deren Funktionen den 3 Ständen (Priester, Krieger, Volk) entsprechen. Zu den mit irdischen Königen vermählten M. gehören: *1.* Macha, die Frau des Nemed, *2.* Macha Mongruad, die Tochter des Aed Ruad, *3.* Macha, die Frau des Crund.

Mādjūdj →Yādjūdj

Maenas →Mainás

Mafdet ▽, *Mafedet* (»emporkletternd«): ägypt. Göttin der rächenden *Strafgewalt* und *Schutzgöttin* gegen Schlangen. Sie ist die Personifikation der strafenden Gewalt in Verbindung mit einem Hinrichtungsgerät, an dem sie emporklettert. In diesem Gerät sind die Werkzeuge des Folterers und Henkers vereinigt. Dargestellt ist sie als katzenartiges Raubtier, das auf einen Pfahl hinaufklettert.

Magier (v. altpers. *magusch*) und *Zauberer:* allg. Bezeichnung für Gottheiten, Geistwesen und Menschen →männlichen wie weiblichen Geschlechts - die weiblichen werden oft auch →Hexen genannt - mit außernatürlichen Fähigkeiten. Sie vermitteln (→Mittler) den Verkehr mit der übersinnlichen Welt, greifen mit eigenem Willen aktiv in den Weltlauf ein und beeinflussen Natur und Übernatur mit Hilfe eines bestimmten überlieferten Handlungsablaufs (Technik). Durch diese der magischen Handlung zwangsläufig innewohnenden Macht zwingen sie selbst übernatürliche Wesen (→Dämonen, →Engel, →Götter), ihrem Willen zu entsprechen (z. B. Exorzismus). Ziel ihres Handelns sind der eigene Schutz und die Schadensabwehr sowie die Schadensübertragung auf Gegner. Die M. und Z. nehmen Einfluß auf Leben, Liebe (Liebeszauber) und Tod, auf Gesundheit und Krankheit (Schutz- und Heilzauber), auf vegetative Fruchtbarkeit und Dürre (Fruchtbarkeits- und Wetterzauber), auf gute und böse Tage, auf nützliche und schädliche Tiere. Sie helfen Freunden und schaden Feinden (Schadens- und Vernichtungszauber). Beim Analogiezauber gießen sie z. B. Wasser aus, wenn sie Regen hervorrufen wollen, imitieren den Donner, um Gewitter heranzurufen. Oft bedienen sie sich dabei als *Zaubermittel* des *Zauberworts* und des *Zauberspruchs* (Abracadabra, →Abraxas), oder des *Zauberstabs.* So schlägt z. B. der jüd. →Mōsheh Wasser aus dem Felsen (Bibel: Exodus 17,1 ff.). Der Stab des →Ēlijjāhū läßt Eisen schwimmen (2 Könige 6,1 ff.) oder ruft Tote ins Leben zurück (4,29). Der Thyrsosstab des →Diónysos läßt bei Pylos eine Quelle entstehen. Berühmt ist das *magische Quadrat,* das selbst wieder in (4 × 4 =) 16 gleichgroße Quadrate unterteilt ist und dessen 16 Zahlen (1-16) - waageecht, senkrecht und diagonal addiert - immer denselben Gesamtwert (hier 34) ergeben, ein Symbol der Harmonie.

16	3	2	13
5	10	11	8
9	6	7	12
4	15	14	1

Magisches Quadrat, dessen 16 Zahlen, waagerecht, senkrecht oder diagonal addiert, immer dieselbe Summe ergeben.

Magier →Mágoi

Mag Mell (das »leuchtende Land«): kelt. paradiesische *Heimat der Verstorbenen,* eine elysische Insel im Ozean oder ein Ort auf dem Grund des Meeres, den auch Helden besuchen und wieder verlassen können. Herrscher über M. ist der →Fomore-König →Tethra bzw. der Meergott →Manannân.

Mag Mor: kelt. *Wunderland* (der Iren), über das →Midir herrscht.

Magni △ (nord. »der Starke«) und **Módi** △ (»der Zornige«): german. göttliches *Brüderpaar* sowie Personifikationen der Stärke und des Zorns als Eigenschaften →Thors. Sie gelten als Söhne Thors und der Riesin Jarnsaxa. Nach →Ragnarök werden sie gemeinsam in die neue Welt zurückkehren und den →Mjöllnir-Hammer ihres Vaters erben.

Magog (hebrä.), *Magóg* (griech.): **1)** jüd. *Stammvater* des nach ihm benannten Volkes und Landes an der Süd-, Südostküste des Schwarzen Meeres. Er ist Sohn des →Jāfēt. **2)** christl. *Typus* der in der Endzeit zusammen mit →Góg gegen das Gottesvolk anstürmenden Völkerwelt.

Mágoi △ (Pl.; griech. »Wahrsager, Sterndeuter«), *Magier* (dt.): christl. *Gruppe* von (3) *Weisen* aus dem Morgenland, 3 *Könige, Schutzpatrone* der Reisenden und vor Unwetter und Krankheit. Als die M. einen Stern im Osten aufgehen sehen, folgen sie diesem und gelangen nach Bethlehem, wo sie das Kind →Iesūs mit seiner Mutter →Maria finden. Sie huldigen dem neugeborenen König und machen ihm Gold, Weihrauch und Myrrhe (arabische Erzeugnisse) zum Geschenk. Im Traum erhalten sie die göttliche Weisung, nicht über Jerusalem (Herodes), sondern auf einem anderen Weg in ihr Land zurückzukehren. Ihre Namen sind seit dem 9.Jh.: Kaspar, Melchior und Balthasar. Im 12.Jh. wurden aus Mailand Reliquien, die als die Gebeine der Weisen gelten, nach Köln gebracht, wo sie heute verehrt werden. Das Fest der M. wird am 6.Januar gefeiert. – *Gemälde:* G. da Fabriano (1423), St. Lochner (1440), L. da Vinci (1481/82), Tiepolo (1753).

Magor →Hunor

Mag Tured: kelt. *Austragungsort* zweier *Schlachten* zwischen Göttern (→Tuatha Dê Danann) und Dämonen (→Fomore). Nach der ersten Schlacht, in der die Ureinwohner Firbolg von den Tuatha geschlagen wurden, flohen die Fomore. In der zweiten Schlacht siegten die Tuatha über die Fomore.

Māh △ (awest. »Mond«): iran. *Mondgott,* der zu den →Yazata zählt. Im Frühjahr bringt er die Wärme und zieht die Pflanzen aus dem Boden. Ihm ist der siebte Monatstag geweiht.

Mahābali →Bali

Mahābodhisattva (sanskr. »großer Bodhisattva«): buddh. transzendente →Bodhisattvas in einer Achtergruppe, zu der →Avalokiteshvara (→Kuan-yin), →Ākāshagarbha, →Vajrapāni, →Kshitigarbha, →Sarvanivaranavishkambhin, →Maitreya, →Sāmantabhadra und →Mañjushri

Mágoi, christl. Weise aus dem Morgenland, die einem im Osten aufgegangenen Stern (rechts oben) gefolgt waren und so in Bethlehem den neugeborenen König Iesūs fanden und ihm Geschenke überbrachten (Merian-Bibel, 1630).

gehören. Drei von diesen, Avalokiteshvara, Vajrapāni und Sāmantabhadra, sind gleichzeitig in der Fünfergruppe der →Dhyāni-Bodhisattvas. Den M. werden bisweilen, in Analogie zu den →Prajñas der transzendenten Buddhas (→Dhyāni-Buddhas), *yogini* als Partnerinnen zugeordnet.

Mahādeva (sanskr. »großer Gott«), *Mahadevi* (»große Göttin«): hindu. *Name* für die Hauptgottheit einer Region, meistens Beiname →Shivas bzw. →Shaktis.

Mahākāla △ (sanskr. »der große Schwarze, die große Zeit«), *Gompo* (chines.): **1)** buddh.-tibet. *Gott* des *Reichtums* sowie *Schutzgott* der Lehre und der Mongolei, ein →Dharmapāla, der in 67 bzw. 75 Erscheinungsformen auftritt. Ikonographisch ist er durch bis zu 8 Köpfe und bis zu 16 Arme und mit der Drohgebärde charakterisiert. Seine Attribute sind Hackmesser und Schädelschale, und seine Farbe ist Blauschwarz. **2)** hindu. *Personifikation* der auflösenden Kräfte des Kosmos und zugleich *Beiname* des →Shiva.

Mahākāla →Kāla

Mahākāli →Kāli

Mahāmayā ▽ (sanskr. »Große Illusion, Zaubereien«): hindu. Beiname der Muttergöttin (→Devi).

Mahāprabhu △ (»großer Herr«); ind. *Sonnen-* und *Hauptgott* bei den Bondo.

Maharishi △ (sanskr. »großer Rishi«): brahm.-hindu. Gruppe von *Weisen* und *Heiligen, Sehern* und *Sängern,* aber auch *Patriarchen* der Vorzeit, die teilweise mit den →Prajāpatis oder →Pitās identisch sind. Oft wird eine Gruppe von 7 (Saptarishi), 9 oder 10 genannt, wobei die Namen wechseln. Die bekanntesten sind: →Marichi, →Atri, →Angiras, Pulaha, →Kratu, →Pulastya, →Vasishtha, →Bhrigu, →Daksha, →Nārada. Sie gelten als geistentsprossene Söhne des →Brahmā. 7 von ihnen bilden das Sternbild des Großen Bären, und ihre Gemahlinnen sind die 6 Pleiaden (Krittikai). Heute ist M. ein Ehrentitel für hindu. Erleuchtete.

Mahāsiddha (sanskr. »großer Beherrscher vollkommener Fähigkeiten«): buddh.-tantr. bedeutender *Heiliger* und *Asket,* der die Lehren der Tantras beherrscht und sich durch bestimmte übernatürliche Fähigkeiten als sichtbare Zeichen seiner Erleuchtung auszeichnet. Aus den zahlreichen →Siddha ragen 84 als M. heraus, zu denen u. a. →Nā-ro-pa und →Ti-lo-pa gehören.

Mahatala →Tingang

Mahataral →Tingang

Mahāvira (sanskr. »großer Held«): **1)** hindu. *Beiname* von →Vishnu und →Hanumān. **2)** jin. *Hoheitstitel* des →Vardhamāna, des vierundzwanzigsten und letzten →Tirthankara des heutigen Weltzeitalters.

Mahāyuga (sanskr. »großes Zeitalter«): hindu. *Weltzeitalter,* das perio-

Mahākāla, buddh. Schutzgott der Lehre (tibet. Blockdruck).

disch wiederkehrt und 4 →Yuga umfaßt. Es dauert 4,32 Millionen Menschenjahre (= 12000 Götterjahre), und 1000 M. ergeben 1 →Kalpa.

al-Mahdi △ (arab. »der [von Allāh] recht Geleitete«): islam. *Führer* der Gemeinde, der von →Allāh geleitet wird. Solche Geleitete gab es in der Vergangenheit (z. B. 'Ali) und wird es in der Zukunft geben. Der eschatologische M. wird am Weltende (→al-Kiyāma) herabkommen, den Islām erneuern und zur herrschenden Religion machen. Für die Shi'iten ist der M. der aus der Verborgenheit heraustretende →Imām, der die jeweilige shi'itische Glaubensrichtung zur endzeitlichen Weltreligion machen wird. Manchmal ist der M. identisch mit →'Isā.

Mahes △ (»wildblickender Löwe«), *Miysis* (griech.): ägypt. *Löwengott* und Personifikation der verzehrenden Kräfte der sengenden Sonne und des beim Unwetter niederfahrenden Blitzes. Der als »Herr des Gemetzels« Verehrte, der sich über das Blut freut, gilt als Sohn der →Bastet und wurde in Leontopolis verehrt. Er ist löwenköpfig dargestellt und mit dem →Nefertem gleichgesetzt.

Mahisha (sanskr. »Büffel«): hindu. Büffeldämon und Anführer der →Asuras gegen →Indras Heer der →Devas. Er lebt in den Vindhya-Bergen und attackiert die Götter, bis er von →Durgā mit den Waffen der Götter besiegt wird. Deshalb führt die Göttin den Beinamen Mahisha-(sura)mardini (»Besiegerin des Mahisha«). M. ist das →Vāhana des →Yama.

Mahr ▽, *Mora:* slaw. *Hausgeist,* der aus der Seele eines verstorbenen Ahnen entsteht oder die Seele eines lebenden Menschen ist, die nachts den Körper verläßt und andere Menschen im Schlaf stört oder sogar deren Blut aussaugt. Die M. erscheint als Tier, z. B. Falter, oder als Gegenstand (z. B. Haar oder Strohhalm). Letzterer dringt durch das Schlüsselloch ins Haus ein.

Mahrem △ : äthiop. *Kriegsgott* und *Reichsgott* in Altäthiopien. In einer Göttertrias wird er an letzter Stelle nach →'Astar und →Behēr genannt. Der vorchristl. König von Aksum nennt M. seinen Erzeuger und führt den Titel »Sohn des Mahrem, der nicht besiegt wird vom Feind«. Nach einem Heeressieg werden dem M. blutige Tier- und Menschenopfer dargebracht. Er ist dem griech. →Áres gleichgesetzt worden.

Griech. Mänaden mit Satyrn tanzend. *(→Mainás.)*

Mahu-ike ▽ : polynes. *Erdbeben-* und *Feuergöttin,* die in der Unterwelt das Feuer hütet. Zu ihr ging →Maui, um in den Besitz des Feuers zu gelangen. Als M. ihn als Betrüger erkannt hatte, warf sie einige Funken in die Bäume. Seitdem können die Menschen mit dem Holz des Waldes Feuer machen.

Maía ▽ (»Mütterchen«): griech. *Erdgöttin* und *Göttin* des *Wachstums,* später eine *Nymphe,* die zu den →Pleiádes gehört. Sie gilt als Tochter des →Átlas und der Pleione. Von →Zeús ist sie Mutter des →Hermés.

Maide △, *Mairi* (Pl.): bask. *Nachtgeister,* die nachts in die Häuser kommen und die für sie in der Küche niedergelegten Speisen an sich nehmen. Als Erbauer der Dolmen, der Cromlechs und der Burgen sind sie Kulturbringer der Menschen. Der Dolmen in Benavarre wird »Mairi-etxe« genannt. Den männlichen M. entsprechen die weiblichen →Lamiñ.

Mainás ▽, (»Rasende, Verrückte«), *Maenas* (lat.), *Mänade* (dt.): griech. schwärmerische Frau in der Begleitung des →Bákchos (Bacchus), die deshalb auch *Bacchantin* genannt wird. Mit Thyrsosstab und mit dem wildrhythmischen Tanzlied, dem Dithyrambos, sowie dem Ruf »Eueu« (Evoe) folgt sie dem Gott. - *Wort:* Mänade (fig.) - Die M. ist identisch mit der →Bakche.

Maithuna →Mithuna

Maitreya △ (sanskr. »der Gütige, der Liebende«), *Miroku* (japan.), *Mi-lo Fo* (chines.): buddh. *Zukunftsbuddha* des gegenwärtigen Weltzeitalters (→Kalpa), der seine Erleuchtung unter einem Naga-Baum haben wird und auf →Shākyāmuni als ein zukünftiger →Manushi-Buddha folgen wird. Er gilt als geistiger Sohn des transzendenten Buddha →Amoghasiddhi. Gegenwärtig weilt er bereits als transzendenter →Bodhisattva unter dem Namen Nātha im →Tushita-Himmel, um einst als Sohn Ajita des Subrahmana und der Brahmāvati auf die Erdenwelt herabzukommen und ein Buddha zu werden. Im Hinayāna ist er der einzige Bodhisattva, und im Mahāyāna einer der 8 →Mahābodhisattvas. Dargestellt wird mit bis zu 3 Gesichtern und mit 2 oder 4 Händen. Seine Farbe ist Gold und sein Hauptattribut die Wasserkanne. Seine besondere chines. Form ist die des →Mi-lo Fo. Als Bodhisattva wird ihm →Vishvapāni zugeordnet.

Mājas gars △ (»Hausgeist«): lett. *Hausgeist,* der das Wohlergehen der Hausbewohner sichert, Gutes bewirkt und Böses fernhält.

Maitreya, buddh. Zukunftsbuddha des gegenwärtigen Weltzeitalters (Tibet. Blockdruck).

Maju →Sugaar

Makara: hindu. *Mischwesen* als Fruchtbarkeitsbringer, aus dessen Maul pflanzliches und tierisches Leben hervorkommt. Der aus Fisch, Schildkröte, Krokodil und Elefant bestehende M. verkörpert die Aspekte aller Tiere, die in ihm vereint sind. Er ist →Vāhana für die Flußgöttinnen.

Makemake △: polynes. *Meergott* (der Osterinseln), *Schöpfer-* und *Fruchtbarkeitsgott* und *Schutzherr* der Seeschwalben. Wer zu Beginn ihrer Nistzeit das erste Ei ergattert, gilt für 1 Jahr als →Tangata Manu. Die großäugigen Felsbilder oder Steinfiguren im Dorf Orongo sollen M. darstellen.

Māl →Māyōn

Mala'āk (Sg. hebrä. »Bote, Engel«), *Ángelos* (griech.) *Angelus* (lat.): **1)** jüd. *Geistwesen, Engel* und *Bote* des →Jahwe-Elōhim für die Menschen. Sie bilden seinen Hofstaat im Himmel und sind seine Diener. Ihre Beinamen sind »Söhne Gottes« und »Heilige«. Je nach Rang und Funktion gibt es verschiedene Klassen. Nach Rang unterscheidet man z. B. →Kerubim, →Serafim, →Archángeloi und nach Funktion die Anklage- und Strafengel, die Gerichts- und Todesengel (→Mala'āk ha-Mawet) für die Bösen sowie die Schutz- und Fürsprecherengel für die Guten. Zu den gefallenen Engeln gehören die →Daimónia und der →Sātān. **2)** christl. heilige *Engel* und *Boten* des →Kýrios sowie *Schutzengel* der Menschen und der Gemeinden. Seit (Pseudo-)Dionysios zählt man 9 Engelschöre. Rings um den Thron Gottes hat der Seher Johannes von Patmos 10 000 mal 10 000 und 1000 mal 1000 (das sind 101 Millionen) Engel gezählt. Den Hirten auf den Feldern von Bethlehem verkünden sie die Geburt des →Messias, den →Iesūs bedienen sie nach der Versuchung durch den →Diábolos, ein Engel vom Himmel stärkt ihn in Gethsemani, und 12 Legionen (d. h. 72 000) Engel hätten seine Verhaftung verhindern können (Mt 26,53). Der →Maria Magdalené erscheinen 2 Engel am Grabe des Iesūs. Den Menschensohn werden sie bei seiner Wiederkunft zum Gericht begleiten und das Gerichtsurteil vollziehen, d. h. die Bösen von den Gerechten scheiden und erstere in den Feuerofen werfen. Dargestellt werden die Engel (seit dem 4. Jh.) nach dem Vorbild der Viktorien und Genien beflügelt, jedoch im Gegensatz zu diesen bekleidet. Seit der Renaissance werden auch die Putten der Antike zu engelsgleichen Wesen gemacht. Das Schutzengelfest ist am 2. Oktober. Die Mala'ākim entsprechen den islam. →Malā'ika.

Mala'āk Jahwe-Elōhim (hebrä. »Engel des Jahwe-Elōhim«), *Ángelos Kyríu* (griech. »Engel des Herrn«): **1)** jüd. *Geistwesen* und *Engel* (→Mala'āk) des →Jahwe-Elōhim, der als dessen Stellvertreter, in dessen Namen und mit dessen Autorität erscheint und spricht. Den Menschen tut er Gottes Willen kund und führt und beschützt sie. Manchmal ist er auch mit Gott selbst identisch. Der M. spricht zu →Hāgār und

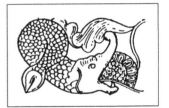

Makara, hindu. Fruchtbarkeitsgenius, aus dessen Maul pflanzliches und tierisches Leben hervorgeht, ein Mischwesen aus Fisch, Schildkröte, Krokodil und Elefant.

Ángelos Kyríu, christl. Engel des Herrn (oben rechts), der Schafhirten auf dem Felde von Bethlehem die erfolgte Geburt des Messias verkündet (Merian-Bibel, 1630).

→Jishmā'ēl in der Wüste, erscheint dem →Abrāhām bei der Opferung seines Sohnes →Jizhāk, dem →Ja'akōb erscheint er im Traum und spricht bei der Berufung des →Mōsheh aus dem brennenden Dornbusch. **2)** christl. *Geistwesen* und *Engel* des →Kýrios. Manchmal ist er identisch mit →Gabriél. Der A. kündigt dem →Zacharias die Geburt eines Sohnes (→Joánnes der T.) an, er verkündet den Hirten auf dem Feld die Geburt des →Messias. Dem →Ioséph erscheint er im Traum, kündigt die Geburt des →Iesūs an, fordert ihn zur Flucht nach Ägypten und später zur Rückkehr nach Israel auf. Nach der Auferstehung des Iesūs wälzt der A. den Stein vom Grab. Er befreit zweimal den →Pétros aus dem Gefängnis und fordert den Philippus zum Aufbruch auf.

Mala'āk ha-Mawet (hebr. »Engel des Todes«): jüd. *Geistwesen* und *Engel* (→Mala'āk) des →Jahwe-Elōhim, in dessen Auftrag er den Tod ankündigt bzw. herbeiführt. Er hat das Gift des Todes in die Welt gebracht. Einige wie →Mōsheh, →Dāwid und →Shelōmō haben sich gegen ihn zunächst erfolgreich wehren können. Oft ist M. identisch mit →Samael oder →Sātān.

Malachias →Mal'āki

Malā'ika (Pl.; arab. »Bote, Engel«): islam. *Engel* als *Boten* des →Allāh und *Wächter* über die Taten der Menschen, die sie aufschreiben. Zu ihnen gehören die 4 »Erzengel« →Djabrā'il, →Isrāfil, →'Izrā'il und →Mikāl, aber auch →Hārūt und Mārūt sowie →Munkar und Nakir. Von Allāh wurden sie aus Licht geformt, und auf seine Anweisung sollten sie den neugeschaffenen →Ādam als ihren König verehren, was alle bis auf →Iblis taten. Die M. bilden den Hofstaat Allāhs und bewachen die Mauern des Himmels →Djanna gegen die »horchenden« Widersacher →Djinn und den →Shaitān. Vorgestellt werden die M. mit 2, 3 oder 4 Flügeln. Nach den M. ist die 35. Sure des Kur'ān benannt, den M. entsprechen die jüd. →Mala'ākim.

Malakbēl △ (»König des Bēl, Bote des Bēl«): palmyren. *Sonnengott*, jugendlicher *Frühlings-* und *Vegetationsgott*, der mit →'Aglibōl und →Ba'alsamay eine Göttertrias bildet. Sein Symboltier ist der Adler.

Mal'āki △ (hebrä. »mein Gesandter«), Malachias (griech.), Maleachi (dt.): jüd. *Prophet* (→Nābi') des →Jahwe-Elōhim in nachexilischer Zeit (485–445 v.Chr.). Den Gottlosen prophezeit er den (Gerichts-)Tag Jahwes, und Israel verheißt er den Tag der göttlichen Gerechtigkeit. Die gegenwärtigen Plagen (Heuschrecken, Dürre, Mißwuchs) sind Heimsuchungen Jahwes. Vor dem Tag Jahwes wird der Prophet →Ēlijjāhū ankommen. Nach M. ist die zwölfte Schrift im Zwölfprophetenbuch der Bibel benannt.

Malli ▽△ : jin. *Heilskünder(in)* und neunzehnte(r) →Tirthankara des gegenwärtigen Zeitalters, nach den Shvetāmbara eine weibliche und nach den Digambara eine männliche Gestalt. Sie (er) gilt als Tochter (Sohn) des Königs Kumbha von Mithilā und der Rakshitā. M. wurde

55000 Jahre alt und ging dann ins →Nirvāna ein. Das Symbol ist der Wasserkrug, seine Körperfarbe blau bzw. golden.

Malsum: indian. *Marder-* bzw. *Wolfsgott* bei den Algonkin, ein böser und törichter Bruder von →Gluskap. M. schuf die Berge und Täler, aber auch die Schlangen.

Malu: sibir. *Hausgeister* (der Ewenken/Tungusen) und Helfer bei der Jagd. Der Platz an der Hinterwand der Wohnstätte, wo in einer Kiste die Idole des M. aufbewahrt werden, heißt ebenfalls *malu*.

Mama ▽, *Mami:* sumer.-akkad. *Muttergöttin*, die sich als Mami-Nintu-Ninchursanga maßgeblich an der Erschaffung des Menschen aus Lehm und dem Blut eines erschlagenen Gottes beteiligt.

Mama Allpa ▽: indian. *Erd-* und *Muttergöttin* sowie *Göttin* der *Ernte* bei den Inka. Dargestellt wird M. mit vielen Brüsten wie die griech. →Ártemis von Ephesus.

Mama Cocha ▽ (Quechua:»Mutter Meer«): indian. *Ur-* und *Meeresgöttin* bei den Inka, die besonders von Fischern und Bootsleuten verehrt wird. Sie ist die Gattin des Schöpfergottes →Viracocha.

Mama Cora ▽: indian. *Maisgöttin* und Tochter der Maismutter Pirua bei den Inka.

Mama Oello ▽ (Quechua:»ehrwürdige Mutter Ei«): indian. *Urfrau* und *Stammutter* der →Inka. Als *Kulturheroin* lehrte sie die Frauen das Spinnen. Sie gilt als Tochter des Sonnengottes →Inti und der Mondgöttin →Mama Quilla. M. ist die Schwester und Gattin des →Manco Capac und durch ihn Mutter des zweiten Inka Sinchi Roca.

Mama Quilla ▽ (Quechua:»Mutter Mond«), *Quilla, Kilya:* indian. *Mondgöttin* bei den Inka. Sie ist die Tochter des →Viracocha und Schwester und Gattin des Sonnengottes →Inti und durch ihn Mutter von →Manco Capac und →Mama Oello, die sie auf einer Insel im Titicacasee zu Stammeltern des Inkareiches bestimmte. Da sie ursprünglich leuchtender und mächtiger als Inti war, streute dieser ihr Asche ins Gesicht. Irdische Repräsentantin der M. war die Hauptfrau des jeweils regierenden Inka.

Mamaragan △: austral. *Blitzmann*, dessen Stimme der Donner ist und der seine Blitzsteinäxte nach Bäumen und Menschen wirft. Während der Trockenzeit wohnt er auf dem Boden eines Wasserlochs, und in der Regenzeit reitet er auf der Spitze einer Donnerwolke.

Mami →Mama

Māmit ▽, *Mamitum* (»Eid, Bann«): akkad. *Göttin* und Personifikation des *Eides* und seiner auf den Meineidigen zurückschlagenden Wirkung, später auch *Unterwelts-* und *Schicksalsgöttin*. Die Gattin des →Nergal bzw. des →Erra entscheidet als Richterin der Unterwelt zusammen mit den →Anunnaku das Todesgeschick der Menschen.

Mān △ (m. hebrä. v. *man hū'* = »Was ist das?«), **Mánna** ☉ (neugriech.) **1)** jüd. wunderbare *Nahrung*, die während der 40jährigen Wüstenwanderung der Israeliten →Jahwe-Elōhim nachts vom Himmel (→Shāmajim) regnen ließ. Es wird »Brot vom Himmel« und »Brot der Engel« genannt, und es fiel mit Ausnahme des →Shabbāt täglich. Am sechsten Tag fiel die doppelte Menge. Es war etwas Körniges und fein wie Reif am Boden, seine Farbe war weiß, und es schmeckte süß wie Honigkuchen. Zur Erinnerung an diese wunderbare Speisung durch Gott wurde ein Krug mit M. in der Bundeslade aufbewahrt. **2)** christl. *Nahrung* in der eschatologischen Heilszeit und *Typus* des eucharistischen Brotes des Lebens. - *Worte:* Manna (fig.), Mannaflechte, Manna gras, Mannazucker.

Mana (»außerordentlich wirksam«): polynes. und melanes. außergewöhnliche *Kraft* und *Zaubermacht* in Dingen, Tieren, Menschen und Geistern. M. bewirkt Krankheit und Gesundheit, langes Leben und vorzeitigen Tod, regelt Wetter und Regen, Fruchtbarkeit und Dürre, erweist Schuld und Unschuld. Wesen und Dinge, die »manahaltig« sind, werden durch tabu geschützt, da der Mißbrauch des M. gefährlich ist.

Manabhozho, *Manabozho:* indian. *Sonnengott, Schöpfer* und Erhalter der Erde, *Herr* der Tiere und *Heilgott* bei den Algonkin. M. gilt als Sohn des →Kabun und älterer Bruder von →Chibiados. Bei seinem Kampf gegen letzteren wird er von →Thunderbird unterstützt. Dargestellt wird er zunächst als Schlange, später dann als Hase.

Manāf △ (»hervorragen, hoch sein«): palmyren. *Schutzgott,* der zusammen mit →Malakbēl und →Bebellahamon als »dii patrii« bezeichnet wird.

Manannân △ (ir.), *Manawyddan* (wa-lis.): **1)** kelt. *Meergott* (der Iren), der aus der Himmelsbeobachtung Voraussagen über gutes oder schlechtes Wetter machen kann, sowie *Totengott,* der über Tir Tairngire bzw. →Mag Mell herrscht. Er ist Sohn des →Lir und Vater von Mongan. M. verleiht den Göttern Unsterblichkeit, wenn sie aus seinem ständig gefüllten Kessel speist. **2)** kelt. *Gott* der *Bauern* und *Schuhmacher* (der Waliser). Er ist Sohn des →Llyr, Bruder

Manabhozho, indian. Sonnengott und schöpferischer Heros, als der »Große Hase« dargestellt.

des →Brân, Gatte der →Rhiannon und hat die Festung Annoeth aus Menschenknochen errichtet.

Mānā rurbē (»gewaltiges Gefäß«): iran. *Hochgott* und *Herrscher* über die *Lichtwelt* bei den Mandäern sowie *Personifikation* der Welt des *Guten* und der *Wahrheit*, der *Sanftmut* und des »ersten *Lebens*«. M. bildet den positiven Gegenpol zu →Ur. Seine Beinamen sind »Herr der Größe« und »Lichtkönig«. Aus M. als göttlichem Urgrund emanierte das Leben. Im leuchtenden Äthermeer ist er von zahllosen Lichtwesen, den Mānās, Piras und →Uthrā umgeben.

Manasa ▽: brahm.-hindu. *Schlangen-* und *Fruchtbarkeitsgöttin* sowie *Schutzgöttin* vor Schlangenbissen. Sie gilt als Tochter des →Kashyapa und der Kadrū, sowie als Schwester von →Vāsuki und →Ananta. Ihr →Vāhana ist die Schlange. Sie ist der buddh. →Jānguli ähnlich.

Manāt ▽ (»Schicksal, Todesgeschick«): 1) arab. *Schicksalsgöttin* und *Göttin* des *Todesgeschicks* bei den Kuraishiten sowie Abendsterngöttin, die zusammen mit →al-Lāt und →al-`Uzzā eine weibliche göttliche Trias bildet. In Zentralarabien gilt sie als eine der 3 »Töchter Allāhs«. An ihrem Hauptkultort in Kudaid bei Mekka wurde ein schwarzer Stein als ihr Idol verehrt. M. wurde der griech. →Týche bzw. →Némesis gleichgesetzt. 2) islam. weiblicher *Götze*, der im Kur'ān (Sure 53,19-23) erwähnt ist und dessen Anrufung als *Fürsprecherin* bei →Allāh von →Muhammad zunächst erlaubt, kurz darauf aber widerrufen wurde.

Manawyddan →Manannân

Manco Capac △ (Quechua: »König und reicher Herr«): indian. *Heros* und als erster →*Inka* (11. Jh.) *Stammvater* der Inka-Dynastie. M. gilt als Sohn des Sonnengottes →Inti und der Mondgöttin →Mama Quilla sowie als Bruder und Gatte der →Mama Oello. Durch letztere ist er Vater des zweiten Inka Sinchi Roca (ca. 1150). Er kam vom Titicacasee oder aus einer Höhle und gründete um 1100 die Stadt Cuzco. Nach seinem Tod wurde er zum Planeten Pirua (Jupiter), von dem Peru seinen Namen ableitet. Manchmal ist M. identisch mit →Ayar Manco.

Manda →Shani

Mandā d-Haijē (»Erkenntnis [Gnosis] des Lebens«): iran. *Geist-* und *Lichtwesen* (→Uthrā) und *Personifikation* der erlösenden Erkenntnis bei den Mandäern. Seine Beinamen sind »Sohn des Lebens« und »Abbild des Lebens«. Von →Mānā rurbē wurde M. als Bote auf die Erde →Tibil gesandt, um dem →Adam pagria und dessen Gattin →Hawa die Wissensoffenbarung über ihre Herkunft zu überbringen, damit sie zum wahren Wissen und zur Erlösung finden. Noch vor der Erschaffung der Welt hatte er eine »Höllenfahrt« unternommen, um →Ur zu besiegen und zu fesseln und dadurch die ganze Schöpfung zu verhindern. M. hilft den Seelen der Toten (→Adam kasia) bei ihrem Aufstieg in die Lichtwelt, da sie 7 oder 8 lichtfeindliche »Wachstationen« durchqueren müssen, die von Dämonen bewacht werden. Als kleiner Junge war M. einst von dem jüd.-christl. →Ioánnes dem Täufer getauft worden. Nach M. haben sich die *Mandäer* benannt.

Mandäer: Abāthur, Adam kasia, Adam pagria, Anōsh, Hawa, Hibil, Jōshamin, Krūn, Mānā rurbē, Mandā d-Haijē, Ptahil, Rūhā, Shitil, Tibil, Ur, Uthrā.

Mandah (von *nadaha*=»mit Wasser besprengen, befeuchten«), *Mundih:* arab. *Bezeichnung* für *Bewässerungs-* und *Schutzgottheiten* in Südarabien.

Mandulis △, *Merulis:* nub. *Himmels-* und *Sonnengott,* der in Kalabscha verehrt wurde und sowohl als Kind (Morgensonne) als auch als Erwachsener dargestellt ist.

Manes △, *di manes* (»Manen-Götter«), *Manen* (dt.): röm. gute *Totengeister* und Seelen der Verstorbenen, denen die Begräbnisplätze geweiht waren. Ihnen zu Ehren wurden die *Parentalia* gefeiert. Die in der Kaiserzeit zu Göttern erhobenen M. erhielten auf Grabsteinen die Buchstaben D[is] M[anibus] eingraviert. – *Wort:* Manismus.

Manes →Mani

Mangala △, *Ngala, Gala: Himmels-* und *Schöpfergott* bei den Bambara in Mali. Er schuf zwei Hungerreisarten (Fonio), die das Weltei bildeten, dazu noch 6 weitere Körner. Diese 8 Pflanzen ordnete er den 4 Himmelsrichtungen zu. Im Weltei waren 2 Zwillingspaare. Der eine männliche Zwilling, →Pemba, verließ vorzeitig das Ei, und aus einem Plazentastück, das durch die Nabelschnur mit ihm verbunden blieb, entstand die Erde. Aus dem anderen Plazentastück hat M. die Sonne geschaffen und Pembas Zwilling dem anderen Zwillingspaar, →Faro, zugeordnet.

Mangala △, *Bhauma, Angaraka:* hindu. *Planetengott* Mars (→Navagraha) und *Kriegsgott,* der auf einem von 8 Pferden bespannten Wagen dargestellt wird. Seine Attribute sind Speer, Keule und Dreizack. Er ist gleich dem Kriegsgott →Skanda.

Mani △, *Manes:* iran. *Prophet* (216-277) des »Guten Gottes« und »Vater des Lichtes«, durch den er zum Begründer des nach M. benannten Manichäismus wird. Mit 12 und mit 24 Jahren erhält er 2 Offenbarungen des »Lichtkönigs«, die ihm der Engel at-Taum (»Gefährte«) in Visionen übermittelt. Seitdem verkündet M. den »Vater der Größe«, der von →Aiónes umgeben ist und zu dem »Fürsten der Finsternis« und seinen →Archóntes in diametralem Gegensatz steht. M. sieht sich in der Nachfolgereihe der Propheten →Zarathushtra im Iran, →Buddha im Orient, →Iesūs im Okzident und betrachtet sich als den Verkünder der abschließenden Offenbarung für die ganze Welt, als »Siegel der Propheten«.

Mani △ (nord. »Mond«), *Mano* (ahd.): german. *Mondgott* und Personifikation des den Planeten Erde umkreisenden Himmelskörpers. M. ist Sohn von Mundilfari und Bruder der Sonnengöttin →Sól. Er fährt in einem von Pferden gezogenen Wagen über den Himmel, während der Wolf Hati (»Verächter«) ihn verfolgt. Er wird ihn schließlich z. Zt. von →Ragnarök einholen und verschlingen. Der Montag ist als *manatac* (ahd. [»Mondtag«]; engl. »Monday«) nach ihm benannt, da M. der röm. →Luna gleichgesetzt wurde.

Manichäer: Aiónes, Amahrspand, Archóntes, Ashaqlūn, Az, Bōlos, Mani, Mihryazd, Namrael, Narisaf, Narisah, Padvāxtag, Rāmrātūkh, Xrōshtag.

Manitu (»Geist«), *Manito, Manitou, Manido:* indian. **1)** übernatürliche *Kraft* oder *Macht* (mehr oder weniger persönlich), die allen Lebewesen und Naturdingen bei den Algonkin innewohnt, **2)** auch als deren Personifikation: *Schöpfergott* und *Ordner* des Kosmos, *Hochgott* und Herr über alle anderen Gottheiten und Geister. M. ist der »große Geist« →Kitshi Manitu, der bestimmt hat, daß die Indianer sich von Jagd und Fischfang ernähren, während die Weißen sich den Lebensunterhalt durch ihrer Hände Arbeit verdienen. M. entspricht dem →Orenda der Irokesen und →Wakanda der Sioux.

Mañjushri △ (sanskr. »der von lieblicher Schönheit«), *Mañjughosha* (»liebliche Stimme«), *Monju* (japan.), *Wen Shu* (chines.): buddh. transzendenter →*Bodhisattva* und *Schutzpatron* des Wissens, der Gelehrten und Studenten, der Erkenntnis und Gedächtnis verleiht. Er gehört zu den 8 →Mahābodhisattvas, ist nach →Avalokiteshvara der bedeutendste Bodhisattva und tritt in 14 Erscheinungsformen auf. Tsongkhapa (1357-1419), der die tibet.»Gelbe Kirche« gründete, gilt als Inkarnation des M., der ikonographisch durch bis zu 4 Köpfe und 2 bis 8 Arme gekennzeichnet wird. Seine Mudrā ist die Unterweisung oder die Gewährung. Hauptattribute sind das Schwert (des Wissens) und das Buch (Prajñāpāramitā). Seine Körperfarbe ist das »Safran« oder Weiß. Der Löwe ist sein →Vāhana.

Mánna →Mān

männlich △ **und weiblich** ▽ **:** allg. Bezeichnung für die Zweiheit (Dualität) der Geschlechter, die in ihrer Vereinigung die Ganzheit und Vollständigkeit darstellen und - im Gegensatz zur allumfassenden →Dreiheit und insbesondere zur Einheit des Doppelgeschlechtlichen (→androgyn) auch Zwiespältigkeit bedeutet. Die männliche und weibliche Polarität sind bereits mit der Entstehung von →Himmel und Erde bzw. mit deren Trennung voneinander (polynes. →Papa und →Rangi) gegeben. Die (Wieder-)Vereinigung des männlichen Himmels mit der weiblichen Erde durch Kopulation (Tau, Regen, Sonnenstrahlen) bildet das Urbild der Ehe. Das Zeugen und Gebären neuen Lebens ist in der Regel an die (Wieder-)Vereinigung der (getrennten) Zweiheit von männlich und weiblich zur Einheit gebunden.

Eine Ausnahme davon bilden die Androgynität und →Jungfrauengeburt. In dem vorliegenden Lexikon steht hinter einem Wort männlichen Geschlechts das Symbol △ und hinter dem eines weiblichen Geschlechts das Symbol ▽. Natürliches und grammatikalisches Geschlecht sind jedoch nicht immer identisch.

Mañjushri, buddh. transzendenter Bodhisattva mit der Mudrā der Gewährung. In der Rechten hält er das Schwert der Weisheit.

Manó: ungar. bösartiger *Dämon,* der den dunklen Weltaspekt repräsentiert und dem lichten →Isten kämpfend gegenübersteht.

Mano →Mani

Mantus △: etrusk. *Totenführer* und *Wächter* in der Unterwelt, der auf Totenkisten als vierschrötiger Mann, geflügelt, mit wilden Gesichtszügen, Satyrohren und mit großem Hammer dargestellt wird.

Manu (sanskr. »Mensch«): ved.-brahm.-hindu. erster *Mensch* und Gesetzgeber. Der Stammvater des Menschengeschlechtes wurde vor der Sintflut durch einen Fisch, der sein Schiff trug, gerettet. Er ist der Sohn des →Vivasvan und der Bruder von →Yama und den beiden →Ashvins. Das Gesetzbuch des Manu, das auf ihn zurückgeht, bildet die Grundlage des gesellschaftlichen Lebens der Hindus. M. ist dem jüd. →Nōach ähnlich.

Manushi-Buddha △ (sanskr. »menschliche Buddhas«): buddh. »irdischer« Buddha, der in menschlicher Gestalt auf der Erdenwelt (→Chakravāda) gelebt hat oder leben wird, um Erleuchtung und Erlösung zu erlangen. Als Vorgänger des →Shākyāmuni werden 6 oder auch 24 »Vorzeitbuddhas« genannt. Als erster von den 24 gilt →Dipamkara und als erster von den 6 (bzw. neunzehter von 24) →Vipashyin. Fünf von den irdischen Buddhas sind nach dem Mahāyāna die geistigen Söhne der himmlischen →Dhyani-Buddhas und bilden im →Trikāya den »Körper der Verwandlung«, in dem die Buddhas allen Wesen den Weg zur Erlösung aufzeigen. Zu ihnen gehören die Vorzeitbuddhas: →Krakuchchanda, →Kanakamuni und →Kāshyapa, dazu der Gegenwartsbuddha →Shākyāmuni und der Zukunftsbuddha →Maitreya. Dargestellt werden alle mit Schädelwulst (ushnisha), Stirnmal (ūrnā) und überlangen Ohrläppchen, jedoch mit unterschiedlichen →Mudrās. Ihr Erleuchtungsbaum, unter dem sie *bodhi* (»Erleuchtung«) erlangen, ist eine jeweils andere Baumart.

Manzashiri △: mongol. *Urriese* bei den Kalmücken, aus dessen Körper die Welt gebildet wurde. Aus seinem Fleisch entstand die Erde, aus dem Blut das Wasser, aus den warmen inneren Organen das Feuer, aus dem Haar das Gras, aus den Knochen das Eisen, aus den Zähnen die Planeten, aus den Augen Sonne und Mond. M. ist dem ved. →Purusha, den chines. →P'an-ku und dem german. →Ymir ähnlich.

Māra (sanskr. »Mörder, Tod, Vernichtung, Zerstörer«): buddh. *dämonisches Wesen* sowie Personifikation des Todes und alles dessen, was die Menschen auf ihrem Weg zur Erlösung behindert. Im irdischen Leben des →Shākyāmuni ist er der Widerpart und Versucher, der den →Buddha daran hindern soll, den Menschen seines Zeitalters den Erlösungsweg zu predigen. M. ist der Herrscher des →Paranimmitavasavattin-Himmels und wird hundertarmig dargestellt. Sein Reittier ist der Elefant.

Marduk △ (v. sumer. Amar-utuk: »Jungrind des Sonnengottes«): akkad.

Marduk, akkad. Stadt- und Reichsgott auf dem Ozean des Himmels mit Federkrone und in einem mit Sternrosetten besetzten Gewand. Die Rechte hält ein Sichelschwert und die Linke Ring und Stab. Zu seinen Füßen ist der Schlangendrache Mushussu.

Gott des *Ackerbaus* und der *Frühlingssonne*, dann *Stadtgott* von Babylon, dessen Aufstieg zum *Reichsgott* Babyloniens gemäß dem Enuma elish nach seinem Sieg über →Tiāmat und der dadurch erfolgten Rettung der von Vernichtung bedrohten Götter erfolgt. Aus der getöteten Tiāmat schafft er die Welt und aus →Kingu die Menschen. Er ist Gott der *Weisheit* und *Beschwörungskunst*, *Richtergott*, Krankenheiler und Lichtbringer. Er ist der Sohn von →Ea und →Damkina, der Gemahl der →Sarpanītum und Vater des →Nabū. Sein Hauptheiligtum ist Esagila (»das hochragende Haus«) in Babylon mit dem gewaltigen Stufenturm Etemenanki. Seine doppelte Funktion als Weltenherr und Lebensspender wird in seiner Darstellung als Janusfigur mit Doppelantlitz ausgedrückt. Sein Emblemtier ist →Mushussu, sein Attribut der zugespitzte Spaten Marrū, sein Planet der Jupiter und seine heilige Zahl die Zehn. Sein hebrä. Name lautet Merodach bzw. Mardochai.

Mari ▽ (»Herrin«): bask. *Wetter-* und *Windgöttin*, Personifikation der Erde und höchste Gottheit der Basken, Königin aller Geister und *Schutz-*

Marduk, akkad. Stadtgott von Babylon und Reichsgott, der das greifenartige Ungeheuer (Tiāmat?) verfolgt und bekämpft.

göttin der Wanderer und Herden, Hüterin der Moral (gegen Diebstahl und Lüge) und *Ratgeberin* der Menschen, aber auch *Ahnherrin* der Machthaber von Vizcaya. M. ist die Gattin des Maju und Mutter von →Atarrabi und →Mikelats. Sie wohnt gewöhnlich im Erdinnern, das durch Gänge, Höhlen und Schluchten mit der Erdoberfläche verbunden ist. Gelegentlich fährt sie mit einem vierspännigen, von Pferden gezogenen Wagen durch die Lüfte. Bei ihrer Beschäftigung (Spinnen und Faden-Abwickeln) benutzt sie einen Widder als Haspel, der das Fadenknäuel auf seinen Hörnern hält. Ihr Symbol ist die Sichel, mit der man sich vor Blitzschlag schützen kann. Dargestellt wird sie als Frau, deren Haupt vom Vollmond eingerahmt ist, oder in Tiergestalt - ihr Beiname lautet dann »große Schlange« - oder in Gestalt eines Stalagmiten. Seit der Christianisierung ist sie zu einem bösen Geist degradiert.

Māri ▽, *Māriyammā(n):* ind. *Mutter-* und *Dorfgöttin* (→Grāmadevatā), *Regen-* und *Pockengöttin*, aber auch *Schutzgöttin* vor Cholera. Ihr Gatte ist Muniyānti. Bei ihrem ekstatischen Tanz verstreut sie die »Perlen«, die die Pockenkrankheit verursachen. Dargestellt wird M. tausendäugig.

Maria, *Mariám* ▽ (griech.), *Maryam* (arab.): **1)** christl. gottesfürchtige *Frau* aus Nazareth in Galiläa und *Visionärin*. Aus dem Geschlecht des →Dauíd stammend, ist sie die Verlobte und später Gattin des Davididen →Ioséph und Mutter des →Iesūs. Ihre Beinamen sind »Jungfrau«, »Gottesmutter« und »Madonna« (ital. »meine Herrin«). Zur Zeit ihrer Verlobung mit Ioséph erschien der M. in Nazareth der Engel →Gabriél im Auftrag des →Kýrios und kündigte ihr an, daß sie vom Heiligen Geist empfangen und den Sohn Gottes gebären werde. Als dann M. mit ihrem Verlobten zu einer Volkszählung in Bethlehem war, kam sie mit ihrem erstgeborenen Sohn nieder. Ein Engel des Kýrios (→Ángelos Kyríu) verkündete Hirten auf dem Felde die Geburt ihres Retters und →Messias, und andere Engel lobten Gott: »Ehre sei Gott in der Höhe und Friede den Menschen auf Erden.« Während M. und Ioséph noch in Bethlehem weilten, kamen von einem Stern geführte →Mágoi und huldigten dem Kind. - Für Katholiken ist M. auch die unbefleckte, ohne allen Makel der Erbsünde (→Adám) behaftete Frau, ein von →Papa Pius IX. erklärter Glaubenssatz. Ihr Fest wird am 8. Dezember begangen. Das Geburtsfest der M. wird am 8. September und das Fest der Himmelfahrt M., - ein von Papa Pius XII. erklärter Glaubenssatz -, wird am 15. August gefeiert. Zahlreiche Erscheinungen werden von M. erzählt, so wird z. B. ihrer erstmaligen Erscheinung zu Lourdes am 11. Februar 1858 in jedem Jahr gedacht. **2)** islam. *Heilige* und *Herrin* der Frauen im Paradies →Djanna. Sie ist die Tochter des 'Imrān und der Hanna sowie die jungfräuliche Mutter des →'Isā. Sie gehört zusammen mit Āsiya, Khadidja und →Fātima zu den 4 besten Frauen, die je gelebt haben. Da ihre alten und kinderlosen Eltern von →Allāh ein Kind erbeten und gelobt hatten, dieses dem Tempel zu weihen, wenn ihr Wunsch erfüllt würde, wuchs M.

Maria, christl. Frau aus Nazareth, der im Auftrag des Kýrios der Engel Gabriél erschien und ihr ankündigte, daß sie vom Pneúma hágion (Taubengestalt rechts oben) empfangen und den Sohn Gottes gebären werde (Merian-Bibel, 1630).

im Tempel unter der Obhut des →Zakāriyā' auf. Als sie geschlechtsreif wurde, nahm ihr Vetter Yūsuf sie in sein Haus auf, damit sie nicht durch ihre Menstruation den Tempel entweihe. Als sie zehn- bzw. dreizehnjährig in der Höhle des Brunnens von Silwān war, um, wie gewöhnlich, ihren Krug mit Wasser zu füllen, erschien ihr →Djabrā'il und verkündete ihr die Geburt eines Knaben. Nachdem sie sich dem Willen Allāhs unterworfen hatte, blies der Engel seinen Odem in den Schlitz ihres Hemdes, das sie abgelegt hatte. Als der Engel entschwunden war, zog sie das Hemd wieder an und wurde schwanger. Beim Stamm einer Palme überkamen sie später die Geburtswehen, und sie gebar den 'Isā. Nach M. ist die 19. Sure des Kur'ān benannt. - *Plastik:* Donatello (ca. 1435), V. Stoß (1517 bis 18), E. Q. Asam (1720), I. Günther (1764); *Gemälde:* S. Martini (1333), F. Lippi (nach 1435), Fr. Angelico (ca. 1440), R. van der Weyden (ca. 1462), H. Memling (ca. 1482), Tizian (1516/18); *Worte:* Angelusläuten, marianisch, Marienbild, Mariendichtung, Marienfest, Marienkult, Marienleben, Marienmonat, Marienschwestern, Marientag, Marienverehrung.

Maria Magdalené ▽ (griech.): christl. *Frau* aus Magdala am See Genezareth und *Jüngerin* des →Iesūs, der sie von 7 →Daimónia befreit hat. Sie wohnte seiner Hinrichtung am Kreuz bei, war bei seiner Grablegung zugegen und entdeckte am Ostermorgen mit 2 anderen Frauen das leere Grab des Iesūs, wo ihr zwei Engel des →Kýrios (→Ángelos Kyríu) erschienen und sie zu den anderen Jüngern sandten. Sie ist die erste Zeugin des auferstandenen Iesūs, der zu ihr die bekannten Worte spricht: Noli Me tangere (lat. »Rühr mich nicht an, halt mich nicht fest«). Das Fest der M. wird am 22. Juli begangen. M. wird oft mit Maria, der Schwester des →Lázarós, und mit Maria, der Sünderin, gleichgesetzt. - *Plastik:* G. Erhart (ca. 1520/30); *Gemälde:* J. d. Ribera, M. Denis (1892); *Kupferstich:* L. v. Leyden (1519).

Marichi △, *Marici:* brahm.-hindu. *Weiser* und *Seher* der Vorzeit (→Rishi), der zu den 10 →Maharishi zählt. Er ist ein geistentsprossener Sohn des →Brahmā und Vater des →Kashyapa.

Mārici ▽ (sanskr. »die Leuchtende«), *Mo-Li-Dschi* (chines.): buddh. *Mutter-* und *Sonnengöttin,* die bei Sonnenaufgang verehrt wird, *Schutzgöttin* vor Krankheit und bei Reisen vor Dieben und Räubern. Dargestellt wird sie auf einem von 7 Ebern gezogenen Wagen. Sie ist dreigesichtig und sechsarmig mit der Bannungsmudrā. Ihre Attribute sind Vajra, Nadel, Pfeil, Schlinge, Ashokazweig und Bogen. Mit der Nadel näht sie den Bösen Mund und Augen zu. Sie ist der ved. →Ushas ähnlich.

Mari(s) △: etrusk. blitzewerfender *Kriegsgott,* der dem griech. →Áres und röm. →Mars entspricht.

Māriyammān →Māri

Mars △: röm. *Kriegs-* und *Vegetationsgott, Schutzgott* von Feld und Vieh, aber auch Verursacher von Mißwuchs und Unheil. M. ist Bruder der →Bellona und Gatte der →Venus. Durch →Rhea Silva ist er Vater von →Romulus und →Remus und somit *Stammvater* der Römer, die sich als »Söhne des M.« verstanden. Zusammen mit →Iupiter und →Quirinus bildete er eine Trias. Ihm war das *Marsfeld* geweiht, und nach M. sind der nach älterer Rechnung erste Monat des Jahres *März* (mensis Martius) und der dritte Wochentag (dies Martis; ital. *Martedi;* franz. *Mardi*) benannt. M. heißt einer der Planeten, und das ♂-Zeichen steht in der Biologie für männlich schlechthin. - *Plastiken:* Thorwaldsen (1809/11), Canova (1816); *Gemälde:* Botticelli (1476/78), Tintoretto (1578), P. Veronese (1588), Rubens (1625), Velázquez (1640/58), L. Corinth (1910); *Wort:* martialisch. - Der M. ist dem griech. →Áres ähnlich.

Marshavan △: iran. *Dämon* (→Daêva) der Dürre und Not. Von ihm geht eine drohende Gefahr aus, insbesondere bedroht er die gute Religion.

Marsýas △, *Marsyas* (lat.): **1)** griech. *Silen* (→Silenós) aus Phrygien und Personifikation des phryg. Flötenspiels. Er ist ein Begleiter des →Bákchos. Als M. eine von →Athéne weggeworfene Flöte fand, entwickelte er sich zum Meister des Flötenspiels. Da er in einem musischen Wettkampf mit dem Kithara spielenden →Apóllon unterlag, wurde er an einem Baum aufgehängt, und man zog ihm bei lebendigem Leibe die Haut ab. Sein Blut bzw. die um ihn geweinten Tränen wurden zum gleichnamigen Fluß. - *Plastiken:* Myron (5. Jh. v. Chr.), Michelangelo (1490); *Gemälde:* Tintoretto (1545), Rubens (1603), Tiepolo; *Ballett:* L. Dallapiccola (1948). **2)** phryg. dämonischer *Windgott.*

Martinus △: christl.-kath. *Soldat* in Amiens (316/17-397), *Heiliger* (→Sancti) und *Wundertäter, Exorzist* und *Bischof* von Tours (seit 371). Am Stadttor von Amiens teilte er in der Kälte einer Winternacht seinen Mantel mit dem Schwert und gab die eine Hälfte einem frierenden Bettler, der sich ihm im Traum der folgenden Nacht als →Iesūs offenbarte. Sein Festtag ist der 11. November, auf den zahlreiche german. Bräuche des dem →Odin geweihten Herbstdankfestes übertragen wurden, wie Martinsgans und Martinstrunk. - *Plastiken:* S. Hirder (ca. 1525), J. M. Gugenbichler (1682/84), G. R. Donner (1733/35); *Gemälde:* El Greco (1597/99); *Worte:* Martini, Martinstag, Martinsgans, Martinsvogel.

Martu △: sumer. *Wettergott,* der als *Steppen-* und *Sturmgott* über die Steppe stürmt und Stadtsiedlungen zerstört. Daß er rohes Fleisch verzehrt und zeitlebens kein Haus besitzt, kennzeichnet ihn als *Nomadengott.* Der als Sohn des →An Geltende ist dem akkad. →Amurru gleich.

Marunogere: melanes. *Heros* und *Kulturbringer* (der Kiwai-Papua), der die Menschen den Bau der großen Gemeinschaftshäuser lehrte. Er schuf die weiblichen Geschlechtsorgane, indem er eine Öffnung in jede Frau bohrte. Als es dann Abend wurde und er das leise Schwingen des großen Hauses spürte, in dem Frau und Mann zum ersten Mal kopulierten, starb er glücklich. Mit dieser Erzählung werden die heranwachsenden Jungen und Mädchen in das Sexualleben der Erwachsenen rituell eingeführt.

Mārūt →Hārūt

Maruts, *Rudras:* ved.-brahm. Göttergruppe von *Sturm-, Donner-* und *Regengöttern,* die mit ihren Streitäxten die Wolken spalten, so daß der Regen herabfällt. Sie sind die ständigen Begleiter →Indras und gelten als Söhne des →Vāyu bzw. des →Rudra. Nach letzterem werden sie auch *Rudras* genannt. Zu ihnen zählen u.a. →Ishā und →Nirrita. Die M. gehören als Luftraumgottheiten zu den →Devas.

Maryam →Maria

Māshiāch △ (hebrä. »Gesalbter«), *Messías* (griech.) und *Christós* (griech.), *Christus* (lat.): **1)** jüd. charismatischer *Führer* und gesalbter *Heilsbringer* aus dem Hause des →Dāwid, dem Stamm Jehūdāh, der am Ende der Zeit als idealer Friedensfürst und König im erneuerten Jerusalem erwartet wird. Priester und Könige, die Vollstrecker der göttlichen Ratschlüsse, wurden durch Salbung dem →Jahwe-Elōhim geweiht. **2)** christl. *Titel* des →Iesūs, des »Sohnes Dawids«, der am Ende der Tage das Reich des →Kýrios aufrichten wird (→Parusía). - *Epos:* Klopstock (1751/73); *Oratorium:* Händel (1742); *Worte:* Messiade, messianisch, Messianismus.

Mashurdalo △ (»Fleischtöter«): zigeuner. *Riese* und *Menschenfresser,* der in Wäldern und Einöden haust, wo er Menschen und Tieren auflauert, um sie zu verspeisen.

Māshya △ und *Māshyāi* ▽: iran. *Urelternpaar* von 15 Menschenrassen. Sie entstanden aus dem Samen des →Gaya-maretān, der in die Erde gefallen war, und waren sogleich 15 Jahre alt. Am Ende des Weltzeitalters (→Frashō-kereti) werden sie mit ihrem Körper wieder auferstehen.

Matatron →Metatron

Māte ▽ (»Mutter«): lett. Bezeichnung für ca. 60 *Muttergöttinnen,* die für verschiedene Ereignisse und Funktionen im menschlichen Leben zuständig sind. Neben segenbringenden Göttinnen gibt es auch solche, die Gefahr und Tod bringen. Zu ihnen zählen u.a. →Jūras māte, →Lauku māte, →Meža māte, →Veja māte, →Velu māte und →Zemes māte.

Mater Matuta ▽ (lat. »morgendliche Mutter«): röm. *Göttin* des *Frühlichts, Schutzgöttin* der Frauen und der Geburt. Neben ihrem Sohn →Portunus Gottheit der *Seefahrt* und *Häfen.* Ihr zu Ehren wurden am 11. Juni die *Matralia* gefeiert. Später wird sie der griech. Ino Leukothea gleichgesetzt.

Mathamma ▽: ind. *Mutter-* und *Dorfgöttin* (→Grāmadevatā) bei den Tamilen.

Mathusála →Metūshelach

Matrona ▽, *Matronen* (Pl.): kelt. (Dreier-)Gruppe von *Vegetations-* und *Muttergöttinnen,* die vor allem an Flußläufen verehrt werden. Dargestellt sind sie meist nebeneinander sitzend und mit Füllhorn oder Fruchtkör-

Matronen, kelt. Dreiergruppe von Vegetations- und Muttergöttinnen mit Fruchtkörben.

ben auf ihrem Schoß. Die mittlere M. trägt manchmal ein Wickelkind. Die Bezeichnung M. (Sg.) lebt im Flußnamen *Marne* fort.

Matsya (sanskr. »Fisch«), hindu. erster →Avatāra →Vishnus im vergangenen Kritayuga (→Yuga) in Gestalt eines *Fisches,* um den Dämon →Hayagriva zu töten und Satyavrata, den siebten →Manu, vor der Sintflut zu erretten. Dargestellt wird er als Fisch oder Fischmensch, vierarmig mit den Attributen Rad und Keule.

Maturaiviran △ (»Held von Madurai«). ind. *Dorfgott* (→Grāmadevatā) bei den Tamilen.

Maui △: polynes. *Heros,* der den Göttern half, den Himmel zu heben und den Lauf der Sterne festzulegen, sowie *Kulturbringer,* der die Menschen die Fertigung der Fischreusen lehrte, aber auch → *Trickster* (→Kupua), der den Göttern das Feuer raubte. M. ist Sohn der →Hina und des →Tiki. Sein Beiname lautet »Tikitiki«. Mit dem Zauberkiefer seiner Großmutter fischte er Inseln aus dem Meer, mit einer Schlinge fing er die Sonne ein, um ihren Lauf zu verlangsamen. Schließlich kroch er in die Scheide der schlafenden Göttin →Hine-nui-te-Po, um Unsterblichkeit zu gewinnen. Dargestellt wird M. acht- oder janusköpfig.

Mawu ▽, *Mawa* (»alles übertreffend«): **1)** *Mond-* und *Schöpfergöttin* bei den Fon in Dahome. Sie gilt als weiblicher Aspekt vom androgynen →Mawu-Lisa, bzw. als Zwillingsschwester des Sonnengottes →Lisa und Mutter von →Sakpata, →Gu und →Legba. Sie ist zuständig für den Makrokosmos und repräsentiert den Westen und die Nacht, das Dunkle und die Kühle, aber auch Weisheit und Milde. **2)** *Himmels-* und *Schöpfergott* △ bei den Ewe in Dahome, Ghana und Togo, der die Geister Mawuviwo (»Gotteskinder«) als Mittler für die Menschen geschaffen hat.

Mawu-Lisa ◇: androgyne Gottheit der Fon in Dahome. Die Augen ihrer weiblichen Hälfte →Mawu bilden den Mond und die der männlichen Hälfte →Lisa die Sonne.

Mawu Sodza ▽: *Gewitter-* und *Regengöttin* bei den Ewe in Dahome, Ghana und Togo. Sie ist ein Aspekt des Himmelsgottes →Mawu oder auch die Gattin bzw. Mutter des →Mawu Sogbla. Als *Schutzgöttin* trägt sie die Beinamen »Zarter Blitz«, »Mutter der Tiere« und »Mutter des Fleisches«. Sie ist der →Sodza ähnlich.

Mawu Sogbla △: *Gewitter-* und *Blitzgott* bei den Ewe in Dahome, Ghana und Togo. Er ist ein Aspekt des Himmelsgottes →Mawu, oder auch Gatte bzw. Sohn der →Mawu Sodza und dem →Sogbla ähnlich.

Maya: Bacabs, Cabracá, Camazotz, Came, Chac, Chilan, Ek Chuah, Hunabku, Hunahau, Hunapú, Hun-Hunapú, Huracán, Itzamná, Ixbalanqué, Ix Chebel Yax, Ixchel, Ixtab, Kinich Ahau, Kukulkan, Mitnal, Votan, Vucub-Caquix, Xaman Ek, Xibalbá, Yum Kaax, Zipacná, Zotz.

Māyā ▽ (sanskr. »Wunderkraft, Trugbild, Schein«): **1)** ved. Urkraft und Wundermacht der Götter, die →Vishnu erschaffen hat und aus der die Welt hervorgeht. **2)** hindu. Beiname der Muttergöttin (→Devi), aber auch die Welt als Illusion im Gegensatz zur absoluten Wirklichkeit →Brahman. **3)** buddh. Name der Mutter von →Shākyāmuni →Gautama Buddha, die als Jungfrau mit ihm schwanger wird, als ein Elefant ihr im Traum erscheint und sie mit einem weißen Lotos berührt.

Mayahuel ▽, *Mayauel:* indian. *Agavengöttin* und *Personifikation* des aus der Agave gewonnenen Rauschtrankes *Pulque* bei den Azteken, *Kalendergöttin* des achten Tages im Monat. Sie ist Gattin des →Xochipilli bzw. des →Patecatl und durch ihn Mutter der →Centzon Totochtin. Als einfache Bauersfrau hatte sie einst entdeckt, daß der fermentierte Saft der Agave ein berauschendes Getränk ergab: Pulque. Wegen dieser auch für die Gottheiten erfreulichen Entdeckung wurde sie zur Göttin und ihr Mann zum Gott erhoben. Dargestellt wird sie nackt vor einer Schildkröte sitzend.

Mayin (»Geber des Lebens«): sibir. *Himmelsgott* und *Hochgott* der Jenissej-Tungusen sowie *Schutzgott* der Rentierherden. M. schickt die Seelen in die Körper der Neugeborenen und nimmt die Seelen der im Säuglingsalter verstorbenen Kinder wieder in seinen Himmel auf.

Māyōn (»der Dunkle«), *Māl:* ind. *Schutzgott* der *Rinder-* und *Schafhirten* bei den Tamilen, der im Banyan-Baum wohnt. Seine Farbe ist dunkelblau, sein Attribut der Bogen und sein →Vāhana der Elefant. Er entspricht dem →Upulvan der Singhalesen.

Mbomba △, *Mbombi* (»Former«), Nzakomba: *Schöpfergott* und Herr über Leben und Tod bei den Mongo in Zaire. Seine 3 Kinder sind die Sonne, der Mond und der Mensch. Aus Zorn über eine Verfehlung der Menschen machte er die anfänglich zahmen Tiere scheu und feindselig gegenüber den Menschen und gab letzteren die Arbeit und den Tod.

Me ▽ (»Sein«?): sumer. göttliche *Kräfte* der Weltordnung. Sie (über 100 an der Zahl) bewegen den Gang der Welt positiv wie negativ. Die Me der Unterwelt legt das Geschick von deren Bewohnern fest. Städte und Tempel haben ihre Me. Unter den Gottheiten wird ständig um den Besitz der Me gestritten. Nach dem Mythos »Inanna und Enki« verschenkt →Enki im Rausch die ihm im →Abzu zur Verfügung stehende Me an →Inanna, worauf letztere diese in die Stadt Uruk bringt.

Mebere △, *Mebeghe, Maböge: Himmels-* und *Schöpfergott* der Fang in Kamerun, Gabun und Guinea, der aus Lehm die Eidechse schuf und diese im Wasser zum Menschen werden ließ. Er ist Bruder und Gatte der Anrendonra und Sohn der Erdgöttin Alonkok, mit der er die Regengott →Nzame zeugte.

Mechit →Mehit

Medb ▽; kelt. *Erd-* und *Fruchtbarkeitsgöttin* (der Iren). Sie ist nacheinander die Gattin von 4 irdischen Königen, die erst durch die »heilige Hochzeit« mit ihr zu rechtmäßigen Herrschern werden.

Médeia ▽ (? »Göttin der Me«), *Medęa* (lat.): griech. *Zauberin* und Prinzessin von Kolchis und Priesterin der →Hekáte sowie Stammutter der

Gegenüber:
Maui, polynes. Heros, Trickster und Kulturbringer, der den Göttern das Feuer raubte, um es den Menschen zu bringen.

Mayahuel, indian. Agavengöttin nackt auf einer Schildkröte sitzend.

Médusa, griech. Ungeheuer und schrecklichste der drei Gorgonen. Der Anblick ihres Hauptes versteinerte alle, die es ansahen, bis Perseús ihr das Haupt abschlug. Schlangenhaare sind auf ihrem Kopf.

Meder. Sie ist eine Tochter der Hekáte und des Königs Aietes von Kolchis sowie Gattin des →Iáson. Aus Liebe hilft sie letzterem, das »Goldene Vlies« aus dem Besitz ihres Vaters zu entwenden, und flieht mit ihm nach Griechenland. Um den verfolgenden Vater aufzuhalten, tötet sie ihren Bruder Apsyrtos und wirft seine zerstückelte Leiche ins Meer. Als Iáson ihr später die Königstochter Krëusa (Glauke) vorzieht, tötet sie die Nebenbuhlerin und die beiden mit ihm gezeugten Kinder, bestattet sie im Heiligtum der →Héra, entflieht auf einem von geflügelten Drachen gezogenen Wagen ihres Großvaters →Hélios nach Korinth und geht später ins →Elýsion ein. - *Gemälde:* Delacroix (1862), Feuerbach (1870); *Dramen:* Euripides (431 v. Chr.), P. Corneille (1635), Grillparzer (1822), J. Anouilh (1946); *Oper:* Cherubini (1797).

Medeīnė, *Mejdejn* (von medis = »Wald, Baum«): litau. *Wald-* und *Hasengöttin.*

Medr △▽ (»Erde«): äthiop. männl. oder weibl. *Erdgottheit,* die innerhalb einer Göttertrias an letzter Stelle nach →'Astar und →Behēr genannt wird.

Médusa ▽ (»Herrin«), *Medusa* (lat.): griech. *Ungeheuer,* furchtbarste der 3 →Gorgonen, obgleich sie, im Gegensatz zu ihren beiden Schwestern Stheno und Euryale, sterblich war. Sie ist Tochter des →Phórkys und der →Kétos. M. ist durch →Poseidón Mutter des →Pégasos. Der Anblick ihres Hauptes versteinerte alle, die es ansahen, bis →Perseús der von Poseidón Schwangeren das Haupt abschlug. Dargestellt wird M. mit starren Augen und heraushängender Zunge.

Plastik: Mudas Rondanini (400 v. Chr.); *Gemälde:* Leonardo da Vinci, Caravaggio (1588), Rubens (1614), Th. Géricault (1819), A. v. Jawlensky (1923); *Oratorium:* H. W. Henze (1968); *Worte:* Meduse, Medusenblick, Medusenhaupt.

Mefitis →Mephitis

Mégaira ▽ (»die Neiderin«), *Megaęra* (lat.), Megäre (dt.): griech. *Rachegöttin,* eine der drei →Erinýs. *Wort:* Megäre (= böses Weib).

Meher →Mihr

Mehet-uret ▽, *Methyer* (»große Flut«): ägypt. *Kuhgöttin* und Personifikation der Urgewässer, aus denen der Sonnengott →Re auftaucht.

Mehit ▽, *Mechit:* ägypt. *Löwengöttin* und Gemahlin des →Onuris, die in der Gegend von Thinis (achter oberägypt. Gau) verehrt wurde.

Mehr →Mihr

Mejdejn →Medeīnė

Melanesier: Adaro, Ambat, Dogai, Ivo, Kamanggabi, Korware, Lilavatu, Marunogere, Namita, Ndengei, Nuga, Quat, Sido, Tindalo, Waiet.

Meléagros △ (»Jagdfreund«), *Meleager* (lat.): griech. *Heros,* Teilnehmer am Zug der →Argonaútai und der kalydonischen Jagd. Er ist Sohn des Königs Oineos und der Althaia sowie Gemahl der Kleopatra. Als M. 7 Tage alt war, prophezeiten die →Moírai, daß er dann sterben werde, wenn das im Herd brennende Scheit verbrannt sei. Deshalb nahm seine Mutter sofort das Scheit fort und verwahrte es. Als nun ihre Brüder der Atalante das Fell des von M. getöteten kalydonischen Ebers entrissen, erschlug sie M. Im Zorn darüber warf Althaia das Scheit in die Flammen, so daß M. sofort starb. Über seinen Tod weinten seine Mutter und seine Gattin so sehr, daß →Ártemis sie in Perlhühner (meleagrides) verwandelte. - *Gemälde:* Rubens (ca. 1635).

Melkart →Melqart

Melpoméne ▽ (von melpein = »singen«), *Melpomene* (lat.): griech. *Muse der Tragödie, der Lyrik* und des *Gesangs.* Sie gehört zu den 9 →Músai und ist eine Tochter des →Zeús und der →Mnemosýne. Ihre Attribute sind Maske, Keule und Kranz aus Weinlaub.

Melqart △, *Melkart* (»König der Stadt [Tyrus]«): phönik. *Haupt-* und *Stadtgott* von Tyrus. Als *Schwurgott* wird er im Vertrag des assyr. Königs Asarhaddon (680–669 v.Chr.) zusammen mit dem →Ba'al von Tyrus genannt. Auf Vorgebirgen wird er als *Seefahrergott* verehrt, später ist er auch *Sonnengott.* Als der *Vegetationsgott* M. auf einer Reise nach Libyen vom griech. →Typhón getötet worden war, erweckte ihn Jolaos durch Wachtelgeruch wieder zum Leben. Auf seinen Altären brannte ein immerwährendes Feuer. An seinem Fest wurde sein Bild verbrannt. Dargestellt wird er mit Löwenfell auf einem Seepferd reitend. Er ist dem griech. →Heraklés gleich.

Men △: phryg. *Mondgott* und *Herrscher* über Himmel und Unterwelt sowie *Vegetationsgott,* der Pflanzen und Tiere gedeihen läßt. Sein Beiname ist *Týrannos* (»Alleinherrscher«). In Rom wurde M. dem →Attis gleichgesetzt.

Mena ▽, *Menaka:* hindu. Nymphe (→Apsarās). Sie gilt als Gemahlin des Vishvāmitra und Mutter von Shakuntala bzw. als Gattin des →Himavat und ist durch ihn Mutter der →Gangā und →Pārvati sowie des Maināka.

Menchit ▽, *Menhit* (»die Schlächterin«): ägypt. *Löwen-* und *Kampfgöttin.* Zusammen mit ihrem Gatten →Chnum und Sohn →Hike bildete sie die Triade von Latopolis (Esneh). Die löwengestaltig Dargestellte wird mit →Sachmet und →Tefnut gleichgesetzt und später mit der →Neith zu Neith-Menchit verschmolzen.

Mene →Seléne

Menélaos △, *Menelaus* (lat.): griech. *König* von Sparta, Sohn des Atreus und der Aerope, Bruder des →Agamémnon, Gatte der →Heléne und durch sie Vater der Hermione. Nachdem seine Gattin von →Páris entführt worden war, zog M. mit einem Griechenheer unter Führung seines Bruders gegen Troja und ließ sich in ein hölzernes Pferd (»trojanisches Pferd«) einschließen. Er versöhnte sich mit Heléne und kehrte mit ihr nach Griechenland zurück. M. wurde unsterblich und ins →Elýsion entrückt.

Menerva →Menrva

Méness △ (lett. »Mond«), *Ménùlis* und *Menuo* (litau.), *Menins* (preuß.): **1)** lett. und preuß. *Mondgott, Schutzgott* der Reisenden und Waisen, aber auch *Kriegsgott*. Er ist der bedeutendste Freier der →Saule, und als sein Nebenbuhler gilt →Auseklis. In vielen Volksliedern wird er erwähnt. **2)** Der litau. M., die Personifikation des Mondes, führt den Beinamen »Dangaūs karaláitis« (»himmlischer Prinz«). Er ist Gatte der Sonne →Sáulė und mit ihr Vater der Erde →Žemýna. Da die Sonne früh aufzustehen pflegt und der Mond erst spät kommt, wandert er immer allein. Dabei trifft er den Morgenstern →Aushrinė und verliebt sich in ihn. So hat sich das Paar scheiden lassen, und da es seine Tochter Žemýna nicht teilen konnte, wurde ein Wettlauf veranstaltet, den die Sonne gewann. Seitdem schaut letztere am Tage auf die Erde herab und der M. nur noch nachts. Wenn einmal beide zugleich zur Erde schauen wollen, dann treibt →Perkúnas einen von ihnen fort.

Mene tekel (aramä. »gezählt [und] gewogen«): jüd. *Orakelspruch,* der während eines Gastmahls des babylon. Kronprinzen Belsassar (†539 v. Chr.) von (Menschen-)Hand an die Palastwand geschrieben worden war, und den →Dānijj'ēl als für den König prophezeites Unglück gedeutet hat: menē' (»gezählt [sind die Tage der Herrschaft]«) teqēl (»gewogen [wurde der König und zu leicht befunden]«) perēs (»geteilt [wird das Reich werden]«). – *Wort:* Menetekel (fig.).

Menhit →Menchit

Menins →Mēness

Ménróth △ (von mén = »Hengst«): ungar. *Riese,* der polygam lebte und als Gatte der →Enee Vater von →Hunor und Magor wurde.

Menrva ▽, *Menerva:* etrusk. *Kriegs-* und *Friedensgöttin.* Sie ist die Tochter des →Tinia, dessen Haupt sie entsprungen ist. Mit ihrem Vater und mit →Uni ist sie zu einer Trias verbunden. Dargestellt wird sie mit Helm, Schild und Lanze. Sie entspricht der griech. →Athéne und der röm. →Minerva.

Mens ▽ (lat. »Denken, Verstand«): röm. *Göttin der Besinnungskraft* und *Einsicht,* der zu Ehren nach der Niederlage am Trasimenischen See Tempel erbaut wurden. Ihr Fest wurde am 8. Juni auf dem Kapitol gefeiert.

Menschensohn →ben Ādăm

Men-Shen (»Tür-Götter«): chines. zwei *Generäle* mit Namen Ch'in Shu-pao und Hu Ching-te, die seit dem 13./14.Jh. als *Tor-* und *Türgötter* gelten und die Palast- und Hauseingänge vor bösen Geistern und Gespenstern bewachen. Während des Neujahrsfestes werden ihre Bilder an Haustüren angebracht. Dargestellt werden sie mit Hellebarde, Pfeil und Bogen.

Méntor △ : griech. *Heros* aus Ithake, ein Jugendfreund des →Odysseús, dem letzterer bei der Abfahrt nach Troja den Schutz seines Hauses anvertraute. In der Gestalt des M. begleitete →Athéne *als Lehrer und Erzieher* den Telemachos, einen Sohn des Odysseús, nach Pylos. - *Wort:* M. (= erfahrener Berater, Lehrer, Erzieher).

Mėnùlis →Mēness

Menuo →Mēness

Mephitis ▽, *Mefitis:* röm. *Göttin* der *Schwefelquellen,* die die übelriechenden und schädlichen Dünste der Erde fernhält oder vertreibt. - *Wort:* mefitisch.

Mercurius △ (von lat. *mercari* = »Handel treiben«), *Merkur* (dt.): röm. *Gott* des *Handels,* des *Gewerbes* und *Warenverkehrs* sowie *Götterbote* und *Seelengeleiter.* Der Stiftungstag seines 495 v.Chr. in Rom erbauten Tempels wurde als »Tag der Kaufleute« gefeiert. Dargestellt ist er mit Heroldstab (caduceus) und Flügelhut. Nach M. sind einer der Planeten sowie der vierte Wochentag *Mercoledi* (ital.) bzw. *Mercredi* (franz.) benannt. Er ist dem griech. →Hermés gleich.

Meresger ▽, *Merit-seger* (»die vom Schweigenmacher Geliebte, die die Stille liebt«): ägypt. *Schutzgöttin* der Toten und Personifikation der thebanischen Nekropole. Die als »Herrscherin des Westens« Verehrte wird als Ringelschlange oder als schlangenköpfige Fee dargestellt und mit der →Uräusschlange gleichgesetzt.

Meret ▽, *Mert:* ägypt. Göttinnen als Personifikation des *Kultgesangs* und der *Tempelmusik,* die eine eine ober- und die andere eine unterägypt. Meret. Als »Herrin des Goldhauses«, d.h. Sanktuariums, steht sie häufig auf dem Schriftzeichen »Gold«. Dargestellt sind beide mit zu taktmäßigem Schlagen erhobenen Händen, und angeglichen sind sie der →Ma'at, →Isis und →Hathor.

Merit-seger →Meresger

Merkur →Mercurius

Merópe ▽, *Merope* (lat.): griech. *Nymphe* und eine der 7 →Pleiádes. Sie ist Tochter des →Átlas und der →Okeanine Pleione sowie Gattin des →Sísyphos und durch ihn Mutter des →Glaúkos. Da sie als einzige der Pleiádes einen Sterblichen geheiratet hat, verhüllt sie, als Stern an den Himmel versetzt, aus Scham ihr Antlitz, so daß ihr Stern dunkler erscheint als der ihrer Schwestern.

Mert →Meret

Men-Shen, chines. zwei Generäle mit Hellebarden, die als Türgötter vor bösen Geistern schützen.

Meru (sanskr. »Weltenberg«): buddh.-hindu. *Weltenberg* im Zentrum von →Jambūdvipa im →Bhūrloka und zugleich *Weltachse* im →Triloka. Er besteht aus Gold, Silber und Edelsteinen. Sein Durchmesser ist am Gipfel doppelt so groß wie an der Basis. Er hat 3 Spitzen, auf denen die Städte von →Vishnu, →Brahmā und →Shiva liegen, und unterhalb davon sind die 8 Städte der →Lokapālas. Aufgrund der Entsprechung von Mikro- und Makrokosmos entspricht im Yoga die Wirbelsäule des Menschen dem M. als Weltachse.

Merulis →Mandulis

Meschenet ▽ (»Ort, an dem man sich niederläßt«): ägypt. Personifikation der *Gebärziegel* als Sitz, auf dem die Kreißenden saßen. Sie bestanden gewöhnlich aus mindestens 4 Ziegeln als Auflage für die Füße der hockenden Gebärenden. Dazu *Geburtsgöttin*, die das Kind bildet und sein →Ka schon im Mutterleib bereitet. Auch *Schicksalsgöttin*, die das Schicksal des Kindes festlegt und zusammen mit →Schai und →Renenutet bei der letzten Entscheidung in der Stunde des Totengerichts anwesend ist. Dargestellt wird sie mit einer Doppelspirale auf dem Kopf, die als Kuhuterus gedeutet wird. In Abydos stellte sich die Meschenet in 4 Göttinnen dar, die in der Spätzeit mit →Tefnut, →Nut, →Isis und →Nephthys verschmolzen.

Meslamta'ea △ (»der aus dem Meslam-Heiligtum Hervortretende«): sumer. *Kriegs-* und *Unterweltsgott*, eine Erscheinungsform des →Nerigal, dessen Hauptheiligtum das Meslam bzw. E-meslam in Kutha war, und zugleich Zwillingsbruder des →Lugalgirra.

Messías →Māshiāch

Metatron (griech. v. *metathronos* = »beim [göttlichen] Thron«), *Matatron:* jüd. *Geistwesen* und *Engel* (→Mala'āk) des →Jahwe-Elōhim, bei dessen Thron im Himmel er seinen Dienst tut. M. ist in der Kabbala einer der höchsten Engelsfürsten. Sein Beiname ist »kleiner Jahwe«. M. flicht aus den Gebeten der Menschen eine Krone, die er auf das Haupt Gottes setzt. Als himmlischer Schreiber notiert er die Taten der Menschen. Manchmal ist er identisch mit →Mikā'ēl bzw. mit →Hanōk.

Methusalem →Metūshelach

Methyer →Mehet-uret

Métis ▽ (»Klugheit, Weisheit«): griech. *Göttin* der Klugheit und Weisheit, eine →Okeaníde und Tochter des Titanenpaares →Okeanós und Tethys sowie erste Gattin des →Zeús, der die von ihm schwangere M. aus Furcht vor einem mächtigen Sohn verschlang. Das Kind entsprang nach 9 Monaten als →Athéne aus seinem Haupt.

Metsähinen: finn. *Waldgeist*, der dem Jäger dabei hilft, Fallen zu stellen und Wild zu fangen.

Metūshelach (hebrä.), *Mathusála* (griech.), *Methusalem* (dt.): **1)** jüd. *Urvater*, Sohn des →Hanōk und Vater des Lamech. M. ist mit seiner Lebenszeit von 969 Jahren der Mensch mit der höchsten Lebensdauer in der

Bibel. **2)** christl. (achter) *Stammvater* des →Iesūs in dessen Ahnenreihe.
– *Wort:* Methusalem (fig.).

Meža māte ▽ (»Wald-Mutter«): lett. *Wald-* und *Schutzgöttin* aller Waldtiere (Wild und Vögel), aber auch der Waldarbeiter. Sie wird oft in Volksliedern genannt und zählt zu den ca. 60 →Māte.

Micha →Mikāh

Michabo △: indian. großer *Hase* oder riesenhaftes *Kaninchen* und
schöpferischer *Sonnenheros* bei den Algonkin. M. ist Lehrer des Handwerks und *Ahnherr* der Menschheit, Herr der Winde, dessen Stimme der
Donner ist. Er gilt als Sohn des Westwindes →Kabun, Bruder der Sturm-
wolke Chokanipok und Gatte der →Muskrat. Mit letzterer bildet er das
Stammelternpaar der Menschenrasse. Manchmal ist M. identisch mit
→Wabun.

Michaél →Mikā'ēl

Michaias →Mikāh

Mictecacihuatl ▽ (»Herrin des Totenreichs«), *Mictlancihuatl:* indian. *Todesgöttin* und *Göttin* der *Unterwelt* bei den Azteken. Zusammen mit ihrem
Gatten →Mictlantecutli herrscht sie
über das Totenreich →Mictlan und
bewohnt die unterste der 9 Unterwelten. Dargestellt wird sie mit schwarzer
Körperbemalung und durch Masken
aus Totenschädeln und Knochen.

Mictlan (»Totenreich«): indian. *Unterwelt* bei den Azteken, ein schmerz-
und freudloses Reich der Toten, das in
der nördlichen Weltgegend liegt. Über
M. herrschen →Mictlantecutli und
→Mictecacihuatl. Mit Ausnahme der
Gefallenen und der im Kindbett Gestorbenen müssen alle Toten hier hinabsteigen, wobei sie einen neunarmi-
gen Strom zu überqueren haben. Da
ein Hund als Totengeleiter (→Xolotl)
fungiert, wird dem Leichnam ein
Hund mit ins Grab gegeben. Dem M.
entspricht der →Mitnal der Maya.

Mictlancihuatl →Mictecacihuatl

Mictlantecutli △ (»Herr des Totenreiches«): indian. *Todesgott* und *Gott* der
Unterwelt bei den Azteken, *Kalender-*

*Mictlantecutli, indian. Todesgott, mit
dem Gottherrscher Quetzalcoatl
vereinigt.*

gott des zehnten Tages im Monat und fünfter Regent der Nachtstunden
sowie sechster Regent der Tagstunden. Zusammen mit seiner Gattin
→Mictecacihuatl herrscht er über das Totenreich →Mictlan und

bewohnt die unterste der 9 Unterwelten. Dargestellt wird er als Skelett oder mit einem Totenkopf, meist mit herausstehenden Zähnen und mit einem Steinmesser anstelle einer Nase. Seine Symboltiere sind Spinne, Eule und Fledermaus. M. entspricht dem →Hunahau der Maya.

Mídas △: griech.-phryg. *König* von großer Gier nach Goldreichtum. Als sich einmal ein trunkener →Silenós in seinem Rosengarten verirrt hatte, fing er ihn mit List ein und brachte ihn dem →Diónysos zurück. Aus Dank gewährte letzterer dem M. den Wunsch, daß alles, was er berührte, zu Gold wurde. Demgemäß wurden auch Speise und Trank zu Gold. Von dieser verhängnisvollen Gabe befreite später Diónysos den M. durch ein Bad im Fluß Paktolos, der seitdem Goldsand führt. Als bei einem musikalischen Wettstreit zwischen dem Kithara spielenden →Apóllon und dem Flöte blasenden →Pán M. sich für letzteren entschied, ließ ersterer dem M. Eselsohren wachsen. – *Gemälde:* N. Poussin (1632/34); *Oper:* R. Strauss (1944); *Wort:* Midasohren.

Midgard △, *Midgardr* (nord. »Mittewelt, -raum«): german. *Erdenwelt* und Wohngebiet der Menschen, das im Zentrum der übrigen Welten liegt, die durch die Esche →Yggdrasil miteinander verbunden sind. An der Peripherie liegt →Utgard, oberhalb von A. ist die Götterwelt →Asgard und unterhalb liegt →Niflheim. M. selbst ist von Bergen aus den Augenbrauen →Ymirs umgeben und vom Weltmeer, in dem die →Midgardsomr liegt, umflossen. *Midgardbund* nennt sich seit Mitte der 30er Jahre eine neugermanische Glaubensbewegung.

Midgardsomr △ (nord. »Midgardschlange«): german. dämonische *Riesenschlange,* die im Weltmeer rings um die Welt →Midgard gerollt ist und sich selbst in den Schwanz beißt. M. ist Sohn des →Loki und der Riesin Angrboda sowie Bruder von →Fenrir und →Hel. M. verursacht durch seine Bewegung gewaltige Sturmfluten. Z. Zt. von →Ragnarök wird →Thor mit seinem Hammer ihm den Schädel einschlagen und dann selbst an dessen giftigem Atem zugrunde gehen. Seit der Christianisierung wird M. mit dem jüd. →Liwjätän verglichen.

Midir △: kelt. *Gott* (der Iren) und *Herrscher* über das Wunderland →*Mag Mor*. M. gilt als Sohn der →Dan und gehört zu den →Tuatha Dê Danann. Als er, von einer Haselstange getroffen, ein Auge verlor, hat ihm sein Bruder →Dian-Cêcht dieses wieder ersetzt. M. ist dem gall. Medru gleich.

Mievilks (△), *Miezvilkas* (▽): (lett.) *Fruchtbarkeitsgeister* und *Spender* von *Reichtum.*

Mihr △, *Mehr, Meher:* armen. *Kriegs-* und *Sonnengott,* dessen Erscheinungsform auf der Erde das Feuer ist. Er gilt als Sohn des →Aramazd und Bruder der →Nana. Nach M. ist der achte Tag eines jeden Monats benannt. M. ist dem iran. →Mithra und dem griech. →Héphaistos gleich.

Mihryazd: iran. *Weltenschöpfer* bei den Manichäern und »zweiter Gesandter« des »Guten Gottes« – im Unterschied zum ersten Gesandten

→Narisaf. Sein Beiname lautet »Lebendiger Geist«. Er besiegt die dämonischen →Archóntes und ruft mit seinem Heilsruf (→Xrōshtag) den »Urmenschen« und dessen 5 Söhne →Amahrspand. Der zu erlösende »Urmensch« gibt Antwort (→Padvāxtag). So verbinden sich Ruf und Antwort miteinander und steigen gemeinsam aus der Finsternis hinauf zum Licht.

Mikā'ēl (hebrä. »Wer ist wie [Gott] El«), *Michaél* (griech.), *Mikāl* und *Mika'il* (arab.): **1)** jüd. *Engel* (→Mala'āk) und *Bote* des →Jahwe-Elōhim, *Thronengel* Gottes und Träger der göttlichen Geschäftsordnung. Er führt die himmlischen Bücher und vollzieht die Gerichtsurteile. Zusammen mit →Gabriél ist er *Fürbitter* und *Schutzengel* des Volkes Israel. Er gehört zu den →Archángeloi und besteht ganz aus Schnee. **2)** christl. *Engel* und *Bote* des →Kýrios, *Schutzpatron* der Kirche und der »Armen Seelen« im →Purgatorium sowie Schutzpatron des deutschen Volkes. Als Anführer der guten Engel führte er im Himmel einen siegreichen Kampf gegen den →Diábolos, den er mitsamt seinem Anhang aus dem Himmel auf die Erde stürzte. Mit dem Diábolos stritt er auch um den Leichnam des →Moysēs (Jud 9). Sein Fest »Michaelistag« ist der 29. September. Dargestellt wird M. als Ritter im Kampf mit dem Drachen und als Seelenwäger beim Jüngsten Gericht. Seine Attribute sind Schwert und Fahne. **3)** islam. *Engel* und *Bote* des →Allāh, *Führer* der Menschen und *Herr* der Naturkräfte. Er ist neben →Djabrā'il, →'Izrā'il und →Isrāfil einer der 4 großen Engel. Zusammen mit Djabrā'il erschien er dem →Muhammad und belehrte ihn. - *Plastik:* H. Gerhard (1588); *Gemälde:* Rublev (ca. 1400); *Kupferstich:* M. Schongauer (ca. 1480), *Holzschnitt:* A. Dürer (vor 1498); *Worte:* Michaeli(s), Michaelisfest, Michaelisferien, Michaelistag, Michel (fig.).

Mikāh △ (hebrä. »Wer ist gleich Jahwe«?), *Michaias* (griech.), *Micha* (dt.): jüd. Bauer und *Prophet* (→Nābi') des →Jahwe-Elōhim im Südreich Juda (725-711 v. Chr.). M. prophezeit Unheil und Heil, ein Strafgericht über Jerusalem, er droht den habsüchtigen Reichen und den korrupten Richtern, kündet aber auch Verheißung

Mikā'ēl, christl. Engel im siegreichen Kampf mit dem drachenartigen Diábolos, den er mitsamt dessen Anhang aus dem Himmel auf die Erde stürzte (Holzschnitt von A. Dürer, um 1497/98).

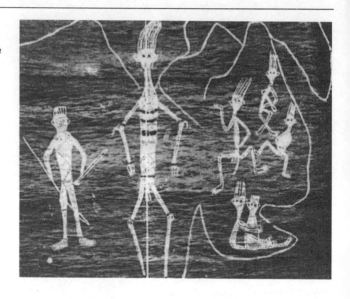

Mimi, austral. spindeldürre Wassergeister, die nur an windstillen Tagen auf die Jagd gehen können, da sie sich sonst ihren Hals brechen.

Mi-la-ra-pa, buddh. Heiliger und Guru in seiner Meditationsgrotte im Himälaya, die Rechte ans Ohr gelegt.

für Juda, da aus Bethlehem-Ephrath der künftige Herrscher kommen werde. Nach M. ist die sechste Schrift im Zwölfprophetenbuch der Bibel benannt.

Mika'il →Mikā'ēl

Mikal △: phönik. *Pest-* und *Kriegsgott,* der als »Gott von Beisan« bezeichnet wird.

Mikelats △: bask. böser *Wettergeist,* der Unwetter und Hagel verursacht, die Herden schlägt und die Ernte vernichtet. Er gilt als böser Sohn der →Mari und Bruder des guten →Atarrabi.

Mikronesier: Aluluei, Anulap, Lowa, Luk, Motikitik, Nareau, Olifat, Pälülop, Puntan, Solang.

Mi-la-ra(s)-pa △ (tibet. »Mila, der Baumwollgewandete«): buddh.-tibet. *Heiliger* und *Guru* (1040–1123) und Gründer der Kagyüpa-Schule (→Āchārya). Als →*Siddha* hatte er die Fähigkeit, seine Körpertemperatur zu erhöhen, und meditierte als Eremit, nur mit einem dünnen Baumwollgewand bekleidet, jahrelang bei eisiger Kälte in Berghöhlen auf dem Himälaya. Er konnte durch die Luft fliegen. Dargestellt ist er, wie er die rechte Hand ans Ohr legt. Der Meditationsgurt hängt von seiner Schulter herab.

Milchstraße →Galaxías

Milkom △ (v. milk »König«): ammonit. *Stammesgott,* dessen kostbare Krone König David bei einem Kriegszug gegen die Ammoniter erbeutet und sich selbst aufs Haupt setzt (2 Sam 12,30). Hingegen errichtet

Salomon dem M. am Ölberg ein Heiligtum (1 Kön 11,5.7.33), und erst Josia, König von Juda, beseitigt dessen Kult (2 Kön 23,13).

Mi-lo Fo △: buddh.-chines. *Lachender Buddha* oder *Dickbauchbuddha* als eine besondere Form des →Maitreya. Sein dicker, nackter Bauch und der Geldbeutel in seinen Händen symbolisieren Reichtum, und sein Lachen und seine lockere Sitzhaltung bedeuten Gelassenheit und Zufriedenheit. *Pu-tai* (»Hanfsack«), ein chines. Mönch des 10. Jh., der mit einem Bettelsack auf dem Rücken durch die Ortschaften zog, bekannte in seiner Todesstunde, daß er die Inkarnation des M. sei. In jedem chines. Kloster ist er deshalb als *Lachender Buddha* dargestellt.

Mi-lo Fo →Maitreya

Milu →Miru

Mimi (»kleines Volk«): austral. *Zauber-* und menschenfressende *Geisterwesen,* die in den Felsen des westlichen Arnhem-Landes wohnen. Sie sind so dünn, daß sie nur an windstillen Tagen auf die Jagd gehen können, weil sie nämlich befürchten, daß ihr Hals brechen könnte. Die Darstellung der stockähnlichen M. in menschlicher Gestalt ist auf Felsbildern durch einen dynamischen Stil gekennzeichnet.

Mimir △, *Mimr* (nord. »Erinnerer, Weiser«): nordgerman. riesiges *Weisheits-* und *Orakelwesen* und weiser *Wasserriese,* der an der zweiten der 3 Wurzeln von →Yggdrasil *Mimirs Brunnen* bewacht. Für einen Trunk aus dieser Quelle der Weisheit und Erkenntnis hat der Gott →Odin eines seiner Augen verpfändet. M. wurde nach Beendigung des Asen-Vanen-Krieges zusammen mit →Hoenir den →Vanen als Geisel übergeben. Diese jedoch schlugen M. das Haupt ab und sandten es zurück an die →Asen. Zu Beginn von →Ragnarök wird sich Odin mit *M.'s Haupt* beraten.

Mimis brunnr (nord. »Mimirs Brunnen«): german. *Brunnen* der Weisheit, der unter einer der Wurzeln von der Esche →Yggdrasil liegt und dem weisen →Mimir gehört, der daraus mit dem Horn Gjallar trinkt. Hier holt sich auch →Odin Rat.

Mimr →Mimir

Min △: ägypt. *Fruchtbarkeitsgott* und Gott, dessen Werk Begattung und Zeugung sind. Er ist der »Stier, der auf den Frauen ist und Samen schafft den Göttern und Göttinnen«, und er ist »der Gatte, der die Frauen mit seinem Glied befruchtet«. Als *Erd-* und *Vegetationsgott* ist er Spender der Nahrung und aller Kräuter, dem zu Ehren als Erntefest »das Fest der Treppe« im neunten (Ernte-)Monat des ägypt. Jahres gefeiert wird, und bei dem M. die erste, vom König selbst geerntete Garbe erhält. Er ist *Schöpfergott* und wird →Kamutef genannt. Als *Karawanengott* beschützt er die Wüstenwege, da sein Kultort Koptos Ausgangspunkt der Wüstenstraße zum Roten Meer war. Dargestellt wird er als phallischer Gott mit Kappe oder hoher Federkrone, der mit der linken Hand nach seinem erigierten Glied greift, und dessen rechte seitlich erhoben die Geißel trägt.

Min, ägypt. ithyphallischer Fruchtbarkeitsgott mit hoher Federkrone, die Rechte seitlich erhoben und die Geißel haltend.

Sein Attribut ist die Lattichpflanze. Später wird er mit →Horus und →Re und von den Griechen mit →Pán gleichgesetzt, weshalb auch sein Kultort Achmim als Panopolis bezeichnet wurde.

Minatciyamman ▽ (»die Fischäugige«): ind. *Mutter-* und *Schutzgöttin* der Fischer bei den Tamilen. Sie wird mit 2 Fischen oder auf einem Fisch sitzend dargestellt.

Minerva ▽: röm. jungfräuliche *Göttin* der *Künste* und *Fertigkeiten,* *Schutzgöttin* der Handwerker, Lehrer, Künstler und Ärzte, *Stadt-* und *Friedensgöttin.* Mit →Iupiter und →Iuno bildet sie eine Trias. In ihrem Tempel auf dem Aventinus erhielten Dichter und Schauspieler im Jahr 207 v. Chr. das Versammlungsrecht. Ihr Hauptfest, die *Quinquatrus,* wurde vom 19. bis 23. März gefeiert, wobei das *Minerval,* das Jahreshonorar an die Lehrer, ausgezahlt wurde und die Schüler Ferien bekamen. Ihre Attribute sind Eule und Olivenbaum. Später wurde M. der griech. →Athéne gleichgesetzt.

Ming (»Helligkeit«): **1)** chines.-taoist. *Erleuchtung* als ein Erkennen des beständigen Gesetzes der Rückkehr zum Ursprung (→Tao). Das Wissen um dieses Gesetz charakterisiert den →Hsien. **2)** chines.-konfuzian. *Wille des Himmels* (→T'ien) und Mandat des Himmels (T'ien-ming), auch Schicksal.

Mínos △: griech. erster *König* über Kreta und Begründer der nach ihm benannten mino. Kultur. M. ist Sohn des →Zeús und der →Európe, Bruder von →Rhadámanthys und Sarpedón, Gatte der →Pasiphäë und durch sie Vater von 7 Kindern, darunter →Ariádne und →Phaidra, →Deukalíon und Androgeos. Da letzterer in Athen ermordet wurde, unternahm M. einen Rachezug und zwang die Stadt, alle 7 Jahre 7 Knaben und 7 Mädchen zum Fraß für den →Minótauros nach Kreta zu entsenden, bis →Theseús die Stadt von diesem Tribut befreite. Von →Daídalos hatte M. den →Labýrinthos erbauen lassen. Nach seinem Tod wurde M. wegen seiner gerechten Gesetzgebung und Herrschaft Totenrichter im →Hádes. - *Wort:* minoisch.

Minótauros △ (»Minos-Stier«), *Minotaurus* (lat.): griech.-kret. menschenfressendes *Ungeheuer* in Gestalt eines Mischwesens aus Menschenleib und Stierkopf. Der M. ist Sohn der →Pasiphäë und eines Meeresstiers. Der M. wurde vom König →Mínos im →Labýrinthos gefangengehalten, und alle 7 Jahre wurden ihm 7 Jünglinge und 7 Jungfrauen aus Athen zum Fraß vorgeworfen, bis er von →Theseús erschlagen wurde. Der M. entspricht dem phönik. →Moloch.

Mi'rädj (arab. »Leiter, Aufstieg«): islam. nächtliche *Reise* des Propheten →Muhammad in die himmlischen Sphären, der die Nachtreise von der Ka'ba nach Jerusalem (→Isrä') vorausging. Dabei wanderte Muhammad mit dem Engel →Djabrä'il durch die 7 Himmel, und sie trafen in jedem der Himmel einen früheren Propheten (→Nabi), im ersten den →Ädam, im zweiten →Yahyä und →'Isä, im dritten →Yüsuf, im vierten →Idris,

Minótauros, griech.-kret. Ungeheuer, das später von Theseús erschlagen wurde.

im fünften →Hārūn, im sechsten →Mūsā und im siebten →Ibrāhim. Hier ist M. vor den Thron →Allāhs getreten und hat mit ihm 70000 Gespräche geführt. Auf dem Rückweg bekam Muhammad zwischen Himmel und Erde die Hölle →Djahannam zu Gesicht.

Miren ▽ (von mirë = »gut«): alban. *Schicksalsgeister* und *Geburtsfeen,* die zu dritt den Lebensweg eines jeden Neugeborenen bestimmen. Wenn sie in die Traumbilder von Schlafenden eintreten und dabei von deren Sorgen erfahren, helfen sie bei der Lösung selbst unmöglich erscheinender Aufgaben. Die M. sind den griech. →Moirai ähnlich.

Mirjām ▽ (hebrä.), *Maria* (Vulgata): jüd. *Prophetin* (→Nābi') des →Jahwe-Elōhim und *Sängerin* sowie neben ihren Brüdern →Mōsheh und →Aharōn *Führerin* der Israeliten. Nach dem Durchzug der Israeliten durchs Schilfmeer leitete sie die Frauen mit einer Pauke und sang das Siegeslied (»Mirjamlied«) vor. Weil sie sich gegen (die herrschende Stellung des) Mōsheh auflehnte, wurde sie von Gott mit Aussatz bestraft, aber auf die Fürbitte des Mōsheh nach sieben Tagen wieder geheilt.

Miroku →Maitreya

Miru △, *Milu:* polynes. *Gott* der *Unterwelt* →Po. Er wartet unter dem »Sprungort«, um in seinem Netz die Seelen der einfachen Menschen, der Übeltäter und aller Unglücklichen zu fangen. Dann wirft er sie in seine Öfen, deren Feuer nicht quälen, sondern auslöschen.

Mischwesen: allg. Bezeichnung für übernatürliche und außerirdische *Wesen,* deren Gestalt eine Verbindung und Mischung entweder aus einem Menschen- und Tierleib oder aus den Leibern verschiedener Tiere (Fabeltiere) darstellt. Zur ersteren Gruppe zählen: →Ba, →Garuda, →Hárpyia, →Kéntauroi, →Kerubim, →Nixen, →Serafim, →Seirénes, →Sphínx. Zur zweiten Gruppe gehören: →Aspis, →Basilisk, →Chimaira, →Drache, →Einhorn, →Greif, →Kérberos, →Pégasos, →Phönix und →Simurg. Die Mischgestalt dieser Ungeheuer, die für den Menschen fremd ist und eine Potenzierung der menschlichen und tierischen Kräfte bedeutet, wirkt deshalb meist bedrohlich. In der Kunstgeschichte haben die M. große symbolische Bedeutung.

Mitgk △: sibir. *Meeresgott* (der Itelmenen) und *Herrscher* aller Meerestiere, der in Menschen- oder Fischgestalt dargestellt wird.

Mithōcht △ (awest. von *mithaochta* = »falsch gesprochenes [Wort]«): iran. *Dämon* (→Daēva) und Personifikation der Zweifelhaftigkeit. Er ist ein Gehilfe des Höllenfürsten →Aēshma und triumphiert, wenn Zweifelhaftes verbreitet wird.

Mithra △ (awest. »Vertrag, Vertragsbindung, Freundschaft«), *Mithras* (griech.-lat.): **1)** iran. *Bundesgott* und *Gott* der *Eide* und *Verträge, Schutzgott* der Vornehmen und Adligen, der zu den →Yazata zählt, und *Kriegsgott,* später *Totenrichter, Licht-* und *Sonnengott,* der Kraft und Sieg, Fruchtbarkeit und Weisheit verleiht. M. gilt als Bruder des →Rashnu und der →Daēnā. Er steht auf seiten des →Ahura Mazdā gegen →Angra

Mischwesen, zwei übernatürliche Stiermenschen mit Götterkappe, tragen die geflügelte Sonnenscheibe, während ein Mensch ihnen stützend unter die Arme greift.

Mithra, griech.-röm. Gott der Soldaten und der Männerbünde, der den gefangenen wilden Urstier tötet, flankiert von zwei Fackelträgern.

Mainyu. Als vorsitzender Richter beim Totengericht neben Rashnu und
→Sraosha fällt er bei der →Chinvat-peretu das Urteil über die Seelen.
Nach M. sind die Feuertempel als *Dahr-i-Mihr* (»Pforte des Mithra«)
benannt. Er entspricht dem ved. →Mitra. **2)** griech.-röm. *Gott* der staatlichen *Ordnung,* der *Soldaten* und *Männerbünde* im Mithras-Mysterien-
kult. Er fängt den wilden Urstier (→Gēush Urvan) und tötet ihn, aus
dessen Leib alle Tiere und Pflanzen hervorgehen und in dessen Blut die
Menschheit gesegnet ist. Dadurch wird M. zum *Mittler* und *Heilsbringer.*
Sein Kult, bei dem Frauen ausgeschlossen bleiben, findet in den nach M.
benannten *Mithräen* statt. Sein Geburtstag wird am 25. Dezember gefeiert. Dargestellt ist er als Stiertöter, flankiert von den Fackelträgern
→Cautes und Cautapathes.

Mithuna, *Maithuna:* hindu. Bezeichnung erotischer Liebespaare, häufig
in Kopulation, als *Symbol* für das zweite Erlösungsziel (Kama), das im
Kamasutra beschrieben wird. Auf einem solchen M. (Kama und Rati)
steht manchmal →Chinnamastā.

Mitnal: indian. *Totenreich* der Maya, eine dunkle und freudlose Welt, in
die die Seelen der zu Lebzeiten bösen Menschen nach dem Tode eingehen und über die →Hunahau herrscht. M. entspricht dem aztek. →Mict-
lan.

Mitra △ (sanskr. »Vertrag, Gefährte, Freund«): ved.-brahm. *Gott* der
Freundschaft und *Verträge* sowie Hüter der kosmischen Ordnung. Als
Licht- und *Sonnengott* herrscht er über den Tag und erhält nur die weißen
Opfer im Gegensatz zu seinem Bruder →Varuna, dem Herrscher über die
Nacht. Zusammen erhalten beide den Himmel und die Erde. Sie ermuti-
gen die Frommen und bestrafen die Bösen. Als ein →Āditya ist er der
Sohn der →Āditi und des →Kashyapa. M. entspricht dem iran.
→Mithra.

Mittler △, *Mittlerinnen* ▽ : allg. Bezeichnung für meist übermenschliche
Wesen, die das →Diesseits mit dem →Jenseits in Verbindung bringen
und kraft ihrer Machtfülle innerhalb des polaren Spannungsverhältnis-
ses (→Polarität) zwischen Natur und Übernatur, zwischen Menschen
und Gottheiten stehen. Zu den M. zählen u. a. →Heilbringer und Erlöser
und →Urmenschen. Die mehr von den Gottheiten ausgehende Mittler-
schaft wird von Götterboten und →Engeln, von →Gottmenschen und
→Gottherrschern sowie von →Propheten repräsentiert, die mehr von
den Menschen ausgehende dagegen von →Heroen, →Visionären und
→Wundertätern, von →Magiern und Zauberern (→Hexen). Über die M.
erzählen die soteriologischen Mythen.

Mixcoatl △ (»Wolkenschlange«): indian. **1)** *Stammesgott* der Chichimeken. **2)** *Jagd-* und *Kriegsgott* der Azteken, *Gott* des *Polarsterns,* um den
sich, von der Erde aus gesehen, alles dreht. Er wohnt am Himmelspol.
Als er das Feuer bohrte, bediente er sich dabei des drehenden Firmaments als eines im Himmelspol angesetzten Quirlbohrers. Sein Symbol-

tier ist der Hirsch. Dargestellt wird er mit schwarzer Augenbinde. Oft ist er die Erscheinungsform des →Tezcatlipoca.

Miysis →Mahes

Mjöllnir: german. *Hammer* des →Thor, der stets sein Ziel trifft und nach jedem Wurf in die Hand des Werfers zurückkehrt. M., der von den Zwergen (→Dvergr) Sindri und Brokkr geschmiedet wurde, ist Symbol der Germanen, nach dem sich auch eine der neugermanischen Glaubensbünde der 30er Jahre als »Hammerbund« bezeichnete.

Mnemosýne ▽ (»Erinnerung«): griech. *Göttin* und Personifikation der *Erinnerung* und des *Gedächtnisses.* Sie ist eine Tochter der →Gaía und Schwester der →Thémis. Durch →Zeús ist sie Mutter der 9 →Músai, die sie in Pierien gebar.

Mnevis △: ägypt. *Stiergott,* Gott der Zeugungskraft und Fruchtbarkeitsspender, der die Opfertische der Götter mit Speisen versieht. Seine Titel sind: »großer Gott, Herr des Himmels, Herrscher von Heliopolis« sowie »Herold des Re, der die Ma'at zu Atum aufsteigen läßt«. Der als Sohn der →Hesat sowie als Bruder und Sohn des →Apis geltende Stier wurde in Heliopolis feierlich inthronisiert und nach seinem Tod einbalsamiert und rituell bestattet. Dargestellt ist der ganz schwarze Stier mit gegen den Strich gebürstetem Haar und meist mit einer Sonnenscheibe zwischen den Hörnern.

Moabiter: 'Ashtar(t), Ba'al-Pe(g)or, Kamosh.

Módgudr ▽ (nord. »zorniger Kampf«): german. *Riesin* (→Jötunn), die auf der Brücke →Gjallarbrú, die nach →Hel führt, Wache hält.

Módi →Magni

Modimo △, *Morimo, Molimo, Muzumi: Himmels-* und *Ahnengott* der Sotho in Lesotho und der Tswana in Südafrika und Botswana. Nachdem der *Schöpfergott* den Himmel und die Erde geschaffen hatte, zog er sich mittels einer Leiter, aus der er später die Sprossen entfernte, in den Himmel zurück.

Mog Ruith △ (von *roth* = »Rad«): kelt. einäugiger *Sonnengott* (der Iren), der in einem aus heller Bronze gefertigten Wagen über den Himmel fährt oder wie ein Vogel durch die Lüfte fliegt.

Moirai ▽ (von *moíra* = »Anteil, Los, Schicksal«), *Moiren* (dt.): griech. *Gruppe* von 3 *Schicksalsgöttinnen,* die den Menschen ihren Anteil am Leben zuteilen. Sie sind die Töchter des →Zeús und der →Thémis. Zu ihnen gehören: Klothó (»Spinnerin«), die den Lebensfaden spinnt, Láchesis (»Lose-Zuteilerin«), die ihn erhält

Moirai, griech. Dreiergruppe von Schicksalsgöttinnen: Klothó mit der Spindel, Láchesis mit der Schriftrolle und Átropos mit der Schere.

und mißt, sowie Átropos (»Unabwendbare«), die ihn durchschneidet, was den Tod zur Folge hat. Dargestellt sind sie als alte Frauen mit Spindel, Schriftrolle und Schere. Die M. entsprechen den röm. →Parcae.

Mokosh ▽ (von mokryj = »feucht«): slaw. *Fruchtbarkeitsgöttin* und *Schutzgöttin* der Gebärenden (bei den Ostslawen). Der Berg Mokoshin in Böhmen ist nach M. benannt.

Moksha (sanskr. »Erlösung«), *Mukti:* brahm.-hindu. höchstes Ziel des irdischen Lebens als endgültige Erlösung und Befreiung aus dem Kreislauf von Geburt und Tod (→Samsāra).

Mo-Li-Dschi →Mārici

Molimo →Modimo

Moloch △ (pun. »Darbringung«), *Molech* (hebrä.), *Molek:* **1)** phönik.-pun. *Opferbegriff,* der das Ersatzopfer eines Tieres anstelle der Weihung eines Kindes beinhaltet, nicht aber, wie oft angenommen, ein pun. Gott, dem durch Feuer Kinder geopfert werden. **2)** pun. chthonischer *Gott,* in dessen Bereich (= Feuer) man das Opfer brachte, der in Notzeiten um Hilfe angerufen und dem in der Regel ein Ersatzopfer dargebracht wurde. **3)** Molech ist die hebrä. Bezeichnung für Moloch, dessen Name, mit den Vokalen von bōshet (hebrä. »Schande«) unterlegt, als Scheusal charakterisiert wird. Er wurde in Israel manchmal durch Kinderopfer an der Stätte Tophet (»Feuerstätte, Herd«) im Hinnomtal (→Gē-Hinnōm) verehrt, indem man die Opfergabe verbrannte, d. h. »durch das Feuer gehen ließ« (2 Kön 16,3; 2 Chr 33,6).

In der Umgangssprache ist M. Sinnbild für das Unersättliche, die uner-

Moloch, phönik.-pun. Ungeheuer, dem Kinder geopfert wurden, ein Stiermensch bzw. stierköpfiges Mischwesen.

sättliche Macht. Nach ihm ist eine stachelige Echse, der Dornteufel, benannt, die vor allem Ameisen frißt.

Moma △ (»Vater«): indian. *Ur-* und *Schöpfergott* der Uitoto, der durch das »Wort« selbst entstanden ist, das er dann an die Menschen weitergab, indem er die sittlichen und kultischen Gebote gab. Seit seiner Ermordung, mit der der Tod in die Welt kam, ist er *Unterweltsgott*.

Mómos △ (»Tadel, Schande«): griech. *Gott* und Personifikation des *Tadels* und der *Nörgelei*. M. ist Sohn der →Nýx und Bruder von →Kér, →Thánatos, →Hýpnos, →Némesis und →Éris.

Mongolische Völker (Kalmücken, Mongolen): Chagan ebügen, Etügen, Manzashiri, Ongons, Tengri.

Monimos: syr. *Abendsterngottheit,* die zusammen mit →Azizos ein Götterpaar bildet und in der Gestalt zweier Jungen mit Adler dargestellt wird.

Monju →Mañjushri

Monroe, Marilyn (1926–1962): amerikan. *Filmschauspielerin* mit dem bürgerlichen Namen Norma Jean Baker, *Typus* der Kindfrau (Verbindung von Sex-Appeal und Verletzbarkeit) sowie *Symbolgestalt* der Befreiung aus Armut und Bedeutungslosigkeit zu Reichtum und Ansehen (→Zwanzigstes Jahrhundert). Einer ihrer Beinamen ist »Sexgöttin«. Der weltweit gefeierte Filmstar hat seine Kindheit in einem Waisenhaus in Los Angeles und bei verschiedenen Pflegeeltern verbracht. In einer Munitionsfabrik wurde M. als Fotomodell (Pin-up-girl) entdeckt. Die Umstände ihres plötzlichen Todes blieben bis heute ungeklärt. - *Siebdruck:* A. Warhol (1964).

Month △, *Montu, Muntu:* ägypt. *Ortsgott* von Hermonthis, nach dem er benannt ist, sowie *Kriegs-* und *Königsgott,* der dem König den Sieg verleiht. Nach M. nennen sich vier Pharaonen der 11. Dynastie *Muntuhotep* (ägypt. »Muntu ist zufrieden«). Der als Sohn des →Re, Gatte der →Raittaui und Vater des →Harpre Geltende wird »Re in seinen Gliedern, Atum in seiner Gestalt, Allherr in all seinen Formen« genannt und falkenköpfig mit Sonnenscheibe dargestellt. Sein Symboltier ist ein weißer Stier mit schwarzem Kopf. Später ist er mit →Amun und →Re zu Month-Re-Amun verschmolzen.

Mora →Mahr

Morimo →Modimo

Morpheús △ (von *morphé*=»Gestalt«), *Morpheus* (lat.): griech. *Gott* der *Träume* und *Traumbilder,* der in verschiedenen »Gestalten« den Menschen erscheint. M. ist Sohn des Schlafgottes →Hýpnos. - *Worte:* Morphin, Morphinismus, Morphinist, Morphium.

Morrîgan ▽ (»Königin der Spukgeister«), *Morrigu:* kelt. *Kriegs-* und *Unterweltsgöttin* (der Iren). Sie ist die Geliebte des Erdgottes →Dagda. Der Ort ihrer Vereinigung wird »Bett der Gatten« genannt. Ihrem Geliebten gab sie Ratschläge, wie die →Fomore zu bekämpfen seien. M. ist meist vogelgestaltig vorgestellt.

Mōsheh, jüd. Prophet des Jahwe und Stifter der israelitischen Religion, der mit seinem wunderbaren Stab das »Schilfmeerwunder« vollbringt, bei dem die Israeliten trockenen Fußes durch das Bett des Meeres ziehen, die feindlichen Ägypter aber ertrinken (Merian-Bibel, 1630).

Mōsheh (hebrä.; v. ägypt. *mesu* = »Kind«), *Mo(y)sēs* (griech.), *Mūsā* (arab.), *Mose* (dt.): **1)** jüd. *Prophet* (→ Nābi') des → Jahwe-Elōhim, *Wundertäter* und *Mittler* zwischen Gott und seinem Volk sowie *Stifter* der israelitischen *Religion*. M. ist Sohn des Amram und der Jochebed, Bruder von → Mirjām und → Aharōn, Gatte der Zippora und durch sie Vater von Gershom und Elieser. M. wurde in Ägypten geboren und von einer Frau/Tochter des → Pharao aufgezogen, nachdem er ausgesetzt worden war. In einem brennenden Dornbusch hat er die Erscheinung des → Mala'āk Jahwe, der ihn zum Propheten beruft und zum Führer Israels aus ägyptischer Knechtschaft bestellt. Im Auftrag Gottes vollbringt er mit seinem wunderbaren Stab zahlreiche Wunder, u. a. das Schilfmeerwunder, bei dem die Israeliten trockenen Fußes durch das Meer ziehen. Am Sinai offenbart sich ihm Jahwe, der ihm die Zehn Gebote (→ Asseret hā-Diwrot) übergibt und mit dem Volk einen Bund schließt. Während des Zuges durch die Wüste ereignen sich zahlreiche Wunder, u. a. das Mannawunder (→ Mān). M. starb kurz vor dem Einzug ins gelobte Land Kanaan auf dem Berg Nebo. Sein Grab blieb unbekannt. Am siebten Adar wird der Gedenktag der Geburt und des Todes von M. begangen. Nach M. sind die 5 ersten Bücher der Bibel benannt. **2)** christl. *Prophet* des → Kýrios, um dessen Leichnam sich → Michaél mit dem → Diábolos streitet (Jud 9). Zusammen mit → Elias erscheint M. bei der Verklärung des → Iesūs, die → Pétros sieht. **3)** islam. *Prophet* (→ Nabi) des → Allāh und Sohn des 'Imrān, nach dem die 3. Sure im Kur'ān benannt ist, sowie Bruder des → Hārūn. Von Allāh wurde er als Gesandter (→ Rasūl) zum Pharao Fir'awn geschickt, und → Djabrā'il half ihm gegen die ägyptischen Zauberer. M. vollbrachte 9 Wunder (→ Mu'djiza), u. a. Aussatz- und Stabwunder, Sintflut-, Heuschrecken-, Ungeziefer-, Frösche- und Blutwunder. Aus dem Felsen schlug M. 12 Quellen, je eine für jeden Volksstamm. → Muhammad traf M. auf seiner Reise → Mi'rādj im sechsten Himmel an und erfuhr von ihm, daß er bei Allāh angesehener sei als M. selbst. – *Plastik:* Cl. Sluter (1395/1406), Michelangelo (1513/16); *Gemälde:* Botticelli (1481), H. Rousseau (1892/95); *Oper:* A. Schönberg (1954/57); *Worte:* mosaisch, Mosaismus.

Mōt △ (»Tod«): phönik.-ugarit. Gott der *Dürre* und *Unfruchtbarkeit*, Personifikation des *Todes* und Gott der *Unterwelt*. M. und der Fruchtbarkeitsgott → Ba'al, ihrem Wesen nach Gegensätze, sind einander todfeind. M., der den Ba'al wie eine Olive verschlingt, reißt sein Maul von der Erde bis zum Himmel auf, wobei seine Zunge bis an die Sterne reicht. Daraufhin fährt → 'Anath in die Unterwelt und tötet M., woraufhin Ba'al wieder zum Leben erweckt wird. M. selbst kommt nach 7 Jahren wieder, wodurch die Wechselbeziehung von Leben und Tod anschaulich wird.

Motikitik △: mikrones. *Heros,* der sich auf das Fischen von Nahrung und Land aus dem Meer verstand und zu Reichtum und Ansehen kam. M. gilt als jüngster von 3 Söhnen des Lorup. Seitdem er die Angel, mit

Muhammad, islam. Prophet des Allāh und Stifter des Islam, bei seiner Himmelsreise auf dem Reittier al-Burāk.

der er die Insel Fais aus dem Meer gefischt hatte, verlor, leben deren Bewohner in ständiger Angst vor dem Untergang.

Moysēs →Mōsheh

dMu: tibet. *Gruppen* von *Geistern* bei den Bon-po, die die drei Weltbereiche Himmel, Luftraum und Erde bevölkern. Zu ihnen zählen →bDud, →bTsan, →Klu, →gNyan, →Sa-bdag und →Sri.

Mu'djiza: islam. *Wunder,* die →Allāh durch seine Propheten (→Nabi) wirkt, um die Lauterkeit seiner Gesandten darzutun. Die M. sind dem gewöhnlichen Lauf der Dinge entgegengesetzt und unterscheiden sich von den Wundern (Karāma) der Heiligen (→Wali).

Mudrā (sanskr. »Siegel, Zeichen«): buddh. Körper- und Handhaltung von symbolischer Bedeutung. In der Ikonographie wird jede Figur mit einer typischen Haltung dargestellt, z. B.: Meditation, Lehren, Inbewegungsetzen des Rades der Lehre, Erdberührung, Schutz- oder Wunschgewährung.

Mufifi →Musisi

Mugasa △, *Mugu: Himmels-* und *Mondgott* der Pygmäen in Zaire, der ursprünglich mit den von ihm geschaffenen Menschen zusammenlebte. Als letztere sein Gebot übertraten, wurden sie sterblich, und er zog sich in den Himmel zurück. Er ist ähnlich dem →Arebati.

Muhammad △ (arab. »der Gepriesene«): islam. *Hoheitsname* des Abūl-Kāsim (567/73-632), *Prophet* (→Nabi) und *Gesandter* (→Rasūl) des →Allāh, *Visionär* und *Stifter* des Islām. M. ist Sohn des Kaufmanns 'Abd-Allāh und der Āmina, Gatte der Khadidja und durch sie Vater der →Fātima. Beide Frauen gehören neben →Maryam und Āsiya zu den 4 besten Frauen, die je gelebt haben. Als Vierzigjähriger hat M. die Erscheinung des Engels →Djabrā'il, der ihm den Kur'ān offenbart. Derselbe Engel begleitet ihn auf seinen Reisen →Isrā' und →Mi'rādj, wobei ihm →Burāk als Reittier dient. M. ist das »Siegel« aller Propheten, als dessen Stellvertreter sich die →Khalifen und →Imāme verstehen. Am Ende der Tage (→al-Kiyāma) wird M. seine Gemeinde am Wasserbecken →Hawd treffen und für die Gläubigen Fürsprache (→Shafā'a) bei Allāh einlegen. Der zweite Rabi al-awwal wird als Geburtstag des M. gefeiert. Nach M. ist die 47. Sure des Kur'ān benannt.

al-Muharriq △ (»der Verbrenner«): arab. *Sonnen-* oder *Morgensterngott*, dem Menschenopfer dargebracht wurden.

Mukarrib △ (»Priesterfürst, Opferfürst«): arab. *Herrschertitel* in Saba, Qatabān und Hadramaut z. Z. der Theokratie. Der M. gilt als *Stellvertreter* des *Mond-* und *Reichsgottes* auf Erden und zugleich als *Mittler* zwischen diesem und den Menschen.

Mukti →Moksha

Mu-Kung →Tung Wang Kung

Mukuru △: *Ahnen-* und *Schöpfergott,* aber auch Spender von Regen und Sonnenschein bei den Herero in Namibia. Er ruft die ersten Menschen aus dem Urbaum, dem »Baum des Lebens«, hervor.

Mula Djadi △, *Mula Dyadi:* indones. *Schöpfer-* und *Hochgott* bei den Toba-Batak. M. wohnt im obersten der 7 Himmel, nachdem er die Herrschaft über die Welt seinen 3 Söhnen übergeben hat, von denen je einer für den Himmel, die Erde und die Unterwelt zuständig ist.

Mulo (»tot«): zigeuner. *Vampire* und *Totengeister,* die nachts die Lebenden erschrecken. Sie leben im Gebirge. Es gibt weiße und schwarze M., von denen die letzteren die bösartigsten sind. Dargestellt werden sie mit Leibern ohne Knochen und mit Händen, an denen die Mittelfinger fehlen.

Mulungu △ (von lungu = »Ahnensippe, -reich, -seele«), *Mungu, Mu(r)ungu:* *Erd-* und *Ahnengott,* später *Himmels-* und *Schöpfergott* u. a. bei den Bemba in Sambia. Seine Stimme ist der Donner, seine Kraft ist der Blitz. M., der unter den Bantu-Stämmen Ostafrikas am weitesten verbreitete Gottesname, wird auch von Christen und Muslimen als Gottesbezeichnung gebraucht.

Mummu △: **1)** akkad. *Botengott* und Vezier des →Apsū. **2)** Epithet des →Ea als Schöpfergott. Als dieser den Botengott M. besiegt hatte, nahm er dessen Strahlenglanz an und übernahm zugleich dessen Namen und Wesen. **3)** Epithet des →Marduk, nachdem dieser die Rolle des Schöpfergottes →Ea übernommen hatte.

Mundih →Mandah

Mungu →Mulungu

Muninn →Huginn

Munkar und Nakir: islam. *Engelpaar* (→Malā'ika), das auf Anweisung des →Allāh die Toten in der Nacht ihres Begräbnisses in den Gräbern

aufsucht und ihren Glauben prüft. Wenn die Toten gläubig und recht-
schaffen sind, werden ihre Gräber nur zu einem vorläufigen »Fegefeuer«, aus dem sie am Gerichtstag (→al-Kiyāma) ins Paradies eingehen.
Wenn sie aber ungläubig und sündig sind, werden ihre Gräber zu einer
provisorischen Hölle (→Djahannam). Außer am Freitag schlagen M.
und N. die Toten dort kräftig auf Gesicht und Rücken, solange es Allāh
gefällt. Wenn sie Heilige (→Wali) sind, werden die Gräber ein vorläufi-
ges Paradies (→Djanna). Die Märtyrer (→Shahid) allein entgehen dem
Verhör durch M. und N.

Muntu →Month

Murukan △ (»junger Mann«), *Muruku:* ind. *Jagd-* und *Kriegsgott* sowie
Schutzgott bei den Tamilen. Sein Widerpart ist →Cūr, sein Attribut ist
der Speer und sein →Vāhana der Elefant oder Pfau. Er entspricht dem
→Kataragama der Singhalesen.

Murungu →Mulungu

Mūsā →Mōsheh

Músai ▽, *Musae* (lat.), *Musen* (dt.): griech. *Gruppe* von 3 bis 9 *Schutzgöt-*
tinnen der *Künste* (Musik und Poesie), später aller *geistigen Tätigkeiten*
(Wissenschaften). Nach ihrem Geburtsort in Pierien am Nordfuß des
Olymp werden sie auch *Pieriden* genannt. Sie sind Töchter des →Zeús
und der →Mnemosýne. Als Sitz der M. gelten das Helikon-Gebirge in
Böotien und der →Parnassós. Zu den 9 M. gehören: →Kleió, →Erató,
→Eutérpe, →Kallíópe, →Melpoméne, →Polyhymnía, →Terpsichóre,
→Tháleia und →Uranía. - *Gemälde:* Mantegna (1497), Botticelli (1480),
C. Carra (1881), G. d. Chirico (1916); *Oper:* Händel (1734); *Wörter:* Muse
(fig.), museal, musenhaft, Musenalmanach, Musensohn, Musentempel,
Museum, Musik. - Die M. entsprechen den röm. →Camenae.

*Músai, griech. Gruppe von
9 Schutzgöttinnen der Künste:
Kleió mit Schriftrolle, Tháleia mit ko-
mischer Maske, Erató mit Lyra,
Eutérpe mit Flöte, Polyhymnia (ohne
sichtbares Attribut) über ihre Stimme
nachsinnend, Kallíópe mit Schreibtäfel-
chen, Terpsichóre mit Kithara, Urania
mit Globus und Melpoméne mit tragi-
scher Maske.*

Mushussu, *Mushchushshu* (v. sumer. mush-hush »feuerroter Drache«):
akkad. *Schlangendrache,* der von →Tiāmat erschaffen wurde. Dieses
Mischwesen wird mit gehörntem Schlangenkopf und geschupptem
Schlangenleib, Löwenpranken als Vorderfüße und Adlerfüßen als Hin-
terbeine und mit Skorpionstachel dargestellt und ist das Emblemtier des
→Marduk.

Mushussu, akkad. Schlangendrache, ein Mischwesen mit gehörntem Schlangenkopf, mit Löwenpranken als Vorderfüße und Adlerfüßen als Hinterbeine, dazu mit einem Skorpion- stachel.

Musisi △▽, *Mufifi:* männliche bzw. weibliche *Schutzgottheit* bei den Ovambo in Namibia, die bei ihrem Vater bzw. Mann →Kalunga Fürspra- che für die Menschen einlegt. »Um was M. für dich bittet, das wird dir Kalunga geben«, sagt ein Sprichwort.

Muskrat ▽: indian. jungfräuliche *Erdmutter* bei den Algonkin, *Ahnfrau* der Menschheit und Gattin des Sonnenheros →Michabo, mit dem sie das Elternpaar der Menschenrasse bildet. Sie tauchte in Tiergestalt hinab bis zum Grund des Urmeeres und kehrte nach einem Tag und einer Nacht mit einem Stück Schlamm zurück, aus dem ihr Gatte die Erde bildete.

Muslimen: Ādam, Allāh, Ashāb al-Kahf, Barzakh, Burāk, al-Dadjdjāl, Dāwūd, Djabrā'il, Djahannam, Djanna, Djinn, Djirdjis, Fātima, Habib al-Nadjdjār, Hābil, Hadjar, Hām, Hārūn, Hārūt, Hawd, Hawwā', Hubal, Hūd, Hūr, al-Husain, Iblis, Ibrāhim, Idris, Imām, 'Isā, Ishāk, 'Isma, Ismā'il, Isrā', Isrāfil, 'Izrā'il, al-Khadir, Khalifa, al-Kiyāma, Lukmān, Lūt, al-Mahdi, Malā'ika, Maryam, Mikāl, Mi'rādj, Mu'djiza, Muham- mad, Munkar, Mūsā, Nabi, Namrūd, Nūh, Rasūl, Sālih, Salsabil, Sām, Shafā'a, Shahid, Shaitān, Sha'yā, Shith, Shu'aib, Sulaimān, Ta'ziya, Wali, Yādjūdj, Yāfith, Yahyā, Yūnus, Yūsha', Yūsuf, Zākariyā'.

Muspelheim (nord. »Welt des Muspell«): german. *Raum* des Feuers, der Wärme und der Helle in der Urzeit vor der Schöpfung. M. ist noch vor dem kalten →Niflheim entstanden und lag südlich von →Ginnungagap. Die aus M. aufsteigenden Funken ließen das Eis von Niflheim schmel- zen, was zur Entstehung des →Ymir führte. Andere Funken wurden von den Göttern als Gestirne an den Himmel geheftet. Herr von M. ist später der Feuerriese →Surtr.

Muspell △ (von *mu* = »Erde, Volk« und *spell* = »Schaden, Verderben«): **1)** german. *Weltende* durch Feuer (→Ragnarök) und **2)** *Feuerriese* (→Thurs), der das Schiff →Naglfar besitzt. Die *Muspellzsynir* sind seine Söhne und sein Gefolge. Das ahd. Gedicht *Muspilli* (9. Jh.), das von den Letzten Dingen handelt, ist von dessen Herausgeber Schmeller (1832) nach M. benannt worden. Möglicherweise ist M. identisch mit →Surtr.

Mut ▽ (»Mutter, ? Geier«): ägypt. *Ortsgöttin* vom See Ischeru südlich des Amuntempels von Karnak und als *Himmelsgöttin* »Herrin des Himmels« »Auge des Re« genannt. Sie ist *Urgöttin* und »Mutter der Sonne, in der diese aufgeht«, und wird als Allmutter, die »gebar, ohne daß sie geboren wurde« und »Mutter der Mütter« verehrt. Sie gehört neben ihrem Sohn, Gatten und Vater →Amun und ihrem Sohn →Chons zur thebanischen Triade und inkarniert sich in der Königin, weshalb diese häufig eine Geierhaube trägt. Die ursprünglich geiergestaltig, dann menschengestaltig mit Geierhaube auf dem Haupt dargestellte Göttin wird mit →Hathor und →Uto gleichgesetzt.

Muttergöttinnen ▽: allg. Bezeichnung für weibliche *Hochgottheiten* (→Götter und Göttinnen), die eine herausragende Stellung in einer Göt- terfamilie einnehmen, und die allein, aus sich selbst, wie z. B. die griech.

→Gaía, und oder in Verbindung mit einem bzw. mehreren männlichen Partnern Götterkinder gebären und deshalb »Mutter der Götter« und »Göttermutter« genannt werden. Mit den M. ist oft ein jüngerer (Vegetations-)Gott als Bruder, Gatte oder Sohn verbunden. Fast immer sind die M. die personifizierte Erde – mit Ausnahme des männlichen ägypt. Erd*gottes*→Geb -, die das Leben hervorbringt und als große Gebärerin und Ernährerin erscheint. Als *Erd-* und *Fruchtbarkeitsgöttinnen* sind sie nicht nur Mutter der Götter, sondern auch der Menschen, so z. B. des aus dem Erdboden (Adamah) geschaffenen →Ādām. Im matriarchalischen Kulturkreis des Pflanzertums ist die M. zugleich die *Mondgöttin* und wird zur Vegetation, zu Regen und Gewitter, zu Fruchtbarkeit, Zeugung und Geburt, zu Leben und Schicksal, zu Tod und zur →Unterwelt in Verbindung gebracht. Sie ist die »Große Mutter« und die »Mutter Erde«, aus deren Schoß alle Dinge und Wesen hervorgehen und in den sie wieder zurückkehren. Sie trägt ambivalente Züge, ist Liebes- und Kriegsgöttin, Geburts- und Todesgöttin zugleich. Als Schutzgöttin der kultivierten, alle ernährenden Erde ist sie die Partnerin des Himmelsgottes und bringt, von diesem geschwängert (Regen und Sonne), die Pflanzen und Tiere hervor, weshalb sie u. a. auch »Herrin der Tiere« und Menschenschöpferin (→Schöpfergottheiten) ist. In späteren patriarchalischen Kulturkreisen werden die M. von Himmels- und Sonnengöttern (→Vatergötter) zurückgedrängt. Von den verschiedenen M. sind insbesondere zu nennen: →Gaía und →Deméter, →Ishtar und →Kali, →Tellus und →Isis, →Tlazolteotl und →Mama Quilla sowie →Kybéle. Die gebärende Kraft der M. wird oft als Mutterschoß (Yoni) oder durch starke Betonung der Vulva und Brüste dargestellt.

Austral. Göttin Waramurunggundji mit ihrem Kind Nawanag.

Mūtu △ (»Tod«): akkad. *Gott* der *Unterwelt* und Personifikation des *Todes,* mit Schlangendrachenkopf dargestellt.

Mutunus Tutunus △: röm. *Gott* der *Fruchtbarkeit* und *Schutzgott* der Frauen, die sich von ihm Kindersegen erhoffen. Dargestellt wird M. ithyphallisch oder sogar als Phallus.

Muzimo →Modimo

Mvidi-Mukulu →Mwille

Mwari △ (»Erzeuger«, »Überbringer«): *Schöpfer-* und *Gewittergott,* astraler *Fruchtbarkeitsgott* und *Jagdgott,* später auch *Orakelgott* der Bavenda in Südafrika und der Shona in Simbabwe. Seine Manifestationen sind Wasser, Feuer und Sternschnuppen, Emanationen von ihm sind Chaminuka und →Nehanda. Seine Beinamen lauten Musikavanhu (»Menschenschöpfer«) und Dzivaguru (»Großes Gewässer«).

Mwille △, *Mvidi-Mukulu: Schöpfergott* der Baluba in Zaire und Sambia, der den Menschen aus Ton formte und dann mit seinem Speichel belebte. Bei einer Pockenseuche in der Urzeit rettete er ein Menschenpaar, indem er es in einem Baum versteckte.

Myrtílos △, *Myrtilus* (lat.): griech. treuloser *Wagenlenker* des Königs Oi-

Muslimische Mythologie

Die Mythologie des Islams, der von Muhammad gestifteten zweitgrößten Weltreligion, befaßt sich insbesondere mit dem Lebensweg des Propheten, mit Engeln und Teufeln als den Helfern und Widersachern Allahs und der Gläubigen sowie mit den Vorgängen am Ende der Welt. In diese bildhaften Erzählungen sind altarabische und auch jüdisch-christliche Mythen eingegangen.

Unter den 124000 von Allah gesandten Propheten *Nabi* gelten 313 als die höheren Gesandten *Rasul*, von denen der Koran 28 mit Namen nennt, darunter auch Adam, Ibrahim (Abraham), Musa (Moses) und Isa (Jesus). Als größter und letzter aller Propheten gilt jedoch *Muhammad,* dessen Berufung in einer Höhle am Berge Hira bei Mekka, in die er sich regelmäßig zu Gebet und stiller Betrachtung zurückzog, erfolgte. Hier erschien ihm im Traum der Erzengel *Djabra'il* (Gabriel), um ihm eine Botschaft Allahs zu überbringen. »Während des Schlafes sah und hörte Muhammad im Traum, wie der Erzengel Gabriel ihm ein beschriebenes seidenes Tuch brachte und ihn dreimal nacheinander aufforderte: ›Lies!‹ Nach der vierten Aufforderung ›Lies! Im Namen deines Herrn, der erschaffen hat.‹« (Sure 96,1-5). Nachdem Muhammad gelesen hatte und Gabriel ihn wieder verlassen hatte, erwachte Muhammad aus dem Schlaf und trat aus der Höhle. Auf der Mitte des Berges stehend, hörte er dann eine Stimme vom Himmel, die ihm zurief: »Muhammad! Du bist der Gesandte Gottes, und ich bin Gabriel!«

Im Verlauf seines prophetischen Wirkens unternahm Muhammad unter Führung des Erzengels *Djabra'il* eine nächtliche Reise *Isra* von der Ka'ba in Mekka nach Jerusalem, dann eine weitere nächtliche Himmelsreise, *Mi'radj,* von Jerusalem durch die sieben Himmel, in denen sie je einen der früheren Propheten trafen. Dabei hat Muhammad mit Allah 70000 Gespräche geführt. Beide Reisen unternahm er auf dem Rücken des *Burak,* eines Mischwesens aus einer Stute mit Frauenkopf und Pfauenschwanz, die kleiner als ein Maultier und größer als ein Esel war. Die Erzählung beschreibt vorbildhaft die einstige Reise der Seele nach dem Tod hin zum Thron des richtenden Allah.

Als Boten Allahs und Wächter über die Taten der Menschen, die sie aufschreiben, gelten die Engel *Mala'ika.* Zu den von Allah aus Licht geformten »Boten mit Flügeln – zwei und drei und vier« (Sure 35,1) zählen die vier Erzengel *Djabra'il, Israfil, Izra'il und Mikal,* aber auch die beiden Engelpaare *Harut* und *Marut* sowie *Munkar* und *Nakir.* Letzteres Engelpaar sucht auf Anweisung Allahs die Toten in der Nacht ihres Begräbnisses in den Gräbern auf und prüft ihren Glauben. Wenn die Verstorbenen im Leben gläubig waren, werden ihre Grabstätten zu einer Art vorläufigem »Fegefeuer«, aus dem sie am Tag des Gerichts ins Paradies gelangen. Wenn sie aber ungläubig gelebt haben, werden die Grabstätten zu einer ebenso vorläufigen Hölle.

Engel, die den Hofstaat Allahs bilden, bewachen auch die Himmelsmauern gegen die Widersacher, die bösen Dämonen *Djinn,* als deren Anführer der von Allah aus Feuer gebildete, auch als *Shaitan* bezeichnete *Iblis* gilt, der in Grabhöhlen und Ruinen haust.

Das irdische Leben ist letztlich auf *al-Kiyama* (»das Auferstehen«), das Weltende mit der Auferstehung der Toten am Tag des Gerichts, ausgerichtet. Beim ersten Trompetenstoß des Herolds und Engels Israfil müssen alle noch lebenden Wesen sterben, um beim zweiten Trompetenstoß wieder ins Leben zurückzukehren. Allah, der »König am Tag des Gerichts« (Sure 1,4), wird aufgrund der in Büchern aufgezeichneten guten und bösen Taten Gericht über die Menschen halten und die Taten der zweifelhaften auf einer Waage abwiegen. Danach müssen alle Gerichteten die über das Feuer der Hölle führende Brücke al-Sirat, die feiner ist als ein einziges Haar und schärfer als ein Schwert, überschreiten, wobei die Guten mit Gewißheit ins Paradies gelangen, während die Bösen in die Hölle hinabstürzen werden. »An jenem Tage, da die Menschen wie verstreute Motten sein werden und die Berge wie bunte, zerflockte Wolle – dann wird der, dessen Waage schwer ist [von guten Taten], ein angenehmes Leben [im Garten des Paradieses] haben, und der, dessen Waage leicht ist, seine Stätte wird die Hölle sein. Und wie erkennst du, was sie ist? Ein glühend Feuer!« (101,1–119). Und wiederum heißt es: »Und an jenem Tage, da die Stunde anbricht, an jenem Tage werden sie voneinander getrennt werden: Und was jene anbelangt, welche glauben und Gutes taten – in einem Garten sollen sie Freude finden. Was aber jene anbelangt, welche ungläubig waren und unsere Verse und die Begegnung mit dem Jenseits ableugneten, – der Züchtigung sollen sie übergeben werden.« (30,6–18).

Zwei muslimische Mala'ika schreiben die guten und bösen Taten der Menschen als Grundlage für den Tag des Gerichts auf.

Die »glauben und Gutes tun«, kommen zur Belohnung nach dem Gericht Allahs in ein ewiges Paradies *Djanna* (»Garten«), Gärten mit Bächen von Wasser und Milch, von Wein und Honig, mit Teppichen und kostbaren Sesseln ausgestattet, wo schöne Huris und junge Knaben Früchte und Geflügel servieren. Mehrfach beschreiben die Suren dieses Paradies in farbigen Bildern: »ihnen sollen Gärten eine Stätte sein, zum Lohn für ihr Tun« (32,18-20), »Gärten, darinnen Bäche fließen ... Und dort wachen sie *Huris* haben und sollen ewig dort bleiben« (2,22–23.24–25), als »Gärten, durch die Bäche fließen« (29,57ff.), »Gärten mit Quellen ... sie werden alle als Brüder auf Polstern einander gegenübersitzen. Keine Müdigkeit soll sie dort rühren.« (15,45–50). Die im Heiligen Krieg für den Islam gefallenen Märtyrer gelangen sofort nach ihrem Tod ins Paradies, ohne provisorisches Zwischenstadium.

Im Gegensatz zur Belohnung der Gläubigen mit dem Paradies fallen die Ungläubigen und Gottlosen zur Strafe nach dem Gericht von der schmalen Brücke, die alle überschreiten müssen, ins Feuer der Hölle *Djahannam* (»tiefer Brunnen«), das gleichfalls die Suren in farbigen Bildern schildern: »Was die Gottlosen anbelangt – ihre Stätte ist das Feuer! So oft sie aus ihm zu entkommen suchen, werden sie darin zurückgetrieben werden, und es wird ihnen gesagt werden: Schmecket das Höllenfeuer, das ihr als Lüge erkläret!« (32,18–20). Und allen Lebenden gilt noch die Warnung vor dem Höllenfeuer: »Fürchtet das Feuer, dessen Nahrung Menschen und Steine [Götzenbilder] sind, und das für die Ungläubigen bereitet ist!« (2,22–23.24–25).

Zur Endzeit wird *al-Mahdi* (»der [von Allah] recht Geleitete«), ein eschatologischer Führer der Gemeinde, auftreten. Für Sunniten wird er ein Nachfahre Muhammads, ein Saijid, sein, wie Umm Salama, die fünfte Gattin des Propheten, gesagt hat: »Ich hörte den Propheten sagen: Der Mahdi wird aus meiner Familie sein, aus den Kindern der Fatima [der jüngsten Tochter aus Muhammads erster Ehe]«. Für Shiiten gilt Kaim (»der sich erhebt«) als der verschwundene und nicht gestorbene zwölfte Imam, der zum Jüngsten Tag als Sahib Us-Saman (»Herr des Zeitalters«) wiederkommen wird.

Mythisches Bild vom Menschen, der die Last des Kampfes zwischen Gut und Böse trägt (Russ. Zeichnung, 18. Jh., Paris, Bibliothèque nationale), (→ Mythe.)

nomaos von Pisa, ein Sohn des →Hermés und der Kleobule. M. hat, von →Pélops bestochen, den Tod seines Herrn verursacht, da er an dessen Wagen wächserne Stifte einfügte. Später wurde er von Pélops ins Meer gestürzt. Sein Vater hat ihn als Sternbild »Fuhrmann« (Auriga) an den Himmel versetzt. Andererseits erscheint M. auch als Frevler im →Tártaros.

Mythe ▽ (w.; Sg.), *Mythen* (Pl.), *Mȳthos* △ (m.; griech.: »Wort, Rede, Erzählung, Geschichte«), *Mythus* (m.; lat.): allg. Bezeichnung **1)** für die bildhafte *Erzählung* eines Volkes über wunderbare Ereignisse und Begebenheiten, die Ursprung, Verlauf und Ende der menschlichen Welt beleuchten, sowie über übermenschliche Wesen, wie Götter und Geister, Heroen und Mischwesen, in Form der Dramatisierung und Inszenierung, der Personifizierung und Verkörperung von Vorgängen, Erfahrungen und Erlebnissen in der Innen- und Außenwelt des Menschen. Das Ganze spiegelt den Widerstreit als Kampf zwischen Gut und Böse, den der Mensch in sich selbst (z. B. als Versuchung und Schuld), wie außerhalb von sich, aber auf sich bezogen, erlebt (z. B. als Leben und Tod). M. ist eine Denk-, Lebens- und Ausdrucksform. Die über das Individuum hinausgehende Bedeutung und allgemeingültige Aussage für Sippe, Stamm, Volk und Gemeinschaft dient der Weltdeutung und Lebensorientierung. **2)** für eine zur Legende gewordene *Begebenheit* oder *Person* von weltgeschichtlicher Bedeutung. – *Worte:* M., mythenhaft, mythisch, Mythos, Mythus.

Mythologie (v. griech. *mȳthos légein* = »[die] Mythe sagen«): allg. Bezeichnung für **1)** den Vortrag einer →Mythe und die Erzählung über Geschehnisse und Handlungen der überirdischen in Verbindung mit der irdischen Welt. **2)** die Gesamtheit der mythischen Erzählungen der Völker. **3)** die wissenschaftliche Sammlung, Erforschung, Vergleichung und systematische Darstellung der Mythen aller Völker. – *Worte:* Mythologe, M., mythologisch, mythologisieren.

Mȳthos →Mythe

N

NAGAS

Nabū, akkad. Weisheitsgott, der die Schicksalstafeln geschrieben hat.

Nabatäer: Chaabu, Dūsharā, al-Kutba', 'Obodat, Yagūt.

Nābi' (Sg.; hebrä. »Gerufener, Rufender«), *Nebi'im* (Pl.), *Prophétes* (griech. »Orakeldeuter, -verkünder«), *Prophet* (dt.): **1)** jüd. *Bote* und *Prophet* des →Jahwe-Elōhim, der von ihm berufen und in seinem Namen zu Israel spricht, Heil und/oder Unheil ankündigt und dies z.T. durch Wunder und Zeichenhandlungen demonstriert. Gottes Geist ist in ihnen, und sie erhalten göttliche Offenbarungen. Man unterscheidet Tat- und Schriftpropheten. Zu ersteren zählen u.a. →Moshēh, →Shemū'ēl, →Ēlijjāhū und →Elishā. Zu den großen Schriftpropheten gehören: →Jesha'jāhū, →Jirmejāhū und →Jehezk'ēl, aber auch →Dānijj'ēl. Die 12 kleinen Schriftpropheten sind: →Hōshēa', →Jō'ēl, →Amōs, →Ōbadjāhū, →Jōnāh, →Mikāh, →Nachchūm, →Chabakkūk, →Zefanjāh, →Chaggaj, →Zekarjāh und →Mal'āki. Außer den vorgenannten männlichen gibt es weibliche Propheten, wie →Mirjām, →Debōrāh und →Chūldāh. **2)** christl. *Propheten* als Zeugen der in →Iesūs erfüllten Heilsoffenbarung des →Kýrios, in denen letzterer seine Verheißung und seinen Heilswillen kundtat. Zu ihnen gehören u.a. →Zacharias, →Ioánnes der Täufer und →Iesūs selbst.

Nabi (Sg; arab. »Prophet«), *Nabiyūn* (Pl.), *Anabiyā'* (Pl.): **1)** islam. *Propheten* des →Allāh, die seine Offenbarungen empfangen haben und durch die er Wunder (→Mu'djiza) wirkt. Um den durch →Shaitān verführten Menschen zu helfen, hat Allāh insgesamt 124000 N. gesandt; davon waren 313 höhere Gesandte (→Rasūl). Im Kur'ān sind 28 genannt, u.a. →Ādam, →Ibrāhim, →Ismā'il, →Ishāk, →Ya'kūb, →Nūh, →Dāwūd, →Sulaimān, →Yūnus, →Yūsuf, →Mūsā, →Hārūn, →Zakāriyā' →Yahyā, →'Isā, und →Idris. Mit Ausnahme des letzteren und des →Muhammad selbst gehören sie dem Judentum und Christentum an. **2)** islam. *Selbstbezeichnung* des Muhammad in Medina, der die Reihe der vorislamischen Propheten endgültig abschließt, das »Siegel« der N. ist. Nach N. ist die 21.Sure im Kur'ān benannt.

Nabū△ (»Berufener, Verkünder, Herold«), *Nabi'um, Nebo* (griech.): akkad. *Gott* der *Weisheit* und der *Schreibkunst,* Schreiber und Inhaber der Schicksalstafeln. Er ist Sohn des →Marduk und der →Sarpanītum sowie Gemahl der →Tashmētu und der Nanaja. Seine Hauptkultstätte war der Ezida-Tempel (»rechtmäßiges Haus«) in Borsippa. Der Schreibgriffel ist sein Attribut und der Merkur sein Planet. Nach N. nennen sich einige Könige, wie Nabupolassar, Nebukadnezar und Nabonid. Der Berg Nebo, auf dem →Mōsheh stirbt, trägt seinen Namen.

Nāchāsh (hebrä. »Schlange«), *Óphis* (griech.); **1)** jüd. dämonisches Wesen und *Verkörperung* der *Bosheit,* Schläue und Hinterlist. Die Schlange ist listiger als alle Tiere des Feldes. Im →Gan Ēden spricht sie zu →Chawwāh und stellt das Verbot des →Jahwe-Elōhim nicht nur in Frage, sondern fordert sogar dazu auf, von dem Baum der Erkenntnis zu essen, denn dann würden die Menschen nicht sterben, sondern sein wie

Elōhim. So gelingt der Schlange die Verführung der Eva. **2)** christl. *Paradiesesschlange*, die →Eúa verführt hat und identisch ist mit →Diábolos und →Satān in der Endzeit.

Nachchūm △ (hebr. »Jahwe tröstet«), *Naum* (griech.), *Nahum* (dt.): jüd. *Prophet* (→Nābi') des →Jahwe-Elōhim im Südreich Juda (664-612). Er prophezeit die Zerstörung Ninives und für Israel die Verheißung des Heils. Nach N. ist die siebte Schrift im Zwölfprophetenbuch der Bibel benannt.

Nachchundi △, *Nachunte* (»Tagschaffer«): elam. *Sonnengott* und Gott der Rechtsordnung.

Nādapāda →Nā-ro-pa

Naenia ▽ (lat. »Totenlied, Leichengesang, Grablied«), *Nenia*: röm. *Göttin* der *Totenklage* und Personifikation des *Trauer-* und *Klageliedes*, das für einen Verstorbenen ursprünglich von den Verwandten und Hinterbliebenen, später von bezahlten Klageweibern zur Flöte gesungen wurde.

Nāgārjuna △ (sanskr. »Arjuna der Nāga«): buddhistischer *Gelehrter* und Begründer der Mādhyamika-Schule (→*Āchārya*). Mit seinem Hauptwerk Mādhyamaka-kārikā setzte er das Rad der Lehre - nach →Buddha - ein zweites Mal in Bewegung. Er wird als →Bodhisattva verehrt und zur Kennzeichnung seiner Buddhaähnlichkeit mit der *ushnisha* dargestellt. Er ist von Schlangen (Nāga), die ihn nach seiner Geburt in ihrem Palast unter dem Meer in die Wissenschaften eingeführt haben, umgeben und zeigt die Ermutigungsmudrā.

Nāgas (sanskr. »Schlangen«; m.), *Nagi(ni)s* (w.): **1)** brahm.-hindu. halbgöttliche *Schlangenwesen* und *Schutzgenien* von Wasserstellen, Seen, Flüssen und Bächen. Sie bewachen die Schätze der Wassertiefen und sind als *Fruchtbarkeitsbringer* Wächter an Tempeltoren. Sie gelten als Kinder des →Kashyapa und der Kadrū. Zu ihnen zählen →Vāsuki, →Ananta und →Manasa. Die Bewohner der →Pātālas werden als Mischwesen dargestellt, mit menschlichem Gesicht, dem Schwanz einer Schlange und dem gespreizten Nacken einer Kobra. Ihre Attribute sind Lotos und Pflugschar. **2)** buddh.

Nāgārjuna, buddh. Gelehrter (Āchārya) mit ushnisha und von Schlangen der Weisheit umgeben.

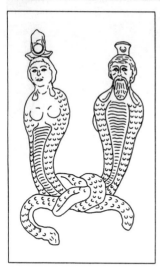

*Nāgas, hindu.-buddh. Paar von
Fruchtbarkeitsgenien, Mischwesen aus
Menschen und Schlangen.*

halbgöttliche *Wesen*, die im Wasser und unter der Erdoberfläche leben. Sie bringen *Fruchtbarkeit* und sind den Menschen gegenüber wohlwollend.

Naglfar (nord.»Nagelschiff«): german. *Totenschiff*, das – gesteuert vom Riesen Hrymir – zu Beginn von →Ragnarök die Feuerriesen aus →Muspelheim nach →Asgard zum Kampf gegen die →Asen bringen wird. N. ist das größte aller Schiffe und aus den unbeschnittenen Nägeln der Toten erbaut. Um die Ankunft von N. hinauszuschieben, soll man die Nägel der Toten schneiden.

Nagual (von *naualli, nahualli*=»Verkleidung, Verhüllung«): indian. *Schutzgeist* in tierischer oder pflanzlicher Gestalt bei den Azteken. Menschen und Götter sind mit ihrem jeweiligen N. durch eine Schicksalsgemeinschaft so verbunden, daß Verletzung oder Tod des einen dasselbe Los für den anderen bedeutet. Z. B. ist der Kolibri der N. des →Huitzilopochtli. – *Wort:* Nagualismus.

Nagyasszony →Boldogasszony

Nahi △ (»verständig, klug« bzw.»der verbietet«): arab. *Schutz-* und *Helfergott*, der um Hilfe und Beistand angerufen wurde.

Nahum →Nachchūm

Naides ▽, *Naídes* (lat.), *Najaden* (dt.): griech. *Gruppe* von → *Nymphen*, die in Quellen, Teichen und Flüssen hausen und Musik und Tanz lieben. Oft sind sie die Bräute von Göttern und →Sátyroi. – *Plastik:* L. Schwanthaler (1840/48); *Wort:* Najade (fig.).

Nā'ila→Isāf

Naininen (»Weltall«): sibir. *Gott* der Korjaken

Nainuema: indian. *Urwesen* der Uitoto. N. knüpfte die Welt an ein Traumbild von der Erde an und trat dann die Erde fest. Er spuckte aus, damit der Wald entstehen konnte.

Nairritta →Nirrita

Nairritti →Nirriti

Nairyō-sangha △(awest.»Preis der Männer«): iran. *Feuergott* und *Personifikation* des *Preises* der Götter durch die Männer [d. h. Priester], *Götterbote*, ein →Yazata, der den Göttern die Opfer der Menschen überbringt.

Najaden →Naídes

Nakir →Munkar

Nakrah(um) △: arab. *Richter-* und *Orakelgott* bei den Minäern. Er entspricht dem →Haubas und dem →'Anbay.

Namita ▽, *Namite:* melanes. *Muttergöttin* und *Kulturbringerin* (der Papua), die sich selbst mit ihrer großen Zehe befruchtete und dann Zwillinge gebar. Damit aus ihrem Blut die ersten Menschen entstehen konnten, befahl sie ihre eigene Tötung.

Nammu ▽: sumer. *Urmutter*,»die Himmel und Erde geboren hat«, und *Göttermutter*,»die alle Götter geboren hat«. Sie ist auch *Menschenschöpferin*, da sie auf Anweisung ihres Sohnes →Enki über den →Abzu die ersten Menschen aus einem Klumpen Lehm formt, wobei ihr 8 Göttinnen, darunter →Ninmach, behilflich sind. In ihrem Besitz befinden sich ursprünglich die →Me.

Namrael ▽, *Nebroel:* iran. *Hauptdämonin* bei den Manichäern. Zusammen mit ihrem Partner →Ashaqlūn zeugt sie das erste Menschenpaar Gēhmurd und Murdiyānag.

Namrūd →Nimrōd

Namtar △ (»das, was abgeschnitten wird; das Geschick«): sumer. Personifikation des *Schicksals* und böser *Dämon,* der als Botengott der →Ereshkigal den Menschen den Tod bringt. Er gilt als Sohn des →Enlil und Gemahl der Chushbisha.

Nana ▽: 1) phryg. *Muttergöttin,* die als Tochter des Flußgottes →Sangarios und Mutter des Frühlingsgottes →Attis gilt. Sie wird von der Frucht eines Mandelbaumes (→Agdistis) schwanger, die sie in ihren Schoß legt, und gebiert dann den Attis. 2) *Beiname* der →Kybéle als Mutter des Attis. 3) armen. *Göttermutter* und *Siegesgöttin* mit dem Beinamen »Große Mutter«. Sie gilt als Tochter des →Aramazd und Schwester des →Mihr. N. gleicht der griech. →Athéne.

Nanāja ▽: sumer. und akkad. *Göttin* des *Geschlechtslebens* und des *Krieges.* Sie ist die Tochter des →An und Gattin des akkad. →Nabū. In der Bibel (2 Makk 1, 13.15) werden ihre Tempelpriester erwähnt.

Nanautzin △: indian. demütiger *Sonnengott* der Azteken im Gegensatz zum zögernden →Tecciztecatl. Am Beginn des fünften Weltzeitalters erklärte er sich bereit, sich selbst zu verbrennen, damit die Sonne ihre Bahn fortsetzen kann. Deshalb werden der Sonne, die ihr Leben einem großen freiwilligen Selbstopfer verdankt, später Menschenherzen geopfert.

Nanderuvucu △ (»Unser großer Vater«): indian. *Himmels-* und *Vatergott* der Tupi-Guarani, dessen Wohnsitz das »Land ohne Übel« ist.

Nandi (sanskr. »Glücklicher«): hindu. *Stier-* und *Fruchtbarkeitsgott* sowie Personifikation der Stärke. Der weiße Stier mit einem schwarzen Schwanz ist das →Vāhana für →Shiva.

Nanga Baiga △ (»Nackter Baiga«) und *Nanga Baigin* ▽ (»Nackte Baiga«): ind. *Stammelternpaar* bei den Baiga. Es entspricht den →Rusi und Rusain bei den Juang.

Nanghaithya △: iran. *Erzdämon* (→Daēva), der Unzufriedenheit und Mißvergnügen verursacht. Er ist ständiger Widersacher der →Armaiti.

Nang lha △: tibet. schweinsköpfiger *Hausgott* bei den Bon-po.

Nanna △: sumer. *Mondgott,* der in seinem sichelförmigen Boot täglich den Nachthimmel überquert, das Jahr in Monate von 30 Tagen einteilt und »Herr des Schicksals« ist. Er gilt als Sohn des →Enlil und der →Ninlil, als Gemahl der →Ningal und Vater von →Utu. Mit den letzten beiden bildet er eine astrale Trias. Sein Hauptkultort ist Ur mit dem Stufentempel Ekishnugal. N. ist dem akkad. →Sin gleich.

Nanna ▽ (nord. »Mutter«): german. *Muttergöttin,* Tochter des Nepr,

Gattin →Balders und von ihm Mutter des →Forseti. Sie stirbt aus Gram über die Ermordung ihres Gatten, und ihr Leichnam wird neben dem Balders auf dem Schiff Hringhorni (»Schiff mit einem Kreis am Steuer«) bestattet und verbrannt.

Nanshe ▽: sumer. *Göttin* des Wahrsagens und Traumdeutens. Sie verkündet den Willen der Götter und hilft gegen die bösen Dämonen. Hauptkultort der als Tochter des →Enki und Schwester des →Ningirsu Geltenden war Nina-Sirara bei Lagash.

Nantosuelta ▽, *Natosuwelta, Nantosvelta:* kelt. *Fruchtbarkeitsgöttin* und Segenspenderin, *Göttin* der *Unterwelt* und *Todesgöttin* sowie *Schutzgöttin* der Häuser (der Gallier). Zusammen mit →Sucellos bildet sie ein Götterpaar. Ihr Attribut ist das Füllhorn.

Napir(isha) △ (»Glänzender«): elam. *Mondgott.*

Nārada, brahm.-hindu. Weiser (Maharishi) und Erfinder der Laute.

Naprusha △: elam. *Beschwörungs-* und *Unterweltsgott.*

Nārada △: brahm.-hindu. *Weiser* und *Seher* der Vorzeit (→Rishi), der zu den 10 →Maharishi zählt. Er ist ein geistentsprossener Sohn des →Brahmā und gilt als Erfinder der Laute und Herr der →Gandharvas.

Naraka (sanskr. »Hölle«), *Niraya:*
1) buddh. Bewußtseinszustand und eine Höllenwelt im →Triloka mit 7 bis 8 Haupthöllen und ca. 16 bis 128 Nebenhöllen, in denen die Höllenwesen aufgrund ihrer bösen Taten in früheren Leben je nach Art ihrer Verbrechen unterschiedliche Qualen, die ihnen von Höllenknechten zugefügt werden, erleiden, bis sie aufgrund des →Samsāra in einer anderen Existenzweise (→Gati) wiedergeboren werden. Die Namen der 8 »heißen« Höllen sind: *1.* Samjiva, *2.* Kālasūtra, *3.* Samghāta, *4.* Raurava, *5.* Mahāraurava, *6.* Tāpana, (*7.*) (Pratāpana), *7.* (*8.*) Avici. Außerdem gibt es noch 8 »kalte« Höllen. Die Lebensdauer der Bösen in den einzelnen Höllen steht in einer gewissen Entsprechung zu der Lebensdauer der einzelnen Götterklassen (→Deva). Herrscher über die N. ist →Yama. **2)** hindu. *Höllenregionen* im →Triloka, die un-

terhalb der →Pātāla liegen. Die 28 bzw. 21 N. sind Stätten der Tortur in Hitze oder Kälte, wo die Bösen von den Dienern des →Yama zeitlich unterschiedlich begrenzt gepeinigt werden.

Narasimha △ (sanskr. »Mensch-Löwe«): hindu. vierter →Avatāra →Vishnus im vergangenen Kritayuga (→Yuga) in der Gestalt eines *Mischwesens* (halb Mensch, halb Löwe), um den unverwundbar gewordenen Dämon und Titan →Hiranyakashipu in Stücke zu zerreißen und so Menschen und Götter von diesem zu befreien. Dargestellt wird N. löwengesichtig.

Nārāyana △ (sanskr. »Menschensohn, Weltensohn«): hindu. *Beiname* des →Vishnu, der zwischen zwei Weltzeitaltern (→Para) auf der Weltenschlange →Ananta ruht und aus dessen Nabel ein Lotos herauswächst, der sogleich aufblüht und einen neuen Schöpfergott →Brahmā hervorbringt. Wenn ihn dann seine Gattin →Lakshmi aufgeweckt hat, beginnt ein neues Weltzeitalter.

Narcissus →Nárkissos

Nareau: mikrones. zwei schöpferische *Urwesen.* Der ältere N. war uranfänglich und bildete aus einer Tridacha-Muschel Himmel und Erde und ließ Sand und Wasser sich paaren, so daß der jüngere N. entstand. Letzterer führte die Schöpfung zu Ende und formte aus den Augen seines Vaters Sonne und Mond, zerkrümelte dessen Gehirn und bildete daraus die Sterne, aus dem Fleisch machte er Felsen und Steine, und aus dem Rückgrat erwuchs der »Baum der Ahnen«, dessen Zweigen die Vorfahren der Menschen entsprangen. Blumen, die er von diesem Baum pflückte, warf er über Samoa hinaus nach Norden, und als diese ins Wasser glitten, entstanden die Inseln Tarawa, Beru und Tabiteuea. Er gleicht dem melanes. →Quat und dem polynes. →Maui.

Narisaf, *Narishankh:* iran. *Weltenschöpfer* bei den Manichäern, erste Emanation und »erster Gesandter« des »Guten Gottes«. N. führt den Beinamen »Geliebter der Lichter«. Er selbst emaniert den großen Bān, den Architekten, und letzterer den

Narasimha, hindu. vierte Inkarnation des Gottes Vishnu, bei der er aus dem Pfeiler hervortritt und den Dämon Hiranyakashipu in Stücke zerreißt, ein Mischwesen als Mensch-Löwe bzw. löwenköpfig dargestellt.

zweiten Gesandten →Mihryazd. Vom »Vater der Größe« wird N. gesendet bzw. berufen, den »Urmenschen« und dessen 5 Söhne →Amahrspand aus den Banden der Finsternis und des Bösen zu erretten.

Narisah ◇: iran. *Weltenschöpfer* bei den Manichäern und im Unterschied zum zweiten Gesandten →Mihryazd »dritter Gesandter« des »Guten Gottes«. Seine beiden Beinamen »Gott der Lichtwelt« und »Jungfrau des Lichtes« kennzeichnen N. als androgynes *Lichtwesen*, das sich den →Archóntes in männlicher und in weiblicher Gestalt zeigt. Um das vergrabene Licht zu schöpfen, zu reinigen und zu läutern, setzt N. einen Mechanismus in Bewegung, so daß in den ersten 14 Tagen eines jeden Monats die befreiten Lichtsubstanzen zum Mond hinaufsteigen, in der zweiten Monatshälfte vom Mond zur Sonne aufsteigen und dann in die himmlische Lichtwelt gelangen.

Narishankh →Narisaf

Nárkissos △, *Narcjssus* (lat.), *Narzjß* (dt.): griech. schöner *Jüngling* und *Personifikation* der *Narzisse*. Er ist Sohn des Flußgottes Kephissos und der Quellennymphe Leiriope. Als N. die Liebe der Nymphe →Echó verschmähte, wurde er von →Aphrodíte bzw. →Némesis damit bestraft, daß er sich in sein eigenes, in einer Wasserquelle geschautes Spiegelbild verliebte. Da ihm aber der Gegenstand seiner Liebe unerreichbar blieb, verzehrte er sich in Sehnsucht, bis er sich in die nach ihm benannte Blume Narzisse verwandelte. – *Gemälde:* Caravaggio (1590/95); *Drama:* Calderon; *Opern:* Scarlatti (1714), Gluck (1779), Massenet (1878); *Worte:* Narziß (fig.), Narzisse, Narzismus, Narzißt.

Nä-ro-pa △, *Nādapāda:* buddh.-tantr. *Asket* (Yogin) und *Guru* (956-1040). Der Schüler des Guru →Ti-lo-pa und selbst Lehrer des Marpa ist einer der 84 →Mahāsiddha. Er wird mit Meditationsband und Verzichtmudrā dargestellt, seine Attribute sind Schädelschale (kapāla) und Glocke (ghantha).

Narziß →Nárkissos

Näsatyas →Ashvins

Nasr △ (»Adler«), *Nusūr:* arab. *Gott* in Saba und Qatabān, der im Kur'ān (Sure 71, 22-24) als einer der 5 Götzen der Zeitgenossen des →Nūh erwähnt ist.

Nasu ▽ (awest. »Leichnam, Leichenteile«): iran. *Dämonin* (→Drugs) des Leichnams und der Befleckung. Sogleich nach dem Tod eines Menschen kommt sie in Gestalt einer Fliege zum Leichnam geflogen und steckt die Nachbarn mit Krankheit an. Beim Träger der Leiche dringt sie durch eine seiner 9 Körperöffnungen ein.

Natarāya △ (sanskr. »König des Tanzes«): hindu. *Name* des →Shiva als kosmischen Tänzers und Herrn der Weltbühne. Sein Tandavatanz stellt Shivas 5 Aktivitäten dar: Schöpfung, Erhaltung, Zerstörung, Verkörperung und Befreiung. Beim Tanz steht er mit einem Fuß auf dem Dämon →Apasmara (Mujalaka).

Natosuwelta →Nantosuelta

Natrimpe →Potrimpus

Naum →Nachchūm

Naunet ▽: ägypt. *Urgöttin* und Personifikation des unterirdischen, »unteren« Himmels, auf dem die Erdscheibe ruht, und der sich als Gegenbild zum über die Erdscheibe ausgespannten, »oberen« Himmel darstellt. Diesen Gegenhimmel durchziehen die Sonne während der Nacht und die Sterne während des Tages, d. h. nach ihrem »Verlöschen«. Sie wird als Schlange oder schlangenköpfig dargestellt und seit dem Neuen Reich mit →Nut, der Göttin des »oberen« Himmels, gleichgesetzt.

Navagraha: hindu. Gruppe von 9 *Planeten-* und *Gestirnsgöttern,* die unterschiedliche Aspekte der Daseinserscheinungen verkörpern. Ihr Reich ist →Svarloka, der Raum der Himmelskörper. Zu ihnen gehören: →Sūrya, →Soma/Chandra, →Budha, →Shukra, →Mangala, →Brihaspati, →Shani, →Rāhu und →Ketu. Dargestellt werden sie meist auf einem von 7 oder 8 Rossen bespannten Wagen.

Navi: slaw. *Haus-* und *Totengeister,* die aus den Seelen vor oder nach der Geburt zu Tode gekommener Kinder hervorgehen. Sie rächen sich in Gestalt großer, nackter Vögel und überfallen mit Vorliebe Schwangere oder Wöchnerinnen. Den Milchtieren rauben sie die Milch. Wer in derselben Stunde wie die N. geboren wurde, kann sie sehen.

Na-Wende △ (»Alter Herr Sonne«): *Himmels-* und *Fruchtbarkeitsgott,* aber auch *Richtergott* bei den Mosi in Obervolta. Er gilt als Gatte der Erdgöttin →Tenga.

Ndengei △: melanes. *Schlangen-* und *Schöpfergott* (der Fidschi-Inseln), der 2 Eier ausbrütete, aus denen ein Junge und ein Mädchen entschlüpften. N. gab ihnen Yam und Bananen und lehrte sie den Gebrauch des Feuers. In Gestalt einer Schlange liegt er zusammengerollt in einer Höhle der Na-Kauvandra-Berge, und wenn er sich bewegt, bebt die Erde. Wenn er schläft, ist es Nacht, und wenn er von einer schwarzen Taube geweckt wird, beginnt der Tag. Mit N. hat sich Ndungumoi, der Begründer der Tuka-Bewegung, identifiziert.

Ndjambi-Karunga ◇: Duale *Himmels-* und *Unterweltsgottheit* bei den Herero in Namibia. In ihr sind die beiden Aspekte Himmel für Ndjambi und Erde, Wasser und Unterwelt für Karunga vereinigt.

Ndyambi →Nzambi

Neaira →Pérse

Nebet-hut →Nephthys

Nebetu ▽ (»Herrin des Feldes«): ägypt. *Lokalgöttin* von Esneh (Latopolis) und Mutter des →Hike. Sie ist der →Menchit angeglichen.

Nebo →Nabū

Nebroel →Namrael

Nechbet ▽ (»die von El-Kalb [= Necheb]«): ägypt. *Ortsgöttin* von Necheb (dritter oberägypt. Gau). Als *Geier-* und *Landesgöttin* von Ober-

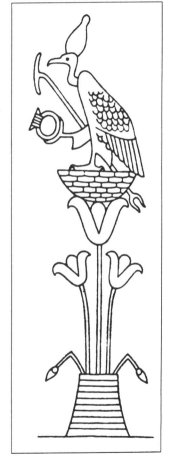

Nechbet, ägypt. Muttergöttin sowie Landesgöttin von Oberägypten in Geiergestalt.

ägypten ist sie das Pendant zur unterägypt. Schlangengöttin →Uto. Die *Muttergöttin* gilt als Urbild der Mutter schlechthin. In der Hieroglyphenschrift steht der »Geier« für Mutter. Sie ist *Schutzgöttin* des Königs, dem sie als dessen Mutter ihre Brust reicht. Dazu ist sie seit dem Neuen Reich *Mond-* und *Sonnengöttin* sowie *Geburtsgöttin*. Die als Tochter des →Re Geltende wird als Frau, die den jungen König säugt, oder aber geiergestaltig dargestellt. Ihr heiliges Tier, der Geier, wird zum Symboltier Oberägyptens und bildet zusammen mit dem Symboltier Unterägyptens, der Schlange der →Uto, den Pharaonenschmuck.

Nechmet-awaj ▽ (»die sich des Beraubten annimmt«): ägypt. *Urgöttin* und *Schutzgöttin* des Rechts. Sie bildet mit ihrem Gatten →Thot und ihrem Sohn Neferhor (»der Schöngesichtige«) eine Trias. Die »Herrin der Stadt« Hermopolis wird mit Kuhgehörn und Sonnenscheibe dargestellt. Ihr Attribut ist das Sistrum. Später ist sie mit →Hathor gleichgesetzt und wird von Plutarch mit der griech. Dikaiosyne identifiziert.

Nectar →Néktar

Nefertem △ (»der ganz Vollkommene«), *Nephthemis* (griech.): ägypt. Personifikation der *Lotosblume* als eines Urwesens, das aus der Urflut auftauchte und aus dem sich öffnenden Blütenkelch die Sonne aufgehen läßt. Als Spender des Wohlgeruchs ist er *Salbengott* und als »Sonnenkind« auf der Lotosblüte ein *Lichtgott* und zugleich *Totengott*. Zusammen mit seinem Vater →Ptah und seiner Mutter →Sachmet gehört er zur heiligen Trias von Memphis. Diese »Lotosblume an der Nase des Re« und der einstige »Herrscher der Menschen«, wie →Re über die Götter herrschte, wird in Menschengestalt mit geschlossenem Lotos auf dem Haupt oder in der Hand, manchmal auch löwenköpfig, dargestellt.

Nehan →Nirvāna

Nehanda ▽: *Regengöttin* der Bavenda in Südafrika und der Shona in Simbabwe, die sich weiblichen Medien offenbart. Ursprünglich war sie der *Morgenstern*. Nachdem eine jungfräuliche Prinzessin als Regenopfer unter einem Baum lebendig begraben war, wuchs der Baum bis zum Himmel, es regnete, und am nächsten Morgen stand erstmals der Morgenstern, N., am Himmel. Sie gilt als Emanation des →Mwari.

Nehebkau △ (»der die Kas macht«): ägypt. *Schlangendämon*. Gewöhnlich ist er der Begleiter des Sonnengottes in dessen Barke. Er hat Macht über die →Kas und ist Wächter am Eingang zum Jenseits. N. gilt als Nahrungsspender und Herr der (unvergänglichen) Zeit. Er ist *Urgott* und *Schutzgott* in den Zaubertexten. Als Hoffnung der Toten wird er angerufen, wenn der Verstorbene verlangt, »eine Ewigkeit zu verbringen wie Nehebkau«. Sein Fest wurde am (? 30. IV.) 1. V. des ägypt. Jahres als eine Art Neujahrsfest begangen.

Neith ▽ ◇ (griech.), *Neret* (ägypt. »die Schreckliche«): ägypt. *Ortsgöttin* von Sais, aber auch *Waffen-* und *Kriegsgöttin* sowie die Personifikation der machtgeladenen Pfeile. Ihr Titel »die die Wege öffnet« charakteri-

Nefertem, ägypt. Salben- und Totengott sowie Personifikation der Lotosblume mit einem Lotos auf dem Kopf und dem Lebenszeichen in der Hand.

siert sie als Wegbereiterin des königlichen Heeres. Als »Herrin des Meeres« ist sie *Wassergöttin,* aber auch jungfräuliche Mutter des Krokodilgottes →Suchos. Sie ist die *Urgöttin* und zweigeschlechtliche »Gottesmutter«, die den Sonnengott →Re geboren hat. »In ihr, die den Samen der Götter und Menschen schuf, sind die männlichen und die weiblichen Kräfte noch ungetrennt gesammelt.« Sie ist »Vater der Väter und Mutter der Mütter«. Als *Schutzgöttin* der Toten umgibt sie zusammen mit →Isis, →Nephthys und →Selket den Sarg. In der Spätzeit ist sie *Königsgöttin,* aus deren Hand der Herrscher seine Krone empfängt. Ihre Kultorte waren Sais, wo sie als die »große Weberin« verehrt wurde, und Esna. Als besonderes Fest wurde ihre Himmelfahrt gefeiert. Dargestellt ist sie in Menschengestalt mit Pfeil und Bogen und mit der Krone Unterägyptens. Von den Griechen wurde sie der →Athéne gleichgesetzt.

Néktar ⊙ (von phönik. *niqtar* = »Würzwein«), *Nectar* (lat.): griech. *Trank* der Gottheiten, dem sie - neben →Ambrosía - ihre Unsterblichkeit und ewige Jugend verdanken. - *Worte:* N. (fig.), Nektarblume, Nektarien, nektarisch, Nektarium. - Das N. ist dem ind. →Soma und german. Met ähnlich.

Nemere △ : ungar. *Sturmdämon,* der die Kraft hat, Menschen zu töten, sowie *Windgott* und Personifikation des kalten Nordwindes aus dem Széklergebirge. Dargestellt wird N. als bärtiger und mürrischer alter Mann.

Némesis ▽ (»Zuteilung [des Gebührenden]«): griech. *Göttin* des rechten *Maßes* und der *Vergeltung,* die jedem das ihm zukommende Maß an Glück und Recht sowie an Vergeltung für begangenes Unrecht und für Übermut (Hybris) zuteilt sowie Göttin der *Agoné* (Wettkämpfe). N. ist Tochter der →Nýx sowie Schwester von →Kér, →Thánatos, →Hýpnos, →Mómos und →Éris. - *Kupferstich:* Dürer (1503); *Wort:* N. (fig.); *Redensart:* »von der N. ereilt werden«.

Nemetona ▽ (von *nemton* = »Heiligtum«): kelt. *Kriegsgöttin* (der Gallier) sowie *Stammesgöttin* der Nemeter (zwischen Rhein und Mosel).

Nemi →Arishthanemi

Nenabojoo △ : indian. *Kulturheros* und → *Trickster* bei den Algonkin-Wetucks. Als »großer Vater« versorgte er die Menschheit mit Bohnen und Mais und lehrte sie die Jagd. Oft wurde sein Werk durch seine Brüder zerstört. N. entspricht dem →Gluskap, →Manabhozho, →Michabo und →Wisakedjak.

Nenia →Naenia

Neper △ (»Korn«): ägypt. *Korngott,* eine Personifikation des Getreidekorns, und zugleich *Totengott.* Der als Sohn der Erntegöttin →Renenutet Geltende hat seit dem Neuen Reich in der →Nepit sein weibliches Gegenstück. Sein Geburtstag wurde am 1. IX., im Erntemonat des ägypt. Jahres, gefeiert. Er ist als einer »der lebt, nachdem er gestorben ist«, die Hoffnung für die Verstorbenen, denn er hilft den Toten, ähnlich wie

Nephthys, ägypt. Toten- und Geburtsgöttin. Sie bewacht die Pforte der Unterwelt, durch die der Sonnengott am Morgen in die Oberwelt auffährt.

→Osiris, mit dem er gleichgesetzt wird, zum Aufsteigen aus dem Grab, weil er als Korn der Aussaat in die Erde gesenkt wird (und stirbt), um geheimnisvoll als aufgehende Saat wieder aus der Erde hervorzutreten und Frucht zu bringen. Dargestellt wird er als üppiger Mensch, dessen Körper mit Getreidekörnern bemalt ist.

Nephthemis →Nefertem

Nephthys ▽, *Nebet-hut* (ägypt. »Herrin des Hauses«): ägypt. *Toten-* und *Grabgöttin*, aber auch *Geburtsgöttin*. Nach der →Götterneunheit ist sie die Tochter des →Geb und der →Nut, die Schwester von →Isis und →Osiris, sowie Schwester und Gattin des →Seth. Da ihr Gatte, der Wüstengott Seth, unfruchtbar ist, bleibt ihre Ehe mit ihm kinderlos, und sie zeugt mit Osiris, dem Fruchtbarkeitsgott, den →Anubis. Zusammen mit Isis sucht, findet und bewacht sie den von Seth zerstückelten Leichnam des Osiris. Beide umsorgen den Toten bis zu dessen Wiederaufleben und nehmen dann, an beiden Seiten des Auferstandenen stehend, an seiner Herrlichkeit teil. Nephthys und Isis begrüßen im Osten stehend die aufgehende Sonne und bewachen die letzte Pforte der Unterwelt, durch die der Sonnengott zur Oberwelt auffährt. Dargestellt wird Nephthys in Menschengestalt.

Nepit ▽: ägypt. *Korngöttin*, deren männliches Gegenstück seit dem Neuen Reich der Korngott →Neper ist. Sie wird mit einem Ährenbündel auf dem Haupt manchmal auch schlangengestaltig oder schlangenköpfig dargestellt.

Neptunus △, *Neptun* (dt.): röm. *Gott der Quellen, Flüsse* und *Seen, Meeresgott* und *Gott* der *Rennbahnen.* Ihm zu Ehren wurden am 23.Juli die *Neptunalia* gefeiert. Nach N. ist einer der Planeten benannt. - *Worte:* neptunisch, Neptunie, Neptunismus, Neptunist, Neptunium. - Der N. ist dem griech. →Poseidón gleich.

Nereídes ▽, *Nerines* (lat.), *Nereiden* (dt.): griech. Gruppe von 50 *Meeres-*

Nereide, griech. Meeresnymphe, auf dem Mischwesen Hippokamp (Seepferd aus Pferderumpf und Fischschwanz) reitend.

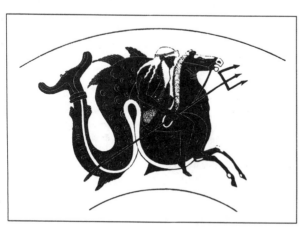

Nereús, griech. Meergott mit Dreizack, auf einem Hippokamp reitend.

nymphen (→Nýmphe) und *Schutzpatroninnen* der in Seenot Geratenen. Sie sind die 50 Töchter des →Nereús und der →Okeaníde Doris. Zu ihnen gehören u. a. →Amphitríte, →Galáteia und →Thétis. In der Begleitung des →Poseidón erheitern sie oft die Seeleute mit ihrem Spiel. - *Wort:* N.

Neret →Neith

Nereús △, *Nereus* (lat.): griech. greiser *Wasser-* und *Meergott* von wandelbarer Gestalt sowie *Orakelgott*. Er ist Sohn des →Póntos und der →Gaía, Bruder von Thaumas, →Phórkys, →Kétos und Eurybie. Durch die →Okeaníde Doris ist er Vater der 50 →Nereídes. Von →Heraklés wurde er gezwungen, diesem das Geheimnis über den Weg zum Garten der →Hesperídes preiszugeben.

Nergal △: akkad. *Unterweltsgott,* Seuchenbringer bei Mensch und Vieh. Als oberirdischer Gott verkörpert er die glühende *Sonnenhitze* und verursacht Schilfbrände. Er ist *Kriegsgott* und Gemahl der →Allatu bzw. der →Mamit. Sein Herold und Berater ist →Ishum. Seine beiden Hauptkultorte waren Kutha (vgl. 2 Kg 17,30), wo er mit →Erra den Doppeltempel Emeslam hatte, und Apiak. In einem Zeitraum von 160 Tagen steigt Nergal am 18. Tamus (Juli) zur Erde herab und am 28. Kislew (Dezember) wieder hinauf. Auf einem Rollsiegel ist er mit Sichelschwert und Keule dargestellt. Der akkad. N. entspricht dem sumer. →Nerigal.

Nerigal △: sumer. *Personifikation* der sengenden *Sommer-* und *Mittagssonne,* die Schilfbrände verursacht und Menschen und Tieren Fieber und Seuchen bringen kann. Dann auch *Kriegs-* und *Unterweltsgott.* Der als Sohn des →Enlil und der →Ninlil Geltende besiegt während seiner Unterweltsfahrt →Ereshkigal und wird deren Gatte. Er wird auch Gatte der →Ninshubur genannt. Seine Erscheinungsformen bilden →Lugalgirra und →Meslamta'ea. Sein Hauptkultort war Kutha mit dem Tempel Emeslam. Dargestellt wird er mit Sichelschwert und Keule. N. ist dem akkad. →Nergal gleich.

Nerines →Nereides

Nerrivik →Sedna

Nerthus ▽: german. *Erd-* und *Fruchtbarkeitsgöttin.* Sie ist die Schwester und Gattin des →Njörd, in dessen Gestalt sie später eingegangen ist.

Néstor △: griech. kluger und beredter *König* in Pylos, Sohn des Neleus und der Chloris, Gemahl der Eurydike und der Anaxibia und durch letztere Vater des Antilochos. N. gehört zu den →Argonaútai und ist der älteste und weiseste der griech. Helden vor Troja. Sein aus reicher Lebenserfahrung begründeter weiser Rat wurde sprichwörtlich. - *Wort:* N (fig.); *Redensart:* »der N. unter ihnen«.

Nethuns △: etrusk. *Gott* der *Gewässer,* der *Quellen* und des *Meeres,*

Nergal, akkad. Unterweltsgott sowie Personifikation der sengenden Sommersonne. Er tötet den Vegetationsgott.

Schutzgott von Vetulonia und *Stammvater* der Könige von Veji. Darge-stellt wird er mit einer Blattkrone im Haar. Seine Symbole sind Dreizack, Seepferd, Delphin und Anker. N. entspricht dem griech. →Poseidón und dem röm. →Neptunus.

N'gai △ (»Regen«), *En-kai: Himmels-* und *Schöpfergott,* aber auch *Ge-wittergott* der Massai in Kenia und Tansania. Der *Schicksalsgott* zeigt sich als böser N'gai na-nyokye (»Roter N'gai«) im Blau des Himmels und als guter N'gai na-rok (»Schwarzer N'gai«) im Schwarz der Regenwolke. N'gai ließ den ersten Mann, Maitumbe, vom Himmel herab und die erste Frau, Naiterutop, aus der Erde heraus.

Ngala →Mangala

Nha-San ▽: afroamerikan. *Wind-* und *Sturmgöttin* (→Orisha) bei den Umbandisten. Sie wird der christl. →heiligen Barbara gleichgesetzt.

Ni ▽: indian. *Meeresgöttin* sowie Gattin des Mondgottes →Si bei den Chimu.

Niau △ und **Niaut** ▽: ägypt. *Urgötterpaar,* das nach der →Götteracht-heit die Verneinung und das Nichts personifiziert und manchmal anstel-le von →Amun und →Amaunet als viertes Götterpaar genannt wird. Niau wird als Frosch bzw. froschköpfig und Niaut als Schlange bzw. schlangenköpfig dargestellt.

Nibānna →Nirvāna

Nicolaus △ (lat.; v. griech. »Volkssieger«), *Nikolaus* (dt.): christl.-kath. *Bischof* von Myra († 350), *Heiliger* (→Sancti) und *Wundertäter, Schutz-patron* der Schiffer und Fischer, der Seefahrer und Brückenbauer, der Jungfrauen und Gebärenden, der Kinder und Schüler, der Gefangenen und Juristen, der Apotheker und Bäcker sowie Patron des russ. Volkes. N. erweckte einst 3 von ihrem Wirt geschlachtete und eingepökelte Schüler wieder zum Leben. Sein mit Brauchtum verbundener Festtag wird am 6. Dezember begangen. Als Kinderbischof mit Mitra und Stab führt er, begleitet von jahreszeitlichen Naturgeistern wie Krampus, Gangerl und Knecht Ruprecht, Befragung und Bescherung durch. Die Attribute des N. sind Bischofstracht und Buch.

Nidhögg △, *Nidhöggr* (nord. »Neiddrache«): german. *Riesenschlange,* die am Brunnen →Hvergelmir haust und an den Wurzeln der Esche →Yggdrasill nagt, sowie *Totendrache,* der Leichen frißt und das Blut der Toten säuft. Zwischen N. und dem auf den Ästen der Yggdrasill sitzen-den Adler ist das Eichhörnchen Ratatoskr ein Bote, der Unfrieden bringt.

Niflhel (nord. »dunkle Hel«): german. *Teil* der *Unterwelt* →Niflheim und zugleich neunte Welt unter der Erdenwelt →Midgard, d. h. die tiefste und finsterste Hölle (→Hel).

Niflheim, *Niflheimr* (nord. »Nebelwelt, -raum«): german. *Raum* des Nebels und Eises, der Finsternis und Kälte in der Urzeit vor der Schöp-fung. N. ist noch vor dem warmen →Muspelheim entstanden und lag nördlich von →Ginnungagap. Nach N. erstreckt sich eine der Wurzeln der Esche →Yggdrasill, und im Zentrum von N. liegt die Quelle →Hvergelmir. Seit der Christianisierung ist nach N. das Totenreich der →Hel verlegt worden.

Ni-huan (»Lehmkugel«): chines. *Körper-* und *Schutzgottheit,* deren Sitz das Gehirn ist, die oberste der 3 Körperregionen (Tan-t'ien), außer Herz- und Nabelgegend.

Nijnyi △, *Ninyi, Nnui, Nui* (»Der Allsehende, Allgegenwärtige, Alleshörende«): *Schöpfergott* der Bamum in Kamerun, der die Geburt eines Kindes durch eine Kröte oder einen Frosch als Medium ankündigt.

Nike ▽ (»Sieg«): griech. *Götterbotin* und *Personifikation* des *Sieges* sowohl in der Schlacht als auch im sportlichen und musischen Wettkampf sowie des Sieges vor Gericht. Sie ist Tochter der →Stýx und des Pallas. Die Stadt *Nizza* (franz. Nice) ist nach N. benannt. Dargestellt wird sie meist schwebend oder geflügelt und mit Palmzweig und Lorbeerkranz. – *Plastik:* N. von Samothrake (180 v.Chr.). – N. entspricht der röm. →Victoria.

Nikkal ▽: phönik.-ugarit. *Mondgöttin,* deren Heirat mit dem Mondgott →Jarich im »Nikkal-Gedicht« gepriesen wird, wobei die Sängerinnen des →Kōtar angerufen werden, die »junge Frau« (ugarit.: *glmt*) zu segnen, damit sie einem Sohn das Leben schenkt. Hier ist das ugarit. *glmt,* das für die Göttin N. gebraucht wird, gleich dem hebrä. *almāh* (»junge Frau«), wie in der Immanuelstelle der Bibel (Jes 7, 14). Die N. ist der sumer. →Ningal gleich.

Nike, griech. Götterbotin und Personifikation des Sieges. Als geflügeltes Mischwesen wartet sie in der Palästra auf den Ausgang des Wettkampfes, um den Sieger zu bekränzen.

Nikolaus →Nicolaus

Niloten *(Dinka, Nuer, Massai, Vugusu):* Deng-dit, Jok, Kuth nhial, N'gai, Wele.

Nimmānarati, *Nirmānarati:* buddh. *Göttergruppe* (→Deva), die in der gleichnamigen fünften Himmelsetage 8000 Jahre lebt, wobei für sie ein Tag gleich 800 Menschenjahre ist.

Nimröd △ (hebrä./aramä. »gewaltiger Jäger«) *Namrūd* (arab.): **1)** jüd. Name eines assyr.-babylon. *Heros* und *Gründers* des Reiches, nach dem die Stadt Nimrud am Tigris benannt war. N. ist Sohn des Kush. **2)** islam. *Weltherrscher*, der 400 Jahre lang eine Gewaltherrschaft ausübte und sich als Gott anbeten ließ. Als seine Sterndeuter ihm ankündigten, daß ein neugeborenes Kind ihn stürzen werde, trachtete er dem →Ibrāhim gleich nach dessen Geburt nach dem Leben und ließ ihn ins Feuer werfen. Um Allāh im Himmel zu stürzen, baute er einen Turm. Allāh ließ jedoch eine Mücke durch die Nase des N. in dessen Gehirn dringen, von der dieser 400 Jahre gequält wurde, bis er schließlich starb.

Nin ▽ (»Göttin, Herrin«): sumer. *Titel* für Herrin und Göttin und Wortbestandteil in Göttinnennamen, wie z. B. →Ninlil, →Ningal, im Gegensatz zum männlichen →En.

Nina ▽: sumer. *Stadtgöttin* der gleichnamigen Stadt Nina bei Lagash und Begründerin der ältesten Dynastie von Lagash. Sie ist *Fruchtbarkeitsgöttin* der Quellen und Kanäle, aber auch *Weisheitsgöttin* der Orakel und Traumdeuterin. Sie gilt als Tochter des →Enlil, als Schwester von →Ningirsu und →Nisaba und als Mutter der Ninmarki. Ihre Symboltiere sind der Skorpion und die Schlange.

Ninazu △ (»Herr Arzt«): sumer. *Unterwelts- und Heilgott.* Der Sohn und Gatte der →Ereshkigal und Vater des →Ningizzida hatte seinen Kultort in Eshnunna.

Ninchursanga ▽, *Ninchursag* (»Herrin des Gebirges [Duku]«): sumer. *Erd- und Muttergöttin.* Die Gattin des →Enki wird »Mutter der Götter« und »Mutter aller Kinder« genannt. Mesopotam. Herrscher, wie Mesilim, Eannatum von Lagash, Hammurabi und Nebukadnezar, verstanden sich als ihre Söhne.

Ningal ▽ (»große Herrin«): sumer. *Gestirnsgöttin,* Gemahlin des →Nanna und Mutter von →Utu. N. ist der syr. →Nikkal gleich.

Ningirsu △ (»Herr von Girsu«): sumerischer *Stadtgott* von Girsu und *Kriegsgott,* der das sechsköpfige Wildschaf und den siebenköpfigen Löwen besiegt. Als *Fruchtbarkeits- und Vegetationsgott* hält der »Herr des Ackerlandes« Felder und Bewässerungskanäle in Ordnung. N. gilt als Sohn des →Enlil, als Bruder der →Nanshe, →Nina und →Nisaba sowie als Gemahl der →Baba. Wahrscheinlich war N. von Anfang an mit →Ninurta identisch, mit dem er dieselbe Genealogie hat. Sein Symboltier und Emblem ist →Imdugud.

Ningizzida △ (»Herr des rechten Baumes«), *Ningischzida:* sumer. *Unterweltsgott,* den →Gilgamesh in der Unterwelt trifft. Sein Epithet ist »Hausdiener der ›weiten Erde‹ [Unter-

Ningirsu, sumer. Vegetationsgott auf dem Thron sitzend.
Zu ihm tritt der Unterweltsgott Ningizzida mit seinem Schützling, dem Priesterkönig Gudea.

welt]«. Er ist *Schutzgott* des Gudea von Lagash und zugleich *Heilgott* und gilt als Sohn des →Ninazu bzw. des →An. Sein Symboltier ist die gehörnte Schlange (Cerastes) und sein Sternbild die →Hýdra.

Ninigi-no-mikoto △: shintoist. *Ahnengott* und *Begründer* des japan. *Kaiserhauses,* dessen jeweiliges Oberhaupt der →Tennō ist. N. gilt als Enkel der Sonnengöttin →Amaterasu, als Sohn des →Ama-no-oshiho-mimi und Gatte der →Kono-hana-sakuya, durch die er Vater von →Umisachi und →Yamasachi ist. Er ist der Urgroßvater des →Jimmu-tennō. N. wurde anstelle seines Vaters von Amaterasu nach Japan gesandt, um dieses Reich durch ihn und seine Nachkommen für alle Zeiten regieren zu lassen. Als äußeres Zeichen seines himmlischen Auftrages erhielt er die 3 Schatzstücke Spiegel, Juwel und Schwert, als die 3 Throninsignien des Kaiserhauses. Da jedoch N. die jüngere und schönere Kono-hana zur Frau genommen hatte und nicht deren ältere, wenn auch häßliche Schwester Iha-naga-hime (»Prinzessin des ›unwandelbaren Felsens‹«), war ihm und allen seinen Nachkommen kein langes und dauerhaftes Leben - sondern immer nur eine kurze Lebensdauer beschieden.

Nin'insina ▽ (»Herrin von Isin«): sumer. *Stadtgöttin* von Isin. Als *Heilgöttin* führt sie den Beinamen »große Ärztin der ›Schwarzköpfigen‹«. Sie ist die Tochter der →Urash, die Gemahlin des →Pabilsang und Mutter von →Damu. Ihr Symboltier ist der Hund. Später wurde sie mit der →Inanna gleichgesetzt.

Ninkarrak ▽ (»Herrin des Kais«?): sumer. *Heilsgöttin,* die im Epilog des Kodex Hammurabi angerufen wird, die Frevler mit Krankheiten zu schlagen. Ihr Symboltier ist der Hund.

Ninlil ▽ (»Herrin Wind«): sumer. *Göttin* der *Barmherzigkeit* und *Muttergöttin.* Sie ist Vermittlerin und Fürsprecherin bei ihrem männlichen Pendant →Enlil (»Herr Wind«). Nach dem Mythos »Enlil und Ninlil« wird N. von Enlil vergewaltigt und durch ihn Mutter des →Nanna. Später gebiert sie ihm noch 3 chthonische Gottheiten, u. a. →Nerigal.

Ninmach ▽(sumer. »größte Herrin«), *Dingirmach* (sumer. »größte Gottheit«), *Mach:* sumer. und akkad. *Muttergöttin.* Als *Menschenschöpferin* ist sie eine der 8 Geburtshelferinnen beim Schöpfungsakt der →Nammu. Im Mythos »Enki und Ninmach« wird sie für die Erschaffung von 7 mißgestalteten Menschen verantwortlich gemacht. Später trat zwecks Herstellung einer göttlichen Quaternität zu der vorhandenen akkad. Trias von →Anu, →Ellil und →Ea die *Götterherrin* N. als »erhabene Fürstin« hinzu.

Ninmena ▽(»Herrin der Tiara«): sumer. *Muttergöttin,* die die königliche Priesterin und den König gebar.

Ninshubur ▽, *Ninshubura:* 1) sumer. *Botengöttin* und Begleiterin der →Inanna. Sie ist die Gemahlin →Nerigals. 2) sumer. *Botengott* △ und Großwesir des →An, der dem akkad. →Ilabrät entspricht.

Ninshushinak →Inshushinak

Ninsun(a) ▽ (»Herrin der Wildkuh«): sumer. *Göttin* von Uruk, Gattin des vergöttlichten →Lugalbanda und Mutter des →Gilgamesh, dessen Traumdeuterin und Beraterin sie ist. Auf N. führte Urnammu, der Begründer der dritten Dynastie von Ur, seine Abstammung zurück.

Nintinugga ▽ (»Herrin, die den Toten belebt«): sumer. *Heilgöttin,* die später mit →Gula und →Nin'insina gleichgesetzt wird.

Nintu ▽ (sumer. »Herrin der Geburt«): sumer. und akkad. *Geburts-* und *Muttergöttin,* die mit einem Kind auf dem linken Arm, das an ihrer entblößten Brust trinkt, dargestellt wird. Sie ist der hethit. →Channachanna ähnlich.

Ninurta △ (»Herr der Erde«): sumer. *Fruchtbarkeits-* und *Vegetationsgott,* aber auch *Jagd-* und *Kriegsgott* mit dem Epithet: »Rächer seines Vaters →Enlil«, der gegen den →Asag kämpft. Er gilt als Gemahl der →Gula. N. und →Ningirsu, welche beide dieselbe Geneaologie haben, waren wahrscheinlich von Anfang an zwei Erscheinungsformen ein und desselben Gottes. Sein Hauptkultort war Nippur. Im akkad. Mythos jagt er dem →Zū die geraubten Schicksalstafeln wieder ab. Auf N., den »gewaltigen Jäger vor dem Herrn« (Gen 10, 8 f.), geht wahrscheinlich der jüd. →Nimröd (Mi 5,5) zurück.

Ninyi →Nijnyi

Nióbe ▽, *Njobe* (lat.): griech. schöne *Königin,* eine Tochter des →Tántalos und der Dione, Schwester des →Pélops und Gattin des Königs Amphion, durch den sie Mutter von 6 Söhnen und 6 Töchtern ist. Das Glück über ihre 12 Kinder verleitete sie zur Hybris, und sie pries sich höher als →Letó, die nur 2 Kinder geboren hatte. Zur Strafe dafür tötete →Apóllon mit seinen Pfeilen ihre Söhne, und die Pfeile der →Ártemis trafen ihre Töchter tödlich. Aus Verzweiflung darüber weinte N. so lange, bis sie zu einem Felsen im Sipylos-Gebirge erstarrte, aus dem seitdem ihre Tränen fließen. - *Gemälde:* A. Masson (1947); *Worte:* Niob, Niobide, Niobium.

Nirach △: sumer. *Schlangengott* mit apotropäischem Charakter sowie *Botengott* des →Sataran.

Nirantali ▽: ind. *Schöpfergöttin* und *Kulturbringerin* bei den Kond. Sie ist die Gattin des Paramugatti und die Mutter von Rani-aru. Da sie der Erde entstieg, wurde sie mit der Erdgöttin →Darni Pinnu identifiziert.

Niraya →Naraka

Nirmānarati →Nimmānarati

Nirrita △ (sanskr. »Unglück«), *Nairritta:* **1)** brahm. *Unglücksgott* und Personifikation von Armut, Krankheit, Tod und Zerstörung, dessen weibliche Entsprechung die ved. →Nirriti ist. **2)** Als hindu. *Schutzgott* der südwestlichen Himmelsrichtung (→Lokapāla) hat er den →Sūrya abgelöst. Er ist einer der 11 →Rudras. Dargestellt wird er nackt und in schwarzer oder blauer Farbe. Seine Attribute sind ein abgeschlagener Kopf, Speer, Schwert und Schild. Sein →Vāhana ist ein Kamel oder Löwe.

Nirriti ▽ (sanskr. »Vernichtung, Unglück«), *Nirruti, Nairritti:* ved. *Unglücksgöttin* und Personifikation von Leid und Tod, deren Boten Eule und Taube sind. Sie ist die negative Schwester des Glücks (→Lakshmi), Frau des Adharma (»Unrecht«) und Mutter des Bhaya (»Furcht«). Ihre männliche Entsprechung ist der brahm. →Nirrita.

Nirupadhishesha-Nirvāna: buddh. vollständiges →Nirvāna im Hinayāna ohne einen Rest an Bedingtheit, das mit dem Tod eines →Arhat eintritt, der dann nicht mehr wiedergeboren wird. Es ist unterschieden vom →Sopadhishesha-Nirvāna und heißt auch →Parinirvāna.

Nirvāna (sanskr. »Verlöschen«), *Nibānna* (Pali), *Nehan* (japan.): **1)** buddh.-jin. Erlösungsziel. Negativ bedeutet es das Erlöschen des unheilvollen Daseinsdrangs, das Verwehen des individuellen, vergänglichen Seins und damit das Aufhören des zu immer neuen Geburten führenden Kausalgesetzes. Positiv meint es einen Zustand vollkommener Ruhe und absoluten Friedens, die absolute, unpersönliche letzte Wirklichkeit, in die die Erlösten eingehen. Man unterscheidet: →Sopadhishesha-N., →Nirupadhishesha-N., →Pratishthita-N., →Apratishthita-N. und →Parinirvāna. **2)** hindu. Zustand der *Befreiung,* nachdem das individuelle, vergängliche Selbst (Atman) im Absoluten (Brahman) aufgegangen ist.

Nisaba ▽, *Nidaba:* sumer. *Getreidegöttin* – die Grundform ihres Keilschriftnamenszeichens sind Getreidehalme mit Ähren, und als *Dattelgöttin* ist sie Herrin der Fruchtbarkeit. Später auch Göttin der *Weisheit* und *Wissenschaft.* Sie »öffnet dem Menschen das Ohr«, d. h. gibt ihm Verstand. Als *Schutzgöttin* der Astrologie und der Schreibkunst wird sie von den Keilschriftschreiberinnen angerufen. Sie gilt als Tochter des →An, bzw. als Tochter des →Enlil und Schwester des →Ningirsu und der →Nina, sowie als Gemahlin des Chaja (Chani). Kultorte der seit ca. 2600 v.Chr. bezeugten N. waren Umma und Eresh. Eine Reliefvase des Entemena von Lagash zeigt sie als sitzende Göttin mit Kornähren auf der gehörnten Tiara und mit aus den Schultern wachsenden Pflanzenkolben, wie sie eine Dattelrispe in der Rechten hält. Ein Emblem der N. ist der Schreibgriffel bzw. das Schreibrohr.

Nivashi △ : zigeuner. *Wassergeister,* die Menschen von Brücken ins Wasser herunterziehen und ertränken. Dann sperren sie deren Seelen in Töpfe ein und ergötzen sich an deren Wimmern. Dargestellt werden die N. mit aufgedunsenen Leibern und mit Pferdefüßen.

Nisaba, sumer. Göttin der Fruchtbarkeit und des Getreides mit Kornähren auf der gehörnten Tiara, in der Rechten eine Dattelrispe haltend, ein Mischwesen, aus dessen Schultern Pflanzen sprießen.

*Nixe, german. Wasserjungfrau,
ein Tiermensch und Mischwesen aus
einem Frauenleib und mit Fischschwanz.*

Nix △, *Nixe* ▽, *Nixen* (Pl.): german. *Wassergeister.* Die männlichen N. sind bösartige Flußungeheuer. Sie weissagen und erteilen Rat und werden als Fischmenschen dargestellt. Die weiblichen N. sind Wasser-jungfrauen von zauberhafter Schönheit und werden als Menschenfrau-en mit Fischschwanzteil dargestellt. - *Worte:* Nix, Nixe, nixenhaft.

Njörd △, *Njördr:* german. *Wind-* und *Meergott,* aber auch *Feuergott.* Als *Fruchtbarkeitsgott* spendet er die Ernte. N. ist *Schutzgott* der Seefahrer und Fischer. Er gehört zu den →Vanen und ist Bruder und Gatte der →Nerthus, später zweiter Gemahl der →Skadi und durch sie Vater von →Freyr und →Freyja. Nach Beendigung des Vanen-Asen-Krieges wurde er zusammen mit seinen beiden Kindern den →Asen als Geisel übergeben. Erst z. Zt. von →Ragnarök wird er zu den Vanen zurückkeh-ren.

Nnui →Nijnyi

Nōach △ (hebrä. »Trost, Ruhe«), *Nōe* (griech.), *Nūh* (arab.), Noah (Luther): **1)** jüd. *Urvater* und *Stammvater* des neuen, noachitischen Men-schengeschlechts. Er ist Sohn des Lamech und Vater von →Shēm, →Ham und →Jāfēt. Da er gerecht war, offenbarte ihm →Jahwe-Elōhim die bevorstehende Sintflut (→Mabul) und wies ihn an, eine Arche (→Tēbāh) zu bauen, mit deren Hilfe er sich und seine Familie sowie die Tiere vor dem Tod durch Ertrinken retten konnte. Dann schloß Gott durch ihn mit der Menschheit einen Bund, dessen Zeichen der Regenbo-gen ist. Als *Ackerbauer* legte N. den ersten Weinberg an und bekam an sich selbst die Folgen übermäßigen Weingenusses zu spüren. Als er einmal im Rausch entblößt in seinem Zelt lag, machte sich Ham darüber lustig, worauf der aus dem Rausch erwachte N. seinen Sohn verfluchte. Z. Zt. der Flut war N. 600 Jahre alt, insgesamt erreichte er ein Lebensal-

*Nōach, jüd. Stammvater und Heros
der Sintflut, der zusammen mit seiner
Familie und den Tier-Paaren in einer
Arche die Flut überlebte, während alle
anderen Lebewesen außerhalb der
Arche ertranken (Holzschnitt aus der
Biblia Sacra Germanica, Nürnberg
1483).*

ter von 950 Jahren. **2)** christl. (zehnter) *Stammvater* des →Iesūs in dessen Ahnenreihe und *Typus* des *Glaubens* und der *Gerechtigkeit*. **3)** islam. *Prophet* (→Nabi) und *Gesandter* (→Rasūl) des →Allāh. Er ist Gatte der Wāliya und durch sie Vater von 4 Söhnen, →Sām, →Hām, Yāfith und Kan'ān. Letzterer weigerte sich trotz der dringenden Bitten seines Vaters, mit in die Arche zu gehen, weil der Berg ihn schützen werde. So fand er zusammen mit allen Ungläubigen in den Fluten den Tod. Den Bau der Arche hatte der Engel →Djabrā'il den N. gelehrt. Allāh schloß mit N. denselben Bund wie mit →Ibrāhim, →Mūsā und →'Isā. N. wurde 1450 Jahre alt, und nach ihm ist die 71. Sure im Kur'ān benannt. - *Gemälde:* J. A. Uytewael (ca. 1590), R. Savery (1620). Der N. entspricht dem akkad. →Utanapishti.

Nommo ◇**:** Himmels- und *Wassergottheit* bei den Dogon in Obervolta und Mali, die Regen und Fruchtbarkeit bringt. In jeder Wasserlache ist ein N., ein Zwilling und Mischwesen zugleich, halb Mensch, halb Schlange, und von →Amma geschaffen. N. ist Kulturbringer, aber auch das »Treibende«, die geistige Lebenskraft, die die schlafenden Kräfte weckt, ja sogar Götter zeugt. N. ist dem →Faro der Bambara ähnlich.

Nornen ▽ (nord. *norn* = »Raunende«): german. *Schicksalsgöttinnen* und *Geburtshelferinnen*, die den Schicksalsfaden der Menschen und Götter spinnen. Zu ihnen zählen die 3 Schwestern →Urd, →Verdandi und →Skuld. Sie repräsentieren die 3 Zeitstufen, Gewordenes, Seiendes und Werdendes, und haben ihren Wohnsitz am Schicksalsbrunnen Urd unter der →Yggdrasill. Die den →Disen zugehörigen N. sind den griech. →Moiren und den röm. →Parzen ähnlich.

Nommo, afrikan. Wasser- und Fruchtbarkeitsgenius, ein Mischwesen aus Mensch und Schlange.

Nortia ▽**:** etrusk. *Glücks-* und *Schicksalsgöttin*, in deren Tempel zu Volsini alljährlich die »Kalendarischen Nägel« als Symbole für die festen und unwiderruflichen Beschlüsse des Schicksals eingeschlagen wurden.

Nótos △ (»Süden«), *Notus* (lat.): griech. *Windgott* und Personifikation des stürmischen Süd-(Südwest-)Windes, der Regen bringt. N. ist Sohn des Gestirnsgottes Astraios und der →Eós sowie Bruder von →Boréas, →Eúros und →Zéphyros.

Nótt ▽ (nord. »Nacht«): german. *Riesin* (→Jötunn) und Personifikation der Nacht. Sie ist Tochter des Riesen Nörr (»schmal«), und ihr erster Gatte ist Naglfari, durch den sie Mutter des Audr (»Reichtum«) ist. Ihr zweiter Gatte heißt Annar (»der Andere«), und durch ihn ist sie Mutter der →Jörd (»Erde«). Ihr dritter Gemahl ist →Dellingr, durch den sie Mutter des →Dag wurde. Sie fährt in zwei Tagen um die ganze Erde. N. reitet täglich auf dem Pferd Hrimfaxi (»Rußpferd«), das jeden Morgen die Erde mit dem vom Zaumzeug tropfenden Speichel betaut, ihrem Sohn Dag voraus.

Notus →Nótos

Nsambi →Nzambi

Nuada △, *Nuadu:* kelt. *Königsgott* und Urahn des Königsgeschlechts der

Iren. Er gehört zu den →Tuatha Dê Danann und ist Sohn der →Dan. Als er in der ersten Schlacht von →Mag Tured eine Hand verlor, ersetzte sie ihm sein Bruder →Dian-Cêcht in dreimal neun Tagen. In der zweiten Schlacht wurde N. von dem Riesen →Balor getötet.

Nubier: Arsnuphis, Dedun, Mandulis.

Nuga, *Nugi, Nugu:* melanes. *Krokodilmensch,* der von Ipila aus einem Holzstück geschnitzt wurde und das Leben dadurch erhielt, daß sein Gesicht mit Sagomilch bestrichen wurde. Zuerst öffneten sich seine Augen, dann erzitterten die Nasenflügel, und bald schnaubte er wie ein Krokodil. N. ruhte nicht eher, bis Ipila 3 weitere Menschen als Gefährten schuf. Als 2 davon der Sagonahrung überdrüssig wurden und begannen, Tiere zu töten, um deren Fleisch zu essen, wurden sie in Halbkrokodile verwandelt.

Nüh →Nöach

Nui →Nijnyi

Nü-kua ▽ (»Schneckenmädchen«): chines. *Schöpfergöttin* der Menschen. Aus Löß und Lehm hat sie die Vornehmen und Reichen geformt. Dann nahm sie ein Seil, tauchte es in Schlamm und schleuderte es umher. Aus den auf den Boden gefallenen Schlammtropfen entstanden die Armen und Geringen. Sie hat die Ehe erfunden, wilde Tiere gezähmt und die Menschen den Deichbau und die Kanalanlage gelehrt. Sie ist die Schwester bzw. Gattin des →Fu-hsi und wird mit schlangengestaltigem Unterkörper dargestellt. Ihr Emblem ist der Kompaß oder Zirkel, ein Symbol der Erde.

Num △ (»Himmel«): sibir. *Himmelsgott* und *Schöpfer* von Sonne, Mond und Erde, *Weltenlenker* und Weltenerhalter, *Schutzgott* der Rentierherden und *Hochgott* der Nenzen/Samojeden. N. gilt als Bruder oder Gatte oder Vater der →Kaltesch. *Numbann* (»der Regenbogen«) ist der Mantelsaum des Gewittergotts, und *Numgy* (»die Sterne«) sind die »Gottesohren«, mit denen N. die Weltdinge belauscht.

Numen ☉ (lat. »Wille«): röm. unpersönlich wirkende *Kraft* und *Macht* einer Gottheit im menschlichen Bereich wie z. B. N. Iovis (»Iupiters Wirken«), später dann Bezeichnung für *Gott* und *Gottheit.*

Numi-Tärem →Num-Torum

Numon-pópil: sibir. *Hausgeist* (der Jukagiren) in der Blockhütte.

Num-Torum, *Numi-Tärem:* ugr. *Himmelsgott* und *Hochgott* der Wogulen/Mansen. Er wohnt im siebten Himmel und ließ einst einen jungen Bären auf dessen Drängen aus dem Himmel auf die Erde an Silber- und Goldketten herab und gebot ihm, die guten Menschen in Frieden zu lassen, die bösen aber zu bedrängen. N. setzte die Bärenfestzeremonien fest, bei deren Abschluß ein Bär seinem Vater im Himmel zurückgegeben wird.

Numtürem, Tuurum: ugr. *Himmelsgott* und *Hochgott* der Chanten/Ostjaken.

Numushda △: sumer. *Stadtgott* von Kazallu und Sohn des →Nanna.

Nun △: ägypt. *Urgott* und Personifikation der trägen Urgewässer, die vor der Schöpfung existierten, aus denen alles hervorgegangen ist und die die schwimmende Erde umgeben. Er ist das Grundwasser, aber auch der Regen, der zum Himmel erhoben ist. Im Gegensatz zu N. steht das Überschwemmungswasser, das die Erde überflutet und alljährlich hervortritt. Nach der →Götterachtheit bildet N. mit seinem weiblichen Pendant →Naunet das erste Götterpaar. Da er der Vater des →Atum ist, wird er »Vater der Götter« genannt. Dargestellt ist er als Frosch oder froschköpfig. In Memphis verschmolz er mit →Ptah zu Ptah-Nun, und in Theben wurde er mit →Amun und von den Griechen mit →Okeanós gleichgesetzt.

Nuo △ (»Himmel«): sibir. *Himmelsgott* und *Weltschöpfer* (der Nganassanen), der sich nach der Schöpfung mit seiner Gattin →Nuo Nam in den siebten Himmel zurückgezogen und die Weltordnung dem Sonnengott Kou überlassen hat.

Nuo Nam ▽: sibir. *Muttergöttin* (der Nganassanen) und *Schutzgöttin* der Gebärenden. Sie ist die Gattin des →Nuo. Vor Beginn der Polarnacht werden ihr weiße Rentiere geopfert.

Nús △ (griech. »Sinn, Verstand, Geist, Einsicht«). gnost. *Geistwesen*, das zu den →Aiónes gehört. Er führt den Beinamen »Monogenés« (»einzig[es Kind]«) und ist Sohn von →Bythos und → Énnoia. Durch seine Paargenossin »Wahrheit« ist er Vater des Geschwisterpaares Lógos (»Wort«) und Zoé (»Leben«).

Nusku △: sumer. und akkad. *Lichtgott* und als *Feuergott* auch Verursacher von Steppenbränden. Als *Botengott* des →Enlil bringt er gute Nachrichten. Er ist Vater des →Gibil. In akkad. Beschwörungstexten wird er angerufen, die Hexen und Zauberer zu verbrennen. Sein Symbol ist die Lampe.

Nusūr →Nasr

Nut ▽ (»Himmel«): ägypt. *Himmelsgöttin* und Personifikation des Himmels als eines Grundelements des Kosmos. Nach der →Götterneunheit ist die Himmelsgöttin die Tochter des Luftgottes →Schu und der Feuchtigkeitsgöttin →Tefnut, Schwester und Gemahlin des Erdgottes →Geb, sowie Mutter von →Isis, →Osiris, →Seth und →Nephthys. Als *Muttergöttin*, »die die Götter gebar«, verschlingt sie jeden Abend im Westen mit ihrem Mund die Sonne, die des Nachts durch ihren Leib wandert, um diese dann am nächsten Morgen aufs neue aus ihrer Scheide im Osten zu gebären. Das Blut, das sie bei der Geburt der Sonne vergießt, färbt in der Morgendämmerung den Himmel rosig. Auch die Gestirne sind ihre Kinder. Die Göttin des Sternenhimmels ist zugleich *Schutzgöttin* der Toten, die ihre Seelen zum Himmel aufnimmt. Da der Verstorbene als Stern am Himmel der Nut wiedergeboren werden will, ist seit dem Neuen Reich im Innern des Sargdeckels ihr Bild angebracht. Sarg und

Grabmal werden als Nut bezeichnet, so daß der Tote sich »in [dem Leib] der Nut« befindet und dadurch seine Wiedergeburt gesichert sieht. Dargestellt ist die Himmelsgöttin N. als nackte Frau, die sich mit ihrem sternenbedeckten Leib über den Erdgott Geb neigt, wobei der Luftgott Schu beide während des Tages voneinander getrennt hält. Die Griechen haben sie der →Rheía gleichgesetzt.

Ägyptisches Weltbild, in dem die Himmelsgöttin Nut mit ihrem riesigen nackten und sternenbedeckten Leib das Firmament bildet, während der Luftgott Schu die Himmelsgöttin von dem am Erdboden liegenden Erdgott Geb tagsüber auseinanderhält. Über dem Leib der Göttin fahren die Morgen- und Abendbarke. (Papyrusmalerei).

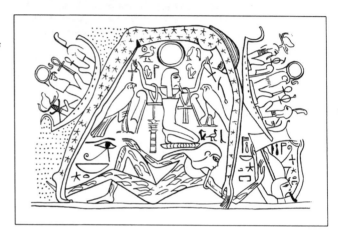

Nyambe →Nzambi

Nyame →Onyame

Nyamenle △: *Himmelsgott* der Akan in Ghana und Personifikation des atmosphärischen Himmels. Der als erster von →Edenkema Geschaffene bildet mit diesem und mit seiner Gattin →Azele Yaba eine Triade. Den Menschen hat er das Orakel *adunyi* geschenkt.

gNyan: tibet. Gruppe von *Geistern* (→dMu) bei den Bon-po, die in Bergen, Felsen und Wäldern leben und Krankheit und Tod bringen.

Nýmphe ▽ (Sg.; »junge Frau, Braut«, *Nympha* (lat.), *Nymphe* (dt.): griech. jugendliche *Göttin* und Personifikation des *Lebens* in der freien Natur, ein himmlisches Wesen niederen Ranges. Die Nymphen gelten als »Töchter des →Zeús« und sind manchmal die Partnerinnen der →Sátyroi und →Silenoi. Nach ihren Behausungen unterscheidet man: →Oreiádes und →Dryádes, →Naídes und Hamadryádes, Okeanínes und →Nereídes. Die N. zeigen zwar ihre verführerischen Reize, stillen aber nicht das geweckte Verlangen. Sie sind langlebig, aber nicht unsterblich. - *Plastik:* J. Goujon (1547/49); *Gemälde:* V. Vecchio (1512/15), Rubens (1615/17), Böcklin (1855); *Worte:* Nymphäum, N. (fig.) nymphenhaft, nymphoman, Nymphomanie, Nymphomanin, nymphomanisch.

Nyongmo ◇: *Himmels-* und *Schöpfergottheit* der Ga in Ghana. Die

Männer reden sie mit Ataa (»Vater«) und die Frauen mit Awo (»Mutter«) an. Sie wird auch als *Richtergottheit* angerufen.

Nyrckes ▽: finn. *Waldgeist* und *Herrin* der *Waldtiere,* die für die Jäger die Eichhörnchen aus dem Wald führt. N. ist die Frau des →Tapio.

Nýx ▽(»Nacht, Finsternis«): griech. *Göttin* und Personifikation der *Nacht* als Naturerscheinung. Sie gilt als Tochter des →Cháos und Schwester des →Érebos und von letzterem als Mutter des Himmelslichtes →Aithír und des Tages (Heméra). Von N. stammen ferner →Kér, →Thánatos, →Hýpnos, →Mómos, →Némesis, →Éris und die →Hesperídes ab.

Nzakomba →Mbomba

Nzambi △ (»Lichtverbreiter«), *Nsambi, Nyambe, Yambe, Ndyambi, Zambi: Himmels-* und *Schöpfergeist* der Kongo in Angola. Er hat Welt und Menschen erschaffen, letztere z. B. aus Lehm und Tierblut. Gelegentlich wird er dreiköpfig dargestellt. In der christl. Mission wird Nzambi als Gottes- oder Christusname gebraucht.

Nzame △: *Regengott* bei den Fang in Kamerun, Gabun und Guinea, der den Urmenschen Sekume schuf. Er ist Sohn des Himmelsgottes →Mebere und der Erdgöttin Alonkok.

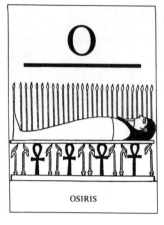

OSIRIS

Oannes △ (von akkad. ummānu ? »Meister«). sumer. und akkad. *Kultur-bringer*, der als Fischmensch (→Abgal) dargestellt wird. Allmorgendlich ist er aus dem Meer emporgestiegen und an Land gegangen, um die Menschen die Grundlagen der Kultur wie Schrift und Künste, Städte- und Tempelbau, Handwerk und Ackerbau zu lehren, um dann jeden Abend wieder ins Meer zurückzukehren.

Ōbadjäh(ü) △ (hebrä. »Diener Jahwes«), *Abdiu* (griech.), *Obadja* (dt.): jüd. *Prophet* (→Nābi') des →Jahwe-Elōhim im Südreich Juda (ca. 590 v. Chr.). O. prophezeit den (Gerichts-)Tag Jahwes, der das endgültige Verderben über die Völker und das endgültige Heil für Israel bringen wird. Sein Grab ist in Samaria. Nach O. ist die vierte Schrift im Zwölfprophetenbuch der Bibel benannt.

Obatala △ (»Herr der Erde, König in Weiß«), *Oxala, Oshala:* **1)** *Himmels-* und *Schöpfergott* bei den Yoruba in Nigeria, der die Menschen aus Erde formte, denen sein Vater →Olorun dann den Lebensatem einblies. Seitdem er einmal Palmwein trank und deshalb blinde und verkrüppelte Menschen formte, gilt er als *Schutzgott* der Mißgestalteten. Er ist Bruder und Gatte der →Odudua und Vater von →Aganyu und →Yemanja. **2)** afroamerikan. *Himmelsgott* (→Orisha) der Umbandisten, der mit dem christl. →Iesūs gleichgesetzt wird.

'Obodat △: nabatä. *Königsgott* und ehemaliger König Obodat III. (30–9 v. Chr.), der nach seinem Tod deifiziert wurde. Sein Beiname lautet »Obodot, der Gott«.

Oceanitides →Okeanínes

Oceanus →Okeanós

Odei: bask. *Wettergeist*, der Gewitterwolken, Blitz und Donner verursacht.

Odin △ (nord.), *Wuotan* (ahd. »Der Wütende«), *Wodan* (niederdt.), *Wotan* (oberdt.): german. *Himmelsgott*, sowie *Kriegs-* und *Totengott, Gott der Runenweisheit* und *Schutzgott* der Skalden, als »Allvater« *Göttervater* und *Hochgott* der →Asen, der den →Týr abgelöst hat. Als *Sturmgott* ist er Anführer von →Wuotanes her. O. ist Sohn des Urriesenpaars →Borr und →Bestla, Bruder von →Vili und →Vé. Seine Hauptgattin ist →Frigg, und durch sie ist er Vater von →Balder, →Höd und →Hermod. Er ist Vater des →Vali (mit der →Rind), des →Thor (mit der →Jörd) und des →Vidar (mit der →Gridr). O. führt 170 Beinamen, die seine vielfältigen Aspekte erhellen, u. a. »Walvater«, da er alle auf der Walstatt gefallenen →Einherier adoptiert. Zusammen mit seinen Brüdern Vili und Vé, bzw. →Hoenir und →Lodurr schuf O. das erste Menschenpaar →Askr und Embla und gab ihnen als Windgott den Atem, die Seele und das Leben. O. wohnt in →Walhall, und seine Botinnen sind die →Walküren. Er reitet auf →Sleipnir und wird von den Raben →Huginn und Muninn sowie den Wölfen →Freki und Geri begleitet. Da er dem →Mimir einst eines seiner Augen verpfändet hat, wird er einäugig dargestellt. Z. Zt. von

Odin, german. Himmels- und Totengott mit Schild, Speer, mit den beiden Raben Huginn und Muninn und mit der Schlange, seinem Symboltier als Totengott, auf einem Pferd reitend.

→Ragnarök wird er vom Wolf →Fenrir verschlungen, was sein Sohn Vidar rächen wird. Der Mittwoch ist als *Odinsdagr* (nord. »Tag des Odin«; Onsdag, dän.) bzw. *Wodanesdag* (ahd. »Wodanstag«; Woensdag, holländ.; Wednesday, engl.) nach ihm benannt, da er später dem röm. →Mars gleichgesetzt wurde. Viele Orte in England tragen seinen Namen. Nach W. wurde die german. Religion als *Wotanismus* bezeichnet. F. G. Klopstock schrieb eine »Hymne an W.« (1769).

Ödipus →Oidípus

Odudua ▽△ *Oduduwa* (»die, die aus sich besteht«): *Erd-* und *Liebesgöttin* bei den Yoruba in Nigeria an der Küste (im Inland männlich). Sie ist Tochter von →Olorun sowie Mutter von →Aganyu und →Yemanja. Mit ihrem Bruder und Gatten →Obatala bildet sie das Urpaar, das am Anfang in Vereinigung lag, zwischen sich eingepreßt eine Kalebasse. Diese zersprang nach ihrer Trennung. Aus der oberen Hälfte entstand der Himmel, aus der unteren die Erde. In Tempeln sind Odudua und Obatala durch 2 aufeinandergelegte Kalebassenhälften versinnbildlicht, die nicht mehr auseinandergenommen werden dürfen. Kultzentrum der »Mutter der (geschlossenen) Kalebasse« ist Ado. Dargestellt wird sie als stillende Mutter. Ihre Emblemfarbe ist Schwarz.

Odysseús △, *Ulixes* (lat.), *Odysseus* (dt.): griech. Held vor Troja und Liebling der →Athéne. O. ist Sohn des Laertes und der Antikleia, Gatte der →Penelópe und durch sie Vater des Telemachos sowie durch →Kírke Vater des Telegonos. Nachdem O. dem →Méntor seine Familie anvertraut hatte, zog er in den Trojanischen Krieg und riet zum Bau des höl-

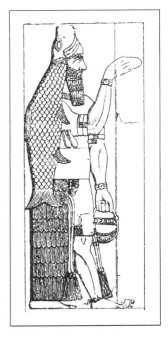

Oben: Oannes, sumer.-akkad. Kulturbringer, ein Mischwesen aus Mensch und Fisch.

Odysseús, griech. Heros, der, am Schiffsmast angebunden, den Verlokkungen der Seirénes, die ihn umfliegen, standhält.

zernen Pferdes. Auf seiner zehnjährigen Irrfahrt mußte er viele Abenteuer bestehen, und er blendete u.a. den →Polýphemos. Auf den Rat der Kírke besuchte er den →Hádes, entging den Verlockungen der →Seirénes, entkam den Ungeheuern →Skýlla und →Chárybdis und verbrachte 7 Jahre bei der Nymphe →Kalypsó. Nach seiner Heimkehr vernichtete er unerkannt die Freier der Penelópe und wurde später selbst unerkannt von seinem Sohn Telegonos getötet. – *Gemälde:* Rubens, Böcklin (1883), L.Corinth (1903), Picasso, Ch. Lapicque (1964); *Drama:* G.Hauptmann (1914); *Epos:* Homer (8.Jh. v.Chr.); *Romane:* J.Joyce (1921), L.Feuchtwanger (1948), W.Jens (1957); *Opern:* Monteverdi (1641), Gounod (1852), Dallapiccola (1968); *Worte:* Odyssee (fig.), odysseisch.

Oedipus →Oidípus

Oengus △, *Angus:* kelt. *Gott* (der Iren) mit dem Beinamen »der allein Kräftige«. Er ist Sohn des →Dagda und dessen ehebrecherischer Verbindung mit der Frau des Elcmar und wurde von →Midir erzogen.

Oetosyrus △: skyth. *Sonnengott.*

Ogbora △, *Ogbowa: Himmels-* und *Schöpfergott,* aber auch *Unterweltsgott* der Edo in Nigeria. Seine Gattin ist die Erdgöttin Odiong. Beider Sohn Osa bzw. Oyisa, der seinem Vater noch bei der Schöpfung half, verdrängte ihn später und schob ihn in die Unterwelt ab.

Ogma △: kelt. *Kulturgott* und *Gott* der *Barden*-Beredsamkeit (der Iren) sowie Erfinder der Og(h)am-Schrift, eines seit dem 4.Jh. benutzten Systems von Strichen und Punkten. O. gehört zu den →Tuatha Dê Danann und ist Sohn der →Dan. Wahrscheinlich ist er mit dem gall. →Ogmios identisch.

Ogmios △: kelt. *Schutzgott* der Gelehrten und *Personifikation* der Macht der *Rede,* aber auch *Seelengeleiter* (der Gallier). Dargestellt wird er als runzliger Kahlkopf mit Löwenhaut, Keule und Bogen. O. entspricht dem ir. →Ogma.

Ogun △, *Ogoun:* **1)** *Kriegs-* und *Jagdgott,* Gott der *Eisenschmiede* bei den Yoruba in Nigeria. Der Sohn der →Yemanja gelangte auf die Erde, indem er sich an einem Spinnfaden vom Himmel herabließ. Deshalb ist der Baumwollbaum ihm heilig. O. ist ähnlich dem →Gu bei den Fon. **2)** afroamerikan. *Kriegsgott* und *Gott* des *Schmiedefeuers* bei den Umbandisten (ein →Orisha) und bei den Voduisten (ein →Loa). Wenn er sich

Iran. Schöpfergott Ôhrmazd (Mitte), der dem Gottherrscher Ardachin den Kranz des Königtums überreicht, wobei letzterer auf einem gefallenen parthischen Krieger steht. Zur Linken hält der Feuerpriester Zarathushtra den Barsman-Zweig in der Hand.

offenbart, spricht er wie ein Soldat. Sein Attribut sind eine Machete oder
ein Säbel. Bei den Umbandisten ist O. dem christl. →Heiligen und Drachentöter →Georgius gleichgesetzt.

Ōhrmazd △, *Ormazd* (pers.), *Ormuzd* (engl.): iran. allmächtiger *Schöpfergott*, Herr über alle guten Dinge und *Gott* des *Lichts*. Während der ersten
3000jährigen Weltperiode schaffte er, ungestört von seinem Widersacher
→Ahriman, die reinen Wesen als seine Gehilfen. Für die folgenden
9000 Jahre läßt er den Kampf mit dem Bösen zu. Gegen Ende dieser
12 000 Jahre wird jedoch →Frashō-kereti eintreten, in der das Böse für
immer verbannt sein und eine neue und reine Welt entstehen wird. Seine
heiligen Tiere sind Stier, Hahn und Hund. Seine heilige Zahl ist 7. Den
Namen des O. führen 4 iran. Könige (272-590). O. ist seit dem 3.-7. Jh.
identisch mit →Ahura Mazdā und →Spenta Mainyu.

Oidipus △ (»Schwellfuß«), *Oedipus* (lat.), *Ödipus* (dt.): griech. *Heros,
König* von Theben und *Schutzgott*. Er ist Sohn des Königs Láios und der
Iokáste sowie durch seine Mutter Vater von Eteokles, Polyneikes, →An-
tigóne und Ismene. Da das Delphische Orakel des →Apóllon seinem
Vater prophezeit hatte, daß er einmal durch einen von Iokaste geborenen
Sohn getötet werde, wurde der neugeborene Ö. mit durchstochenen

*Oidipus, griech. Heros, der das Rätsel
der Sphinx vernimmt. Als er es löst,
stürzt sich das geflügelte Mischwesen
aus Löwenkörper und Frauenkopf in
den Tod (rotfigurige Schale, 5.Jh.
v.Chr.; Città del Vaticano, Roma,
Museo Etrusco-Gregoriano).*

Füßen auf dem Kithairon ausgesetzt. Er wuchs bei Pflegeeltern auf und erschlug später in Phokis seinen
ihm nicht erkannten Vater. In Theben gab ihm die
→Sphinx ein Rätsel auf: »Was ist es, das am Morgen
auf vier Füßen geht, am Mittag auf zwei und am Abend
auf drei?« Ö. fand die Antwort: »Der Mensch, der als
Kind krabbelt, als Erwachsener aufrecht geht und sich
als Greis auf einen Stock stützt.« Durch Lösung des
Rätsels befreite Ö. Theben von dem Ungeheuer Sphinx,
wurde König, heiratete ahnungslos die Witwe (seine
Mutter) seines Vorgängers (seines Vaters) und zeugte
mit ihr 2 Söhne und 2 Töchter. Als 20 Jahre später in
Theben eine Seuche ausbrach, verlangte das Delphische
Orakel die Bestrafung des noch ungestraften Mörders
des Königs Láios. Ödipus, der die Untersuchung veranlaßte, mußte schließlich erkennen, daß er selbst der
(Vater-)Mörder war. Daraufhin erhängte sich Iokáste,
und Ö. blendete sich. Er wurde von seinen beiden

Söhnen aus Theben verstoßen und führte, begleitet von
seiner Tochter Antigóne, ein unstetes Wanderleben, bis er in der Nähe
Athens im Hain der →Eumenídes von den Göttern entrückt wurde. -
Gemälde: Ingres (1808); *Dramen:* Sophokles (428 v.Chr.), Seneca (65
n.Chr.), P.Corneille (1659), Hofmannsthal (1906), J.Cocteau (1928),
Gide (1931); *Opern:* Purcell (1692), Strawinsky (1928); Orff (1959),
W.Rihm (1987); *Film:* J.Cocteau (1953); *Wort:* Ödipuskomplex.

Oja →Oya

Okeanídes △, *Okeaniden* und *Ozeaniden* (dt.): griech. *Flußgötter,* die zusammen mit den →Okeanínes die 3000 Kinder des Titanenpaares →Okeanós und Téthys bilden. Zu ihnen gehören u. a. →Achelóos und Peneios, der Vater der →Dáphne.

Okeanínes ▽, *Oceanitides* (lat.), *Okeaninen* (dt.): griech. Gruppe von →Nymphen des Meeres und *Flußgöttinnen,* die zusammen mit den →Okeanídes die 3000 Kinder des Titanenpaares →Okeanós und Téthys bilden. Zu ihnen zählen u. a.: Doris, die Gattin des →Nereús, →Eléktra, →Hárpyia, →Íris, →Métis, →Níke, →Seirénes, →Stýx und →Týche.

Okeanós △ (»Meer«), *Océanus* (lat.), Ozean (dt.): griech. **1)** *Fluß,* der in der Unterwelt entspringt und als Weltstrom die bewohnte Erde ringförmig umfließt. Um zum →Hádes zu gelangen, muß man ihn überqueren. **2)** *Meeresgott* und Personifikation des vorgenannten Weltstroms. O. ist einer der 12 →Titánes und Sohn der →Gaía und des →Uranós sowie Bruder und Gatte der Téthys und durch sie Vater der →Okeanídes und →Okeanínes. Von ihm stammen sämtliche Quellen, Flüsse und Seen ab. - *Wörter:* Ozean, Ozeandampfer, ozeanisch, Ozeanographie, ozeanographisch, Ozeanien.

Griech. Weltbild, in dem der Fluß Okeanós als Weltstrom die als runde Scheibe vorgestellte Erde umfließt, in deren Mitte der Ómphalos, der Nabel der Welt, in Griechenland liegt. Von der Erdoberfläche führen einige Eingänge in die Unterwelt.

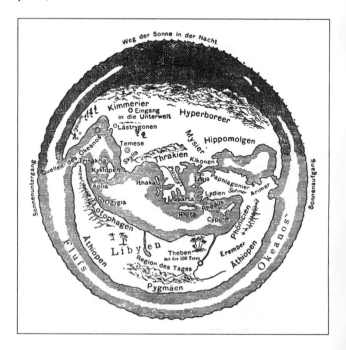

Oki, *Okki:* indian. außergewöhnliche *Kraft* und *Macht* in Naturdingen und Erscheinungen bei den Irokesen-Huronen. Der Regenbogen und die Steine, der Sturm und die Wälder, das Meer und das Feuer haben ein O. zum Beherrscher.

Oko △, *Orishaoko: Fruchtbarkeitsgott* der Yoruba in Nigeria. Das z. Zt. der Ernte im Juni ihm zu Ehren gefeierte Yams-Fest wird an manchen Orten durch das öffentliche Beilager von Priester und Priesterin eingeleitet. Der Sohn der →Yemanja hat als Emblem den Phallus. Fast jedes Dorf der Yoruba besitzt einen Oko-Tempel, zu dessen Inventar Zwillingsfiguren gehören.

O-kuni-nushi-no-mikoto △ (japan. »Herr der großen Erde«): shintoist. *Erdgott* sowie sterbender und *auferstehender Gott,* der als Sohn der Reisgöttin →Kushi-nada und des Sturmgottes →Susa-no-o gilt. Aufgrund des Beschlusses seiner 80 Brüder wurde er aus Eifersucht getötet, jedoch auf Bitten seiner Mutter durch den Himmelsgott →Kami-musubi wieder zum Leben erweckt. Der ein zweites Mal getötete O. wurde wiederum zum Leben erweckt. Dann stieg er zu seinem Vater in die Unterwelt →Yomi-no-kuni hinab, um sich bei ihm Rat zu holen. Hier mußte er zunächst viele Mutproben bestehen. O. regierte so lange als Herrscher der Erdenwelt, bis →Amaterasu ihn durch ihren Enkel →Ninigi ablösen ließ. O. ist das Haupt aller →Uji-kami.

Olifat △, *Olafat, Olofat, Yelafath:* mikrones. häßlicher und heimtückischer *Heros* und *Kulturbringer* (der Karolinen). Er gab den Menschen das Feuer, indem er einen Vogel mit Feuer im Schnabel sandte, der verschiedene Bäume mit Feuer versah, so daß, wenn man jetzt zwei Stöcke aneinanderreibt, Feuer entsteht. O. ist Sohn bzw. Enkel des →Anulap und Bruder bzw. Sohn des →Luk.

Olkum △ (»Richter«): korean. *Priester-Richter* und Mittler zwischen dem Sonnengott →Palk und den Iltja als seinen irdischen Söhnen. Erster O. war →Tan-kun.

Olmai, *Olmay:* lapp. Bezeichnung einer *Gottheit,* wie z. B. des →Biegg-Olmai und →Waralden-Olmai.

Olodumare →Olorun

Olofat →Olifat

Olokun ▽: *Meeres-* und *Perlengöttin* sowie Göttin des *Reichtums* bei den Yoruba in Nigeria. Als sie, die Tochter von →Yemanja, einmal aus Zorn über die Menschen die Erde versenken wollte, hat der Schöpfergott →Obatala sie daran gehindert. Dargestellt wird sie mit Fischbeinen und einer Eidechse in jeder Hand.

Olorun △ (»Besitzer, Himmelsherr«), *Olodumare* (»Allmächtiger, Höchster«): **1)** *Himmels-* und *Schöpfergott,* zugleich Hauptgott der Yoruba in Nigeria. Der »Selbstseiende« ist Schöpfer und Vater der →Orisha(-Götter) des Himmels, der Welt und der Erde. Als →Obatala die Menschen aus Erde geformt hatte, blies er ihnen das Leben ein. Sein Beiname lautet

Olokun, afrikan. Meeres- und Perlengöttin mit Fischbeinen, d. h. mit Beinen des Süßwasserfisches Wels.

»Besitzer des Lebens und des Atems«. Beim Tod des Menschen kehrt dessen »Herz« zu O. zurück. Sein Hauptkultort ist Ife. **2)** afroamerikan. *Himmelsgott* und Herr aller Orisha bei den Umbandisten. Sein Hauptwidersacher ist →Exú-Rei. Er wird dem christl. →Kýrios gleichgesetzt.

Olymp →Ólympos

Olympía ▽, *Olympia* (lat.): griech. heiliger *Bezirk* in Elis, der dem →Zeús geweiht ist, und Austragungsort der nach O. benannten alle 4 Jahre zu Ehren des Zeús gefeierten →Olýmpia. Über O. erhebt sich der Hügel des →Krónos, und hier in O. war dem Zeús ein Tempel geweiht. Zur Erinnerung an →Pélops, der einst den Oinomaos, den Fürsten von Pisa, mit Hilfe des →Myrtílos im Wagenrennen besiegt und deshalb seine Tochter zur Frau erhalten hatte, wurden in Olympia auch Wagenrennen veranstaltet.

Olýmpia ⊙ (Pl.): griech. (olympische) *Kampfspiele,* die alle 4 Jahre im Sommer zu Ehren des →Zeús im heiligen Bezirk von →Olympía gefeiert wurden. Während dieser bedeutendsten panhellenischen Wettkämpfe wurden alle Kriege unterbrochen. Diese Spiele hatte Zeús selbst begründet, der hier seinen Vater →Krónos im Ringkampf besiegte und so die Oberherrschaft gewann. Auch die Götter nahmen an den Wettkämpfen teil. So besiegte →Apóllon im Wettlauf den →Hermés und im Boxkampf den →Áres. Historisch begannen die Spiele im Jahr 776 v. Chr., als die Namen der Sieger aufgezeichnet wurden. Nach dem Vorbild der antiken Spiele wurden im Jahr 1896 die modernen olympischen Spiele eingeführt, deren 5 olympische Ringe die 5 Kontinente symbolisieren. - *Worte:* Olympiade, Olympiamedaille, Olympiasieger, Olympionike, olympisch, Olympische Spiele.

Olympier →Olýmpioi theoí

Olýmpioi theoí △ (»olympische Götter«), *Olympier* (dt.): griech. *Gruppe* von 12 Hauptgottheiten, die auf dem →Ólympos ihren Sitz haben und den 12 Monaten des Jahres sowie den Tierkreiszeichen entsprechen. In der Regel sind es 6 Götterpaare: →Zeús und →Héra, →Poseidón und →Deméter, →Apóllon und →Ártemis, →Áres und →Aphrodíte, →Hermés und →Athéne, →Héphaistos und →Hestía. Anstelle der letzteren tritt gelegentlich →Diónysos. - *Plastik:* Parthenonfries (384 v. Chr.); *Gemälde:* Bellini (1514), Rubens, J. Brueghel d. Ä. (1615/17), Tiepolo (1740); *Wort:* Olympier (fig.). - Bei den Römern entsprechen ihnen: →Iupiter und →Iuno, →Neptunus und →Minerva, →Apollo und →Diana, →Mars und →Venus, →Mercurius und →Ceres, →Volcanus und →Vesta.

Ólympos △, *Olympus* (lat.), *Olymp* (dt.): griech. *Gebirgsmassiv* (2985 m) an der Grenze von Makedonien und Thessalien, Wohnsitz und Versammlungsort der →Olýmpioi theoí. Hier essen und trinken die Götter bei Tag und Nacht →Ambrosía und →Néktar. - *Wort:* Olymp (fig.).

Omborr →Wumbor

Omecihuatl ▽ (»Zwei-Frau, Herrin der Zweiheit [der Zeugung]«): indian. *Ur-* und *Schöpfergöttin* der Azteken sowie *Personifikation* der weiblichen *Zeugungskraft.* Zusammen mit ihrem Gatten →Ometeotl wohnt sie im Himmel →Omeyocan und schickt von dort den Menschen die Kinder, die in den Schoß der Mütter eingehen und von diesen geboren werden. O. ist identisch mit →Citlalinicue und →Tonacacihuatl.

Ometeotl △, *Ometecutli* (»Zwei-Herr, Herr der Zweiheit [der Zeugung]«): indian. *Ur-* und *Schöpfergott* der Azteken, *Zeugungsgott* und *Urheber* allen Lebens, sogar des eigenen, da er sich selbst erdacht hat. O. ist Gatte der →Omecihuatl, mit der zusammen er den dreizehnten Himmel →Omeyocan bewohnt. Sein Beiname lautet »Tloque Nahuaque« (»Herr des An und Bei [der unmittelbaren Nähe]«). O. ist identisch mit →Citlaltonac und →Tonacatecutli. Er entspricht dem →Hunabku der Maya.

Omeyocan (»Ort der Zweiheit«): indian. *höchster* von 13 *Himmeln* der Azteken, der die Wohnung der Elterngottheiten →Ometeotl und →Omecihuatl bildet. Aus ihm steigen die Seelen der Neugeborenen mit den für sie bestimmten Schicksalen auf die Erde herab, um als Sterbliche geboren zu werden.

Omichle ▽ (griech. »Dunst, Dunkelheit«): phönik. *Personifikation* der weiblichen Urkraft und Partnerin von →Pothos, aus deren beider Verbindung nach Eudemos von Rhodos (ca. 320 v.Chr.) Aër, das »Unvermischte des Geistigen«, und Aura, das »vom Geistigen bewegte, lebendige Vorbild« entstanden. Letztere zeugten den geistigen Urgrund Otos.

Omphále ▽, *Omphale* (lat.): griech. *Königin* von Lydien (nach dem Tod ihres Gatten Tmolos). Auf Veranlassung des →Zeús kaufte sie von →Hermés den →Heraklés als Sklaven, tauschte mit diesem die Kleidung und ließ ihn ein Jahr lang in weiblicher Kleidung Frauenarbeit verrichten. - *Gemälde:* L.Cranach (1537), Tintoretto; *Oper:* G.Ph.Telemann (1724); *Sprichwort:* O. wurde sprichwörtlich für das Hörigkeitsverhältnis eines Mannes gegenüber einer Frau (Pantoffelheld).

Omulú △ : afroamerikan. *Heilgott* (→Orisha), der bei den Umbandisten auf Friedhöfen verehrt wird. O. entspricht dem christl. →Lázarós bzw. dem →heiligen Rochus.

Ön △ : ind. *Schöpfergott* bei den Toda sowie *Ahnengott* und *Herrscher* über das Land der Toten. Zusammen mit seiner Gattin Pinākürs erschuf er die Büffel und die Todas. Nach dem Tod seines Sohnes Püv ging er ins Totenland Amnodr, über das er seitdem herrscht.

Ondarrabio →Atarrabi

Ongons (Pl.): mongol. *Haus-* und *Schutzgeister,* deren Idole, denen Milch geopfert wird, am Zelteingang aufgestellt sind. Die O. entsprechen den röm. →Lares.

Onimborr →Wumbor

Ono →Rongo

Ono △: polynes. *Heros* (der Marquesas), *Zauberer* (→Kupua) und *Schutzherr* des Gesanges. Er wurde als Ei geboren und von seinem Großvater mit Luft aufgezogen. Jedesmal, wenn er getötet wird, erweckt er sich selbst zu neuem Leben. Er kann sich bis zum Himmel recken und wieder zusammenziehen oder sich in Stücke zerbrechen und wieder zusammensetzen.

Onolap →Anulap

Onuris △ (griech.), *Anhuret* (ägypt. »der die [das] Ferne bringt«): ägypt. *Lokalgott* von Thinis (8. oberägypt. Gau) und solarer *Urgott,* auch *Kampfgott* als Verkörperung des königlichen Jägers und Kriegers. Als »Herr des Gemetzels« besiegt er →Apophis und steht dem →Horus gegen →Seth bei. Als »Bringer des Fernen« bringt er das ferne Mond- bzw. Sonnenauge zurück. O. gilt als Gatte der →Mehit und wird mit vier Federn auf dem Kopf und mit einer Lanze in der Hand dargestellt. Später ist er dem →Schu gleichgesetzt worden.

Onyame ◇▽, *Nyame* (von: nyam »glänzend, strahlend, hell«): *Himmelsgottheit* der Ashanti in Ghana und an der Elfenbeinküste, die zum Himmel aufblicken, wenn sie von Gott reden, weil sie sagen: »Wenn der Säugling zum ersten Mal die Augen aufschlägt, schaut er zum Himmel. Wenn die Henne Wasser trinkt, schaut sie zum Himmel. Der Himmel ist Gottes Antlitz, die Sterne bilden seinen Schmuck und die Wolken seinen Schleier.« Als *Schöpfergottheit* schickt sie die Seele in den Embryo, und als *Schicksalsgottheit,* die sowohl gut wie böse ist, bestimmt sie das Geschick. Ihr männlicher Aspekt erscheint in der Sonne und ihr weiblicher im Mond. Als Mutter des →Onyangkopong ist ihr irdischer Repräsentant die Königinmutter. Als *Mondgöttin* erscheint sie in den Mondphasen. Der zunehmende Mond symbolisiert sie als »Mutter des Wachstums«, der abnehmende als »Totenmutter«, der nach oben geöffnete Halbmond als Empfangende und der nach unten geöffnete als Hüterin. Der Vollmond zeigt sie als große Mutter. Symbolzahl ist die Drei. Das Dreieck und die dreiseitige Pyramide weisen sie als Schöpfergottheit aus. Ihre Emblemfarbe ist Silber. Ihr Altar, *Onyame dua,* ist ein dreifach gegabelter Stamm oder Ast eines bestimmten Baumes.

Onyan(g)kopon(g) △ (»der Einzige, der Große«), *Yankopon: Sonnengott* der Ashanti in Ghana und an der Elfenbeinküste, dessen irdischer Repräsentant der König ist. Symbol des als Sohn von →Onyame Geltenden ist der Kreis mit eingezeichnetem Mittelpunkt als Bild des sich um die solare Mitte drehenden Alls. Seine Emblemfarbe ist Gold.

Ophis →Nāchāsh

Ophois →Upuaut

Ops ▽ (lat. »Macht, Reichtum«): röm. *Göttin* des reichen *Erntesegens* und der *Fruchtbarkeit* sowie *Schutzgöttin* der Neugeborenen. O. ist Gattin des →Saturnus und durch ihn Mutter des →Iupiter. Sie trägt den Beinamen Consivia. Ihr zu Ehren wurden am 23. August das Erntefest *Opicon-*

sivia und am 19. Dezember das Fest *Opalia* gefeiert. In ihrem Tempel ließ →Caesar den Staatsschatz verwahren. Später wurde O. der griech. →Rheia gleichgesetzt.

Ora ▽: alban. *Geburtsfee* und *Schicksalsgeist* sowie persönliche *Schutzpatronin* eines jeden Menschen seit dessen Geburt. Der Tapfere hat eine weiße, der Feige eine schwarze O. Grollt die O. einem Menschen, so schneidet sie seinen Glücks- oder Lebensfaden durch. Ein Sprichwort heißt: »Die O. haben es so gefügt.« Die O. ist den →Miren und →Fati ähnlich.

Orcus △, *Orkus* (dt.): **1)** röm. *Unterwelt,* das Toten- und Schattenreich. **2)** *Gott* der *Unterwelt* und Herr des Totenreiches, der das Leben dahinrafft und verderben läßt. O. ist dem griech. →Hádes gleich.

Ördög: ungar. teuflischer *Dämon* und im Gegensatz zum lichten des →Isten Personifikation des dunklen Weltaspekts. Seit der Christianisierung ist Ö. die Bezeichnung des christl. →Satān.

Oreiádes ▽ (von *oros* = »Berg«), *Oreádes* (lat.), *Oreáden* (dt.): griech. *Gruppe* von →Nymphen, die in Bergen und Grotten hausen. Zu ihnen zählt u. a. →Echó.

Orenda: indian. außergewöhnliche und gute *Lebenskraft* und *Macht* bei den Irokesen, die im Gegensatz zu →Otgon steht und den Wesen und Naturdingen innewohnt. Wenn sie sich mit der gewöhnlichen Lebenskraft des Menschen verbindet und durch Berührung überträgt, werden außergewöhnliche Leistungen und Erfolge möglich. Dem O. entsprechen →Bathon und →Wakanda der Sioux, →Manitu der Algonkin, und er ist dem polynes. →Mana ähnlich.

Orêstes △, *Orestis* (lat.), *Orẹst* (dt.): griech. *Heros* und *König* von Mykene. Er ist Sohn des →Agamémnon und der →Klytaiméstra, Bruder der →Iphigéneia, →Eléktra und des Chrysothemis sowie Gatte der Hermione. O. rächte im Auftrag des →Apóllon seinen von seiner Mutter und deren Liebhaber Aigisthos erschlagenen Vater und wurde als Muttermörder von den →Erinnýes in den Wahnsinn getrieben. Als er auf Anraten des Delphischen Orakels die Statue der →Ártemis zu stehlen versuchte, wurde er gefangengenommen und vor seiner Opferung durch seine Schwester Iphigéneia gerettet. Nach der Rückkehr wird O. König von Mykene. – *Dramen:* Aischylos (458 v. Chr.), J. E. Schlegel (1747), Voltaire (1750), A. Dumas (1856), J. P. Sartre (1943), J. Anouilh (1947); *Oper:* E. Krenek (1930).

Orion △: griech. gewaltiger *Jäger* aus Boiotien, dessen Jagdhunde Sirius und Procyon heißen. Er ist Sohn des →Poseidón und der Euryale. O. verfolgte die →Pleiádes, stellte der →Merópe, einer Tochter des Oinopion, nach und vergewaltigte sie. Zur Strafe wurde er von Oinopion im Schlaf geblendet und ins Meer geworfen. →Hélios gab ihm jedoch das Augenlicht zurück. Von →Eós wurde O. als ihr Geliebter nach Delos entführt. Vor einem Skorpion ergriff er, obwohl er ein großer Jäger war, die Flucht.

Afrikan. Himmelsgöttin, eine Orisha, bei den Yoruba, die sich als Oxum bei den Umbandisten meist in Frauen inkarniert. Das Lieblingsgetränk der Thronenden ist Sekt, der ihr in einem Kelch gereicht wird. Wenn sie von ihren Verehrerinnen Besitz ergreift, setzen diese ihre nach oben geöffneten Hände in kreisende Bewegung.

Dieser tötete ihn dann im Auftrag der →Ártemis. So wurde O. zusammen mit dem Skorpion und seinem großen und kleinen Hund (Sirius und Procyon) als *Sternbild* an den Himmel versetzt. Das Sternbild des O. geht unter, wenn das des Skorpion aufgeht. - *Plastik:* G. Marcks (1949); *Opern:* F. Cavalli (1653), J. Ch. Bach (1763).

Orisha, *Orixa:* **1)** Gruppe von 401 *Himmels-* und gütigen *Ahnengottheiten* der Yoruba in Nigeria, zu denen u.a. →Obatala, →Odudua, →Shango, →Oya, →Ogun, →Oko und →Shakpana gehören. Im Gegensatz zu ihnen steht der böse →Exu. Jeder O. wird mit der ihm gemäßen sakralen Schlagformel auf der Trommel *(oru)* gerufen und von einem Stammesmitglied getanzt, bis dieses selbst für die Zeit seiner Besessenheit zu O. wird. **2)** afroamerikan. Gruppe von gütigen *Gottheiten* und *Geistern* bei den Umbandisten, die im Gegensatz zu den bösen →Exú stehen. Sie gliedern sich in 7 Linien mit je 7 Untergruppen und werden von →Olorun angeführt. Die O. stehen meist in Entsprechung zu Gestalten der christl. Heilsgeschichte.

Orishaoko →Oko

Orkus →Orcus

Ormazd →Ôhrmazd

Ormuzd →Ôhrmazd

Oro △: polynes. *Kriegsgott* (auf Tahiti), der als »Oro, der den Speer niederlegte«, zu einem *Gott* des *Friedens* wurde. O. gilt als Sohn des →Ta'aroa. Bevor man eine Reise antritt, wird er gebeten, in den marae zurückzubleiben.

Orotal(t) △: arab. *Bundesgott,* der bei Abschluß eines Freundschaftsbundes angerufen wurde. Er entspricht dem nabatä. →Dūsharā.

Orpheús △, *Orpheus* (lat.): griech.-orph. *Sänger* und *Heros* aus Thrakien sowie Personifikation der Macht der Musik und der den Tod überwindenden Liebe. Er ist Sohn des Königs (und Flußgottes) Oiagros und der Muse →Kalliópe (bzw. Sohn des →Apóllon) sowie Gatte der Nymphe →Eurydíke und nimmt an der Fahrt der →Argonaútai teil. O. bezaubert mit seinem Gesang und Leierspiel Menschen und Tiere, Bäume und Felsen, ja, er bewegt sogar den →Hádes, in den er nach dem Tod seiner Gattin hinabgestiegen ist, die Verstorbene freizugeben. Dies erreicht er unter der einzigen Bedingung, daß er sich nicht nach seiner geliebten Eurydike umschaut, bevor er die Oberwelt erreicht hat. Geführt vom Klang seiner Leier, folgt Eurydike dem O. durch die Gänge der Unterwelt. Doch bevor beide in die Oberwelt gelangen, dreht sich O. nach seiner Gemahlin um und verliert sie so für immer. Später wird er von den →Mänaden in Stücke zerrissen und von den →Músai bestattet. Seine *Lyra* wurde als *Sternbild* an den Himmel versetzt. – *Plastiken:* Dreifigurenrelief (420 v.Chr.), Canova (1773), Rodin (1894); *Gemälde:* Rubens (1636/37), L.Corinth (1909); *Drama:* J.Cocteau (1926); *Dichtung:* Rilke (1923); *Opern:* Monteverdi (1607), Gluck (1762), Haydn (1791), J.Offenbach

Orpheús, griech. Sänger und Heros, der mit seinem Leierspiel selbst Pflanzen und Tiere verzaubert (Federzeichnung von Kubin).

(1858); *Ballett:* Strawinsky (1947); *Film:* J.Cocteau (1950); *Worte:* Orpheum, Orphik, Orphiker, orphisch.

Ortzi △, *Urtzi, Ostri, Ostiri* (»Firmament, Helle des Himmels«): bask. *Himmelsgott* und Personifikation des Tages- und Nachthimmels sowie

Wettergott, der für Blitz und Donner zuständig ist. Sein vom Himmel gefallener »ozkarri« (»Blitzstein«) dringt siebenmal sieben Fuß tief in die Erde ein und steigt jährlich um 7 Fuß nach oben, bis er im siebten Jahr die Erdoberfläche wieder erreicht hat. Dem O. ist der Donnerstag als »ostegun« (»Tag des Himmels«) geweiht, der mit dem Freitag der →Illargui korrespondiert.

Orungan △ (orun = »Sonne«): Gott der *Mittagssonne* und des *Luftraums* zwischen Himmel und Erde bei den Yoruba in Nigeria. Er ist Sohn des Geschwisterpaares →Aganyu und →Yemanja. Letztere hat er vergewaltigt.

Oshala →Obatala

Osiris △ (»Sitz des Auges«), Usire (kopt.): ägypt. *Königs-* und *Totengott.* Ursprünglich ein vorzeitlicher Kulturheros, der Acker- und Weinbau

Osiris, ägypt. Königs- und Vegetationsgott, Toten- und Auferstehungsgott, aus dessen Mumie Pflanzen aufsprießen.

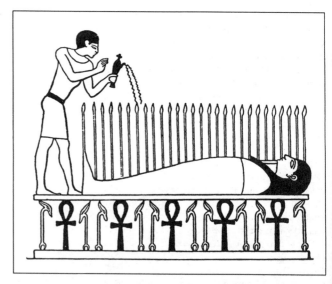

lehrt, Gesetze und Kult festlegt. O. ist ein König von »göttlichem« Stamm, aber von menschlicher Art, dessen Amt in seinem Sohn fortlebt. Nach der →Götterneunheit ist er der Sohn des →Geb und der →Nut, Bruder von →Seth und →Nephthys, sowie Bruder und Gatte der →Isis (und Vater des →Horus). Im Mythos steht sein Todesschicksal im Vordergrund. Nach der jüngeren Fassung des Mythos wird O. von Seth ermordet und seine Leiche zerstückelt. Isis und Nephthys suchen und finden ihn, und unter ihren Klagen erwacht er zu neuem Leben. Während O. jetzt im Totenreich herrscht, tritt sein Sohn Horus sein Erbe auf der

Erde an und rächt seinen getöteten Vater. Vor O. als Totengott wird jeder Tote gerichtet, indem →Thot und →Anubis, sein Sohn von der Nephthys, das Herz des Toten gegen die →Ma'at abwiegen. Als *Wasser-* und *Vegetationsgott* ist O. die Personifikation des Fruchtlandes. Nach der älteren Fassung des Mythos ertrinkt O. »in einem Wasser« (Nil). Isis und Nephthys beweinen und begraben ihn in Memphis, dem Getreidespeicher Ägyptens. So wirkt die lebendige Macht des Toten aus der durch das Wasser befruchteten Erde, aus der das pflanzliche Leben herauswächst. In des O. Sterben und Auferstehen stellt sich der Naturablauf mit Blühen und Welken, Neuwerden und Vergehen dar, wie dieser mitbedingt ist durch die Nilüberschwemmung mit der Ablagerung von Fruchtland. Mit ihm als *Mysteriengott* verbinden sich die Jenseitshoffnungen. Im Alten Reich wurden nur die Herrscher zu O. Ab dem Mittleren Reich wurde jeder Ägypter nach seinem Tod zu O. Im Kult wurde eine jährliche erneuerte Kornmumie auf einer Nilbarke zum Osirisgrab gefahren. In dem oberägypt. Abydos und dem unterägypt. Busiris (»Haus des Osiris«) wurde je ein *Osireion* verehrt. Dieses »Osirisgrab« ist ein steinerner Stufenbau, der sich immer am Wasser, auf einer Insel oder am Ufer des Nil, befindet und auf dessen Plattform, die rings von einem bei steigendem Nil sich mit Wasser füllenden Graben umgeben ist, eine Mumie des O. liegt. Das Steigen und Fallen des Wasserspiegels an diesem Grabbau, der zudem eine obere und untere →Duat darstellt, verweist symbolisch auf Sterben und Auferstehen des O. In Abydos wurden am 16. II. und 28. VII. des ägypt. Jahres Osirisfeste begangen. Dargestellt wird O. als Mensch in einer Mumienhülle und mit Krummstab und Fliegenwedel (»Geißel«), den Attributen des Hirten.

Ôstara ▽: german. *Fruchtbarkeitsgöttin* und *Göttin* der *Morgenröte, Frühlingsgöttin* und Personifikation der im Osten aufsteigenden Sonne. Ihr Frühlingsfest fiel mit dem Osterfest zusammen. Den Namen Ô. könnte man aus dem Fest Ostern (ahd. *ostarûn;* ein Pl. zu Ôstara) ableiten, oder umgekehrt. Die Ô. ist der Eôstra ähnlich und mit der griech. →Eós und röm. →Aurora verwandt.

Ostiri →Ortzi

Ostri →Ortzi

Ote Boram △ (?»Erdgott«): ind. **1)** *Schöpfergott* bei den Ho, der die Erde erschaffen hat. **2)** *Krankheitsgott* bei den Munda.

Oterongtongnia →Teharonhiawagon

Otgon, Otkon: indian. unsichtbare und böse *Lebenskraft* und *Lebensmacht* bei den Irokesen, die den Wesen und Naturdingen innewohnt und im Gegensatz zum guten →Orenda steht.

Ototeman (Algonkin-Odjibwa von *ote* = »Sippe, Clan«), *Totem* (engl.): indian. *Wesen* (Tier oder Pflanze) bzw. *Ding* bei den Algonkin, das als *Ahne* des Stammes wie des Einzelnen gilt und den Nachfahren als Helfer dient. Das O. darf nicht getötet oder verletzt werden. Während des Initia-

Indian. Totempfahl, 1 Rabe, 2 Tanzhut, 3 Mond, 4 Rabe als Häuptling, 5 Frosch, 6 Schmetterling, 7 Gesicht mit Rabenohr, 8 Rabe, 9 Kind, 10 Frösche, 11 Biber, 12 kopfstehender Mensch.

Oya, afrikan. Muttergöttin mit einer Doppelaxt auf dem Kopf.

tionsrituals trennt sich der Initiand nach Fastenübungen von seinem Stamm und wartet auf die visionäre Erscheinung seines Totems, mit dem ihm von da an eine enge Schicksalsgemeinschaft verbindet. - *Worte:* Totemismus, totemistisch, Totempfahl.

Ovinnik △ : slaw. *Hauskobold* (der Ostslawen). Er sitzt unter der Getreidedarre, wo ihm zu Beginn des Korndreschens am 4. September ein Huhn geopfert wird. Der O. ist dem →Gumenik ähnlich.

Oxala →Obatala

Oxocé △ : afroamerikan. *Jagdgott* (→Orisha) bei den Umbandisten, der seine Entsprechung im christl. →Heiligen Sebastian hat.

Oxomuco ▽ (von *xomitl* = »Nahrung«): indian. sterbliche *Urfrau der* Azteken sowie *Stammutter* der Menschheit. Zusammen mit ihrem Gatten →Cipactonal wurde sie von →Quetzalcoatl und →Tezcatlipoca geschaffen, um Nachkommen zu zeugen und Kultur zu schaffen.

Oya ▽, *Oja: Muttergöttin* und Personifikation des Niger bei den Yoruba in Nigeria. Als Göttin des *Tanzes* ist sie auf den Tanzstäben der Frauen abgebildet. Dargestellt wird sie mit einer »Doppelaxt« auf dem Haupt, gelegentlich auch dreiköpfig wie ihr Gatte →Shango.

Oya-gami (japan. »Eltern-Kami«): shintoist. *Elterngottheit,* die für die Anhänger der Tenri-kyo Vater und Mutter zugleich ist. Ihr Beiname lautet »Tenri-o-no-mikoto« (»Königliche Gottheit der himmlischen Vernunft«). O. hat sich sukzessive geoffenbart, zuerst als →Kami, dann als Tsuki-Hi (»Mond-Sonne«) und zuletzt als O.

O-yama-tsu-mi △ : shintoist. *Feuer-* und *Berggott,* der aus dem von →Izanagi in Stücke zerschnittenen Feuergott →Kagutsuchi entstanden ist. O. gilt als Vater der Baumblütengöttin →Konohanna.

Ozean →Okeanós

Ozeaniden →Okeanídes

Pabilsang △: sumer. *Gott,* der als Sohn des →Enlil und als Gemahl der →Nin'insina gilt. Seine Kultorte waren Isin und Nippur. Mit →Ninurta und →Ningirsu ist er später gleichgesetzt.

Pachacamac △ (Quechua: »Weltenschöpfer«): indian. *Schöpfer-* und *Windgott* sowie *Mondgott* der Inka an der mittleren Küstenregion. Er gilt als Sohn des →Inti und Bruder von →Con sowie Halbbruder des →Vichama. Als P. sich von letzterem bedroht fühlte, verschwand er im Meer. Als *Kulturheros* hatte er das Volk der Inka in der Friedens- und Kriegskunst unterwiesen.

Pachamama ▽ (Quechua: »Weltenmutter«): indian. *Erd-* und *Fruchtbarkeitsgöttin, Allmutter* und *Hochgöttin* der Inka. Ihre Feste fallen auf den Anfang und das Ende des landwirtschaftlichen Zyklus.

Pachet ▽ (»Kratzende«): ägypt. *Wüsten-* und *Löwengöttin* mit »scharfen Augen und spitzen Krallen, die des Nachts Nahrung errafft« und deren Kultort in der Nähe von Beni Hassan (fünfzehnter oberägypt. Gau) lag. Die löwenköpfig Dargestellte wird der →Urthekau gleichgesetzt.

Padmasambhava △ (sanskr. »der aus dem Lotos Geborene«): buddh.-tantr. *Gelehrter* und Begründer der Nyingmapa-Schule *(→Āchārya),* die ihn als *Guru* Rimpoche (»Kostbarer Lehrer«) verehrt. Er brachte 777 den Buddhismus von Indien nach Tibet, wo er viele einheimische Dämonen der Bon-Religion unterwarf und zu →Dharmapāla bekehrte. Später flog er auf dem blauen Flügelroß Valāha nach Südwesten davon, um das Land der Rākshasa-Dämonen für die Buddha-Lehre zu gewinnen. P. wird oft zusammen mit →Avalokiteshvara und →Shākyāmuni dargestellt, wobei letzterer das Hinayāna, der Bodhisattva das Mahāyāna und der Guru das Vajrayāna repräsentieren. Seine Attribute sind Schädelschale und Vajra.

Padvāxtag: iran. *Gott* bei den Manichäern sowie *Personifikation* der *Antwort* des zu erlösenden Menschen auf den Heilsanruf des →Xrōshtag.

Pa-hsien (»acht Unsterbliche«): chines. *Gruppe* von 8 *Heiligen* und *Unsterblichen* (→Hsien) im Taoismus, die z. Zt. der T'ang- und Sung-Dynastie lebten und aufgrund der Befolgung des →Tao entrückt wurden (→Fei-sheng). Zu ihnen gehören: →Li Tieh-kuai, →Chang Kuo-lao, →Chung Li-ch'üan, →Lü Tung-pin, →Tsao Kuo-chiu, →Han Hsiang-tzu, →Ho Hsien-ku und →Lan Ts'ai-ho. Die P. verkörpern Glück und verschiedene Lebensbedingungen, wie Jugend und Alter, Armut und Reichtum, Adel und Volk, Weibliches und Männliches. In der chines. Literatur spielen sie eine Hauptrolle. Ihre Symbole und Attribute dienen oft als Glücksbringer.

Pairikās ▽ (awest.), *Paris* und *Peris* (neupers.): iran. *Zauberinnen* von großer Schönheit, die die Guten verführen und von der wahren Religion abzubringen versuchen. Sie sind die Gefährtinnen der →Yātus. Als Repräsentantinnen der Meteore werden sie einmal vom Sterngott →Tishtrya besiegt werden. Die P. entsprechen den armen. Parik. - *Chorwerk:* R. Schumann (1843).

PSYCHÉ

Padmasambhava, buddh.-tantr. hl. Gelehrter mit zwei seiner Schülerinnen (Tibet. Blockdruck).

Pajainen, *Palvanen:* finn. *Himmels-* und *Donnergott,* sowie *Schlächtergott,* der sich beim Schlachten eines Stiers oder Ebers des Hammers oder Beils als Werkzeug bedient.

Pajonn△ (von pad'd'i = »oben«): lapp. *Donnergott,* der im Himmel wohnt.

Paläoasiatische Völker *(Tschuktschen, Korjaken, Itelmenen, Jukagiren, Keten/Jenissejer)* →*Sibirische Völker.*

Pales ▽: röm. *Schutzgöttin* der Hirten und Herden. Als »P. Panda« bietet sie dem Vieh Futter. Ihr Fest, die *Parilia* bzw. *Palilia,* wurde am 21. April gefeiert und erinnerte an die Stadtgründung Roms durch Hirten.

Palk: korean. *Sonnengott* und *Gründer* eines Lichtreiches sowie *Personifikation* des lichten, heilvollen und guten Weltprinzips, dessen Widerpart der dunkle →Kud ist. Als *Iltja* (»Sonnensöhne«) verstehen sich die Koreaner. An den *Palk-Mal,* den Sonnenkultstätten vor allem auf Berggipfeln, werden P. zu Ehren die Kulte in Ostorientierung vollzogen.

dPal-ldan lha-mo →Shri Devi

Palmyrener: Abgal, 'Aglibōl, Arsū, Ashar, Ba'alsamay, Bebellahamon, Bōl, Gad, Ma'an, Malakbēl, Manāf, Sa'ad, Yarhibōl.

Pälülop △: mikrones. *Heros* (der Karolinen) und *Schutzherr* der Seefahrt. »Der große Kanulenker« ist Vater von →Aluluei und Faravi sowie zweier rivalisierender Söhne, des »Großen Rong« und des »Kleinen Rong«. Als ersterer aus Eifersucht Aluluei tötete und ihn mit Gewichten beschwert ins Meer warf, holte ihn P. in Gestalt eines Geistes zurück.

Palulukon →Koloowisi

Palvanen →Pajainen

Pán △ (?»all«): griech. *Gott* des *Waldes* und der *Weiden, Schutzgott* der Hirten und Herden sowie *Vegetationsgott,* ein Mischwesen aus Mensch und Ziegenbock. Er ist Sohn des →Hermés und einer Nymphe. Im Gefolge des →Diónysos führt er die →Satyrn an und stellt den →Nýmphai nach. Als sich einmal die keusche Nymphe Syrinx (»Flöte«) auf der Flucht vor ihm an einem nicht mehr überquerbaren Fluß in ein Schilfrohr verwandelte, schnitzte P. daraus die nach ihr benannte Syrinx, die Pan- oder Hirtenflöte aus 7 Rohrpfeifen. P. löst durch sein plötzliches Erscheinen, besonders in der sommerlichen Mittagsstille, bei Menschen und Tieren die nach ihm benannte »Panik« bzw. den »panischen Schrecken« aus und wird mit den Beinen und Hörnern eines Ziegenbocks dargestellt. - *Plastiken:* Rodin, Picasso; *Gemälde:* N. Poussin (1637), Feuerbach (1848), Böcklin (1854 u. ö.); *Worte:* Panflöte, Panik, panikartig, Panikstimmung, panisch, Syringa, Syrinx. - P. entspricht dem röm. →Faunus.

Panchen Lama △ (sanskr. »Lehrer, der ein großer Gelehrter ist«): buddh.-tibet. *Ehrentitel,* den im 17. Jh. der fünfte →Dalai Lama seinem Lehrer, dem Abt des Klosters Tashi Lhünpo, verlieh und der als Inkarnation des →Buddha →Amitābha angesehen wird. Jeder P. gilt als Wie-

Pán, griech. Gott des Waldes und der Weiden, ein Mischwesen aus Mensch und Ziegenbock.

dergeburt (→Tulku) des jeweils vorausgegangenen. Der zehnte P. 1938-1989 war zugleich Abgeordneter im chines. Parlament.

Pāndavas (sanskr. »von Pandu stammend«): hindu. *Volksstamm* und *Fürstengeschlecht* sowie Gruppe der 5 Pāndu-Prinzen. Letztere sind Söhne →Pāndus. Von dessen erster Gattin →Kunti stammen →Yudhishthira, →Bhima und →Arjuna, von der zweiten Gattin Mādri sind Nakula und

Pāndavas, hindu. Volksstamm, der gegen die Kauravas kämpft. Im Vordergrund die Heroen Arjuna und Bhima in ihrem Streitwagen (Neuzeitlicher Holzschnitt, 1907).

P'an-ku, chines. Heros und Urriese sowie Weltschöpfer, der das Universum mit Planeten und Sternen aus einem Chaos-Felsen herausmeißelt. Von den Urtieren sind der Drache Lung, der Phönix Feng und die Schildkröte Kuei zugegen.

Sahadeva. Ihre gemeinsame Ehefrau ist →Draupadi. Einst von den →Kauravas überfallen und vertrieben, kehren die P. mit Hilfe →Indras, Arjunas und →Balarāmas zurück, besiegen die Kauravas und erlangen ihr Königreich zurück. Dieser Kampf wird im Mahabhārata geschildert.

Pandóra ▽ (»Allgeberin«): griech. *Erdgöttin* sowie *erste Frau* der Menschen und Ursache allen Übels auf der Erde. Sie ist Gattin des →Epimetheús und durch ihn Mutter der Pyrrha. Um die Menschen für den von →Prometheús begangenen Feuerdiebstahl zu bestrafen, ließ →Zeús von →Héphaistos aus Ton eine Frau schaffen, mit verführerischen Reizen von allen Göttern ausstatten und dann mit einem Krug voller Übel, der »Büchse der P.« auf die Erde schicken, wo Epimetheús sie trotz der Warnung seines Bruders Prometheús zur Gattin nahm. Als P. die Büchse öffnete, verbreitete sich alles Unheil über die Menschheit. – *Gemälde:* Rubens; *Komödie:* Wieland (1779).

Pāndu (sanskr. »der Bleiche«): hindu. *Fürst* und Bruder von Dhritarāshtra sowie Gatte der →Kunti und der Madri und mit ihnen Vater der 5 Pāndu-Prinzen (→Pāndavas).

P'an-ku△: chines. *Heros* und Ordner des Chaos. Als *Urmensch* wurde er aus den 5 Elementen geboren, und als *Weltenschöpfer* bildete er mit Hammer und Meißel Erde und Himmel, bzw. entstieg dem Chaos, das die Form eines Hühnereis hatte und formte aus dessen Bestandteilen die Erde (→Yin) und den Himmel (Yang). Nach dem Tod des P. entstanden aus seinem Kopf die Berge, aus den Augen Sonne und Mond, aus dem Schweiß der Regen, aus dem Leib der Ackerboden, aus dem Atem der Wind und aus den Haaren die Pflanzen. Dargestellt wird P. als Zwerg mit dem Meißel in der Hand.

P'ao Hi →Fu-hsi

Papa △ (lat. »Vater, Papst«): christl. *Papst*, Titel des röm.-kath. *Bischofs* von Rom und *Souveräns* des Staates der Vatikanstadt. Für Katholiken ist der P. der *Stellvertreter* des →Iesūs Christós (lat. »Vicarius Christi«) auf Erden (→Gottherrscher), *Nachfolger* des Apostelfürsten →Pétros und *Oberhaupt* der allgemeinen Kirche. Er wird mit »Heiligkeit« und »Heiliger Vater« angeredet. Als Nachfolger des Pétros hat er auch dessen Amtsbefugnis, worin seine Primatstellung und Schlüsselgewalt begründet ist. Diese beinhaltet seine höchste *Hirtengewalt* (Jurisdiktion) selbst über alle Bischöfe, die als Nachfolger der Apostel gelten. Seine oberste *Lehrgewalt* der Unfehlbarkeit (Infallibilität) kommt ihm zu, wenn er eine Lehrentscheidung über Glauben und Sitte *ex cathedra* (lat. »vom Lehrstuhl [des Pétros] aus«) für die Gesamtkirche fällt. Eine solche Entscheidung, die von allen Gläubigen »fide divina« (lat. »mit göttlichem Glauben«) anzunehmen ist, trafen z. B. Pius IX. im Jahr 1854, als er den Glaubenssatz von der »unbefleckten Empfängnis« der →María definierte, und Pius XII. im Jahr 1950, als er den Glaubenssatz von der »leiblichen Aufnahme der María in den Himmel« definierte. Nachfolger des Pétros und damit Inhaber des Petrusamtes ist der jeweilige Bischof von Rom, zu dessen Wahlvoraussetzung u. a. gehört, ein »vir baptizatus« (lat. »getaufter Mann«) zu sein, d. h. keine Frau kann nach geltendem Kirchenrecht dieses Amt übernehmen. Die Überlieferung von einer Päpstin Johanna - wonach eine Frau aus Mainz (unter Verheimlichung ihres Geschlechts) wegen ihrer Gelehrsamkeit im Jahr 855 als Johannes Angelicus zum P. gewählt worden und nach einer Regierung von über 2 Jahren bei einer Prozession zum Lateran niedergekommen, an Ort und Stelle gestorben und begraben worden ist - wird als Fabel und Legende gewertet. Nach einer Papstliste zählt man von Pétros als erstem P. († 64/67 n. Chr.,) bis zum gegenwärtigen Johannes Paul II. (seit 1978) insgesamt 269 Päpste, von denen sehr viele als Heilige verehrt werden. - *Worte:* Päpstin, päpstlich (fig.).

Papa ▽: polynes. *Erd-* und *Muttergöttin* (der Maori). Zusammen mit ihrem Gatten →Rangi bildet sie das Urelternpaar. Als die Götterkinder, unter ihnen →Tane, →Tangaroa, →Tu, →Rongo, →Haumia und →Tawhiri, die ihnen entsprossen waren, in der warmen Umarmung von P. und Rangi lagen, wurden sie in ihrer beengten Stellung unruhig und überlegten, ob sie die Eltern töten oder voneinander trennen sollten. Letzteres übernahm Tane, und seitdem ist das Paar für immer getrennt. Nur die Liebesseufzer von P. steigen als Nebel zu Rangi auf, und seine Tränen fallen als Tautropfen zu P. nieder.

Papaja ▽: protohatt. *Schicksalsgöttin*, die zusammen mit →Ishdushtaja mit Spindel und Spiegel das Schicksal der Menschen bestimmt.

Papas △: phyryg. *Vegetations-* und *Vatergott*, der im Schlaf seinen Samen auf die Felsen des Berges Agdos hatte fließen lassen, die davon schwanger wurden und dann den androgynen →Agdistis gebaren. Manchmal ist P. identisch mit →Attis.

Papeus △: skyth. *Himmelsgott* und Vater aller Menschen. Er ist der Gatte der Erdgöttin →Apia.

Papsukkal △ (sumer.»Bote«): sumer. und akkad. *Botengott*, insbesondere von →An und →Zababa, aber auch der akkad. →Ishtar, sowie *Torhütergott*.

Para (sanskr.»höchst«): hindu. größter *Weltenzyklus,* der periodisch wiederkehrt, und Zeitspanne von der Entstehung bis zur großen Auflösung Mahāpralaya (→Pralaya) des Universums. 1 P. ist gleich 100 →Brahmājahre und dauert 72 Millionen →Mahāyuga, was 311,04 Billionen Menschenjahren (= 864 Milliarden Götterjahren) entspricht. Der Ablauf dieser Zeit leitet einen allgemeinen Weltuntergang und eine große Weltennacht ein, bevor ein neuer Weltentag und ein neues Weltall entstehen. Ein Para ist die Lebensdauer des jeweiligen Weltschöpfers →Brahmā.

Para: finn. *Hausgeister* und *Kobolde* in Gestalt von Katzen und Hasen, Fröschen und Schlangen. Als *Schatzträgergeister* vermehren sie Reichtum und Wohlstand, indem sie diese Güter aus anderen Häusern stehlen. Mit dem Tod eines P. ist auch das Leben seines Schützlings zu Ende. Die P. sind ähnlich dem →Tonttu und dem litau. →Pūkys.

Parádeisos →Gan Ēden

Paranimmitavasavattin, *Paranirmitavashavartin:* buddh. *Göttergruppe* (→Deva), die 16 000 Jahre in der gleichnamigen sechsten Himmelsetage lebt, wobei für sie ein Tag gleich 1600 Menschenjahre ist. Herrscher ist hier →Māra.

Parashu-Rāma △ (sanskr. »Rāma mit dem Beil«): hindu. sechste →Avatāra des →Vishnu in Gestalt des Rāma zu Beginn des Tretāyuga (→Yuga), um die Vorherrschaft der Krieger- oder Kshatriya-Kaste zu brechen und der Priester- oder Brahmanenkaste wieder zur Macht zu verhelfen. Im Auftrag seines Vaters Jamadagni erschlug der Brahmane Rāma seine Mutter Renukā mit dem Beil →Shivas und erbat dann deren Wiederbelebung. Dargestellt wird P. als Brahmane mit der hl. Schnur. Seine Attribute sind Beil, Schwert, Bogen und Pfeil.

Parca ▽ (lat. von *parere*=»gebären«), *Parcae* (Pl.), *Parzen* (dt.): röm. *Geburtsgöttin,* aus der später eine (Dreier-)*Gruppe* von *Geburts-* und *Schicksalsgöttinnen* wird, die jedem Menschen sein Geschick (Glück, Unglück, Tod) zuteilt. – *Gemälde:* Rubens und F. Goya; *Holzschnitt:* H. Baldung (1513); *Konzertkantate:* Brahms (1882). – Die P. sind den griech. →Moírai gleich.

Pargä △: sibir. guter *Waldgeist* (der Nenzen/Samojeden) und Herr des Waldes, der den Jägern die Beute zuführt.

Pariacaca △: indian. *Gewitter-* und *Schöpfergott* bei den Chimu. In der Gestalt eines Falken wurde er auf dem Condorcoto-Gebirge ausgebrütet. Aus 4 anderen Eiern kamen ebenfalls Falken, die zu Winden wurden. Dann wandelten sich die 5 in Menschen um.

Parinirvāna (sanskr.), Parinibbāna (Pali): buddh. vollständiges Erlöschen und Synonym für →Nirvāna, in das ein →Arhat oder →Buddha bei seinem Tod eingeht.

Paris →Pairikās

Páris △: griech. *Heros* und *Prinz* von Troja, schönster Sohn des Königs Príamos und der Hekábe, Bruder des Héktor und der →Kassándra, Gatte der Oinone, später der →Heléne. Da seiner Mutter prophezeit worden war, daß P. Troja vernichten werde, wurde er sofort nach seiner Geburt

ausgesetzt, von einer Bärin gesäugt und später von Hirten aufgezogen. Als einmal →Éris einen Apfel mit der Aufschrift »der Schönsten« unter die Hochzeitsgäste warf, sollte P. als Schiedsrichter den Preis vergeben. Er entschied sich für →Aphrodíte, nicht für →Héra oder →Athéne, mit deren Hilfe er →Heléne von Sparta nach Troja entführte, was den Trojanischen Krieg auslöste.

Plastik: A. Renoir (1916); *Gemälde:* L. Cranach d. Ä. (1527), Rubens (1632/35 u. ö.), Watteau (1720), Feuerbach (1870), H. Marées (1880/81), M. Klinger (1887), A. Renoir, P. Gauguin (1903), L. Corinth (1904); *Wort:* Parisurteil.

Parnas(s)ós △, *Parnas(s)us* (lat.), *Parnaß* (dt.): griech. doppelgipfliger *Gebirgsstock* in Phokis (2460 m), an dessen steilem Abhang Delphi, der Sitz des →Apóllon, liegt. Hier entspringt die den →Músai heilige Quelle Ka-

Páris, griech. Prinz als Hirte im Idagebirge (links), zu dem der Götterbote Hermés (rechts) die Göttinnen Héra, Athéne und Aphrodite führt, damit er den (Éris-)Streit beendet und das (Paris-)Urteil spricht (Vasenbild, um 525 v. Chr.).

Pazūzu, akkad. Sturmdämon, ein Mischwesen: vierflügelig, fratzengesichtig, gehörnt, mit Löwenvordertatzen und Adlerfüßen sowie Skorpionschwanz.

stilia. P. gilt als Symbol der Dichtkunst. – *Worte:* Parnaß (fig.), Parnassien (franz.), parnassisch.

Pārshva △ : jin. *Heilskünder* und dreiundzwanzigster →Tirthankara des gegenwärtigen Zeitalters. Der Sohn des Ashvasena und der Vāmādevi sowie Gatte der Prabhāvati lebte im 8. Jh. v. Chr., erreichte ein Alter von 100 Jahren und ging auf dem Berg Sameta ins →Nirvāna ein, der seitdem Pārasnāth (»Herr Pārshva«) heißt. Sein Emblem ist die Schlange und seine Farbe das Blau.

Parusía ▽ (griech.»Gegenwart, Ankunft«), *Parusie*(dt.): christl. Bezeichnung der *Wiederkunft* des →*Iesūs* als →Messias am Ende der Weltzeit zur endgültigen Errichtung des Reiches Gottes. Vor dem eigentlichen Weltende werden der →Antíchristos und der →Drákon erscheinen, und es wird die Schlacht von →Har Magedón stattfinden. Dann wird Christus mit den bereits zum ewigen Leben Auferweckten ein irdisches Tausendjähriges Reich (Millennium) des Friedens auf Erden errichten, nach dessen Ablauf der Kampf mit →Góg und →Magóg, der Untergang der Welt, die allgemeine Auferstehung der Toten, das Weltgericht sowie Himmelsfreuden oder Höllenpein folgen werden.

Pārvati ▽ (sanskr.»Bergtochter«): hindu. *Muttergöttin* (→Devi). Sie ist die Tochter des →Himavat und der →Mena sowie jüngere Schwester der →Gangā. Sie gilt als →Shakti und Gattin des →Shiva sowie als Mutter von →Ganesha und →Skanda. Ihre Attribute sind Dreizack und Schlange, ihr →Vāhana ist der Löwe.

Parzen →Parca

Pase Kamui △ (»Himmels-Gott«): japan. *Himmels-* und *Schöpfergott* bei den Ainu, der als ehrwürdiger Greis in einem von gleißendem Licht umgebenen Haus des oberen Himmels wohnt., P. hat die Welt der Menschen aus dem Urmorast geformt. Unter den →Kamui bildet er im Gegensatz zu den →Yaiyen Kamui gleichsam die Hauptstütze des Hausdaches.

Pashupati (sanskr. »Herr des Viehs«): **1)** ved.-brahm. Beiname des →Rudra, als dem Prinzip aller Dinge. **2)** hindu. Bezeichnung für →Shiva.

Pasiphäë ▽ (»die allen Leuchtende«), *Pasiphae* (lat.): griech. *Mondgöttin,* eine Tochter des →Hélios und der →Pérse, Schwester der →Kírke und Gattin des →Mínos. Von letzterem ist sie Mutter von 7 Kindern, darunter →Ariádne und →Phaídra. Sie entbrannte in »sodomitischer« Liebe zu einem durch →Poseidón geschickten Meeresstier, ließ sich mittels einer von →Daídalos konstruierten hölzernen Kuh vom Stier begatten und wurde so Mutter des Mischwesens →Minótauros.

Patäk △**,** *Patäke* (Pl.): ägypt. *Schutzgeister* für die Geburt gesunder Kinder und gegen böse Tiere (seit der Spätzeit). Die als Söhne des →Ptah Geltenden werden zwergenhaft dargestellt und von den Griechen den →Kábeiroi gleichgesetzt.

Pātāla (sanskr. »gesunkener Boden«): hindu. Höhlen der *Unterwelt* im →Triloka, unterhalb von →Bhūrloka und oberhalb von →Naraka. P. im weiteren Sinn bezeichnet alle 7 unterirdischen Etagen: Atala, Vitala, Nitala, Gabhastimat, Mahātala, Sutala und als siebte Etage Pātāla im engeren Sinn. In Palästen dieser Höhlen wohnen die →Asura, →Daityas, →Dānavas, →Nāgas, →Rākshas und →Yakshas.

Patecatl △ (»Medizin-Herr«): indian. *Gott* der *Fruchtbarkeit* und der *Medizin* bei den Azteken, *Herr* der *Pulque*(gewürze) und *Kalendergott* des zwölften Tages im Monat. Er ist Gatte der →Mayahuel und durch sie Vater der →Centzon Totochtin.

Pathian △ : ind. *Hochgott* bei den Lushai.

Pattini ▽, *Patini, Patni:* ind. *Ehegöttin* sowie *Schutzgöttin* vor Epidemien, insbesondere Pocken, *Hochgöttin* bei den Singhalesen und Tamilen, aber auch *Kulturbringerin* des Reisanbaus. Mit ihrem Kult ist das »Feuertreten« verbunden.

Paūlos △ (griech.), *Paulus* (dt.): christl. *Zeltmacher* aus Tarsos, *Visionär* und *Apostel* des →Iesūs, *Wundertäter* und *Märtyrer.* Aufgrund einer Erscheinung des auferstandenen Iesūs auf dem Wege nach Damaskus wandelte er sich von einem Verfolger der Christen zum christl. Missionar der Heiden. Er wirkte mehrere Wunder, u. a. erweckte er in Troas den toten Eútyches wieder zum Leben. Das Fest der Bekehrung des P. wird am 25. Januar, das Fest der Apostel Petrus und Paulus am 29. Juni begangen. - *Gemälde:* Dürer(1526), Caravaggio (1600/01), Rubens (ca. 1616/18), Rembrandt (ca. 1657); *Oratorium:* F. Mendelssohn Bartholdy (1832); *Worte:* paulinisch, Paulinismus.

Pax ▽ (lat. »Friede«): röm. *Göttin* und Personifikation des *Friedens,* der von Kaiser →Augustus (27 v. Chr.–14 n. Chr.) im Jahre 9 v. Chr. auf dem Marsfeld die »ara Pacis Augustae« (»Altar der kaiserlichen P.«) errichtet und von Kaiser Vespasian (69-79) im Jahr 75 auf dem von ihm erbauten »Forum Pacis« (»Forum der P.«) ein Tempel geweiht wurde, in dem man die von Titus aus Jerusalem mitgebrachten jüd. Tempelschätze aufbewahrte. Dargestellt ist die P. auf Münzen mit Ährenkranz, Füllhorn und Ölzweig. Die P. ist der griech. →Eiréne gleich.

Pazūzu △ : akkad. böser *Dämon,* der Fieber und Kälte bringt und als Personifikation des Südost-Sturmwindes gilt. Der Sohn des Dämonenfürsten Hanpa wird mit 4 Flügeln, mit fratzenhaftem Gesicht, langem Haar, Löwentatzen, Vogelklauen als Hinterfüßen und mit Skorpionstachel dargestellt.

Pégasos △ (»Quellroß«), *Pegasus* (lat.): griech. geflügeltes *Roß.* Der von →Poseidón gezeugte P. ist aus dem blutenden Schoß der sterbenden →Médusa hervorgegangen, nachdem →Perseús ihr das Haupt abgeschlagen hatte. Mit P. bezwang →Bellerophóntes die →Chímaira. Da P. durch einen Hufschlag die Quelle Hippokrene (»Roßquelle«) auf dem Musenberg Helikon hervorbrachte, gilt er als ein Musen- und Dichterroß. Von →Zeús wurde P. als *Sternbild* an den Himmel versetzt. - *Gemälde:* O. Redon (1905/07); *Redensart:* »den P. besteigen«.

Pégasos, griech. Flügelpferd, das Bellerophóntes ritt, um die Chimaira zu töten.

Pe-har →Pe-kar

Peiríthoos △, *Pirjthous* (lat.): griech. *König* der →Lapíthai. Sohn des →Ixíon und der Dia, sowie Gemahl der Hippodameia. Bei seiner Hochzeit kam es zum Kampf zwischen den Lapíthai und den →Kéntauroi. Nach demTod seiner Gattin veranlaßte er den →Theseús, mit ihm in den →Hádes hinabzusteigen, um sich die →Persephóne als neue Gattin zu holen. Dabei wurden sie vorzeitig entdeckt, P. wurde gefesselt und mußte in der Unterwelt bleiben, während Theseús von →Heraklés befreit wurde.

Pejul: sibir. *Schutzgeist* eines Tieres (bei den Jukagiren) in der jeweiligen Gestalt seines Schützlings. P. gibt auch die Tiere als Beute den für sie günstigsten Jäger frei.»P. haben« heißt Jagdglück haben.

Pe-kar △, *Pe-har:* tibet. 1) *Dämonenfürst* bei den Bon-po, der von buddh.-tantr. →Padmasambhava gezähmt, zum 2) *Schutzgott* (→Dharmapāla) der Buddha-Lehre im Lamaismus wurde. Ihm ist als Himmelsrichtung der Norden zugeordnet, und er wird dreigesichtig und sechsarmig dargestellt. Sein →Vāhana ist ein weißer Löwe.

Pekoi △: polynes. *Heros* (auf Hawaii) und *Rattenjäger*, der mit einem einzigen Pfeil 40 Ratten an ihren Schwanzhaaren aufreihen kann. P. zählt zu den →Kupua.

Pele ▽: polynes. *Göttin* des vulkanischen *Feuers* (auf Hawaii) und *Herrin* des flammenden *Blitzes* sowie Personifikation der Zerstörung. Ihr Wohnsitz ist der Vulkan Kilauea. Zusammen mit ihrer Schwester Hi'iaka ist sie *Schutzgöttin* des Hulatanzes. Ihre Altäre sind an den Seiten der Lavafelder errichtet.

Pellonpekko △ (von pelto = »Feld, Acker«): finn.-karel. *Feld-* und *Getreidegott.* Als *Gott* der *Gerste* fördert er deren Wuchs und spendet das aus Gerste gebraute Bier, das manchmal als P. bezeichnet wird. Eine Redewendung beim Biertrinken heißt: »P. schmecken oder trinken.« Damit P. die aufsprießende Saat nicht selbst verzehrt, legt man ein Messer oder Beil ins Kornfeld.

Pélops: griech. *König* von Elis und Argos sowie *Ahnherr* der vordorischen Peloper. Er ist Sohn des →Tántalos und der Dione, Bruder der →Nióbe, Gatte der Hippodameia und durch sie Vater von Atreus und Thyestes. Um die Allwissenheit der Götter auf die Probe zu stellen, war P. von seinem Vater geschlachtet und den Göttern zur Speise vorgesetzt worden. Die Götter aber bemerkten den Frevel, gaben Pélops das Leben zurück und ersetzten seine fehlende Schulter, die →Deméter unwissentlich bereits gegessen hatte, durch Elfenbein. - *Wort:* Peloponnes (»Pelops-Insel«).

Pemba △(»große Sache«), *Bemba:* Erd- und *Schöpfergott* der Bambara in Mali. Nachdem er von →Mangala geschaffen und von →Yo auf die Erde herabgelassen war, erwuchs aus ihm ein Baum, unter dem die von →Faro erschaffenen ersten Menschen Unterschlupf fanden. Dieser göttliche Urbaum zeugte mit den Menschenfrauen unablässig neue Lebewesen.

Penates △ (lat. von *penus* = »Vorratskammer«), *di Penates, Penaten* (dt.): röm. *Schutzgötter* der Vorräte und der Wirtschaft, die von dem griech. →Aineías aus dem brennenden Troja gerettet und nach Italien gebracht wurden. Die P. des Hauses und der Familie wurden am häuslichen Herd verehrt. Den für das Wohl des Staates zuständigen P. des röm. Volkes wurde am staatlichen Herdfeuer im Tempel der →Vesta geopfert. - *Wort:* P. (= Haus und Herd).

Penelópe ▽ (»die das Gewebe Auflösende«), *Penẹlopa* (lat.): griech. schöne *Heroin,* eine Tochter des Ikarios und der Periboia, Gattin des →Odysseús und von ihm Mutter des Telemachos sowie spätere Gattin des Telegonos und von ihm Mutter des Italos. 20 Jahre wartete P. auf die Rückkehr ihres Gatten Odysseús und hielt die sie bedrängenden zahlreichen Freier so lange hin, bis Odysseús zurückkehrte. Nach der Ermordung ihres Gatten wurde sie die Frau des Telegonos, eines Sohnes des Odysseús und der →Kírke. Später erhielt sie von Kírke die Unsterblichkeit. P. gilt, im Gegensatz zu →Klytaiméstra, als Symbol der Gattentreue. - *Opern:* Scarlatti (1696), D. Cimarosa (1794), R. Liebermann (1954).

P'eng-lai (»Wucherndes Unkraut«): chines. *Insel der Unsterblichen* (→Hsien) im Ostchinesischen Meer und Inbegriff der Glückseligkeit. Hier wächst der Pilz der Unsterblichkeit →Ling-chih. P. ist eine der 3 →Ch'ung-Ming. Erstmals wird sie bei Lieh-tzu (Buch 5, Kap. 2) erwähnt.

P'eng-tzu △ : 1) chines. *Gewitter-, Donner-* und *Regengott.* 2) chines.-taoist. Begründer der sexuellen Praktiken zur Lebensverlängerung (Fang-chung shu), der selbst 777 bzw. 800 Jahre alt wurde und ein Symbol der Langlebigkeit ist.

Penthesileia ▽, *Penthesilẹa* (lat.): griech. *Königin* der →*Amazónes* und Tochter des →Áres. Mit ihrem Amazonenheer unterstützte sie die Trojaner im Kampf gegen die Griechen und wurde schließlich im Zweikampf von →Achilleús getötet, der sich unsterblich in die Sterbende verliebte. - *Plastik:* Thorwaldsen; *Drama:* Kleist (1808); *Oper:* O. Schoeck (1927).

Peor →Ba'al-Pegor

Percunis →Pẹrkons

Perẹndi △ (»Himmel, Gott«): alban. *Gewitter-* und *Donnergott,* dessen weibliches Pendant →Prende ist. P. ist dem litau. →Perkúnas ähnlich. Seit der Christianisierung ist sein Name die Bezeichnung des christl. →Kýrios.

Peri ▽ (»Fee«), *Perit* (Pl.): alban. *Berggeister* und *Feen* von großer Schönheit und in duftigen weißen Kleidern. Sie können böse werden und einen Menschen bucklig und krumm machen, wenn dieser unachtsam mit Brot umgeht und leichtfertig Brotkrumen verstreut. In Liebesliedern heißt es: »Du bist schöner als die P.«

Peris →Pairikās

Pērkons △ (lett. »Donner«), *Perkúnas* (litau. von perti = »schlagen«) *Percunis* (preuß.): **1)** lett. und preuß. *Donner*- und *Gewittergott* und als Regenspender *Gott* der *Fruchtbarkeit*, aber auch *Kriegsgott* und als Hüter der Moral Vergelter des Bösen. Er ist der himmlische Schmied, der die Waffen für die →Dieva dēli und den Schmuck für die →Saules meitas anfertigt. Seine Waffen sind Schwert, Speer, Pfeil und Rute aus Eisen. In lett. Volksliedern freit er die Saules meitas. P. gleicht dem ind. Parjanya.

2) Der litau. *Donner*- und *Gewittergott* ist *Schutzgott* der Ehe und des Rechts, der die Häuser der Bösen in Brand steckt. Wenn er im Wagen über den Wolken dahinfährt, kehrt die von ihm geschleuderte Axt jedesmal in seine Hand zurück. Ihm ist die Eiche (lat. quercus), von der sein Name abgeleitet wird, geweiht. In litau. Volksliedern und Redensarten wird er oft genannt.

Perón ▽, (Maria) Eva Duarte de (1919–1952), genannt Evita: argentin. *Politikerin* und geistige *Führerin* der Nation, Radio- und Filmstar sowie *Symbolgestalt* der politisch-sozialen Bewegung des

Persephóne, griech. Unterwelts-, aber auch Auferstehungsgöttin, Göttin des vegetativen Lebens, das im Sommer erblüht und im Winter erstirbt.

Peronismus. Sie war von einer Nachtklubsängerin zur »Presidenta« aufgestiegen und setzte sich für die ärmsten Schichten, vor allem die städtischen Arbeiter und die verarmte ländliche Bevölkerung, gegen die Großgrundbesitzer und das Militär ein (→Zwanzigstes Jahrhundert). Ihre Beinamen sind »Engel der Nation« und »Santa Evita«. Nachdem sie 1944 Juan Domingo Perón kennengelernt hatte, organisierte sie im Oktober 1945 den Generalstreik, der ihm den Weg zur Präsidentschaft ebnete. Nach der Heirat widmete sie sich als »Presidenta« der Sozialarbeit und der Sozialgesetzgebung und setzte sich für das Frauenwahlrecht ein. – *Musical:* A. L. Webber (1979).

Pérse ▽, *Perseís, Neaira* (»die Neue«): griech. *Mondgöttin*, insbesondere *Göttin* des *Neumondes* sowie Personifikation des unterweltlichen Aspekts der →Seléne. Sie ist die Gattin des →Hélios und von ihm Mutter der →Kírke und →Pasipháë.

Persephóne ▽, *Persephone* und *Proserpina* (lat.): griech. *Unterweltsgöttin*, später *Göttin* der *Fruchtbarkeit* und des vegetativen Lebens, das im Sommer erblüht und im Winter erstirbt, eine →Auferstehungsgottheit. Sie ist die Tochter des →Zeús und der Kornmutter →Deméter und führt den Beinamen →Kóre (»Mädchen«). →Hádes entführte P. mit Einwilligung ihres Vaters Zeús und machte sie zu seiner Gattin und Herrscherin der Unterwelt. Seitdem verbringt sie ein Drittel des Jahres bei Hádes in der Unterwelt und zwei Drittel bei ihrer Mutter in der Oberwelt. So lebt sie wie das Samenkorn ein Teil des Jahres unter und die übrige Zeit auf der Erde. Zusammen mit ihrer Mutter wurde sie in den Eleusinischen Mysterien verehrt. Ihre Attribute sind Ähre und Granatapfel. - *Plastik:* L. Bernini (1620/21); *Gemälde:* Rembrandt (1632), Rubens (1636/38); *Drama:* Goethe (1778); *Oper:* Monteverdi (1630), J.B. Lully (1680); *Ballett:* J. Strawinsky (1934), J. Taras (1948). - P. entspricht der röm. →Proserpina.

Perseús △, *Perseus* (lat.): griech. *Heros* und Begründer von Mykene. Er ist Sohn des →Zeús und der →Danáë sowie Gatte der →Androméda. Obwohl P. zusammen mit seiner Mutter vom Großvater →Akrísios in einem Holzkasten auf dem Meer ausgesetzt wurde, blieben beide am Leben. Im Auftrag des Königs Polydektes von Seriphos schlug P. der →Médusa das Haupt ab. Auf dem Rückweg rettete er Androméda vor dem Ungeheuer →Kétos und nahm sie zur Gattin. Nach seinem Tod wurde er als *Sternbild* an den Himmel versetzt. - *Plastiken:* Cellini (1554), Canova (1801); *Gemälde:* Tizian (1556), Rubens (1620/21 u.ö.), Rembrandt (1634), Tiepolo (1731); *Dramen:* Calderón, Corneille (1650); *Oper:* Lully (1682).

Perun △ (»Schläger«): slaw. *Donner-* und *Fruchtbarkeitsgott* der Ostslawen. Nach P. sind Orte und Berge benannt, z. B. Pirna, Pronstorf, Perunovac und Perunji Vrh. Als Fürst Vladimir 988 zum Christentum übertrat, ließ er die Statue des P. in den Dnjepr werfen.

Peruwa →Pirwa

Perwa →Pirwa

Peta →Preta

Pétros △ (griech.; v. aramä. *Kêfā'* =»Fels«), Petrus (dt.): christl. *Beiname* des Fischers *Simon* aus Betsaida, eines *Apostels* des →Iesús und *Visionärs, Wundertäters* und *Märtyrers*. Sein Verhältnis zu Iesús ist durch Höhen und Tiefen gekennzeichnet. Auf das Bekenntnis des P. zu Iesús als →Messias antwortet dieser:»Du bist P., und auf diesen Felsen will ich meine Kirche bauen ... Ich will dir die Schlüssel des Reiches der Himmel (→Uranoí) geben.« Als P. kurz darauf versucht, Iesús von seinem Leidensweg abzubringen, wird er von Iesús →Satán genannt. P., der mit Jakobus und Johannes die bevorzugte Trias im Jüngerkreis bildet, tritt häufig als Sprecher der Jünger auf. Er sieht den verklärten Iesús, dazu →Elias und →Moysēs. Dreimal verleugnet er den gefangengenommenen Iesús, der ihm als Auferstandener am See Genezareth erscheint und der dreimal zu dem Fischer P. sagt:»Weide meine Lämmer, weide meine Schafe.« P. wirkt mehrere Wunder und erweckt u. a. in Joppe die tote Tabitha wieder zum Leben. Zweimal wird er vom Engel des →Kýrios (→Ángelos Kyríu) wunderbar aus dem Gefängnis befreit.

Perseús, griech. Heros, der Médusa das Haupt abschlägt.

Nach P. sind zwei Briefe der Bibel benannt. Bei den Katholiken gilt P. als Apostelfürst und Stellvertreter Christi, der zuletzt in Rom wirkte, dessen Grab sich unter dem Hauptaltar des Petersdoms befindet und dessen Nachfolger im Amt der →Papa ist. Das Fest der Apostel P. und Paulus wird am 29. Juni begangen. – *Fresko:* Masaccio (1426/27); *Gemälde:* Dürer (1526).

Pēy △ (»Dämon, Kobold«): ind. *Dämon* und *Vampir* bei den Tamilen, der des Nachts Unruhe stiftet und Schaden bringt. Auf einem aus den Köpfen gefallener Krieger errichteten Herd kochen die P. das Fleisch der toten Krieger in deren Blut und servieren es den siegreichen Überlebenden.

Pēymakalir ▽: ind. *Dämonin* bei den Tamilen, die über Leichen herfällt, deren Fleisch verschlingt und anschließend einen rasenden Tanz aufführt.

Phaedra →Phaídra

Phaëthon △ (»der Leuchtende«), *Phaēthon* (lat.): griech. **1)** *Pferd* der →Eós **2)** *Lichtgott*, ein Sohn des →Hélios und der →Okeaníne Klymene. Als er einmal für einen Tag den Sonnenwagen seines Vaters lenken durfte, kam er der Erde zu nahe und verursachte einen gewaltigen Brand.

Pétros, christl. Fischer, der am Ufer des Sees Tiberias mit den Schlüsseln des Himmelreiches vor dem auferstandenen Iesūs kniet und von diesem den Auftrag vernimmt: »Weide meine Lämmer, weide meine Schafe!«, was die übrigen 10 Jünger miterleben.

Daraufhin schleuderte →Zeús ihn mit einem Blitz vom Wagen, so daß P. in den Fluß Eridanos (Po) stürzte, an dessen Ufern seine Schwestern, die Heliaden, ihn beweinten. - *Gemälde:* Tiepolo (1731); *Wort:* Phaeton.

Phaidra ▽, *Phaedra* (lat.), *Phädra* (dt.): griech. *Halbgöttin* (→Gottmensch) und Prinzessin. Sie ist Tochter des Königs →Minos und der Mondgöttin →Pasipháë sowie Schwester der →Ariádne. P. wurde die zweite Gattin des →Theseús und von ihm Mutter von Demophón und Akamas. Da sie sich in ihren Stiefsohn Hippolytos, den Sohn des Theseús und der →Antiópe, verliebt hatte, beging sie Selbstmord. - *Tragödie:* Racine (1677); *Ballett:* J.Cocteau (1949).

Pharao △ (von ägypt. Per-aa »Großes Haus«) Zunächst ägypt. Bezeichnung des königlichen Palastes und seit der 18. Dynastie Titel des Königs (→Gottherrscher).

Phersipnai ▽, *Phersipnei:* etrusk. *Göttin* der *Erdfruchtbarkeit* und der *Unterwelt*, die der griech. →Persephóne und der röm. →Proserpina entspricht.

Philister: Ba'al-Sebul, Dagān, Derketo.

Phóbos △ (»Flucht, Furcht«): griech. *Gott* und Personifikation der *Flucht* sowie der *Furcht* und des *Schreckens*. Er ist der Sohn und Begleiter des Kriegsgottes →Áres. - *Wort:* Phobie.

Phóbos, griech. Gott der Flucht und der Furcht als Schildzeichen der Kriegsgöttin Athéne.

Phoibe▽ (»Leuchtende, Reine«), *Phoebe* (lat.): griech. *Orakelgöttin* von Delphi vor der Zeit des Orakelgottes →Apóllon. Sie ist eine der 12 →Titánes, Tochter der →Gaía und des →Uranós, Gattin des Titanen Koíos und Mutter der Asteria und →Letó.

Phönix △ (griech.), *Benu* (ägypt. »der Aufgehende«): 1) ägypt. göttlicher *Vogel,* der bei der Entstehung der Welt auf dem Urhügel erschien und in Heliopolis verehrt wurde. Der auch als eine Erscheinungsform des →Ba Geltende wird zunächst als Bachstelze, dann als Reiher dargestellt. 2) Nach röm. Mythos seit dem 1.Jh. n.Chr. verbrennt er in gewissen Abständen - alle 500 oder 1461 Jahre - sich selbst und ersteht nach einiger Zeit wieder neu und verjüngt aus seiner Asche. Er ist Sinnbild des durch den Tod erneuerten Lebens. 3) Christen haben seit dem 2.Jh. n.Chr. das Bild des Pelikan auf Christi Hingabe bis in den Tod und auf seine Auferstehung sinnbildlich übertragen. 4) chines. Mischwesen →Feng.

Phórkys △, *Phorcus* (lat.): griech. greiser *Meergott* mit dem Beinamen Krataios (»der Starke«). Er ist Sohn der →Gaía und des →Póntos sowie Bruder und Gatte der →Kétos und durch sie Vater der →Graien, →Gorgonen, →Hesperides, der →Skýlla und des →Ládon.

Phosphóros △ (»der Lichtbringende, Leuchtende«), *Heosphóros, Lucifer* (lat.), *Luzifer* (dt.): griech. *Gott* und Personifikation des *Morgensterns,* ständiger Vorläufer des Morgens und Aufseher über das Sternenheer. Phosphóros ist Sohn der →Eós und Vater von Ceyx und Dädalon. Dargestellt wird er als geflügelter Knabe mit einer Fackel in der Hand. - *Wort:* Phosphor.

Phönix, röm. Wundervogel, der in bestimmten Abständen sich selbst verbrennt, um nach einiger Zeit wieder neu und verjüngt aus seiner Asche zu erstehen, ein Mischwesen mit Schlangenhals und Fischschwanz (deutscher Holzschnitt).

Phríxos △ **und Hélle** ▽, *Phríxus* und *Helle* (lat.): griech. *Geschwisterpaar,* Kinder des Königs Athamas und der Nephele. Ihre Stiefmutter →Inó haßt sie und trachtet ihnen nach dem Leben. Als Ph. zum (Menschen-) Opfer dargebracht werden soll, bringt Nephele ihren Kindern einen goldenen Widder, ein Geschenk des →Hermés, der sie durch die Lüfte davontragen soll. Während H. unterwegs über den Dardanellen ins Meer stürzt, das seitdem nach ihr *Hellespontos* (»Helle-Meer«) benannt ist, gelangt Ph. wohlbehalten nach Kolchis, wo er aus Dankbarkeit dem →Zeús den goldenen Widder zum Opfer darbringt, der als *Sternbild* und *Tierkreiszeichen* »Widder« (Aries) an den Himmel versetzt wurde. Das Fell, das Goldene Vlies, hängt P. in einem dem →Áres geweihten heiligen Hain auf.

Phrygier: Agdistis, Attis, Kybéle, Marsýas, Men, Nana, Papas, Sabazios, Sangarios.

Phuvush △ (»Erdmensch«): zigeuner. *Erdgeister* und Lehrmeister der Zauberinnen. Ihr Leben ist im Ei einer schwarzen Henne verborgen. Wenn man dieses ins Wasser wirft, stirbt der betreffende Ph., und es entsteht ein Erdbeben. Mit Hilfe eines einzigen Haares vom Leib eines Ph. kann man Steine in Gold verwandeln.

Picullus △ (von pickūls = »Teufel«): preuß. *Gott* der *Finsternis* und der *Hölle,* der dem christl. →Satän gleicht.

Picus △ (lat. »Specht«): röm. *Feld-* und *Waldgott* sowie *Schutzpatron* der Landwirte und erster *König* in Latium, der von der Circe (→Kírke), deren Liebe er verschmäht hatte, in einen Specht verwandelt wurde, der der heilige Vogel des →Mars ist.

Pičvu'čin: sibir. *Jagdgott* und *Schutzgott* der Rentierherden bei den Tschuktschen und Korjaken. P. ist einerseits so winzig klein, daß er auf einem von Mäusen gezogenen Schlitten fährt, andererseits hat er Bärenkräfte. Seine Nahrung besteht aus den Gerüchen von Opfergaben.

Pidāri ▽: ind. blutdürstige *Mutter-* und *Dorfgöttin* (→Grāmadevatā) bei den Tamilen.

Pidrai ▽: phönik.-ugarit. *Göttin* und neben →Tlj und →Arsj eine der drei Töchter oder Gefährtinnen des →Ba'al.

Pietas ▽ (lat. »Pflichtgefühl, Frömmigkeit«): röm. *Göttin* der kindlichen *Liebe* und Personifikation der pflichtmäßigen *Gesinnung* und dankbaren Liebe gegenüber Göttern und Göttinnen, gegen Eltern und Familie, gegen Freunde und Wohltäter, gegen Vaterland und Fürsten. Ihr waren in Rom zwei Tempel geweiht.

Pi-hsia yüan-chün ▽ (»Prinzessin der azurblauen Wolken«): chines. *Schutzgöttin* der Frauen und Kinder. Ihre Beinamen sind »Heilige Mutter« und »Dame des T'ai-shan«. Ihr Tempel auf dem Gipfel des T'ai-shan ist das Ziel der Pilger, die sich Kindersegen erhoffen. Zusammen mit ihren 2 Gehilfinnen und mit 6 ihr untergeordneten Göttinnen bildet sie die Gruppe der »Neun Damen« (Chiu niang-hiang), denen die

»Tempel der Damen« (Nai-nai miao) geweiht sind. P. ist der buddh.
→Kuan-yin ähnlich.

Pilnitis △ (»Fülle«): preuß. *Fruchtbarkeits-* und *Getreidegott*, ein *Gott* des *Reichtums* und der *Fülle.* »P. macht reich und füllt die Scheunen.«

Piltzintecutli →Tonatiuh

Pinahua →Ayar Uchu

Pinenkir ▽, *Pinikiri* (»Herrin des Himmels«). elam. *Muttergöttin* und *Göttermutter*, die Kiririshi (»große Göttin«) genannt wird. Sie bildet mit ihrem Gatten →Chumban und ihrem Sohn Hutram eine Göttertrias und gilt auch als die Gemahlin des →Inshushinak.

Pingala →Danda

Ping-i →Ho Po

Pirithous →Peiríthoos

Pirwa ◇, *Perwa, Peruwa:* hethit. Gottheit, deren Begleittier, das Pferd, sie als (androgyne) *Pferdegottheit* auszuweisen scheint.

Pishāchas: brahm.-hindu. *Dämonen* des Irrlichts und Feinde der Menschen, deren bösartigste die Menschen verschlingen oder als Bewohner der Verbrennungsplätze sich an den Leichen vergehen. Sie sind Nachkommen von →Kashyapa und dessen Gattin Pishāchā und gelten als Bewohner von →Bhuvarloka.

Pishaisha △: hethit. *Berggott*, der mit der akkad. →Ishtar gegen deren Willen schläft. Um dann die erzürnte Göttin zu besänftigen, bittet er um Schonung, kniet zu ihren Füßen nieder und beginnt eine Erzählung von den beiden Kämpfen des Wettergottes: »Der Wettergott besiegt das Meer« und »Die Berge bezwingen den Wettergott im Kampf«.

Pitā (sanskr. »Ahn, Vater«), *Pitara, Pitri:* ved. *Manen* und *Vorväter,* die als erste den von →Yama gefundenen Weg zu ihrem Wohnsitz im dritten Himmel folgten und unsterblich sind. Durch Rauch, Nacht, dunkle Monats- und Jahreshälften steigen die Verstorbenen auf dem »Väterweg« zu ihnen hinauf. Manchmal sind sie identisch mit den →Prajāpati bzw. den →Maharishi.

Pleiádes ▽, *Plejades* (lat.), *Plejaden* (dt.): griech. Gruppe von 7 *Nymphen* und Personifikation des »Siebengestirns«, der sieben kleinen Sterne im Bild des Stiers, die von Mitte Mai bis Ende Oktober sichtbar sind. Ihr Aufgang bezeichnet den Anfang und ihr Untergang das Ende der Schifffahrtszeit. Sie sind die 7 Töchter des →Átlas und der →Okeanine Pleione. Zu ihnen gehören: Alkyone, Asterope, →Eléktra, Kelaino, →Maía, →Merópe und Taygeto. Eine Halbschwester von ihnen ist →Kalypsó. Die Mutter Pleione mit ihren 7 jungfräulichen Töchtern wurde von dem liebestollen Jäger →Orion jahrelang verfolgt, bis →Zeús ihn und sie alle als *Sternhaufen* »Pleias« (Siebengestirn) an den Himmel versetzte, wo die erfolglose Jagd weitergeht. Nach den P. wurde im 16. Jh. eine Gruppe franz. Dichter um Ronsard »Pleiade« genannt.

Plúton →Hádes

Plútos △ (»Fülle, Reichtum«): griech. *Gott* der *Getreidevorräte* und des *Reichtums* sowie Herr der in der Erde ruhenden (Boden-)Schätze und der in ihrem Schoß keimenden Pflanzen. P. ist Sohn der Göttin →Deméter und des sterblichen →Iasíon und wird manchmal auf dem Arm der →Eiréne dargestellt. Sein Attribut ist das Füllhorn. - *Wort:* Plutokratie. - P. entspricht dem röm. →Dis Pater.

Pneúma hágion ☉ (griech. »Heiliger Geist«), *Pneúma Kyríu* (griech. »Geist Gottes«): christl. *Heiliger Geist* und dritte der 3 göttlichen Personen, die zusammen mit dem Vatergott →Kýrios und dem Sohn Gottes (→Iesús) eine →Trinitas bildet. Im Auftrag des Kýrios verkündete der Engel →Gabriél der Jungfrau →María, daß sie vom P. schwanger werde. Iesús sah bei seiner Taufe durch →Ioánnes den Geist Gottes gleich einer Taube auf sich herabkommen, und 50 Tage nach der Auferstehung des Iesús kam das P. in Gestalt von Zungen wie von Feuer, die sich zerteilten und sich auf jeden der Versammelten niederließen, begleitet von einem Brausen vom Himmel, wie wenn ein gewaltiger Wind daherfährt. Dabei wurden alle Anwesenden voll des P.. Das Gedächtnis an dieses Ereignis wird am *Pfingstfest,* dem 50. Tag nach Ostern, begangen. Dargestellt wird das P. in Gestalt einer Taube bzw. in der von Feuerzungen. - *Gemälde:* F. Francia (1509), M. van Heemsherck (16. Jh.), E. Nolde (1909); *Chorwerk:* W. Fortner (1963).

Po: 1) polynes. Land der *Unterwelt* und der Finsternis, in das die Seelen der Toten zurückkehren, wenn sie nicht nach →Hawaiki gelangen können. Über P., das als »Sehr weit«, »Schwarz«, »Düster« und »Niemals endend« bezeichnet wird, herrscht →Miru. **2)** chines. *Dämonin* der *Dürre.* Wo sie verweilt, fällt kein Regen. Die »Mutter der Dürre« ist Tochter des →Huang-Ti. Ihrem Vater verhalf sie zum Sieg über den Teufel →Ch'ih Yu, der Sturm und Regen entfacht hatte.

Pohjola (»Nordheim«): finn. *Totenreich* - ein Ort der Dunkelheit und Kälte -, das im äußersten Norden liegt, wo das Himmelsgewölbe den Erdhorizont berührt. Herrscherin über P. ist Louhi. Bevor die Toten dorthin gelangen können, müssen sie einen breiten Strom mit einem feurigen Strudel überqueren und den eiglatten Weltberg mit Hilfe ihrer im Leben abgeschnittenen Fingernägel erklimmen. →Väinämöinen hat einmal das Totenreich aufgesucht.

Polarität ▽: allg. Bezeichnung für eine vorhandene *Zweiheit* (Dualität) des Seins und Daseins im Sinn eines gegensätzlichen Verhaltens von Wesen und Erscheinungen. Zu den beiden Polen gehören u. a. →Diesseits und →Jenseits, →Himmel und →Hölle, →Überwelt und →Unterwelt, →Zeit und →Ewigkeit, →Urzeit und →Endzeit, →Leben und →Tod, sterblich und unsterblich, Tag und Nacht, Licht und Dunkel, Natur und Übernatur, →männlich und weiblich, Menschen und →Götter, →Riesen und →Zwerge, →Engel und →Teufel, →Heilige und →Sünder, Leib und Seele sowie →Gut und Böse. In diesem Spannungsgefüge von zwei sich gegenseitig bedingenden und ergänzenden oder einander ausschließenden Polen und Prinzipien des *Raumes*, der *Zeit* und der *Wesen* spielt der → Mythos (siehe Übersichtsartikel S. 404–405).

Polednice ▽ (tschech. »Mittag«), *Poludnica* (russ.): slaw. *Mittagsfrau* (der Ost- und Westslawen), die während der Ernte an heißen Tagen um die Mittagszeit erscheint und arbeitende wie ruhende Menschen im Verstand verwirrt oder ihre Glieder lähmt. P. stiehlt Kinder und vertauscht sie gegen Wechselbälge.

Poleramma ▽ : ind. *Mutter-* und *Dorfgöttin* (→Grāmadevatā) sowie *Pocken-* und *Dürregöttin* bei den Tamilen. Ihr Bruder bzw. Gatte ist Potu Radzu.

Poludnica →Polednice

Polydeúkes △ (»der Vielbesorgte«), *Pollux* (lat.): griech. *Faustkämpfer* und *Schutzpatron* der Schiffer in Not. Zusammen mit →Kástor gehört er zu den →Dióskuroi. Er gilt als Sohn des →Zeús und der →Léda sowie als Bruder der →Heléne.

Polyhymnía ▽ (»die Liederreiche«), *Polymnia, Polyhymnia* (lat.): griech. *Muse* der *Hymnen* und des ernsten, von Instrumenten begleiteten *Gesangs*. Sie gehört zu den 9 →Músai und ist eine Tochter des →Zeús und der →Mnemosýne.

Polynesier: Aitu, Atea, Aumakua, Haumea, Haumia, Hawaiki, Hina, Hine-nui-te-Po, Io, Io Wahine, Iwa, Kana, Kupua, Laka, Mahu-ike, Makemake, Mana, Maui, Miru, Ono, Oro, Papa, Pekoi, Pele, Po, Rangi, Rata, Roma-Tane, Rongo, Sisu Alaisa, Ta'aroa, Tane, Tangaroa, Tangata Manu, Taringa-Nui, Tawhaki, Tawhiri, Te Io Ora, Tiki, Tinirau, Tu, Whiro.

Polýphemos △, *Polyphemus* (lat.), *Polyphem* (dt.): griech. *Riese,* ein Sohn des →Poseidón und der Nymphe Thoosa. Er liebte die Meeresnymphe →Galáteia glühend. Als seine Liebe unerwidert blieb, erschlug er seinen Nebenbuhler Akis mit einem Felsblock und versuchte seine unstillbare Liebe mit Musik zu heilen. →Odysseús machte den in einer Höhle hausenden Menschenfresser trunken und stach ihm mit einem glühenden Pfahl das einzige Auge aus.

Polýphemos, griech. einäugiger Riese, dem Odysseús mit einem glühenden Pfahl das einzige Auge ausbrennt.

Polarität des Seins und Geschehens

Das Wort *Polarität* geht auf das griechische Hauptwort »polos« (Wirbel, Achse, Erdpol) zurück, dessen Stammwort »pelein« (in Bewegung sein) ist. Polarität als »Gegensätzlichkeit« – bei wesenhafter Zusammengehörigkeit – und als »Vorhandensein zweier Pole« bezeichnet in diesem Zusammenhang eine vorhandene Zweiheit (Dualität) des Seins und Geschehens im Sinn eines gegensätzlichen Verhaltens von Erscheinungen und Wesen in Raum und Zeit. In diesem Spannungsgefüge von zwei sich gegenseitig bedingenden und ergänzenden oder auch einander ausschließenden Polen und Prinzipien des Raumes und der Zeit wie auch der Wesen spielen die mythischen Erzählungen.

Zu den zwei Polen im Raum zählen u. a. *Diesseits* und *Jenseits, Chaos* und *Kosmos, Himmel* und Erde (*Eres*), *Paradeisos* und *Hölle, Überwelt* und *Unterwelt.* Die beiden Pole in der *Zeit* werden gebildet von *Zeit* und *Ewigkeit,* Anfang und Ende, *Urzeit* und *Endzeit,* Schöpfung und Zerstörung, *Leben* und *Tod,* Sterblichkeit und *Unsterblichkeit,* Sein und Nichtsein, Sonne und Mond, Tag und Nacht, Licht und Dunkel. Zur Polarität der Wesen gehören *männlich und weiblich,* Leib und Seele, Natur und Übernatur, Menschen und *Götter, Riesen* und *Zwerge, Engel* und *Teufel* sowie *Gut* und *Böse.*

Ursprung und Ende der Polarität wird in den Mythen der Völker unterschiedlich betrachtet bzw. bewertet. Im Weltschöpfungslied des Rigveda (10,29) wird ein von Polaritäten freier Zustand am Urbeginn und vor der Entstehung der Welt beschrieben: »Damals war nicht das Nichtsein, noch das Sein, / Kein Luftraum war, kein Himmel drüber her. – / ... / Nicht Tod war damals, noch Unsterblichkeit, / Nicht war die Nacht, der Tag nicht offenbar.- / Von keinem Wind bewegt das Eine hauchte / aus eigner Kraft. Nichts andres war als dieses nur.« Die Polarität als »In-Bewegung-sein« und duale Gegensätzlichkeit von Nichtsein und Sein, von Erde und Himmel, von Tod und Leben, von Nacht und Tag gab es am Uranfang noch nicht, sondern nur das in sich selbst ruhende Eine.

Da auch für *Buddha* (Udana VIII,4) die vorhandenen Polaritäten – wie z. B. Geburt und Tod, Diesseits und Jenseits – Bewegung und Unruhe verursachen, ja letztlich die Ursache allen Leidens der Wesen bilden, beschreiben buddhistische Mythen den Weg menschlicher Erlösung in der Aufhebung aller Polaritäten, die nicht nur Bewegung und Unruhe, sondern letztlich Begierde verursachen: »Bei dem, was von anderen abhängig ist, gibt es Bewegung, / bei dem, was von nichts abhängig ist, gibt es keine Bewegung, / wo keine Bewegung ist, da ist Ruhe, / wo Ruhe ist, da ist kein Verlangen, / wo kein Verlangen ist, da gibt es kein Kommen und Gehen, / wo es kein Kommen und Gehen gibt, da gibt es kein Sterben und Wiederentstehen, / wo es kein Sterben und Wiederentstehen gibt, da gibt es weder ein Diesseits noch ein Jenseits, noch ein Dazwischen – / das eben ist das Ende des Leidens.«

Im Gegensatz zu den vorgenannten negativen Wertungen der vorhandenen Polaritäten steht deren positive Wertung im griechischen Schöpfungsmythos des Hesiod (Theogonie 116–128): »Wahrlich, zuerst entstand das Chaos und später die Erde ... / Aus dem Chaos entstanden die Nacht und des Erebos Dunkel. / Aber der Nacht entstammen der leuchtende Tag und der Äther ... / Gaia, die Erde, erzeugte zuerst den sternigen Himmel ... / Unverrückbar für immer als Sitz der ewigen Götter.«

Eine mythische Erklärung für die Polarität von männlich und weiblich stellen die in chinesischen Mythen vorkommenden Begriffe *Yin* und *Yang* dar. Sie sind die alles durchdringenden bipolaren Grundkräfte des Weiblichen und des Männlichen, des Nördlichen und des Südlichen oder des Dunklen und des Hellen im gesamten Kosmos. Nur zusammen, gleichsam in einem einzigen Kreisrund vereint, können sie ein Ganzes bilden. Um die Polarität von männlich und weiblich aufzuheben bzw. zu überwinden, hat der Hinduismus, und hier vorzugsweise der Tantrismus, sexuelle Praktiken der geschlechtlichen Vereinigung entwickelt, in denen die wichtigste Erfahrung des Göttlich-Übergeschlechtlichen gesehen wird. Als Überwindung der Zweiheit und Sinnbild der Vollkommenheit im Mythos ist auch die Vorstellung der *androgynen,* d. h. zweigeschlechtlichen Gottheiten entstanden, die ohne Partner, allein aus sich selbst zeugen und gebären, wie der ägyptische *Atum,* oder die als Liebesgottheiten wirken, wie der griechische *Hermaphroditos.* Auch Urmenschen können androgyn sein, wie der jüdische *Adam,* und als androgynes Tier gilt das chinesische Einhorn *K'i-lin.*

Die Zwei bedeutete als Zahl immer schon das Auseinanderfallen einer ursprünglichen Einheit, die als göttlich, absolut oder vollkommen verstanden wurde, während sich alles irdische, relative oder geschaffene Sein in eine unvollkommene Zweiheit aufspaltet, in der jeder Teil ergänzungsbedürftig ist. Diese Zweiheit bzw. Polarität findet in den Mythen ihren positiven Ausdruck in der Sehnsucht nach der einst zu erreichenden Einheit mit dem Göttlichen.

»Gut und Böse« ist eine allgemeine Bezeichnung für die gegensätzlichen Kräfte und Mächte in der Polarität und später auch für die Wertmaßstäbe und Verhaltensweisen, die einer übernatürlichen Ordnung entsprechen bzw. ihr zuwiderlaufen. Als Gut gilt das, was – anthropozentrisch gesehen – dem Menschen auf seinem Lebensweg dienlich ist bzw. ihm wohlgesonnen erscheint. Als Böse hingegen wird das betrachtet, was ihn von diesem Weg abbringt und sein Leben bedroht. Für die Personifikation und Verkörperung des Guten stehen Gottheiten und Engel, Heilbringer und Erlöser, für die des Bösen Teufel und Dämonen *(Daimonia), Hexen* und Verführer.

Der Kampf zwischen Gut und Böse bzw. zwischen den sie verkörpernden Gestalten durchzieht das Leben des einzelnen Menschen bis zu dessen Erlösung ebenso wie das der gesamten Menschheit von der Urzeit bis zur Endzeit und ist Gegenstand des Mythos. In der Darstellung erscheint das Gute meist als licht und schön, das Böse als dunkel und häßlich.

In der altpersischen Mythologie z. B. ist der Dualismus von Gut und Böse verkörpert einerseits in der Gestalt des lichten Gottes *Ahura Mazda,* andererseits in der des finsteren Gottes *Ahriman.* Im jüdischen und christlichen Mythos zeigt sich der Dualismus von Gut und Böse in den – freilich ungleichgewichtigen – Gegensatzpaaren von *Jahwe-Elohim* und *Satan* oder wie im islamischen Mythos in der Polarität von *Allah* und *Shaitan.*

Der unterschiedlich gesehene und gewertete Polaritätsgedanke im Mythos ist der Versuch der Menschen je nach ihrem zyklischen oder linearen Geschichtsverständnis, in die verwirrende Vielfalt der Erscheinungen und der Kräfte ein System der Ordnung zu bringen, das Erklärung, eigene Standortbestimmung und Lebenshilfe bietet.

Das Urmenschenpaar Adam und Chawwah folgt dem versuchenden Rat des Schlangenwesens, um gleich wie Gott die Polarität von »Gut und Böse« zu erkennen (Hugo van der Goes).

Pomona ▽ (von lat. *pomum* =»Obst, Baumfrucht«): röm. *Göttin* der *Baumfrüchte*, insbesondere des *Obstsegens*. P. ist Gattin des →Vertumnus und manchmal die Geliebte des →Picus. - *Gemälde:* Rubens.

Pon (»Etwas«): sibir. *Himmelsgott* und *Regenspender*, sowie *Hochgott* der Jukagiren. Als *Weltordner* bewirkt er den Wechsel von Tag und Nacht.

Ponomosor △: ind. *Hochgott* bei den Kharia.

Póntos △ (»Meer«), *Pontus* (lat.): griech. *Meergott.* Sohn der →Gaia und Bruder des →Uranós. Durch seine Mutter ist P. Vater von →Nereús, Thaumas, →Phórkys, →Kétos und Eurybie.

Porenutius △: slaw. *Gott* auf der Insel Rügen, der vierköpfig dargestellt wird.

Porevit △: slaw. *Gott* auf der Insel Rügen, der fünfköpfig dargestellt wird.

Portunus △ (von lat. *portus* =»Hafen«): röm. *Gott* der *Haustür.* Neben seiner Mutter →Mater Matuta *Schutzgottheit* des Tiberhafens als Ausgangspforte der Stadt Rom und *Gott* der *Schiffahrt.* Ihm zu Ehren wurden am 17. August die *Portunalia* gefeiert. Dargestellt ist er mit dem Schlüssel in der Hand.

Poseidón △, *Poseidon* (lat.): griech. *Gott* des *Meeres, der Gewässer, Stürme* und *Erdbeben* sowie *Schutzgott* der *Fischer.* Er gehört zu den 12 →Olýmpioi und ist Sohn des Titanenpaares →Krónos und →Rheía sowie Bruder von →Deméter, →Hádes, →Hestía, →Zeús und →Héra. Durch seine Gattin →Amphitríte ist er Vater des →Tríton. Seine weiteren Söhne sind →Antaíos, →Oríon und →Polýphemos. In Gestalt eines Rosses zeugte er mit →Médusa den →Pégasos. Mit einem zweispännigen, von Pferden gezogenen Wagen fährt er über die Wellen dahin. Zu seinem Gefolge gehören →Nereídes und →Trítones. Sein Attribut ist der Dreizack. - *Plastiken:* P. von Artemision (460 v. Chr.) und viele Brunnenfiguren; *Gemälde:* Rubens (1620). - P. entspricht dem röm. →Neptunus.

Pothos △ (griech.»Sehnsucht, Verlangen«): phönik. *Personifikation* der männlichen Urkraft und Partner von →Omichle, die nach Eudemos von Rhodos (ca. 320 v. Chr.) beide am Anfang standen und aus deren beider Verbindung Aër und Aura entstanden sind.

Potrimpus △, *Natrimpe:* preuß. *Wasser-* und *Glücksgott,* nach dem viele Orte in Ostpreußen und im westlichen Litauen benannt sind. Ein litau. Schimpfwort lautet:»Geh zum Pitrimpus [sic]!«

Pradyumna △: hindu. *Fürst* und Wiederverkörperung des Liebesgottes →Kāma, den →Shiva mit seinem Stirnauge verbrannt hatte, weil er ihn bei der Meditation störte. Er gilt als Sohn des →Krishna und der →Rukmini, sowie als Gatte der Māyādevi und der Kakudmati. Mit letzterer ist er Vater des →Aniruddha.

Prahlāda △ (sanskr.»Erquickung, Freude«), *Prahrāda:* brahm.-hindu. *Dämonenkönig* der →Daityas und Herrscher über eine der 7 →Pātālas. Er ist Sohn des Dämonenkönigs →Hiranyakashipu und Vater des →Vairochana. Um P. vor den Nachstellungen seines Vaters zu befreien, nahm →Vishnu seine (vierte) →Narasimha-Avatāra an. In der (fünften) →Vāmana-Avatāra des Vishnu spielt der Enkel des P., →Bali, eine Rolle.

Prajāpati ◇△ (sanskr. »Herr der Geschöpfe«): **1)** ved. androgyne *Schöpfergottheit*, aus der die empirische Welt als Emanation hervorgeht, oder männliches *Weltprinzip*, das sich mit →Vāc, dem weiblichen Prinzip, paart. **2)** brahm. *Urgott* und *Personifikation* des *Priestertums*, sowie Schöpfer des Rituals, **3)** hindu. Beiname für →Brahmā, dessen geistentsprossene Söhne die →Maharishi, die Ahnherren der Götter, Titanen, Dämonen und Menschen, sind.

Prajña ▽ (sanskr. »Weisheit, Einsicht«): buddh. Personifikation einer der beiden Grundkräfte als Ergänzung bzw. Partnerin des Männlichen in der polar aufgebauten Welt der Erscheinungen. Wenn sich beide Prinzipien im →Yab-Yum befinden, ist die Polarität geschlossen und die Einheit hergestellt.

Prajñāpāramitā ▽ (sanskr. »Transzendente Weisheit«): buddh. weiblicher transzendenter →*Bodhisattva* und Personifikation des gleichnamigen literarischen Werkes. Sie ist Sinnbild der Weisheit und Gelehrsamkeit, die »Mutter aller Buddhas«. Ikonographisch wird sie gekennzeichnet durch Lotosposition, mit 2 oder 4 Armen und Unterweisungsmudrā. Auf der Stirn trägt sie das Schönheitsmal (tilaka). Ihr Attribut ist das Buch der transzendenten Weisheit (pustaka) und ihre Farbe das Weiß oder Gelb.

Pralaya (sanskr. »Auflösung«): hindu. *Periode* der *Auflösung* und Vernichtung der manifestierten Welt, bevor eine neue Welt wiederersteht.

Prajñāpāramitā, buddh. weiblicher Bodhisattva im Lotossitz und mit dem Schönheitsmal auf der Stirn. Ihre Rechte formt die Mudrā der Darlegung. Der Lotos in Höhe der rechten Schulter trägt das Buch der transzendenten Weisheit.

Man unterscheidet das *Avantrapralaya* (»dazwischenliegende Auflösung«) nach Ablauf eines →Kalpa und das *Mahāpralaya* (»große Auflösung«) nach Ablauf eines →Para.

Pratishthita-Nirvāna (sanskr. »Statisches Nirvāna«): buddh. →Nirvāna im Mahāyāna als restloses Erlöschen eines Erlösten nach dessen Tod - im Gegensatz zum →Apratishthita-Nirvāna, in dem der Erlöste weiterhin in der Welt bleibt.

Pratyūshās ▽ (sanskr. »Dämmerung«): **1)** ved. *Göttin* und Personifikation der *Dämmerung*. **2)** hindu. Begleiterin des Sonnengottes →Sūrya, die zusammen mit →Ushas allmorgendlich mit Pfeil und Bogen die Finsternis vertreibt.

Preas Eyn △: austroasiat. *Blitzgott* bei den Khmer, der auf einem dreiköpfigen Elefanten reitet. P. entspricht dem hindu. →Indra.

Preas Eyssaur △: austroasiat. *Gott* des *Todes* und des *Lebens* bei den Khmer. P. entspricht dem hindu. →Shiva.

Preas Prohm △: austroasiat. *Urgott* bei den Khmer. Aus ihm sind die Erscheinungs-Welten entstanden. Er wird viergesichtig dargestellt und entspricht dem hindu. →Brahmā.

Prende ▽, *Prenne:* alban. *Liebesgöttin* mit dem Beinamen »Herrin der Schönheit«. Der Regenbogen gilt als »Gürtel der Frau P.«. Wem es gelingt, über den Regenbogen zu springen, der verändert sein Geschlecht. Der Freitag ist ihr als *e prendeja* (»Tag der P.«) geweiht, und zahlreiche Orte sind nach ihr benannt. Außerdem ist P. ein beliebter Frauenname. Ihr männliches Pendant ist der Donnergott →Perëndi.

Presley △, Elvis (1935-1977), amerikan. *(Rock-)Sänger, Gitarrist, Komponist* und *Filmschauspieler,* der zum *Symbol* des erfolgreichen *Showstars* (→Zwanzigstes Jahrhundert) und zum *Typus* des einfachen, braven und netten Jungen wurde, den seine Umwelt zunächst nicht verstand, später aber akzeptierte, ja »vergötterte«. Seine Musik begeisterte und begeistert Millionen, und während seiner Auftritte gerieten vorwiegend die weiblichen Fans in Ekstase und fielen sogar in Ohnmacht. Presleys Grab in Graceland/Tennessee ist noch heute eine Art »Pilgerstätte«. *Siebdruck:* A. Warhol (1964).

Preta △ (m; sanskr. »abgeschieden, gestorben«), *Peta* (Pali); *Preti* ▽ (w; sanskr.), *Peti* (Pali), *Gaki* (japan.): **1)** buddh. männl. und weibl. *Totengeister,* die eine der drei negativen Existenzweisen (→Gati) darstellen und deren Karma für eine Wiedergeburt in den →Narakas zu gut, aber für die als →Asura zu schlecht ist. Als »Hungrige Geister« leiden sie Hungerqualen, da ihre Bäuche riesig, ihre Münder aber nur so groß wie ein Nadelöhr sind. In Zenklöstern wird ihnen vor dem Einnehmen der Mahlzeit ein kleines Speiseopfer dargebracht. **2)** hindu. *Geistwesen* und *Hungergeister* in Skelettform, die zusammen mit den →Pishāchas auf den Verbrennungsplätzen umherstreifen, da der Geist (→Bhūta) eines Verstorbenen den Lebenden bis zu einem Jahr nahe bleibt und sich vom Totenopfer seines ältesten Sohnes ernährt. P. bewohnen →Bhuvarloka.

Preußen (= Altpreußen): Curche, Menins, Percunis, Picullus, Pilnitis, Potrimpus.

Príapos △, *Priapus* (lat.): phryg.-griech. *Gott* der *Zeugungskraft* und der üppigen *Fruchtbarkeit,* Gott der *Baumgärten, Bienen, Schafe* und *Ziegen* sowie *Schutzpatron* der Fischer und Schiffer. P. gilt als Sohn des →Diónysos und der →Aphrodite. Als er einmal der Nymphe Lotis nachstellte und der Esel des →Silenós die Schlafende durch lautes Gebrüll rechtzeitig weckte, tötete P. im Zorn den Esel, der als *Sternbild* an den Himmel versetzt ist. Dargestellt wird P. ithyphallisch. Nach P. sind die *Priapeia,* obszöne auf P. bezügliche Kurzgedichte, benannt. - *Worte:* priapeisch, Priapismus, Priapuliden.

Prithivi ▽ (sanskr. »Erde, Weite«), *Prithivi Matar*(»Erdmutter«): **1)** ved. *Erd-* und *Muttergöttin,* die zusammen mit ihrem Gatten →Dyaus das Urgötterpaar bildet. Die Mutter von →Agni, →Indra, →Sūrya und →Ushas hat als Symbol die Kuh und ist der griech. →Gaía ähnlich. **2)** ind. *Mutter-*

und *Erdgöttin* der Baigas in Mittelindien, die nur in die Asche des brandgerodeten Dschungels säen, um nicht mit dem Pflug »den Schoß ihrer Mutter Erde« aufzureißen.

Prokrústes (»Strecker«), *Procrustes* (lat.): griech. Unhold bei Eleusis, der alle bei ihm einkehrende Wanderer durch Strekkung oder Verstümmelung der Füße mit dem Hammer in eine Bettstelle einpaßte, bis ihn →Theseús auf die gleiche Weise tötete. - *Wort:* Prokrustesbett (fig.).

Prometheús △ (»der vorher Überlegende«), *Promętheus* (lat.): griech. kluger *Heros* und *Schutzpatron* der *Handwerker.* Er ist Sohn des Titanenpaares →Iapetós und Klymene, Bruder des →Epimetheús und des →Átlas sowie Vater des →Deukalion. Als P. den Göttern das Feuer aus dem Himmel gestohlen und es heimlich auf die Erde gebracht hatte, wurde er zur Strafe dafür von →Zeús an einen Felsen im Kaukasus geschmiedet, wo ihm ein Adler jeden Tag seine Leber fraß, die nachts jedesmal nachwuchs, bis →Hera-

klés den Adler tötete und P. befreite. Zugunsten des P. hat der Kentaur →Cheiron auf die Unsterblichkeit verzichtet. - *Plastik:* G. Marcks (1948); *Gemälde:* Tizian (1549/50), Rubens (1613/14), Feuerbach (1875), Böcklin (1882); *Drama:* Aischylos (470 v.Chr.), Calderon (1679); *Oper:* C. Orff (1966); *Ballettmusik:* Beethoven (1801); *Worte:* prometheisch, P. (fig.) Promethium.

Prometheús, griech. Heros und Menschenbildner.

Propheten △ (m.), *Prophetinnen* ▽ (w.): allg. Bezeichnung für →Mittler mit übermenschlicher Begabung, die im Namen einer Gottheit auftreten und in deren Auftrag ein bisher geheimes oder unbekanntes Wissen aus der Vergangenheit oder über die Gegenwart und Zukunft als Offenbarung mitteilen und in diesem Zusammenhang Heil und/oder Unheil weissagen. Am Anfang ihrer Tätigkeit steht meist ihre göttliche Berufung,

Psyché, griech. Seelenvogel, ein Mischwesen aus Mädchenleib mit Vogel- bzw. Schmetterlingsflügeln.

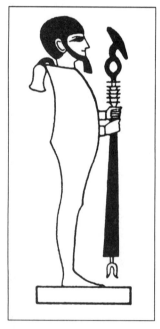

Ptah, ägypt. Handwerks- und Schöpfergott in einer Mumienhülle. Seine beiden zeptertragenden Hände symbolisieren die schöpferische und bildnerische Tätigkeit.

verbunden mit Visionen (→Visionär) und Auditionen. Zu den P. gehören vor allem der jüd. →Näbi' und der islam. →Nabi. - *Worte:* Prophet(in) (fig.), Prophetengabe, Prophetie, prophetisch, prophezeien, Prophezeiung, weissagen, Weissager(in), Weissagung.

Prosẹrpina ▽: röm. *Göttin* der keimenden *Saat* und der *Fruchtbarkeit,* später *Herrscherin* über die *Unterwelt.* Sie ist der griech. →Persephóne gleich.

Proteús △: griech. Meergott und weissagender Greis auf der Insel Pharos, der sich in tausend Gestalten verwandeln kann.

Protohatter: Eshtan, Inar(a), Ishdushtaja, Kashku, Papaja, Taru, Telipinu, Wuru(n)katte, Wuru(n)shemu.

Pryderi △: kelt. *Gott* (der Waliser) und göttlicher *Stammvater* der (Priteni, Pritani, Britanni) Briten. Er ist Sohn des →Pwyll und der →Rhiannon. Aus der Unterwelt seines Vaters hat er, durch →Gwydyons Verschlagenheit dazu veranlaßt, die Schweine nach Wales gebracht.

Psyché ▽ (»Hauch, Atem, Schmetterling«), *Psyche* (lat.): griech. **1)** *Königstochter* von außergewöhnlicher Schönheit, zu deren Verderben die neidische →Aphrodite den →Éros aussandte, der sich jedoch in die P. verliebte und sie im Schlaf mit Hilfe des →Zéphyros entführte. **2)** *Seele* und Personifikation der menschlichen Seele. Dargestellt wird P. in Gestalt eines Mädchens mit Vogel- oder Schmetterlingsflügeln. - *Plastik:* Canova (1793); *Gemälde:* Raffael (1518), Rubens (1613), P. Prud'hon (1808); *Oper:* J.B. Lully (1678); *Ballett:* J.B. Lully (1671).

Ptah △: ägypt. *Stadtgott* von Memphis und später auch *Reichsgott.* Noch in ptolemeischer Zeit war sein Tempel die Krönungsstätte der Könige. Zusammen mit seiner Gemahlin →Sachmet und seinem Sohn →Nefertem bildet er die memphitische Trias, und seit der Spätzeit gilt er als Vater des vergöttlichten →Imhotep. Er ist *Handwerkergott* und Herr der Künstler, dessen Oberpriester zugleich »oberster Leiter der Handwerker« war. Im Neuen Reich ist er universaler *Schöpfergott,* der nach der memphitischen Theologie als *Urgott* an der Spitze der →Götterachtheit steht und als Vater und Mutter des →Atum wie auch des →Re gilt. Er schafft durch sein gebietendes Wort, wobei »Herz und Zunge«, d. h. Verstand und Wort, seine Schöpfungsorgane sind. Was er erdacht hat, tritt durch die Kraft seines Wortes ins Leben. Ptah selbst ist als Herz im Leib und als Zunge im Mund eines jeden, ob Gott oder Mensch. Als »Herr der →Ma'at« und *Allgott* durchwaltet er die ganze Welt. Mit dem →Sokar verbunden, ist er auch *Totengott* und »Oberster der →Duat«, die er als Nachtsonne durchzieht, wobei er den Toten Erquickung bringt. Die Verbindung mit →Tatenen läßt ihn zum *Erdgott* werden. Der →Apis ist sein →Ba und Herold. In Ptah, in →Re und →Amun sieht die Ramessidenzeit die Gesamtheit der Götter verkörpert. Ptah ist Patron des zweiten Monats *Phaophi,* und sein Fest wurde am 1. VI. des ägypt. Jahres gefeiert. Als Ptah mit →Sokar verschmolz, galt als Hauptfeier das Sokar-Fest.

Dargestellt wird er als Mensch in einer Mumienhülle, wobei die beiden zeptertragenden Hände seine schöpferische und bildnerische Tätigkeit symbolisieren. Die Griechen haben ihn dem →Héphaistos gleichgesetzt.

Ptahil △ (?»der Gott, der schafft«): iran. *Schöpfer-* und hybrides *Lichtwesen* sowie *Personifikation* des »vierten Lebens« bei den Mandäern. Er ist Sohn des →Abāthur, in dessen Auftrag er die Welt →Tibil - nach einigen Mißerfolgen und mit Hilfe »lebenden Feuers« - geschaffen hat, was von →Mānā rurbē mißbilligt wurde. Auch →Adam pagria ist sein Werk. Als P. bei der Einrichtung der Welt sich von →Rūhā helfen ließ, wurde er von Mānā rurbē verdammt und verlor die Weltherrschaft. Am Ende der Tage wird er von →Hibil erlöst werden.

Pudicitia ▽ (lat. »Schamhaftigkeit«): röm. *Göttin* und Personifikation der *Sittsamkeit* und *Schamhaftigkeit.*

Pue m Palaburu △ : indones. *Weltenherrscher* und *Hochgott* bei den Toradja, dessen Auge die Sonne ist. Er wacht über Recht und Ordnung und ahndet vor allem die Verbrechen der Blutschande.

Púgu →Ye'loje

P'u-hsien →Sāmantabhadra

Pūkis △ (lett. »Drache«), *Pūkys* (litau.): lett. und litau. *Haushaltsgeist* und *Kobold,* ein schatzbringender Drache, der den Reichtum seines Besitzers durch gestohlenes Gut mehrt. P. gleicht dem litau. →Aitvaras.

Pulastya △ : brahm.-hindu. *Weiser* und *Seher* der Vorzeit (→Rishi), der zu den 10 →Maharishi zählt. Er ist ein geistentsprossener Sohn des →Brahmā und Vater von Vishravas und Großvater bzw. Vater von →Kubera und →Rāvana.

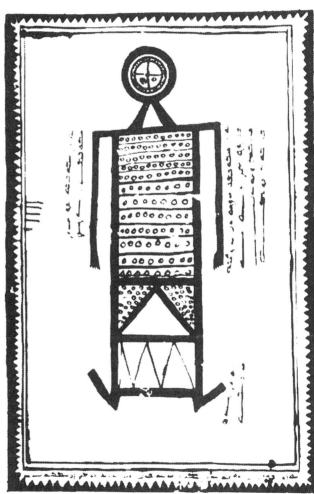

Ptahil, iran. schöpferisches Lichtwesen auf seinem Thron.

Pulotu →Hawaiki

Pultuce →Castur

Puluga →Bilika

Pulvan →Upulvan

Punarājāti (sanskr. »Wiedergeburt«): hindu. Wiedergeburt, da die Vollkommenheit des Menschen in einem einzigen Leben nicht erlangt werden kann, sondern erst das Ergebnis einer langen Reihe von Erfahrungen während zahlreicher aufeinanderfolgender Leben ist.

Puntan: mikrones. *Urwesen,* das, bevor es starb, seiner Schwester gebot, aus seinen Körperteilen die Welt der Menschen zu bilden; aus Brust und Rücken entstanden Erde und Himmel, aus den Augen Sonne und Mond, aus den Augenbrauen der Regenbogen.

Purgatorium ⊙ (lat. v. *purgatorius* [ignis] = »reinigendes [Feuer]«): christl.-kath. *Fegefeuer,* als Ort und/oder Zustand des Läuterungsleidens zwischen Tod und endgültigem Jenseitszustand für diejenigen Verstorbenen, die im Augenblick des Todes zwar von schwerer Schuld frei sind (und deshalb nicht in die →Hölle kommen), aber noch läßliche Sünden und zeitliche Sündenstrafen abzubüßen haben (und deshalb noch nicht in den →Himmel gelangen können). Dieser Verstorbenen, die im Volksmund »Arme Seelen« genannt werden, wird am *Allerseelentag,* dem 2. November, gedacht. Die Peinen des P. können u.a. durch den *Ablaß* abgekürzt werden. Als Schutzpatron der »armen Seelen« gilt der Erzengel →Michaél.

Purusha ◇ (sanskr. »Mensch«): **1)** ved. *Urmensch,* von dem drei Viertel himmlisch und unsterblich, aber ein Viertel irdisch ist. Aus dem letzteren entließ P. seine Frau Virāj, und aus ihr wurde der sterbliche P. geboren. Den zum Riesen herangewachsenen P. brachten die →Devas zum Opfer dar, und aus dessen rituell zerlegten Gliedern gingen die einzelnen Teile der Welt hervor; aus dem Kopf der Himmel, aus den Füßen die Erde, aus dem Auge die Sonne, aus dem Atem der Wind. **2)** hindu.-tantr. *Gott* und im Gegensatz zu Prakriti ewiges männliches Prinzip. In der Mehrzahl sind es männliche Gottheiten.

P'u-sa →Bodhisattva

Pūshan △ (sanskr. »der Gedeihen Schaffende«): **1)** ved. *Sonnen-* und *Lichtgott,* der Wachstum und Gedeihen bringt, sowie *Schutzgott* der Wege, der Reisenden und des Viehs, aber auch *Totengeleiter.* **2)** brahm.-hindu. *Gott* der *Dämmerung,* ein Bruder des →Indra und einer der →Ādityas, dessen Zähne →Shiva in seiner Manifestation als →Rudra ausgeschlagen hat. Sein Wagen wird von Ziegen gezogen. P. ist dem griech. →Hermés vergleichbar.

Pūtanā: hindu. *Dämonin* und *Riesin,* die das Kind →Krishna (→Bālakrishna) mit ihren vergifteten Brüsten zu stillen und zu töten versuchte, jedoch später von Krishna selbst aufgesaugt und getötet wurde. Die Tochter des Dämonenkönigs →Bali ist das Symbol für das Ego (latein.

Gegenüber:
Purgatorium, christl.-kath. Fegfeuer für die »Armen Seelen«, unterhalb des Himmels aller Heiligen gelegen (deutscher Holzschnitt, 1519).

»Ich«), das das Göttliche aufsaugen will, jedoch selbst von diesem aufgesaugt wird.

Putir →Tambon

Pwyll △ (kymr. »Verstand, Urteil«): kelt. *Unterweltsgott* (der Waliser) mit dem Beinamen »Haupt der Unterwelt«. Er ist Gemahl der →Rhiannon und durch sie Vater des →Pryderi.

sPyan-ras-gzigs →Chenresi

Pygmäen: Arebati, Kmvoum, Mugasa, Tore.

Pygmalion △, *Pygmalion* (lat.): griech. **1)** *König* in Tyros und Bruder der →Didó. **2)** *König* von Zypern und berühmter *Bildhauer,* der sich in eine von ihm selbst geschaffene Elfenbeinstatue eines Mädchens so sehr verliebte, daß er →Aphrodíte bat, seinem Werk Leben einzugeben. Als die Göttin seinen Wunsch erfüllte, nahm er es zur Frau. - *Plastik:* Falconet (1763); *Lithographie:* H. Daumier (1841); *Dramen:* Rousseau (1770), Shaw (1913); *Oper:* Cherubini (1809); *Operette:* Suppé (1865); *Musical:* Lerner's My fair Lady (1956).

Pyriphlegéthon △ (»feuerbrennend«), Pyriphlẹgethon (lat.): griech. *Fluß* des Feuers in der Unterwelt, der die dreifache eherne Mauer des →Tártaros umfließt.

Pyrrha →Deukalíon

Pythía ▽, *Pythia* (lat.): griech. *Orakelpriesterin* im Tempel des →Apóllon von Delphi. Auf einem Dreifuß sitzend und von Apollon inspiriert, gibt sie Orakel, die von den Priestern in Verse übertragen werden. - *Worte:* P. (fig.), pythisch.

Pýthon →Typhón

Qáigus: sibir. *Wald-* und *Jagdgeist* (der Keten/Jenissejer) sowie *Schutzgeist* der Eichhörnchen und Zobel.

Qaynān △ (»Schmied«): arab. *Schmiedegott* bei den Sabäern.

Qingu →Kingu

Quat: melanes. *Heros, Schöpfer* und *Kulturbringer* (der Banks-Inseln), der Land aus dem Meer fischte und Bäume und Felsen schuf, aber auch *Gauner* und *Schelm,* der 11 Brüder hatte, die alle Tangaro hießen. Er hat Menschen und Schweine ursprünglich als gleich geschaffen. Als erstere die Gleichheit bald auf die Spitze trieben und den Schweinen immer ähnlicher wurden, gingen letztere dann auf allen vieren, um den Unterschied deutlich zu machen. Da Q. mit einem großen Boot für immer davongesegelt war, erblickten die Insulaner in den ersten Weißen, die ihre Inseln betraten, Q. und seine Gefährten. Q. gleicht dem polynes. →Maui und dem mikrones. →Nareau.

Quetzalcoatl (»grüne Feder-Schlange«): indian. **1)** *Kulturheros,* Erfinder des Handwerks, der Landwirtschaft und des Kalenders sowie fünfter *Priesterkönig* Ce Acatl (977-999) der Tolteken in Tollan. Er ist Sohn der →Chimalman. Da Q. gegen die sakralen Menschenopfer ist, gerät er mit deren Verfechtern, den Anhängern des →Tezcatlipoca, in Konflikt, verläßt die Hauptstadt und wandert nach Osten. In dem span. Cortés sah

QUETZAL

Quetzalcoatl, indian. Kulturheros und Priesterkönig »Federschlange«, aber auch Gott des Himmels/Federn) und der Erde (Schlange).

man anfangs den wiedergekehrten Q. **2)** *Windgott, Gott* des *Himmels* (»Feder«) und der Erde (»Schlange«) bei den Azteken, *Schöpfer* der Menschen des fünften Weltzeitalters, *Wasser-* und *Fruchtbarkeitsgott, Schutzgott* des zweiten Kalendertages im Monat und neunter Regent der Tagstunden, Personifikation des Mondes, des Nachthimmels und des Ostens. Q. gilt als Sohn der → Coatlicue und als Zwillingsbruder des → Xolotl. Wegen seines dunklen Gegenspielers → Tezcatlipoca hat er sich nach Osten ans Meer begeben und auf einem Scheiterhaufen selbst verbrannt, wobei sich sein Herz als Morgenstern an den Himmel versetzte. Seitdem wird seine Wiederkehr erwartet. Sein Erscheinen und Verschwinden, sein Tod und seine erwartete Wiederkehr sind Symbol des Mondlaufs. Dargestellt wird Q. doppelgestaltig (mit Vorder- und Rückseite) mit weißer (»Tod«) und schwarzer (»Wiedergeburt«) Körperbemalung. Als Windgott wurden ihm Rundtempel errichtet, die auf runder oder viereckiger Plattform stehen. - *Worte:* Quetzal, Quetzalvogel. - Q. entspricht dem → Kukulkan der Maya.

Quilla → Mama Quilla

Quirinus △: röm. *Stammesgott* der auf dem nach ihm benannten *Quirinal*-Hügel wohnenden Sabiner, *Schutzgott* der Bauern sowie *Kriegsgott.* Zusammen mit → Iupiter und → Mars bildete er eine archaische Trias. Sein Hauptfest, die *Quirinalia,* wurde am 17. Februar gefeiert. Oft wird er mit dem vergöttlichten → Romulus identifiziert.

Quzah △: **1)** arab. *Gewittergott,* der die Hagelpfeile von seinem Bogen schießt, den er anschließend in den Wolken aufhängt. Deshalb heißt der Regenbogen »der Bogen des Q.«. Sein Heiligtum war in al-Muzdalifa bei Mekka. **2)** islam. *Engel,* der die Wolken verwaltet, bzw. ein *Dämon.*

Ra →Re
Raab →Rahab
Rachél →Rāhēl
Rachkoi △, *Rahko:* finn. *Heros,* der mit Eisenstiefeln den Hügel von →Pohjola bezwang und den Mond teerte, d. h. die verschiedenen Mondphasen veranlaßte.

Rādhā ▽, *Rādhikā:* hindu. *Kuhhirtin,* bekannteste der →Gopis und Hauptgeliebte des →Gopāla →Krishna sowie Personifikation der Gottesliebe. R.'s Liebe zu Krishna symbolisiert mit Trennung und Wiedervereinigung die Beziehungen des einzelnen zu Gott.

Radigast, *Redigast, Radogost* (von *rad* =»gern« und *gast* =»Gast«): slaw. Gott, »der als Gast gern gesehen wurde«, und *Hauptgott* der wendischen Redaren in Rethra, auf der »Akropolis des Nordens«.

Radū →Rudā

Ragana ▽ (lett.), *Rāgana* (litau. von regēti =»sehen«): lett. und litau. *Seherin* und *Zukunftsdeuterin,* die des Orakels mächtig ist. Seit der Christianisierung ist sie zur →Hexe degradiert, die sich selbst in Tiere und Sachen verwandeln, durch die Lüfte fliegen und zum Schaden von Menschen und Tieren zaubern kann, da sie ihre Macht vom christl. →Satan erhalten hat.

Ragnarök (nord. »Unheilvolles«), *Ragnarökkr* (»Verfinsterung der Götter«): nordgerman. *Weltuntergang* als dramatisches und grauenvolles Geschehen. Nach →Balders Ermordung kündigt sich R. durch Vorzeichen an, u. a. durch →Fimbulvetr, die Esche →Yggdrasill erzittert, die Riesen (→Jötunn) brechen gegen →Asgard auf. Die →Midgardsomr peitscht das Meer, der →Fenrir sprengt seine Fesseln, →Loki befreit sich, aus →Muspelheim naht sich →Naglfar, →Heimdall bläst Alarm. Dann entbrennt der Endkampf zwischen Göttern einerseits und Riesen, Dämonen und Naturgewalten andererseits. →Odin wird von Fernir verschlungen, →Vidar tötet Fenrir, →Surtr tötet →Freyr, →Thor und Midgardsomr sterben im Kampf gegeneinander, Loki und Heimdall bringen sich gegenseitig um, →Týr erliegt dem →Garm. Auf den Tod der Götter folgt der kosmische Tod. Die Brücke →Bifröst stürzt unter Surtrs Tritten ein, →Midgard bricht in Sturmfluten und Feuerbrünsten auseinander, Gestirne stürzen ins Meer. Nur das Menschenpaar →Lif und Lifthrasir werden überleben. Dann wird eine neue Welt des Friedens und Glücks entstehen, über die Balder und →Hödur einträchtig herrschen werden. Die Bezeichnung *»Götterdämmerung«* gebrauchte zuerst Michael Denis (1772). *R. Wagner* komponierte die *Oper* »Die Götterdämmerung« (1876).

Rahab ▽ (hebr. »Ungestüm, Brausen, Toben«), *Raab* (griech.): jüd. *Chaosungeheuer* und *Verkörperung* des tobend gedachten *Urmeeres* der Tiefe. Die Zerschmetterung der R. veranschaulicht die Allmacht →Jahwes. Manchmal ist R. auch die *Verkörperung* der gottfeindlichen

RIESE

Macht Ägyptens, deren Stolz Jahwe im Schilfmeer untergehen ließ. Dargestellt wird R. als Seeschlange bzw. als Krokodil.

Rāhēl (hebrä. »Mutterschaf«), *Rachél* (griech.), *Rachel* (dt.): **1)** jüd. *Stammutter* des Volkes Israel. Sie ist die Tochter Labans und Lieblingsgattin des →Ja'akōb und von ihm Mutter des →Jōsēf sowie des Benjāmin, bei dessen Geburt sie starb. Am Weg nach Efrata bei Bethel wurde sie begraben. Später zeigte man ihr Grab bei Bethlehem. Als Gedenktag an R. wird der 11. Cheshwan begangen. **2)** christl. *Stammutter*, die über den von König Herodes anläßlich der Geburt des →Iesūs begangenen »bethlehemitischen Kindermord« weint und wehklagt und sich nicht trösten lassen will.

Rahko →Rachkoi

Rāhu △ (sanskr. »der Greifer«): **1)** hindu. *Planetengott* (→Navagraha) und dämonische *Personifikation* des aufsteigenden *Mondknotens*. Er ist ein Sohn des →Rudra und Vater der 32 Kometen (Ketus). In der Form eines Drachenkopfes fährt er auf einem von 8 schwarzen Rossen gezogenen Himmelswagen, um wie sein Bruder →Ketu Sonne und Mond zu verschlingen, damit eine Sonnen- bzw. Mondfinsternis entsteht. Dargestellt ist er entweder kopflos auf einer Eule oder als großer Kopf ohne Leib. Seine Attribute sind Schwert, Schild und Dreizack oder Speer. **2)** buddh.-tibet. *Planetengott* und Herr der 9 Planeten, einer der →Krodhadevatā. Dargestellt ist er mit 9 Köpfen, wobei er seinen eigenen Kopf auf dem Bauch trägt. Sein Unterkörper ist eine Schlange, und seine Attribute sind Schirmstandarte, Pfeil und Bogen.

Rāhula △: buddh. →*Arhat, Schutzpatron* der Mönchsnovizen und einer der 10 großen Jünger des Buddha →Shākyāmuni, zugleich dessen Sohn und Sohn der Yashodharā. Als er 534 v. Chr. in Kapilavastu gerade geboren war, faßte sein Vater, der spätere Buddha, den Entschluß, Haus und Familie zu verlassen, um den Weg zur Erlösung zu suchen. R. trat siebenjährig als Novize in den Mönchsorden seines Vaters ein und erhielt als Zwanzigjähriger 515 v. Chr. die Vollordination. Er starb lange vor seinem Vater.

Rait-taui ▽, *Ra-taui* (»Sonne der beiden Länder [Ägyptens]«): ägypt. *Himmels-* und *Sonnengöttin*. Die Gemahlin des →Month und Mutter des →Harpre wurde in On verehrt. Ihre Attribute sind Geierhaube und Kuhgehörn mit Sonnenscheibe. Die Griechen setzten sie der →Letó gleich.

Rajarishi △ (sanskr. »königlicher Weiser«): hindu. *Weiser* und *Heiliger* der Kriegerkaste (Kshatriya), der durch sein Leben auf Erden zu einem →Rishi wird und in den Himmel →Indras kommt. Der bekannteste von ihnen ist Janaka, der Vater von →Sitā.

Rakan →Arhat

Rākshas, *Rākshasas* (sanskr. »Beschädiger«; m.), *Rākshasis* (w.): brahm.-hindu. *Geistwesen*, die entweder friedlich wie die →Yakshas sind oder aber als Titanen die Feinde der Götter oder auch als nächtliche

Dämonen die Feinde der Menschen, die dann mit den →Pishācas iden-
tifiziert werden und deren Fürst →Rāvana oder →Kubera ist. Als Men-
schenfeinde sind sie der jeweilige Gegenpart →Vishnus in dessen
→Avatāras. Sie können jede gewünschte Gestalt annehmen. Die als
Kinder des →Rishi →Kashyapa und der Khasā oder des →Māharishi
→Pulastya Geltenden bewohnen →Bhuvarloka bzw. →Pātāla. Darge-
stellt werden sie meist hunde- oder vogelgestaltig, dickleibig oder bis zum
Skelett abgemagert.

Raluvhimba △ (von: luvimbha =»Adler«), *Ralowimba: Regengott* der
Bavenda in Südafrika, der sich in den Naturerscheinungen, wie Überschwemmung und Trockenheit, Erdbeben und Donner manifestiert. In
der Höhle Luvhimbi offenbarte er sich den Häuptlingen, die ihn mit
»Großvater« anredeten und um Regen baten.

Rāma (sanskr. »dunkelfarbig«), *Rāmachandra* (»Rama der Mond«):
hindu. siebter →Avatāra →Vishnus im
vergangenen Tretāyuga (→Yuga) in
der Gestalt des Helden Rāma, eines
Königs von Ayodhyā, um die unüber-
windlich gewordene Macht des Dämonenfürsten →Rāvana zu brechen und
seine von diesem entführte Gattin
→Sitā zu befreien. Er ist der Sohn von
Dasharatha und der Kaushalyā, sowie
Halbbruder von →Bhārata und
→Lakshmana. R. und Sitā gelten bei
Hindus als das Ideal von Mann und
Frau. R.'s Geschichte wird im
Mahabhārata kurz und im Rāmayana
ausführlich erzählt. Seine Hauptattri-
bute sind Pfeil und Bogen.

*Rāma, hindu. Heros und zugleich
7. Avatāra des Gottes Vishnu (rechts)
sitzend - hinter ihm sein Halbbruder
Lakshmana stehend -, erfährt vom
Affengott Hanumān (Mitte) die
Wiedergewinnung seiner entführten
Gattin Sitā (links).*

Rāmakrishna △: hindu. *Pseudonym*
des →Heiligen Gasadhar Chatterji
(1836-1886), der den aus →Rāma und →Krishna zusammengesetzten
Namen annahm und von vielen Hindus als →Avatāra →Vishnus verehrt
wird.

Rammān △ (»Donnerer«), *Rimmon* (hebrä.): akkad. *Beiname* des Wet-
tergotts →Adad.

Rāmrātūkh ▽: iran. weibliches *Geistwesen* bei den Manichäern. Als
»Mutter des Lebens« ist sie aus dem »Vater der Größe« emaniert und
projiziert ihrerseits den »Urmenschen«, der mit seinen 5 Söhnen
→Amahrspand von den Dämonen der Finsternis verschlungen wird. Zu
ihrer Erlösung schickt der »Gute Gott« seine Gesandten.

Rán ▽ (nord. »Räuberin«): german. *Meeresgöttin* und Herrscherin über
ein Totenreich am Grund des Meeres. Mit ihrem Netz fischt sie die Er-

trunkenen auf und bringt sie in ihren Meerespalast. R. ist die *Göttin* der *Toten,* die nicht nach →Hel oder →Walhall gelangen. Sie ist die Gattin des Riesen →Aegir und von ihm Mutter der 9 »Aegirstöchter«, die als Personifikationen der Meereswogen gelten. »Der R. in die Hände fallen« bedeutet soviel wie ertrinken.

Rangi △ : polynes. *Himmels-* und *Vatergott* (der Maori), der zusammen mit seiner Gattin →Papa das göttliche Urelternpaar bildet, aus dessen Umarmung alle Götter und Lebewesen hervorgingen. R. ist Vater von →Tane, →Tangaroa, →Tu, →Rongo, →Haumia und →Tawhiri.

Raphaél →Refã'él

Rapithwin △ : iran. *Gott* der *Mittagszeit, Schutzgott* des *Südens* und des *Sommers.*

Rashnu △, *Rashnu razishta* (awest. »Rashnu der Gerechteste«): iran. *Gott* des *Ordals* und *Personifikation* der *Gerechtigkeit.* Er gilt als Bruder von →Mithra und →Daẽnã. R., einer der drei *Totenrichter* an der →Chinvat-peretu neben Mithra und →Sraosha, wägt die Seelen der Toten auf einer goldenen Waage. Ihm ist der achtzehnte Monatstag geweiht.

Rasül (Sg.; »Gesandter, Apostel«), *Rusul* (Pl.): islam. *Gesandter* des →Allãh und *Führer* eines Volkes. Er hat im Unterschied zu einem Propheten (→Nabi) und Prediger gesetzgebende Gewalt und ist mit einem Buch ausgestattet. Allãh schickt jedem Volk nur einen einzigen R., wie z. B. den Arabern den →Muhammad. Ein R. ist frei von irdischer Sünde. Es gibt insgesamt 313 bzw. 315 R. Zu ihnen gehören u. a. →Müsã und →'Isã sowie →Shu'aib, →Hüd und →Sãlih. Der letzte R. ist Muhammad.

Rata △ : polynes. *Heros* und *Seefahrer* (des Tuamotu-Archipels), der auszog, seinen ermordeten Vater Wahieroa zu rächen, wobei er sich

Ratnasambhava, buddh. transzendenter Buddha als Helfer aus materieller Not. Seine Rechte formt die Mudrã der Gewährung, und seine Linke hält den Almosentopf.

der Zauberaxt bediente. Als R. zweimal einen Baum für den Bau seines Bootes fällte - er wußte nicht, daß es ein Tabu-Baum war -, flogen die Späne jedesmal an ihren Platz zurück, auch das Mark, die Rinde und Blätter kehrten zurück, und der Baum richtete sich von selbst wieder auf. Schließlich wurde sein Boot von den Waldgeistern gebaut. Am Ziel seiner Fahrt zerhackte er den Täter Puna und befreite seine Mutter aus dessen Gewalt. R. ist seinem Großvater →Tawhaki ähnlich.

Ra-taui →Rait-taui

Ratnapãni △ (sanskr. »der ein Juwel in der Hand hält«): buddh. transzendenter →*Bodhisattva* und einer der 5 →Dhyāni-Bodhisattvas und als solcher dem Buddha →Ratnasambhava als dessen Heilswirker und geistiger Sohn zugeordnet. Seine Kennzeichen sind die Gewährungsmudrā, die Attribute Juwel und Mondscheibe sowie die grüne Farbe.

Ratnasambhava △ (sanskr. »der aus dem Juwel Geborene«): buddh. transzendenter Buddha und Herrscher über den Süden und das südliche Zwischenparadies, die Personifikation der Freigebigkeit und Helfer aus materieller Not. Als einer der 5 →Dhyāni-Buddhas ist er der geistige Vater des →Manushi-Buddhas →Kāshyapa. Ikonographisch wird er gekennzeichnet durch die Gewährungsgeste, das Juwel, die gelbe Farbe und das Pferd als Reittier. Im Vajrayāna ist ihm als →Prajña die Māmaki zugeordnet.

Rātri ▽ (sanskr. »Nacht«): hindu. *Göttin* und *Personifikation* der Nacht sowie *Schutzgöttin* vor Räubern und Wölfen. Sie ist die Schwester der →Ushas.

Ratu Adel △ (»gerechter König«): indones. *Heilbringer* und messianischer *König* in der neuen Religion des Samatismus, der ein Reich des Friedens, des Glücks und des Wohlstandes bringen wird. Überreiche Reisernten werden die Periode des glücklichen Daseins einleiten.

Raudna ▽ (»Eberesche«): lapp. *Donner-* und *Gewittergöttin.* Sie ist die Gattin des →Horagalles und gleicht der finn. →Rauni.

Rauni ▽: finn. *Erd-* und *Muttergöttin, Göttin* der *Fruchtbarkeit* und des *Getreides,* aber auch *Gewitter-* und *Donnergöttin.* Zusammen mit ihrem Gatten →Ukko bildet sie ein Götterpaar. Wenn R. den Ukko beschimpft, beginnt dieser zu donnern, was eine günstige Witterung für die Ernte bedeutet. Eine Redewendung lautet: »Wenn R. brünstig ist, wird auch Ukko sehr brünstig.« Die »heilige Hochzeit« der beiden ist Voraussetzung für das Getreidewachstum. R. ähnelt der lapp. →Raudna.

Rāvana △: hindu. *König* von (Sri) Lankā und *Dämonenfürst* der →Rākshasas, der - nach dem Rāmāyana - durch seine Askese unverwundbar geworden war, so daß, um dessen Macht zu überwinden, →Vishnu als →Rāma (7. →Avatāra) inkarnierte, der ihn dann zusammen mit →Hanumān besiegte. Er gilt als Sohn des Vishravas und der Nikasā und ist ein Halbbruder des →Kubera. Ikonographisch wird er gekennzeichnet als zehnköpfig, zwanzigarmig und dunkelfarbig.

Re △ (ägypt./kopt. »Sonne«), **Ra** (griech.): ägypt. *Sonnengott* und *Personifikation* der Sonne am Mittag. Die Sonnenscheibe heißt »Auge des Re«. Er ist Sohn des →Geb und der →Nut, die ihn täglich neu gebiert. In der Morgenbarke fährt er, von seiner Tochter →Ma'at und seinem Vezier →Thot begleitet, über den Tageshimmel, der als Falkenflügel (→Horus), als Kuh (→Meheturet) oder als Frau (Nut) gesehen wird. In der Nacht durchfährt er in der Abendbarke die →Duat und bringt den Toten Licht und Ordnung. In Verbindung mit →Atum wird er als Re-Atum zum *Schöpfergott.* Seine tägliche Schöpfungstat wird in der Sonne,

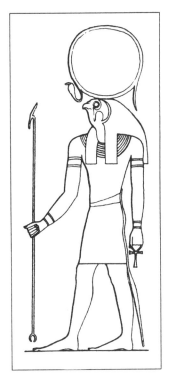

Re, ägypt. falkenköpfiger Sonnen- und Schöpfergott.

die Licht und Wärme als Grundbedingungen des Lebens gewährt, sinnfällig. In Verbindung mit Atum ist er zugleich auch *»Urgott,* der am Anfang entstand«. Durch Sia (»Erkennen«) und Hu (»gebietendes Wort«), die zu seiner Rechten und Linken stehen, regiert der *Weltenlenker* und *Welterhalter.* Er ist *Königsgott,* und seit der 4. Dynastie bezeichnen sich die Könige als »Sohn des Re«. Seit dem Neuen Reich wird der König sogar als »Bild« des Re gesehen. Seit der 5. Dynastie ist Re der *Reichsgott* mit dem Hauptkultort Junu (hebrä. On; griech. Heliopolis = »Sonnenstadt«). Sein Kultsymbol ist der Obelisk. Dargestellt wird er meist in Menschengestalt, aber auch falkenköpfig. Er ist mit →Harachte zu Re-Harachte verschmolzen - *Re-Harachte* ist Patron des zwölften Monats im ägypt. Kalender - und mit →Atum zu Re-Atum, bzw. Re-Harachte-Atum vereinigt. Später wird Re mit den Göttern der ehemaligen Hauptstädte, mit →Ptah von Memphis und mit →Amun von Theben, zu einer Trias vereint.

Reahu △: austroasiat. dunkler *Himmelsdämon* bei den Khmer. Er jagt der Sonne und dem Mond nach, um sie zu verschlingen. R. entspricht dem hindu. →Rāhu.

Redigast →Radigast

Refā'ēl (hebrä. »Heile [Gott] El«), *Raphaél* (griech.): **1)** jüd. *Engel* (→Mala'āk) und *Bote* des →Jahwe-Elōhim. Er gehört zu den →Archángeloi. Dem →Tōbijjāhū ist er Reisegefährte, Beschützer und Fürsprecher. Zudem verrät er ihm das Mittel, mit dem er durch Überwindung des Erzdämons →Ashmodai die Sara zur Gattin gewinnen und nach der Rückkehr auch noch seinen erblindeten Vater heilen kann. **2)** christl. *Engel* und *Bote* des →Kýrios, *Schutzengel* der Apotheker, der Reisenden und Pilger sowie der Auswanderer. Sein Festtag ist der 29. September, dargestellt wird R. mit Stab und Kürbisflasche. - *Wort:* Raphaelsverein.

Refā'im (hebrä. »die Kraftlosen«), *Rephaiter* (dt.): **1)** syro-phönik. *Erd-* und *Fruchtbarkeitsgeister* und Bewohner der Unterwelt. **2)** jüd. *Totengeister,* die ein schattenhaftes Dasein im Totenreich →Abaddōn führen. **3)** jüd. *Riesengeschlecht,* zu dem Goliath und König Og von Bashan gehören.

Remus △: röm. *Gründer* der Stadt Rom, *Schutzpatron* (→Laren) und *Halbgott* (→Gottmensch). R. ist Sohn des Kriegsgottes →Mars und der Vestalin →Rhea Silvia sowie Zwillingsbruder des →Romulus, von dem er bei der Gründung Roms erschlagen wurde.

Renenutet ▽ (»Nährschlange«), *Renenet, Thermutis* (griech.): **1)** ägypt. *Ernte-* und *Fruchtbarkeitsgöttin.* »Sie gibt den Erntesegen« und wird »Herrin des Fruchtlandes« und »Herrin der Scheunen« genannt. Insbesondere ist sie Ernährerin der Kinder. So sitzt der Korngott →Neper als Sohn auf ihrem Schoß und wird von ihr gesäugt. Als Spenderin der Flachsernte kommen aus ihrer Hand die Gewänder für Gottheiten und Menschen. Den Toten legt sie selbst die Binden an. Als Personifikation

des Segens und Glücks ist sie *Schicksalsgöttin.* Ihre vielfältige Wirkungs-
weise wird durch eine Vierheit dargestellt. Sie ist die Patronin des nach
ihr benannten achten Monats *Pharmuthi* im ägypt. Kalender. Ihr Fest
wurde als Erntefest in Edfu am 7. V. und in Theben am 1. VII. des ägypt.
Jahres begangen. Die schlangengestaltig bzw. schlangenköpfig dargestellte Partnerin des →Schai wird in der Ptolemäerzeit mit →Isis zu Isis-
Thermutis verschmolzen. **2)** Thermutis heißt nach hellenistisch-jüd. Tradition die Tochter des →Pharao, die den →Mösheh auffindet und
aufzieht.

Rephaiter →Refā'im

Reshef △, Reshep(h): (»Flamme, Funken, Seuche«): **1)** phönik.-ugarit.
Seuchengott, Fieber-, Brand- und *Blitzgott,* aber auch *Kriegs-* und *Unter-
weltsgott.* **2)** In der Bibel (Dtn 32, 24; Hab 3, 5) ist er fast personifiziert als
Begleiter des →Jahwe bei dessen Erscheinen als Vernichter. Dargestellt
wird er mit Blitzpfeil, Schild, Speer und Keule. Seine Begleittiere sind
Geier und Gazelle. Dem akkad. →Nergal ist er gleich.

Reza →Leza

Rezha →Leza

Rhadámanthys △, *Rhadamạnthus* (lat.): griech. *König* auf Kreta. Er ist
Sohn des →Zeús und der →Európe sowie Bruder von →Mínos und Sar-
pedón. Nach seinem Tode wurde er neben →Krónos Herrscher über
→Elýsion und zusammen mit Mínos und →Aiakós Richter im →Hádes.

Rhea →Rheía

Rhea Silvia ▽, *Ilia* (»Troerin«): röm. *Vestalin* und *Stammutter* der
Römer. Sie ist die Tochter des Königs Numitor. Als Amulius, der Bruder
ihres Vaters, diesen der Herrschaft über Alba Longa beraubt hatte, bestimmte er R. zur Vestalin, damit sie ohne Nachkommen bliebe. Da sie
trotzdem von dem Kriegsgott →Mars schwanger und Mutter von →Ro-
mulus und →Remus wurde, ließ er sie in den →Tiberis werfen. So wurde
sie die Gemahlin des Flußgottes.

Rheía ▽, *Rhẹa* (lat.): griech. *Göttermutter* und eine der 12 →Titánes. Sie
ist Tochter der →Gaía und des →Uranós, Schwester und Gattin des
→Krónos und von ihm Mutter des →Zeús, des →Poseidón und
→Hádes sowie der →Héra, →Hestía und →Deméter. Da Krónos aus
Furcht, von seinen Kindern gestürzt zu werden, diese verschlang, täusch-
te R. ihn, als Zeús geboren war, mit einem in Windeln gewickelten Stein.
Die Priester der R. sind die lärmenden *Kureten.* Später wurde sie der
phryg. →Kybéle gleichgesetzt.

Rhiannon ▽ (von kymr. *Rigantona* =»große Königin«): kelt. *Stutengöt-
tin* (der Waliser). Sie ist die Gattin des →Manawyddan bzw. des →Pwyll
und von letzterem Mutter des →Pryderi.

Riesen: allg. Bezeichnung für übermenschliche und menschenähnliche
Wesen von mächtiger Körpergröße - im Gegensatz zu →Zwergen - und
Verkörperung der menschliches Fassungsvermögen übersteigenden *Na-*

*Reshef, phönik.-ugarit. Seuchen- und
Blitzgott mit Schild und Blitzpfeil.*

turgewalten und *-kräfte.* Sie sind den Menschen fremd, meist bedrohlich und feindlich gesonnen. R. sind oft die Gegenspieler der Gottheiten. Von den verschiedenen R. sind insbesondere zu nennen: griech. →Gígantes, →Kýklopes und →Titánes, german. Jötunn und →Ymir und christl. →Christophorus (siehe auch Übersichtsartikel S. 426–427).
Worte: R. (fig.), Riesenanstrengung, Riesenarbeit, Riesenbau, Riesengeschlecht, Riesengestalt, riesengroß, riesenhaft, Riesenhunger, Riesenkampf, Riesenkraft, Riesenschritt, Riesenslalom, Riesenskandal, riesenstark, Riesenweib. Riesenwuchs, riesig, riesisch.

Rimmon →Rammān

Rind ▽, *Rinda, Rindr* (nord.): nordgerman. *Erd-* und *Fruchtbarkeitsgöttin* und eine der Gemahlinnen des →Odin und von ihm Mutter des →Vali, der den Tod →Balders rächt.

Rinne →Bhava-Chakra

Rishabha △ (sanskr. »Stier«), *Vrishabha:* jin. *Heilskünder* und erster →Tirthankara des gegenwärtigen Zeitalters. Er ist der Sohn des letzten →Kulakara Nābhi und der Marudevi, Gatte von zwei Frauen und Vater des →Chakravartin →Bharata mit der Sumangalā und des →Bāhubalin mit der Sunandā. Als erster Asket entsagt er der Welt und durchwandert das Land, erlangt als erster →Jina die Allwissenheit und predigt als erster Tirthankara die Lehre, bis er auf dem Berg Ashthapada ins →Nirvāna eingeht. Sein Emblem ist der Stier, seine Farbe das Gold.

Rishi △ (sanskr. »Seher, Weiser«): ved. *Weise* und *Heilige* des Himālaya, *Seher* und *Sänger* der hl. Lieder der Vorzeit. Sieben (Saptarishi) von ihnen gelten als →Maharishi. Dargestellt werden sie mit langen Bärten, in gelben Gewändern und mit Opferschnur. Ihre Attribute sind Buch und Wassertopf.

Robigo ▽ (lat. »Rost, Fäulnis«): röm. *Göttin* des *Getreidebrandes,* deren Fest, die *Robigalia,* am 25. April gefeiert wurde.

Rod ▽ (»Geburt, Geschlecht«), *Rodenica* (serbokroat.), *Rožanica* und *Roždenica* (russ.), *Rojenica, Sudicka* (tschech. von *sud* = »Urteil«): slaw. *Geburtsfeen, Fruchtbarkeits-* und *Schicksalsgeister,* die die Geister verstorbener weiblicher Angehörigen sind. Sie versammeln sich häufig zu dritt am dritten oder siebten Tag nach der Geburt um Mitternacht im Hause des Neugeborenen und bestimmen dem Kind Lebensdauer, Art des Todes und Vermögensverhältnisse. Ihr Schicksalsspruch wird dem Neugeborenen unsichtbar auf die Stirn geschrieben. Sie sind den röm. →Parzen und den german. →Nornen gleich.

Roma ▽, *Rom* (dt.): röm. *Göttin* und Personifikation der von →Romulus im Jahr 753 v. Chr. am Unterlauf des →Tiberis gegründeten *Stadt Rom,* der späteren Hauptstadt von Latium und des Röm. Reiches. Ihr wurde zusammen mit der →Venus im Jahr 121 der größte röm. Tempel (ad sacram viam) als Doppeltempel geweiht.

Roma-Tane △: polynes. *Gott* der *Geisterwelt* und *Herrscher* über →Ha-

Roma, röm. Stadt- und Staatsgöttin zusammen mit dem Gottherrscher Kaiser Augustus.

waiki. Bei Reisen wird ein Mitreisender aus der Gruppe gesalbt und mit Blumen bekränzt und gilt als Inkarnation des R.

Römer: Acca Larentia, Aesculapius, Aius Locutius, Amor, Anna Perenna, Ascanius, Augustus, Aurora, Baccha, Bellona, Cacus, Caesar, Camena, Carmenta, Ceres, Concordia, Consus, Diana, Dis Pater, Egeria, Fama, Fames, Fatum, Fauna, Faunus, Februa, Feronia, Fides, Flora, Fortuna, Furia, Genius, Gratia, Hercules, Honor, Ianus, Iuno, Iup(p)iter, Iustitia, Iuturna, Iuventas, Lar, Larva, Laverna, Lemur, Liber, Libera, Libertas, Libitina, Lua, Lucifer, Lucina, Luna, Lupercus, Manes, Mars, Mater Matuta, Mephitis, Mens, Mercurius, Minerva, Mutunus Tutunus, Naenia, Neptunus, Numen, Ops, Orcus, Pales, Parca, Pax, Penates, Picus, Pietas, Pomona, Portunus, Proserpina, Pudicitia, Quirinus, Remus, Rhea Silvia, Robigo, Roma, Romulus, Salus, Saturnus, Securitas, Sibylla, Silvanus, Sol, Spes, Tellus, Terminus, Tiberis, Venus, Vertumnus, Vesta, Victoria, Virtus, Volcanus.

Romulus △: röm. *Gründer* der Stadt Rom und dessen erster *König* (753-716 v.Chr.), *Schutzpatron* (→Laren) und *Halbgott* (→Gottmensch).

Romulus, röm. Gottmensch mit seinem Zwillingsbruder Remus als von ihren Eltern ausgesetzte Säuglinge, die die kapitolinische Wölfin säugt.

R. ist Sohn des Gottes →Mars und der Vestalin →Rhea Silvia sowie Zwillingsbruder des →Remus. Zusammen mit letzterem wurde er auf Befehl seines Onkels Amulius im Tiber ausgesetzt, jedoch ans Ufer gespült, von einer Wölfin gesäugt und dann von dem Hirten Faustulus und dessen Gattin →Acca Larentia aufgezogen. Bei der Gründung der Stadt Rom erschlug er seinen Bruder. Er veranlaßte den Raub der Sabinerinnen und fuhr an seinem Lebensende mit einem feurigen Wagen gen Himmel

Riesen und Zwerge

Diese mythologischen, später auch in Märchen und Sagen vielfach auftauchenden Wesen werden ihrem Wuchs nach an der menschlichen Körpergröße gemessen, die sie entweder überschreiten wie die Riesen oder aber unterschreiten wie die Zwerge, wobei letztere manchmal ihre Gestalt auch verändern können, so daß sie sich zu ungeahnter Riesengröße ausdehnen. Zwischen beiden steht der Mensch, der sich im Verhältnis zum Riesen als Zwerg, im Verhältnis zum Zwerg jedoch als Riese sehen kann und zwischen den Polaritäten groß und klein seinen Standort sucht. Eine andere Polarität ist in den geistigen Fähigkeiten gelegen, die den beiden übermenschlichen Gattungen zugeschrieben wird: Die an Größe überlegenen Riesen sind oft ebenso dumm, wie die kleinwüchsigen Zwerge klug sind.

Die übermenschlichen, dennoch menschenähnlichen *Riesen* (»stark«) sind in ihrer mächtigen Körpergröße die Verkörperung der Naturgewalten, insbesondere der stürmischen Wettererscheinungen. Oft treten sie als Gegenspieler der Gottheiten auf, und auch den Menschen stehen sie fremd und furchterregend, meist bedrohlich und feindlich gegenüber. Manchmal repräsentieren sie die ins Mythische erhobenen Züge von früheren Gewaltmenschen und Raufbolden. Die Bezwingung eines Riesen gehört oft zu den Aufgaben eines Heros.

Von Riesen, die einerseits als Gruppe auftreten und andererseits als Individuen Eigennamen tragen, erzählen die Mythen vieler Kulturen, aber sie spielen insbesondere in der griechischen und germanischen Mythologie eine herausragende Rolle. In der griechischen Mythologie ist es zum einen z. B. die Gruppe der erdgeborenen Giganten *(Gigas)*, zum anderen sind es die namentlich bekannten vorolympischen, unsterblichen zwölf *Titanes*, die *Hekatoncheires* und *Kyklopes* sowie der *Polyphemos, Tityos* und das riesige Ungeheuer der Unterwelt *Typhon* oder der mächtige Ringkämpfer *Antaios,* der riesige, vieläugige Hirte *Argos* und *Atlas,* der das gesamte Himmelsgewölbe geschultert trägt. Auch in der nordischen Mythologie spielen die Riesen und Riesinnen eine wichtige Rolle, so die Urzeitwesen *Jötunn,* die dämonischen *Thurse* und die zauberischen, Schaden stiftenden *Trolle.* Sie sind insbesondere als Urbewohner der Welt in der Schöpfungsgeschichte gedacht und bewohnen *Utgard,* eine kalte Außen-Welt voller Gefahren. Am Anfang der Welt steht ein Ur-Riesengeschlecht, von dessen Töchtern die ersten Götter abstammen. So gingen aus der Riesin *Bestla* die Götter Odin, Vili und Ve hervor. Götter und Riesen stehen in vielfachen Beziehungen zueinander. So pflegen die Riesen einerseits einen friedlichen Umgang mit den Asen-Göttern, wie z. B. beim Gelage des Meerriesen *Aegir,* stellen andererseits aber eine ständige Bedrohung für die Welt der Götter und Menschen dar, so daß der Asen-Gott Thor fortwährende Kämpfe führt gegen die Riesen *Hymir, Skrymir, Thrymr, Thjazi, Hrungnir* und *Thrivaldi.* Riesen versuchen, wenngleich vergeblich, mit Gewalt und List Göttinnen zu gewinnen wie *Thjazi* die Idun oder *Thrymr* die Freyja. Und Götter heiraten oder verführen die Töchter von Riesen wie Njörd die *Skadi,* Freyr die *Gerd* oder Odin die *Gunnlöd.*

Die Riesen tragen oft Werkzeuge wie Hammer, Äxte, Beile, die sie sich entweder einander helfend von Ort zu Ort zuwerfen oder die sie im Streit gegeneinander schleudern, wobei Donner und Blitz entstehen. Sie repräsentieren die Kräfte der Natur auch als Berg-, Wald- und Meerriesen.

Einzelne Riesen stehen in manchen Mythen am Anfang der Weltentstehung. So gehen im vedischen Weltschöpfungsmythos aus den Gliedern des Riesenmenschen *Purusha* die verschiedenen Teile der Welt hervor, und aus dem Körper des germanischen Urriesen *Ymir* wurde die Welt geschaffen. Gelegentlich treten auch in der finnischen Mythologie Riesen auf, wie die Berge und Seen erschaffenden Brüder *Kalevanpojat,* in der churritischen der Weltriese *Upelluri,* in der christlichen der *Christophorus* und bei den Zigeunern der menschenfressende *Mashurdalo.* Ein bekannter Riese ist der jüdische Goliath, der dem Riesengeschlecht der Repha'im angehört. Nach dem jüdischen Mythos (Gen 6,1–4) haben sich in der Urzeit Göttersöhne mit Menschentöchtern gepaart, woraus das Geschlecht der riesenhaften Nephil'im entstand.

Der Riese Goliath mit Lanze und Schwert gegenüber dem kleinen Hirten Dawid mit der Schleuder (Biblia Germanica, 1545).

Mit übermenschlichen Fähigkeiten und Kräften begabt sind auch die im Gegensatz zu den Riesen kleinwüchsigen, menschenähnlichen *Zwerge.* Auch sie sind vielfach vor den Menschen erschaffen. Ihre Schlauheit, ja Verschlagenheit und ihr zauberkundiges Wissen haben ihnen gelegentlich Züge des listigen Tricksters eingetragen. Charakteristisch ist vor allem ihre Weisheit, die in manchen Zwerg-Namen zum Ausdruck gebracht wird, wie z. B. in Alviss (»allwissend«), Fjölsvidr (»der sehr Weise«) und Radsvidr (»der kluge Ratgeber«). In ihrem Aussehen werden sie als häßlich, dickbäuchig, bucklig und bärtig vorgestellt.

Sie hausen vornehmlich im Erdinneren, in alten Grabhügeln und in Berg- und Gesteinshöhlen. Deshalb gelten sie als Bewacher der im Erdinneren verborgenen wertvollen Metalle, als Hüter von Schätzen und als geschickte Schmiede, die Gottheiten und Menschen zu Diensten stehen. So erhält der germanische Gott Odin von dem Zwerg *Ivaldi* den Sieg verleihenden Speer und Gott Thor den Hammer, mit dem er u. a. die dämonischen Riesen bekämpft. Die Zwerge haben auch fast alle Kleinodien der Götter geschaffen, so den Ring Draupnir des Gottes Odin oder das Halsband Brisingamen der Freyja. Diese handwerkliche Kunstfertigkeit der Zwerge ist in manchen Namen angesprochen. So heißt *Hanarr* »der Kunstfertige«, *Naefr* »der Tüchtige« und *Draupnir* »der Tropfer«, d. h. der Goldschmied. In einigen Zwerg-Namen finden sich alte Riesen- und Götternamen wieder.

Meist sind die Zwerge als geschlossene Gruppen bekannt, oft als Volk in einem Reich mit einem König oder einer Königin lebend, oder als Sippschaften und Familien wie die Menschen. Solche Gruppen bilden z. B. die finnischen *Maahiset.* Es gibt aber auch einzelne namentlich bekannte Zwerge, wie den ägyptischen *Bes* oder den hinduistischen *Vamana.*

Die Zwerg-Größe wird gern auch in Vergleich zum menschlichen Wuchs gesetzt und ihre winzigen Maße als daumenlang, fingerlang, spannen- oder ellenlang, in Fuß oder Schuh angegeben. Entsprechend werden auch die Riesen gemessen, wenn z. B. ein Mensch auf dem Daumen eines Riesen ausreichend Platz findet oder für die jüdischen Riesen Nephil'im die Menschen nur Heuschreckengröße haben. Während mit dem großen Wuchs erhöhte Kraft verbunden wird, so mit der kleinen Gestalt besondere Geschicklichkeit. Die im Hinblick auf den Menschen extrem gegensätzliche Körpergröße von Riesen und Zwergen trägt somit auf anschauliche Weise zu ihrer Verankerung im Mythos bei.

(→Himmelfahrt). Später wurde er mit →Quirinus identifiziert. – *Plastik:* Kapitolinische Wölfin (470 v. Chr.); *Gemälde:* Rubens (1618).

Rongo △ (»Klang«), *Ro'o, Lon(g)o, Ono:* polynes. *Friedensgott* und *Schutzgott* über Nutz- und Kulturpflanzen. Als *Regengott* sorgt er für die Bewässerung der Brotfruchtbäume. Er ist Sohn von →Papa und →Rangi und Bruder von →Tane, →Tangaroa, →Tu, →Haumia und →Tawhiri. Da er mit einem Kanu Hawaii verlassen und versprochen hatte, bald mit einem Einbaum voller Lebensmittel zurückzukehren, wurde der auf Hawaii landende Kapitän Cook zunächst für den zurückgekehrten Lono gehalten. Die später in Enttäuschung umgeschlagene anfängliche Begeisterung führte zur Ermordung des Kapitäns.

Rongoteus △: finn.-karel. *Getreidegott* und *Gott* des *Roggens.* Das Feld, von dem sein Ruf erklingt, bringt gute Ernte, und von seinem ersten Ruf an zählt man 9 Wochen bis zur Reife der Ernte.

Ro'o →Rongo

Rosmerta ▽: kelt. *Göttin* der *Fruchtbarkeit* und des *Reichtums* (der Nordostgallier), die den Beinamen »die Sorgende« trägt. Sie ist die Gefährtin des →Esus. Ihre Attribute sind das Füllhorn und ein Stab mit 2 Schlangen.

Rožanica →Rod

Rudā △▽ (»gnädig sein«), *Rudū:* arab. *Venussterngott* bzw. *Venussterngöttin.* Ersterer entspricht dem palmyren. →Arsū.

Rudra △ (sanskr. »Heuler, Brüller«): ved.-brahm. *Sturmgott* und *Gott* der *Zerstörung,* der als Bogenschütze durch seine Pfeile Angst und Schrecken, Krankheit und Tod bringt, aber auch *Heilgott* und *Herr der Tiere* und *Schutzpatron* der Jäger ist. Er gilt als Vater der →Maruts bzw. der nach ihm benannten *Rudras.* Später wird er mit →Shiva identifiziert.

Rudras →Maruts

Rugievit △ (»Herr auf Rügen«): slaw. *Kriegsgott* auf Rügen, dem 10% von jeder Kriegsbeute gehören. Dargestellt wird R. siebenköpfig und mit einem Schwert in der Hand, dazu mit 7 weiteren Schwertern am Gürtel.

Rugiū bóba ▽: litau. *Feld-, Ernte-* und *Fruchtbarkeitsgeist.* Als »Roggenweib« ist sie *Schutzpatronin* des Roggenfeldes. R. ist eine strengblickende Frau mit eisernen Zitzen und Brüsten voll von Tar. Sie fängt Kinder, die ins Roggenfeld gehen, und zwingt sie, an ihren Brüsten zu saugen. Die letzte Erntegarbe wird als ihr Abbild geformt und nach Hause ge-

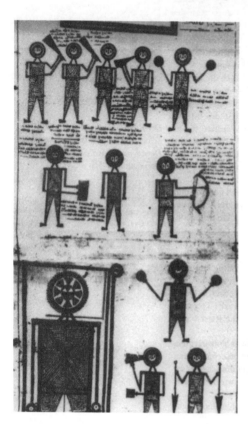

Rūhā, iran. Hauptdämonin mit den ihr untergebenen Dämonen.

bracht, um dort mit Wasser übergossen zu werden. Nach Abschluß des Dreschens wird ein Brot in Form einer Boba-Puppe gebacken.

Rūhā ▽ (»Geist«): iran. *Dämonin* und *Herrscherin* über die irdische Welt der *Finsternis* (→Tibil) bei den Mandäern. Zusammen mit ihrem Sohn, Bruder und Gatten →Ur schafft und zeugt sie zu ihrer Hauptstreitmacht die »Sieben« Planeten und die »Zwölf« Tierkreise. Den →Adam pagria versucht sie zum Irrtum zu verführen. Am Ende der Tage wird R. zusammen mit der Welt Tibil vernichtet werden.

Rūkis: lett. *Zwerg,* der unter Bergen oder Baumwurzeln lebt und nachts zu den Menschen kommt, um deren Arbeit zu verrichten.

Rukmini ▽: hindu. *Fürstin,* die als Verlobte des Shishupāla, des Königs von Shedi, an ihrem Hochzeitstag von →Krishna entführt wird, der den Bräutigam tötet und R. zu seiner Gattin macht. Von ihm ist sie Mutter des →Pradyumna, des wiedergeborenen →Kāma.

Rumrok △: ind. *Schöpfergott* und *Kulturbringer* bei den Didayi.

Rundas △: hethit. *Jagd-* und *Glücksgott,* dessen Emblem der Doppeladler ist. Er erschlägt mit seinen beiden Fängen je einen Hasen.

Rusain →Rusi

Rusalka ▽ (von *ruslo* = »Strömung«), *Rusalki* (Pl.): slaw. *Wassergeister* und *Nymphen* (der Ostslawen), die aus Seelen von weiblichen Kindern oder Frauen, die eines unnatürlichen Todes gestorben sind, entstehen. In Neumondnächten kommen sie an Land und tanzen auf Waldwiesen Reigen. Ihr schrilles Gelächter kann Menschen töten. Nur wer die von ihnen aufgegebenen Rätsel löst, kann ihrer Macht entkommen. Vorgestellt werden sie als schöne Mädchen mit langen Haaren und grünen Kränzen. In Volksliedern und in der Dichtung werden sie genannt. – *Gouache:* G. Rouault (1943); *Oper:* A. Dvořak (1901).

Rusi und *Rusain:* ind. *Stammelternpaar* bei den Juang. Es entspricht den →Nanga Baiga und Nanga Baigin bei den Baiga.

Ruwa △ (»Sonne«) Iruwa: *Himmels-* und *Sonnengott* bei den Dschagga in Tansania, der durch atmosphärische Erscheinungen seine Macht kundtut. Er ist auch *Schicksals-* und *Schöpfergott,* der noch heute die Kinder im Mutterleib bildet. Für die Mißgeburten gilt er als *Schutzgott.*

SIMURG

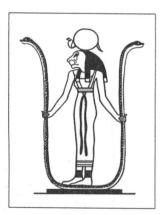

Sachmet, ägypt. löwenköpfige Kriegs-göttin, aber auch Arzt- und Heilgöttin mit einer Sonnenscheibe auf dem Haupt.

Sa'ad △, *Sa'd* (»Glück«): palmyren. *Schicksalsgott,* dessen Kultstein ein großer Fels in der Küstengegend von Gudda (Gidda) war. S. wird als Kamelreiter dargestellt.

Sabazios △, *Savazios, Sabos:* phryg. *Ackerbau-, Lebens-* und *Arztgott* sowie *Schutzgott* der Gebärenden. Sein Beiname ist »Bassareus« (»der mit einer langen Fuchshaut Bekleidete«). Seine Verehrerinnen zogen sich eine Schlange, sein Symboltier, als Zeichen ihrer Liebesvereinigung mit S., durch ihren Schoß. Kleinasiat. Juden identifizieren S. mit →Jahwe als Gott des →Shabbāt.

Sábbaton →Shabbāt

Sa-bdag: tibet. Gruppe von *Lokalgeistern* (→dMu) bei den Bon-po, die in bestimmten Bergen, Feldern und Orten hausen. Sie sind leicht reizbar und bringen Schaden für die Menschen.

Sabitu ▽ : sumer. *Göttin,* die den Baum des Lebens im Garten der Götter bewacht und zu →Gilgamesh, der die Unsterblichkeit zu erlangen sucht, die Worte spricht: »Gilgamesh, wohin läufst du? Das Leben, das du suchst, wirst du nicht finden. Als die Götter die Menschen erschufen, bestimmten sie den Tod für die Menschen, das Leben behielten sie für sich selbst.« (Taf. 10,1).

Sabos →Sabazios

Sach △ : kassit. *Sonnengott,* der dem akkad. →Shamash gleichgesetzt ist.

Sacharja →Zekarjäh

Sachmet ▽, *Sechmet* (»die Mächtige«): ägypt. *Löwen-* und *Kriegsgöttin,* die die Feinde der Götter und des Königs bekämpft. Sie begleitet den König in den Kampf und verbreitet, vor seinem Heere herziehend, durch ihren dem Wüten eines Feuerbrandes gleichenden Atem Furcht und Schrecken. Sie ist *Königsgöttin,* die den König als ihren Sohn säugt. Da ihre Pfeile und ihre Feuerglut vernichtende Waffen sind, wird sie als »die Zauberreiche« gegen böse Mächte und Menschen angerufen und als *Arzt-* und *Heilgöttin* verehrt. Die Ärzte bezeichnen sich als »Propheten der Sachmet«. Der kranke Amenophis III. ließ Hunderte von Sachmet-Statuen im Tempelbezirk von Karnak aufstellen. Sie ist *Krankheitsbringerin,* auf die die alljährlich auftretenden Epidemien zurückgeführt werden. Das »Wüten« der Löwengöttin, in dem sich die Unberechenbarkeit ihres Symboltiers spiegelt, fürchten die Menschen so, daß sie die Göttin durch Rituale zu besänftigen versuchen. Die Löwengöttin ist die Personifikation der Furcht und des Schreckens und der gefährliche Gegentyp zur milderen Katzengöttin →Bastet. Seit dem Neuen Reich bildet sie in Memphis zusammen mit ihrem Gatten →Ptah und ihrem Sohn →Nefertem eine Triade. Seit der Spätzeit gilt sie auch als Mutter des vergöttlichten →Imhotep. Sachmet ist die Patronin des vierten ägypt. Monats und wird löwengestaltig oder löwenköpfig mit einer Sonnenscheibe auf dem Haupt dargestellt. Mit der →Mut wird sie zur Mut-Sachmet vereinigt.

Sa'd →Sa'ad

Sādhita →Ishta-Devatā

Saehrimnir △ (nord. »rußiges Seetier«?): german. *Eber,* dessen Fleisch täglich gekocht und den →Einheriern in →Walhall zur Speise gereicht wird. Es erneuert sich aber stets, so daß der Eber abends wieder voll hergestellt ist.

Sagbata →Sakpata

Sahibosum △ : ind. *Krankheitsgott* bei den Hill Sora. Er kommt aus dem Land der Fremden (»Sahibs«) und bringt den Einheimischen die Krankheiten.

Saivaimo: lapp. glückliches *Totenreich,* das im Innern der Berge liegt und im Gegensatz zum düsteren Reich →Jabmeaio steht.

Sakadāgāmin →Sakridāgāmin

Saklas →Ashaqlūn

Sakpata ◇, *Sagbata: Erd-* und *Richtergottheit* der Fon in Dahome. Sie gilt als erstgeborenes Kind von →Lisa und →Mawu. Sie belohnt, indem sie Feldfrüchte spendet, und bestraft, indem sie Pockenseuchen schickt. Die Fliegen sind ihre Boten.

Sakridāgāmin (sanskr. »Einmalwiederkehrer«), *Sakadāgāmin* (Pali): buddh. *Heiliger,* der im Unterschied zum →Anāgāmin vor der endgültigen Erlangung des →Nirvāna nur noch einmal wiedergeboren wird.

Sālih △ : islam. *Prophet* (→Nabi) und *Gesandter* (→Rasūl) des →Allāh für das arab. Volk Thamūd. Als dieses eine von Allāh geschickte Kamelstute tötete, brach ein gewaltiger Sturm los, und am folgenden Morgen lagen alle tot in ihren Häusern.

Salmān △ (»Frieden, Heil«), *Shalmān:* arab. *Friedensgott* und *Personifikation* des *Friedens* und *Heils.*

Salóme ▽ (griech.; v. hebrä. *shālēm* = »wohlbehalten«): jüd.-christl. Frau und *Typus* der »femme fatale«, der Verbindung von Erotik und Tod. Sie ist die Tochter der Herodias und des Herodes Philippus sowie Stieftochter des Herodes Antipas. Als S. anläßlich des Geburtstages ihres Stiefvaters vor den geladenen Gästen tanzte und Herodes vor Begeisterung unter Eid versprach, ihr alles zu geben, was immer sie sich wünschte, erbat S., auf Veranlassung ihrer Mutter hin, den Kopf des bereits eingekerkerten →Ioánnes auf einer Schüssel. Daraufhin ließ Herodes den Ioánnes enthaupten. Der berühmte Schleiertanz der S. wurde oft künstlerisch und literarisch dargestellt. - *Gemälde:* A. del Sarto (1522),

Salóme, jüd.-christl. Typus der »femme fatale«, die als Lohn für ihren Tanz den Kopf des Ioánnes gefordert hat. (Buchillustration von Beardsley zu O. Wildes »Salome«, 1894).

G. Moreau (1876); *Graphik:* A. v. Beardsley (1894); *Drama:* O. Wilde (1896); *Oper:* R. Strauss (1905). *Oratorium:* G. F. Händel (1749).

Salomo →Shelōmō

Salsabil: islam. *Quelle* im Paradies →Djanna, aus der die Gerechten zu trinken erhalten, wenn man ihnen einen Becher mit Ingwer reicht.

Salus ▽ (lat. »Heil, Wohl, Gedeihen«): röm. *Göttin* und Personifikation der *Gesundheit* und der öffentlichen *Wohlfahrt.* Sie ist die Garantin des Staatswohls. Ihre Beinamen sind: »S. populi Romani« und »S. Augusta«. Ihr Begleittier ist die Schlange. Später wird sie der griech. →Hygieia gleichgesetzt.

Sām →Shēm

Samael △ (v. aramä. *sam-el=* »Gift Gottes«), *Sammael, Samiel:* jüd. böser *Dämon* und Haupt aller Dämonen (→Daimónia). Er gehörte zu den →Engeln, die gegen →Jahwe rebellierten. Als oberster Verführer ist er der *Todesengel,* der Ankläger Israels und zugleich *Schutzengel* Roms. Zusammen mit seiner Partnerin →Lilit regiert er das Reich des Bösen und der Unreinheit. Oft wird er mit →Sātān, manchmal mit →Belija'al identifiziert.

Sāmantabhadra △ (sanskr. »der rundum Gute«) *Fu-gen* (japan.), *P'u-hsien* (chines.): **1)** buddh. transzendenter →*Bodhisattva* und *Schutzpatron* der Lehre in Indien, der Meditation in Ostasien sowie Personifikation des tätigen Mitleids in Tibet. Er ist einer der 8 →Mahābodhisattvas und der 5 →Dhyāni-Bodhisattvas. Als letzterer ist er dem Buddha →Vairochana als Heilswirker und geistiger Sohn zugeordnet. Ikonographisch ist er gekennzeichnet durch die Attribute Juwel und Lotos oder Buch, die blaue Farbe und den Elefanten als →*Vāhana.* **2)** buddh. *Adi-Buddha* im Vajrayāna und *Herrscher* über das Zentrum der Weltgegenden, der mit seiner →*Prajña* Samantabhadri in nackter Pose vereint ist.

Sambara →Chakrasamvara

Samiel →Samael

Sammael →Samael

Samojedische Völker (Nenzen/Samojeden, Nganassanen) →*Sibirische Völker.*

Sampo: finn. *Fruchtbarkeitsidol,* das Reichtum und Erfolg bei Getreidebau, bei Viehzucht und Jagd brachte. Der Raub des von →Ilmarinen geschmiedeten S. aus dem Totenreich →Pohjola schildert das Nationalepos »Kalevala«. Da beim Kampf der S. ins Meer fiel und zerschellte, ist heute das Meer reich und die Erde arm, denn nur wenige Bruchstücke des S. wurden an den Strand getrieben.

Sämpsä △ (»Riedgras«): finn. *Erd-* und *Fruchtbarkeitsgott, Getreide-* und *Roggengott,* ein *Saatgott,* der Kiefern, Fichten und Wacholder sät. Er ist ein *sterbender* und *auferstehender Gott.* Wenn er seinen Winterschlaf hält, können Roggen und Hafer nicht wachsen. Wenn er dann vom »Sonnenjungen« aufgeweckt wird, begeht er die »heilige Hochzeit« mit seiner

Sāmantabhadra, buddh.-tibet. Adi-Buddha mit seiner Prajña in nackter Pose vereint. (Tibet. Blockdruck).

Stiefmutter mitten auf dem Feld. Dann waltet er als Sämann. S. ist von kleiner Gestalt, und sein Samensäckchen, das nur 5 oder 7 Körner enthält, ist aus dem Schwanz eines Wiesels.

Sampsón →Shimshōn

Samsāra (sanskr. »umherwandern, weiterfahren, vorüberfließen«) **1)** buddh. *Kreislauf* der *Existenzen* und Kette der Wiedergeburten, an die alle irdischen, unter- und überirdischen Wesen innerhalb der →Gati so lange gebunden sind, bis sie Erlösung erlangt haben und ins →Nirvāna eingehen. Eine graphische Darstellung des S. ist das →Bhava-Chakra. **2)** brahm.-hindu. ewiger *Kreislauf* von *Werden* und *Vergehen*, von Geburt und Tod, eine Kette der Wiedergeburten, solange das einzelne Lebewesen noch nicht die Erlösung (→Moksha) erlangt hat. **3)** jin. Kreislauf und Strom der Wiederverkörperungen.

Samson →Shimshōn

Samuel →Shemū'ēl

Samvara →Chakrasamvara

Sanatkumāra △: jin. vierter *Weltherrscher* (→Chakravartin) des gegenwärtigen Zeitalters, der als Asket den Hungertod auf dem Berg Sameta starb und im gleichnamigen (zweiten) südl. Himmel (→Loka-Purusha) Sanatkumāra wiedergeboren wurde.

San-ch'ing (»drei Reine«): chines. *Gruppe* von 3 *Himmeln (*→ *T'ien)* sowie von 3 sie bewohnenden *Himmelsgottheiten: 1.* Yü-ch'ing, der Himmel der »Jade-Reinheit«, der von →Yüan-shih t'ien-tsun bewohnt wird. Letzterer dankt später zugunsten des →Yü-huang ab. *2.* Shang-ch'ing, der Himmel der »Hohen Reinheit«, ist für →Ling-pao t'ien-tsun, der auch Tao-chün (»Herr des Tao«) genannt wird. *3.* T'ai-ch'ing, den Himmel der »Höchsten Reinheit«, regiert →Tao-te t'ien-tsun, der auch →Lao-chün heißt. Die S. führen den Titel →T'ien-tsun.

San-ch'ung (»drei Würmer«): chines. Gruppe von 3 *Geistern* oder *Dämonen*, die die Zentren menschlicher Lebenskraft (Kopf-, Herz- und Nabelgegend) bewohnen und Krankheiten verursachen. Sie wollen die Unsterblichkeit des Menschen verhindern. Der erste Wurm im Kopf verursacht Blindheit und Taubheit, läßt Zähne und Haare ausfallen und verstopft die Nase, der zweite Wurm in der Herzgegend bewirkt Herzleiden, Asthma und Melancholie. Der dritte Wurm in der Nabelgegend ruft Leibschmerzen und Hautkrankheiten, aber auch Rheumatismus hervor. Da sich die S. von Körnerfrüchten ernähren, soll man auf deren Genuß ganz verzichten.

Sancti △ (m.; Pl.; lat. »Heilige«), *Sanctae* ▽ (w.; Pl.): christl.-kath. *Verstorbene*, die im Gegensatz zu den »Armen Seelen« im →Purgatorium oder gar den Verdammten in der Hölle (→Géenna) aufgrund ihres gottesfürchtigen Lebens und Sterbens vom →Kýrios in den Himmel (→Uranoí) aufgenommen sind und von der Kirche (durch Heiligsprechung) den Lebenden zur Verehrung und Nachahmung empfohlen sind.

San-hsing, chines. drei Stern- und Glücksgötter Fu-hsing, Lu-hsing und Shou-hsing.

Die S. werden als *Fürsprecher* bei Gott und *Schutzpatrone* für verschiedene Bereiche und Aufgaben angerufen. Sie sind meist schon zu ihren Lebzeiten als *Wundertäter* hervorgetreten und wirken auch nach ihrem Tode weitere Wunder. Zu ihnen zählen vor allem die biblischen Heiligen, u. a. →María und →Ioséph, →Ioánnes und die →Mágoi, die Apostel, darunter →Pétros und →Paūlos, und die Märtyrer, aber auch die 14 Nothelfer (→Blasius, →Georgius, →Christophorus), dazu auch die →Siebenschläfer, →Jeanne la Pucelle, →Martinus und →Nicolaus. Ihr Todestag wird als Festtag (Heiligenfest) begangen. Allerheiligen am 1. November ist dem Gedächtnis aller Heiligen gewidmet. Dargestellt werden die S. auf »Heiligenbildern« mit Heiligenschein und den sie kennzeichnenden Attributen. – *Gemälde:* Dürer (1511), W. Kandinsky (1911); *Zeichnung:* M. Grünewald (ca. 1515); *Wort:* Heiliger (fig.).

Sangarios △ : phryg. *Flußgott* und Vater der Muttergöttin →Nana.

Sangs-po bum-khri △ : tibet. *Weltgott* bei den Bon-po, der dieses Weltzeitalter regiert.

San-hsing (»Drei Sterne«): chines. Gruppe von 3 *Stern-* und *Glücksgottheiten,* von 3 historischen Persönlichkeiten, die zu Göttern aufstiegen. Zu ihnen zählen: →Fu-hsing, →Lu-hsing und →Shou-hsing.

San-huang (»drei Erhabene«): chines. *Gruppe* von 3 *Souveränen,* die zwischen 2852 und 2697 bzw. 2952 und 2490 v. Chr. regiert haben und auf die die 5 →Wu-ti folgten. Zu den vergöttlichten S. gehören →Fu Hsi bzw. T'ai Hao, →Shen Nung und Yen-ti.

San-i (»drei Eine«): chines. Gruppe von 3 *Körper-* und *Schutzgottheiten,* die die Zentren menschlicher Lebenskraft (Kopf, Herz- und Nabelgegend) bewohnen und diese vor den →San-ch'ung schützen. Zu ihnen zählt u. a. →Ni-huan. Sie unterstehen T'ai-i, dem »Höchsten Einen«.

San-kuan (»drei Herrscher«): chines. Gruppe von 3 Gottheiten, die als Souveräne über Himmel, Erde und Wasser herrschen und ein Register über die guten und schlechten Taten der Menschen führen. Zu ihnen gehören: T'ien-kuan (»Himmelsherrscher«), der Reichtum und Glück verleiht, Ti-kuan (»Erdherrscher«), der Fehler und Vergehen vergibt, und Shui-kuan (»Wasserherrscher«), der in schwierigen Fällen hilft. Bei Krankenheilungszeremonien werden die S. angerufen. Dargestellt sind sie als Mandarine mit einem Register in der Hand.

San-ts'ai (»drei Kräfte«): chines. Bezeichnung für die Dreiheit von Himmel (→T'ien), Erde und Menschen.

San-yüan (»drei Ursprünge, Fundamente«): chines. Gruppe von drei *Gottheiten* bzw. *Geistern,* wie z. B. →San-ch'ing, →San-ch'ung, →San-hsing, →San-huang, →San-i, →San-kuan.

Saoshyants △ (Pl.; awest. »künftiger Helfer, Beisteher«), *Sōshāns* und *Sōshyans* (mittelpers.): iran. *Hoheitstitel* der 3 eschatologischen *Heroen* und *Retter* sowie messianische *Herrscher,* die nacheinander in einem ca. 1000jährigen Abstand in den letzten 3 Millennien auftreten und das Ende der 12 000jährigen Weltperiode (→Frashō-kereti) heraufführen werden. Die S. sind die 3 nachgeborenen Söhne des →Zarathushtra und von 3 Jungfrauen, die im See →Kasaoya gebadet haben. Ihre Namen sind →Uchshyat-ereta, →Uchshyat-nemah und →Astvat-ereta. Letzterer wird oft als »der S.« bezeichnet. Die S. entsprechen dem jüd. Māshiach und christl. →Messias.

Saptāmatrikā ▽ (sanskr. »Sieben Mütter«) Saptāmātara: hindu. *Gruppe von 7 Muttergöttinnen* und Personifizierungen negativer Eigenschaften, die der Unwissenheit und Verblendung entspringen und durch Tugenden überwunden werden sollen. Sie sind zugleich Gattinnen von →Brahmā, →Shiva, →Skanda, →Vishnu und →Indra. Zu ihnen gehören: Brāhmi, Māheshvari, Kaumāri, Vaishnavi, Vārāhi, →Chāmundā und →Indrāni. Dargestellt werden sie mit einem Kind im Arm. Ihr →Vāhana ist das ihres jeweiligen Gatten.

Sarapis →Serapis

Sarasvati ▽ (sanskr. »die Fließende«): **1)** ved. *Flußgöttin* und Personifikation eines gleichnamigen nordindischen Flusses, Göttin der *Fruchtbarkeit* und *Reinheit.* **2)** brahm.-hindu. *Muttergöttin* der Veden und Erfinderin der (Sanskrit-)*Sprache* und der (Devanagari-)*Schrift* sowie *Schutzgöttin* der Poesie, der Musik und des Tanzes. Sie gilt als Tochter und zweite Gattin des →Brahmā. Ihre Beinamen sind →Brahmani und →Vāc. Ikonographisch ist sie charakterisiert durch 4 Arme mit den Attributen Buch, Gebetskranz, Vina (Stabzither) und Wassertopf. Ihre Farbe ist weiß und ihr →Vāhana Pfau, oder Wildgans oder Lotos. Manchmal ist sie mit →Sāvitri (Gāyatri) identisch.

Sárkány △: ungar. *Wetterdämon* und *Riesendrache,* dessen Schwanz →Szél (»Wind«) ist. S. ist Sohn von →Boszorkány und lebt mit seiner menschlichen Gemahlin in der Unterwelt. Durch Gewitterwolken stürmt er auf seinem Roß einher, wohingegen auf seinem Rücken →Garabonciás reitet. Seine Waffen sind Säbel und Morgenstern, und er kann Menschen in Steine verwandeln. Ein Sprichwort heißt: »Der S. ließ sich herab. Großer Regen wird kommen.« Dargestellt wird S. als sieben-, neun- oder zwölfköpfiger Riese.

Sarpanītum ▽ (»die Silberglänzende«): akkad. *Göttin der Fruchtbarkeit,* »diejenige, die den Samen schafft«, und Personifikation der *Lebenskraft.* Unter dem Beinamen Erūa wird sie als Göttin der *Schwangerschaft* angerufen. Die Hauptgöttin von Babylon ist Gemahlin des →Marduk und Mutter des →Nabū. Sie ist »die Starke, die Königin der Königinnen, die Göttin der Göttinnen«. Beim babylon. Neujahrsfest, zur Frühlings-Tagundnachtgleiche, wurde ihre Vermählung mit Marduk gefeiert.

Sarrumma →Sharruma

Sarvanivaranavishkambhin △ (sanskr. »der Beseitiger der Hindernisse«), *Vishkambhin:* buddh. transzendenter →*Bodhisattva,* der alle Hindernisse bei der Meditation beseitigt und einer der 8 →Mahābodhisattvas ist.

Satan, jüd.-christl. Teufel als dämoni-scher Widersacher der Menschen, eine Mischgestalt aus Mensch und Tierlei-bern (franz. Buchillustration, 16. Jh.).

Ikonographisch wird er mit 6 Armen und mit Erdberührungs- und Be-friedungsmudrā charakterisiert. Sein Attribut ist der Lotos mit der Mond-scheibe. Seine Farbe ist blau oder weiß.

Sātān △ (hebrä. »Widersacher, Feind«), *Satanās* (griech.) und *Satān, Shaitān* (arab.), *Satan* (dt.): **1)** jüd. *Widersacher* des →Jahwe, dem er un-tergeordnet ist. Im Himmel tritt er als *Ankläger* der sündigen Menschen vor Gottes Gericht auf. Er ist zugleich ein *Versucher* und *Verführer* der Menschen zur Sünde. In der Septuaginta ist S. mit →Diábolos identisch. **2)** christl. *Widersacher* der gläubigen Menschen und des →Kýrios, der einst wie ein Blitz vom Himmel fiel (→Lucifer). Von S. war eine durch →Iesūs geheilte, ehemals gekrümmte Frau 18 Jahre lang besessen. Als *Versucher* will er die Jünger des Iesūs sieben, und so fuhr er in den Ver-räter →Iúdas. Am Ende der Tage wird er ins ewige Feuer geworfen werden. Manchmal ist er identisch mit dem →Diábolos. **3)** islam. *Teufel* und *Fürst* der bösen Geister. Er wurde von →Allāh aus Feuer bzw. aus dessen Rauch geschaffen, und er überragt alle →Djinn an Wissen und Macht. Jeder Mensch hat seinen Sh., so wie er seinen Engel (→Malā'ika) hat. Sh. flüstert dem Menschen seine hinterhältigen Pläne ins Ohr. Er be-vorzugt die Grenzlinie zwischen Sonnenlicht und Schatten. Von →Ibrāhīm wurde Sh. einst in Minā gesteinigt. Sh. verriet auch den →Sha'yā. Oft wird Sh. mit →Iblis gleichgesetzt.

Sataran △, *Ishtaran:* sumer. *Stadtgott* von Dēr (heute Bedre) und *Rich-tergott,* den König Mesilin (ca. 2550 v. Chr.) als Schiedsrichter in einem Grenzstreit der Städte Umma und Lagash anrief. Das Epithet »Sataran ist Arzt« charakterisiert ihn als *Heilgott,* dessen Bote →Nirach ist.

Satet →Satis

Sati ▽ (sanskr. von *sat* = »seiend«): hindu. *Göttin* »gute Frau« und Beiname der →Umā. Aus Gram darüber, daß ihr Vater →Daksha ein Opfer veranstaltete und ihren Gatten →Shiva nicht dazu einlud, suchte sie den Tod im Opferfeuer. →Vishnu zerstückelte ihren Leichnam, sie wurde jedoch als →Pārvati wiedergeboren. Die sich als erste Sati (»gute, treue Frau«) zur Herstellung der Ehre ihres Gatten in die Flammen Stür-zende wurde zum Vorbild für die Witwenverbrennung. Alle Witwen, die sich zusammen mit dem Leichnam ihrer Gatten freiwillig verbrennen lassen, heißen Sati, und an der Stelle solcher Witwenverbrennung werden »Satisteine« aufgestellt.

Satis ▽, *Satet:* ägypt. *Ortsgöttin* von Sehel und Spenderin des kühlenden Kataraktwassers, das den Toten Reinigung gewährt. Mit ihrem Gatten →Chnum und mit →Anuket bildet sie seit dem Mittleren Reich eine Trias des Kataraktgebietes. Die als »Herrin von Elephantine« und »Herrin Nubiens« Verehrte wird mit der oberägypt. Königskrone und zwei Antilopenhörnern an der Seite dargestellt. Später ist die »Fürstin der Sterne« mit der →Sothis gleichgesetzt und auch mit der →Isis zur Satis-Isis vereinigt.

Satrapes →Shadrapa

Satre △: etrusk. Gott des *Ackerbaus* und *Sonnengott,* der dem röm. →Saturnus gleicht.

Saturnus △ (von lat. *serere* = »säen«), *Saturn* (dt.): röm. *Gott des Ackerbaus* und *Schutzherr* der jungen Aussaat, Gott der *Obst-* und *Weinkultur.* Er ist Gatte der →Ops und durch sie Vater des →Iupiter. Von seinem Sohn der Macht beraubt, flüchtete S. nach Latium, wo er von →Ianus aufgenommen wurde. Auf dem Capitol errichtete er seine Herrschaft und begründete das »Goldene Zeitalter« (Saturnia regna). Zur Erinnerung daran wurden vom 17. bis 19. Dezember die *Saturnalia* gefeiert. In seinem Tempel auf dem Forum Romanum wurde die röm. Staatskasse (aerarium) aufbewahrt. Nach S. sind einer der Planeten und das Versmaß *Saturnier* benannt. – *Wort:* saturnisch (fig.). – Später wurde S. dem griech. →Krónos gleichgesetzt.

Satyaloka (sanskr. »Wahrheit-Welt«), *Brahmāloka* (»Brahmā-Welt«): hindu. höchste Region der *Oberwelt* im →Triloka und Zielort des spirituellen Strebens, aus dem es keine Wiedergeburt (→Samsāra) mehr gibt. Wer hier eingeht, ist mit dem absoluten Sein, mit →Brahman, identisch. Dazu gehören die Brahmacārin.

Sátyros △, *Satyrus* (lat.), *Satyr* (dt.): griech. *Fruchtbarkeitsdämon* in Wald und Feld, sowie Repräsentant des ausgelassenen Treibens, ein Mischwesen aus Mensch und Ziegenbock. Als derb-lüsterner Begleiter des →Diónysos treten Satyrn kollektiv auf. Sie sind dem Wein und Tanz ergeben, blasen die Flöte und stellen den Nymphen nach. Ein Chor aus Satyrn trat im attischen *Satyrspiel* auf. Dargestellt werden sie stumpfnasig, mit Ohren, Schwanz und Hufen eines Ziegenbocks, meist auch ithyphallisch. – *Plastik:* Praxiteles; *Gemälde:* P. Veronese, Rubens (1612 u.ö.), J. Jordaens (ca. 1618); *Kupferstich:* A. Dürer (1505); *Worte:* S. (fig.), satyrhaft, Satyriasis, Satyrspiel. – Der S. ist dem →Silenós verwandt.

Saule ▽ (lett. »Sonne«), *Sáule* (litau.): **1)** lett. *Sonnen-* und *Himmelsgöttin,* aber auch *Göttin* der *Fruchtbarkeit* sowie *Schutzgöttin* der Knechte und Waisenkinder. Sie ist Mutter der →Saules meitas, und ihre Freier sind →Dievs und →Mēness. Ihre Beinamen lauten »Sonnenjungfrau« und »Mutter Sonne«. Sie wohnt als Großbäuerin auf dem Himmelsberg und reitet oder fährt in ihrem Wagen am Tage über den hellen Himmelsberg, des Nachts aber fährt sie in einem Schiff über das dunkle Weltmeer. **2)** Die litau. S. ist Gattin des →Mēnùlis und von ihm Mutter der →Žemýna. Als →Láima einmal alle Gestirne außer der S. zu einem Fest eingeladen hatte, ging letztere aus Beleidigung neun Morgen lang nicht mehr auf und schickte statt dessen dichte Nebel.

Saules meitas ▽ (»Sonnen-Töchter«): lett. *Himmelswesen* und Töchter der →Saule. Ihre Freier sind die →Dieva dēli, der →Auseklis und →Pērkons. Während die S. auf dem Hof ihrer Mutter Rosen säen, streuen die Dieva dēli, mit denen sie oft zusammen genannt werden, goldenen

Sátyros, griech. Fruchtbarkeits- und Walddämon, der die Flöte bläst, ein Mischwesen aus Mensch und Ziegenbock (mit Hörnern, Ohren, Schwanz und Hufen).

Tau aus. In der himmlischen Badestube schlagen sie sich mit Birkenzweigen.

Saurva △ : iran. *Erzdämon* (→Daēva), der Mißregierung, Anarchie und Trunkenheit bewirkt. Er ist ständiger Widersacher des →Chshathra vairya.

Sausga →Shaushka

Savaki: sibir. *Hausgeister* (der Ewenken/Tungusen) und *Schamanengeister,* deren Idole in einer gleichnamigen Kiste aufbewahrt werden.

Savazios →Sabazios

Savitar →Sūrya

Savitar △ (sanskr. »Antreiber«): **1)** ved. *Gott,* der die lebenden Wesen zu ihren Tätigkeiten antreibt und auch die Sonne in Bewegung setzt. An ihn sind viele Hymnen der Veden gerichtet. **2)** brahm. *Sonnengott,* der zu den →Ādityas gerechnet wird.

Savitri →Sūrya

Sāvitri ▽ (sanskr. »dem →Savitar geweiht«, *Gāyatri:* **1)** ved. *Versmaß* von 3 mal 8 Silben sowie Bezeichnung der in diesem Metrum abgefaßten »Sonnen-Strophe« (Rigveda III, 62,10). Dieses Metrum gilt als Prototyp aller Metra. **2)** brahm.-hindu. Personifikation dieses Versmaßes und *Sonnengöttin.* Sie ist die Tochter des →Sūrya und erste Gattin von →Brahmā. An sie als »Mutter der Veden« und *Schutzgöttin* der Zweifachgeborenen wenden sich die Mitglieder der 3 oberen Kasten der Hindu-Gesellschaft während ihrer Morgen- und Abendandacht mit der nach ihr benannten »Sāvitri-Strophe« (Rigveda III, 62,10). Dargestellt wird sie fünfköpfig und auf einem Lotos sitzend.

Scabas: finn. *Himmelsgott* der Mordwinen sowie *Blitz-* und *Donnergott.*

Schai △ (»Bestimmung«): ägypt. *Segens-* und *Nahrungsspendergott,* der den Königen und Menschen die Fülle gewährt, aus der sie leben. Sein Zusammenwirken mit der Partnerin →Renenutet ermöglicht menschliches Leben. Durch Schai und Renenutet läßt der (jeweilige) Schöpfergott (→Aton, →Re, →Amun, →Ptah, →Chnum oder →Thot) seine Segnungen austeilen. »Schai und Renenutet seien mit Dir!« ist darum ein Segenswunsch, mit dem man einander begrüßt. Da Schai seine Gaben ungleich verteilt, ist er ein *Schicksalsgott,* der zudem schon bei der Geburt das Todeslos zuteilt. Als Herr des Todesschicksals nimmt sein Name die Bedeutung »Tod« an und kann entsprechend mit dem Todeszeichen determiniert werden. Dargestellt wird er in späterer Zeit nach seinem Schriftbild, dem Agathodaimon gleich, als Schlange.

Schamane △ (tungus. »Asket, Bettelmönch, Zauberer«), *Schamanin* ▽ : sibir. *Vermittler/in* (der Ewenken/Tungusen) zwischen Menschen einerseits und Gottheiten und Geistern andererseits. Das Amt der/des Sch. kann innerhalb der Familie vererbt werden, die Berufung erfolgt durch Vision oder Traum. Als Höhepunkt der Prüfung gilt die »Seelenreise« zu den Geistern und Gottheiten auf dem Weltenbaum. Funktionen der/des

Tanzender Zauberer und Magier in der Maskengestalt eines Mischwesens aus Mensch und Rentier.

Sch. sind - im Kontakt mit den Geistern - die Abwendung von Unglück, Krankenheilungen und Totengeleit in die Unterwelt. Durch Trommeln, Tanzen und Singen erlangt der/die Sch. die Ekstase. Sch. gibt es in verschiedenen Kulturkreisen (z. B. ungar. →Táltos).

Sched △ (»Retter, Beschwörer«): ägypt. *Nothelfergott* und vor allem *Schutzgott* der Menschen vor wilden Tieren, denen er von seinem Wagen aus mit Pfeil und Bogen nachjagt. Seine Hilfe wird durch die Kraft der Beschwörung gewonnen.

Schentait ▽: ägypt. *Schutzgöttin* der Toten. Die kuhgestaltig und mit Sonnenscheibe Dargestellte wird in der Spätzeit mit →Isis vereinigt.

Schesmu △, *Schesemu:* ägypt. *Gott* der *Öl-* und *Weinpressen,* dessen Name mit deren Bild geschrieben wird. Da der Tote der Salbe zur Mumifizierung bedarf, wird der Bringer des Weines und der Salben zum *Schutzgott* der Toten. Als »Folterknecht des →Osiris« tötet er die Seelen der Sünder und Feinde, deren Köpfe er in seiner Kelter auspreßt. Den guten Toten reicht er den lebenspendenden Wein. Er ist der *Sterngott,* in dessen Barke der Tote zum Himmel fährt.

Schicksalstafeln: akkad. *Schrifttafeln,* die den Lauf der Welt bestimmen. Ihr Besitz garantiert die Weltherrschaft. Einmal galt →Nabū als ihr Schreiber und Besitzer, zum anderen war es →Ellil, dem der →Zū sie raubte. Nach dem Enuma elish übergab ursprünglich →Tiāmat die Tafeln ihrem Sohn →Kingu, dem sie der siegreiche →Marduk abnahm. Auch in der Unterwelt gab es Schicksalstafeln, die →Bēletsēri geschrieben hatte.

Schindsche →Yama

Schmun →Götterachtheit

Schöpfungsgottheiten: allg. Bezeichnung für→Götter und Göttinnen, die die geordnete Welt und die Menschen aus einem Urstoff oder Urwesen oder aus dem Nichts schaffen bzw. diese gebären oder zeugen. So formte z. B. →Marduk den Himmel und die Erde aus der von ihm erschlagenen →Tiāmat. Die Tätigkeit der Sch. ist die eines Handwerkers (→Ptah), speziell des Töpfers (→Chnum, →Jahwe), des Schmiedes (→Tvashtar, →Ilmarinen), der Weberin (→Neith), des Fischers, der aus dem Meer Land fischt (→Izanagi und →Izanami) oder die eines sprechenden Geistes oder Gottes, der durch sein Wort schafft (→Elōhim, →Allāh, →Hunabku).
Die Tätigkeit der Sch. ist aber auch die der gebärenden Mutter (→Izanami) oder des zeugenden Vaters (→Atum, →Tangaroa).

Schu △ (»Leere«): ägypt. *Luftgott* und Personifikation des Luftraums, der sich als ein Grundelement des Kosmos zwischen Himmel und Erde ausstreckt und diese voneinander trennt, so ist der »Herr der Luft« zugleich Himmelsträger. Nach der →Götterneunheit ist er der Sohn des →Atum und Bruder und Gatte der →Tefnut, sowie Vater des →Geb und der →Nut. Mit seiner Gattin Tefnut ist er geschaffen von Atum, der sie

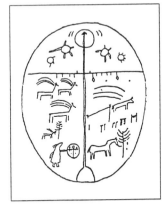

Sibir. Weltbild in der Gestalt eines Weltenbaumes, der aus der Unterwelt aufsteigt, sich über die belebte Welt mit Tieren und Menschen erhebt und bis in den Himmel der Götter hineinragt (Schamanentrommel), (→ Schamane.)

Indian. unsichtbare Geistseele,
ein Symbol des »Großen Mannes« der
Mashepi-Indianer in Labrador.

Austral. Geistseele eines Verstorbenen
bei ihrer Ankunft auf der Insel Bralku,
wo sie von zwei Löffelreihern und zwei
Jabirus willkommen geheißen wird.

ausspie, nachdem dieser seinen Samen verschluckt hatte. Eine spätere Version läßt Schu als Atem aus der Nase des Atum hervorgehen. Mit Atum und Tefnut bildet er eine heilige Trias. Im heliopolitanischen Weltbild trennt der Luftgott Schu die Himmelsgöttin Nut vom Erdgott Geb. Durch Identifizierung des Atum mit dem →Re wird Schu auch der »Sohn des Re« und damit zum Bruder des Königs, der ebenfalls ein »Sohn des Re« ist. Später wird er mit →Sopdu zu Schu-Sopdu vereinigt und mit →Onuris und →Chons gleichgesetzt. Die Griechen setzten ihn mit →Heraklés gleich.

Scylla →Skýlla

Sebettu (»die Sieben«): akkad. böse und gute Gruppe von *Dämonen.* **1)** Die bösen S. sind wie die Dämonin →Lamashtu zwar Kinder des →Anu, aber auch Gehilfen des →Erra. Wenn sie den Mond umringen, verursachen sie dessen Finsternis. **2)** Die guten S. sind Helfer im Kampf gegen die Dämonen. **3)** Als astrale Gottheit verkörpern die 7 S. die Plejaden, das »Siebengestirn«.

Sechat-Hor ▽ (»die sich des Horus erinnert«): ägypt. *Kuh-* und *Herdengöttin,* die als »Herrin der Herden« vor allem im dritten unterägyptischen Gau verehrt wurde. Sie galt als Amme des →Horus.

Sechmet →Sachmet

Securitas ▽ (lat. »Sicherheit«): röm. *Göttin* und Personifikation der privaten und öffentlichen Sicherheit. Sie garantiert den Bestand des Röm. Reiches. Ihre kultische Verehrung wird seit den 60er-Jahren des 1. Jh. besonders auf den Münzen deutlich.

Sedna ▽, *Arnaquáshāq* (»majestätische Frau«), *Immapukua* (»Mutter des Meeres«), *Nerrivik* (»Eßplatz«): eskimo. *Göttin* des *Meeres* und *Herrin* der *Seetiere.* Sie wohnt in einem unter dem Meeresspiegel gelegenen Zeltpalast, der von Seehunden bewacht wird und zu dem die →Schamanen auf ihrer Seelenreise über einen Meeresstrudel gelangen können.

Sedōm (hebrä.), *Sodómon* (griech.), *Sodom* (dt.): jüd.-christl. *Symbolstadt,* die zusammen mit Gomorrha von →Jahwe zur Strafe für die Bosheit ihrer Bewohner durch Pech und Schwefel vernichtet wurde und jetzt auf dem Grund des Toten Meeres vermutet wird. Dem Strafgericht Gottes entgeht nur →Lot mit seiner Familie. - *Epos:* G. Giraudoux (1943); *Worte:* Sodom (fig.), Sodomie, Sodomit, sodomitisch.

Seelenführer und Totengeleiter △; allg. Bezeichnung für diejenigen Gottheiten, →Geistwesen und →Heiligen, die die Verstorbenen vom →Diesseits ins →Jenseits geleiten, insbesondere beim Totengericht assistieren. Zu ihnen zählen u. a.: ägypt. →Anubis, griech. →Hermés, etrusk.

→Turms, german. →Walküren, christl. →Michaél. Häufig werden die S. auch als *Fährmann* bezeichnet, so z. B. der griech. →Cháron und der christl. →Christophorus, der auf frühchristl. Ikonen hundsköpfig wie Anubis dargestellt wird.

Seelenwanderung ▽ (griech.: Palingenese; lat.: Reinkarnation) und **Wiedergeburt**: allg. Bezeichnung für den *Geburtenkreislauf* durch wiederholtes Leben in verschiedenen Existenzweisen und Räumen (→Himmel, →Unterwelt, Erde) sowie *Wiederverkörperung*. Am bekanntesten ist buddh. und hindu. →Samsāra. - *Worte:* S., Reinkarnation, wiedergeboren, Wiedergeburt.

Seidr △ (nord. »Zauber«): german. *Weissagetechnik* und ein *Zauberverfahren* der →Vanen in →Asgard, das im Gegensatz zum →Galdr der →Asen steht. Diese Zaubermacht wird vor allem von Frauen ausgeübt, deren berühmteste →Gullveig ist.

Seirénes ▽, *Sirenes* (lat.), *Sirenen* (dt.): griech. jungfräuliche *Schadendämoninnen* und Mischwesen aus Vogel und Mädchenleibern. Sie sind die 2-4 Töchter des →Achelóos und einer Muse bzw. die des →Phórkys und der →Kétos. Die s. halten sich im →Hádes, in himmlischen Gefilden oder auf einer Insel auf, von der aus sie vorüberfahrende Schiffer durch ihren betörenden Gesang anlocken und töten. Um den S. zu entgehen, verstopfte →Odysseús auf den Rat der →Kirke hin seinen Gefährten die Ohren mit Wachs und ließ sich selbst an den Mast des Schiffes festbin-

Seelenwanderung eines austral. Verstorbenen (links oben) durch die Welt der Geister. (Zeitgenössische Rindenzeichnung.)

den. Sie sind den →Harpyien verwandt. - *Plastik:* A. Rodin (1884), H. Laurens (1944); *Worte:* Sirene, Sirenengesang, sirenenhaft.

Se'irim (hebrä. »die Behaarten«): jüd. *Feldgeister,* denen zuweilen Opfer dargebracht und die zu Dämonen (→Daimónia) degradiert wurden. Sie hausen zusammen mit den Tieren der Wildnis und mit der →Lilit in Ruinenstätten. Vorgestellt werden sie in Bocksgestalt.

Seléne ▽ (von *selas*=»Licht, Glanz«), *Mene* (»Mond«): griech. *Mondgöttin, Schutzgöttin* der Zauberkunst, auch *Geburtsgöttin* aufgrund der Wechselwirkung zwischen Mondphasen, Menstruation und Geburt. S. ist Tochter des Titanenpaares →Hyperíon und →Theía sowie Schwester des →Hélios und der →Eós. In einem zweispännigen Wagen, oder auf einem Roß oder Stier reitend, zieht sie nachts über den Himmel und besucht den von ihr geliebten und entführten Endymíon in seiner Höhle auf dem Berge Latmos, wo sie den in ewigen Schlaf Versetzten küßt. - *Worte:* Selen, selenig, Selenit. - S. entspricht der röm. →Luna.

Selket ▽, *Serket-hetu* (ägypt. »die, die Kehlen atmen läßt«): ägypt. *Schutzgöttin* des Lebens der Menschen, insbesondere des Königs, indem sie u. a. zusammen mit der →Neith das Elternpaar trägt, das sich zur Zeugung des Königssohnes vereinigt. Da sie zusammen mit →Nephthys, →Isis und →Neith am

Seléne, griech. Mondgöttin, die zwischen dem Sonnengott Hélios und der Morgenrötegöttin Eós auf einem Roß reitet.

Lager des →Osiris Wache hält und schützend den Sarg umgibt, ist sie auch Schutzgöttin der Toten. Sie ist *Skorpiongöttin* und wird in Zaubersprüchen zum Schutz gegen Skorpione angerufen. Die Zauberer heißen »Propheten der Selket«. Die als Gefährtin des →Horus geltende Selket ist seit dem Neuen Reich mit der →Isis zur Isis-Selket verschmolzen.

Selvans △: etrusk. *Gott* der *Felder* und *Wälder* sowie deren Pflanzen und Tiere. Er entspricht dem röm. →Silvanus.

Sém →Shēm

Seméle ▽, *Sẹmela* (lat.): griech. *Erdgöttin,* eine Tochter der →Harmonía und des Thebanerkönigs Kadmos. Von →Zeús ist sie Mutter des →Diónysos. Als die von Zeús Schwangere den Gott bittet, sich in seiner vollen

Herrlichkeit zu zeigen, fällt sie von seinem Blitz getroffen zu Boden und verbrennt. Ihr noch ungeborenes Kind Diónysos wird von Zeús aus den Gluten gerettet und von ihm in seinem Schenkel eingenäht ausgetragen. S. wird später von ihrem Sohn aus dem →Hádes in den →Ólympos hinaufgeführt, wo sie unter dem Namen Thyone weilt. - *Oratorium:* Händel (1743).

Semla ▽: etrusk. *Erdgöttin* und Mutter des →Fufluns. Sie gleicht der griech. →Seméle und der röm. Semela.

Sémnai theaí ▽ (»erhabene Göttinnen«): griech. *Erd-* und *Fruchtbarkeitsgöttinnen* und spätere euphemistische Bezeichnung der →Erinýes.

Sengen-sama ▽: shintoist. *Vulkangöttin* und *Göttin* des *Fuji-yama*. Als Gattin des →Ninigi ist sie eifersüchtig auf →Konohanna, mit der sie oft identisch ist. Sie prüfte die himmlische Vaterschaft von →Umisachi. Ihr Schrein befindet sich auf dem Gipfel des Fuji-yama.

Sên-murw →Simurg

Sepa △ (»Tausendfuß«): ägypt. *Schutzgott* der Menschen vor bösartigen Tieren, dessen Kultort Heliopolis war, und *Totengott* mit dem Tausendfuß als Symboltier. Die Straße, die von Heliopolis nach Gizeh zur Nekropole führte, wurde in der Spätzeit »Straße des Sepa« genannt. Er ist mit →Osiris zu Osiris-Sepa verschmolzen.

Sequana ▽: kelt.-gall. *Flußgöttin* der Seine und *Schutzgöttin* der Sequaner. Ihr hl. Tier ist die Ente. In ihrem Heiligtum an der Mündung der Seine wurde eine ihr geweihte Vase mit 830 Münzen gefunden.

Serafim (Pl.; hebrä.), *Sãrãf* (Sg. »Schlange«), *Seraphin* (Pl.; griech.), *Seráph* (Sg.): **1)** jüd. himmlische *Geistwesen* und *Engel* (→Mala'āk) des →Jahwe-Elōhim. In der Vision des →Jesha'jāhū umschweben sie den göttlichen Thron und verkünden die Heiligkeit Gottes. Mit je einem Flügelpaar verhüllen sie Gesicht und Füße und mit dem dritten fliegen sie. **2)** christl. *Klasse* von *Engeln* mit höchster »Liebesglut« und zugleich höchste Rangstufe unter den 9 Engelchören. Dargestellt werden die Mischwesen als Schlangen mit Flügeln und mit Gesicht, Händen und Füßen eines Menschen. - *Wort:* seraphisch.

Serapis △, *Sarapis* (gräzisiert von: *Osiris-Apis*): ägypt. *Ortsgott* von Alexandria und *Reichsgott* der Ptolemäer, *Unterwelts-* und *Fruchtbarkeitsgott*. Als letzterer ist er Herr des Nils und Spender der Nilschwelle. Als *Meergott* gebietet er den Stürmen und errettet aus Seenot. Er ist *Heilgott*, der durch Inkubationen Blinde heilt, und er ist *Orakelgeber* in Träumen und Visionen, die durch Traumdeuter ausgelegt werden. Als *Weltherrschergott* verleiht er dem König die Weltherrschaft. Er ist ein *All-* und *Universalgott*. Sein Haupttempel war das *Serapeum* in Alexandria. Dargestellt wird er mit einem Kalathos, einem von Ähren umgebenen Getreidemaß. Später wird er dem griech. →Hélios, dem →Plútos und dem →Hádes gleichgesetzt.

Serket-hetu →Selket

Seirénes, griech. böse Dämonin, ein Vogelmensch mit dem Oberkörper einer Frau und dem Unterleib eines Vogels.

Serapis, ägypt. Unterwelts- und Fruchtbarkeitsgott mit einem Kalathos auf dem Haupt und dem »Höllenhund« zur Seite.

Seschat ▽ (?»Schreiberin«): ägypt. Göttin der *Schrift* und der *Schreibkunst*, der *Mathematik* und *Baupläne*. Sie zeichnet die königlichen Annalen auf mit den Regierungsjahren und Jubiläen, die dem König bei der Krönung zugesprochen werden. Als *Baumeisterin* hilft sie dem König beim Tempelbau. Ihre Anreden sind: »die dem Bücherhaus vorsteht«, »die zuerst geschrieben hat« und »die Herrin der Grundpläne und Schriften«. Die als Schwester oder Tochter des →Thot Geltende wird mit Kopfputz und Pantherfell über dem Frauenhemd dargestellt und später mit der →Rait-taui und →Hathor vereinigt.

Sēth →Shēt

Seth △, *Setech, Sutech:* **1)** ägypt. *Kraft-* und *Kampfgott.* »Groß an Kraft« steht er am Bug des Sonnenschiffes und bekämpft die →Apophis-Schlange. Als Personifikation der *Wüste* ist er *Schutzgott* der Karawanen, der vor allem in Ombos und Oxyrhynchos verehrt wurde, wo wichtige Karawanenstraßen abzweigten. Er ist Gott der *bösen Mächte* wie Dürre, Unwetter und Stürme, die aus der Wüste kommen, und wird »Herr des Gewittersturms« genannt. Als Herrscher über die Randgebiete ist er *Schutzgott der Baroaren* und Fremdvölker. Nach der →Götterneunheit ist er Sohn von →Geb und →Nut, Bruder von →Isis und →Osiris, sowie Bruder und Gatte der →Nephthys. Im »Bruderstreit« zwischen Seth und Osiris (und →Horus) ist er Sinnbild der ständigen Auseinandersetzungen unter Menschen. Seth und Osiris/Horus sind Symbole der nomadischen Bevölkerungsschicht, die sich auf Ober- (Seth) und Unterägypten (Osiris/Horus) verteilen. Sein primäres Symboltier ist Scha (Hund/Schakal), sekundär sind es: Esel, Antilope, Gazelle, Krokodil, Nilpferd und Schwein. Er wird dem griech. →Typhón gleichgesetzt. **2)** jüd. Stammvater der vorsintflutlichen Sethiten

Seth, ägypt. schakalköpfiger Wüstengott (links), der gemeinsam mit dem falkenköpfigen Himmelsgott Horus (rechts) - mit dem er sonst im »Bruderstreit« lebt - den Pharao Sethos I. mit Lebenswasser (Lebenszeichen) übergießt.

(hebrä. »Ersatz«) und dritter Sohn →Ādāms und →Chawwāhs (Gen 4,25; 5,6).

Sethlans →Velchans

Shabbāt ▽ (w.; hebrä. v. shabat = »aufhören, ruhen« bzw. sheba' = »sieben«), Sábbaton ☉ (n.; griech.), Sabbat △ (m.; dt.)**1)** jüd. siebter *Wochentag* der Ruhe und Heiligung zur Erinnerung an den Ruhetag des →Jahwe-Elōhim, an dem er von seinem sechstägigen Schöpfungswerk ausruhte. Gott hat dem Menschen die Unterbrechung der täglichen körperlichen Arbeiten am Sh. geboten (→Asseret ha-Diwrot). Am Sh. ließ selbst Gott kein Manna (→Mān) vom Himmel fallen. Die Übertretung des Sh.-gebotes sollte mit dem Tod durch Steinigung bestraft werden. **2)** christl. letzter *Wochentag,* der von dem Tag der Auferstehung des →Iesūs, dem Herrentag, an dem der Gottesdienst gefeiert wird, abgelöst wurde. Von Iesūs stammt der Ausspruch:»Der S. ist für den Menschen da, nicht der Mensch für den S.« - *Worte:* Sabbatarier, Sabbatist, Sabbatstille, Samstag.

Shaci →Indrāni

Shadrapa △ (»Shed ist heilend«), *Satrapes* (griech.): phönik. *Heilgott* und *Schutzgott,* der vor kleinen Tieren, wie Insekten, Schlangen und Skorpionen, hilft. Er ist dem röm. →Liber Pater vergleichbar.

Shafā'a (arab. »Fürbitte, Fürsprache«): islam. *Fürsprache* des *Propheten* →Muhammad beim Letzten Gericht (→al-Kiyāma). Wenn →Allāh die Gläubigen versammeln wird und letztere sich in ihrer Not an →Ādam um dessen Fürbitte wenden werden, dann wird letzterer sie an →Nūh verweisen und dieser wieder an →Ibrāhim . . . und schließlich auf→'Isā, der dann auf Muhammad weisen wird. Ein Märtyrer (→Shahid) bedarf dieser Fürsprache des Propheten nicht mehr.

Shahar △ (»Morgendämmerung«): syro-phönik. *Morgenstern-* (Venusstern-) *Gott,* der zusammen mit dem Abendstern →Shalim ein Zwillingssohn des →El ist. Die Bibel (Jes 14,12) erwähnt den Morgenstern als »Sohn des Shahar«.

Shahid (arab. »Zeuge, Märtyrer«): islam. *Märtyrer,* der seinen Glauben an →Allāh im Heiligen Krieg und Kampf gegen die Ungläubigen mit dem Tod besiegelt. Zum Lohn dafür entgeht er dem Verhör im Grabe durch →Munkar und Nakir. Er braucht auch nicht das »Fegfeuer« →Barzakh zu passieren, sondern geht sofort ins Paradies →Djanna ein, wo er die höchste Stufe nahe bei Allāhs Thron erhält. Da ein Sh. frei von aller Sündenschuld ist, bedarf er am Ende der Tage (→al-Kiyāma) nicht der Fürsprache (→Shafā'a) des Propheten →Muhammad. Zu den Sh. zählen u. a. →Sha'yā und →Djirdjis. Für die Shi'iten ist →al-Husain der König der Sh.

Shaitān →Sātān

Shakan △, Sumuqan (akkad.): sumer. *Gott* der *Unterwelt,* den →Gilgamesh dort antrifft, und Gott der in der *Steppe* lebenden Tiere.

Shakka →Shākya

Shakpana △, Shankpana, Shopona, Shonpona, Shopono, Sopono: *Pokkengott* der Yoruba in Nigeria. Der leicht erzürnbare Sohn der →Yemanja schlägt die Menschen mit Pocken und Wahnsinn. Er selbst wird als Alter, auf einem Fuß Lahmer und am Stock Gehender dargestellt.

Shakra △ (sanskr. »der Kräftige«): **1)** jin. *Götterfürst,* ein →Indra der südl. Hälfte des Saudharma-Himmels (→Loka-Purusha), der den Regen bringt. Als er entschieden hatte, den Embryo des →Mahāvira aus dem Mutterschoß einer Brahmanin zu entfernen, um ihn aus dem Schoß einer Kshatriya auf die Welt kommen zu lassen, gab er seinem Boten →Harinaigamaishin den Befehl dazu. Sein Attribut ist der Vajra und sein →Vāhana der Elefant Airavata. **2)** buddh. *Götterkönig,* der den Kampf gegen die Dämonen anführt. **3)** brahm.-hindu. Beiname →Indras.

Shakti ▽ (sanskr. »Kraft, Macht, Energie«): hindu. *Personifikation* der schöpferischen weiblichen Ur-Energie als Lebenskraft und zugleich *Muttergöttin* (→Devi) des Alls, aus der alle Wesen emanieren. Dem schöpferisch-männlichen Prinzip zugeordnet, ist sie die Gattin des Hochgottes, meist →Shivas. Dann heißt sie →Umā, →Pārvati, →Durgā oder →Kali. Ihr tantr. Symbol ist die →Yoni.

Shākya △ (sanskr.), Shakka (Pali): buddh.-ind. *Adelsgeschlecht,* das seinerzeit einen der 16 Staaten Indiens im heutigen Südnepal beherrschte und in deren Hauptstadt Kapilavastu der diesem Geschlecht entstammende →Shākyamuni →Buddha →Siddhārtha →Gautama ca. 563 v. Chr. geboren und aufgewachsen ist.

Shākyāmuni △ (sanskr. »der Weise aus dem Shākya-Geschlecht«): buddh. *Gegenwartsbuddha* und Beiname des aus dem Geschlecht der →Shākya stammenden →Siddhārtha →Gautama. Er ist der →Manushi-Buddha für die Gegenwart des heutigen Weltzeitalters (→Kalpa), dem bisher insgesamt 6 bzw. 24 Vorzeitbuddhas vorausgegangen sind, und dem der →Maitreya als Zukunftsbuddha folgen wird. Sh., der seine Erleuchtung unter einem Pipal-Baum hatte, gilt als geistiger Sohn des transzendenten Budda →Amitābha. Als Bodhisattva wird ihm →Avalokiteshvara zugeordnet.

Shala(sh) ▽ (?»das Weib«): akkad. *Göttin* des *Gebirges* und der *Schneestürme* sowie Gemahlin des Wettergottes →Adad. Kultstätte des Götterpaares war Bīt-Karkar. Sie galt als Mutter des Feuergottes →Girra. Als »die Ähre« steht Sh. in Beziehung zum Hauptstern Spika (Kornähre) im Sternbild der Jungfrau.

Shalim △ (»Abenddämmerung«): syro-phönik. *Abendstern-*(Venusstern)*Gott* und *Stadtgott* von Jerusalem, der zusammen mit dem Morgensterngott →Shahar ein Zwillingssohn des →El ist. Der Name Jerusalem (hebrä. Jerushalajim) enthält den Gottesnamen als theophores Element. Wahrscheinlich hat König →Dāwid auch seinen Söhnen Abschalom und →Shelōmō Namen gegeben, in denen die Verehrung für den Stadtgott Sh. zum Ausdruck kam. Die seit dem 2. Jahrtausend v. Chr. an Jerusalem und seine Umgebung gebundene Verehrung des Venussterns hat möglicherweise auch beim biblischen Stern von Bethlehem (Mt 2,1–12) ihren Niederschlag gefunden (→Mágoi).

Shalmān →Salmān

Shāmajim (Pl.; hebrä. »Himmel«), *Uranoí* (Pl.; griech.): **1)** jüd. oberer Teil des zweigeteilten Weltbildes, der den unteren Teil der Erde (→Eres) überspannt. Er ist *Wohnort* und Thron des →*Jahwe-Elōhim,* der »Gott des Himmels« heißt. Am zweiten Tag seines sechstägigen Schöpfungswerkes schuf Gott das Firmament, den sichtbaren Teil des Himmels, als

Gewölbe und Scheidewand zwischen dem Regenwasser einerseits und den Wassern der Meere, der Flüsse und des Grundes andererseits, der mit Schleusen und Toren versehen ist. Durch erstere läßt Gott es regnen, aber auch Feuer und Schwefel auf die Erde herabfallen (→Sedōm). Durch die Tore ließ er →Mān herabregnen. Am vierten Tag hängte Gott die Sonne, den Mond und die Sterne am Firmament des Himmels auf. Vom Himmel stieg er auf die Erde herab, um beim Bau des Turms von →Bābēl nachzuschauen. Um dem →Mōsheh die Zehn Gebote (→Asseret) zu übergeben, stieg Gott vom Himmel auf den Sinai herab. **2)** christl. *Wohnung* des →*Kýrios,* in der auch sein Thron steht. Der Himmel ist oft ein Synonym für Gott, so meint »im Himmel«: bei Gott, und »vom Himmel«: von Gott. Der Himmel ist auch *Aufenthaltsort* der *Engel* (→*Ángeloi*), die hier Gott schauen. So verkünden Engel den Hirten die Geburt des →Iesūs und kehren in den Himmel zurück. Iesūs selbst ist vom Himmel, dem Haus seines Vaters, herabgestiegen, und nach seiner Auferstehung von den Toten ist er dorthin zurückgekehrt und sitzt jetzt zur Rechten Gottes. Von hier wird er am Ende der Tage wiederkommen. Dann läßt Gott die von ihm an das Himmelsgewölbe gesetzten Sterne herunterfallen. Der Himmel selbst stürzt zusammen, bzw. das Firmament wird durch die Hitze eines Weltbrandes wie eine Buchrolle zusammengerollt. Dann wird ein neuer Himmel entstehen, der die *Wohnstätte* für die *Frommen* und *Seligen* sein wird, die jetzt schon ihre Schätze dort sammeln können und deren eigentliche Heimat im Himmel ist.

Shamash △ (»Sonne«): akkad. *Sonnengott,* der auf seinem täglichen Weg über das Himmelsgewölbe alles sieht und deshalb Schützer von Wahrheit, Recht und Gerechtigkeit ist. Die Personifikation von Mesharu (»Recht«) und Kettu (»Gerechtigkeit«) hat der »Richter des Himmels und der Erde« zu seinen ständigen Begleitern. Aus seiner Hand nimmt König Hammurabi sein Gesetzbuch entgegen. Sh. gilt als Sohn des →Sin, mit dem er zusammen mit der →Ishtar eine Trias der bewegten astralen Mächte bildet. Seine Gemahlin ist →Aja bzw. →Anunitu. In Assur hat Sh. mit Sin einen Tempel. Sein Symbol ist das gebrochene, vierspeichige Sonnenrad und seine heilige Zahl die Zwanzig. Im 7. Jh. stehen im Vorhof des israelit. Tempels von Jerusalem Rosse und Wagen des Sh. zur Verehrung (2 Kön 23,11). Der akkad. Sh. entspricht dem sumer. →Utu.

Shams △▽ (»Sonne«): arab. *Sonnengottheit,* die in Nord- und Zentralarabien männlichen und in Südarabien (Saba, Hadramaut und Qatabān) weiblichen Geschlechts ist. In der südarab. Göttertrias steht sie nach Venusstern- und Mondgottheit immer an letzter Stelle. Sh. entspricht dem akkad. →Shamash.

Shanaishcara →Shani

Shango △, *Xango:* **1)** *Ahnen-* und *Gewittergott* bei den Yoruba in Nigeria. Er ist Sohn der →Yemanja und Gatte der →Oya. Als irdischer König ging er im siebten Jahr seiner Regierung in den Wald und erhängte sich

Shamash, akkad. Sonnengott, der dem Gottherrscher Hammurabi die Gesetze übergibt.

mit einer Schlinge am Baum. Danach ist er zum Himmel der →Orishas aufgestiegen. Shango erntet Köpfe, wie Menschen Feldfrüchte ernten. Er »reitet« und »besteigt« seine »besessenen« Anhänger. Dargestellt wird er mit einer sechsäugigen Doppelaxt auf dem Haupt, gelegentlich auch dreiköpfig. Der Widder ist ihm geweiht, und seine Emblemfarben sind Rot und Weiß. **2)** afroamerikan. *Gewittergott* (→Orisha), *Donner-* und *Sturmgott* bei den Umbandisten, der mit dem christl. →Heiligen Hieronymus gleichgesetzt wird.

Shang-ti →Yü-huang

Shang-Ti (»höchster Herr, höchster Kaiser«): chines. *Gott* des *Ackerbaus,* der Donner und Blitz, Regen und Wind kontrolliert, aber auch *Titel* für den *höchsten Himmelsgott* (→K'u) z. Zt. der Shang-Dynastie. Von ihm erhalten die irdischen Herrscher (→Ti) ihr Mandat (→T'ien-ming) und die Menschen Belohnung oder Strafe. In der Chou-Dynastie wird →T'ien mit Sh. identifiziert, der von da an Huang-t'ien Shang-Ti heißt.

Shang Yeh →Heng O

Shani △, *Shanaishcara, Manda:* hindu. *Planetengott* Saturn (→Navagraha). Der unheilvolle und boshafte Gott ist *Schutzpatron* der Shudras und gilt als Sohn des →Sūrya und dessen Gemahlin Chāyā. Dargestellt wird er als häßlicher und unbeweglicher Alter mit einem lahmen Bein.

Shankpana →Shakpana

Shap(a)sh ▽: phönik.-ugarit. *Sonnengöttin* mit dem Beinamen »Leuchte der Götter«. Sie hilft der →'Anat bei der Suche nach dem →Ba'al und lädt dessen Leichnam auf den Rücken der 'Anat. Die weibliche Sh. entspricht dem männlichen Sonnengott →Shamash der Akkader.

Shara △: sumer. *Stadtgott* von Umma und *Kriegsgott* mit dem Epithet »Held des →An«. Der als Sohn der →Inanna geltende Sh. ist einer der 3 Götter, die Inanna nach ihrer Rückkehr aus der Unterwelt huldigen.

Sharabha △: hindu. *Mischwesen,* halb Mensch, halb Tier, das Ekstase und Tod symbolisiert. →Shiva nahm die Gestalt des Sh. an, um →Narasimha zu töten. Dargestellt wird er oft mit 3 Hörnern und 6 bzw. 8 Beinen, dazu mit einer Mähne aus Pfeilen.

Sharruma △, *Sarrumma* (»der Bergkönig«): churrit. *Berggott* und *Schutzgott* des Königs Tutchalijas. Er gilt als Sohn des →Teshub und der →Chebat sowie als Vater von Sharmanni (?»kleiner Sharruma«) und von Allanzunni. Sein Kultort ist Lajuna. Er wird auf einem Panther mit der Axt als Waffe dargestellt.

Shāsana-deva △ (sanskr. »Götter der Lehre«), *Shāsana-devi* ▽ (»Göttinnen der Lehre«): jin. *Schutzgottheiten,* die zu je zweien einem jeden →Tirthankara zugeordnet sind. Ikonographisch sind sie durch ihr →Vāhana und Emblem charakterisiert.

Shashin →Chandra

Shatarupa ▽ (sanskr. »Hundertform«): hindu. *Göttin* und weibliches Prinzip des Schöpfers →Brahmā, aber auch dessen Tochter sowie durch

Shang-Ti, chines. Himmelsgott, von dem alle irdischen Herrscher ihr Mandat erhalten.

ihn Mutter des ersten Menschen →Manu. Wegen dieser inzestuösen Verbindung schlug →Shiva dem Brahmā seinen fünften Kopf ab. Manchmal gilt Sh. auch als Frau des Manu.

Shaushka ▽ (»die Bewaffnete«), *Shawushka, Sausga:* churrit. *Muttergöttin,* Göttin der *Liebe* und des *Geschlechtslebens* sowie *Kriegsgöttin.* Sie ist
Schwester des →Teshub, und ihre Dienerinnen sind Ninatta und Kulitta.
Der Doppelcharakter ihres Wesens wird ikonographisch dadurch deutlich, daß sie sowohl weiblich mit geschlitztem Rock als auch männlich
mit der Mütze eines Gottes dargestellt ist. Ihr hl. Tier ist der Löwe. Sie
entspricht der akkad. →Ishtar.

Shawano: indian. *Heros* des Südens und *Gott* des *Südwindes* bei den Algonkin, einer der Vierlinge der Urmutter »Dämmerung«, die starb, um
diesen das Leben zu geben. Seine Brüder sind →Kabun, →Kabibonok-
ka und →Wabun.

Shawushka →Shaushka

Sha'yā →Jesha'jāhū

She →T'u

Shēdim (hebrä. »die Schwarzen«): jüd. *Sturmgeister,* denen vermutlich
Kinderopfer dargebracht und die zu Dämonen (→Daimónia) degradiert
wurden. Sie entsprechen den sumer. →Alad und akkad. →Shēdu.

Shēdu △: akkad. guter *Schutzdämon,* der in neuassyr. Zeit zusammen mit
der →Lamassu als geflügelte Stiermenschen dargestellt und als wachende Schutzgestalten an Palasteingängen aufgestellt wurde. Der Sh. entspricht dem sumer. →Alad.

Sheila-na-gig ▽: kelt. *Fruchtbarkeitsgöttin* (auf den britischen Inseln), die
ihre Pudenda zeigt, um die Mächte des Todes abzuwehren. Seit der Christianisierung wird sie als *Dämonin* an den Außenwänden engl. Kirchen
zur Abwehr des Bösen dargestellt. Sh. ist der griech. →Baúbo ähnlich.

Shelardi △: urartä. *Mondgott.*

Shelōmō △ (hebrä. »der Friedensreiche«), *Solomón* (griech.), *Sulaimān*
(arab.), *Salomo* (dt.): **1)** jüd. *König* von Groß-Israel (972–932 v.Chr.),
Weisheitslehrer und *Bauherr* des salomonischen Tempels in Jerusalem
sowie weiser *Richter.* Sh. ist Sohn des →Dāwid und der Bath-Seba. Er
hatte 700 fürstliche Hauptfrauen und 300 Nebenfrauen. Er verstand Zaubermacht und Heilkunde. Unter dem Einfluß seiner nichtisraelitischen
Frauen führte er u.a. den Kult der syro-phönik. →Astarte in Israel ein,
weshalb →Jahwe-Elōhim nach dem Tod des Sh. das Großreich Israel in
die Teilstaaten Juda und Israel auseinanderfallen ließ. **2)** islam. *Prophet*
(→Nabi) und Gesandter (→Rasūl) des →Allāh. Er ist Sohn des
→Dāwūd und war mit der Sprache der Vögel und Tiere vertraut. Um alle
seine Wünsche auszuführen, standen ihm Legionen von →Djinn zur Verfügung. Einst brachte ihm der Wiedehopf die Nachricht von Bilkis, der
Königin von Saba. Als letztere zu ihm kam, ließ er sie in einen glasgepfla-
sterten Saal eintreten, um zu sehen, ob sie wirklich Bocksfüße habe. Als

die Königin den spiegelnden Boden für Wasser hielt, schürzte sie ihr Gewand. - *Plastik:* L.Ghiberti (1425/52); *Worte:* salomonisch, Salomonssiegel.

Shēm △ (hebrä. »Name«), *Sém* (griech.), *Sām* (arab.): **1)** jüd. *Stammvater* der Völker des Westens, der nach ihm benannten Sprach- und Völkergruppe der Semiten. S. ist der älteste Sohn des →Nōach und Bruder von →Ham und →Jāfèt. Seine Ehrfurcht vor seinem Vater, als dieser einmal nach der Sintflut im Weinrausch entblößt im Zelt lag, begründet seine und seiner Nachkommenschaft Vorherrschaft über andere Völker. Sh. erreichte ein Lebensalter von 600 Jahren. **2)** christl. (elfter) *Stammvater* des →Iesūs in dessen Ahnenreihe. **3)** islam. *Stammvater* der Israeliten, erster Sohn des →Nūh und Bruder von →Hām, →Yāfith und Kan'ān. S. wurde von →'Isā auf Wunsch seiner Apostel zum Leben wiedererweckt, um die Arche des Nūh mit ihrer Einteilung zu beschreiben: Danach wohnten im unteren Stockwerk die Vierfüßler, im oberen die Menschen (7 bzw. 80) und im höchsten die Vögel. Zuerst hatte Nūh die Ameisen in die Arche gebracht, zuletzt den Esel. Da sich an dessen Schweif →Iblis klammerte, mußte auch letzterer mit aufgenommen werden. - *Worte:* Semit(in), semitisch, Semitist, Semitistik, semitistisch.

Shemū'ēl △ (hebrä. »die Gottheit ... ist El«), *Samuel* (dt.): jüd. *Prophet* (→Nābi') des →Jahwe-Elōhim aus Rama und letzter Richter. Er ist Sohn des Elkana und der Hanna. Gott beauftragte ihn, zunächst den Saul und später den →Dāwid zum König zu salben. Sein Totengeist wurde durch die Totenbeschwörerin und Hexe von Endor beschworen, die dem König Saul sein nahe bevorstehendes Ende und die Niederlage des israelitischen Heeres prophezeite. Das Grab des Sh. ist in Nebi-Samwil, und sein Todestag wird am 29. Ijar begangen. Nach Sh. sind 2 Bücher der Bibel benannt.

Shen: 1) chines.-taoist. *Gruppe* von 36000 *Gottheiten* und Geistern, von denen jede(r) einen Namen hat, und die in der Hierarchie über den →Hsien stehen. Man unterscheidet die »äußeren« Gottheiten des Makrokosmos, die das Universum erfüllen (z. B. →San-ch'ing), von den »inneren« Körpergottheiten, die die menschlichen Körperteile und Organe schützen, solange sie im Körper weilen. Wenn sie den Körper verlassen, muß der Mensch sterben. Zu ihnen zählen z. B. die →San-i. **2)** chines.-konfuzian. *spirituelles Element,* das sich in der Ahnentafel befindet, die von den Angehörigen eines Verstorbenen verehrt wird.

Sheng-jen (»heiliger Mensch«): chines. *Idealfigur* eines Menschen, der Vollkommenheit erlangt hat und frei ist von Namen. Sh. ist synonym mit →Chih-jen, →Chen-jen und →Shen-jen.

Shen I △, *Shen Yi, Yi:* chines. *Sonnengott* sowie *Jagdgott* und *Erlöser.* Als einst z. Zt. des →Shun 10 Sonnen am Himmel alles Leben auf der Erde zu versengen drohten, schoß er 9 davon herunter und wurde so der Herr der einzigen Sonne, die übrigblieb. Den Titel »himmlischer *Bogenschüt-*

ze« hat ihm →Yao verliehen. Von →Hsi Wang-Mu erhielt er die Unsterblichkeitsdroge (→Ch'ang-shen pu-ssu) geschenkt, die ihm aber seine Gattin →Heng O gestohlen hat. Dargestellt wird er mit der Sonne in der Hand.

Shen-jen (»geistiger Mensch«): chines. *Idealfigur* eines Menschen, der das →Tao verwirklicht hat und frei ist von Werken. Sh. ist synonym mit →Chih-jen, →Chen-jen und →Sheng-jen.

gShen-lha od-dkar △ (»Herr des weißen Lichts«): tibet. *Gott* der *Weisheit* bei den Bon-po, der zusammen mit seiner Gattin →Yum-chen-mo alle anderen Gottheiten hervorbrachte, u.a. →Sipe gyalmo.

Shen Nung (»Gott Bauer, göttlicher Landmann«): chines. *Getreidegott* und *Kulturheros*, der den Pflug erfand und die Menschen den Ackerbau lehrte sowie die Kenntnis der Heilkräuter brachte, weshalb er *Schutzgott* der Apotheker ist. Der Nachfolger des →Fu-hsi gehört zu den →Sanhuang. Dargestellt wird er ochsenköpfig.

Shen Yi →Shen I

She'ōl ▽ (hebrä. von *shā'āh* = »öde liegen, verwüstet sein«), *Hádes* (griech.): **1)** jüd. *Totenreich,* in das alle Menschen (Gerechte und Ungerechte) nach dem Tod hinabsteigen müssen, um dort in Finsternis und Schweigen ein trostloses Dasein zu fristen. Schon zu Lebzeiten ist der Levit Korach zusammen mit seinem Anhang, der sich gegen →Mōsheh aufgelehnt hatte, hinabgefahren. Sh. ist ein Land des Vergessens und ohne Wiederkehr. Es liegt in der Tiefe der Erde (→Eres) und ist später u.a. neben →Abaddōn und →Gē-Hinnōm eine der 4 Abteilungen der *Unterwelt.* **2)** christl. *Totenreich* und *Aufenthaltsort* aller *Verstorbenen,* der Guten und Bösen. »Abrahams Schoß« ist der besondere Platz der Frommen (z.B. des armen →Lázaros), der von den Strafplätzen der Sünder (z.B. des reichen Prassers) abgesondert ist. Der Hádes ist durch Pforten verschlossen, die Symbol für die

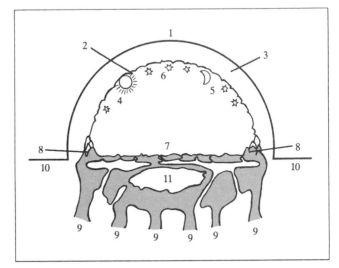

Jüd. Weltbild: 1. oberer unsichtbarer Himmel Shāmajim als Wohnort des Jahwe-Elōhim, 2. Firmament des unteren sichtbaren Himmels mit Schleusen und Toren, 3. Raum des Regenwassers und der Winde oberhalb des Firmaments, 4. Sonne, 5. Mond, 6. Sterne, 7. Erdscheibe mit dem Festland und Salzmeer als Wohnstatt für Menschen und Tiere, 8. Berge, 9. Säulen der Erdscheibe zwischen dem süßen Grundwasser, 10. Meerwasser unterhalb des Firmaments und der Erdscheibe, 11. Unterwelt She'ōl als Reich der Toten.

Macht des Todes sind. Die Schlüssel zu den Pforten des Hádes hat der von Johannes auf Patmos in einer Vision geschaute Menschensohn. In der Zeit zwischen seinem Tod und seiner Auferstehung ist →Jesūs in den Hádes hinabgestiegen. Die Auferstehung der Toten am Ende der Zeit ist auch das Ende des Hádes. Die Funktion des Strafortes übernimmt dann der »Feuersee« →Géenna.

Sheri △ (»Tag«), *Sherishu:* churrit. *Stiergott,* der zusammen mit →Churri ein Trabant des →Teshub ist, dessen Wagen sie ziehen. Die wüsten Fluren zerstörter Städte bilden ihre Weide.

Shesha →Ananta

Shēt (hebrä. »Ersatzmann«?), *Séth* (griech.), *Shith* (arab.): **1)** jüd. *Stammvater* des sethitischen Menschengeschlechts und dritter Sohn des →Ādām und der →Chawwāh sowie Bruder von →Kajin und →Hebel und Vater des →Enōsh. S., der seinen Eltern anstelle des von Kajin erschlagenen Hebel geboren wurde, erreichte ein Alter von 912 Jahren. **2)** christl. (zweiter) *Stammvater* des →Iesūs in dessen Ahnenreihe. **3)** islam. *Stammvater* der Menschen und dritter Sohn von →Ādam und →Hawwā', Bruder des →Hābil und Kābil. Fünf Jahre nach der Ermordung Hābils - sein Vater war 130 Jahre alt - wurde S. geboren. In Mekka erbaute er die Ka'ba aus Stein und Ton. Er selbst wurde 912 Jahre alt.

She-Ti, T'i: chines. *Schutzgott,* der - im Gegensatz zu →T'u-ti - für größere Gebiete und deren Bewohner zuständig ist.

Shichi-Fukjin: shintoist.-buddh. Gruppe von (seit der Muromachi-Zeit [1336-1573]) gewöhnlich 7 *Gottheiten* des *Glücks* und der *Freude.* Zu ihnen gehören: Benten, Bishamon, →Daikoku, →Ebisu, →Fukurokuju, →Hotei und →Jūrōjin. Dargestellt werden sie in einem Juwelen-(Schatz-)Schiff.

Shichu △: kassit. *Mondgott,* der dem akkad. →Sin gleichgesetzt wird.

Shih-chieh (»Lösung vom Leichnam«): chines. Bezeichnung für die *Verwandlung* eincs →Hsien in eine Leiche *nur zum Schein,* ohne wirklich tot zu sein, bevor dieser dann bei hellichtem Tag gen Himmel aufsteigt (→Fei-sheng). In den meisten Fällen ist der Sarg, wenn man ihn einige Zeit nach dem »Tode« öffnet, leer (z. B. bei →Chang Kuo-lao), und statt des Leichnams findet man z. B. Kleidungsstücke des Hsien.

Shik(h)in △ (sanskr. *shikhā* = »Haarknoten«): buddh. *Vorzeitbuddha* eines früheren Weltzeitalters (→Kalpa), der seine Erleuchtung unter einem übergroßen Weißen Lotos (pundarika) hatte und dem →Shākyāmuni als zweiter von 6 (bzw. zwanzigster von 24) →Manushi-Buddhas vorausging.

Shimigi △: churrit. *Sonnengott,* der dem urartä. →Shiwini, dem protohatt. →Eshtan und dem hethit. →Ishtanu gleicht.

Shimshōn △ (hebrä. »Sonnengleiches«), *Sampsón* (griech.), *Samson* (Vulgata), *Simson* (dt.): jüd. *Heros, Retter* und letzter *Richter* des Volkes Israel, den →Jahwe-Elōhim mit gewaltiger Kraft begabt hatte. Sh. ist Sohn des Manoach. Seine bevorstehende Geburt war vom Engel Jahwes (→Mala'āk Jahwe) seiner lange Zeit kinderlos gebliebenen Mutter angekündigt worden, ferner daß ihr Sohn ein Naziräer sein werde, dessen Haupthaar kein Schermesser schneiden dürfe. In seinem ungeschorenen

Haar lag nämlich das Geheimnis seiner Stärke. Als einmal der Geist Gottes über ihn kam, zerriß er einen Löwen wie ein Böckchen, und als wiederum Gottes Geist ihn erfüllte, erschlug er 30 Philister. Er konnte sich mit Leichtigkeit der ihm angelegten Fesseln entledigen und mit dem Kinnbacken eines Esels 1000 Mann erschlagen, er konnte ein doppelflügeliges Stadttor aus der Verankerung reißen und auf den Gipfel eines Berges tragen. Als dann seine Geliebte Delila ihm das Geheimnis seiner Kraft entlockt hatte, schnitt sie ihm nachts seine Haarlocken ab, so daß er seine Kraft verlor. So nahmen ihn die Philister gefangen, blendeten ihn und legten ihn in Ketten. Mit Hilfe Jahwes nahm er jedoch an den Philistern Rache und brachte den Tempel ihres Gottes →Dagān zum Einsturz, wobei 3000 Menschen zu Tode kamen. – *Gemälde:* A. Mantegna (ca. 1500), Rubens (ca. 1612/15), Rembrandt (1638); J. Grützke (1979); *Oper:* Ch.-C. Saint-Saëns (1877); *Oratorium:* G. F. Händel (1741).

Shinda △ (»Wiege«): japan. *Fruchtbarkeitsgott* und *Nahrungsspender* bei den Ainu, dem vor jeder Mahlzeit als »unserem Ernährer« und dem, »welcher uns speist«, gedankt wird.

Shintoisten: Ama-no-hohi-no-mikoto, Ama-no-iwato, Amano-minakanushi-no-kami, Ama-no-oshiho-mimi-no-mikoto, Ama-no-tokotachino-kami, Ama-no-uki-hashi, Ama-no-uzume, Amaterasu-o-mi-kami, Ama-tsu, Daikoku, Ebisu, Fujin, Fukurokuju, Futotama-no-mikoto, Futsu-nushi-no-kami, Hachiman, Hotei, Ika-zuchi-no-kami, Iki-gami, Inari, Izanagi-no-kami, Izanami-no-kami, Jimmu-tennō, Jūrōjin, Kagura, Kagutsuchi-no-kami, Kami, Kami-kaze, Kami-musubi-nokami, Kappa, Konjin, Konohanna-sakuya-hime, Koshi, Koto-amatsukami, Kushi-nada-hime, Ninigi-no-mikoto, O-kuni-nushi-no-mikoto, Oya-gami, O-yama-tsu-mi, Sengen-sama, Shichi-Fukjin, Susa-no-o, Takama-ga-hara, Taka-mi-musubi-no-kami, Taka-okami, Take-mikazuchi, Tama-yori-hime, Ten-gū, Tennō, Toyo-tama-hime, Tsuki-yomino-kami, Uji-kami, Ukeomochi-no-kami, Umashi-ashikabi-hikoji-nokami, Umisachi-hiko, Wata-tsu-mi-no-kami, Yamasachi-hiko, Yomi-no-kuni.

Shitalā ▽ (sanskr. »Kühle«): hindu. *Muttergöttin* und *Schutzgöttin* von Bengalen, aber auch schreckliche *Pockengöttin*. Dargestellt ist sie meist nackt und von roter Körperfarbe. Ihr Attribut ist die Rute und ihr →Vāhana der Esel. Oft ist sie mit der →Kālī identifiziert.

Shi-Tennō →Devarāja

Shith →Shēt

Shitil: iran. *Geist*- und *Lichtwesen* (→Uthrā), *Lichtbote* und »erlöster Erlöser« bei den Mandäern.

Shiush △ : hethit. *Himmels*- und *Sonnengott*.

Shiva △ (sanskr. »der Freundliche, Gnädige, Huldreiche«): hindu. *Personifikation* des Absoluten, des zerstörenden und erneuernden Prinzips, das für Tod und Leben zugleich steht. Als Gott der *Zerstörung* von Avidyā

*Shiva, hindu. vierhändiger Lebens-
und Todesgott, der in zwei Händen
Streitaxt und Antilope hält.*

(»Nicht-Erkenntnis«) und aller Weltlichkeit steht er für *Entsagung* und gewährt *Weisheit* sowie schöpferische Kräfte. Zusammen mit →Brahmā und →Vishnu bildet er die →Trimūrti und wird mit Vishnu zu →Hari-Hara. Seine dynamischen weiblichen Kräfte werden die →Shakti, →Pārvati, →Kāli, →Durgā oder →Umā genannt und gelten als seine Gattinnen. Zu seinen Söhnen zählen →Ganesha und →Kārttikeya. Er führt 1008 Beinamen, u.a. →Ishvara. In seinem dunklen, zerstörerischen Aspekt erscheint er als Ugra (»Gewaltiger«), →Mahākāla, →Bhairava, und in seinem hellen, freundlichen Aspekt heißt er →Mahādeva, →Natarāya, Mahayogi, (»großer Yogi«), →Yogeshvara. Ikonographisch ist er charakterisiert durch einen oder 5 Köpfe und 4 Hände. Seine Attribute sind Dreizack, Sanduhrtrommel, Bogen und Strick. Sein Symbol ist der →Linga. Oft ist er in Vereinigung mit seiner Gattin dargestellt, deren Symbol die →Yoni ist. Sein Leib ist von weißer Farbe und nackt bis auf einen Schurz. Sein →Vāhana ist →Nandi. Dem ved. →Rudra ist er weitgehend gleichartig.

Shiwanni △: indian. *Regengott* bei den Pueblo-Zuni und Gatte der →Shiwanokia. Aus Speichel bildete er Blasen, die er nach oben blies und die zu Sternen wurden. Seine Priester sind die Ashiwanni.

Shiwanokia ▽: indian. *Fruchtbarkeitsgöttin* bei den Pueblo-Zuni. Mit ihrem Gatten →Shiwanni lebt sie in der Unterwelt. Aus Speichel erschuf sie →Awitelin Tsita. Ihre Priesterinnen heißen wie sie Sh.

Shiwini △: urartä. *Sonnengott,* der mit →Chaldi und →Tesheba eine Trias bildet und dem churr. →Shimigi, dem protohatt. →Eshtan und dem hethit. →Ishtanu entspricht.

Shonpona →Shakpana

Shopona →Shakpana

Shopono →Shakpana

Shou (»langes Leben«): chines. *Vorstufe* zur *Unsterblichkeit* (→Ch'ang-sheng pu-ssu). Das Schriftzeichen für Sh., dem man geheime Kraft zuschreibt, wird in verschiedenen Formen kunstvoll dargestellt.

Shou-hsing (»Stern der Langlebigkeit«), *Shou-lao, Shou Hsing Lao T'ou-tse:* chines. *Stern-* und *Glücksgott, Schicksalsgott* und Gott der *Unsterblichkeit.* Er bestimmt die Lebenszeit, wobei er manchmal aus einer 18 eine 81 werden läßt. Der zur Gruppe der →San-hsing Gehörende heißt auch »der Alte des Südpols« und wird oft zusammen mit →Fu Shen und →Ts'ai Shen zu einer Dreiergruppe vereinigt. Dargestellt wird mit der Kürbisflasche (Lebenswasser). Sein Attribut ist der Pfirsich der Unsterblichkeit und sein Symboltier der Reiher bzw. die Schildkröte.

Showokoi →Hargi

Shpirti i keq: alban. *»böser Geist«* schlechthin, der von langer Gestalt und in Leintücher gehüllt ist. Wenn ein S. des Nachts umgeht, heulen die Hunde.

Shri →Lakshmi

Shri Devi (Lha-mo) ▽ (sanskr. »Erhabene Göttin [Lha-mo]«), *dPal-ldan lha-mo* (tibet.): buddh.-tibet. *Schutzgöttin* der Lehre und der beiden Oberhäupter Tibets, des →Dalai Lama und des →Panchen Lama, aber auch *Totenrichterin,* die die Vergehen der Menschen auf einem Kerbholz verzeichnet hat. Als einzige Göttin gehört sie zu den →Dharmapāla. Dargestellt wird sie mit Stirnauge und Bannungsmudrā. Ihr Attribut ist eine Schädelschale, ihr →Vāhana ein Wildesel. Sie gleicht der →hindu. →Kāli.

Shtojzavalet△▽ (»Vermehre, Gott, ihre Reigentänze«): alban. männliche wie weibliche *Schicksalsgeister,* die nachts die Lebensfäden der Menschen spinnen. Über ihr eigenes Geschick müssen sie weinen. Wenn eine ihrer Tränen dabei auf einen Menschen fällt, muß dieser sterben. Eine Redensart lautet: »der Tropfen ist auf ihn gefallen«, wenn jemanden der Schlag getroffen hat.

Shtrigë ▽ (w; »Hexe«), *Shtrigat* (w; Pl.), *Shtrigue* △ (m; »Hexer«): alban. *Hexen,* die in den Bergen leben und Menschen fressen. Bei Nacht fliegen sie aus, dringen durch den Rauchfang in die Häuser ein und zapfen ihren Opfern das Blut ab, was zum Tod der Betreffenden führt. Ein ganz abgemagerter, kranker Mensch wird »S.-Pflanze« genannt.

Shu'aib △, *Shu'ayb:* islam. *Gesandter* (→Rasūl) des →Allāh für die Midyaniter. Da diese seine Botschaft jedoch ablehnten, traf sie ein von Allāh geschicktes Erdbeben, bei dem alle zugrunde gingen. Später wurde Sh. mit dem in Madyan wohnenden Schwiegervater des →Mūsā gleichgesetzt.

Shukra △, *Ushanas, Bhārgava:* hindu. *Planetengott* Venus (→Navagraha) und freundlicher *Lehrer* der →Daityas sowie *Schutzgott* aller Samen von Mensch und Tier. Dargestellt wird er auf einem goldenen oder silbernen von 8 Pferden gezogenen Wagen. Seine Attribute sind Stab, Buch oder Gebetskranz und Wassertopf.

Shulmanu △: akkad. *Kriegs-* und *Unterweltsgott.*

Shulpa'e △ (»strahlend erscheinender Jüngling«): sumer. *Fruchtbarkeitsgott* und Beschützer der wilden Tiere sowie *Kriegsgott.* Als *Astralgott* verkörpert er den Planeten Jupiter. Gelegentlich gilt er als Gemahl der ihn an Bedeutung weit überlegenen →Ninchursanga.

Shumalija ▽: kassit. *Gestirnsgöttin* mit den Beinamen Shibarru und Shugurru, *Schutzgöttin* des Königs und Gattin des →Shuqamuna.

Shun: chines. *Herrscher* der Urzeit und *Urahn,* der zu den →Wu-ti gehört. Für →Kung-tzu ist er ein idealer Herrscher des Goldenen Zeitalters und *Ethikgott.* Als *Licht-* und *Himmelsgott* ist er ein Urururururenkel des →Huang-Ti-Enkels →Chuan Hsü und Nachfolger des →Yao. Zu Beginn seiner Herrschaft erschienen 10 Sonnen gleichzeitig am Himmel, von denen →Shen-I 9 herabschoß.

Shuqamuna △: kassit. *Kriegsgott* und Personifikation der *Stürme, Schutzgott* des Königs und Gatte der →Shumalija.

Shurdi △ (»der Taube«): alban. *Gewitter-* und *Donnergott,* der in hagel-grollenden Wolken einherzieht. Nach ihm ist die gleichnamige Stadt Sh. benannt. Er ist taub, sieht aber im Gegensatz zum blinden →Verbti dafür um so besser.

Shutu →Zū

Si △: indian. *Mondgott* und *Herr* der *Gezeiten* sowie *Hochgott* bei den Chimu. S. ist Gatte der Meeresgöttin →Ni. Außer Lebensmitteln wurden ihm auch Kinderopfer dargebracht. Er wird in der Mondsichel und mit der Federkrone auf dem Kopf dargestellt.

Si, indian. Mondgott, Herr der Tiere und Pflanzen mit Mondsichel und Federkrone auf dem Kopf (peruan. Gefäßmalerei).

Siang ▽: chines. *Flußgöttin* und Personifikation des Siang.

Sibirische Völker (*Türkische Völker:* Altaier, Jakuten; *Samojedische Völker:* Nenzen/Samojeden, Nganassanen; *Tunguso-mandschurische Völker:* Ewenken/Tungusen, Golden; *Paläoasiatische Völker:* Tschuk-tschen, Korjaken, Itelmenen, Jukagiren, Keten/Jennissejer): Aenen, Ai Tojon, A'lat, Anky-Kele, Bainača, Buga, Bugady musun, Doh, Doóto, Enduri, Erlik, Es, Hargi, Hinkon, Hosadam, Kaltesch, Koi, Kuju, Kutkhu, Kutkinnáku, Malu, Mayin, Mitgk, Naininen, Numon-pópil, Nuo, Nuo Nam, Num, Pargä, Pejul, Pičvu'čin, Pon, Qáigus, Savaki, Scha-mane, Tadebejos, Tangara, Tengere, Tomam, Ülgän, Vairgin, Ye'loje.

Sibrai △: ind. *Hochgott* bei den Kaccha Naga.

Sibylla, *Sibylle* (dt.): röm. *Prophetin* und *Seherin* sowie Verkünderin des göttlichen Orakels. Sie gilt als Tochter des Königs Dardanos aus Troja.

Eine ihrer bedeutendsten Nachfolgerinnen ist die S. von Cumae in Unteritalien. Unter ihrer Führung steigt →Aeneas in die Unterwelt hinab. Sie hat die Sibyllinischen Bücher verfaßt, die im Tempel auf dem röm. Kapitol aufbewahrt wurden.
Gemälde: Michelangelo (1508/10), Tintoretto (1550/55), Rembrandt (1667).

Siddha △ (m; sanskr.»Beherrscher vollkommener Fähigkeit«), *Yogini* ▽ (w.): buddh.-tantr. *Heilige(r)* und *Asket(in)* mit schrittweise erworbenen übernatürlichen Fähigkeiten *(siddhi),* die zur Belehrung der Menschen eingesetzt werden. Zu diesen zählen z.B. durch die Luft fliegen, auf Wassern wandeln, Berge und Mauern durchdringen, Leben um ein Vielfaches verlängern. Bedeutende S. sind →Tson-kha-pa und →Mi-la-ra-pa. Am Ende seines Lebens gelangt ein S. gewöhnlich ins Reich der Däkas, von wo aus er sein endgültiges →Nirvāna erwirken kann. 84 S. werden als →Mahāsiddha bezeichnet.

Siddha △ (m; sanskr.»vollkommen, vollendet«): **1)** hindu. *Heiliger* und erleuchteter Vollkommener, der das höchste Ziel des spirituellen Strebens erreicht hat, die Erlösung (→Moksha). **2)** jin. *Erlöster,* der unendliches Wissen, unendliche Kraft und Wonne in der über allen Götterhimmeln gelegenen Stätte Isatprāgbhārā besitzt.

Siddhārtha △ (sanskr.»einer, der das Ziel erreicht hat«), *Siddhatta* (Pali): buddh. *Prinzenname* des →Gautama, der zu einem →Buddha wurde.

Sido , *Hido, Iko:* melanes. *Heros* und *Kulturbringer,* der im Kampf fiel. Nach seinem Tod hatte er als Geist auf seiner Wanderschaft über die Erde viele Abenteuer zu bestehen, da ihm der Eintritt ins Land der Toten verwehrt wurde. Wo immer er rastete, ruhen jetzt Verstorbene auf ihrem Weg ins Totenreich. Als S. schließlich das Reich Adiri erreichte, legte er dort Gärten an, damit die Toten Nahrung haben.

Siebenschläfer △ (dt.), *Ashāb al-Kahf* (arab.»die Leute der Höhle«): **1)** christl.-kath. *Gruppe* von 7 *Heiligen* (→Sancti) und *Schutzpatronen* der Schiffahrt. Es sind 7 Brüder, die z.Zt. der Christenverfolgung unter Kaiser Decius (249-251) in eine Höhle bei Ephesus eingemauert wurden und dort fast 200 Jahre schliefen. Als sie im Jahr 446 wieder aufwachten, legten sie vor Kaiser Theodosius II. (408-450) für die leibliche Auferstehung Zeugnis ab. Ihr Fest wird am 27.Juni begangen. **2)** islam. *Gruppe* von drei, fünf oder sieben *Heiligen* (→Wali) und *Symbolen* der Auferstehung des Körpers mit dem Geist. Als sie einst aus der Stadt flohen und sich in einer Höhle verbargen, ließ →Allāh sie zusammen mit ihrem Hund Kitmir einschlafen. Nach 309 Jahren erwachten sie wieder, und einer von ihnen ging in die Stadt zurück, um Brot zu kaufen. - *Wort:* Siebenschläfer.

Sieh △: chines.-konfuzianischer *Sitten-* und *Ethikgott.* Er gilt als (Schwalben-)Sohn der Kien Ti. Als letztere einmal badete und eine Dunkelvogel-Schwalbe ein Ei fallen ließ, verschluckte sie es, wurde schwanger und gebar S. Der konfuzian. Philosoph Meng-tzu erhebt S. zum Verkünder der am Himmelsgott →Yao und Lichtgott →Shun orientierten universalchines.-konfuzian. Hochethik.

Sif ▽ (nord.»angeheiratete Verwandte, die Frau des ...«): german. *Vegetationsgöttin* und Mutter des →Ull, später Gattin des →Thor und von ihm Mutter der Thrud. →Loki rühmt sich des Ehebruchs mit ihr.

Sigyn ▽ (nord. von *sigr* = »Sieg« und *vina* = »Freundin«) german. *Göttin* (→Asen) und Gemahlin des →Loki. Als letzterem zur Strafe für seine Schuld am Tod →Balders von der →Skadi eine Giftschlange über sein Haupt gehängt wird, fängt S. das herabträufelnde Gift in einer Schüssel auf.

Sijjim (hebrä.»die Trockenen«): jüd. *Wüstengeister* in Bocksgestalt, die an unbewohnten und wasserlosen Plätzen der Wüste Tänze aufführen. Sie wurden zu Dämonen (→Daimónia) degradiert.

Sila, *Silap inua* (»Geist der Luft«): eskimo. *Hochgottheit* und *Luftgeist,* der das ganze Universum erfüllt.

Silenós △ (»Stumpfnasiger«); *Silēnus* (lat.), *Silēn* (dt.): griech. wilder *Walddämon,* ein Mischwesen aus Mensch und Pferd, Sohn des →Pán und einer Nymphe. Der immer trunkene, dickbäuchige S. ist Erzieher und Begleiter des →Diónysos. Wenn Silene kollektiv auftreten, stellen sie den Nymphen und Mänaden (→Mainás) nach. Dargestellt wird der S. kahlköpfig, stumpfnasig, ithyphallisch und mit Ohren, Schweif und Hufen eines Pferdes und vor allem zweibeinig – im Gegensatz zu den →Kéntauroi. Im 6. Jh. verdrängten die Silenen die →Satyrn und übernahmen deren Namen. – *Gemälde:* Rubens (1618), A. van Dyck, Feuerbach (1847).

Silewe Nazarata ▽ : indones. *Mond-* und *Schutzgöttin* der Menschen, *Personifikation* aller Lebensformen bei den Niasser. S. gilt als Gattin des →Lowalangi.

Silvānus △ (von lat. *silva* = »Wald«): röm. *Wald-* und *Feldgott, Schutzgott* der Gärten, der Bäume, Pflanzen und Tiere von Wald und Feld. Bei den ihm zu Ehren alljährlich im Wald dargebrachten Opfern waren die Frauen ausgeschlossen. S. ist dem griech. →Pán gleich.

Simios △ : syr. *Gott,* der mit seinem Vater →Hadad und mit →Atargatis eine göttl. Trias bildet.

Simson →Shimshón

Simurg (altpers.), *Sēn-murw* (mittelpers.), *Sinmurg* (neupers.): iran. hundeköpfiger *Pfauendrache,* ein Mischwesen aus drei Tierarten: er fliegt wie ein Vogel, hat Zähne wie ein Hund und lebt in Löchern wie eine Moschusratte. Diese Art »Fledermaus« hat ihr Nest auf dem Allsamenbaum neben dem →Gao-kerena. Da sie schon dreimal erlebt hat, wie die Welt zerstört wurde, besitzt sie das Wissen aller Zeiten. In der Sassanidenzeit wird S. als »Pfauendrache« mit Hundekopf, Löwentatzen und Pfauenflügeln dargestellt.

Simurg, iran. Pfauendrache, ein Mischwesen mit Hundekopf, Löwentatzen und Pfauenflügeln, ein Symbol der Vereinigung von Erde, Wasser und Luft.

Sin △: **1)** akkad. *Mondgott, Orakel-* und *Richtergott.* Er galt als Vater des →Shamash, mit dem er – zusammen mit der →Ishtar – eine Trias der bewegten astralen Mächte bildet. Sein Fest, der *Sabattu* (Sapattu, Shapattu) wurde zur Zeit des Neumondes als ein Tag des Ruhens aller Haupttätigkeiten begangen, wie später der jüd. Shabbāt. Seine Hauptkultorte waren Ur und Harran. Dargestellt ist er in Gestalt eines jungen Stiers, der die kuhgestaltige Ishtar begattet. Sein Symbol ist die mit den Enden nach oben weisende Mondsichel (Hörner des Stiers), und seine, den Tagen des Mondumlaufs entsprechende heilige Zahl ist die Dreißig. Nach S. sollen die Wüste südlich von Palästina (Ex 16, 1) und der Berg *Sinai* benannt sein. Der akkad. S. ist dem sumer. →Nanna gleich. **2)** arab. *Mond-* und *Reichsgott* in Hadramaut. In der Göttertrias steht er an zweiter Stelle nach →'Attar und vor →Shams. Er ist der eigentliche Herrscher des Landes, dessen Stellvertreter auf Erden der →Mukarrib ist. S. ist dem →'Almaqahū und dem →'Amm gleich.

Sina →Hina

Singbonga △ (»Geist, Sonnengott«): ind. *Sonnen-* und *Hochgott* bei den Munda, Ho und Birhor. Sein Beiname bei den Ho ist »Sirma Thakur« (»Herr der Höhe, des Himmels«).

Sinilau →Tinirau

Sinmurg →Simurg

Sintflut →Mabul

Sipe gyalmo ▽ (»Königin der Welt«): tibet. *Schutzgöttin* bei den Bon-po, Tochter des Götterpaares →gShen-lha od-dkar und →Yum-chen-mo. Dargestellt wird sie dreiköpfig und sechsarmig. Ihre Attribute sind Fahne, Schwert und Schirm, Swastika, Schale und Dreizack. Ihr →Vāhana ist das Maultier.

Sirao △: indones. *Ur-* und *Schöpfergott* bei den Niasser. S. schuf das erste Wesen Sihai, aus dessen Herz der Weltenbaum entsproß, aus dessen rechtem Auge die Sonne und aus dessen linkem der Mond entstand. S. ist Vater des →Lowalangi.

Sirenes →Seirénes

Sirona ▽ (von ? *stirona* = »Stern«): kelt. *Fruchtbarkeits-* und *Quellengöttin,* aber auch *Gestirngöttin* (der Gallier). Sie ist die Gefährtin des →Grannos und wird mit Früchten und Ähren dargestellt.

Sisu Alaisa △: polynes. *Messias* der Sio-Vivi-Bewegung (auf Samoa), der auf den Wellen des Meeres an den Küsten der Inseln landen wird, um eine neue, bessere Zeit heraufzuführen. Der als Sohn des →Tangaroa Angesehene wurde von dem Propheten Sio-Vivi angekündigt.

Sisyphos △, *Sisyphus* (lat.): griech. *Heros,* ein Vorbild an Schlauheit und List, Erbauer und *König* von Korinth. Er ist Sohn des →Aíolos und der Enarete sowie Gatte der →Merópe und durch sie Vater des →Glaúkos. Es gelingt ihm einmal, den →Thánatos zu fesseln, so daß niemand mehr zu sterben brauchte, bis →Áres ihn wieder befreite. Als bekanntester

Sisyphos, griech. Heros, der einen Felsblock hochhebt, und Tityós, dem ein Geier die Leber zerhackt.

Büßer im →Hádes muß er aus der Unterwelt einen schweren Felsblock auf einen Berg hinaufwälzen, der ihm aber jedesmal, wenn er dessen Spitze fast erreicht hat, wieder entgleitet und in die Tiefe zurückrollt. - *Gemälde:* Tizian (1549/50); *Wort:* Sisyphusarbeit.

Sitā ▽ (sanskr. »Ackerfurche«): hindu. *Erd-* und *Fruchtbarkeitsgöttin* sowie Personifikation des Schoßes der Erde. Die inkarnierte →Lakshmi wird von Janaka, dem König von Videha, aus dem Acker gepflügt und von ihm adoptiert. Sie ist die Gattin des →Rāma. Sie wurde vom Dämonenkönig →Rāvana entführt, nach ihrer Befreiung von Rāma der ehelichen Untreue verdächtigt und bewies ihre Unschuld durch eine Feuerprobe. Beim Einsiedler →Vālmiki gebar sie ihre und Rāmas Zwillingssöhne Kusha (»Gras«) und Lava (»Geschnittenes«). Nach 15 Jahren wurde sie erneut verdächtigt und vor eine Feuerprobe gestellt. Daraufhin kehrte sie freiwillig in den Schoß ihrer Mutter, der Erde, zurück.

Skadi ▽: nordgerman. *Riesin* und *Berggöttin, Göttin der Jagd* und des *Skilaufs,* nach der möglicherweise *Skandinavien* benannt ist. Sie gilt als Tochter des Riesen →Thjazi und ist zweite Gattin des Meergottes →Njörd und durch ihn Mutter des →Freyr und der →Freyja. Da S. die Berge liebte und Njörd das Meer, kamen beide überein, je 9 Nächte am Lieblingsort des anderen zu verbringen. Da dies auf die Dauer keine Lösung war, trennten sie sich, und S. ging eine zweite Ehe mit →Ull ein. Sie befestigte die Giftschlange über dem Haupt →Lokis. Zahlreiche schwed. und norweg. Orte sind nach ihr benannt.

Skaldenmet (nord. »Dichtermet«): german. *Getränk,* dessen Genuß zur Weisheit und zum Dichten befähigt. Es ist aus dem Blut des erschlagenen Zwerges →Kvasir gebraut. Als →Odin diesen Trank rauben und nach →Asgard bringen konnte, wurde er zum Hochgott der Dichtkunst.

Skan △: indian. *Schöpfer-* und *Himmelsgott* sowie *Richtergott* bei den Dakota (Sioux). Er ließ die Welt nach der Zahl 4 ausrichten, und er gibt dem →Tate Anweisung, die Seelen den Geisterpfad passieren zu lassen.

Skanda △ (sanskr. »Ausgießung, Spritzer«), *Kārttikeya:* hindu. *Kriegsgott* und Gott des Planeten Mars (Mangala), *Schutzgott* der Diebe sowie der Kinder vor Krankheit. Er gilt als jüngerer Sohn von →Shiva und →Pāravati, oder aber er ist aus dem ins Opferfeuer geflossenen Samen des →Agni hervorgegangen. Weil er von 6 Ziehmüttern, dem Sechsergestirn der Plejaden (Kirttikāh), aufgezogen wurde, wird er in Nordindien Kārtikkeya genannt. S. ist Bruder von →Ganesha und Gatte der Kaumari bzw. Devasena. Ikonographisch ist er durch einen oder 6 Köpfe und 4 bis 12 Hände charakterisiert. Seine Attribute sind Hahn, Glocke, Speer und Flagge. Sein →Vāhana ist der Pfau.

Skidbladnir: german. *Schiff* des →Freyr, das von Zwergen (→Dvergr), den Söhnen →Ívaldis, gebaut war. Es ist zwar kleiner als das Totenschiff →Naglfar, aber so groß, daß alle →Asen darin Platz finden. Nach jeder

Skýlla, griech. Meerungeheuer und Mischwesen mit zwölf unförmigen Füßen, sechs überlangen Hälsen und ebensovielen Köpfen.

Fahrt kann es wie ein Taschentuch zusammengefaltet und in die Tasche des Freyr gesteckt werden.

Skrýmir △ (nord. »Prahler«?): german. *Riese* (→Jötunn) und Gegner des Gottes →Thor auf dessen Fahrt zu →Útgardaloki. Thor hat dreimal vergeblich versucht, S. mit seinem Hammer zu erschlagen. Thor hat im Handschuh des S. übernachtet.

Skrzat △, *Skrzak:* slaw. fliegender *Hauskobold* und *Schrat* (der Westslawen), der gewöhnlich aus einem Hahnenei oder aus der Mandragora-Wurzel entsteht. Er verschafft dem Hausherrn materielle Güter oder dringt in böser Absicht ins Haus ein. Manchmal erscheint er in Drachen- oder Schlangen-, in Kater- oder Vogelgestalt oder sogar als reines Feuer. Ist der S. rot, bringt dies Geld, ist er gelb oder blau, verheißt dies Getreide, ist er weiß, so bedeutet es Mehl oder Wolle.

Skuld △ (nord. »Schuld, Zukunft«): german. *Schicksalsgöttin,* die die Zukunft repräsentiert und über Leben und Tod von Göttern und Menschen entscheidet. Sie ist eine der drei →Nornen und Schwester von →Urd und →Verdandi. Der »S.« hat F. G. Klopstock eine *Ode* (1766) gewidmet.

Skýlla ▽ (»Hündin«), *Scylla* (lat.): griech. *Meeresungeheuer,* ein Mischwesen mit Hundeköpfen und Fischleib, das in der Felsenhöhle einer Meerenge haust und die Vorbeifahrenden verschlingt. Ihr gegenüber liegt →Chárybdis. Später wurden S. und Chárybdis an der Meerstraße von Messina lokalisiert, wo sie als Wirbel die durchfahrenden Schiffe bedrohen. - *Sprichwort:* »Zwischen S. und Charybdis«.

Skythen: Apia, Artimpaasa, Oetosyrus, Papeus, Tabiti.

Slawische Völker (*Ostslawen:* Russen, Ukrainer, Belorussen. *Westslawen:* Polen, Sorben, Tschechen, Slowaken. *Südslawen:* Slowenen, Kroaten, Serben, Mazedonier, Bulgaren): Boginki, Chors, Dabog, Domovoj, Gumenik, Jarovit, Laskowiec, Mahr, Mokosh, Navi, Ovinnik, Perun, Polednice, Porenutius, Porevit, Radigast, Rod, Rugievit, Rusalka, Skrzat, Stribog, Svantevit, Svarog, Triglav, Vampir, Veles, Vila, Vodjanoj.

Sleipnir △ (nord. »der Dahingleitende«): german. achtbeiniges, graues

Skrzat, slaw. Dämon und Hauskobold, ein Mischwesen mit Katzen- und Vogelmerkmalen.

Roß →Odins, das von →Loki in Gestalt einer Stute mit dem Hengst →Svadilfari gezeugt wurde. Es ist das schnellste Pferd der Welt. Der Götterbote →Hermod reitet auf ihm nach →Hel, um →Balder von dort zu befreien.

Slogùtė ▽ (f.), *Slogùtis* △ (m.): litau.*Alp,* die/der nachts die Schlafenden drückt.

Smertrios △ (»der Sorgende«): kelt.-gall. *Kriegsgott,* der als bärtiger Athlet dargestellt wird, der seine Keule über eine Schlange schwingt.

So ◇, *Xevioso, Xewioso, Xexyoso: Himmels-* und *Gewittergottheit* bei den Ewe in Dahome, Ghana und Togo mit den zwei Aspekten des männlichen →Sogbla und der weiblichen →Sodza. Beide halten im Donner Zwiesprache. Dargestellt ist sie in Widdergestalt mit der Donner-Steinaxt als Attribut.

Sobek →Suchos

Sodómon →Sedōm

Sodza ▽: *Regen-* und *Fruchtbarkeitsgöttin* bei den Ewe in Dahome, Ghana und Togo oder aber der gute Aspekt der Gewittergottheit →So bzw. des Himmelsgottes →Mawu, dann als →Mawu-Sodza gesehen. Das ihr hl. Regenwasser dürfen die Menschen nicht trinken.

Sogbla △ (von gbla = »Schmied«) *Sogble* (von *gble* = »Verderben«): *Blitzgott* und *Gott der Schmiede* bei den Ewe in Dahome, Ghana und Togo oder aber der böse Aspekt der Gewittergottheit →So bzw. des Himmelsgottes →Mawu, dann als →Mawu-Sogbla

So, afrikan. androgyne Gewittergottheit in Widdergestalt mit einer Axt im Maul und von zwei Äxten umgeben.

gesehen. Er ist von flammendem Feuer umgeben und schießt in seinem Zorn mit Pfeilen nach den Menschen.

Bei Wohlwollen lenkt er den Pfeil der Jäger, die ihn besonders verehren, auf das Beutetier.

Sokar △, *Seker, Sokaris:* ägypt. *Totengott* der Nekropole bei Sakkara, in deren Namen der seine fortlebt. Sein Hauptheiligtum Ro-Setau (»Pforten der Gänge«) umschließt den Eingang ins Totenreich. Er war *Schutzgott* der Handwerker, die in der Nekropole von Memphis arbeiteten und wird auch als *Erd-* und *Vegetationsgott* verehrt. Das *Sokarisfest* vom 21.-30. IV. des ägypt. Jahres mit einer Prozession um die Mauern von Memphis war ein großes Fest für die Toten, das in ptolemeischer Zeit mit der Wintersonnenwende in Verbindung gebracht wurde. Der falkenköpfig Dargestellte ist mit →Ptah zu Ptah-Sokar und mit →Osiris zu Ptah-Sokar-Osiris verschmolzen.

Sol △ (lat. »Sonne«): röm. *Sonnengott* der Sabiner und *Schutzgott* der Viergespanne beim Wettrennen im Circus. S. ist Bruder der →Luna, mit der er auf dem Aventinus einen Tempel besitzt. Als »S. invictus« wurde er unter Kaiser Elagabal (218-222) zum obersten *Staatsgott* Roms und als »S. Dominus Imperii« unter Kaiser Aurelianus (270-275) im Jahre 274 zum *Reichsgott,* dessen Stiftungstag der 25. Dezember war. Nach S. ist der erste Wochentag (dies Solis) benannt. Später wird er dem griech. →Hélios gleichgesetzt.

Sól ▽ (nord. »Sonne«), *Sunna* (ahd.): german. *Sonnengöttin* und Personifikation des Licht und Wärme spendenden Fixsterns Sonne. Die im zweiten Merseburger Zauberspruch genannte S. ist Tochter des Mundilfari und Schwester des Mondgottes →Mani sowie Gattin des Glenr. Die S. fährt in einem von Pferden gezogenen Wagen über den Himmel, wobei der Wolf Sköll (»Spott«) sie verfolgt, bis er sie schließlich z. Zt. von →Ragnarök einholen und verschlingen wird. Der Sonnenwagen von Trundholm bezeugt die Sól-Verehrung in der Bronzezeit. Der Sonntag ist als *sunnuntag* (ahd. [»Sonnentag«]; engl. »Sunday«) nach S. benannt, da sie dem röm. →Sol gleichgesetzt wurde.

Solang △: mikrones. *Gott* der *Zimmerleute* und *Schutzgott* der Kanu-Bauer, *Lehrmeister* des Hausbaus und der Kunst, Kisten mit Deckeln zu versehen. In der Gestalt eines kleinen Vogels stößt er den trillernden Schrei der Götter aus.

Solomón →Shelōmō

Soma △ (sanskr. »der ausgepreßte [Saft]«) **1)** ved. *Opfer-* und *Rauschtrank,* der aus der Somapflanze gewonnen wird und ähnlich wie →Amrita die Unsterblichkeit verleiht, sowie dessen *Personifikation.* **2)** Als hindu. *Schutzgott* der nordöstlichen Himmelsrichtung (→Lokapāla) wird er später von →Ísha abgelöst. Er wird auf einem von 10 Schimmeln gezogenen Wagen dargestellt, seine Attribute sind Lotos und Keule. Später absorbiert er den hindu. Mondgott →Chandra und ist auch dem iran. →Haoma gleich.

Sopadhishesha-Nirvāna: buddh. bedingtes →Nirvāna mit einem Rest an Bedingtheit, das mit der Arhatschaft vor dem Tod erlangt wird und deshalb auch »vortodliches« →Nirvāna heißt. Mit dem Tod tritt der →Arhat dann ins →Nirupadhishesha-Nirvāna ein. Aus dieser hinayānischen Auffassung des S. entwickelte sich im Mahāyāna die des →Apratishthita-Nirvāna.

Sopdet →Sothis

Sopdu △ (»die spitzen [Zähne]«): ägypt. *Wüstengott,* »Herr der östlichen Wüste«, und als Gott an der Ostgrenze des Deltas »Herr der Fremdländer«. Er gibt dem König die östlichen (semit.) Fremden zu Untertanen und sichert ihm seine Herrschaft über die östlichen Nachbarn. Der im Bergwerksgebiet des Sinai Verehrte wird falkengestaltig dargestellt und ist mit (Horus-) →Harachte zu Har-Sopdu verschmolzen.

Sophia ▽ (griech. »Erfahrung, Weisheit«): gnost. *Geistwesen* (→Aiónes) und *Weltschöpferin* sowie *Personifikation* der Weisheit und der Weltseele. Ihre Beinamen sind »Jungfrau des Lichts« und »schwarze Mutter«. Sie gilt als jungfräuliche Mutter des →Jadalbaoth. Aus Leidenschaft bringt sie ohne bzw. gegen den Willen des Vatergottes (→Bythos) ein Kind hervor, das dann als »Fehlgeburt« verstoßen wird. Wegen dieses »Fehltrittes« wird sie selbst bis zum Ende der Welt aus dem himmlischen Lichtreich auf die Erde verbannt. Ein anderer Mythos besagt: Da sie in leidenschaftlicher Erregung versucht, den unfaßbaren Bythos zu erfassen, bringt sie das ganze Pleroma der Aiónes in Verwirrung und wird deshalb von →Hóros aus dem Pleroma verbannt, wobei sie selbst zur →Achamoth wird.

Sophonias →Zefanjäh

Sopono →Shakpana

Sōshāns →Saoshyants

Soshigata (japan. »die Patriarchen«): buddh.-japan. Traditionskette im Zen, nach der die großen Meister die Buddha-Lehre von ihren jeweiligen Meistern empfangen und an ihre jeweiligen Nachfolger weitergegeben haben. In Indien folgten auf den Buddha →Shākyāmuni 28 und in China 6 Patriarchen, wobei Bodhidharma der achtundzwanzigste ind. und zugleich erste chines. Patriarch ist. Auf den sechsten chines. Meister Huineng und dessen 5 Meisterschüler gehen alle Zen-Schulen zurück.

Sōshyans →Saoshyants

Sothis ▽ (gräzisiert), *Sopdet* (ägypt. »Sirius«): ägypt. Personifikation des *Siriussterns*. Da bei der Einführung des ägypt. Kalenders der durch das Einsetzen der Nilschwelle gekennzeichnete Jahresbeginn astronomisch durch den Neuaufgang des Siriussterns bestimmt wurde, ist S. auch *Herrin der* Fruchtbarkeit bringenden *Überschwemmung* des Nils und zugleich *Neujahrsgöttin*. Sie blieb »Herrin des Neujahrs«, obgleich sich der Jahresbeginn und dann auch das Steigen des Nils mit der Zeit vom Siriusaufgang entfernten. Ein *Sothis-Jahr* umfaßt eine Zeitperiode von $4 \times 365 (= 1460)$ Jahren, nach deren Ablauf das Erscheinen des Sirius am Himmel kurz vor Sonnenaufgang wieder auf Neujahr fällt. Die Siriusgöttin ist auch *Schutzgöttin* der Toten, die sie mit ihrem lebendigen Wasser reinigt. Später ist sie mit →Isis zu Isis-Sothis verschmolzen.

Spandaramet ▽**:** armen. *Erd-* und *Unterweltsgöttin* sowie *Göttin* der *Toten*. Seit der Christianisierung bedeutet ihr Name »Hölle«.

Spenta Armaiti →Armaiti

Spenta Mainyu △ (awest. »Heilwirkender Geist«), *Spēnāk Mēnoi* (mittelpers.): iran. guter *Geist* des Lebens und *Personifikation* des *Guten* und des

Lichts. Er ist Sohn des →Ahura Mazdā und Zwillingsbruder des bösen →Angra Mainyu, mit dem er während der 9000jährigen Weltperiode in ständigem Kampf steht. Auf Geheiß seines Vaters ist er Schöpfer einer guten Welt. Sp. geht in der mittelpers. Pahlawi-Literatur in die Gestalt des →Ōhrmazd über.

Spes ▽ (lat. »Hoffnung«): röm. *Göttin* und Personifikation der *Hoffnung* sowie *Gartengöttin*, die in Rom mehrere Tempel besaß. Dargestellt wird die S. blumengeschmückt und kornährentragend.

Sphinx △: **1)** ägypt. *Ungeheuer* und Mischwesen (meist) männlichen Geschlechts aus Menschenkopf und Löwenleib, z. B. Sph. von Gizeh. **2)** griech. *Ungeheuer* ▽ und dämonisches Mischwesen weiblichen Geschlechts mit Kopf und Brust einer Frau, dazu mit einem geflügelten Löwenleib. Sie ist die Tochter von →Échidna und →Typhón sowie Schwester von →Kérberos, →Chímaira und →Hýdra. Vor Theben gab sie jedem, der an ihr vorüberging, ein Rätsel auf und verschlang denjenigen, der es nicht lösen konnte, bis →Oidípus die Lösung fand und die Stadt von ihr befreien konnte. – *Plastik* der Naxier (6.Jh. v.Chr.); *Gemälde:* A. D. Ingres (1808), P. R. Picasso (1953); *Drama:* H. v. Hofmannsthal (1906).

Sphinx, griech. Ungeheuer und Tiermensch, ein Mischwesen aus geflügeltem Löwenleib und Kopf und Brust einer Frau.

Sraosha (awest. »Gehör, [geforderter] Gehorsam«), *Srosh* (neupers.): iran. *Geistwesen* und *Personifikation* des *Gehorsams* sowie *Bote* des →Ahura Mazdā, *Schutzgeist* des Frühlichts und neben →Mithra und →Rashnu einer der 3 *Totenrichter* an der →Chinvat-peretu. Als *Seelenführer* trägt er die reinen Seelen nach oben. Er ist einer der 7 →Amesha Spentas, der am Ende der Zeit den Erzdämon →Aēshma bezwingen und →Keresāspa erwecken wird. Sein Symboltier ist der Hahn, durch dessen Krähen er die Menschen zur religiösen Pflicht ruft. Dem S. ist der siebzehnte Monatstag geweiht. Später wurde er mit dem jüd.-christl. →Gabriél identifiziert.

Sri, *Srin-po:* tibet. Gruppe von riesenhaften *Dämonen* und *Vampiren* (→dMu) bei den Bon-po, die im Erdboden hausen.

Srosh →Sraosha

Ssu-ming △ (»Herr des Schicksals«): chines. *Schicksalsgott,* der ein Register über Verdienste und Verfehlungen führt, die er dem Tʻai-i (Ta-i) meldet, aufgrund dessen dann die jedem zugeteilte Lebenszeit entweder verlängert oder verkürzt wird. S. wird später mit →Tsao-Chün identifiziert.

Stellvertreter →Gottherrscher

Stihi ▽: alban. *Dämonin*, die die Schätze bewacht und als geflügeltes und feuerspeiendes *Drachenwesen* vorgestellt wird.

Stribog △: slaw. *Wind-* und *Sturmgott* (der Ostslawen). Nach dem Igorlied gelten die Winde als »Stribogs Enkel«.

Stýx ▽ (»die Verhaßte«): griech. *Göttin* und weibliche Personifikation des männlichen *Sumpfes* und *Flusses* in der Unterwelt, der aus dem →Okeanós an der Grenze zwischen Diesseits und Totenreich in den →Hádes fließt. Die St. ist als →Okeaníne die älteste Tochter des Okeanós und der Tethys, Gattin des Pallas und von ihm Mutter von Bia (»Gewalt«), Zelos (»neidischer Eifer«), Kratos (»Macht«) und →Níke. Bei der St. schwören die Götter ihre heiligsten Eide.

Succubus ▽ (v. lat. *succumbere* = »darunter liegen«), *Sukkubus* (dt.): christl. *Dämonin*, die die Männer im Schlaf sexuell bedrängt. Ihr männliches Gegenstück ist →Incubus. In der Zeit der Hexenverfolgung wurden viele Frauen angeklagt, eine S. des Teufels (→Diábolos) zu sein.

Sucellos △ (»der gut zuschlägt«): kelt. *Hammer-* und *Totengott* (der Gallier), *Gott* der *Fruchtbarkeit*, des *Rausches* und der *Ekstase*. Dargestellt wird er oft in Gesellschaft mit der →Nantosuelta. Seine Attribute sind Hammer und Vase. S. ist dem ir. →Dagda und dem walis. →Gwydyon gleich.

Suchos △ (gräzisiert), *Sobek* (ägypt. »Krokodil«): ägypt. *Krokodil-* und *Wassergott*, der »die Flut aus den Quellöchern von Elephantine kommen läßt« und »das Feld mit dem Nil überschwemmt«. Als »Herr des Feldes und Herrscher der Pflanzen, aus dessen Leib die Speisen hervorquellen« bringt er Fruchtbarkeit. Aufgrund der wirtschaftlichen und politischen Bedeutung des sumpfreichen Fayum, seines Hauptkultbereichs, wird er zum *Allgott*. Der als Sohn der jungfräulichen →Neith Geltende wird krokodilgestaltig bzw. -köpfig dargestellt und war seit dem Mittleren Reich mit →Re zu Suchos-Re verbunden.

Suchur-mash: sumer. und akkad. *Fischziege*, ein Mischwesen, das mit dem Oberkörper und den Vorderbeinen eines Ziegenbocks und dem Unterleib und der Schwanzflosse eines Fisches dargestellt ist und dem Bereich des →Enki zugehört. Es ist das Emblemtier des akkad. →Nabū.

Sudalaimadasamy △ (»Herr der Verbrennungsplätze«): ind. *Schutz-* und *Dorfgott* (→Grāmadevatā) bei den Tamilen.

Sudanneger-Völker *(Akan, Ashanti, Bambara, Dagomba, Dogon, Edo, Ewe, Fon, Ga, Igbo, Konkomba, Kpelle, Lunda, Mosi, Ovambo, Senufo, Vai, Yoruba):* Aganyu, Ala, Amma, Asase Afua, Asase Yaa, Azele Yaba, Chuku, Edenkema, Exu, Faro, Gu, Ifa, Ikenga, Kalunga, Kamba, Ka Tyeleo, Kulo Tyelo, Legba, Lisa, Mangala, Mawu, Mawu-Lisa, Mawu Sodza, Mawu Sogbla, Musisi, Na-Wende, Nommo, Nyamenle, Nyongmo, Obatala, Odudua, Ogbora, Ogun, Oko, Olokun, Olorun, Onyame, Onyangkopong, Orisha, Orungan, Oya, Pemba, Sakpata, Shak-

Suchos, ägypt. krokodilköpfiger Wasser- und Fruchtbarkeitsgott.

pana, Shango, So, Sodza, Sogbla, Tamuno, Tenga, Wulbari, Wumbor, Wune, Yala, Yemanja, Yo.

Sudicka →Rod

Sugaar (»männliche Schlange«), *Maju:* bask. *Wettergeist* in Schlangengestalt, der unter der Erde lebt und dessen Auftreten Sturm verursacht. Häufig überquert er in Gestalt einer Feuersichel den Himmel. Wenn M. sich mit seiner Gattin →Mari an den Freitagen um zwei Uhr mittags trifft, gibt es ein Unwetter mit Regen- und Hagelschauern.

Sukhāvati (sanskr. »das Glückvolle«): buddh. *Paradies* von unermeßlichem Lichtglanz und mit allen erdenklichen Wonnen. Als »Reines Land« des Westens ist es eines der bekanntesten Buddha-Paradiese (→Jōdo) im Mahāyāna. Sein Schöpfer und Beherrscher ist →Amitābha. Durch das gläubige Rezitieren seines Namens kann jeder dort wiedergeboren werden und bis zum endgültigen Eintritt ins →Nirvāna ein glückliches Leben führen.

Sukkubus →Succubus

Suku △ (»Der-für-die-Bedürfnisse-seiner-Geschöpfe-sorgt«): *Schöpfer-*und *Ahnengott* bei den Mbundu in Angola. Die Königsnamen werden oft mit dem Namen Sukus gebildet.

Sulaimān →Shelōmō

Sumerer: Abgal, Abu, Abzu, Alad, An, Anunna, Asag, Asalluchi, Ashnan, Baba, Belili, Chendursanga, Chuwawa, Damgalnunna, Damu, Dimme, Dingir, Dumuzi, Dumuziabzu, En, Enbilulu, Enki, Enkidu, Enkimdu, Enlil, Enmesharra, Ereshkigal, Etana, Galla, Gatumdug, Geshtinanna, Gibil, Gidim, Gilgamesh, Girtablulu, Guanna, Gula, Imdugud, Inanna, Ishchara, Ishkur, Isimu, Ki, Kiskil-lilla, Kululu, Kurnugia, Lachama, Lachar, Lama, Lugalbanda, Lugalgirra, Lulilla, Mama, Martu, Me, Meslamta'ea, Nammu, Namtar, Nanāja, Nanna, Nanshe, Nerigal, Nin, Nina, Ninazu, Ninchursanga, Ningal, Ningirsu, Ningizzida, Nin'insina, Ninkarrak, Ninlil, Ninmach, Ninmena, Ninshubur, Ninsuna, Nintinugga, Nintu, Ninurta, Nirach, Nisaba, Nunushda, Nusku, Oannes, Pabilsang, Papsukkal, Sabitu, Sataran, Shakan, Shara, Shulpa'e, Suchur-mash, Udug, Urash, Utu, Zababa, Ziusudra.

Sukhāvati, buddh. Paradies und Jenseitsreich, über das der Buddha Amitabha herrscht (Tibet. Blockdruck).

Summanus △: etrusk.-röm. *Gott* der nächtlichen *Blitze,* dem in Rom vom Priesterkollegium der Arvalischen Brüder schwarze Hammel geopfert wurden.

Sumuqan →Shakan

Sundaramūrti △: hindu. *Heiliger* des 9.Jh. und frommer Verehrer (Bhakta) →Shivas, dessen Himmelfahrt bekannt ist. S. wird in dem freundlichen Erscheinungsbild Shivas verehrt.

Sundaramūrti, hindu. Heiliger des 9.Jh. bei seiner Himmelfahrt (südind. Holzschnitt).

Sünder/in △▽: allg. Bezeichnung für diejenigen unvollkommenen Menschen, deren Verhaltensweisen einer übernatürlichen Ordnung widersprechen (→Gut und Böse), die sich im Zustand der Schuld befinden und, wenn sie darin sterben, an den Ort der Verdammnis (→Hölle) gelangen. Sie stehen im Gegensatz zu den →Heiligen. Oft werden sie in Verbindung mit dem →Teufel, den →Dämonen und →Hexen gebracht.

Sunna →Sól

Supārsha △: jin. *Heilbringer* und siebter →Tirthankara des gegenwärtigen Zeitalters. Er ist Sohn von Supratishtha und Prithivi. Sein Emblem ist der Swastika als Sinnbild für die 4 Daseinsstufen der Götter, Menschen, Tiere und Höllenwesen, und seine Farbe ist das Grün.

Superman △ (engl. »Übermensch, Übermann«): amerikan. *Superheros* mit außerirdischen Fähigkeiten, *Typus* des nordamerikan. Patriotismus, des Kampfes für Wahrheit, Gerechtigkeit und den »American Way« (»Amerikan. Weg«) sowie *Titelheld* der Science-Fiction-Literatur (→Zwanzigstes Jahrhundert). Sein Beiname ist »man of steel« (engl. »Stahlmann«). S. wurde auf dem Planeten Krypton geboren und bei dessen Zerstörung auf die Erde nach Mittelamerika geschossen, wo ihn die Pflegeeltern Martha und Jonathan Kent aufzogen und ihm den Namen Clark gaben. Mit seinem Erwachsenwerden wuchsen auch seine

Kräfte ins Ungeheure, die er bei seinen Abenteuern auf der Erde wie im innerplanetarischen Raum unter Beweis stellt. Er kann z. B. fliegen, und zwar schneller als das Licht. Ferner hat er einen Hitze-, Röntgen- und Mikroskopblick. Gegenüber allen Gefahren ist er unverwundbar, außer gegenüber der Substanz Kryptonite. S. ist der jederzeit verfügbare Weltpolizist zur Abwendung aller Übel. Seine ständigen Gegner sind Luthor und Roboter sowie alle Naturkatastrophen. - *Comics:* Jerry Siegel und Joe Shuster (seit 1938ff.); *Musical* (1966); *Film* (1975).

Surabhi ▽ (sanskr. »Kuh des Überflusses«): hindu. *Kuh, die* während der 2. →Kūrma →Avatāra →Vishnus aus der Quirlung des Milchozeans hervorkam und als die Quelle von Milch und Quark verehrt wird.

Suriel →Ūri'ēl

Sursunabu →Urshanabi

Surtr △ (nord. »der Schwarze, Schlechte«): germanischer *Feuerriese* (→Thurs) und Feind der Götter sowie Personifikation der verzehrenden Macht des Feuers. Er ist Vater der →Gunnlöd und Wächter über das Feuerland →Muspelheim. Z. Zt. von →Ragnarök wird er mit seinem flammenden Schwert *surta(r)logi* (»Surts [Welt-]Brand«) auslösen und im letzten Kampf den waffenlosen Gott →Freyr töten. Unter S.'s Tritten wird die Himmelsbrücke →Bifröst zusammenstürzen. Nach S. ist die Höhle *Surtshellir* auf Island benannt, ebenso die erst 1963 entstandene Insel *Surtsey* (»Insel des S.«). Möglicherweise ist S. identisch mit →Muspell.

Surya △(sanskr. »Sonne«), *Savitri, Savitar* (»Antreiber«): **1)** ved. *Sonnengott* und Spender von Licht und Wärme. Er ist Sohn des →Dyaus und der →Prithivi. Mit

Superman, neuzeitl.. Heros und fliegender Kosmosmensch von riesiger Kraft, der sogar Ketten sprengen kann.

Susa-no-o, shintoist. Sturmgott, der gegen einen Drachen kämpft, mit seiner Schwester, der Sonnengöttin Amaterasu (Holzschnitt, 19.Jh.).

seinen Brüdern → Indra und → Agni bildet er eine frühe Göttertriade. Mit seiner Gattin → Chāyā (»Schatten«) hat er den Sohn → Shani. **2)** Als hindu. *Schutzgott* der südwestlichen Himmelsrichtung (→ Lokapāla) wird er später von → Nirrita abgelöst, und als *Gestirnsgott* gehört er zu den 9 → Navagraha. Der Sonnentempel in Konarak ist ihm geweiht. Dargestellt wird er auf einem von 7 Rossen gezogenen Wagen, dessen Lenker → Aruna ist. Seine Attribute sind Lotos, Keule, Muschel sowie das Rad, das ein Symbol der in der Sonne begründeten Weltordnung ist.

Susa-no-o △, *Susanowo:* shintoist. *Sturmgott* und *Herrscher* über das *Meer,* später *Schutzgott* der Liebe und Ehe. S. ist Sohn des → Izanagi und Bruder von → Amaterasu und → Tsuki-yomi. Er gilt als Gatte der → Kushi-nada und durch sie als Vater des → O-kuni-nushi. S. entstand, als sich sein Vater, aus der Unterwelt zurückgekehrt, die Nase im Meer wusch. S. tötete den Drachen → Koshi und entdeckte in dessen Schwanz das Schwert Kusanagi-no-tsurugi (»das Schwert, welches das Gras bezähmt«), das er seiner Schwester Amaterasu schenkte. Als er aber deren

Reisfelder verwüstete und den Himmel verunreinigte, zog sie sich verärgert in ihre Höhle →Ama-no-iwato zurück.

Sutech →Seth

Suttungr △: nordgerman. *Riese* (→Jötunn), der den →Skaldenmet besaß, den seine Tochter →Gunnlöd bewachte, bevor ihn der Gott →Odin für die →Asen und die Menschen raubte.

Suwā' ▽: arab. *Göttin,* deren Heiligtum sich bei Banū Hudhail in Rubat bei Mekka befand und die im Kur'ān (Sure 71, 22-24) als eine der 5 Götzen der Zeitgenossen des →Nūh erwähnt ist.

Suyolak △: zigeuner. *Riese* und *Zauberer,* der alle Heilmittel kennt. Er ist an einen Felsen angekettet und würde, wenn er sich losreißen könnte, die ganze Welt zerstören.

Svadilfari △ (nord. »der eine unglückliche Fahrt Machende«): german. *Hengst,* der mit dem in eine Stute verwandelten →Loki das Roß →Sleipnir zeugte.

Svantevit △, *Svetovit* (von *svet* = »stark, heilig«), *Svantaviz, Zwantewit, Zuantevith:* slaw. *Kriegs-* und *Hochgott* auf der Insel Rügen sowie *Feldgott* und *Schutzherr* des Ackerbaus, dem das Erntefest geweiht ist. Sein Kennzeichen ist das Füllhorn, das jährlich zur Erntezeit gefüllt wird. Zu seinem Kult gehört ein Pferdeorakel, wobei das ihm geweihte »weiße Pferd« vor einem Kriegszug über 3 Reihen gekreuzter Lanzen geführt wird und das jeweilige Verhalten des Pferdes Auskunft über das geplante Unternehmen gibt. Dem S. gehört $^1/_3$ von jeder Kriegsbeute. Dargestellt wird S. vierköpfig.

Svarloka (sanskr. »Himmel-Welt«): hindu. Region der *Oberwelt* im →Triloka, das Reich des Lichts und der Himmelskörper: Bhānu, Shashin, Nakshatra, Budha, Ushanas (Shukra), Angāraka, Devapurohita (Brihaspati), Sauri (Shanaishcara), Saptarshayah und Dhruva.

Svarog △, *Svarožič*(? von russ. *svarit'* = »zusammenschweißen, verheiraten«), *Zuarasici, Zuarasiz:* slaw. *Sonnen-* und *Feuergott* (der Ost- und Südslawen), *Gott* des *Herdfeuers* und *Schmiedegott,* Stifter des Ehebundes und *Hochgott* der Ostslawen. Der als Vater des →Dabog Geltende ist dem griech. →Héphaistos ähnlich.

Svetovit →Svantevit

Syqenesa ▽, *Syqeneza:* alban. *Hexe* »mit Augen wie eine Hündin«. Sie lockt junge Frauen an sich, um sie bei sich im Ofen zu braten und zu verspeisen. Vorgestellt wird sie mit 4 Augen, von denen je 2 vorn und hinten am Kopf sind.

Szél (»Wind«): ungar. bösartiger *Winddämon* und Personifikation des dunklen Weltaspekts im Gegensatz zum lichten des →Isten. S. heißt auch der Schwanz des Drachen →Sárkány, mit dieser tödliche Schläge austeilt.

Svantewit, slaw. viergestaltiger und vierköpfiger Kriegs- und Feldgott.

TZAZOLTEOTL

Ta'aroa △: polynes. *Schöpfergott* (der Gesellschaftsinseln), der sich selbst erschuf. Ganz allein lebte er in der Finsternis einer Schale (wie in einem Ei), die den Namen Rumia (»das Ungeformte«) hatte. Dann gab T. ihr einen Stoß und schlüpfte heraus. Da draußen alles dunkel und stumm war, zog er sich in eine andere Schale zurück, um nachzudenken. Dann bestimmte er die neue Schale zum Grund der Erde und formte die alte zur Kuppel des Himmels. So wurde T. zu Te Tumu (»Quelle«), und er begann mit der Erschaffung der Götter und schüttelte seine Federn, aus denen die Pflanzen wurden. Der um die Erde gespannte Himmel blieb jedoch von den Armen der Krake Tumura'i-feuna (»Anfang des irdischen Himmels«) niedergedrückt. T., der Vater des →Oro, ist oft mit →Tangaroa identisch.

Tabiti ▽: skyth. *Göttin* des *Feuers* und *Herrin* der *Tiere* sowie *Hochgöttin* mit dem Beinamen »Große Göttin«. Dargestellt wird sie geflügelt und von Tieren umgeben.

Tadebejos: sibir. *Geister* (der Nenzen/Samojeden), die sich im Wasser, in der Luft und in der Erde, ja überall aufhalten.

Tages △: etrusk. *Götterknabe* mit der Weisheit eines Greises und *Erdkind,* das beim Pflügen eines Ackers aus der Furche hervorkam, sowie *Kulturbringer,* der die Menschen die Eingeweideschau lehrte. Dargestellt wird T. mit einem Schlangenpaar als Unterleib.

Ta-i →T'au-i

Tailtiu ▽: kelt. *Erd-* und *Festgöttin* (der Iren) sowie Personifikation der Boden- und Naturkräfte. Sie war die Amme und Erzieherin des Lichtgottes →Lug, bis dieser die Waffen tragen konnte. Als T. starb, löste Lug das ihr gegebene Versprechen ein und begrub sie auf einem Hügel der nach ihr benannten Ebene T.

T'ai-shang lao-chün →Lao-chün

T'ai-sui-hsing (»Stern des großen Jahres«): chinesischer *Gott* der *Zeit* und des *Planeten* (Jupiter), dessen Umlauf um die Sonne fast 12 Jahre beträgt.

T'ai-yüeh-ta-ti (»Großer Kaiser des Heiligen Berges des Ostens«): chines. *Berggott,* der dem Himmelsgott →Yü-huang untersteht. Als Regent der Erde und der Menschen regelt er den gesamten Lebensablauf von Mensch und Tier. Dabei unterstützt ihn eine riesige Verwaltung mit vielen Beamten - Seelen von Verstorbenen -, die in 80 Kanzleien festlegen, wieviel jedem Menschen an Reichtum, Eheglück, Kindersegen und Sozialprestige zukommt. Dargestellt ist T. in kaiserlichem Gewand.

Tajin (»Blitz«): indian. *Regen-* und *Gewittergott* der Totonaken. Er entspricht dem →Cocijo der Zapoteken, dem →Chac der Maya und dem →Tlaloc der Azteken.

Takama-ga-hara (japan. »Hohes Himmelsgefilde«): shintoist. *Himmelswelt* und Wohnort der himmlischen Gottheiten, eine weite Ebene mit Bergen und Flüssen, Bäumen und Pflanzen, vierfüßigen Tieren und

Vögeln. In dem breiten, meist trockenen Flußbett des Ama-no-gawa sitzen die Gottheiten auf großen Steinen und halten Rat. In T. befindet sich auch die Felsenhöhle →Ama-no-iwato der Sonnengöttin →Amaterasu. Mit der Erdenwelt ist T. durch die Brücke →Ama-no-uki-hashi verbunden. Im Gegensatz zur Himmelswelt steht die Unterwelt →Yomi-no-kuni.

Taka-mi-musubi-no-kami △ (japan.»Gottheit, hoher, hehrer Erzeuger«): shintoist. *Ur-* und *Himmelsgott,* einer der 5 →Koto-amatsu-kami. Er ist Vater des →Futotama und regiert zusammen mit der Sonnengöttin →Amaterasu die Welt.

Taka-okami △: shintoist. *Regen-* und *Schneegott,* der auf den Bergen wohnt. Vorgestellt wird T. in Schlangen- oder Drachengestalt.

Take-mika-zuchi △: shintoist. *Sturm-* und *Donnergott.* Er ist einer der zwei großen Generäle der →Amaterasu, der zusammen mit →Futsunushi als dritte Abordnung auf die Erde entsandt wurde, um die Herrschaft des →Ninigi vorzubereiten.

Ta'lab △ (»Steinbock«): arab. *Stammes-* und *Orakelgott* in Saba, dessen Symbolzeichen der Steinbock ist.

Táltos (von türk. *tal[t]*=»ermüden, in Ohnmacht fallen«): ungar. →*Schamane.* Von Geburt an dazu bestimmt, beginnt sein Wirken mit seinem Scheintod, während dessen ihm das Wissen vermittelt wird und er eine Prüfung bestehen muß, bei der er den →Tetejetlen nagy fa erklimmt. In einem »Schamanenkampf« besiegt der weiße T. in Gestalt eines weißen Stiers oder Hengstes den dunklen in Gestalt eines dunklen Stiers oder Hengstes. Dieser Sieg bedeutet die Abwendung von Unheil, Krankheit und Katastrophen. Der T. gerät mit Hilfe der Schamanentrommel in Ekstase, während der seine Seele zu den Totengeistern in die Unterwelt oder zu den Geistern in den Himmel →Kacsalábon forgó vár reist, um die für Menschen verborgenen Dinge zu erfahren.

Tama-yori-hime ▽: shintoist. *Seegöttin* und *Ahnengöttin* des japan. Kaiserhauses, jüngere Tochter des Meergottes →Wata-tsu-mi, Schwester der →Toyo-tama, Tante und zugleich Gattin des →Ama-tsu und von ihm Mutter des →Jimmu-tennō.

Tambon ▽ (»Wasserschlange«), *Djata, Putir*(»Erde«): indones. *Erd-* und *Unterweltsgöttin* sowie *Herrin* der *Krokodile* bei den Ngadju-Dajak. Zusammen mit ihrem Gatten →Tingang bildet sie als eine einzige androgyne Gottheit den Weltenbaum, dem alle Kinder entstammen.

Tamdrin →Hayagriva

Tamilen: Aiyanār, Ammavaru, Ananku, Ankallammā, Cēyyōn, Cūr, Grāmadevatā, Māri, Mathamma, Maturaiviran, Māyōn, Minatciyamman, Murukan, Pattini, Pēy, Pēymakalir, Pidāri, Poleramma, Sudalaimadasamy, Ūrammā.

Tammūz →Tamūzu

Tamuno ▽: *Mutter-* und *Fruchtbarkeitsgöttin, Schöpfer-* und *Schutzgöttin*

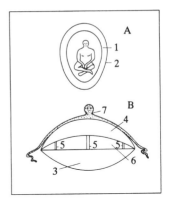

Polynes. Weltbild:
A: Die eiförmige Welt im Urzustand,
1. innere Schale der eiförmigen Urwelt,
innerhalb derer Ta'aroa lebt.
2. äußere Schale »Rumia« (»das Ungeformte«).
B: Die muschelförmige Welt seit der Erschaffung durch Ta'aroa,
3. Erdenwelt mit »Te Tumu«
(»Quelle«) und »Te Papa« (»Felsen«),
geschaffen aus der inneren Schale (1),
4. Himmel »Rumia«, geschaffen aus der äußeren Schale (2),
5. Stützen, aus »Te Tumu« und »Te Papa« hervorgegangen, die den Himmel tragen,
6. der so entstandene Zwischenraum wird von der Göttin »Atea« (»Himmelsweite, Licht«) durchdrungen,
7. die Krake »Tumura'i-feuma«
(»Anfang des irdischen Himmels«) umschließt die heutige muschelförmige Welt. (→ Ta'aroa.)

Tamūzu, akkad. Vegetations- und Auferstehungsgott inmitten von Pflanzen und Tieren.

Tangaroa, polynes. Schöpfer- und Meeresgott mit den von ihm geschaffenen Lebewesen auf seinem Leib.

der Igbo in Nigeria. Ihr Emblem ist ein Tontopf, der mit schwarzer Erde gefüllt ist.

Tamūzu △, *Tammūz* (hebrä.): akkad. *Vegetationsgott,* ein Sohn des →Ea bzw. →Sin und Bruder der →Bēletsēri sowie Geliebter der →Ishtar, der jedes Jahr in der Hitze des Hochsommers stirbt und in die Unterwelt hinabsteigen muß. Um seinen dortigen Aufenthalt zu beklagen, wurde sein Begräbnis im vierten, nach ihm benannten Monat (Tammus = Juni/Juli) begangen. Tammus, der heute noch Monatsname im jüd. und arab. Kalender ist, entspricht dem sumer. →Dumuzi.

Tana'oa →Tangaroa

Tane △ (»Mensch, Mann«), *Kane:* polynes. *Gott* des *Waldes* und seiner *Geschöpfe, Schutzherr* des Handwerks und der Holzbauer, aber auch *Lichtgott,* der das Licht in die von →Ta'aroa geschaffene Welt brachte und dessen Widersacher →Whiro ist. T. ist Sohn der Erdmutter →Papa und des Himmelsgottes →Rangi, die er voncinander getrennt hat. Seine Brüder sind →Tangaroa, →Tu, →Rongo, →Haumia und →Tawhiri. Als Gatte der →Hina ist er Vater der →Hine-nui-te-Po. Zur Wohnung ist ihm der zehnte und höchste Himmel von Ta'aroa zugewiesen. Sein Symbol ist die Axt.

T'ang: chines. Begründer der Shang-Dynastie und *Erlöser,* der, um die Menschen von einer mehrjährigen (siebenmal in 8 Jahren) Dürrekatastrophe zu befreien, sich selbst im Hain der Maulbeerbäume zum Opfer darbrachte, indem er sich als *Himmelsschwalbe* mit den eigenen Krallen das Herz zerriß. Daraufhin kam der Regen mit Macht. T., ein göttlicher Nachkomme von →K'u und →Shun, gilt als Gatte der Erdgöttin Yi Yin.

Tangaloa →Tangaroa

Tangara: sibir. *Himmelsgott* der Jakuten. Er entspricht dem →Tengere der Altaier und dem mongol. →Tengri.

Tangaroa △, *Tangaloa, Tana'oa:* polynes. *Schöpfer-* und *Meergott, Gott* des *Windes* und der *Fischerei* sowie *Ahnherr* der Häuptlingsgeschlechter. Er ist Sohn der →Papa und des →Rangi und Bruder von →Tane, →Rongo, →Tu, →Haumia und →Tawhiri. Während der Schöpfer T. über der Weite des endlosen Meeres brütete, suchte sein Botenvogel Tuli einen Ort der Rast. So warf er Felsen hernieder und schuf die Inseln. Als Tuli sich über den Mangel an Schatten beklagte, hieß T. ihn, einen Rebstock zu pflanzen, aus dem die Menschen hervorgingen. Im Namen des T. tritt 1863 auf Samoa Sio-Vivi, der Begründer der nach ihm benannten Bewegung, als Prophet auf. T. ist oft mit →Ta'aroa identisch.

Tangata Manu △: polynes. *Vogelmensch* (der Osterinseln). Derjenige Würdenträger, dessen Diener zu Beginn der Nistzeit der Seeschwalben ihr erstes Ei ergatterte, wurde für die Dauer eines Jahres T. und galt möglicherweise als Vertreter →Makemakes auf Erden. Die bildliche Darstellung des T. (halb Mensch, halb Vogel) war Gegenstand des jährlichen Ritualzyklus.

Tängi →Tengri

Tanit →Tinnit

Tan-kun △ (»Sandelbaum-Fürst«): korean. →*Gottmensch* und Priester-Richter (→Olkum), *Begründer* des korean. Reiches (2332 v.Chr.) und *Ahnherr* der Koreaner. Als *Kulturheros* zeigte er, wie man Bäume fällt und Felder bestellt, und lehrte Hausbau und Kochkunst. T. gilt als Sohn des Gottes →Ung und einer Menschenfrau. Die heutige korean. *Zeitrechnung* beginnt ab 3.10. 2332 v.Chr., dem Gründungstag des Reiches durch T. Nach T. hat sich eine neue Religion *Tankunkyo* (»Lehre von T.«) benannt.

Tanngnjóstr (nord. »Zähneknirscher«) und **Tanngrisnir** (»Zähnefletscher«): german. *Bockspaar* vor →Thors Wagen, den er mit der Linken lenkt, während seine Rechte den Hammer →Mjöllnir schwingt.

Tanngrísnir →Tanngnjóstr

Tannin (hebrä. »Schlange, Seeungeheuer, Krokodil«), *Drákon* (griech. »Drache«), *Draco* (lat.): **1)** jüd. *Ungeheuer* in der Urzeit sowie *Verkörperung* der *chaotischen Kräfte* und widergöttlichen Macht. T. ist z.T. identisch mit der Riesenschlange →Liwjātān. **2)** christl. eschatologischer *Schlangendrache,* der den ganzen Erdkreis zunächst beherrschen, dann aber endgültig bezwungen werden wird. Sein Beiname ist »alte Schlange«. Mit seinem Schwanz fegt er ein Drittel aller Sterne vom Himmel und wirft sie auf die Erde. Er wartet vor der schwangeren Frau, um sogleich deren Kind noch bei der Geburt zu verschlingen. Nach einem im Himmel (→Uranoí) verlorenen Krieg des D. mit seinen Engeln gegen →Michaél und dessen Engel wird der D. mit seinen Engeln auf die Erde hinabgeworfen.

Tannin, jüd.-christl. Schlangendrache, der die schwangere Frau verfolgt, um sogleich deren Kind noch bei der Geburt zu verschlingen, ein Mischwesen mit sieben Häuptern und zehn Hörnern (Bibel, Apokalypse 13,11) (Holzschnitt von A. Dürer, um 1497/98).

Hier verfolgt er vergeblich die Frau und Mutter des inzwischen zum →Kýrios entrückten Kindes. Wenn er aus seinem Maul Wasser gleich einem Strom hinter der Frau her ausspeit, dann öffnet die Erde ihren Mund und trinkt den Strom, damit die Frau vom Strom nicht fortgerissen wird. Daraufhin ergrimmt der Drache über die Frau und führt Krieg mit ihren übrigen Nachkommen. Der feuerrote D. wird mit 7 Köpfen, 10 Hörnern und 7 Kronen dargestellt und mit →Diábolos und →Satān identifiziert. Der die schwangere Frau und deren ungeborenes Kind verfolgende D. entspricht dem die schwangere (griech.) →Letó verfolgende →Pýthon bzw. →Typhón.

Tántalos △, *Tantalus* (lat.): griech. *König* in Phrygien, ein Sohn des →Zeús, Gatte der Dione und durch sie Vater von →Pélops und →Nióbe. Als Tischgenosse der Götter auf dem →Ólympos stahl er →Néktar und →Ambrosía, um damit sterbliche Freunde zu bewirten. Um die Allwissenheit der Götter zu prüfen, setzte er ihnen seinen geschlachteten Sohn Pélops zur Speise vor. Zur Strafe für diesen Frevel muß er im →Tártaros die Qualen des Hungers und Durstes erleiden. Bis zum Kinn unter einem Fruchtbaum im Wasser stehend, hat er stets Hunger und Durst, weil Früchte und Wasser stets vor ihm zurückweichen. – *Wort:* Tantalusqualen.

Tao (»Weg«): chines.-taoist. *Zentralbegriff* vom *Urquell* des Seins als der *Mutter* des Himmels und der Erde, die die 10000 Wesen gebiert und ernährt, und wohin alle Dinge wieder zurückkehren. Die Einsicht in dieses universelle Gesetz ist →Ming, was einen →Hsien charakterisiert. Das dem →Lao-tzu zugeschriebene Tao-tē-king handelt vom Erfassen des T. und dessen Wirksamkeit und Kraft im te.

Tao-te t'ien-tsun (»Himmlischer Ehrwürdiger des Tao und Te«): chines. *Himmelsgott,* der den dritten Himmel T'ai-ch'ing regiert und zu den →San-ch'ing zählt. Um die Menschen das →Tao zu lehren, nimmt er die verschiedensten Gestalten an: So ist er identisch mit →Lao-chün, d.h. mit →Lao-tzu. Die dritte Abteilung des taoist. Kanons (Tao-tsang) untersteht dem T.

Tapio △: finn. *Waldgeist,* der für die Jäger die Tiere aus dem Wald führt, und *Herr des Waldes.* T. ist Gatte der →Nyrckes und Vater der →Anniki. Um eine gute Beute zu machen, muß das erste erbeutete Tier ihm zum Opfer dargebracht werden, indem man es auf die unteren Zweige einer Fichte legt, was man als »Tisch des T.« bezeichnet.

Tārā ▽ (sanskr. »Stern, Retterin«), Tārini, Dölma (tibet.): buddh. weiblicher transzendenter →*Bodhisattva* und Personifikation des Erbarmens mit 108 Ehrentiteln, so daß zu jeder Perle des buddh. Rosenkranzes eine ihrer Anrufungen gesprochen werden kann. Sie tritt in 21 Erscheinungsformen auf, darunter in 7 als weiße, in 9 als grüne, dazu als gelbe, blaue und rote T. Die grüne und gelbe T. gilt als *Schutzgöttin* Tibets. Als →Prajña ist sie dem Buddha →Amoghasiddhi zugeordnet. Ikogra-

Tārā, buddh. transzendenter weiblicher Bodhisattva, die sogenannte »grüne Tara« (Tibet. Blockdruck).

phisch wird sie gekennzeichnet durch bis zu 4 Köpfe und mit 2 bis 8 Armen. Ihre →Mudrā ist die Gewährung oder Unterweisung, ihr Attribut der Lotos.

Taranis △ (kymr. von *taran*=»Donner«): kelt. *Himmels-* und *Gewittergott* (der Gallier), dem zu Ehren Menschen in Holzkübeln verbrannt wurden. Seine Attribute sind Rad und Blitzstrahl. T. ist dem röm. →Iupiter gleich.

Tarchunt △ (»Mächtiger, Sieger«): churrit. *Wettergott.*

Tarchunt →Taru

Taringa-Nui △ (»Große Ohren«): polynes. *Gott* der *Fischer,* dessen Hilfe vor jeder Ausfahrt erfleht wird. Sein Abbild ist am Bug eines jeden Fischerbootes angebracht.

Tārini →Tārā

Tartalo →Torto

Tártaros △ (»Abgrund«), *Tartarus* (lat.): griech. **1)** finsterer und tiefster Raum der Unterwelt (→Hádes) in der Tiefe der Erde, ein *Göttergefängnis,* in dem →Zeús u. a. die →Titánes gefangenhielt, aber auch *Strafort* der Frevler, die hier ihre ewigen Strafen büßen, u. a. →Tántalos, →Sísyphos, →Tityós, →Orion und die →Danaídes. Der T., der von einer dreifachen Mauer umgeben ist, die der →Pyriphlegéthon umfließt, steht im Gegensatz zum →Elýsion. **2)** Personifikation der Unterwelt sowie Sohn der →Gaia und durch sie Vater von →Échidna und →Typhón.

Taru △, *Tarchunt* (luw.): protohatt. *Wettergott,* der als Gatte der →Wurushemu und Vater von →Inar(a) und →Telipinu gilt. Er entspricht dem hethit. →Ishkur.

Tarzan △: engl.-amerikan. *Dschungel-Heros* von großer Kraft, *Typus* des Kampfes ums Dasein - bei diesem Kampf der Gegensätze von Natur und Zivilisation überlebt der Stärkere - sowie *Titelheld* der Science-Fiction-Literatur (→Zwanzigstes Jahrhundert). T. ist Sohn des engl. Lords von Greystocke, Gatte der Amerikanerin Jane und Vater des (»Korak«) Jack. T. wurde an einer einsamen Küste Afrikas geboren. Als kurz darauf seine Eltern starben, zog ihn ein Affenweibchen, das seine eigenen Jungen verloren hatte, auf. Mit Hilfe eines alten Buches lernte T. autodidaktisch lesen und den Gebrauch des Messers. Er wurde Häuptling der Affenhorde und besteht viele Abenteuer. Im Urwald bewegt er sich von Liane zu Liane schwingend, um alles Auffällige und Verdächtige schnell zu erkennen und sofort darauf zu reagieren. Als er einmal in das Reich der Ameisenmenschen gelangte, nahm er mit Hilfe eines Wundermittels deren Insektengröße an. Da T. von hoher Intelligenz ist und viele Sprachen sprechen kann, wurde er mit Hilfe seines Vetters Mitglied der engl. Oberhauses.

Romane: Edgar Rice Borrough (1912-1944); *Comics* (seit 1929 ff.); *Filme* (seit 1918 ff.).

Tashmētu ▽ (»Erhörung«): akkad. *Göttin,* die Bittgebete erhört und

»Sünde bricht«. Ihren Schützlingen verleiht sie die »Kunst des Tafel-schreibens«. Sie ist die Gemahlin des →Nabū.

Tashmishu △: churrit. *Gott,* ein Bruder und Helfer des Wettergottes →Teshub.

Tate △: indian. *Windgott* und *Herrscher* über die *Jahreszeiten* bei den Dakota (Sioux). Er läßt auf Anweisung des →Skan die Seelen den Geisterpfad passieren.

Tatenen △, *Tenen, Ten* (»erhobenes Land«): ägypt. *Ur-* und *Erdgott,* die Personifikation des beim Weltbeginn aus dem Urmeer auftauchenden Urhügels, der Erde. Ihm gehören die Mineralschätze der Erde, und er spendet Früchte und Speisen, die aus der Erde hervorkommen. Er ist der Urgrund allen Seins, aber auch Gott der *Zeit,* der den Königen die Regierungsjahre schenkt, und Gott des *Handwerks,* der bei der Tempelgründung mitwirkt. Dargestellt wird er mit Widderhörnern und Federkrone. Später ist er mit →Ptah zu Ptah-Tatenen und mit →Horus zu Horus-Tatenen verschmolzen und wird auch mit →Osiris verbunden, der seine Grabstätte auf dem Urhügel des Tatenen fand.

Tathāgata (sanskr. »der so Dahingelangte«): buddh. Titel des →Siddhārtha →Gautama →Buddha, der später für die 5 transzendenten Buddhas (→Dhyāni-Buddhas) gebraucht wird.

Tathāgatha →Dhyāni-Buddha

T'au-i △ (»das höchste-Eine«), *Ta-i* (»das große Eine«): chines. *Sterngott,* der im Purpurpalast, dem Sternbild Tzu-kung, residiert. Während der Sung-Dynastie war er der höchste von 9 bzw. 10 Sterngöttern und hieß Chiu-kung T'ai-i (»T'ai-i der 9 Paläste«). T'au-i herrscht über die →San-i.

Ta-uret →Thoëris

Taurvi →Zārich

Tāvatimsa, *Trāyastrimsha:* buddh. *Göttergruppe* (→Deva), die in der gleichnamigen zweiten Himmelsetage 1000 Jahre lebt, wobei für sie 1 Tag gleich 100 Menschenjahre zählt. Zu ihr gehören 33 (ved.) Götter, deren Herrscher Shakra ist.

Tawa: indian. *Sonnengeist* und *Schöpfer* der Menschen bei den Pueblo-Hopi. Als Sonnen →Katchina ist T. mit Adlerfedern um den Kopf dargestellt.

Tawhaki △: polynes. *Donner-* und *Blitzgott* (der Maori) sowie edler *Heros,* der auszog, seinen Vater Hema zu suchen und Rache an den Gnomen zu nehmen, die diesen mißhandelt hatten. Sein törichter Bruder Kariki begleitete ihn dabei. T. ist Vater des Wahieroa. In Gestalt eines Drachen bzw. mit dessen Hilfe ist er in den Himmel aufgestiegen und traf auf der Fahrt seine blinde Großmutter Whaitiri, der er das Augenlicht zurückgab. T. ist seinem Enkel →Rata ähnlich.

Tawhiri △: polynes. *Gott* der *Stürme* und *Naturgewalten.* Er ist Sohn von →Papa und →Rangi und Bruder des →Tane, →Tangaroa, →Tu,

Ta-yü, chines. Heros der Sintflut.

→Rongo und →Haumia. Da T. Anstoß an der Tat seines Bruders Tane nahm, der die Eltern voneinander getrennt hatte, sandte er seine 4 Winde aus, schickte Sturmwolken, zerbrach die Bäume in den Wäldern Tanes und peitschte die Wasser Tangaroas. Seitdem herrscht Zwietracht unter allen Brüdern.

Tawiskaron △ (»Feuerstein«): indian. böser *Geist* und großer *Zauberer* bei den Irokesen, dem Abend und Nacht entsprechen. Er steht im Gegensatz zu seinem guten Zwillingsbruder →Teharonhiawagon, dessen gute Schöpfungen er verdarb.

Tawrich →Zärich

Ta-yü (»großer Yü«): chines. Begründer der Hsia-Dynastie und Nachfolger des →Shun, *Heros* der Sintflut und »Meister der Fluten«, die er beendete, indem er die Gebirge durchbohrte und so Abflüsse für die Gewässer, die bereits bis zum Himmel gestiegen waren, schuf. Er vermaß die 9 Provinzen des Landes und machte das Land urbar, wobei er sich so sehr anstrengte, daß er zu hinken begann. Sein hinkender Gang wird im →Yü-pu nachgeahmt.

Ta'ziya (arab. »Beileidsbezeugung«): islam. *Passions-* und *Mysterienspiel* bei den Shi'iten mit Klagen um die Märtyrer →Imāme, insbesondere um →al-Husain. Personen des Schauspiels sind Engel (→Malā'ika) und Personen der Heilsgeschichte. T. wird im ersten Drittel des Muharram, insbesondere am zehnten Tag dieses Monats aufgeführt.

Ta'ziya, islam.-shiitisches Passionsspiel im Hof der Moschee von Rustemabād (1860) zur Erinnerung an die Ermordung des al-Husain.

Tcabuinji △ **und Wagtjadbulla** △**:** austral. *Blitzbrüderpaar,* das um die Gunst Canandas, der Frau des älteren T., kämpfte, bis der jüngere W. im Kampf getötet wurde.

Tēbāh (hebrä. »Kasten, Kiste«), *Kibotós* (griech.), *Arca* (lat.) *Arche* (dt.): **1)** jüd. *Fahrzeug,* das →Nōach auf Anweisung des →Jahwe-Elōhim gebaut hat, um sich mit seiner Familie und einer Auswahl (reiner und unreiner) Tiere vor dem Untergang in der Sintflut (→Mabul) zu retten. Die Arche war ein großes, auf ein Floß aufgebautes Kastenhaus. **2)** christl. *Typus* der Taufe, der Kirche und des ewigen Lebens.

Tecciztecatl △ (»der aus dem Land des Meerschneckengehäuses«): indian. zögernder *Sonnengott* - im Gegensatz zum demütigen →Nanautzin -, der später zum *Mondgott* wurde, sowie *Kalendergott* des sechsten

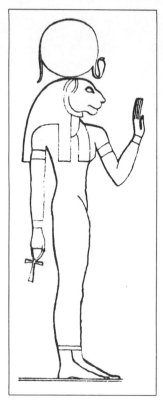

Tefnut, ägypt. löwenköpfige Göttin des lebenspendenden Taus.

Tages im Monat bei den Azteken. Am Beginn des fünften Weltzeitalters erklärte sich T. schließlich bereit, sich zur Rettung des Universums vor dem Untergang zu opfern und zu verbrennen, damit Sonne und Mond ihre Bahn fortsetzen und dem neuen Zeitalter Licht spenden können. Dabei wurde T. zum Mond. Sein Attribut ist das Schneckenhaus.

Tefnut ▽ (»Feuchtigkeit«), Tphenis (griech.): ägypt. Personifikation der *Feuchtigkeit* als eines Grundelements des Kosmos und Göttin des lebenspendenden *Taus*. Nach der →Götterneunheit ist sie die Tochter des →Atum, Schwester und Gattin des →Schu, Mutter von →Geb und →Nut. Sie und Schu bringen die Zweiheit in die Welt, mit der die geschlechtliche Fortpflanzung beginnt. Sie sind das »Paar, das die Götter erzeugt hat«. Ihr Fest wurde am 1. V. des ägypt. Jahres gefeiert. Im Kult der *Löwengöttin,* die löwengestaltig dargestellt wird, spielen Besänftigungsriten eine Rolle. Zu diesen gehören Textrezitationen, Musik, Tanz und Weindarbringung. Als »Augenkinderpaar« des Sonnengottes bezeugen sich T. im Mond und Schu in der Sonne. In röm. Zeit werden T. und Schu zum Tierkreis der Zwillinge. T. wird später mit der →Ma'at gleichgesetzt.

Teharonhiawagon △ (»der den Himmel mit zwei Händen hält«), *Oterongtongnia* (»Bäumchen«): indian. guter *Geist* und *Schöpfer* sowie *Spender* von Gesundheit und Wohlstand bei den Irokesen, auch *Personifikation des Guten.* Seine schöpferischen guten Taten wurden von seinem Zwillingsbruder →Tawiskaron so lange verhindert oder zunichte gemacht, bis es zu einem Kampf kam, in dem T. siegte. Dem T. entsprechen der Morgen und der Tag.

Te Io Ora △ (»Kern des Lebens«): polynes. männlicher *Lebenskern* von →Io, aus dem →Atea entsteht. Seine weibliche Entsprechung ist →Io Wahine.

Teiresias △, *Tiręsias* (lat.): griech. blinder *Seher* und *Zeichendeuter* aus Theben. T. ist Sohn des Eueres und der →Nymphe Chariklo. Als er einmal die Göttin →Athéne nackt im Bade sah, wurde er von ihr geblendet und erhielt anstelle des verlorenen Augenlichts die Gabe, die Vogelsprache zu verstehen. Eine andere Version: Bei einem Streit zwischen →Héra und →Zeús um die Frage, ob Frau oder Mann mehr Lust an der geschlechtlichen Liebe hätten, sollte T. als Schiedsrichter fungieren. Als T. dann den Frauen neunmal mehr Vergnügen dabei zusprach als den Männern, blendete ihn Héra, wohingegen Zeús ihm die Sehergabe verlieh und seine Lebenszeit um das Siebenfache eines gewöhnlich Sterblichen verlängerte. T. offenbarte die Verstrickungen im Leben des →Oidípus und wurde von →Odysseús im →Hádes befragt.

Telipinu △, *Telipuna:* protohatt. *Vegetationsgott,* der als Sohn des →Taru und der →Wuru(n)shemu sowie als Gatte der Chatepinu (= Chatepuna) gilt. Er gebietet über Donner und Blitz und bringt Regen. Wenn er zürnt und »verschwindet«, entsteht eine Notzeit, in der alles irdische und himmlische Leben stillsteht. Dann machen sich die Götter auf die Suche, bis ihn die von der hethit. →Channachanna ausgesandte Biene in einem Hain schlafend wiederfindet und ihn mit ihren Stichen weckt. Wenn ihn dann noch die Menschen durch Rituale besänftigen, kehrt er zurück und beendet die Notzeit. Hauptkultort war die Hauptstadt Chattusha.

Teljawelik △, *Telvelik:* litau. *Schmiedegott,* der die von ihm geschmiedete →Säule an den Himmel gesetzt hat.

Tella →Churri

Tellus ▽ (lat. »Erde, Erdreich, Boden«): röm. *Erd-* und *Vegetationsgöttin, Göttin* des *Saatfeldes* und Personifikation der nahrungspendenden Erde. Ihr Beiname ist »Terra Mater« (»Mutter Erde«). Als Opfertiere werden ihr trächtige Kühe dargebracht. Dargestellt ist sie auf der Ara Pacis. - *Worte:* Tellus, Tellurium. - T. ist der →Ceres verwandt und der griech. →Gaia bzw. →Demeter gleich.

Telvelik →Teljawelik

Tempon Telon △: indones. *Totengeleiter* bei den Dajak, der als Steuermann die Seelen (liau) der Verstorbenen mit einem Seelenboot ins Land der Toten bringt.

Ten →Tatenen

Tenen →Tatenen

Tenga ▽: *Erd-* und *Fruchtbarkeitsgöttin* bei den Mosi in Obervolta. Sie ist die Gattin des Himmelsgottes →Na-Wende und die Mutter aller Büsche und Bäume. Die Untaten der Menschen, wie Blutvergießen, Vergewaltigung und Meineid, rächt sie durch Zurückhalten des Regens. Beim Fest zur Aussaat, *tengana,* werden auf dem Altar des Feldes und der Erde Opfer dargebracht.

Tengere △: sibir. *Himmelsgott* der Altaier. Er entspricht dem →Tangara der Jakuten und dem mongol. →Tengri.

Tengri △ (»Himmel«), *Tängi:* mongol. *Himmelsgott* und *Gott* der *Fruchtbarkeit* für Weiden und Herden sowie *Schicksalsgott.* Seine Beinamen sind »erketü T.« (»mächtiger Himmel«), »möngke T.« (»ewiger Himmel«) und »köke möngke T.« (»blauer, ewiger Himmel«). Die Burjäten nennen ihn »Esege Malan T.« (»Vater Kahlkopf T.«). T. steht als oberster Himmelsgott an der Spitze von 99 Himmlischen, von denen 44 der östlichen und 55 der westlichen Seite zugerechnet werden. Manchmal kommen noch 3 Himmlische der nördlichen Seite hinzu. Zu den 99 Himmlischen des T. stehen die 77 Erdmütter der →Etügen in Entsprechung. T. gleicht dem sibir. →Tengere der Altaier und dem →Tangara der Jakuten.

Ten-gū: japan. *Berg-* und *Waldkobolde,* die in Baumstämmen hausen und Kinder erschrecken. Ihr Anführer ist Sojo-bo. Dargestellt werden sie mit einem Schnabel und langer Nase.

Tenneit →Tinnit

Tennō △ (japan. »Himmlischer Herrscher«): shintoist. Titel des japan.

Tellus, röm. Erd- und Vegetationsgöttin mit Kindern und einer trächtigen Kuh.

Kaisers und Oberhaupt des Shintō. Der erste T. ist →Jimmu-tennō (660–585 v. Chr.), ein Urenkel des von der Sonnengöttin →Amaterasu bestimmten Herrschers über das japan. Reich. Bekannt ist der T. →Hachiman. Nach dem 2. Weltkrieg zwangen die Amerikaner den 124. T. Hirohito (1926–1989) in seiner Neujahrsansprache an das japan. Volk am 1. Januar 1946, um der neuen demokratischen Verfassung willen auf die von seiner göttlichen Herkunft abgeleiteten Vorrechte zu verzichten.

Tepeyollotl(i) △ (»Hügel-Herz«): indian. *Erd-* und *Höhlengott* der Azteken, der Erdbeben und Echo verursacht, *Kalendergott* des dritten Tages im Monat und achter Regent der Nachtstunden. Sein Symboltier ist der Jaguar.

Terminus △ (lat. »Grenzstein, Grenze«): röm. *Gott* und Personifikation der *Grenzsteine,* der die Einhaltung der Grenzen zwischen den Nachbargrundstücken garantiert. Ihm zu Ehren wurden am 23. Februar von den Grenznachbarn gemeinsam die *Terminalia* gefeiert.

Terpsichóre ▽ (»die Reigen-, Tanzfrohe«), *Terpsichore* (lat.): griech. *Muse* des *Tanzes* und der Lyra. Sie gehört zu den 9 →Músai und ist eine Tochter des →Zeús und der →Mnemosýne.

Tesheba △: urartä. *Wettergott,* der mit →Chaldi und →Shiwini eine Trias bildet und dem churrit. →Teshub, dem protohatt. →Taru und dem hethit. →Ishkur entspricht.

Teshub △, *Teshup:* churrit. *Wettergott* und vierter *Götterkönig* im Himmel, der seinen Vater →Kumarbi in der Himmelsherrschaft ablöst. Er ist ein Bruder von →Shaushka und →Tashmishu sowie Gemahl der →Chebat und Vater des →Sharruma. Sein Wetterwagen wird von den Stieren →Sheri und →Churri gezogen. Dargestellt ist er meist über den Bergen Nanni (= Namni) und Hazzi. Seine Attribute sind Doppelaxt und Blitzbündel, und er ist dem urartä. →Tesheba, dem protohatt. →Taru und dem hethit. →Ishkur gleich.

Tetejetlen nagy fa: ungar. *Weltenbaum,* der durch mehrere Welt- und Himmelsschichten bis zur Spitze des Himmelsgewölbes reicht. Der Hügel unter T. bedeutet die Spitze des Weltberges. Das Erklettern des T. gehört zu den Prüfungsaufgaben eines →Táltos.

Teteo innan ▽ (»Mutter der Götter«), *Tonan, Tonantzin* (»unser Mütterchen«): indian. *Erdgöttin* und *Göttermutter* bei den Azteken, für Frauen ist sie *Geburtsgöttin* und für Männer *Kriegsgöttin, Schutzgöttin* der Medizinmänner, Wahrsager und Hebammen. Ihr Beiname ist »Toci« (»unsere Großmutter«). Ihr Attribut ist der Besen.

Tethra △: kelt. *König* der →Fomore und Herrscher über →Mag Mell, der in der ersten Schlacht von →Mag Tured getötet wurde.

Teufel △: allg. Bezeichnung für ein übernatürliches *Wesen* mit größerer Machtfülle, das, - anders als die guten →Geister und →Engel, den Gottheiten und Menschen feindlich gesonnen ist. Er repräsentiert das Böse. Sein Wohnsitz ist meist die →Hölle. Der T. gilt als Anführer der →Dämonen, als Verführer der Menschen und Verursacher aller Übel. Er treibt es mit den →Hexen und hat die →Sünder in seiner Gewalt. Von den verschiedenen T. sind insbesondere zu nennen: →Ahriman, →Angra Mainyu, →Diábolos, →Beliár, →Beélzebúl, →Mára, →Pazūzu, →Sātān. – *Plastik:* N. d. Saint Phalle (1987); *Gemälde:* D. A. Siqueiros (1947), K. Sugai (1954); *Kupferstich:* A. Dürer (1523); *Ballett:* F. Lhotka (1935); *Worte:* Teufel(in) (fig.), Teufelei, Teufelsabbiß, Teufelsarbeit, Teufelsaustreibung, Teufelsbeschwörer, Teufelsbeschwörung, Teufelsbraten, Teufelsbrücke, Teufelsbrut, Teufelsdreck, Teufelsei, Teufelsfisch, Teufelskerl, Teufelskralle, Teufelsnadel, Teufelsrochen, Teufelswerk, Teufelszwirn, teuflisch.

Teutates △ (gall. »Vater des Stammes«), *Totatis:* kelt. *Kriegs-* und *Stammesgott* der Gallier, *Gewerbegott* sowie *Gott* der *Fruchtbarkeit* und des *Reichtums.* Seine Beinamen sind: Albiorîx (»König der Welt«), Caturîx (»König des Kampfes«), Rîgisamos (»Sehr Königlicher«), Toutiorîx (»König des Stammes«), Loucetios (»Glänzender«) und Maponos (»großer Jüngling«).

Tezcatlipoca △ (»rauchender Spiegel«): indian. einbeiniger *Kriegs-* und *Stammesgott* der Azteken, *Schutzgott* des Jaguar-Kriegerordens, *Rächergott, Schutzpatron* der Zauberer und Bösewichte, *Schutzgott* des dreizehnten und achtzehnten Kalendertages im Monat, zehnter Regent der Tagstunden sowie *Personifikation* der Sterne, des Nachthimmels, des Winters und des Nordens. T. ist der dunkle Gegenspieler zum lichten →Huitzilopochtli und größter Widersacher des →Quetzalcoatl. Er entführte die Göttin →Xochiquetzal. Seinen Fuß verlor er als Gott der untergehenden Sonne aufgrund des vorzeitigen Schließens der Tore der Unterwelt. Dargestellt wird er mit schwarzer Körperbemalung und mit einem Spiegel vor der Brust. Sein Symboltier ist der Jaguar. T. entspricht dem →Huracán der Maya.

Thab-lha △: tibet. *Herdgott* bei den Bon-po, der jede Verunreinigung seines Feuers ahndet. Dargestellt wird er mit roter Körperfarbe. Sein Begleittier ist die Schlange.

Thakur Baba △: ind. *Sonnen-* und *Hauptgott* bei den Santal. Sein Beiname ist »Sing Chando«.

Christl. Teufel und geflügelter Schutzengel bemühen konkurrierend sich um den Menschen, während Gott das Gebot gibt: »*Du sollst keine fremden Götter haben!*« *Teufel und Engel sind Mischwesen aus Mensch und Tier, wenn auch mit unterschiedlicher Akzentsetzung (Bildtafel 1, Bilderkatech., 15. Jh., Codex Heidelbergensis 438).*

Tháleia ▽ (»die Blühende«), *Thalía* (lat.): griech. **1)** *Göttin* der *Anmut, Schönheit* und *Freude,* eine der 3 →Chárites. **2)** Muse der heiteren *Dichtkunst,* der *Komödie* und des Hirtenliedes. Sie ist eine der 9 →Músai und Tochter des →Zeús und der →Mnemosýne. Ihre Attribute sind Maske, Efeukranz und Krummstab.

Thalna ▽: etrusk. *Geburtsgöttin,* die oft in Begleitung des Himmelsgottes →Tinia erscheint.

Thánatos △ (»Tod«): griech. *Gott* und Personifikation des natürlichen wie gewaltsamen *Todes.* Er trägt die Verstorbenen in den →Hádes. Th. ist Sohn der →Nýx und Bruder von →Kér, →Hýpnos, →Mómos, →Némesis und →Éris. Dargestellt wird er als geflügelter Dämon mit gesenkter Fackel. – *Wort:* Thanatophobie.

Theia ▽ (»die Göttliche«), *Diva* (lat.): griech. *Licht-* und *Gestirnsgöttin,* eine der 12 →Titánes. Sie ist Tochter der →Gaía und des →Uranós, Schwester und Gattin des →Hyperíon und von ihm Mutter des →Hélios, der →Seléne und →Eós.

Thémis ▽ (»Satzung, Recht«): griech. *Göttin* der *Gerechtigkeit* und gesetzlichen *Ordnung,* des *Rechts* und der *Sittlichkeit,* über deren Einhaltung bei Göttern und Menschen sie wacht. T. ist Tochter der →Gaía und Gattin des →Zeús und von ihm Mutter der →Moírai und →Hórai. Von ihrer Mutter übernahm sie das Delphische Orakel, um es später an ihre Schwester →Phoíbe abzutreten. Ihr Orakelspruch warnte Zeús und →Poseidón vor einer Verbindung mit →Thétis.

Thermutis →Renenutet

Thesan ▽: etrusk. *Göttin* der *Morgenröte* und *Geburtshelferin,* die der griech. →Eós und der röm. →Aurora entspricht.

Theseús △, *Theseus* (lat.) griech. *Heros* und König in Athen. Er ist Sohn des Königs Aigeus und der Aithra, Gatte der →Antiópe und durch sie Vater des Hippolytos sowie Gatte der →Phaídra und durch sie Vater von Demophon und Akamas. Th. besteht mehrere Abenteuer. Er tötet in der Nähe von Korinth den Räuber Sinis und im →Labýrinthos von Kreta den →Minótauros unter Mithilfe der →Ariádne, die er entführt und auf Naxos allein zurückläßt. Mit Peiríthoos zieht er in den →Hádes, um

Thétis, griech. Meeresnymphe, die sich in einem Ringkampf durch Verwandlung in verschiedene Tiere (Löwe, Schlange) dem sie zur Gattin begehrenden sterblichen Peleús zu entziehen versucht.

→Persephóne zu entführen. - *Plastik:* Canova (1782); *Gemälde:* N. Poussin, O. Kokoschka (1958); *Opern:* Lully (1675), Händel (1713).

Thétis ▽: griech. *Meeresnymphe* und eine der bekanntesten 50 →Nereídes. Sie ist Tochter des →Nereús und der →Okeaníde Doris, Gattin des Peleús und von ihm Mutter des →Achilleús. Bei ihrer Hochzeit, bei der alle olympischen Götter anwesend sind, überreicht →Páris der →Aphrodíte den Apfel der →Éris. Als T. bei dem Versuch, ihren neugeborenen Sohn unsterblich zu machen, von ihrem Gatten überrascht wurde, verließ sie ihn und kehrte zu ihrem Vater ins Meer zurück.

Thinit →Tinnit

Thjazi △: german. *Sturmriese* (→Jötunn), der in Thrymheimr wohnt und Sohn des Alvaldi (»der Allgewaltige«) sowie Vater der →Skadi ist. Als Th. einmal die Göttin →Idun entführte, erschlug ihn der Gott →Thor mit Hilfe →Lokis und warf dessen Augen als Sterne an den Himmel. Th. wird in der Gestalt eines Adlers dargestellt.

Thoëris ▽, *Toeris, Ta-uret* (»die Große«): ägypt. *Nilpferd-* und *Geburtsgöttin,* die die Frauen bei der Geburt und beim Stillen beschützt. Dargestellt wird sie als aufrecht stehendes, trächtiges Nilpferd, aber auch mit Krokodilkopf und Löwenbeinen. Ihr Attribut ist die Sa-Schleife, ein Schutzzeichen.

Thökk ▽ (nord.»Dank, Freude«): german. *Riesin* (→Jötunn), die als einziges Lebewesen den Tod des Gottes →Balder nicht betrauert. Da jedoch die Göttin →Hel zur Bedingung für dessen Freigabe aus dem Totenreich gemacht hat, daß alle Lebewesen um Balder weinen müssen, ist dessen Schicksal in der Unterwelt des Totenreiches bis zum Ende von →Ragnarök besiegelt.

Thor △ (nord.), *Donar* (ahd.»Donner«): german. *Donner-, Gewitter-* und *Fruchtbarkeitsgott* sowie *Schutzgott* der Götter und Menschen vor den dämonischen Riesen (→Jötunn). Er überwindet →Hrungnir, →Hymir, →Skrýmir, →Thjazi und →Thrymr. Th. gilt als Sohn →Odins und der →Jörd, als Gatte der →Sif und als Stiefvater des →Ull. Die beiden Böcke →Tanngnjóstr und Tanngrisnir ziehen seinen Himmelswagen. Z. Zt. von →Ragnarök wird er mit seinem Hammer →Mjöllnir die →Midgardsomr töten und dabei selbst an ihrem giftigen Atem zugrunde gehen. Nach D. ist der Donnerstag als *donarestag* (ahd.»Tag des Donar«; *Thursday,* engl.; *Torsdag,* dän. u. schwed.) benannt, da er später dem röm. →Iupiter gleichgesetzt wurde. Nach Th. ist das chemische Element *Thorium* benannt, und als Superman findet sich Th. in der Comics-Serie »Der mächtige Th.« (seit 1962).

Thot △ (griech.), *Djehuti* (ägypt.), *Thout* (kopt.): ägypt. *Mondgott,* der »silberner Aton« genannt wird. Im Mythos vom zu- und abnehmenden Mond sucht und findet der »Herr des Mondauges« das entschwundene Auge des →Horus, bringt es zurück, »füllt« das im Kampf mit →Seth ausgelaufene Auge wieder und heilt es. Da auf dem Mondumlauf der *Ka-*

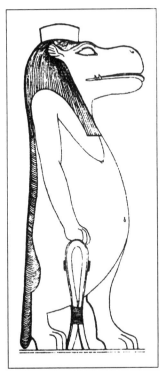

Thoëris, ägypt. Geburtsgöttin, ein Mischwesen in Gestalt eines aufrecht stehenden, trächtigen Nilpferds mit Krokodilkopf und Löwenbeinen. Ihr Attribut ist die Sa-Schleife.

Thor, german. Donnergott auf der Titelseite eines neuzeitl. Comic-Heftes.

lender beruht, ist er »Herr der Zeit und Rechner der Jahre«, »der die Zeiten und Monate und Jahre scheidet«. Er verzeichnet die Jubiläen der Könige und bucht die Jahre der Menschen. »Er verkündet das Morgen und schaut auf das Nachher.« Als *Schutzgott* des Schreib- und Rechnungswesens unterstehen ihm die Archive und Bibliotheken. An dem Ort, wo alles Wissen aufbewahrt und weitergegeben wird, am »Lebenshaus«, wohnt er. Als »Herrscher der Bücher« ist er Patron *der Schreiber,* die sich als »Zunft des Thot« bezeichnen und ihm jedesmal, bevor sie ihre Schreibarbeit beginnen, einen Tropfen aus dem Wassernapf ihres Schreibgeräts opfern. Er ist der Schöpfer der *Schrift* und der geordneten Rede. Auf ihn, den »Herrn der Fremdländer«, gehen die *Sprachen* der fremden Völker zurück. Da Schrift und Rede ihr Ziel in der Setzung von Recht und Ordnung erreichen, ist er *Schutzgott der Satzungen* und »Herr der Gesetze«. Die alten heiligen Schriften als »Gottesworte«, die geheimes Wissen vermitteln und kultische Ordnungen regeln, stammen aus seiner Hand. Alles Wissen ist in Thot vereint. Da dieses Wissen Macht verleiht, ist es von magischer Kraft. Als »Arzt des Horusauges« gibt er den Ärzten die *Rezeptbücher* in die Hand. Kraft des zaubermächtigen Wortes ist er auch *Schöpfergott* und *Weltregierer.* Durch sein Wort bringt er - in Gemeinschaft mit dem Sonnengott →Re, dessen Stellvertreter er ist, Götter, Menschen und Dinge hervor. Der Mond geht auf, wenn die Sonne untergegangen ist. Sein Dienst an →Osiris, der sich an jedem Verstorbenen wiederholt, unterstreicht seine Bedeutung als *Totengott.* Er

wacht im Jenseitsgericht protokollierend über die Wägung der Herzen. Da über ihn der Weg zu Osiris führt, ist er Wegbereiter und *Seelenführer* zum Jenseits. Als *Götterbote* verkündet er der Königin die Geburt ihres Kindes. Thot gilt als Sohn und Vezier des Re sowie als Bruder und Gatte der →Ma'at, aber auch als Gatte der →Nechmet-awaj und mit ihr als Vater von Nefer-hor, mit denen er eine Trias bildet. Nach Thot nennen sich die Könige der achtzehnten Dynastie *Thutmosis* (»Kind des Thot«). Er ist Patron des nach ihm benannten ersten Monats »Thot« im ägypt. Jahr, der noch heute Monatsname im kopt. Kalender ist. Sein Fest am 19. I. des ägypt. Jahres ist zugleich ein Totenfest. Hauptkultorte waren Hermopolis parva im Nildelta und Hermopolis magna im fünfzehnten oberägypt. Gau. Der als Ibis bzw. ibisköpfig, manchmal auch als Pavian Dargestellte hat als Attribut ein Schreibgerät bzw. eine Palmrippe. Die Griechen haben ihn dem →Hermés gleichgesetzt.

Thot, ägypt. Richtergott, der beim Gericht eines Toten im Jenseits das Ergebnis notiert. Links führt Anubis den Verstorbenen zum Gericht herein und wägt dann dessen Seele auf der Waage. Rechts führt Horus den Verstorbenen, der das Gericht bestanden hat, zu Osiris (Ägypt. Totenbuch).

Thout →Thot

Thraētaona △, *Feridūn* (neupers.): iran. *Sonnen-* und *Kriegsgott*. Als *Heros* überwältigte er den Schlangendämon →Aži Dahāka und kettete ihn an den Berg Demavand. Als Kriegsgott und Feuerbringer wird er Feridūn genannt.

Thrivaldi △ (nord. »der Drei-Mächtige«): german. dreiköpfiger *Riese* (→Jötunn), mit dem Gott →Thor einen seiner Riesenkämpfe austrägt, bis er schließlich dessen Köpfe spalten kann.

Thrúdgelmir △ (nord. »der Kraft-Schreiende«): german. sechsköpfiger *Wasserriese* (→Jötunn). Er ist Sohn des →Aurgelmir und Vater des →Bergelmir.

Thunderbird, indian. Kriegs- und Regengott in Gestalt eines Adlers, der mit dem Schnabel blitzen und mit den Flügeln donnern kann.

Tiāmat, akkad. Urmutter des Alls und aller Gottheiten in Gestalt eines Chaosdrachen, der von Gott Marduk in Tötungsabsicht verfolgt wird.

Thrúdr ▽ (nord. »Kraft, Frau«): german. *Göttin* und Personifikation der *Kraft* als einer Eigenschaft →Thors sowie dessen Tochter. Vom Riesen →Hrungnir wird sie entführt. Ihr Name bekommt später als *Trud* und *Drud* die Bedeutung von Hexe und Zauberin.

Thrymr △ (nord. »Lärm«): german. *Riese* und Herrscher über die →Thurs. Als Th. einmal den Hammer →Mjöllnir des Gottes →Thor gestohlen hatte, wurde er von letzterem erschlagen. Nach Th. ist das Eddalied Thrymskvida benannt.

Thunderbird (engl. »Donnervogel«): indian. mächtiger *Adler, Schutz-*und *Kriegsgott* bei den Algonkin, aber auch *Regengott,* der mit dem Schnabel blitzt und mit den Flügeln donnert. Th. assistiert dem →Manabhozho bei dessen Kampf gegen →Chibiados.

Thurs (nord. »Riese«): german. dämonische *Riesen,* die den Menschen, insbesondere Frauen, an Körper und Geist schaden und vor allem Krankheiten verursachen. Ihr Herrscher ist →Thrymr. Zu den Th. zählen u. a. →Útgardaloki und →Muspell. Eine besondere Gruppe bilden die →Hrimthursar. Das Geschlecht der Th. ertrank im Blut des erschlagenen →Ymir, mit Ausnahme von →Bergelmir, dessen Nachfahren die →Jötunn sind. Den Th. ähnlich sind die →Troll.

Ti (»Herr, Kaiser«): **1)** chines. *Urahn* des Volkes von Shang (2. Jtd. v. Chr.), ein *Herrscher,* der Regen und Dürre beeinflußt und das menschliche Schicksal lenkt. Später *Ehrentitel* des Ahnherrn der Könige. Seit der Chou-Dynastie gilt der Kaiser (Ti) als Himmelssohn (T'ien-tzu). **2)** chines. *Himmelsgötter,* die dem →Tao untergeordnet sind. Zu ihnen gehört u. a. →Huang-Ti. Später wird T. durch →T'ien verdrängt.

T'i →She-Ti

Tiāmat ▽ **später** ◇ (»Meer«): akkad. urzeitlicher *Chaosdrache* und Personifikation des *Salz(meer)wassers,* aber auch *Urmutter* des Alls und der Gottheiten. Sie gilt zunächst als Gemahlin des Süßwassergottes →Apsū, später als Frau ihres Sohnes →Kingu. Sie ist die Mutter von →Lachmu und →Lachamu. Vor der Erschaffung des Kosmos bildeten T. und Apsū

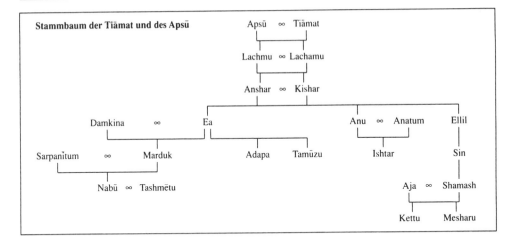

Stammbaum der Tiāmat und des Apsū

Apsū ∞ Tiāmat

Lachmu ∞ Lachamu

Anshar ∞ Kishar

Damkina ∞ Ea

Anu ∞ Anatum   Ellil

Sarpanitum ∞ Marduk

Adapa   Tamūzu

Ishtar   Sin

Nabū ∞ Tashmētu

Aja ∞ Shamash

Kettu   Mesharu

einen Urozean, in dem sie »ihre Wasser in eins vermischten«. Als danach mehrere Göttergenerationen entstanden waren, tötete →Ea den Apsū, und als T, um Apsū zu rächen, die jungen Götter vernichten wollte, besiegte →Marduk, der »Drachentöter«, die T., halbierte ihren Leichnam wie eine Muschel und bildete daraus das Himmelsgewölbe und die Erde. Im hebräischen Schöpfungslied (Gen 1,2) erscheint T. als Tehōm (»Tiefe«).

Tiberis △, *Tiber* (dt.): röm. *Flußgott* und Personifikation des bedeutendsten Flusses in Mittelitalien, an dessen Unterlauf die Hauptstadt Rom liegt. T. ist Gatte der Vestalin →Rhea Silvia. Sein Tempel befand sich auf der Tiberinsel von Rom.

Tibeter: Beg-tse, 'Dre, bDud, Klu, Kun-tu-bzan-po, sK'yun ka'i mgochan, Lha, Lha-mo, dMu, Nang lha, gNyan, Pe-kar, Sa-bdag, Sangs-po bum-khri, gShen-lha od-dkar, Sipe gyalmo, Sri, Thab-lha, bTsan, Yum-chen-mo.

Tibil: iran. irdische *Welt* als eine Welt der Finsternis und des Bösen, der Lüge und des Todes bei den Mandäern. T. wurde von →Ptahil aus dem sich verdichtenden schwarzen Wasser geschaffen. Beherrscht wird T. von →Rūhā und ihren Söhnen, den Planeten und Tierkreisen. Am Ende der Tage wird T. zusammen mit Rūhā durch Feuer vernichtet werden.

Tieholtsodi: indian. *Ungeheuer* und Anführer der Wassermächte neben der Erde. Seine Mitregenten sind der Blaureiher, der Frosch und der Sturm. In einem Disput mit der Menschenrasse sandte er die Sintflut, deren Rückgang dann durch →Koyote veranlaßt wurde.

T'ien ◇ (»Himmel«): **1)** chines. *Gruppe von 36 Himmeln*, die in 6 Stufen angeordnet sind und von den →Shen bewohnt werden. Die bedeutend-

T'ien, chines. sechsstufiger Himmel im Jenseits mit der Himmelsbürokratie, mit hohen und niederen Beamten, die für Erdbeben, Flut, Dürre usw. zuständig sind. In der oberen Reihe sind die drei universalen Heiligen: Lao-tzu, Buddha und K'ung-tzu. In der Mitte (senkrecht darunter): der Jade-Kaiser, der oberste Staatsdiener, die Göttin von Tai-shan und der König der Unterwelt. Darunter: der Direktor der Viehpest mit dem Stadtgott und dem Ortsgenius (Holzschnitt).

sten sind die Himmel →San-ch'ing auf der vorletzten Stufe, die von den →T'ien-tsun bewohnt werden. Der höchste und letzte Himmel Taoluo-t'ien (»Himmel des Großen Netzes«) trennt das Universum von den Fixsternen. 2) chines. *Personifikation* des Himmels und allgemeiner Name für das höchste Wesen, das auf das Schicksal der Menschen einwirkt. Der Kaiser (→Ti) wird seit der Chou-Dynastie als T'ien-tzu (»Himmelssohn«) bezeichnet und hat als Mittler zwischen Himmel und Erde das Mandat des Himmels (→T'ien-ming).
Später wird T. mit →Shang-Ti und →Yü-huang gleichgesetzt.

T'ien Kung (»Himmels-Alter«): chines. *Himmelsgott* der monotheistischen Taiping-Bewegung.

T'ien-ming (»Himmels-Mandat«): chinesisches *Mandat* des Himmels, kraft dessen der Kaiser (→Ti) als T'ien-tzu (»Himmelssohn«) herrscht und die Aufgabe hat, die Zeichen himmlischer Zustimmung oder auch himmlischen Zorns zu erkennen und entsprechend zu handeln.

T'ien-shih (»Himmlischer Meister«): chines.-taoist. *Titel* aller von →Chang Tao ling abstammenden himmlischen Meister. Sie sind die Oberhäupter der Schule von Wu-tou-mi tao und von Cheng-i tao. Der jeweilige T. wird im Westen »taoist. Papst« genannt und residiert bis zum Ende der Republik (1949) auf dem Lung-hu-shan, danach auf Taiwan.

T'ien-tsun (»Himmlische Ehrwürdige«): chinesischer *Titel* für die 3 höchsten Himmelsgottheiten, die auf die Erde herabsteigen, um die Menschen zu belehren bzw. sich dabei der →Hsien zu bedienen. Zu ihnen zählen: →Yüan-shih t'ien-tsun, →Ling-pao t'ien-tsun und →Tao-te t'ien-tsun. Die T. sind den buddh. →Bodhisattvas vergleichbar.

T'ien wang →Devarāja

Tiergottheiten △ ▽: allg. Bezeichnung für →Götter und Göttinnen als Verkörperungen der den Menschen oft überlegenen physischen und psychischen Kräfte der wilden und zahmen, der Herden- und Haustiere, ihrer Schnelligkeit, Flug- und Schwimmfähigkeit, ihrer Kraft und Fruchtbarkeit, ihrer Verjüngung durch Häutung und Klugheit. Besonders zahlreich sind die ägypt. T. wie: Kuh →Hathor, Katze →Bastet, Löwin →Sachmet, Falke →Horus und Stier →Apis. Zu erwähnen sind auch der shintoist. Fuchs →Inari, der hindu. Stier →Nandi, Affe →Hanumān und Elefant →Ganesha. Hierher gehört auch die Taube des christl. →Pneúma hágion. Besondere Bedeutung haben die Schlangen: german. →Midgard, ägypt. →Apophis, hindu. →Ananta, →Nāgas und →Vāsuki. Später werden die T. zu Begleittieren der Gottheiten, ihre Trag-, Reit- oder Zugtiere, sowie zu ihren Symboltieren (→Vāhana). Dargestellt werden die T. entweder in der vollständigen Gestalt des von ihnen ver- körperten Tieres oder als Tiermensch (halb Tier, halb Mensch bzw. tier- köpfig).

Tiermes: lapp. *Regen-* und *Gewittergott.* Dieser »Wolkenherrscher« und »Gewitteralte« hat Macht über Leben und Tod der Menschen. Er fährt auf einer weißen Wolke durch die Lüfte und trägt in einem Ranzen auf dem Rücken seine Blitze, die er Pfeilen gleich auf die Erde schleudert. Aus diesem *Hochgott* der Lappen wurden später zwei Göttergestalten ab- geleitet: →Horagalles und →Waralden-Olmai.

Tijaz →Tiwaz

Tiki △ (»Mensch«), *Tiʻi, Kiʻi:* polynes. *Himmelsgott* der Maori oder auch *erster* leiblicher *Mann* der Welt, der von →Tane als Gatte für →Hina er- schaffen wurde. Mit ihr ist er Vater des →Maui. Als T. erkrankte und Hina nicht ihre Zauberkraft nutzte, um ihn am Leben zu erhalten, kam der Tod in die Welt. T. ist auch Bezeichnung für die aus Holz oder Stein gefertigten menschenähnlichen Götterbilder, die als Giebelschmuck dienen.

Ti-lo-pa △ (tibet. »Mann, der Sesam zerstößt«): buddh.-tantr. *Asket* (Yogin) und *Guru.* Der Lehrer des →Nā-ro-pa ist einer der 84 →Māha- siddha. In der Meditation erlebte er Begegnungen mit den →Dākini und die Identitätserfahrung mit dem →Adi-Buddha Vajradhara. Dargestellt wird er mit einem Fisch und den Attributen: Sanduhrtrommel (damaru) und Schädelschale (kapāla).

Timirau →Tinirau

Tina →Tinia

Tindalo: melanes. *Geist* eines Verstorbenen, der zu Lebzeiten große Macht besessen hat. Manchmal wiederverkörpert er sich in einem Hai, einer Schlange oder einem Krokodil. Für T. werden Bilder errichtet, vor denen Speiseopfer und Geldgeschenke dargebracht werden.

Tingang △ (»Nashornvogel«), *Mahatala, Mahataral:* indones. *Himmels- gott* und *Herr* der *Oberwelt* bei den Ngadju-Dajak. Der *Schöpfergott* bildet zusammen mit seiner Gattin →Tambon als eine einzige androgyne Gottheit den Weltenbaum, dem alle Kinder entstam- men.

Tinia △, *Tina, Tin:* etrusk. *Himmelsgott,* höchster *Licht-* und *Blitzgott* sowie *Herrscher* über zwei Götterverbände, den Zwölfer- und den Ach- terrat. Er bewohnt den Norden des Himmelsbogens. T. ist Gatte der →Uni und Vater der →Menrva. Mit beiden ist er zu einer Trias verbun-

Tiergottheiten und Mischwesen

Tiergottheiten sind die Verkörperungen der vom Menschen als überlegen eingestuften physischen und psychischen Kräfte bzw. Fähigkeiten der wilden und zahmen, der Herden- und Haustiere; im Vordergrund stehen ihre Schnelligkeit, ihre Flug- und Schwimmfähigkeit, ihre Kraft und Fruchtbarkeit oder ihre Verjüngungsfähigkeit durch Häutung und ihre Klugheit.

Die vielfältig dargestellten Tiergottheiten erscheinen entweder in der vollständigen Gestalt des von ihnen verkörperten Tieres oder als Tiermenschen. Als letztere sind sie entweder halb Tier, halb Mensch oder aber tierköpfig und werden zu der dritten Gruppe der *Mischwesen* gerechnet. Tiergottheiten spielen vor allem in den Mythen der Ägypter und Griechen, aber auch bei den Hindus eine große Rolle. Aus den verschiedenen »Stammesgruppen« der Tiere sind es bevorzugt die Gliedertiere wie Skorpion und Käfer, in erster Linie aber die Wirbeltiere wie die im Wasser lebenden Fische und Reptilien – hier besonders Krokodil und Wasserschlange –, die den Himmel bevölkernden Vögel und die der Erde verbundenen Säugetiere.

Eine herausragende Stellung nehmen die einmal negativ, dann auch wieder positiv gewerteten Schlangen ein, zu denen die ägyptische Unterweltsschlange *Apophis,* die griechische Schlange *Hydra,* die germanische *Midgard* sowie die hinduistische *Ananta,* die als verehrungswürdige Weltenschlange die Unendlichkeit verkörpert und auch Ruhestätte des Gottes Vishnu ist, sowie die *Nagas* als Schutz- und Fruchtbarkeitsgenien gehören. In den ägyptischen Mythen spielen zudem der Falke *Horus,* die Kuh *Hathor* und der Stier *Apis* eine Rolle. Die hinduistische Mythologie kennt den Affen *Hanuman* und den Stier *Nandi,* afrikanische Mythen der Ewe erzählen vom widdergestaltigen *So* und germanische Mythen vom Wolf *Fenrir.* Zu nennen ist auch der shintoistische Fuchs *Inari* und bei den indianischen Algonkin der Adler *Thunderbird.*

Außer den rein tiergestaltigen Gottheiten gibt es die übernatürlichen und außernatürlichen *Mischwesen,* deren Gestalt eine Verbindung und Mischung entweder aus den Körpern verschiedener Tiere oder aus einem Tier- und Menschenleib darstellt. Die für den Menschen fremdartige Mischgestalt solcher Wesen bedeutet eine Potenzierung der menschlichen und tierischen Kräfte und Fähigkeiten. Einerseits geht von ihnen, wenn sie mit gefährlichen Tiereigenschaften ausgestattet sind, Bedrohung aus, andererseits verleihen gerade die bedrohlichen Kräfte Schutz vor unheilvollen Geistern und gelten dann als Glücksbringer. Die Mischwesen kommen in fünf verschiedenen Arten vor:

1. Ein und dasselbe Tier, z. B. die Schlange, zeigt eine Vermehrung bestimmter Körperteile wie die griechische neunköpfige *Hydra,* die hinduistische fünf- bzw. tausendköpfige *Ananta* und der fünfköpfige *Kaliya.*

2. Die Mischwesen sind aus den Körperteilen verschiedener Tiere gebildet wie die zahlreichen Drachen, aber auch der sumerische löwenköpfige Adler *Imdugud,* der iranische *Simurg* aus Hundekopf, Löwentatzen und Pfauenflügeln und der akkadische *Mushussu* mit Schlangenkopf, Löwenpranken und Adlerfüßen sowie mit einem Skorpionstachel ausgestattet.

3. Mischwesen, die aus der Verbindung des Körpers ein und desselben Tieres mit dem eines Menschen bestehen, werden als Tiermenschen bezeichnet. Ein Skorpionmensch ist der sumerische *Girtablulu,* ein Käfermensch der ägyptische *Chepre,* Fischmenschen sind der sumerische *Oannes,* der westsemitische

Dagan, der griechische *Triton* und die germanischen *Nixen.* Als Schlangenmen-
schen erscheinen die griechischen Giganten *(Gigas),* die hinduistischen *Nagas*
oder die chinesische Schöpfergöttin *Nü-kua,* als Krokodilmensch der ägyptische *Suchos,* als Vogelmenschen die ebenfalls ägyptischen *Ba, Horus, Re* und
Thot, die griechischen *Eros, Isis, Nike, Psyche* und insbesondere die *Seirenes,*
die als Schadensdämoninnen aus Vogel und Mädchenleib Schiffer durch ihren
betörenden Gesang ins Verderben locken, dann der röm. *Genius,* die hinduistischen *Gandharva, Garuda* und *Kinnaras,* die jüdischen *Kerubim* und *Serafim*
sowie die christlichen *Engel.* Als Affenmensch erscheint der hinduistische Gott
Hanuman und als Hundemensch der ägyptische *Anubis.* Als Katzenmensch
wird die ägyptische *Bastet* dargestellt, als Löwenmenschen die ägyptischen
Göttinnen *Sachmet* und *Tefnut* sowie der hinduistische *Narasimha* und als
Elefantenmensch der hinduistische *Ganesha.* Ein Pferdemensch ist der griechische *Kentaur.* Ein Hirschmensch ist die Gestalt des keltischen *Cernunnos,* ein
Kuhmensch die der ägyptischen *Hathor.* Als Stiermensch werden der griechische *Minotauros* und der iranische *Gopat-Shah* vorgestellt, als Widdermensch
der ägyptische *Chnum,* als Ziegenbockmensch der griechische *Pan* und *Satyros,*
als Ebermensch der hinduistische *Varaha.*

4. Tiermenschen können auch aus Körperteilen von verschiedenen Tieren,
verbunden mit denen eines Menschen, bestehen, so z. B. die ägyptischen
Gottheiten *Bes* und *Thoeris,* die akkadische *Lamassu,* die griechische *Sphinx,*
die *Gorgonen* und *Harpyien,* der slawische *Skrzat,* der iranische *Aion,* der
jüdisch-christliche *Diabolos* und *Satan* sowie die islamische *Burak,* ein Mischwesen aus Stute, Mensch und Pfau.

5. Eine besondere Form der Mischwesen stellt ein und derselbe Mensch mit
vermehrten Körperteilen dar, der also über mehrere Köpfe, Arme, Beine oder
Brüste verfügt. Dazu gehören der griechische Zwitter *Hermaphroditos* und die
vielbrüstige, daher Fruchtbarkeit verheißende *Artemis,* der römische zweige-
sichtige *Janus,* der slawische viergesichtige *Svantevit,* der hinduistische zwei-
köpfige, siebenarmige und dreibeinige *Agni,* der vierköpfige und vierarmige
Brahma, die vierarmigen *Indra* und *Shiva,* die vierarmige *Kali* sowie der
buddhistische elfköpfige und tausendarmige Bodhisattva *Avalokiteshvara.*

Mischwesen werden z. T. als Bedrohung gefürchtet wie etwa die griechische
Gorgo, der jüdische *Moloch* oder der christliche *Satan,* häufiger jedoch als
Helfer und Retter wie etwa der chinesische Himmelsdrache *Lung,* der – anders
als der christliche Schlangendrache *Drakon* – eine positive Macht repräsentiert.
Immer jedoch ist in den als Mischwesen vorgestellten Gottheiten, Dämonen
oder anderen Geistwesen eine die menschlichen Fähigkeiten überragende
Kraft zum Ausdruck gebracht. Mit der Entlehnung von bewunderten, ja ehr-
fürchtiges Staunen erregenden Eigenschaften aus dem Reich der Fauna erhält
die Vorstellung des Göttlichen eine durch Erfahrung und Anschauung erlebte,
sichtbar mächtige Gestalt und erscheint so dem sich in vieler Hinsicht schwach
wissenden Menschen hilfreich oder auch glückverheißend zugetan.

Die Mischwesen sind wie die Tiergottheiten Gestalten in den Mythen der
Ägypter, Griechen und Hindus. Seltener treten sie bei Sumerern, Akkadern
und Westsemiten, bei Kelten, Germanen und Slawen auf, und sie fehlen auch
nicht in buddhistischen, jüdischen, christlichen und islamischen Mythen.

*Der Ibismensch und Botengott Thot
gibt Weisung an Götter und Menschen.*

den, der in etrusk. Städten 3 Tempel und 3 Tore geweiht waren. Seine Attribute sind Blitzbündel, Speer und Zepter. T. entspricht dem griech. →Zeús und röm. →Iupiter.

Tinilau →Tinirau

Tinirau △, *Sinilau, Kinilau, Timirau, Tinilau:* polynes. *Meergott,* dessen Reich der Ozean und dessen Boten Haie und Wale sind. Er hat 2 Leiber, einen göttlichen in fischähnlicher Form und einen menschlichen, dazu 2 Gesichter. In seiner menschlichen Gestalt ist er anmutig, liebenswürdig und schön.

Tinnit ▽, *Thinit, Tenn(e)it, Tanit* (fälschlich): phönik.-pun. *Haupt-* und *Stadtgöttin* von Karthago neben →Ba'al-Chammōn, auch *Himmelsgöttin* sowie als Jungfrau und Mutter zugleich *Fruchtbarkeitsgöttin.* Ihr Epithet ist »Angesicht des Ba'al [Chammōn]«, und in ihrem Tempel von Karthago wurden zahlreiche verkohlte Kinderleichen gefunden. Der röm. Kaiser Elagabal (218-222 n. Chr.) vermählte den hl. Stein des gleichnamigen Sonnengottes von Emesa mit dem Kultbild der Himmelsgöttin T. Ihre Attribute sind Granatapfel, Feige, Ähre und Traube. Ihr Symbol ist das Tinnit-Zeichen, ein Dreieck oder Trapez mit Stab und einer Scheibe darauf. Sie gleicht der griech. →Ártemis und der röm. →Iuno Caelestis.

Tir △: armen. *Orakelgott, Gott* der *Schrift* und der *Priesterweisheit.* Nach T. ist der vierte Monat »Trē« benannt. Zahlreich sind die von T. abgeleiteten Personennamen. - *Worte:* Tiridates, Tirayr, Tiran, Tiribazos. - T. ist dem griech. →Apóllon ähnlich.

Tir →Tishtrya

Tirawa △ (»Vater oben«): indian. *Schöpfergott* und *Gott* des *Himmelsgewölbes* bei den Pawnee. Er ist der Gatte der Erdmutter →Atira. Der Wind ist sein Atem, und die Blitze sind seine Blicke.

Tiresias →Teiresías

Tirthankara (sanskr. »Furtbereiter«), *Tirthamkara:* jin. *Heilskünder* und Auffinder einer Furt (thirta) durch den Strom des →Samsāra. Von den 24 T. des gegenwärtigen Zeitalters sind u. a. zu nennen: →Rishabha, →Supārsha, →Malli, →Arishthanemi, →Pārshva und →Vardhamāna. Der immer mehr sich verschlechternde Zustand eines Weltzeitalters zeigt sich in der fortschreitenden Abnahme der Körpergröße und Lebensdauer der T., z. B. von 500 auf 7 Maßeinheiten und von 8 400 000 auf 72 Jahre bei Rishabha einerseits und Vardhamāna andererseits sowie darin, daß auch der Zeitraum zwischen zwei T. immer kürzer wird und zuletzt zwischen Pārshva und Vardhamāna nur noch 250 Jahre beträgt. Die Geburt eines künftigen T. wird der Mutter bald nach der Empfängnis durch 14 oder 16 glückverheißende Traumbilder angekündigt. Ikonographisch werden die T. bei den Digambara nackt dargestellt und nur durch ihre Körperfarben und Embleme unterschieden. Ihr gemeinsames Symbol ist die Mondsichel als Zeichen der Erlösung.

Tishpak △: akkad. **1)** *Stadtgott* von Eshnunna. **2)** *Held,* der das Meeresungeheuer →Labbu tötet.

Tishtrya △ (awest. »der zum Dreigestirn [Oriongürtel] Gehörige«), *Tir:*
iran. *Sterngott* (Sirius), *Regen-* und *Fruchtbarkeitsgott,* der zu den
→Yazata zählt. In der Gestalt eines Schimmels kämpft er, unterstützt von
→Ahura Mazdā, gegen das schwarze kahle Roß des dämonischen
→Apaosha. Ihm sind der vierte Monat und der dreizehnte Monatstag
geweiht. T. entspricht dem armen. →Tir.

Titánes △, *Titanen* (dt.): griech. Geschlecht von vorolympischen *Naturgottheiten* und Gegenspieler der →Olýmpioi. Es sind je 6 Söhne und
Töchter von →Gaía und →Uranós sowie Geschwister der →Kýklopes
und →Hekatoncheíres. Zu ihnen gehören →Okeanós und Thétys, →Hy-
períon und →Theía. →Krónos und →Rheía, Koíos und Phoíbe, Kreíos
und Eurybie, →Iapetós und Klymene. Unter Anführung von Krónos
stürzen sie ihren Vater und befreien die Kýklopes und Hekatoncheíres
aus dem →Tártaros. Später werden sie von →Zeús unter Mithilfe der
Kýklopes und Hekatoncheíres im 10 Jahre dauernden Titanenkampf
(Titanomachie), bei dem es zum Sturz des Krónos durch Zeús kommt,
selbst entmachtet und in den Tártaros gestürzt. - *Gemälde:* Rubens
(1635), Feuerbach (1879); *Worte:* Titan (fig.), titanenhaft, Titanide, titanisch, Titanit, Titanomachie.

Ti-ts'ang →Kshitigarbha

Tityós △, *Tityos* (lat.): griech. erdentsprossener *Riese* auf Euböa. Als er
→Letó vergewaltigen wollte, wurde er von ihren Kindern →Apóllon und
→Ártemis mit ihren Pfeilen getötet. Seitdem büßt er im →Tártaros, liegt
dort lang ausgestreckt am Boden gefesselt, während 2 Geier seine immer
wieder nachwachsende Leber zerhacken.

Tiuz →Týr

Tiwaz →Týr

Tiwaz △, *Tijaz* (palaisch): luw. (kleinasiat.) *Sonnengott,* der mit dem
hethit. →Ishtanu identisch ist.

Tlahuizcalpantecutli △ (»Herr im Hause der Dämmerung«): indian.
Heros der Azteken sowie *Gott* der *Morgenröte* und des *Morgensterns* mit
dem Kalendernamen »Ce acatl« (»Eins Rohr«). T. ist zwölfter Regent
der Tagstunden und gilt als Sohn der Jungfrau →Chimalman. Er ist mit
→Quetzalcoatl identisch.

Tlaloc △ (»er, der sprießen macht«): indian. *Wasser-* und *Regengott* der
Azteken, *Kalendergott* des siebten Tages im Monat und neunter Regent
der Nachtstunden und achter Regent der Tagstunden sowie Herrscher
über →Tlalocan. T. ist Bruder der →Chalchihuitlicue und Gatte der
→Xochiquetzal. Dargestellt wird er mit rüsselförmiger Nase und mit
einem (Blitz-)Stab in der Hand. Sein Symbol ist ein gleichschenkliges
Kreuz als »Lebensbaum«. T. entspricht dem →Chac der Maya, dem
→Tajin der Totonaken und →Cocijo der Zapoteken.

Tlalocan: indian. unterster von 3 *Himmeln* der Azteken sowie Reich des Regengottes →Tlaloc, ein »Land des Wassers und Nebels«, das auf hohen Bergen liegt und denen vorbehalten bleibt, die auf ungewöhnliche Weise ums Leben kommen: Ertrunkene, vom Blitz Erschlagene usw. Es ist ein *Paradies,* wo Mais und Kürbis, Pfeffer und Tomaten, Bohnen und Blumen im Überfluß wachsen und die Menschenseelen sich vergnügen, bis sie nach 4 Jahren Verweildauer wieder ins irdische Leben zurückkehren.

Tlaltecutli △ (»Erd-Herr«): indian. *Erdgott* und als *Kalendergott* zweiter Regent der Tagstunden bei den Azteken. Dargestellt wird T. geduckt und mit Klauenfüßen und -händen.

Tlazolteotl ▽ (»Göttin des Unrats«): indian. *Erd*- und *Mondgöttin, Göttin* der *Liebe* und der *Fruchtbarkeit* bei den Azteken, *Kalendergöttin* des vierzehnten Tages im Monat und siebte Regentin der Nachtstunden sowie fünfte Regentin der Tagstunden. Ihr Beiname ist »Tlaelquani« (»Schmutzfressende«), eine Umschreibung für den Schmutz der Sünden, insbesondere sexueller Vergehen und des Ehebruchs. Waren diese Sünden allgemein bekannt, so wurde der Sünder zur Strafe öffentlich gesteinigt, blieben sie geheim, so konnte der Sünder einem Priester der Göttin (einmal im Leben) beichten. Er blieb straffrei, da seine Sünden auf die Göttin übergegangen waren, die sie zu tilgen vermochte. Der T. zu Ehren wurde das Erntefest *Ochpaniztli* gefeiert. Eine Plastik zeigt die Göttin bei der Niederkunft mit →Cinteotl.

Tlillan-Tlapallan: indian. mittlerer von 3 *Himmeln* bei den Azteken, ein »Land von Schwarz und Rot« (d. h. der Weisheit), wohin die über ihren Körper Erhabenen gelangen.

Tlalocan, indian. Himmel und Regenwolkenparadies, über das der Regengott Tlaloc mit seinen Gehilfen herrscht. Darunter befindet sich das Paradies der glücklichen Seelen.

Tlj ▽ (»betaut«): phönik.-ugarit. *Göttin* und neben →Arsj und →Pidrai eine der 3 Töchter oder Gefährtinnen des →Ba'al. Ihr Beiname ist »Tochter des Regens«.

Tnong △: austroasiat. *Sonnengott* bei den Menik-Semang, der in Gestalt einer Libelle vorgestellt wird.

Toar △: indones. *Sonnengott* sowie *Ahnherr* der Gottheiten und Menschen bei den Minahasa. T. ist Sohn und Gatte der Erdgöttin →Empung Luminuut.

Tōbijjā(hū) △ (hebrä. »Jahwe ist gut«), *Tobit* (griech.), *Tobias* (dt.): jüd. gottesfürchtiger *Heros* aus dem Stamm Neftali und *Typus* der *Barmher-*

zigkeit und *Gerechtigkeit*, der unter Salmanassar V. (726–722 v. Chr.) nach Ninive deportiert wurde und hier entgegen dem Willen des Herrschers die von den Assyrern erschlagenen jüd. Landsleute bestattete. Tobias

Tlazolteotl, indian. Erd- und Mondgöttin mit einer Schlange und einem »Tausendfüßler«, die miteinander verschlungen sind.

(senior) ist Gatte der Anna und durch sie Vater des Tobias (junior). Als der alte T. erblindete, da Vogelkot in seine Augen gefallen war, und seinen Sohn auf die Reise schickte, gesellte sich im Auftrag des →Jahwe-Elōhim der Engel →Refā'ēl als Reisebegleiter hinzu. In Ekbatana kehrten beide bei dem verwandten Raguel ein, dessen Tochter Sara bereits siebenmal in der Hochzeitsnacht durch den Dämon →Ashmodai der Freier genommen worden war. Da nun T. die Sara zur Frau begehrte, riet ihm der Engel, den Dämon mit Herz und Leber eines zuvor gefangenen Fisches zu vertreiben, so daß Sara die Frau des T. wurde. Nach Ninive zurückgekehrt, heilte der junge T. mit der Galle des genannten Fisches auch die Blindheit seines Vaters. T. senior und junior sind die beiden Titelgestalten des gleichnamigen Buches der Bibel. - *Gemälde:* Rembrandt (1650 und 1651); *Wort:* Tobiasnächte.

Tod →Leben

Toeris →Thoëris

Tōhū wäbōhū (hebrä.»wüst und leer«): jüd. chaotischer und feuchter *Urzustand* der *Erde* (→Eres), bevor →Jahwe-Elōhim mit seinem sechstägigen Schöpfungswerk begann. Tōhū, ursprünglich das Urmeer (Tehōm), die Tiefe, bezeichnet das Leere oder auch etwas Wüstes, Bōhū hat die gleiche Bedeutung. - *Wort:* Tohuwabohu (fig.).

Tokay →Ayar Cachi

Tomam ▽ (»Mutter des Tom[-Flusses]«): sibir. *Vogelgöttin* und Herrin der Zugvögel bei den Keten/Jenissejern. Zum Frühlingsanfang schüttelt sie von einem Felsen hoch über dem Jenissej Flaumfedern aus ihren weiten Ärmeln, verwandelt diese in Enten, Gänse und Schwäne und sendet sie den Menschen. Im Herbst verleiht sie den zurückkehrenden Zugvögeln wieder die Form von Flaumfedern und sammelt sie in ihren weiten Ärmeln.

Tomor(r) △ *Baba Tomor:* 1) alban. *Berg* T. bei Berat und Sitz der Götter. 2) B. T. ist *Hochgott,* Vater der Götter und Menschen sowie *Schwurgott* der Bauern. Seine Geliebte ist →Bukura e dheut, und seine Lieblingsstadt heißt Berat. Seine Diener sind die Winde.

Tonacacihuatl ▽ (»Herrin unseres Fleisches«): indian. *Korn-* und *Fruchtbarkeitsgöttin* der Azteken, Herrin der Lebensmittel, die den Leib (das Fleisch) des Menschen aufbauen und erhalten. Sie gilt als Gattin des →Tonacatecutli. Identisch ist Tonacacihuatl mit →Citlalinicue und →Omecihuatl.

Tonacatecutli △ (»Herr unseres Fleisches«): indian. *Maisgott* der Azteken, der die Lebensmittel spendet, die den menschlichen Leib aufbauen und erhalten. *Kalendergott* des ersten Tages im Monat. Er gilt als Gatte der →Tonacacihuatl und verwandelte die Göttin →Chantico in einen Hund. T. ist identisch mit →Citlaltonac und →Ometeotl.

Tonan ▽ (»unsere Mutter«): indian. *Feuergöttin* der Azteken, die zusammen mit ihrem Gatten →Tota eine Elterngottheit bildet.

Tonan →Teteo innan

Tonatiuh △ (»der aufgeht, um zu leuchten«), *Piltzintecutli:* indian. *Sonnengott* und Herr des Tages bei den Azteken, Personifikation der aufsteigenden Sonne sowie *Kalendergott* des neunzehnten Tages im Monat, vierter Regent der Tagstunden und dritter Regent der Nachtstunden. Er herrscht über den Himmel →Tonatiuhican. Dargestellt wird er mit roter

Körperbemalung und mit einer Krone aus Adlerfedern. Seine Attribute sind Speerschleuder und Pfeil.

Tonatiuhican (»Land des →Tonatiuh«): indian. höchster von 3 *Himmeln* der Azteken, über den →Tonatiuh herrscht. In diesen gelangen alle Geopferten, die im Kriege Gefallenen, die im Kindbett Verstorbenen, aber auch Könige und auf der Reise verstorbene Kaufleute.

Tonttu, *Tontu:* finn. *Hausgeist,* der für Getreide sorgt. Der T. ist den →Para ähnlich.

Tore △: *Erd-* und *Buschgott, Wald-* und *Jagdgott,* aber auch *Wind-* und *Sturmgott* der streifenden Pygmäen in Zaire. Dem »Herrn der Tiere« wird das Primitialopfer der Jagdbeute dargebracht. Bei der Initiationsfeier tritt er tiergestaltig (u.a. als Leopard) auf. Der Jagdgott manifestiert sich im Regenbogen, seinem Jagdbogen.

Tork △: armen. *Wetter-* und *Berggott* sowie *Beschützer* der in der Bergwelt lebenden Tiere.

Torto, *Tartalo:* bask. bösartiger *Höhlengeist* und Zyklop mit nur einem einzigen Auge mitten auf der Stirn, der junge Männer entführt, zerstückelt und am Feuer brät, um sie dann zu verzehren. T. gleicht dem →Alarabi und dem griech. →Polýphemos.

Tota △ (»unser Vater«): indian. *Feuergott* der Azteken, der zusammen mit seiner Gattin →Tonan eine Elterngottheit bildet.

Totatis →Teutates

Totem →Ototeman

Totengeleiter →Seelenführer

Tou-mu ▽ (»Mutter des Großen Wagens«): chines.-buddh. *Göttin* des *Mitleids.* Sie überwacht die Register von Leben und Tod der Menschen. Dargestellt wird sie vierköpfig mit 3 Augen und achtarmig, dazu auf einem Lotosthron sitzend.

Toyo-tama-hime ▽ (japan. »Frau-Überfluß-Juwel«): shintoist. *Seegöttin* und *Ahnengöttin* des japan. Kaiserhauses. Sie ist Tochter des Meergottes →Wata-tsu-mi und ältere Schwester der →Tama-yori. Von ihrem Gatten →Yamasachi ist sie Mutter des →Ama-tsu. Als T. ihrem Gatten mitteilte, daß sie bald ein Kind gebären und sie sich bei der Niederkunft in ihre ursprüngliche Gestalt zurückverwandeln werde, bat sie Yamasachi darum, sie nicht dabei zu beobachten. Aber letzterer belauschte sie dennoch heimlich und sah, wie sie sich in ein riesiges Krokodil verwandelte, während sie einen Knaben gebar. Als T. sich beobachtet sah, floh sie ins Meer und ließ Vater und Kind allein auf der Erde zurück.

Trailokya →Triloka

Trāyastrimsha →Tāvatimsa

Trickster △ (engl. »Gaukler«): allg. Bezeichnung für ein übernatürliches listiges *Wesen* und *Personifikation* einer unberechenbaren, schelmenhaften und oft heimtückischen *Macht.* Der T. vereinigt in sich die für den Menschen positiven wie negativen Eigenschaften und symbolisiert die

Trikāya	Trikāya, der dreifache Leib des Buddha, und dessen Zuordnungen				
1. Dharmakāya:	Adi-Buddha:	ADI-BUDDHA			
2. Sambhogakāya:	Dhyāni-Buddhas:	Vairochana	Akshobhya	Ratnasambhava	Amitābha	Amoghasiddhi
3. Nirmānakāya:	Manushi-Buddhas:	Krakuchchanda	Kanakamuni	Kāshyapa	Shākyāmuni	Maitreya

Zuordnungen zu obigen Buddhas					
	Prajñas der Dhyāni-Buddhas:	Vajradhāt-vishvari	Locanā	Māmaki	Pāndarā	Tārā
	Dhyāni-Bodhisattvas:	Sāmantabhadra	Vajrapāni	Ratnapāni	Avalokiteshvara	Vishvapāni
	Richtung:	Mitte	Osten	Süden	Westen	Norden

Zwiespältigkeit. So ist er Schöpfer und Zerstörer, Betrüger und Betrogener, Heil- wie Schadenbringer. Er verursacht Erdbeben, Sturm und Jagdunfälle. Von den verschiedenen T. sind zu nennen: afrikan. →Exu, →Cagn und →Legba, german. →Loki, indian. →Gluskap, →Nenabojoo, →Wisakedjak und →Yehl.

Triglav △ (»Dreikopf«), *Triglaus, Triglous, Tryglav:* slaw. dreiköpfiger Gott und *Kriegsgott* der Ostseeslawen sowie *Hochgott* des auf 3 Hügeln gelegenen Stettin. Mit seinem Kult ist ein Pferdeorakel verbunden, das vor Kriegszügen befragt wurde. Die Statue des Stettiner T. wurde von Otto von Bamberg gefällt, und die 3 abgehackten Köpfe wurden dem Papst Calixt II. (1124) als Beweis für den Erfolg der christl. Slawen-Mission übersandt.

Trikāya (sanskr.»3 Körper«): buddh. Bezeichnung der 3 Körper, die ein →Buddha nach dem Mahāyāna besitzt, da er eins ist mit dem Absoluten und sich zugleich in der Welt unter verschiedenen Aspekten manifestiert, um für das Heil aller Wesen zu wirken.

Die drei sind: *1.* Dharmakāya (»Körper der Lehre«): das Buddhaprinzip und wahre Wesen des Buddha, seine Einheit mit allen Seienden, die durch den →Adi-Buddha repräsentiert wird. *2.* Sambhogakāya (»Körper des Entzückens«): der Körper der Buddhas, der in den Buddha-Paradiesen verehrt wird und in den →Dhyāni-Buddhas personifiziert ist. *3.* Nirmānakāya (»Körper der Verwandlung«): der Körper, in dem eine historische Person auf der Erdenwelt erscheint, lebt und stirbt (→Manushi-Buddhas).

Triloka (sanskr. »Drei Welten, drei Sphären«), *Trailokya:* **1)** buddh. drei *Welten* oder *Sphären* als Schauplatz des Kreislaufs der Existenzen (→Samsāra) aller Wesen in den 6 →Gati: →Naraka, →Chakravāda und →Devaloka. Eine andere Gliederung ist die in die drei Sphären: *1.* Kāmaloka, Kāmadhātu, Kāmāvacara: die Region der Begierde mit den Höllenwesen in Naraka, den Menschen und Tieren auf Chakravāda, den →Pretas und →Asuras sowie den 6 untersten Klassen der →Devas in der ersten bis sechsten Himmelsregion (Devaloka). *2.* Rūpaloka, Rūpadhātu: die Region der begierdelosen Körperlichkeit und reinen Form mit den 17 oder 18 Klassen der Devas in der siebten Himmelsregion und darüber. *3.* Arūpaloka, Arūpadhātu: die Sphäre der Formlosigkeit und reinen Geistigkeit mit den 4 obersten Klassen der Devas. **2)** hindu. *Weltbild,* das aus 3 Sphären (→Loka) besteht: Mittelwelt (→Bhūrloka), Himmelswelt sowie Unterwelt (→Pātāla und →Naraka) und manchmal als →Brahmānda dargestellt wird. Jede der unendlich zahlreichen Welten schwebt im endlosen Weltraum und bildet für sich eine selbständige T.

Trimūrti (sanskr. »Dreigestalt«): hindu. *Götterdreiheit* aus →Brahmā, →Vishnu und →Shiva sowie *Personifikation* der 3 Aspekte des sich wiederholenden Weltgeschehens von Schöpfung, Erhaltung und Zerstörung. Ihre Partnerinnen sind →Sarasvati, →Lakshmi und →Durgā. Die 3 existieren in Einem, und das Eine ist in den dreien. Dargestellt wird die Triade als ein Körper mit 3 Köpfen und unterschiedlicher Kopfbedeckung.

Trinitas ▽ (lat. »Dreiheit«): christl. *Gruppe* der 3 göttlichen *Personen* in nur einer Wesenheit. Dazu gehören: der Vater (→Kýrios), der von niemandem gezeugt ist, der Sohn (→Iesūs), der vor aller Zeit aus dem Vater geboren ist, und der Heilige Geist (→Pneúma hágion), der ebenfalls von

Trinitas, christl. Gruppe der drei göttlichen Personen: Vater Kýrios, Sohn Iesūs und Taube Pneúma hágion, in der Form des »Gnadenstuhls« (Holzschnitt von A. Dürer, 1511).

Ewigkeit her aus dem Vater (und dem Sohn) hervorgeht. Die Einheit der T. besteht im Wesen, ihre Verschiedenheit in den Personen. Das Fest der Dreifaltigkeit, *Trinitatis,* wird am Sonntag nach Pfingsten begangen. Ihre Darstellung findet die T. meist in Symbolen (z. B. Dreieck) oder auch in Bildern (z. B. Gnadenstuhl).

Triptólemos △, *Triptolemus* (lat.): griech.-eleusin. *Heros* und Stifter der eleusin. Mysterien. Er ist Sohn des Königs Keleos von Eleusis und der Metaneira. Von der Göttin →Deméter erhielt er das erste Weizenkorn geschenkt und wurde von ihr im Ackerbau unterwiesen.

Tripura →Bāna

Trishalā ▽: jin. *Prinzessin* aus der Kriegerkaste (Kshatriya) und Schwester des Königs Cetaka von Vaishāli sowie Gattin des Siddhārtha, eines Adligen aus dem Clan der Jñātin. Sie ist die Mutter des →Vardhamāna, des späteren →Mahāvira und →Jina, des Begründers des Jinismus. Nach der Tradition der Shvetāmbara, die im Gegensatz zu der der Digambara steht, ließ der Gott →Shakra den Embryo des künftigen →Tirthankara aus dem Schoß der Brahmanin Devānanda, der Frau des Brahmanen Rsabhadatta, die ihn empfangen hatte, durch seinen Botengott →Harinaigamaishin in den Mutterschoß der Kshatriya Trishalā, der Frau des Kshatriya Siddhārtha verpflanzen, die ihn dann zur Welt brachte.

Triton △ (Sg.), *Tritones* (Pl.), *Tritonen* (dt.): griech. **1)** dämonischer *Meeresgott,* ein Mischwesen aus Mensch und Fisch. Er ist Sohn des →Poseidón und der →Amphitríte. Sein Hauptattribut ist die schneckenförmige Muscheltrompete, auf der er als Herold Poseidóns zur Aufregung wie zur Besänftigung des Meeres bläst. Von →Heraklés wurde er im Kampf besiegt. - *Wort:* Tritonsee. **2)** Die Tritonen bilden das in Gewässern weilende Gefolge des Poseidón, ein Pendant zu den weiblichen →Ne-

Griech. Tritonenpaar, Mischwesen mit dem Oberkörper eines Menschen und dem Unterleib eines Fisches (Fischschwanz).

reídes, die sie mit ihrer Zudringlichkeit verfolgen. T. und Nereídes bilden so das Gegenstück zu →Satyrn und →Nymphen, das auf dem Festland weilende Gefolge des →Diónysos. - *Gemälde:* A. Böcklin (1875); *Wort:* Tritonhörner.

Troll △ ▽ (nord. »Unhold, Riese, Zauberwesen«): nordgerman. *Schadengeister* und *Unholde* in Riesengestalt. Da sie nur während der Nacht über Krankheits- und Schadenzauberkräfte verfügen, fürchten sie den

Tag. Sie wohnen in den Bergen und sind von häßlicher Gestalt. Manchmal werden sie auch als Zwerge vorgestellt.

Tryglav →Triglav

Ts'ai Shen: chines. *Einsiedler* namens Chao Hsüan-t'an Yüan-shuai (»General Chao der dunklen Terrasse«), der z. Zt. der Ch'in-Dynastie große Wunder gewirkt hat, später *Gott* des *Reichtums* und *Schutzgott* vor Gewitter und Krankheiten. T. wird öfter zusammen mit →Shou-hsing und →Fu Shen zu einer Dreiergruppe vereinigt. An seinem Geburtstag (sechzehnter Tag des dritten Monats) wird das Blut eines ihm geopferten Hahnes auf die Türschwelle gestrichen.

bTsan, *bCan:* tibet. Gruppe von *Geistern* (→dMu) bei den Bon-po, die den Luftraum bevölkern. Sie reiten auf wilden Pferden durch die Wälder und über die Berge und töten mit ihren Pfeilen jeden, der ihnen entgegenkommt. Der König, der die bT. in der irdischen Welt repräsentiert, führt den Titel *bTsan-po.*

Tsao Chün △ (»Herd-Herr«), *Tsao-shen* (»Herd-Gott«), *Tsao-wang* (»Herd-König«): chines. *Herd-* und *Küchengott* sowie *Schutzgott* der Familien. In beinahe jeder Küche hängt sein Bild über dem Herd, von wo aus er alle Vorgänge im Haus beobachten kann. Darüber berichtet er an jedem Neujahrstag dem →Yü-huang. Deshalb wird am Vorabend seinem Abbild Honig um den Mund geschmiert, damit er nur Gutes berichtet.

Tsao Kuo-chiu △ : chines. *Heiliger* und *Unsterblicher* (→Hsien), der zu den 8 →Pa-hsien des Taoismus zählt. Er ist *Schutzpatron* der Schauspieler. Ehre und Reichtum waren ihm wie Staub. Sein Attribut sind 2 Kastagnetten.

Tsao-shen →Tsao Chün

Tschi Guo →Dhritarāshtra

Tschoitschong →Yamāntaka

Tson-kha-pa △ (tibet. »Mann aus dem Zwiebeltal«): buddh.-tibet. Reformatormönch und *Guru* (1357-1419) sowie Begründer der Gelugpa-Schule (→*Āchārya*), der auch ein →*Siddha* ist. Er tritt in 3 bzw. 5 Erscheinungsformen auf und wird als Inkarnation des →Bodhisattva →Mañjushri angesehen, wofür seine Attribute: Flammenschwert und Buch stehen. Seine →Mudrā ist das Radandrehen und sein →Vāhana der Elefant oder Löwe oder Tiger.

Tsui-Goab △ (»Wund[e am] Knie«): *Himmels-* und *Schöpfergott* bei den Hottentotten in Namibia und Südafrika. Als *Donner-* und *Regengott* fördert er das Wachstum und personifiziert den leuchtenden, zunehmenden Mond. Er ist auch *Urahn* und *Heilbringer,* der das gute Prinzip verkörpert. Er steht im Gegensatz zu seinem älteren Bruder →Gaunab, der ihm eine Wunde am Knie beibringt, was seinen Namen erklärt.

Tsuki-yomi-no-kami △ (japan. »Mondzähler«): shintoist. *Mondgott* und *Herrscher* über die *Nacht.* Er gilt als Sohn des →Izanagi und als Bruder von →Amaterasu und →Susa-no-o. T. entstand, als sein Vater sich, aus der Unterwelt zurückgekehrt, das rechte Auge im Meerwasser wusch. T. tötete die Nahrungsgöttin →Ukeomochi.

Tu △ (»Stehender, Kämpfender«), *Ku:* polynes. *Kriegsgott* und *Schutzgott* der Holzfäller. T. wollte seine Eltern →Papa und →Rangi töten, was seine Brüder →Tane, →Rongo, →Tangaroa, →Haumia und →Tawhiri verhinderten. Um seine Brüder zu beherrschen, lernte er viele Zauberformeln. Die Nachkommen seiner Brüder verspeiste er. In ältester Zeit erhielt er auf Hawaii Menschenopfer.

T'u, *She:* chines. *Erd-* und *Fruchtbarkeitsgeist,* dem auf den Feldern aus gestampfter Erde »She«-Altäre in Phallusform errichtet werden.

Tuatha Dê Danann (»Volk der Göttin Dan«): kelt. *Göttergeschlecht* (der Iren). Es sind die Nachkommen der Göttin →Dan, die sich einst, von einer großen Wolke getragen, auf die Erde herabließen. Zu ihnen gehören →Dagda, →Nuada, →Lug, →Ogma, →Lir, →Midir, →Brigit, →Goibniu und →Dian-Cêcht. Sie waren in der Schlacht von →Mag Tured zwar siegreich, unterlagen aber später den in Irland gelandeten Söhnen des Mil und wurden in die *sidhe,* die großen Grabhügel, verbannt, wo sie als Jenseitige weiterleben.

Tuchulcha ▽: estrusk. *Furie* der Unterwelt und *Todesdämonin,* die die Menschen bedroht. Dargestellt wird sie geflügelt, mit Vogelschnabel und gesträubtem Schlangenhaar.

Tulku (tibet. »Körper der Verwandlung«): buddh.-tibet. Bezeichnung für eine Person, die als Reinkarnation einer zuvor verstorbenen Person angesehen wird und die Kontinuität im Spirituellen und Politischen gewährleistet. Zu den bekanntesten Tulku-Traditionsketten zählen heute der →Dalai Lama als Oberhaupt der Gelugpa und der →Karmapa als Oberhaupt der Kagyüpa.

Tung-fang Shuo (»Neumond der östlichen Weltgegend«): chines. *Ratgebergott* und *Gott* des schlagfertigen *Witzes.* Als *Gestirnsgott* ist er die Inkarnation des Abendsterns, auch *Schutzgott* der Gold- und Silberschmiede. Dargestellt wird er mit Pfirsichen, die er →Hsi Wang Mu gestohlen hat und als Geburtstagsgeschenk darreicht.

Tunguso-mandschurische Völker (Ewenken/Tungusen, Golden) →Sibirische Völker.

Tung Wang Kung △ (»Ostkönigsherr«), *Tung Wang Fu* (»Ostkönigsvater«) *Mu-Kung* (»Holz-Herr«): chines. *Gott* der *Unsterblichen* und Verkörperung des Yang (→Yin-yang), das in Vereinigung mit dem Yin, das seine Gattin →Hsi Wang Mu repräsentiert, den Himmel, die Erde und alle Lebewesen der Welt hervorbringt. Dem T. ist das Element Holz zugeordnet.

Tupan △: indian. *Sturmgott* bei den Tupi-Guarani. Seit der Christianisierung ist T. der Name des christl. →Kýrios.

Turan ▽: etrusk. *Fruchtbarkeits-* und *Gesundheitsgöttin* sowie *Schutzgöt-*

tin der Stadt Vulci. In ihrer Begleitung sind oft die →Lasa, und sie wird meist geflügelt dargestellt. Ihre Attribute sind Schwan und Taube. Die T. entspricht der griech. →Aphrodite und der röm. →Venus.

Turisas, *Tursas, Turžaz:* finn. *Wassergeist* (der Wepsen), der seine Fischherde vor den Netzen der Fischer schützt. T. sitzt als furchterregendes Ungeheuer auf einer feurigen Stromschnelle.

Türkische Völker (Altaier, Jakuten) →Sibirische Völker.

Turms △: etrusk. *Götterbote* und Führer der Toten in die Unterwelt. Dargestellt wird er mit Flügelschuhen und Heroldsstab. T. entspricht dem griech. →Hermés und dem röm. →Mercurius.

Tursas →Turisas

Turul △ (»Falke«): ungar. *Ahnvogel,* der der→Emesu im Traum erschien und sie schwängerte, so daß er zum Ahnen der Arpadendynastie (→Árpád) wurde. T. ist das Symbol des Hunnenkönigs Attila.

Turžaz →Turisas

Tushita (sanskr. »Freudvolle«), *Tusita:* buddh. *Göttergruppe* der »stillzufriedenen Götter« (→Deva), die in der gleichnamigen vierten Himmelsetage 4000 Jahre lebt, wobei für sie 1 Tag gleich 400 Menschenjahre ist. Hier wohnt jeder →Bodhisattva (u. a. →Maitreya), bevor er in der Menschenwelt ein letztes Mal wiedergeboren und dann ein →Buddha wird.

T'u-ti: chines. *Schutzgott* eines bestimmten Territoriums, im Gegensatz zu →She Ti. Jedes Stadtviertel, jedes öffentliche Gebäude und jede Straße haben einen T., der ein Register über Leben und Tod der Bewohner führt. T. sind dem →Ch'eng-huang unterstellt.

Tuurum →Numtūrem

Tvashtar △ (sanskr. »der Former, Zimmerer«), *Tvashtri:* ved.-brahm. *Handwerkergott,* der allen Wesen ihre Form gab. Er hat die Somaschale für die Götter und den Vajra für →Indra angefertigt. Er ist auch *Sonnen-* und *Schöpfergott* und gilt als Vater der Saranyū, der Gattin des →Vivasvan.

Týche ▽ (»Zufall, Schicksal, Fügung«): griech. *Göttin* der *Schicksalsfügung,* die Glück und Unglück unberechenbar verteilt, sowie Personifikation des *Zufalls,* der guten und bösen Fügung und des *Weltlaufs* und *Stadtgöttin* von Antiochia am Orontos. Als →Okeanína ist sie eine Tochter des Titanenpaares →Okeanós und Tethys bzw. gilt als Tochter des →Zeús. Im Kreise ihrer Schwestern spielt sie mit →Persephóne vor deren Entführung durch →Hádes. Ihre Attribute sind Steuerruder und Füllhorn, Rad oder Kugel. T. entspricht der röm. →Fortuna.

Typhón △ (»Dampfender«), *Typhoęus* (lat.), *Typhoeús, Typhon* (lat.) *Pýthon:* griech. *Riesenungeheuer* der Unterwelt (→Hádes) mit 100 Drachenköpfen und Schlangenfüßen sowie Verkörperung der zerstörenden Naturkräfte, wie Vulkanismus. T. ist Sohn von →Gaía und →Tártaros. Mit seiner Schwester →Échidna zeugte er →Kérberos, →Chimaira, →Sphínx, →Hýdra und →Ládon. Da P. wußte, daß er einst seinen Tod

Týr, german. Kriegsgott und Schutz-
gott der Rechte des Things mit dem
Speer als Waffe und Rechtssymbol.
Die rechte Hand hat ihm der Wolf
Fenrir abgebissen.

von der Hand eines Sohnes der →Letó finden werde, verfolgte er sie gna-
denlos, als sie schwanger war. Das Orakel seiner Mutter hatte P. in Delphi
bewacht, bis er von →Apóllon getötet wurde, der dann selbst die Orakelstätte übernahm und zum Gedächtnis an P. die Pythischen Spiele stiftete. Nach einem anderen Mythos traf →Zeús den T. mit seinem Blitz,
schleuderte ihn in den Tártaros und wälzte den Ätna über ihn, so daß
man an der Tätigkeit des Vulkans die Bewegungen des darunter liegenden T. spürt. - *Plastik:* Rodin; *Worte:* Pythia, pythisch, Pythonschlange.

Týr △ (nord. »der Leuchtende, Glänzende«), *Tiuz, Tiwaz, Ziu* (ahd.):
german. *Himmels-* und *Kriegsgott, Schutzgott* der Rechte des Things und
Hochgott der Germanen, den später →Odin ablöste. Sein Speer ist
sowohl Waffe als auch Rechtssymbol. T. ist Sohn des Riesen →Hymir.
Nach Z. bzw. T. ist der Dienstag als *zîostag* (ahd. »Tag des Ziu«; *Tirsdag,*
dän.; *Tisdag,* schwed.; *Tuesday,* engl.) benannt, weil er dem röm. →Mars
gleichgesetzt wurde. Da der Wolf →Fenrir ihm eine Hand abgebissen
hat, wird er als einhändiger Gott vorgestellt. Z. Zt. von →Ragnarök tötet
er den →Garm, verblutet aber selbst an den empfangenen Wunden. Nach
ihm sind in Dänemark, Schweden, Norwegen und England viele Orte
benannt. An Tiuz erinnert auch das Wort *deutsch* (ahd. diutisc). T. ist dem
ind. →Dyaus und dem griech. →Zeús ähnlich.

Tzitzimime ▽: indian. *Sterngöttinnen* der Azteken sowie Personifikationen der bei Sonnenfinsternis am Taghimmel sichtbaren Sterne, später
Dunkelheitsdämoninnen. Sie sind Töchter von →Citlalinicue und →Cit-
laltonac. Die T. wohnen im zweiten Himmel und kommen herab, um die
Männer zu verführen oder zu verzaubern.

Tzu (»Ahnen«): chines. *Ahnen,* die in jeder Familie in der Gestalt der Ah-
nentäfelchen präsent sind und die Lebenden mit dem Jenseits verbinden.
Die Ahnentafeln der reichen Familien stehen in einem besonderen Ah-
nentempel. Sie sind gemäß dem Rang der Toten in der Familienhierar-
chie aufgestellt. Am Neu- und Vollmondtag eines jeden Monats werden
für die T. Zeremonien abgehalten.

UTO

<u>Uaset</u> ▽: ägypt. Personifikation des thebanischen Gaus und später der Stadt Theben. Die Göttin führt in Begleitung des →Amun dem König die an Stricken gefesselten Gefangenen zu, und während der König von der Barke aus opfert, stimmt sie Litaneien zu Ehren Amuns an. Sie wird mit dem Gauzeichen von Theben auf dem Haupt und mit Bogen, Pfeilen und Keule in den Händen dargestellt.

<u>Überblickartikel</u>: androgyn, Apotheose, Aspis, Auferstehungsgottheiten, Basilisk, Dämonen, Diesseits, Drache, Dreiheiten, Einhorn, Endzeit, Engel, Entmythologisierung, Ewigkeit, Fee, Geister, Götter und Göttinnen, Gottherrscher, Gottmenschen, Greif, Gut und Böse, Heilbringer, Heilige, Heroen, Hexen, Himmel, Himmelfahrt, Hölle, Höllenfahrt, Jenseits, Jungfrauengeburt, Leben und Tod, Magier, männlich und weiblich, Mischwesen, Mittler, Muttergöttinnen, Mythe, Mythologie, Phönix, Polarität, Propheten, Riesen, Schöpfungsgottheiten, Seelenführer, Seelenwanderung, Sphinx, Sünder, Teufel, Tiergottheiten, Trickster, Überwelt, Unsterblichkeit, Unterwelt, Urmenschen, Urzeit, Vatergötter, Visionär, Weltbilder, Weltzeitalter, Wundertäter, Zeit, Zwerge.

<u>Überwelt</u> ▽: allg. Bezeichnung eines *Raumes,* der im oberen Teil des →Weltbildes lokalisiert ist und als Wohnort und Reich der überirdischen Wesen gilt. Ü. ist oft identisch mit →Himmel und →Jenseits. Sie steht im Gegensatz zur Erdenwelt und vor allem zur →Unterwelt. - *Worte:* überirdisch, Übermensch, übermenschlich, übernatürlich, übersinnlich, Übersinnlichkeit, Ü., überweltlich.

<u>Uchshyat-ereta</u> △ (awest. »der →Asha wachsen läßt«), *Ushētar, Hushēdar:* iran. eschatologischer *Heros* und *Retter* sowie messianischer *Herrscher*(→Saoshyant) über das elfte Millennium (10000-10999). Er ist der erste nachgeborene Sohn des →Zarathushtra und Sohn der Jungfrau Nāmik-pit bzw. Srūtat-fedri (»die mit dem berühmten Vater«), die - wenn im zehnten Jt. noch 30 Winter übrig sind - als Fünfzehnjährige im See →Kasaoya badet, vom Samen des Zarathushtra schwanger wird und dann den U. gebiert. Letzterer kämpft gegen alle →Daēvas und →Drugs, so daß die Zeit des Wolfes vergangen ist und die Herrschaft des Lammes beginnt. Friede kehrt ein, und Krankheiten verschwinden auf der Welt.

<u>Uchshyat-nemah</u> △ (awest. »der die Verehrung wachsen läßt«), *Ushētarmāh, Hushēdar māh:* iran. eschatologischer *Heros* und *Retter* sowie zweiter messianischer *Herrscher* (→Saoshyant) über das zwölfte Millennium (11000-11970). Er ist der zweite nachgeborene Sohn des →Zarathushtra und Sohn der Jungfrau Vanghu-fedri (»die mit dem guten Vater«), die - wenn im elften Jt. noch 30 Winter übrig ist - als Fünfzehnjährige im See →Kasaoya badet, vom Samen des Zarathushtra schwanger wird und den U. gebiert. Letzterer kämpft gegen Schlangen und wilde Tiere, die dann verschwinden. Doch der von →Ahriman aus seinen Fesseln gelöste →Azi Dahāka, den →Thraētaona gefesselt hatte, kann jetzt $^1/_3$ der Menschheit verschlingen, bis schließlich der von

→Ahura Mazdā wieder auferweckte →Keresāspa den Schlangendrachen besiegen kann.

Ucu Pacha (Quechua: »niedere Welt, untere Welt«), *Ukhu Pacha:*indian.
Jenseitsreich und *Unterwelt* bei den Inka, ein Ort der Kälte und des
Hungers, der im Mittelpunkt der Erde, der »mittleren Welt« (Hurin
Pacha) liegt und im Gegensatz zum Paradies →Hanan Pacha steht.

Udu(g) △: sumer. *Dämon,* dessen ursprünglich neutrale Gestalt später meist unter bösem Aspekt weniger als guter Schutzgeist gesehen wurde. Die bösen Udu(g) gehen in akkad. Zeit als →Sebet-tu in die bösen über. Die sumer. U. sind den akkad. →Utukku gleich.

UFO (U[nidentified] F[lying] O[bjects], engl., U[nbekannte] F[liegende] O[bjekte]): nordamerikan. Bezeichnung für außerirdische *Flugobjekte,* die mit außerirdischen Besuchern aus dem All, den »Planetariern«, bemannt sind (→Zwanzigstes Jahrhundert). Diese auch als »fliegende Untertassen« genannten Raumschiffe sind meist hell leuchtend und treten vor allem bei relativer Marsnähe auf. Die ersten U. sah der Privatpilot Kenneth Arnolds am 24. 6. 1947 über Cascade Mountains (Washington). Es war eine Staffel diskusförmiger Flugobjekte, die mit dreifacher Schallgeschwindigkeit dahinflogen.

UFO, neuzeitl. Flugobjekte mit außerirdischen Intelligenzen, denen ein nacktes Menschenpaar an einem symbolisch überhängenden Treffpunkt entgegengeht.

Einige U-Beobachter, die »Kontaktler«, haben mit den Insassen, den »Untertassenleuten«, gesprochen oder Botschaften von ihnen auf Tonband erhalten, oder sie sind eine Weile mit dem Raumschiff entführt worden, wobei die Außerirdischen den entführten Menschen eine große Nadel mit einer Metallkugel am Ende in die Nase gesteckt haben. Auch haben die Außerirdischen den Irdischen Spermaproben und Eizellen entnommen, um möglicherweise mit einer Kreuzung zwischen sich und den Menschen zu experimentieren. Die Planetarier sind ca. 120 cm groß, haben einen blasenartigen Kopf und weite, ovale bzw. schräge Augen, dazu eine winzige Nase und schmale Lippen. – *Wort:* Ufologie.

Ugar △ (»Feld«); syro-phönik. *Ackerbaugott,* nach dem die Stadt Ugarit benannt war, und neben →Gapn ein *Botengott* des →Ba'al.

Ugrische Völker (→Ungarn, Wogulen/Mansen, Chanten/Ostjaken): Num-Torum, Numturem.

Uji-kami (japan.»Sippen-kami«), *Uji-gami:* shintoist. gemeinsame *Ahnengottheit* einer Sippe und eines Geschlechts, der *Geist* (→Kami) des Stammvaters, *Schutzgottheit* der Geburtsstätte, des Dorfes und der Gemeinde, zu der der Schützling aufgrund seiner Geburt gehört. Alle U. stehen unter der Oberhoheit des →O-kuni-nushi.

Ukaipu →Ivo

Ukeomochi-no-kami ▽, *Ukimochi:* shintoist. *Fruchtbarkeits-* und *Nahrungsgöttin.* Nachdem der Mondgott →Tsuki-yomi sie getötet hatte, fanden sich bei ihrer Leiche Reis und Bohnen, Seidenraupen und ein Rind.

Ukhu Pacha →Ucu Pacha

Ukko △ (»Alter Mann«), *Ukkonen* (»Großvater«): finn. *Himmels-* und *Gewittergott* sowie *Gott des Getreides.* Der *Hochgott* der Finnen führt den Beinamen *Isäinen* (»Väterchen«) und ist Gatte der →Rauni. Wenn U. mit seinem Wagen über den steinernen Weg des Himmels fährt, sprühen die Funken von den Pferdehufen und Wagenrädern. *Ukon vakat* (»Ukkos Scheffel«) ist ein aus Birkenrinde bestehender Behälter für die Opfergaben an ihn, der auf »Ukkos Berg« gebracht wird, wo er nachts davon ißt und trinkt. Seine Attribute sind Beil und Hammer, Bogen und Schwert.

Ülgän: sibir. *Himmelsgott* (der Altaier), der den Heilbringer Maidere auf die Erde schickte, um die Menschen Gottesfurcht zu lehren. Ersterer wird jedoch von →Erlik erschlagen, und aus seinem Blut entsteht ein Feuer, das bis zum Himmel aufsteigt. Daraufhin richtet Ü. den Erlik und dessen Anhänger zugrunde.

Ulixes →Odysseús

Ull △, *Ullr:* nordgerman. *Gott* der *Rechtsordnung* und der *Eide, Schutzgott* des Zweikampfs, aber auch *Ackerbau-* und *Weidegott.* Er ist ein guter Bogenschütze und Skifahrer. U. gilt als Sohn der →Sif und Stiefsohn des →Thor sowie Gatte der →Skadi nach deren Trennung von →Njörd. Viele Orte in Schweden und Norwegen sind nach ihm benannt.

Ullikummi △ : churrit. *Dämon,* ein blinder und tauber Steinriese, den der entthronte Götterkönig →Kumarbi durch Schwängerung eines Felsens zeugt, um ihn bei der Rückgewinnung der Himmelsherrschaft einzusetzen.

Umā ▽ (sanskr. »Gnädige«): brahm.-hindu. Personifikation von Licht und Schönheit sowie *Muttergöttin* (→Devi). Sie gilt als Tochter des →Daksha und als →Shakti und Gattin →Shivas. Als letztere wird sie zur →Sati. Ihre Attribute sind Rosenkranz, Lotos, Spiegel und Wassertopf.

Umashi-ashikabi-hikoji-no-kami △ (japan. »Gott, lieblicher Schilfsschößling, trautes, wunderbares Kind«): shintoist. *Ur-* und *Himmelsgott,* einer der 5 →Koto-amatsu-kami, die nach der Schöpfung der Welt auftraten.

Umbandisten: Exú, Exú-Rei, Ifa, Nha-San, Obatala, Ogun, Olorun, Omulú, Orisha, Oxocé, Shango, Yema(n)ja.

Umgangssprache (*Mythos* in der deutschen U.): acherontisch, Achillesferse, Achillessehne, Adam, adamitisch, Adamsapfel, Adamskostüm, Adamspforte, Adoneus, Adonis, adonisch, Adonius, aiolisch, Allvater, Aloaden, Alp, Amazone, Amazonenameise, Ambrosia, ambrosisch, Amorette, Andromeda, Angelusläuten, Antichrist, Aphrodisiakum, aphrodisisch, aphroditisch, Apokalypse, Apokalyptik, Apokalyptiker, apokalyptisch, apollinisch, Apollofalter, Apotheose, Aquarius, Aquila, Arachnoiden, Arachnologe, Arachnologie, Ararat, Argo, Argonauten, Argus, Argusauge, Ariadnefaden, Aries, Äskulapstab, Athenäum, Atlant, Atlantik, Atlantis, Atlas, Atlasband, Atlasgebirge, Atropin, Auferstehung, Auferstehungsfeier, auferwecken, Auferweckung, August, Auriga, Aurora, Aurorafalter, Bacchanal, Bacchant(in), bacchantisch, bacchisch, Baccheus, Basilisk, Basiliskenblick, Basiliskeneier, becircen, Beelzebul, Belial, Berserker, Berserkerwut, Bootes, boreal, Boreal, Borealzeit, Boreas, Cancer, Cassiopeia, Centaurus, Cepheus, Cetus, Chacmool, Chaos, chaotisch, Charybdis, cherubinisch, Chimäre, Corona Borealis, Cygnus, Dämon, dämonenhaft, Dämonie, dämonisch, Dämonismus, Dämonologie, Danaidenarbeit, Danaidenfaß, Davidsharfe, Davidstern, Delphinus, diabolisch, Dienstag, diesseitig, Diesseits, dionysisch, Dioskuren, Donnerstag, Draco, drakonisch, dreieinig, Dreieinigkeit, Echo, echoen, Echolot, Echomimie, Einhorn, Elfe, elysäisch, elysisch, Engel, Engelchen, Engelein, engelgleich, engelhaft, Engelmacherin, Engelschar, Engelsgeduld, Engelsgruß, Engelsgüte, engelsrein,

*Hexensabbat auf dem Brocken
(dt. Kupferstich, 17.Jh.).*

Engelsreinheit, engelsschön, Engelsstimmen, Engelsüß, Engelszungen, Engelwurz, Eosin, eosinieren, epigonal, Epigone, epigonenhaft, Epigonentum, epimetheisch, Erbsünde, Erisapfel, Eristik, Eros, Eroten, Erotik, Erotika, Erotiken, erotisch, Erotomanie, Europa, ewig, Ewigkeit, exorzieren, Exorzismus, Exorzist, Fama, fatal, Fatalismus, Fatalist, fatalistisch, Fatalität, Fatum, Faun, Fauna, Faunenschichten, faunisch, Faunistik, Februar, Fegefeuer, Flora, Florenelement, Florengebiet,

Florengeschichte, Florenreich, Florist, floristisch, Fortuna, Freitag, Furie, Galaxis, Ganymed, Gas, Geister, Geisterbeschwörer, Geisterbeschwörung, Geistererscheinung, Geisterglaube, geisterhaft, geistern, Geisterseher, Geisterwelt, Gemini, Genie, Geniestreich, Geniezeit, Genius, Giganten, gigantisch, Gigantismus, Gigantomachie, Gigantopithekus, Gorgonenhaupt, Gorgoniden, Gott, gottähnlich, Gottähnlichkeit, gottbegnadet, gottbewahre, Gotterbarmen, Götterbaum, Götterblume, Götterbote, Götterdämmerung, Götterfunke, Göttergatte, Göttergestalt, göttergleich, Göttermahl, Götterpflaume, Göttersage, Götterspeise, Götterspruch, Göttertrank, Gottesanbeterin, Gottesgericht, Gottesgna-

dentum, Gotteskindschaft, Gotteslohn, Gottesmutter, Gottessohn, Gottesstaat, Gottesurteil, göttlich, gottlob, Gottmensch, Gottseibeiuns, gottselig, gotterbärmlich, gottsjämmerlich, Gottvater, gottverflucht, gottvergessen, gottverlassen, gottvoll, Grazie, graziös, graziös, Hades, Hamit, Hamite, hamitisch, Harpyie, Heiliger, Hellespont, herakleisch, Hercules, Herkulesarbeit, Herkuleskäfer, Herkuleskeule, herkulisch, Hermaphrodismus, Hermaphrodit, hermaphroditisch, Hermaphroditismus, Herme, Heroenkult, heroisch, heroisieren, Heroismus, Heroin, Heroine, Heros, Herrgott, Herrgottsfrühe, Herrgottsschnitzer, Herrgottswinkel, Hexe, hexen, Hexenbesen, Hexenbuch, Hexenei, Hexen-Einmaleins, Hexenglaube, Hexenhäuschen, Hexenjagd, Hexenkessel, Hexenkraut, Hexenküche, Hexenkunst, Hexenmehl, Hexenmeister, Hexenmilch, Hexenpilz, Hexenprozeß, Hexenring, Hexensabbat, Hexenschuß, Hexenstich, Hexentanzplatz, Hexenverbrennung, Hexenwahn, Hexenzirkel, Hexenzwirn, Hexer, Hexerei, Himmel, himmelangst, Himmelbett, Himmelfahrt, Himmelfahrtskommando, Himmelfahrtsnase, himmeln, Himmelsbraut, Himmelsbrot, Himmelsschlüssel, himmelschreiend, Himmelsleiter, Himmelslilie, Himmelssohn, Himmelstür, himmelwärts, himmelweit, himmlisch, Hiobspost, Hiobsbotschaft, Hölle, Höllenangst, Höllenbrut, Höllenfahrt, Höllenfürst, Höllenhund, Höllenlärm, Höllenmaschine, Höllenpein, Höllenqual, Höllenspektakel, Höllenstein, höllisch, Hurrikan, Hyazinthe, Hydra, Hymenäus, ikarisch, infallibel, Infallibilität, infernal, infernalisch, Inferno, Inkarnation, inkarniert, Iris, irisieren, Irisöl, Iritis, Ismaelit, Israeli, israelisch, Israelit(in), israelitisch,

Sieben Wochengottheiten (von rechts nach links):
Sonntag (Sol/Sonne),
Montag (Luna/Mond),
Dienstag (Mars/Týr),
Mittwoch (Mercurius),
Donnerstag (Iuppiter/Donar/Thor),
Freitag (Venus/Frigg),
Samstag (Saturnus).

Jakobsleiter, Januar, Januskopf, Japhetit, japhetitisch, Jenseits, Jeremiade, Johannisbeere, Johannisbeerstrauch, Johannisbrot, Johannisbrotbaum, Johannisfeuer, Johanniskäfer, Johanniskraut, Johannisnacht, Johannistrieb,. Johanniswürmchen, jovial, Judasbaum, Judaskuß, Judaslohn, Juli, Jüngster Tag, Jüngstes Gericht, Juni, junonisch, Jupiter, Kassandraruf, Kassiopeium, Kastor (und Pollux), Kobold, Konkordia, Kore, Labyrinth, Labyrinthfische, labyrinthisch, larval, Lärvchen, Larve, Lazarett, Lazarettschiff, Lazarettzug, Lemur, Leo, Lethe, Leviathan, Lyra, Mai, Mänade, Manna, Mannaflechte, Mannagras, Mannazucker, marianisch, Mars, martialisch, Martini, Martinsgans, Martinsvogel, März, Meduse, Medusenblick, Medusenhaupt, mefitisch, Megäre, Menetekel, Mentor, Merkur, Merkurstab, Messiade, messianisch, Messianismus, Methusalem, Michel, Midasohren, Milchstraße, Moira, Moneten, Montag, Morphin, Morphinismus, Morphinist, Morphium, Morphiumspritze, Morphiumsucht, morphiumsüchtig, mosaisch, Mosaismus, Muse, museal, Musenalmanach, musenhaft, Musensohn, Musentempel, Museum, Musik, Mythe, mythenhaft, mythisch, Mythologe, Mythologie, mythologisch, Mythos, Nagualismus, Najade, Narzismus, Narziß, Narzisse, Narzißt, Nektar, Nektarblumen, Nektarien, nektarisch, Nektarium, Nemesis, Neptun, Neptunie, neptunisch, Neptunismus, Neptunist, Neptunium, Nereide, Nestor, Nike, Nimrod, Niob(ium), Nix(e), nixenhaft, Nymphäum, Nymphe, nymphenhaft, nymphoman, Nymphomanie, Nymphomanin, nymphomanisch, Ödipuskomplex, Odyssee, odysseisch, Olymp, Olympiade, Olympiamedaille, Olympiasieger, Olympier, Olympionike, olympisch, Ophiuchus, Orion, Orkan, Orpheum, Orphik, Orphiker, orphisch, Ozean, Ozeandampfer, Ozeanide, ozeanisch, Ozeanographie, ozeanographisch, Ozeanriese, Pan, Panflöte, Panik, panikartig, Panikstimmung, panisch, Päpstin, päpstlich, Paradies, Paradiesapfel, Paradieskörner, paradiesisch, Paradieslilie, Paradiesvogel, Parnaß, Parnassien, parnassisch, Parzen, Pegasus, Peloponnes, Penaten, Perseus, Phaeton, Phönix, Phosphor, Pléiade, Plejaden, Pluto, plutonisch, Plutonismus, Plutonist, Plutonium, Priapéen, priapeisch, Priampismus, Priapuliden, Procyon, Prokrustesbett, prometheisch, Prometheus, Promethium, Prophet(in), Prophetengabe, Prophetie, prophetisch, prophezeien, Prophezeiung, Purgatorium, Pythia, pythisch, Pythonschlange, Quetzal, Reinkarnation, Riese, riesig, riesisch, Riesenanstrengung, Riesenarbeit, Riesenbaum, Riesengeschlecht, Riesengestalt, riesengroß, riesenhaft, Riesenhunger, Riesenkampf, Riesenkraft, Riesenschritt, Riesenslalom, Riesenskandal, riesenstark, Riesenweib, Riesenwuchs, Sabbatarier, Sabbatist, Sabbatstille, Sagitta, Sagittarius, salomonisch, Salomonssiegel, Samstag, Satan(as), satanisch, Satanismus, Satansbraten, Satanskerl, Satanspilz, Satanstücke, Satansweib, Saturn, Saturnier, saturnisch, Satyr, satyrartig, Satyriasis, Satyrspiel, Schimäre, schimärisch, Schrat, Scorpius, Scylla (und Charybdis), Seelenwanderung, Selen, selenig, Selenit, Semit(in), semitisch, Semitist, semitistisch, Semitistik, Seraphine, Seraphinorden, seraphisch, Sibylle, sibyllinisch, Siebenschläfer, Sirene, Sirenengesang, sirenenhaft, Sirius, Sisyphus, Sisyphusarbeit, Sodom (und Gomorrha), Sodomie, Sodomit, sodomitisch, Sonntag, Sphinx, Sündenbock, Syringen, Syrinx, Tantalus, Tantalusqualen, Taurus, Tellur, Tellurium, Teufel(in), Teufelei, Teufelsabbiß, Teufelsarbeit, Teufelsaustreibung, Teufelsbeschwörer, Teufelsbeschwörung, Teufelsbraten, Teufelsbrücke, Teufelsbrut, Teufelsdreck, Teufelsei, Teufelsfisch, Teufelskerl, Teufelskralle, Teufelsnadel, Teufelsrochen, Teufelswerk, Teufelszwirn, teuflisch, Thanatophobie, Thorium, Titane, titanenhaft, Titanide, titanisch, Titanit, Titanomachie, Tohuwabohu, Totemismus, totemistisch, Totempfahl, Totenreich, Totentanz, Tritonsee, Tritonshörner, Troll, überirdisch, Übermensch, übermenschlich, übernatürlich, übersinnlich, Übersinnlichkeit, Überwelt, überweltlich, Ufologie, unsterblich, Unsterblichkeit, unterirdisch, Unterwelt, unterweltlich, Uran, Uranier, Uranismus, Uranist, Uranus, Uriasbrief, Ursa major, Venus, Venusberg, Venusfliegenfalle, Venusgürtel, Venusmuscheln, vergotten, vergöttern, Vergötterung, Vergottung, Vierzehnheiligen, Virgo, Vision, visionär, Visionär, Vulkan, Vulkanausbruch, Vulkanisation, vulkanisch, vulkanisieren, Vulkanisierung, Vulkanismus, Vulkanit, Walhall(a), weissagen, Weissager(in), Weissagung, Weltgericht, Weltuntergang, wiedergeboren, Wiedergeburt, Wunder, wunderbar, Wunderhorn, Wundermann, Wundermittel, Wunderquelle, Wundertat, Wundertäter, wundertätig, Wundertätigkeit, Zentaur, Zephir, Zephirgarn, zephirisch, Zephirwolle, Zerberus, Zerealien, Zirkon, Zwerg(in), zwergenhaft, zwerghaft, Zwergwuchs, Zyklop, Zyklopenmauer, zyklopisch.

Teufelsaustreibung durch Iesūs.
In Anwesenheit von zwei seiner Jünger fahren drei schwarze und beflügelte Dämonen aus dem Mund einer von ihnen bisher besessenen Frau aus (dt. Bilderbibel, 15.Jh.).

Umisachi-hiko △, *Ho-surori, Hoderi:* shintoist. *Fischergott,* Sohn des →Ninigi und der →Konohanna und älterer Bruder des Jägergottes →Yamasachi. Einmal beschlossen die Brüder, ihre Rollen als Fischer und Jäger zu tauschen.

Umvelinqangi △(»Der-Eine-der-alles-schuf«): *Himmels-* und *Schöpfergott* der Zulu in Südafrika, der nicht nur Bäume und Tiere geschaffen hat, sondern auch den Rohrstock *Uthlanga,* aus dem →Unkulunkulu hervorgegangen ist. Er manifestiert sich in Gewittern und Erdbeben und ist all-gegenwärtig.

Uneg △: ägypt. Pflanzengott, der als Sohn des →Re gilt, dessen Beglei-ter er ist und den Himmel stützt.

Ung △: korean. *Gott* und *Heilbringer,* der ein Sohn des →Hananim und Vater des →Tan-kun ist. In der Nähe des Paektusan, des höchsten Berges Koreas (2744 m), stieg er vom Himmel auf die Erde herab und zeugte mit einer Menschenfrau den Tan-kun. Zur Erinnerung an dieses Ereignis wird in Korea der jährliche Nationalfeiertag als »Tag der Öffnung des Himmels« begangen.

Ungarn: Álmos, Árpád, Bába, Boldogasszony, Boszorkány, Csodafius-zarvas, Emesu, Enee, Fene, Garabonciás, Guta, Hadúr, Hunor, Isten, Íz, Kacsalábon forgó vár, Manó, Ménróth, Nemere, Ördög, Sárkány, Szél, Táltos, Tetejetlen nagy fa, Turul.

Uni ▽: etrusk. *Göttin* des *Universums* und *Stadtgöttin* von Perugia, *Hoch-göttin* der Etrusker und *Schutzgöttin* von Ehe und Familie. Sie ist die Gattin des →Tinia und Mutter des →Hercle. Zusammen mit Tinia und →Menrva ist sie zu einer Trias verbunden. Sie entspricht der griech. →Héra und der röm. →Iuno.

Unkulunkulu △ (»der Große-Große«), *Unkhulunkhulu: Ahnen-* und *Schöpfergott* der Zulu in Süd-afrika, der selbst aus dem von →Umvelinqangi geschaffenen Urstock hervorgegangen ist. Als Schöpfer spaltete er einen Stein, aus dem die Menschen kamen. Dann lehrte er sie die Fertigkeiten und gab ihnen Gesetze der Ordnung.

Unsterblichkeit ▽: allg. Bezeich-nung für die →Zeit ohne jede Grenzziehung durch den Tod, für die Zeitlosigkeit und →Ewigkeit

Apotheose des Helden Heraklés.

im Gegensatz zum sterblichen →Leben. Die U. gehört zum Wesen vieler Gottheiten oder wird ihnen wie auch vielen Menschen (→Heilige, →Gottmenschen, →Heroen, →Himmelfahrt, →Apotheose) von den Überirdischen verliehen. Der Erhalt des ewigen Lebens und damit der U. ist manchmal abhängig von einer Götterspeise oder von einem Götter-trank (griech. →Néktar und →Ambrosía, iran. →Haoma, hindu. →Soma), vom Essen der Früchte des Lebensbaums oder vom Trinken des Lebenswassers aus einem Jungbrunnen. Da z. B. der akkad. →Adapa

dessen Genuß unwissentlich verweigerte, hat er die Unsterblichkeit verscherzt. In dem zeitlichen Spannungsgefüge (→Polarität) von ewigem
und sterblichem Leben spielten die →Mythen. - *Worte:* unsterblich, Unsterblichkeit.

Unterwelt ▽: allg. Bezeichnung eines *Raumes,* der im unteren Teil des
→Weltbildes lokalisiert ist und als Wohnort und Reich der Unterweltsgottheiten sowie als Zielort der Verstorbenen gilt, die u. a. von →Seelen-
führern dorthin geleitet werden. Der Eingang zur U. ist meist im Westen
gelegen, wo die Sonne untergeht, und jenseits des Ozeans bzw. im Erdinnern. In der U. befindet sich auch die spätere →Hölle, bzw. letztere
wird mit der ersteren identifiziert. Die U. steht im Gegensatz zur →Über-
welt. Die Unterwelt wird oft als durch Tore verschlossener Raum
gesehen. Von den verschiedenen U. sind insbesondere zu nennen: jüd.
→Abaddōn, →She'ōl, sumer. →Kurnugia und akkad. →Aralu, griech.
→Hādes, röm. →Orcus, german. →Hel, finn. →Pohjola, lapp. →Jab-
meaio, iran. Bōlos, ägypt. →Duat, chines. →Huang-ch'üan, shintoist.
→Yomi-no-kuni, polynes. →Po, indian. → Mitnal und →Mictlan sowie
→Ucu Pacha und →Xibalbá. - *Worte:* unterirdisch, U., unterweltlich, in-
fernal(isch), Inferno.

Unut ▽ (»Häsin«): ägypt. *Hasengöttin* von Hermopolis (fünfzehnter
oberägypt. Gau) und *Schutzgöttin,* aber auch *Unterweltsdämonin.* Die
auch »Herrin von Unu« Genannte wird in Hasengestalt dargestellt.

Uotan →Votan

Upelluri △: churrit. *Weltriese,* auf dem Himmel und Erde erbaut sind.
Seit der Weltentstehung dämmert er unter dem Erdboden und Meeres-
spiegel dahin, bis →Kumarbi den Dämon →Ullikummi auf seine rechte
Schulter setzt.

Upuaut △, *Wep-wawet* (ägypt.»Wege-Öffner«), Ophois (griech.): ägypt.
Ortsgott von Siut bzw. Asyut im dreizehnten oberägypt. Gau. Als sieghaf-
ter Wegebahner im Kampf ist er *Kriegsgott,* und als Voranschreiter der
Toten ist er *Totengott* in Abydos, wo er die Prozessionen beim Osirisfest
anführte. Sein Hauptkultort war Lykopolis. Er wird als stehender schwarzer Schakal/Wolf dargestellt, und seine Attribute sind Keule und Bogen.

Upulevo △: indones. *Sonnengott* bei den Timoresen, der über den Feigenbaum zu seiner Gattin, der Erdmutter, kommt, um sie zu begatten.

Upulvan △ (»der Wasserlilienfarbige«) *Pulvan:* ind. *Schutz-* und *Hauptgott* der Singhalesen. Seine Farbe ist das Blau, sein Emblem der Bogen,
sein →Vāhana der Elefant. Er entspricht dem →Māyōn der Tamilen.

Ur △: iran. *Dämon* und *Herrscher* über das Reich der *Finsternis* bei den
Mandäern sowie *Personifikation* der Welt des *Bösen* und der *Lüge, der
Rebellion* und des *Todes.* U. bildet den negativen Gegenpol zu →Mānā
rurbē. Seine Beinamen sind »Unhold«, »Drache« und »Finsterniskö-
nig«. Mit Hilfe seiner Mutter, Schwester und Frau →Rūhā schafft und
zeugt er seine eigenen dunklen Welten mit ihren dämonischen Wesen.

Am Ende der Tage werden aus dem »Maul des Ur« die frommen Seelen von →Hibil errettet.

Urahnen →Urmenschen

Ūrammā ▽: ind. *Muttergöttin, Göttin* des *Regens,* des *Ackerbaus* und der *Fruchtbarkeit* bei den Tamilen, aber auch Bringerin von *Krankheiten* und epidemischen *Seuchen.*

Urania ▽ (»die Himmlische«), *Urania* (lat.): griech. **1)** *Beiname* der Göttin →Aphrodite. **2)** *Muse* der *Astronomie.* Sie gehört zu den 9 →Músai und ist eine Tochter des →Zeús und der →Mnemosýne. U. weist die Sterblichen auf die Harmonie des Himmels hin. Ihr Attribut ist die Himmelskugel. – *Worte:* Uranier, Uranismus, Uranit.

Uranoí →Shāmajim

Uranós △ (»Himmel«): griech. **1)** *Himmel* sowie Himmelsgewölbe und Luftraum über der Erde mit Wohnsitz der Götter. **2)** *Himmelsgott* und Personifikation des Himmels als einer sich mit der Erde verbindenden zeugenden Naturkraft. U. ist Sohn und Gatte der →Gaía, Bruder von →Póntos und →Tártaros. Durch Gaía ist er Vater der →Titánes, →Kýklopes, →Hekatoncheíres, →Gígantes und →Erinýes. Da U. alle seine Kinder haßte, verbarg er sie im Leib der Gaía, die dadurch unerträgliche Schmerzen litt. Als dann U. die Kýklopes und Hekatoncheíres in den Tártaros verbannte, stiftete Gaía ihren jüngsten →Krónos an, den Vater zu entthronen, mit einer Sichel zu entmannen und in den Tártaros zu stürzen. Aus den dabei auf die Erde fallenden Blutstropfen gebar Gaía die Erinýes und Gígantes. An der Stelle, wo das abgeschnittene Glied des U. ins Meer fiel, entstieg →Aphrodíte dem Schaum. – *Worte:* Uran, U. (Planet).

Urartäer: Chaldi, Shelardi, Shiwini, Tesheba.

Urash ▽△ (»Erde«): 1) sumer. *Erdgöttin,* die als Gemahlin des →An und Mutter der →Nin'insina gilt. 2) sumer. *Stadtgott* von Dilbat, der später mit →An und →Ninurta gleichgesetzt wurde.

Uräus △, *Jaret* (ägypt. »die sich Aufbäumende«): ägypt. Stirnschlange der Götter und Könige, die Nachbildung einer sich aufbäumenden giftigen Kobra. Als Diadem getragen, leuchtet sie und bäumt sich an der Stirn ihrer Träger gegen deren Feinde auf und vernichtet sie mit dem Gluthauch ihres Feueratems. Ursprünglich ist sie das Symboltier der unterägyptischen Kronengöttin →Uto, das zum Symbol der Königsherrschaft wurde. Der Träger hat Teil an dem Schrecken, an der Macht, Achtung und Liebe, die von der Göttin Uto selber ausgehen.

Urd ▽, *Urdr* (nord. »Schicksal«): german. *Schicksalsgöttin,* die die Vergangenheit repräsentiert. Sie ist eine der drei →Nornen und Schwester von →Verdandi und →Skuld. Aus dem gleichnamigen Schicksalsbrunnen, dem Urdsbrunnen, zieht die Weltesche →Yggdrasill ihre Kraft, und die Götter versammeln sich hier, um Rat zu halten.

Urdar brunnr (nord. »Urd-Brunnen«): german. *Schicksalsbrunnen,* der

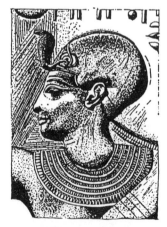

Uräus, ägypt. Stirnschlange als Diadem des Pharao Sethos I.

unter einer der Wurzeln von der Esche →Yggdrasill liegt. Bei U. halten die Götter ihre Beratungen ab, und in seiner Nähe wohnen die 3 →Nornen, zu denen auch →Urd gehört.

Urendequa Vécara △ (»der vorangeht«): indian. *Morgensterngott* bei den Tarasken.

Urezwa →Leza

Ūri'ēl (hebrä. »mein Licht ist [Gott] El«), *Suriel* (kopt.): 1) jüd. *Engel* (→Mala'āk) und *Bote* des →Jahwe-Elōhim, *Führer* des Himmelslichts der Gestirne und *Herr* über die Unterwelt. Er bringt dem Esra Offenbarungen und weist dem →Hanōk bei seiner Himmelswanderung den Weg. U. gehört zu den →Archángeloi. 2) christl. *Engel* und *Bote* des →Kýrios, *Engel* der *Buße* und *Strafengel*. Beim Jüngsten Gericht wird er die Tore der Unterwelt öffnen und die Toten vor den Richterstuhl Gottes bringen.

Urmen ▽, *Ursitory:* zigeun. Gruppe von 3 *Geisterschwestern* in Menschengestalt, die als *Schicksalsfrauen* das Geschick der Menschen bestimmen. Eine von ihnen ist den Menschen übel gesonnen, die anderen 2 wollen ihnen wohl. Ihre Königin ist Matuya. Singend und tanzend leben sie unter Bäumen oder im Gebirge. – *Roman:* M. Maximoff (1946). – Die U. ähneln den →Keshali.

Urmenschen und Urahnen △▽◇: allg. Bezeichnung für meist über-

Jüd.-christl.-islam. Urmensch Adam, der von Gott in der Urzeit geschaffen wurde (Zeichnung nach Michelangelo).

menschliche Wesen (→Mittler) →männlichen oder weiblichen oder →androgynen Geschlechts, die als *Ureltern, Urmutter* und *Urvater* am Beginn der Menschheitsgeschichte in der →Urzeit stehen. Manchmal sind Urmenschen und Urahnen, die den Anfang der Ahnenreihe einer Sippe, eines Stammes oder eines Volkes bilden, identisch. Sie haben nicht nur zu ihren Lebzeiten als Kulturbringer (→Heilbringer) große Bedeutung, sondern bestimmen auch noch nach ihrem Tod das Leben ihrer Nachkommenschaft (z. B. die Ursünde von →Ādām als Erbsünde für die Menschheit). Ihr Leben gibt oft Auskunft über den Ursprung und die Überwindung des Todes. Zu den U. zählen u. a.: afrikan. →Unkulunkulu, iran. →Gayōmart, jüd. →Ādām, hindu. →Manu und →Purusha, chines. →P'an-ku, austral. →Wandschina und german. →Ymir. Das Leben der U. erzählen die anthropogonischen Mythen.

Urshanabi △, *Sursunabu:* akkad. *Fährmann,* der den →Gilgamesh über das Meer des Todes zu seinem Ahnherrn →Utanapishti rudert. U. ist dem griech. →Cháron ähnlich.

Ursitory →Urmen

Urthekau ▽, *Werethekau* (»die Zauberreiche«): 1) ägypt. *Kronengöttin* und Personifikation der geheimnisvollen überirdischen Kräfte in der Königskrone. Die löwenköpfig Dargestellte hat ihren Wohnsitz im Reichsheiligtum. 2) Beiname ägypt. Göttinnen.

Urtzi →Ortzi

Uruakan: armen. *Geister* (→Devs) der Verstorbenen, die nachts aus ihren

Gräbern kommen und meistens in ihren Leichentüchern umgehen und Furcht verbreiten.

Urzeit ▽: allg. Bezeichnung für den zyklisch oder linear verstandenen *Anfang* eines →Weltzeitalters. Die zyklisch verstandene Zeitgeschichte sieht einen periodisch wiederkehrenden Anfang des Weltalls sowie des Lebens der einzelnen Menschen (→Samsāra), wohingegen der einmalige Anfang des Einzellebens sowie der Welt als Beginn einer linear verlaufenden Geschichtsentwicklung gesehen wird. Die U. steht in jeweiliger Entsprechung zur →Endzeit. In der U. spielen die protologischen, kosmogonischen und anthropogonischen Mythen. Es ist die Zeit der spontanen Entstehung des Weltalls (→Weltbilder) aus einem Urstoff (Weltei) oder aus dem toten Körper eines Urwesens, der Zeugung des Weltalls durch eine Gottheit (→Izanagi und →Izanami) oder der Erschaffung durch das gesprochene Wort eines Gottes (→Jahwe, →Allāh). Die U. ist auch die Zeit des Paradieses (→Gan Êden) der Menschen, dessen Wiederkehr für die Endzeit erwartet wird.

Utanapishti, akkad. Heros, der die Sintflut in einer Arche überlebte, zu deren Bau ihm Gott Ea zuvor geraten hatte.

Ushā ▽: hindu. *Fürstin* und →Daitya-prinzessin, eine Tochter des →Bāna und Enkelin des →Bali. Sie gilt als Gattin von →Aniruddha, einem Enkel des →Krishna, sowie als Mutter des →Vajra.

Ushah ▽ (awest.»Morgenröte«): iran. *Göttin* der *Morgenröte* und *Personifikation* des fünften und letzten Tagesabschnittes, der von Mitternacht bis Sonnenaufgang dauert.

Ushanas →Shukra

Ushas ▽ (sanskr. »Morgenröte«): 1) ved. *Göttin* der *Morgenröte* und Freundin der Menschen. Sie ist die Tochter des →Dyaus und der →Prithivi, sowie die Schwester von →Sūrya, →Indra und →Agni. Sie wird auf einem von 7 Kühen gezogenen Himmelswagen dargestellt und in ca. 20 Hymnen des Rigveda als Bringerin des täglichen Lichts gepriesen. 2) hindu. Begleiterin und Gattin des Sonnengottes Sūrya, die zusammen mit →Pratyūshā allmorgendlich die Finsternis vertreibt.

Ushêtar →Uchshyat-ereta

Ushêtar mäh →Uchshyat-nemah

Ushnishavijayā ▽ (sanskr.»die durch die ushnisha Siegreiche«): buddh. weiblicher transzendenter →*Bodhisattva* und Personifikation der Buddhaweisheit, die im Schädelwulst (ushnisha) der Erleuchteten ihren Sitz hat. Sie ist die »Mutter aller Buddhas« und *Schutzpatronin* vor bösen

Geistern, vor allem Übel und vor Krankheit. Sie gewährt langes Leben. Ikonographisch ist sie charakterisiert durch 3 Köpfe mit je einem Stirnauge und mit 8 Armen. Ihre →Mudrā ist die Gewährung und die Ermutigung in geschlossener Sitzposition. Attribute sind: Buddhafigur, Doppelvajra, Pfeil, Schlinge, Bogen und Juwelenvase. Ihre Körperfarbe ist das Weiß. Manchmal wird sie mit der weißen →Tārā verglichen.

Usil △, *Cautha, Cath:* etrusk. *Sonnengott,* der mit Aureole und Bogen sowie mit je einem Feuerball in den Händen dargestellt wird. Er entspricht dem griech. →Hélios und dem röm. →Sol.

Ūsinsh: lett. *Gestirns-* und *Lichtgott, Frühlings-* und *Schutzgott* von Bienen und Pferden. Das erste Hinaustreiben der Pferde im Frühjahr zur Nachhütung wird mit einem dem U. dargebrachten Opfer verbunden. Seit der Christianisierung ist er dem christl. →Georgius angeglichen.

Usire →Osiris

Usmū △, *Usumū:* akkad. *Botengott* des →Ea, der dem sumer. →Isimu entspricht.

Utanapishti △ (»ich habe mein Leben gefunden«), *Utnapishtim:* akkad. *Held,* der von →Ea vor der Sintflut gewarnt wird und wie →Nōach eine Arche baut. Nach seiner Errettung wird er als einziger Sterblicher von den Göttern für unsterblich erklärt, weshalb sein Nachfahre →Gilgamesh von ihm das Geheimnis des ewigen Lebens erfahren will. Utanapishti, die häufigere Namensform Utnapishtim ist sprachlich nicht korrekt, entspricht dem sumer. →Ziusudra.

Utgard (nord. »Draußenwelt, Außenraum«): german. *Gebiet* außerhalb der befriedeten Welt →Midgard, eine fast unbewohnte Randzone »draußen« und ein Aufenthaltsort der dämonischen Wesen.

Ūtgardaloki △ (nord. »Loki des Utgard«): german. dämonischer *Riese* (→Thurs), dessen Amme die Riesin →Elli war. Zu ihm reist der Gott →Thor, um sich mit ihm im Wettkampf zu messen. Dabei entpuppt sich Ú. am Ende als Sinnestäuschung.

Uthrā (»Reichtum«), *Uthrē* (Pl.): iran. *Geist-* und *Lichtwesen* bei den Mandäern. Sie sind aus dem »ersten Leben«, dem →Mānā rurbē, emaniert, bzw. von ihm geschaffen, den sie jetzt in der oberen Lichtwelt umgeben und preisen. Als »erlöste Erlöser« helfen sie den Menschen beim Kampf gegen die Dämonen. Zu den U. zählen: →Hibil, →Shitil, →Anōsh und →Mandā d-Haijē.

Utnapishtim →Utanapishti

Uto ▽ (»Papyrusfarbene, Grüne [Kobra]«), *Wadjet:* ägypt. *Schlangengöttin* von Buto (sechster unterägypt. Gau), die Fruchtbarkeit schenkt und »grünen« läßt. Als *Landesgöttin* Unterägyptens ist sie das Pendant zur oberägyptischen Geiergöttin →Nechbet. Sie ist *Schutzgöttin* und *Muttergöttin* des Königs und des Reiches, die dem König Sieg und Macht verleiht, aber auch Schutzgöttin des bedrängten →Horus und aller Toten. Ihr Hauptkultort in Buto war eine bekannte Orakelstätte. Dargestellt

Uto, ägypt. Fruchtbarkeitsgöttin sowie Landesgöttin von Unterägypten in Schlangengestalt.

wird Uto, wie sie ihren Schlangenleib um einen Papyrusstengel windet. Die (→Uräus-)Schlange der Uto ist das Symboltier Unterägyptens und bildet zusammen mit dem Symboltier Oberägyptens, dem Geier der Nechbet, den Pharaonenschmuck. Die Griechen haben sie der →Letó gleichgesetzt.

Utu △ (»hell, Tag«); sumer. *Sonnengott,* der als Sohn des →Nanna und der →Ningal gilt. Mit Nanna und →Inanna bildet er eine astrale Trias. Jeden Morgen kommt der Sonnengott aus dem Gebirge im Osten hervor, nimmt seinen Weg über den Taghimmel, um den Lebenden zu leuchten, und jeden Abend tritt er im Westen wieder in das Meer ein, um während der Nacht durch die Unterwelt zu wandern und den Toten Licht, Speise und Trank zu bringen. Als Gott, dessen Licht überall eindringt und der alles sieht, ist er Wahrer des Rechts und *Richtergott.* Seine Kultorte waren Larsa und Sippar, wo seine Tempel Ebabbar (»leuchtendes Haus«) hießen. U. entspricht dem akkad. →Shamash.

Utu, sumer. Sonnengott (Mitte), der jeden Morgen aus dem Horizontgebirge im Osten aufsteigt, um abends wieder hinter dem westlichen Horizontberg ins Meer einzutreten (Rollsiegel).

Utukku △: akkad. böser *Dämon,* der den Hals der Menschen zuzieht und dem sumer. →Udug entspricht.

Uyungsum ▽, *Uyung Kittung:* ind. *Sonnen-* und *Hochgöttin* bei den Sora.

al-'Uzzā ▽ (»die Starke, Gewaltige, Mächtige«): 1) arab. *Schutzgöttin* von Mekka und *Morgensterngöttin,* die zusammen mit →al-Lāt und →Manāt eine weibliche, göttliche Trias bildet. In Zentralarabien gilt sie als die jüngste der drei »Töchter Allāhs«. Ihr heiliger Bezirk war Suqām bei Mekka, wo 3 Samura-(Akazien-)Bäume ihren Thronsitz bildeten. 2) islam. weiblicher *Götze,* der im Kur'ān (Sure 53,19-23) erwähnt ist und dessen Anrufung als *Fürsprecherin* bei →Allāh von →Muhammad zunächst erlaubt, kurz darauf aber widerrufen wurde.

VENUS

Vāc ▽ (sanskr. »Wort, Rede, Sprache, Stimme«), *Vach, Vāk:* **1)** ved. *Göttin* und *Personifikation* der *Sprache* und des *Wortes,* das magische Kraft besitzt, sowie weibliches *Weltprinzip* hinter allen Handlungen. Ihr entspricht der männliche →Prajāpati. **2)** brahm.-hindu. *Muttergöttin* und Personifikation der Sprache als Ursprung der Schöpfung, aber auch Beiname der →Sarasvati. **3)** buddh. Beiname des transzendenten →Bodhisattva →Mañjushri.

Vadātājs: lett. *Dämon* in Menschen- oder Tiergestalt, der versucht, die Menschen im Wald oder an Kreuzwegen in die Irre zu führen, damit sie ihr Ziel verfehlen.

Vafthrúdnir △ (nord. »der kräftig Verwickelnde«): german. *Urzeit-* und *Reifriese* (→Hrimthursar). Der sechsköpfige V. ist mit Urweisheit begabt und führt mit dem Gott →Odin einen Wettkampf um das Wissen.

Vahagn △ : armen. *Sonnengott, Gott* der kriegerischen *Tapferkeit* und des *Sieges.* Zusammen mit →Anahit und →Astlik bildet er eine astrale Trias. Sein Beiname ist »Vishapakal« (»Drachenwürger, Drachenemporzieher«). Nach V. ist der siebenundzwanzigste Tag eines jeden Monats benannt. V. ist dem ind. →Agni ähnlich.

Vāhana (sanskr. »Fahrzeug«): hindu. *Symbol-* und *Reittier* für die meisten Gottheiten, denen je ein für sie typisches V. in Tiergestalt zugeordnet ist. Die Tragtiere sind entweder von natürlicher Gestalt, der Schwan Hamsa für →Brahmā und der Stier →Nandi für →Shiva, oder Mischgestalten, wie der →Garuda für →Vishnu und der →Makara für die Flußgöttinnen.

Vaīdilas (von *vaidentis* = »spuken«): litau. *Totengeist,* ein vormals böser Mensch, der jetzt unverwest als »lebender Leichnam« in seinem Grab haust und nachts umherspukt, um allein wandernde Menschen anzufallen und ihnen möglicherweise als →Vampir das Blut auszusaugen. Um einen V. zu bändigen, soll man dessen Leiche köpfen und den Kopf zu dessen Füßen legen.

Vaikuntha : hindu. *Paradies* des →Vishnu, der als dessen Herr den Beinamen *Vaikunthanātha* (»Herr von Vaikuntha«) führt. Von Zeit zu Zeit steigt er aus dem V. herab, um in der Welt das Gute zu schützen und das Böse zu vernichten.

Vaimānika, *Vimānavāsin:* jin. *Göttergruppe* und höchste von 4 Götterklassen nach den →Bhavanavāsin, →Vyantara und →Jyotisha. Sie sind unterteilt in die Gruppe der →Kalpabhava und →Kalpātita und bewohnen in fahrenden Palästen die verschiedenen Etagen der Himmelswelt im →Loka-Purusha.

Väinämöinen △ (von *väinä* = »strömendes Wasser«): finn. *Kulturheros* und neben →Ilmarinen Hauptgestalt des Nationalepos »Kalevala«. Seine Mutter ist die Lüftetochter Luonnotar, die ihn 700 Jahre im Schoß getragen hat. Als V. schlafend im Meer schwamm, legte ein Wasservogel, der einen Platz für sein Nest suchte, auf sein grasbewachsenes Knie, das aus dem Wasser herausragte, ein goldenes Ei und begann darauf zu brüten. Als V. beim Aufwachen das Knie bewegte, fiel das angebrütete Ei ins Wasser und zersprang. So wurden der obere Schalenteil zum Himmel, der untere zur Erde, das Eiweiß zur Sonne, das Eigelb zum Mond und die »bunten Teile« zu den Sternen. V. ist der *Erfinder* der Kantele (»Zither«), und seinem Gesang und Spiel lauschten Fische, Vögel und Waldtiere. V. hat das erste Feuer, das Ilamrinen am Himmel schlug, als Blitz ins Meer geschleudert, wo es als Funken im Bauch eines Lachses weiterbrannte, bis der Lachs vom Menschen im Netz gefangen wurde. So kam das Feuer auf die Erde. Als großer *Zauberer* reiste V. in Schlangengestalt ins Totenreich →Pohjola, um dort einen toten Zauberer zu besuchen. Schließlich wurde er an den Himmel versetzt. Der Orion ist seine Sense, und die Plejaden sind seine Bastschuhe. In vielen Liedern und Gedichten wird V. verherrlicht.

Vairgin: sibir. Gruppe von 22 *Himmelsgeistern* (der Tschuktschen). Sie repräsentieren die verschiedenen Himmelsrichtungen und Himmelserscheinungen, unter denen Sonne, Mond und Polarstern die erste Stelle einnehmen.

Vairochana △ (sanskr. »der Leuchtende, der Sonnige«), *Vairocana*: **1)** buddh. transzendenter Buddha und Herrscher über die mittlere Weltgegend. Da er im Zentrum, dem Schnittpunkt der beiden Richtungsachsen der Windrose, beheimatet ist, verbindet er die Qualitäten der anderen 4 →Dhyāni-Buddhas. Er ist der geistige Vater des →Manushi-Buddhas →Krakuchchanda. Ikonographisch wird er charakterisiert durch die Radandrehungsmudrā, das Rad oder die Sonnenscheibe als Attribut, die weiße Farbe und den Löwen als Reittier. Im Vajrayāna ist ihm als →Prajñā die Göttin Vajradhātvishvari zugeordnet. **2)** in Ostasien verehrter buddh. →Adi-Buddha. **3)** brahm.-hindu. *Dämon*, der ein Sohn des →Prahlāda und Vater von →Bali ist. Als dämonischer →Daitya und Repräsentant der götterfeindlichen →Asuras erkundigt er sich zusammen mit dem Gott →Indra, einem Repräsentanten der →Devas, bei dem Schöpfer →Prajāpati nach der Erforschung des Selbst (Atman). Während ersterer sich mit dem äußeren Anschein, der äußeren Welt, zufrieden gab, hörte der andere nicht eher auf, bis er Erleuchtung erlangt hatte.

Vairochi →Bāna

Vairochana, buddh. transzendenter Buddha und Herrscher über die mittlere Weltgegend, der die Hände in der Mudrā der höchsten Weisheit formt, wobei der Zeigefinger der Rechten (= Buddha des Zentrums) von den 4 Greiffinger der Linken (= 4 Buddhas der Außenrichtungen) umschlossen wird. Am Thron bilden die Löwen sein Vāhana.

Vaishravana △ (sanskr.), *Vessavana* (Pali), *Jambhala, Do Wen* (chines.): buddh. *Welthüter* des Nordens und *Gott* des *Reichtums* und der *Schätze,* einer der 4 →Devarāja und Herrscher der →Yakshas. Er ist Partner der →Vasudhārā bzw. der Vidyādharā. Sein Lebensalter beträgt 9000 Jahre. Eine Zitrone und der edelsteinspeiende Mungo sind seine Attribute, seine Körperfarbe ist Gelb bzw. Grün und sein →Vāhana der Löwe.

Vajra (sanskr. »Diamant, Donnerkeil«), *Do-rje* (tibet. »Herr des Steins«): **1)** buddh. Bezeichnung für das Wesen alles Seienden, die Leere (Shūnyatā), die wie der Diamant unzerstörbar, d. h. unvergänglich ist. V. hat dem trantr. Buddhismus Vajrayāna seinen Namen gegeben. Es ist das männliche Symbol des Weges zur Erleuchtung im Gegensatz zur Ritualglocke, die die weibliche →Prajña symbolisiert. Der Dualismus der beiden Polaritäten wird in der Meditation aufgelöst. **2)** hindu. *Blitzstrahl* oder »Donnerkeil« des →Indra, eine kreisförmige Waffe mit einem Loch in der Mitte. **3)** hindu. *Fürst* und Sohn des →Aniruddha und der →Ushā, ein Urenkel des →Krishna, der ihn kurz vor seinem Tod zum König des Yādava-Stammes machte.

Vajrabhairava →Yamāntaka

Vajrapāni △ (sanskr. »der einen Vajra in der Hand hält«): **1)** buddh. transzendenter →*Bodhisattva* und einer der 5 →Dhyāni-Bodhisattvas sowie der 8 →Mahābodhisattvas. Er ist dem Buddha →Akshobhya als Heilswirker und geistiger Sohn zugeordnet und wird ikonographisch durch die Gewährungsmudrā gekennzeichnet. Seine Attribute sind →Vajra und Glocke. Seine Körperfarbe ist Blau. **2)** buddh.-tibet. *Regengott* und Hüter tantr. Geheimlehren, einer der →Krodhadevatā, der in 10 Erscheinungsformen auftritt. Dargestellt wird er mit Bannungsmudrā und dreiäugig. Sein Attribut ist der Vajra.

Vajrasādhu △ (sanskr. »der Fromme mit dem Vajra«): buddh.-tibet. *Schutzgott* der Orakelpriester. Dargestellt ist er mit der Bannungsmudrā. Sein Attribut ist →Vajra oder Krummschwert und sein →Vāhana ein Löwe, der manchmal eine unter ihm liegende Frau begattet.

Vajrasattva (sanskr. »Vajra-Wesen«): Im Vajrayāna-Buddhismus ein →Adi-Buddha und Herrscher über das Zentrum der Weltgegenden. Der besonders in Nepal Verehrte vereinigt in sich alle 5 →Dhyāni-Buddhas, so wie in seiner weißen Körperfarbe die Grundfarben der anderen vereint sind. Als seine →Prajña ist ihm die Göttin Vajrasattvātmika zugeordnet. Als seine Attribute gelten →Vajra und Glocke.

Vajravārāhi ▽ (sanskr. »Vajra-Sau«): buddh.-tibet. *Initiations-* und *Schutzgöttin* der Lehre, die dem Adept des Vajrayāna weiterhilft und den →Dākini zugehörig ist. Ikonographisch ist sie charakterisiert durch einen oder 2 Köpfe, wobei der zweite ein Saukopf ist. Dargestellt ist sie mit Drohgebärde und mit nacktem Körper und roter Körperfarbe. Ihre Attribute sind Hackmesser und Schädelschale, ihr →Vāhana eine Person oder ein Paar Hindugötter.

Vāk →Vāc

Valhöll →Walhall

Vali △ : german. *Rächergott,* ein Sohn →Odins und der →Rind, der erst eine Nacht alt die Ermordung seines Halbbruders →Balder rächte und den Mörder, seinen Halbbruder →Höd, tötete. Nach →Ragnarök wird er zusammen mit seinem Halbbruder →Vidar in die erneuerte Welt des Friedens zurückkehren. Der norweg. Ort *Valaskioll* ist nach V. benannt.

Valkyrien →Walküren

Vālmiki (sanskr. »Ameise«): hindu. →*Rishi,* dem das Rāmayana zugeschrieben wird. Er wandelte sich vom Straßenräuber zu einem *Heiligen,* der meditierte, bis ein Ameisenhügel um ihn emporwuchs. V. nahm die von →Rāma verstoßene Gattin →Sitā in seine Einsiedelei auf, wo sie ihre Zwillingssöhne gebar.

Vāmana △ (sanskr. »Zwerg«): hindu. fünfter →Avatāra →Vishnus im vergangenen Tretāyuga (→Yuga) in Gestalt eines Zwerges, um dem →Daitya →Bali, der die Herrschaft über →Triloka errungen hatte, diese als *Trivikrama* (»Dreifacher Schritt«) in 3 Schritten wieder abzugewinnen. Das vishnuitische Stirnzeichen, ein U mit einem Mittelstrich, symbolisiert diesen Dreischritt. Dargestellt ist V. als dickbäuchiger Zwerg oder als riesiger Trivikrama.

Vampir: slaw. teuflischer *Dämon* und *Totengeist,* der entweder der Geist eines Verstorbenen (bei Ost- und Westslawen) ist, der nachts umherwandelt und die Lebenden erschreckt, oder der ein durch einen bösen Geist zum Leben erweckter Leichnam (bei Südslawen) ist. Letzterer saugt den Lebewesen (Menschen und Tieren) das Blut aus, was deren Tod zur Folge hat. Sterben von einer Familie mehrere Personen in kurzem Abstand hintereinander, so hat der V. dabei seine Hand im Spiel. Zum V. wird sowohl ein Verbrecher nach dem Tod als auch ein Rechtschaffener, über dessen Leichnam bzw. offenem Grab ein unreines Tier (Hund, Katze, Maus) gesprungen ist. Vorgestellt wird der V. als menschen- oder tiergestaltiger, mit Blut gefüllter Hautsack (ohne Knochengerüst). In der Literatur des 19./20.Jh. (E.T.A.Hoffmann, Gogol) erscheint er dämonisiert. Ein bekannter Film ist *Dracula.* - *Oper:* H.A.Marschner (1828).

Vanen, *Wanen* (nord. »die Glänzenden«): nordgerman. *Göttergeschlecht*

Vajravārāhi, buddh. Schutzgöttin der Lehre, eine nackte Dakini mit der Drohgebärde, die den Dämon der Unwissenheit zertritt. Ihre Attribute sind Hackmesser und Schädelschale.

Varāha, hindu. dritte Inkarnation des Gottes Vishnu in der Gestalt eines Tiermenschen, eines Mischwesens aus Mensch und Eberkopf, das den Dämon Hiranyāksha bezwingt.

sowie ältere und kleinere Gruppe von meist *Fruchtbarkeitsgottheiten, Schutzgottheiten* der Bauern, Seefahrer und Fischer. Sie leben in Vanaheimr und beherrschen den Zauber →Seidr. Sie praktizieren die Geschwisterehe im Gegensatz zu den →Asen, die dies als Blutschande ansehen. Durch →Gullveig wecken sie in den Asen die Gier nach Reichtum, was zum Vanen-Asen-Krieg führt. Beim Friedensschluß stellen sie den Asen als Geiseln →Freyr, →Freyja und →Njörd.

Vanth ▽: etrusk. *Dämonin* der Unterwelt und der Toten. Sie ist *Todesbotin* und Helferin beim Sterbeprozeß. Dargestellt wird sie geflügelt. Ihre Attribute sind Schlange, Fackel und Schlüssel.

Varāha △ (sanskr. »Eber«): hindu. dritter →Avatāra →Vishnus im vergangenen Kritayuga (→Yuga) in Gestalt eines Ebers, um den Dämon →Hiranyaksha zu bezwingen und die von diesem auf den Grund des Ozeans versenkte Erde zu befreien. V. hob die Erde in Gestalt der Göttin Bhu-Devi (Bhumi-Devi) an die Oberfläche. Dargestellt wird V. als Eber oder eberköpfig.

Varāhi ▽: hindu. *Muttergöttin* und Personifikation des Neides. Sie ist eine der 7 →Saptāmatrikās und gilt als Gattin →Vishnus in dessen dritter →Avatāra als →Varāha.

Vardhamāna △: jin. *Familienname* des vierundzwanzigsten und letzten →Tirthankara des heutigen Weltzeitalters mit den beiden Ehrentiteln →Mahāvira und →Jina. Nach letzterem ist der von ihm begründete Jinismus bezeichnet. V. wurde ca. 539 v.Chr. als Sohn des Siddhārtha und seiner Gattin →Trishalā in Kundagrāma geboren. Nach der Shvetāmbara-Tradition heiratete er die Yashodā, mit der er eine Tochter, Anajjā (Priyadarshanā), hatte, die sich später mit seinem Neffen und abtrünnigen Jünger Jamāli verheiratete. Als Dreißigjähriger entsagte er der Welt und wurde Asket. Nach 12 Jahren erlangte er die Allwissenheit unter einem Shāl-Baum.

Dann folgte eine dreißigjährige Lehrtätigkeit als Heilskünder. Er starb im zweiundsiebzigsten Lebensjahr in Pāvā(puri) im Jahr 467 v. Chr. und ging ins →Nirvāna ein. Sein Emblem ist der Löwe und seine Farbe das Gold.

Varuna △ (sanskr.»der Allumfassende«): **1)** ved. *Himmelsgott* und allwissender Erhalter der Welt. **2)** brahm. *Schutzgott* von Wahrheit, Recht und Ordnung (rita). Als Sohn von →Kashyaba und →Aditi ist er der bedeutendste →Āditya und gilt als Gatte der Vāruni/Vārunani. Der Herrscher über das Dunkle der Nacht empfängt im Gegensatz zu seinem Bruder →Mitra die dunklen Widderopfer. **3)** hindu. *Meeres-* und *Regengott* sowie *Schutzgott* der westlichen Himmelsrichtung (→Lokapāla). Ikonographisch ist er gekennzeichnet durch die Attribute von Schlinge und Sonnenschirm. Sein →Vāhana ist →Makara, seine Farbe Weiß oder Blau.

Vasishtha △ (sanskr. »Bester, Reichster«): brahm.-hindu. *Weiser* und *Seher* der Vorzeit (→Rishi), der zu den 10 →Maharishi zählt. Er ist ein geistentsprossener Sohn des →Brahmā und Gatte der Arundhati. Ihm gehörte die Wunschkuh Surabhi/Kāmadhenu (→Kūrma-Avatāra).

Vāsudeva △ : **1)** hindu. *Fürst* und Nachkomme des Yadu, ein Yadava aus der Linie der Monddynastie. Er ist ein Bruder der →Kunti und Gatte von 7 Schwestern, deren jüngste →Devaki ist, durch die er Vater von →Krishna wird. Nach seinem Tod verbrannten sich 4 seiner Frauen. **2)** jin. *Held* und *Heldengruppe,* zu der in der gegenwärtigen Weltepoche bisher 9 gehören. Der erste war Triprishta und der letzte →Krishna. Die V. sind neben →Baladeva und Prativāsudeva eine der 3 Heldengruppen. Die Geburt eines V. wird dessen Mutter bald nach der Empfängnis durch 7 glückverheißende Traumbilder angekündigt.

Vardhamāna, jin. Mahāvira, Stifter des Jainismus, auf dem Thron und inmitten von Glückssymbolen: oben sind Spiegel, Thron, Vase und Kanne, unten Fisch und Swastika.

Vasudhārā ▽ (sanskr. »die Schätze hält«), *Vasundhārā:* buddh. *Göttin* des *Reichtums* und Verwalterin aller Qualitäten und Schätze, die zu einem notfreien Leben gehören. Die als Partnerin des →Vaishravana Geltende wird auf einem Mond stehend über einem doppelten Löwen dargestellt. Sie hat bis zu 3 Gesichter und 6 Arme mit der Gewährungsmudrā. Ihre Attribute sind Rosenkranz, Juwel, Buch, Reisähre und Nektarkanne. Ihre Farbe ist das Gelb.

Vāsuki △: brahm.-hindu. halbgöttliches *Schlangenwesen* und Herrscher über die →Nāgas im →Pātāla. Er ist Sohn des →Kashyapa und der Kadrū, sowie Bruder von →Ananta und →Manasa und spielt in der →Matsya- und →Kūrma-Avatāra eine Rolle. Als die →Devas und →Asuras einst den Ozean umrührten, gebrauchten sie ihn als Ring um den Berg Mandara. Die Welt ruht auf seinen Köpfen, und wenn er sich bewegt, bebt die Erde.

Vasundhārā →Vasudhārā

Vasus (sanskr.»vortrefflich, gut«): **1)** ved. Personifikation von Naturerscheinungen und deren *Gottheiten.* Zu ihnen zählen: Anala (Feuer), Anila (Wind), Āpas (Wasser), Dharā (Erde), Dhruva (Polarstern), Prabhāsa (Licht), Pratyūsha (Morgendämmerung), Soma (Mond). **2)** brahm. Göttergruppe, deren Anführer →Indra, später →Agni ist. Als Gottheiten des Erdraums gehören sie zu den →Devas, im Unterschied zu den →Rudras des Luftraums und den →Ādityas des Himmelsraums.

Vāta →Vāyu

Vāta △ (awest. von *vā* = »wehen«): iran. *Gott* des *Windes,* der aus allen 4 Himmelsrichtungen kommt. Er zählt zu den →Yazata, und ihm ist der zwanzigste Monatstag geweiht.

Vatea →Atea

Vatergötter △: allg. Bezeichnung für männliche *Hochgottheiten* (→Götter und Göttinnen), die eine herausragende Stellung in einer Götterfamilie einnehmen und die allein, aus sich selbst, (ägypt. →Atum, christl. →Kýrios) und/oder in Verbindung mit einem bzw. mehreren weiblichen Partnern Götterkinder zeugen und deshalb »Vater der Götter« und »Göttervater« genannt werden. Ihre Wohnung ist im Himmel, dessen Personifizierung sie in späterer Zeit darstellen, mit Ausnahme der ägypt. Himmels*göttin* →Nut. Als *Himmelsgötter* bringen sie durch Donner, Blitz und Regen, aber auch durch (Sonnen-)Wärme das Leben hervor und erscheinen als dessen Erzeuger. Als Himmels- und *Fruchtbarkeits*götter sind sie nicht nur Vater der Götter, sondern auch Vater und Schöpfer der Menschen (→Schöpfergottheiten). In patriarchalischen totemistischen

Thronender Vatergott und Göttervater sowie Himmelsgott Zeús mit dem Adler als Symboltier (Pariser Zeusschale).

Kulturkreisen des höheren Jägertums und später der Großhirten sind die V. zugleich *Sonnengötter* und Personifikationen der männlich-zeugenden Kraft, die ihre altersschwach gewordene Partnerin, die Mond- und Erdgöttin (→Muttergöttinnen), zurückdrängen. Die V. sind »Herren der Tiere« und Schöpfer der Welt und Gesetzgeber der Menschen, Belohner und Bestrafer. Von den verschiedenen V. sind insbesondere zu nennen: chines. →Huang-Ti und Shang-Ti, griech. →Uranós und →Zeús, german. →Odin, iran. →Ahura Mazdā, islam. →Allāh und jüd. →Jahwe-Elōhim.

Die zeugende Kraft der V. wird oft als Phallus (Lingam), als Stier oder Widder und als ithyphallischer Gott dargestellt.

Vaya △ (awest. von *vā* = »wehen«): iran. *Wind-* und *Todesdämon* (→Daēvas), der den Tod verursacht, indem 'er den Körper betäubt. Sein Beiname ist »Wāi i wattar« (»der böse Wāi«). Am vierten Tag nach dem Tod eines Menschen kämpft V. an der →Chinvat-peretu um den Besitz der Seele des Verstorbenen.

Vayā Daregō-chvadāiti ▽: iran. *Göttin* der *Atmosphäre* und *Seelengeleiterin*.

Vayu △: iran. *Gott* des *Windes* und der *Atmosphäre* sowie *Personifikation* des *Raumes* zwischen Himmel und Erde, *Schutzgott* der Kriegerkaste, die dem Rang nach zwischen der ersten Klasse der Priester und der dritten Klasse der gewöhnlichen Leute steht. Sein Beiname ist *Wāi i weh* (»der gute Wāi«), aber er bedroht die Seelen der Toten auf ihrem Weg in die andere Welt.

Vāyu △ (sanskr. »Wind, Luft«), *Vāta:* 1) ved. *Wind-* und *Luftgott* sowie Personifikation des Lebenshauchs. Er gilt als Gatte der Vayavi und Vater des →Hanumān. 2) hindu. *Schutzgott* der nordwestlichen Himmelsrichtung (→Lokapāla) und einer der →Gandharva, die im Himalaya wohnen. Ikonographisch ist er durch die weiße Körperfarbe und ein buntes Gewand charakterisiert. Seine Attribute sind u. a. Pfeil und Flagge. Sein →Vāhana ist die Antilope.

Vé △: german. *Urgott* und Sohn des Urriesenpaares →Borr und →Bestla. Zusammen mit seinen Brüdern →Vili und →Odin schuf er das erste Menschenpaar →Askr und Embla und gab ihnen Antlitz, Sprache und Gehör.

Veive △, *Vetis:* etrusk. *Rachegott,* der mit einem Lorbeerkranz auf dem Kopf dargestellt wird. Seine Attribute sind Pfeile und Ziege. Er entspricht dem röm. Veiovis.

Veja māte ▽ (»Wind-Mutter«): lett. *Wind-* und *Wettergöttin* sowie *Schutzgöttin* des Waldes und der Vögel. Sie zählt zu den ca. 60 →Māte. Wenn V. über das Land weht, sagt man: »V. bläst die Flöte.«

Velchans △, *Vethlans, Sethlans:* etrusk. *Gott* des *Feuers* und der *Schmiedekunst.* Er entspricht dem griech. →Héphaistos und dem röm. →Volcanus.

Venus, röm. Göttin des Frühlings und der Schönheit, nach der der sechste Wochentag, der Freitag (lat. dies Veneris; ital. Venerdi; franz. Vendredi), sowie einer der Planeten benannt sind.

Vēlē ▽, *Vēlės* (Pl.): litau. *Totengeist,* der durchsichtig und weich ist und als Nebel oder Schatten umherirrt.

Veles △, *Volos* (von *vol* = »Ochse«): slaw. *Feld-* und *Viehgott, Herr* der *Weiden* und *Beschützer* des gehörnten Viehs (bei den Ostslawen) sowie *Herrscher* über die *Unterwelt* des Totenreiches. V. ist auch *Schwurgott* der Russen.

Velis (»lebender Toter«), *Veli* (Pl.): lett. *Totengeister* und Kinder der →Velu māte. Als »lebende Tote« halten sie sich bei wichtigen Ereignissen, wie Geburt, Hochzeit und Tod, unter den Menschen auf. Nach Abschluß der Drescharbeiten werden sie bei den sakralen Velis-Gastmählern in Kornspeichern gespeist.

Vélnias (von *velionis* = »der Tote«): litau. *Teufel,* der häufig in Gestalt eines adretten Jungen auftritt.

Velu māte ▽ (»Toten-Mutter«): lett. *Todesgöttin* und *Beherrscherin* des *Totenreiches* sowie *Schutzgöttin* der Verstorbenen, die sie am Eingang des Begräbnisplatzes mit einem Festmahl begrüßt. Jedesmal, wenn sie einen neuen Einwohner erwartet, tanzt sie vor Freude. Die Mutter der →Veli zählt zu den ca. 60 →Māte und ist mit der →Zemes māte verwandt.

Venus ▽ (lat. »Liebreiz, Liebe«): röm. *Göttin* des *Frühlings* und der *Gärten,* später Göttin der *Liebe* und *Schönheit.* Sie ist die Gattin des →Mars. Als Mutter des →Aeneas und Großmutter des Iulus (→Ascanius) ist sie die *Stammutter* des julischen Kaiserhauses (→Caesar, →Augustus), der als *Venus Genetrix* (»Mutter Venus«) Caesar im Jahr 46 v. Chr. einen Tempel errichtete. Ihr zu Ehren wurden am 1. April die *Veneralia* gefeiert. Ihr Symboltier ist die Taube. Nach der V. ist der sechste Wochentag (dies Veneris) *Venerdi* (ital.) bzw. *Vendredi* (franz.) benannt. V. heißt einer der Planeten, und dessen Zeichen ♀ steht in der Biologie für weiblich schlechthin. - *Plastiken:* R. Begas (1864) A. Maillol; *Gemälde:* Botticelli (1478), Cranach d. Ä. (1509), Tizian (1518), Rubens (1609/10), Velázquez (1656), Rembrandt (1662), Böcklin (1869/73), Feuerbach (1875); *Epos:* Shakespeare (1593); *Worte:* Venusberg, Venusfliegenfalle, Venusgürtel, Venusmuschel. - Später wird die V. der griech. →Aphrodite gleichgesetzt.

Veralden-Olmai →Waralden-Olmai

Verbti △ (»der Blinde«), *Verbi:* alban. *Donner-* und *Feuergott* sowie *Gott* des *Nordwindes,* der das Feuer entfacht. Er ist blind, hört aber dafür, im Gegensatz zum tauben →Shurdi, um so besser. V. ist ein Feind der Unsauberkeit und ein Gegner der Zote. Seit der Christianisierung ist er zum Dämon degradiert, dessen Anbeter blind werden.

Verdandi ▽ (nord. »werdend«): german. *Schicksalsgöttin,* die die Gegenwart repräsentiert. Sie ist eine der 3 →Nornen und Schwester von →Urd und →Skuld.

Verethragna △ (»Gott Sieg«): iran. *Siegesgott,* der den Widerstand bricht, und *Schutzgott* (→Yazata) des →Zarathushtra, der sich ihm in 10 Gestalten (Wind, Stier, Schimmel, Kamel, Eber, Jüngling, Raubvogel, Widder, Bock, Krieger) offenbarte. Ihm ist der zwanzigste Monatstag geweiht. V. entspricht dem ved. →Indra, der den Beinamen »Vritrahana« führt.

Vertumnus △ (von lat. *vertere* = »wenden, drehen«), *Vortumnus:* röm. *Gott* der *Vegetation,* des Jahreszeitenwechsels und des Handelsaustauschs. Bei der Werbung um seine spätere Gattin →Pomona hatte er aufgrund seiner Verwandlungsfähigkeit Erfolg. Ihm zu Ehren wurden am 13. August die *Vertumnalia* gefeiert.

Vessavana →Vaishravana

Vesta ▽ : röm. jungfräuliche *Göttin* des *Staatsherdes* und des in ihrem Rundtempel auf dem Forum Romanum gehüteten *Staatsfeuers,* das von den nach ihr benannten 6 Priesterinnen, den *Vestalinnen,* gehütet wurde und niemals verlöschen durfte. Das am Neujahrstag jeweils neu entzündete Herdfeuer des röm. Hauses wurde mit einer Fackel vom Vesta-Tempel überbracht. Ihr Hauptfest, *die Vestalia,* wurde am 9. Juni gefeiert. Ihr heiliges Tier ist der Esel, der die jungfräuliche Göttin durch sein Geschrei vor der Zudringlichkeit des lüsternen →Priapus bewahrte. Die V. ist der griech. →Hestía verwandt.

Vethlans →Velchans

Vetis →Veive

Vichama △ : indian. *Todesgott* bei den Inka. Er ist Sohn des →Inti und Halbbruder von →Pachacamac, an dem er Rache für den Mörder seiner Mutter nahm, indem er das erste Volk, das Pachacamac geschaffen hatte, in Inselchen und Felsen verwandelte und dann aus drei Eiern sterbliche Menschen ausbrütete.

Victoria ▽ (lat. »Sieg«): röm. *Siegesgöttin* und Personifikation des Sieges und der Siegeskraft des röm. Volkes sowie *Schutzgöttin* des Röm. Reiches. Die jungfräuliche Göttin wird geflügelt und meist mit Siegeskranz dargestellt und ist der griech. →Nike gleich.

Vidar △, *Vidarr* (nord. »der weithin Herrschende«): nordgerman. *Rächergott,* der als »schweigsamer Ase« bezeichnet wird. Er gilt als Sohn des →Odin und der Riesin →Gridr, der z. Zt. von →Ragnarök den Tod seines Vaters rächen wird, indem er den Wolf →Fenrir tötet. Danach wird er zusammen mit seinem Halbbruder →Vali in der erneuerten Welt des Friedens herrschen. Nach V. hat sich die »Widar: Deutschgläubige Gemeinde«, eine der neugerman. Glaubensbewegungen (1935), benannt.

Vila ▽, *Vilen* (Pl.): slaw. *Wind-* und *Totengeister* (bei Südslawen und Slowenen). Für letztere sind sie die Seelen verstorbener Mädchen, die im Grabe keine Ruhe finden und junge Männer in die Mitte ihres todbringenden Reigens locken. Je nach ihrem Wohnort gibt es Land-, Wald-, Wasser- und Wolken-V. Sie erscheinen oft in der Gestalt eines Falken oder Schwans oder als Pferd oder Wolf. Vorgestellt werden sie als Mädchen von großer Schönheit mit langem, blondem Haar.

Vili △ (nord. »Wille«): german. *Urgott* und Sohn des Urriesenpaares

→Borr und →Bestla. Mit seinen Brüdern →Vé und →Odin schuf er das erste Menschenpaar →Askr und Embla, dem er Verstand und Bewegung gab. Als Odin einmal längere Zeit ausblieb, machten V. und Vé Odins Frau →Frigg zu ihrer gemeinsamen Frau, und als Odin dann zurückkehrte, mußten sie ihren Platz räumen und auf Frigg verzichten.

Vilkacis (lett.), *Vilkatas* (litau.): lett. und litau. *Werwolf*, aber auch *Schatzbringer*. Er ist dem german. →Fenrir ähnlich.

Vimānavāsin →Vaimānika

Vipashyin △ (sanskr. »Klarseher«): buddh. *Vorzeitbuddha eines früheren Weltzeitalters* (→Kalpa), der seine Erleuchtung unter einem Pātali-Baum hatte und dem →Shākyāmuni als erster von 6 (bzw. 19. von 24) →Manushi-Buddhas vorausging. Dargestellt wird er mit der →Mudrā der doppelten Erdberührung.

Virabhadra (sanskr. »der Siegreiche, Heldenglanz«): hindu. *Geschöpf* bzw. Emanation →Shivas zwecks Ausführung einer Strafaktion, ein Wesen von furchterregender Gestalt und gewaltiger Kraft. V. wird im Westen Indiens verehrt und ist in den Höhlen von Elephanta und Ellora dargestellt.

Viracocha △ (Quechua: »Schaum des Meeres, Seefett«), *Huiracocha:* indian. *Ur-* und *Schöpfergott* sowie *Hochgott* bei den Inka. V. ist Gatte der →Mama Cocha und Vater von →Inti und →Mama Quilla. Er schuf die ersten Menschen aus Lehm. Als sie frevelten, vernichtete er sie durch eine Sintflut und verwandelte einige in Steine. Die einzig Überlebenden waren ein Menschenpaar, das sich in einer Kiste rettete. Der achte →Inka (1340-1400) trug seinen Namen, und er verschwand auf geheimnisvolle

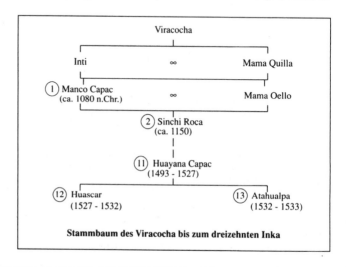

Stammbaum des Viracocha bis zum dreizehnten Inka

Weise, nachdem er versprochen hatte wiederzukommen. Als der Spanier Hernando de Soto nach Peru kam, wurde er von dem letzten Inka als der zurückgekehrte V. angesehen.

Virankannos △, *Virokannas:* finn.-karel. *Fruchtbarkeitsgott, Getreide-* und *Hafergott.* Er spendet den Hafer, den man ohne ihn nicht hätte.

Virtus ▽ (lat. »Mut, Standhaftigkeit«): röm. *Göttin* und Personifikation kriegerischer *Tapferkeit,* die mit dem →Honor eng verbunden ist. Beide hatten in Rom einen Tempel vor der Porta Capena. Dargestellt ist die V. als Jungfrau mit Helm und Schwert.

Virūdhaka △ (sanskr. »das Sprößchen«), *Virulha* (Pāli), *Dseng Dschang* (chines.): buddh. *Welthüter* des Südens und einer der 4 →Devarāja. Er ist Herr über die dämonischen, zwergwüchsigen und büffelgesichtigen Kumbhāndas. Sein Attribut ist das Schwert und seine Körperfarbe das Blau.

Virūpāksha △ (sanskr. »der mit dem deformierten Auge«), *Virūpakkha* (Pāli), *Guang Mu* (chines.): buddh. *Welthüter* des Westens und *Wächter* der Buddhareliquien. Er ist einer der 4 →Devarāja und Herrscher über die →Nāgas. Sein Attribut sind die Schlange bzw. der Stūpa, seine Körperfarbe ist das Rot.

Vishap (»Drache«): armen. böser *Gewittergeist* (→Devs), der sich manchmal auf der Tenne in Gestalt eines Maulesels oder Kamels zeigt und die Früchte der Ernte fortträgt. Auf den Feldern spannt er in Gestalt einer riesigen Schlange oder eines gigantischen Fisches Netze aus oder reitet wie Menschen, die Jagdbeute fangen. In das Blut eines V. eingetauchte Speere sind unzerstörbar und wirken tödlich.

Vishkambhin →Sarvanivaranavishkambhin

Vishnu △ (sanskr. von *vish* = »wirken«): **1)** ved.-brahm. *Licht-* und *Sonnengott* sowie Erhalter der kosmischen Ordnung. Er ist einer der 12 →Ādityas und setzt die Zeit in Bewegung und durchmißt den Raum, ein Zwerg, der zum Riesen heranwächst und mit 3 Schritten - Symbol für Aufgang, Höchststand und Untergang der Sonne - den Himmelsraum durchmißt. Die Zwergengestalt des V. wird im Hinduismus zu dessen fünften →Avatāra. **2)** hindu. Hauptgott der Vishnuiten, *Schutzgott* von Recht und Wahrheit, Gott der Gnade und Güte. Als *Welterhalter* gehört er zur →Trimūrti. Er gilt als Gatte der →Lakshmi und der Bhūmi-Devi. Jedesmal, wenn die Welt in Unordnung gerät, inkarniert er (Avatāra) und stellt die göttliche Ordnung wieder her. Ikonographisch ist er gekennzeichnet durch 4 Hände mit den Attributen Rad, Lotos, Muschel und Keule. Seine Körperfarbe ist blau, und sein Gewand gelb. Sein →Vāhana ist →Garuda, →Ananta oder ein Lotos. V. führt zahlreiche Beinamen, u. a. - außer den Avataras - →Nārāyana und →Vaikuntha(natha). Der König von Nepal gilt als Inkarnation des V.

Vishvabhū(j) △ (sanskr. »Allgenießer«): buddh. *Vorzeitbuddha* eines früheren Weltzeitalters (→Kalpa), der seine Erleuchtung unter einem Shāla-

Vishnu in seiner zweiten Inkarnation als Schildkröte Kurma, auf der als Fundament mit Hilfe des Quirlstabes, des Berges Mandara, das Milchmeer gequirlt wird. Dabei dient die Weltschlange als Quirlstrick für Götter (rechts) und Dämonen (links). Oben der Elefant Airāvati und das siebenköpfige Pferd Uccaichshravas.

Baum hatte und dem →Shākyāmuni als dritter von 6 (bzw. einundzwanzigster von 24) →Manushi-Buddhas vorausging.

Vishvakarma(n) △ (sanskr. »der Allschaffende«): ved. *Schöpfergott* und Weltenbaumeister, der die Architektur erfand. Er ist der Urwirkende und zugleich die Urmaterie, der Ratgeber und Waffenschmied der Götter. V. wird mit dem brahm. →Prajāpati und dem →Tvashtar gleichgesetzt.

Vishvapāni △ (sanskr. »der einen doppelten [Vajra/Lotos] in der Hand hält«): buddh. transzendenter →*Bodhisattva*, der die nächste Welt erschafft, einer der 5 →Dhyāni-Bodhisattvas und als solcher dem Buddha →Amoghasiddhi als dessen Heilswirker und geistiger Sohn zugeordnet. Ikonographisch ist er charakterisiert durch die Gewährungsmudrā und den doppelten →Vajra oder Lotos.

Visionär △ (m. v. lat. *visio* =»Gesicht, Schauung«), *Visionärin* ▽ (w.): allg. Bezeichnung für Menschen (→Mittler) mit außer- und übernatürlicher Gesichtswahrnehmung, deren Sehergabe sich auf zeitlich Entferntes (Vergangenes und/oder Zukünftiges) wie auch auf räumlich Entferntes (u. a. →Himmel, →Hölle) bezieht. Das bildhafte Sehen im Wach- oder Traumzustand ist oft das Grunderlebnis der meisten Religionsstifter und Bestandteil der prophetischen Berufungen. Die Visionen enthalten überirdische Offenbarungen für irdische Wesen. Häufig sind die Visionen mit Auditionen (v. lat. *auditio* =»[An-]Hören«) verbunden. Vision im weitesten Sinn ist gleichbedeutend mit Erscheinung und innerer Erleuchtung. Zu den bekannten V. zählen u.a.: jüd. →Nābi', islam. →Muhammad, christl. →Pétros, der Apokalyptiker Ioánnes und Hildegard von Bingen, griech. →Pythía, röm. →Sibylla und german. Veleda und Völva. - *Worte:* visionär, V. (fig.).

Vitore ▽ (»die Alte«): alban. *Schlangenwesen* und glückbringender *Hausgeist.*

Griech. Pythía (Thémis), eine visionäre Priesterin (Göttin) zu Delphi, die auf einem Dreiß sitzend dem Aigeus Orakel erteilt.

Die V. wohnt als kleine, dicke Schlange mit bunter Haut in der Hausmauer und kündigt durch leises Pfeifen freudige und auch traurige Ereignisse für die Familie an. Wenn eine angesehene Frau gestorben ist, sagt man lobend von ihr: »Sie war die V. des Hauses.«

Vitzliputzli →Huitzilopochtli

Vivasvan(t) △ (sanskr. »der Aufleuchtende«), *Vivasvat:* brahm.-hindu. *Sonnenheros,* der den Menschen das Feuer gebracht hat. Als →Āditya ist er Sohn der →Āditi und des →Kashyapa. Er gilt als Gatte der Saranyū bzw. Samjña sowie als Vater der 2 →Ashvins, des →Manu und →Yama. Später wird er von →Sūrya absorbiert.

Vodjanoj △ (russ. »Wassermann«), *Vodnik:* slaw. *Wasserdämon* (der Ost- und Westslawen), der aus einem ertrunkenen oder von der Mutter verfluchten Kind entstanden ist. Er lockt die Menschen in Gewässer, um sie

Röm. Sibylla vor dem Sternenhimmel. (→ Visionärin.)

zu ertränken. Seine Wohnung sind Seen, Flüsse und Teiche, und er kommt nur an Land, um sich auszuruhen. Der V. erscheint in Fisch- oder Menschengestalt mit langem, grünem Haar.

Voduisten (= Woduisten): Agwe, Ayida-Weddo, Azak-Tonnerre, Damballah, Erzulie, Guede, Legba, Loa, Loco, Ogun, Zaka.

Vohu Manō △ (awest. »gutes Denken«), *Vohu Manah:* iran. *Geistwesen* und *Personifikation* der guten *Gesinnung* des →Ahura Mazdā gegenüber den Menschen sowie *Schutzgeist* der *Tierwelt.* Er ist einer der 7 →Amesha Spentas, dessen ständiger Widersacher der Erzdämon →Aka Manah ist. V. erscheint in Audition und Vision dem →Zarathushtra. Als Türwächter des Himmels geht er der befreiten Seele von seinem Sitz her entgegen. Dem V. ist der elfte Monat geweiht.

Volcanus △, *Vulcanus:* röm. *Gott* des verheerenden *Feuers* und als solcher *Schutzgott* vor Feuersgefahr, *Gott* der *Blitze* und der *Schmiedekunst.* Er ist Vater des →Cacus. Sein Fest, die *Volcanalia,* wurde am 23. August, der Zeit größter Trockenheit und Brandgefahr, gefeiert. -, *Redewendung:* »auf einem V. tanzen«; *Worte:* V. (fig.), Vulkanausbruch, Vulkanisation, vulkanisch, vulkanisieren, Vulkanisierung, Vulkanismus, Vulkanit. - V. ist dem griech. →Héphaistos gleich.

Völker und Gemeinschaften: Aborigines (→Australier), Ägypter, Ainu, Akan (→Sudanneger-Völker), Akkader, Albaner, Algonkin (→Indianer), Altaier (→Sibirische Völker), Ammoniter, Andamanesen (→Indische Völker), Araber, Armenier, Ashanti (→Sudanneger-Völker), Assyrer (→Akkader), Asur (→Indische Völker), Athapasken (→Indianer), Äthiopier, Australier, Austroasiatische Völker, Azteken, Babylonier (→Akkader), Baiga (→Indische Völker), Baltische Völker, Baluba (→Bantuneger-Völker), Bambara (→Sudanneger-Völker), Bamum (→Bantuneger-Völker), Bantuneger-Völker, Basken, Batak (→Indonesische Völker), Bavenda (→Bantuneger-Völker), Belorussen (→Slawische Völker), Bemba (→Bantuneger-Völker), Bergdama (→Khoisaniden), Bhil (→Indische Völker), Birhor (→Indische Völker), Bondo (→Indische Völker), Bretonen (→Keltische Völker), Buddhisten, Bulgaren (→Slawische Völker), Buschmänner (→Khoisaniden), Bushongo (→Bantuneger-Völker), Chanten (Ostjaken; →Ugrische Völker), Chenchu (→Indische Völker), Chibcha (→Indianer), Chimu (→Indianer), Chinesen, Christen, Churriter, Dagomba (→Sudanneger-Völker), Dajak (→Indonesische Völker), Didayi (→Indische Völker), Dinka (→Niloten), Dogon (→Sudanneger-Völker), Dschagga (→Bantuneger-Völker), Edo (→Sudanneger-Völker), Elamiter, Eskimo, Etrusker, Ewe (→Sudanneger-Völker), Ewenken (Tungusen; →Sibirische Völker), Fang (→Bantuneger-Völker), Finnische Völker, Fon (→Sudanneger-Völker), Ga (→Sudanneger-Völker), Gadaba (→Indische Völker), Gälen (→Keltische Völker), Galla (→Kushiten), Gallier (→Keltische Völker), Germanische Völker, Gnostiker, Golden (→Sibirische Völker), Gond (→Indische Völker),

Griechen, Hadramautiten (→Araber), Herero (→Bantuneger-Völker), Hethiter, Hill Sora (→Indische Völker), Hindus, Ho (→Indische Völker), Hottentotten (→Khoisaniden), Igbo (→Sudanneger-Völker), Indianer, Indische Völker, Indonesische Völker, Inka, Iraner, Iren (→Keltische Völker), Irokesen (→Indianer), Israeliten (→Juden), Itelmenen (→Sibirische Völker), Jainas, Jakuten (→Sibirische Völker), Jenissejer (Keten; →Sibirische Völker), Juang (→Indische Völker), Juden, Jukagiren (→Sibirische Völker), Kaccha Naga (→Indische Völker), Kachari (→Indische Völker), Kaffa (→Kushiten), Kagaba (→Indianer), Kalmücken (→Mongolische Völker), Kaman Mishmi (→Indische Völker), Kappadokier, Karelier (→Finnische Völker), Kassiten, Keltische Völker, Keten (Jenissejer; →Sibirische Völker), Kharia (→Indische Völker), Khmer (→Austroasiatische Völker), Khoisaniden, Kond (→Indische Völker), Kongo (→Bantuneger-Völker), Konkomba (→Sudanneger-Völker), Koreaner, Korjaken (→Sibirische Völker), Kota (→Indische Völker), Koya (→Indische Völker), Kpelle (→Sudanneger-Völker), Kroaten (→Slawische Völker), Kushiten, Lakher (→Indische Völker), Lappen, Letten, Litauer, Lunda (→Sudanneger-Völker), Lushai (→Indische Völker), Luwier, Mandäer, Manichäer, Mansen (Wogulen; →Ugrische Völker), Massai (→Niloten), Maya, Mazedonier (→Slawische Völker), Mbundu (→Bantuneger-Völker), Melanesier, Mikronesier, Minäer (→Araber), Minahasa (→Indonesische Völker), Moabiter, Mongo (→Bantuneger-Völker), Mongolen (→Mongolische Völker), Mongolische Völker, Mordwinen (→Finnische Völker), Mosi (→Sudanneger-Völker), Munda (→Indische Völker), Muslimen, Nabatäer, Nenzen (Samojeden; →Sibirische Völker), Nganassanen (→Sibirische Völker), Niasser (→Indonesische Völker), Niloten, Nubier, Nuer (→Niloten), Ostjaken (Chanten; → Ugrische Völker), Ovambo (→Sudanneger-Völker), Paläoasiatische Völker, Palmyrener, Para (→Bantuneger-Völker), Pawnee (→Indianer), Philister, Phönikier (→Westsemiten), Phrygier, Polen (→Slawische Völker), Polynesier, Preußen, Protohatter, Pueblo (→Indianer), Punier (→Westsemiten), Pygmäen, Qatabäner (→Araber), Römer, Ruanda (→Bantuneger-Völker), Russen (→Slawische Völker), Sabäer (→Araber), Samojeden (Nenzen; →Sibirische Völker), Samojedische Völker, Santal (→Indische Völker), Semang (→Austroasiatische Völker), Senufo (→Sudanneger-Völker), Serben (→Slawische Völker), Shintoisten, Shona (→Bantuneger-Völker), Sibirische Völker, Singhalesen (→Indische Völker), Skythen, Slawische Völker, Slowaken (→Slawische Völker), Slowenen (→Slawische Völker), Sora (→Indische Völker), Sorben (→Slawische Völker), Sotho (→Bantuneger-Völker), Sudanneger-Völker, Sumerer, Syrer (→Westsemiten), Syrjänen (→Finnische Völker), Tamilen, Tarasken (→Indianer), Tibeter, Timoresen (→Indonesische Völker), Tlingit (→Indianer), Toda (→Indische Völker), Tolteken (→Azteken), Toradja (→Indonesische Völker), Totonaken (→Indianer),

Schamane, der durch Trommeln, Tanzen und Singen die Ekstase erlangt und auf seiner Seelenreise zum Vermittler zwischen den Angehörigen seines Stammes und deren Ahnengeistern wird (Kupferstich, 1705).

Tschechen (→Slawische Völker), Tscheremissen (→Finnische Völker), Tschuktschen (→Sibirische Völker), Tungusen (Ewenken; →Sibirische Völker), Tunguso-mandschurische Völker, Tupi (→Indianer), Türkische Völker, Ugariter (→Westsemiten), Ugrische Völker, Uitoto (→Indianer), Ukrainer (→Slawische Völker), Umbandisten, Ungarn, Urartäer, Vai (→Sudanneger-Völker), Voduisten, Vugusu (→Niloten), Waliser (→Keltische Völker), Wepsen (→Finnische Völker), Westsemiten, Wogulen (Mansen; →Ugrische Völker), Wotjaken (→Finnische Völker), Yámana (→Indianer), Yoruba (→Sudanneger-Völker), Zapoteken (→Indianer), Zigeuner, Zoroastrier (→Iraner), Zulu (→Bantuneger-Völker).

Volla →Fulla

Volos →Veles

Voltumna △: etrusk. *Gott* des Wechsels der *Jahreszeiten, Hoch-* und *Bundesgott,* der von einem Kollegium ratgebender Götter umgeben ist. Bei seinem Heiligtum bei Volsini fanden die Versammlungen der Vertreter des etrusk. amphiktyonischen Bundes der 12 Städte statt. V. entspricht dem röm. →Vertumnus.

Vör ▽ (nord. »die Vorsichtige«): german. *Göttin* der *Verträge, Schutzgöttin* des *Eides* und der *Ehe.* Sie ist so vorsichtig, daß ihr nichts entgeht.

Vortumnus →Vertumnus

Votan △, *Uotan:* indian. deifizierter *Heros* der Maya, Gründer von Palenque und Hüter der Schlitztrommel. V. ist Gatte der →Ixchel. Er wurde von den Göttern beauftragt, nach Amerika zu gehen und dort die Kultur zu begründen. Sein Beiname ist »Herz der Städte«. V. entspricht dem aztek. →Quetzalcoatl.

Vouru-kasha △ (awest. »der weit, unbeengt [grenzenlos] Geschaffene«): iran. **1)** *See-* und *Wassergott,* der zu den →Yazata gehört. Er ist Vater des →Apām napāt. **2)** *Weltozean* des Himmels, in den alle Flüsse münden. In ihm befindet sich der weiße →Haoma, und in seiner Mitte wächst der Lebensbaum →Gao-kerena. Manchmal wird V. mit →Kasaoya gleichgesetzt.

Vrishabha →Rishabha

Vritra ☉ (sanskr. »Gewitterwolke, Versperrung«): Ved.-brahm.-hindu. *Dämon* der Dürre, der die Regenkühe zurückhält, sowie Dämon der Finsternis, der das Licht der Erkenntnis verdunkelt, aber auch Dämon der Trägheit und des Winters. Als Sohn des →Kashyapa und der Dānu gehört er zu den →Dānavas und damit zu den →Asuras. Er gilt als Feind der Götter und Menschen und wird von →Indra mit der Wurfkeule erschlagen. Dargestellt wird er als Drache, Schlange oder Wolke.

Vucub-Caquix △ (»sieben Arara«): indian. *Dämon* der Maya, Vater von →Cabracá und →Zipacná. Da V. behauptete, Erde, Sonne, Licht und Mond zugleich zu sein, wurde er von den Zwillingsbrüdern →Hunapú und →Ixbalanqué vernichtet, bevor diese die Menschen erschufen.

Vulcanus →Volcanus

Vurvolák: alban. *Totengeist* und ehemaliger Mensch, dessen Leichnam nicht verwesen kann, weil über diesen vor seiner Bestattung eine Katze gesprungen ist.

Vyantara: jin. *Göttergruppe* und neben →Bhavanavāsin, →Jyotisha und →Vaimānika zweite von 4 Götterklassen. Sie bewohnen den Raum zwischen der obersten Region der Unterwelt, Ratnaprabhā, und der Erdoberfläche (→Loka-Purusha). Unter ihnen gibt es 8 Rangstufen, zu denen u. a. die Gandharva, Yakshas und Rakshas zählen. Sie unterscheiden sich voneinander durch eine unterschiedliche Lebensdauer, Körpergröße und Körperfarbe.

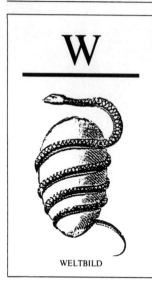

WELTBILD

Wabun: indian. *Heros* des Ostens und *Gott* des *Ostwindes* bei den Algonkin sowie *Sonnengott,* der mit seinen Pfeilen die Dunkelheit über Hügel und Täler verfolgt und den Morgen bringt. W. ist einer der Vierlinge der Urmutter »Dämmerung«, die starb, um diesen das Leben zu geben. Er ist Anführer seiner 3 Brüder →Kabun, →Shawano und →Kabibonokka. Seine Gattin Wabund Annung wurde zum Morgenstern. Manchmal ist W. identisch mit →Michabo.

Wadd △ (»Liebe, Freundschaft«): arab. *Mond-* und *Reichsgott* bei den Minäern. In der Göttertrias steht er an zweiter Stelle nach →'Attar und vor →Shams. Sein heiliges Tier ist die Schlange. Er ist dem →'Almaqahū, dem →Sīn und dem →'Amm gleich. W. wird im Kur'ān (Sure 71, 22-24) als einer der 5 Götzen der Zeitgenossen des →Nūh erwähnt.

Wadjet →Uto

Wagtjadbulla →Tcabuinji

Waiet △: melanes. *Heros* und *Kulturbringer,* der die Geisterpantomimen einführte, bei denen Tiermasken getragen werden. W. gewährt Fruchtbarkeit. Sein Kultzentrum ist »Waier«, die kleinste Murray-Insel, wohin er einst auf einer Feder gereist ist.

Wak △, *Waka, Waq(a), Wakheiju:* Himmels- und *Sonnengott* bei den Galla in Äthiopien, der sich im Gewitter manifestiert. Sein Beiname lautet »dreißigstrahlige Sonne«.

Wakan: indian. 1) Bezeichnung alles *Wunderbaren* und *Auffallenden* bei den Dakota (Sioux), dem eine örtliche Beschränkung fehlt. Jedes Wesen und Ding hat seinen ewigen W. 2) Höchstes Wesen und Großer Geist, z. B. die Sonne W. Tanka Kin.

Wakanda, *Wakonda:* indian. 1) außergewöhnliche und unsichtbare *Lebenskraft,* die allgegenwärtig ist, und 2) als deren Personifikation der *Schöpfergott* bei den Dakota (Sioux). W. ist dem →Bathon ähnlich und entspricht dem →Manitu der Algonkin und dem →Orenda der Irokesen.

Wakheiju →Wak

Walhall, *Valhöll* (nord. »Gefallenen-Halle«): german. *Wohnsitz* →Odins in →Asgard, dessen Wände mit Gold bedeckt sind und durch dessen 540 Tore je 800 Krieger ausziehen können. Hierher läßt der Gott von den →Walküren die ihm zukommende Hälfte der →Einherier bringen, wohingegen die andere Hälfte nach →Folkwang gelangt. W. heißt auch der von L. v. Klenze 1830/47 erbaute *Ehrenhalle* bei Regensburg für auserwählte Tote mit den Marmorbüsten großer Deutscher.

Wali (arab. »Beschützer, Wohltäter, Gefährte, Freund«): islam. *Heiliger,* der im Namen des →Allāh Wunder (Karāmat) wirkt, und u.a. Tote zum Leben erweckt. Sein Beiname lautet Waliyu 'llāh (»Freund Allāhs«). Zu ihnen zählen u.a. →Djirdjis, →Habib al-Nadjdjār, →al-Khadir und →Ashāb al-Kahf. Bagdad gilt wegen der großen Zahl der W., die in dieser Stadt gelebt haben, als »Zitadelle der W.«. Der berühmteste ist Sidi 'Abd al-Kadir al-Djilāni.

Walküren ▽, *Valkyrien* (von nord. *valkyrja*=»Toten-wählerin«): german. *Naturgeister*, später jungfräuliche *Kriegerinnen*, die in glänzenden Rüstungen auf wilden Rössern durch die Lüfte fliegen. Im Auftrag →Odins greifen sie in die Schlachtgetümmel auf Erden ein und bringen die auf der Walstatt gefallenen Helden →Ein-herier nach →Walhall. Die W. gehören zu den →Disen. Namentlich bekannt sind von ihnen u. a.: Wolkenthrut (»Wolkenkraft«) und Mist (»Nebel«). Von H. Heine stammt das *Gedicht* »Die W.« (1847), und R. Wagner schrieb die *Oper* »Die W.« (1852/56).

Wanen →Vanen

Wang →Yen-lo

Wang-liang: chines. *Wasser-* und *Giftdämon*, der auch *Krankheiten* verursacht, ein *Berggeist*, der die Men-schen durch Nachahmung ihrer Stimmen verwirrt. Den Sohn des →Chuan Hsü nennt →K'ung-tzu zusammen mit →K'uei ein Gespenst des Waldgebirges.

Waqa →Wak

Waralden-Olmai (von *veraldan god*=»Weltgott«), *Ver-alden-Olmai:* lapp. *Weltengott* von universaler Bedeu-tung, der im Laufe der Geschichte aus der Gestalt des →Tiermes abgeleitet wurde.

Walhall, german. Jenseitsreich, in das die Einherier von den Walküren gebracht werden.

Washitta ▽: hethit. *Berggöttin*, die durch einen in die Berge gekomme-nen Fremdling, der bei ihr geschlafen hat, schwanger wird.

Wata-tsu-mi-no-kami △: shintoist. *Meeresgott* und *Schutzgott* der *Fischer* und *Seefahrer*. Er ist Vater von →Toyo-tama und →Tama-yori. Seinem Schwiegersohn →Yamasachi gab er zwei Juwelen, mit deren Hilfe er Ebbe und Flut kontrollieren konnte.

Watavinewa △ (»Uralter, Ewiger«), *Hitapúan*(»mein Vater«): indian. *Ur-* und *Hochgott*, Herr über Leben und Tod sowie bei den Yámana (Yahgan) Herr der Tiere. W. verlangt die strikte Einhaltung der von ihm gegebenen Stammesgesetze und bestraft deren Übertreter mit Krankheit und frühem Tod. Die Guten aber belohnt er.

Wawalag ▽▽, *Wauwalak:* austral. *Schwesternpaar* und doppelte *Perso-nifikation* der *Fruchtbarkeit*. Als die Töchter der →Djanggawul eines Abends bei einer Wanderung unwissentlich ihr Lager nahe dem Wasser-loch von →Yurlunggur aufschlugen, wurden sie von diesem Felspython verschlungen, jedoch später wieder ausgespien. Verschlungen- und Ausgespieenwerden werden im Kulttanz der Initiation nachvollzogen, wobei der Kultplatz, auf dem die männlichen Initianden nebeneinander auf dem Boden liegen und den Dilly-Beutel der Djanggawul zwischen den Zähnen halten, den Schoß der Schlange darstellt. Die »Ausgespuck-ten« verlassen als neue Männer den Kultplatz.

weiblich →männlich

Wei-t'o △: buddh.-chines. *Schutzpatron* der Lehre (→Dharmapāla) und himmlischer General des Welthüters der südlichen Himmelsrichtung, der in voller Kriegsrüstung dargestellt wird. In chines. Klöstern wird ihm symbolisch die Wahl des Abtes übertragen.

Wele △, *Were: Schöpfergott* der Vugusu in Kenia, der als *omuwanga* unter dem Aspekt des »weißen« und guten Gottes und als *gumali* unter dem des »schwarzen« unheilvollen Gottes auftreten kann. Letzterer Aspekt wird manchmal auch als jüngerer Zwillingsbruder des weißen Gottes oder als dessen Geschöpf aufgefaßt.

Weltbilder ☉: allg. Bezeichnung der *Räume,* in denen sich die Vorgänge der →Mythen abspielen. Sie sind von unterschiedlicher Gestalt, z. B. von der einer Kugel oder Halbkugel, eines Rades oder Eis, einer Kuh oder eines Menschen, eines Baumes oder Turms. Auch die Anzahl der Stockwerke in den Welträumen ist unterschiedlich. Manchmal sind die W. zweigeteilt in →Diesseits und →Jenseits, oft aber dreigeteilt in Erdenwelt, →Überwelt und →Unterwelt, oder Erde, →Himmel und →Hölle. Die Welträume bestehen entweder seit Ewigkeit, oder sie sind in der →Urzeit von selbst entstanden bzw. von →Schöpfergottheiten geschaffen. Sie sind entweder von ewigem Bestand oder vergehen in der →Endzeit. Die verschiedenen Räume bzw. Stockwerke der W. dienen unterschiedlichen Wesen (→Göttern und Göttinnen, →Geistern, Menschen) als Wohn- und Aufenthaltsorte. Von den verschiedenen W. sind insbesondere zu nennen: hindu. →Brahmānda, buddh. →Bhava-Chakra, jin. →Loka-Purusha, griech. →Kósmos und german. →Yggdrasill. Über die W. und deren Entstehung erzählen die kosmologischen und kosmogonischen Mythen.

Weltzeitalter ☉: allg. Bezeichnung für die zyklische oder lineare Einteilung der →Zeit in Weltalter, durch die der Verlauf der Geschichte der Menschheit geordnet wird. Es handelt sich dabei um verschiedene, einander ablösende Zeitperioden, wie z. B. →Urzeit und →Endzeit. Die zeitliche Länge der verschiedenen Zeitalter (goldenes, silbernes, bronzenes, eisernes) steht in genauer Entsprechung zur moralisch-sozialen Beschaffenheit der Völker. Ein besonders bekanntes Beispiel bietet das hindu. →Kalpa.

Wen-ch'ang, *Wen shang:* chines. *Literatur-* und *Schriftgott* sowie *Gestirnsgott,* der immer wieder auf die Erde herabsteigt (bisher siebzehnmal) und sich in menschlicher Gestalt manifestiert. Seine Diener sind Ti-ya und Tien-lung. Er wird in Form einer Namenstafel verehrt und als Mandarin mit dem wunscherfüllenden Zepter dargestellt.

Wen Shu →Mañjushri

Wep-wawet →Upuaut

Were →Wele

Werethekau →Urthekau

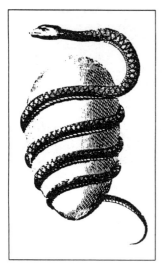

Orph. Weltbild in der Gestalt eines Silbereies, das von der Spirale einer Schlange umwunden ist, die die Zeit als Grenze der geschaffenen Welt symbolisiert. (Stich, 1774).

Westsemiten(Phönikier, Syrer, Ugariter, →Juden): Adonis, Adramme-lek, Anammelek, 'Anath, Arsj, Ashera, Ashertu, 'Ashtōret, Astarte, Atargatis, Atirat, 'Attar, 'Attart, Azizos, Ba'al, Ba'al-addir, Ba'alath, Ba'al-Berith, Ba'al-Biq'āh, Ba'al-Chammōn, Ba'al-Hadad, Ba'al-Hermon, Ba'al-Karmelos, Ba'al-Marqōd, Ba'al-Qarnaim, Ba'al-Sāpōn, Ba'al-Shamēm, Beruth, Bet-El, Dagān, Dolichenus, El, Elagabal, 'Eljōn, Epigeus, Eshmun, Gapn, Hadad, Horon, Jamm, Jarich, Kadesh, Kōtar, 'L, Liluri, Melqart, Mikal, Moloch, Monimos, Mōt, Nikkal, Omichle, Pidrai, Pothos, Reshef, Shadrapa, Shahar, Shalim, Shapash, Simios, Tinnit, Tlj, Ugar.

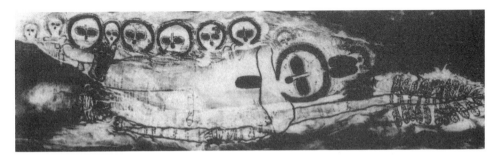

Whiro △: polynes. *Gott* des *Dunkels*, des *Bösen* und des *Todes*, dessen Helfer die Krankheitsgeister sind. W. gilt als Widersacher des →Tane.

Whope ▽: indian. schöne *Friedensgöttin* bei den Dakota (Sioux). Sie ist die Tochter des →Wi und Gattin des Südwindes. Bei ihrem Besuch auf der Erde hat sie einst die Pfeife als Symbol des Friedens mitgebracht.

Wi △: indian. allwissender *Sonnengott* und Vater der →Whope bei den Dakota (Sioux). Sein Symboltier ist der Bison.

Wiedergeburt →Seelenwanderung

Wisakedjak (»Betrüger«): indian. *Kulturheros, → Trickster* und *Hochgott* bei den Algonkin-Mikmak. Er entspricht dem →Gluskap, →Manabhozho, →Michabo und →Nenabojoo.

Wodan →Odin

Wollunqua: austral. *Regenbogen-* und schöpferische *Riesenschlange,* die aus dem Wasserloch Thagauerlu der Murchison-Berge hervorkam, das den lebenspendenden Regen bewahrt, den sie vom Himmel schickt. Sie ist so groß, daß sie viele Meilen über Land wandern kann, ohne den Schwanz aus dem Wasserloch ziehen zu müssen. Sie ist gleich →Galeru und →Yurlunggur.

Wondjina: austral. *Urzeitwesen, Wolken-* und *Regengeist,* der den Kreislauf der Natur immer wieder belebt. In der »Traumzeit« zogen sich die W. in die Höhlen zurück und wurden zu Felsbildern, um hier zu sterben,

Wondjina, austral. Urzeitwesen, ein Wolken- und Regengeist auf einem Weltenbaum liegend. Hinter ihm die ersten Menschen.

Weibliche und männliche Gottheiten

Weiblich und männlich bezeichnet allgemein die Zweiheit (Dualität) der Geschlechter, die in ihrer Vereinigung die Ganzheit und Vollständigkeit darstellen und – im Gegensatz zur Einheit des Doppelgeschlechtlichen und zur allumfassenden Dreiheit – auch Zwiespältigkeit bedeuten kann. An die Vereinigung der Zweiheit von weiblich und männlich zur Einheit ist in der Regel das Entstehen neuen Lebens gebunden. Ausnahmen davon bilden Androgynität und Jungfrauengeburt. Der als Mann oder Frau von Natur aus »determinierte« Mensch überträgt die geschlechtlich differenzierende Prägung der mehrzelligen Lebewesen aus seiner erfahrbaren Welt auch auf die Welt des Transzendenten – so auf die Gottheiten, die er entweder als weiblich oder als männlich, als Göttin oder Gott sieht und entsprechend benennt. Beide sind übernatürliche Wesen höheren Ranges. Sie repräsentieren bzw. personifizieren die den Menschen überlegenen Mächte und Kräfte.

Die entweder weiblichen oder männlichen Gottheiten bilden zusammen oft ein Götterpaar. Diese Zweiheit der beiden zusammengehörenden Gottheiten kann entweder als ein gegensätzlich-fruchtbares und sich positiv ergänzendes Verhalten von Wesen und Escheinungen verstanden werden oder aber – im Gegensatz zur Einheit – als ein »zwie-spältiges« und negatives, wobei in dieser Dualität die beiden Pole von Schöpfung und Zerstörung, Leben und Tod, Himmel und Erde gegeneinander streiten oder einander gegenseitig bedingen. Immer jedoch zeigt die Zweiheit der Paare die jeweils beiden Aspekte der Lebenserscheinungen. Götterpaare gibt es aufgrund gleicher Abstammung wie das verschiedengeschlechtliche griechische Zwillingspaar *Apollon* und *Artemis* oder das verschiedengeschlechtliche akkadische Geschwisterpaar *Ishtar* und *Shamash*. Ein gleichgeschlechtliches Geschwisterpaar sind die ägyptischen Beschützerinnen des Sarges, die Schwestern *Isis* und *Nephthys*. Götterpaare gibt es auch aufgrund gleicher oder ergänzender Funktionen. So bilden verschiedengeschlechtliche Gottheiten häufig ein Ehe- oder Liebespaar, das in der Paarung von weiblich und männlich die Lebewesen und Dinge im Geschlechtsakt entstehen läßt. Ferner gibt es Götterpaare, die als verschiedengeschlechtliche Geschwisterpaare zugleich Ehepartner sind, wie die ägyptischen Paare *Schu* und *Tefnut*, *Geb* und *Nut*, *Isis* und *Osiris*, die griechischen Paare *Zeus* und *Hera*, die römischen *Jupiter* und *Juno*, die germanischen *Freyr und Freyja*, insbesondere die hinduistischen *Yama* und *Yami*, *Brahma* und *Sarasvati*, *Shiva* und *Parvati*, die shintoistischen *Izanami* und *Iznagi*, die chinesischen *Yab* und *Yum* oder die indianischen *Viracocha* und *Mama Cocha*.

Die Polarität von männlich und weiblich ist bereits mit der Entstehung von Himmel und Erde bzw. mit deren Trennung voneinander gegeben, wie es das bewegende Beispiel der polynesischen *Papa* und *Rangi* zeigt, aus deren Umarmung alle Götter und Lebewesen hervorgegangen sind. Nach ägyptischem Mythos wölbt sich die Himmelsgöttin *Nut* mit ihrem Körper als (Himmels-)Bogen über ihren am (Erd-)Boden liegenden Gatten, den Erdgott *Geb*. Die (Wieder-)Vereinigung der sonst meist weiblichen Erde mit dem männlichen Himmel durch Paarung – in Form von Tau, Regen oder Sonnenstrahlen – bedeutet Fruchtbarkeit und bildet das Urbild der Ehe, in der aus der getrennten Zweiheit von weiblich und männlich in umfassender Einheit neues Leben entsteht.

Eine herausragende Rolle spielen neben *Vatergöttern* die *Muttergöttinnen* als weibliche Hochgottheiten, die zusammen mit einem bzw. mehreren männlichen Partnern oder auch allein und aus sich selbst Lebewesen und Dinge erschaffen wie z. B. die griechische Urgöttin *Gaia*. So ist diese die Ahnherrin aller Gottheiten, alleinige Schöpferin des Himmels, des Meers und der Unterwelt sowie Allmutter sämtlicher Lebewesen und allen Seins. Fast immer repräsentieren Muttergöttinnen die Leben schaffende Erde, die in vielen Mythen als große Gebärerin und Ernährerin – mit den beiden grundlegenden Funktionen der Arterhaltung – erscheint. Da in den Schoß der göttlichen »Mutter Erde« alles, was sie hervorgebracht hat, wieder zurückkehrt, trägt sie ambivalente Züge und ist Geburts- und Todesgöttin oder Liebes- und Kriegsgöttin zugleich, wie z. B. die akkadische *Ishtar,* die römische *Ceres* und die hinduistische *Kali* bzw. *Durga.* Als gebärendes, erdhaftes Prinzip steht sie oft dem Himmel als dem zeugenden Prinzip und als dessen Gemahlin gegenüber. Manchmal sind Muttergöttinnen auch mit einem jüngeren (Vegetations-)Gott als Bruder, Gatte oder Sohn verbunden, wie die ägyptische *Isis,* die akkadische *Ishtar,* die phrygische und römische *Kybele.* Die gebärende Kraft der Muttergöttinnen wird nicht selten als Mutterschoß (Yoni) oder durch starke Betonung der entblößten Vulva wie der Brüste dargestellt. Zu den bedeutendsten Muttergöttinnen gehören auch die afrikanische *Ka Tyeleo* und *Oya,* die ägyptische *Hathor,* syro-phönikische *Aschera* und *Astarte,* römische *Tellus,* die keltischen drei *Matronen,* die aztekische *Coatlicue* und *Tlazolteotl* oder die shintoistische *Izanami.*

Weibliche wie männliche Gottheiten vertreten, neben ihren lebenserhaltenden Funktionen, sämtliche Lebensbereiche. So sind vor allem erstere nicht allein in den als »weiblich« geltenden Beziehungen präsent, sondern vielfach als erfindende und kulturschaffende Göttinnen. Dies gilt z. B. für die griechische *Athene* als Göttin der Weisheit, der Künste, des bäuerlichen Pflugs wie als Erfinderin des Alphabets; und die griechischen *Musen* werden als Schutzgöttinnen der Künste angerufen, die römische *Ceres* gilt als Begründerin von Zivilisation und Gesetzgebung, im ägyptischen Mythos ist *Hathor* die Herrin des Tanzes und der Musik und *Seschat* als Herrin der Schrift, der Mathematik wie der Baupläne; die vedische *Sarasvati* gilt als Erfinderin der Sanskritsprache und ist zugleich Schutzgöttin der Poesie und der Musik.

Außer einer Dualität der Geschlechter bei Gottheiten kennt der Mythos der Triade. Hinsichtlich ihrer Geschlechtszugehörigkeit gibt es neben rein männlichen auch rein weibliche Triaden, wozu die arabischen Göttinnen *al-Lat, Manat* und *al-'Uzza,* die griechischen *Horen* und *Moiren,* die römischen *Parzen,* die germanischen *Nornen* und die keltischen *Matronen* gehören. Als gemischtgeschlechtliche Dreiheit gilt die astrologische Triade, wie die akkadischen Gottheiten *Shamash, Sin* und *Ishtar* als Repräsentanten von Sonne, Mond und Venusstern, wie auch die anthropologische Triade, so z. B. die ägyptischen Gottheiten *Isis, Osiris* und *Horus* als göttliche Mutter-, Vater- und Kindbeziehung oder die der römischen Gottheiten *Iupiter, Iuno* und *Minerva.*

Während die Dreiheit eine allumfassende Wirklichkeit symbolisiert, ist in der bipolaren Zweiheit die Ganzheit und Vollständigkeit verwirklicht, und die Einheit wird mythologisch als doppelgeschlechtliche Androgynität in einem einzigen Wesen vorgestellt.

Das urzeitliche Götterpaar Izanami und Izanagi auf der Himmelsbrücke stehend, von der aus die Inselwelt geschaffen wurde.

545

wohingegen ihr Geist in eine nahe gelegene Wasserstelle tauchte, wo ihre lebensspendende Kraft erhalten geblieben ist. Einer von ihnen, Walaganda (»der zum Himmel Gehörige«), hat sich in die Milchstraße verwandelt. Dargestellt sind die W. als menschenähnliche Wesen in Felsbildern des Kimberly-Distrikts.

Wosret ▽ (»die Starke«): ägypt. *Schutzgöttin* des jungen →Horus. Die in Theben Verehrte ist später mit →Isis bzw. mit →Hathor gleichgesetzt.

Wotan →Odin

Wulbari △: *Schöpfer-* und *Himmelsgott* der Akan in Ghana, der die Menschen an einer Kette vom Himmel herabsteigen ließ. Noch immer ist bei ihm im Himmel die vorgeburtliche Heimat der Menschen. Als am Anfang der Zeiten W. auf seiner Gattin, der Erdgöttin →Asase Yaa, lag und ihn eine Menschenfrau beim Fufustampfen mit dem Stößel belästigte, zog er sich verärgert in den Himmel zurück.

Wumbor △, *Omborr, Onimborr: Himmels-* und *Schöpfergott* der Konkomba in Ghana und Togo. Als Kulturbringer gab er den Menschen das Feuer, die Waffen und das Gift.

Wundertäter (griech.: Thaumatúrgos): allg. Bezeichnung für übermenschliche Wesen →männlichen oder weiblichen Geschlechts, die aufgrund ihrer übernatürlichen Kraft und Macht Taten jenseits des natürlich Erfahrbaren und Begreifbaren vollbringen, wobei es sich z. B. um Krankenheilungen, Dämonenaustreibungen und Totenerweckungen handeln kann. Diese Wundertaten werden sowohl von Gottheiten (z. B. griech. →Asklepiós) als auch von →Mittlern, wie →Propheten, →Heilbringern und →Heiligen vollbracht. Zu den bekannten W. zählen u.a.: jüd. →Ēlijjāhū und →Elishā sowie →Mōsheh und christl. →Iesūs, →Pétros und →Paūlos. - *Worte:* Wunder, wunderbar, Wunderhorn, Wundermann, Wundermittel, Wunderquelle, Wundertat, Wundertäter, wundertätig, Wundertätigkeit, wundervoll.

Wune △, *Wuni* (»König Sonne«): *Schöpfer-* und *Schicksalsgott* der Dagomba in Ghana, der Himmel und Erde schuf und Herr über Leben und Tod ist. Im Himmel ist ein Widder bei ihm. Wenn der mit seinen Beinen stampft, so donnert es, stürmt er dahin, so gibt es Stürme, schüttelt er den Schwanz, so blitzt es, und wenn seine Schwanzhaare ausfallen, so regnet es.

Wuotan →Odin

Wuotanes her (mhd. »Odins Heer«): german. wildes Heer und wilde Jagd von *Toten-* und *Windgeistern,* die vor allem in den 12 Nächten um Neujahr, angeführt von →Odin, unter Jagdrufen im Sturm durch die Lüfte reiten. Dem Heer von 432000 Geistern eilen 24 schwarze Hunde bellend voraus.

Wuru(n)katte △: protohatt. *Kriegsgott* mit dem Epithet »König des Landes«, der dem sumer. und akkad. →Zababa gleicht.

Wuru(n)shemu ▽: protohatt. *Sonnengöttin,* die als Gattin des →Taru und

Wundertäter Iesūs, der Blinde heilt (Zeichnung nach N. Poussin).

Mutter von →Inar(a) und →Telipinu gilt. Sie entspricht der hethit. Sonnengöttin von →Arinna.

Wu-ti (»fünf Kaiser«): chines. *Gruppe* von 5 *Urahnen* und *Kaisern,* die zwischen 2697 und 2205 bzw. 2674 und 2184 v. Chr. regiert haben und als die »5 *Himmelsgötter*« verehrt werden. Zu den W., die auf die →Sanhuang folgten, zählen: →Huang-Ti, →Chuan Hsü, →K'u, →Yao und →Shun. Die W. herrschen über die 5 Himmelsrichtungen, und jedem von ihnen ist eines der 5 Elemente zugeordnet.

XAMAN EK

Xaman Ek△: indian. *Gott* des *Nord-* bzw. *Polarsterns* bei den Maya, *Schutzgott* der Kaufleute und Händler. Er wird mit dem Mund eines Affen dargestellt.

Xango →Shango

Xaratanga ▽: indian. *Erdgöttin* sowie *Schutzgöttin* der Schwitzbäder und der Ballspielplätze bei den Tarasken.

Xevioso →So

Xewioso →So

Xexyoso →So

Xhind-i △ (m.), *Xhinde* ▽ (w.): alban. elfenhafte *Geistwesen*, von denen es männliche und weibliche, böse und gute gibt. Ihr Nahen wird durch das Krachen der Türen und das Flackern des Lichts angezeigt. Xhin(d)e ist eine Metapher für »schönes Mädchen«.

Xibalbá, *Xibalbay:* indian *Unterwelt* der Maya, ein *Totenreich*, über das →Came herrscht. Dorthin geht er über sehr steile Stufen hinab, über reißende Flüsse, durch enge Schluchten mit zahllosen Stachelbäumen. Hier kreuzen 4 Wege: ein roter und ein schwarzer, ein weißer und ein gelber.

Xilonen ▽: indian. *Göttin* der jungen Maispflanze und des Überflusses bei den Azteken. Ihr zu Ehren wurde das achte der 18 Monatsfeste des Jahres gefeiert. Dargestellt wird sie mit rechteckigem Kopfschmuck und Maiskolben in den Händen.

Xipe Totec △ (»unser Herr, der Geschundene«): indian. *Vegetationsgott, Gott* des *Frühlings,* der aufkeimenden *Saat* und der *Jahreszeiten* sowie *Personifikation* des notwendigen Kampfes und Leidens in der Natur, *Gott* des *Westens, Schutzgott* der Goldschmiede und des fünfzehnten Kalendertages im Monat. Das ihm zu Ehren im Frühjahr gefeierte Fest Tlacaxipenaliztli war mit Menschenopfern verbunden. Die Opferung eines den X. darstellenden Kriegsgefangenen, dem man die Haut abzog, mit der sich der Opferpriester bekleidete, symbolisierte den Kreislauf von Leben und Sterben in der Natur. Dargestellt wird X. mit roter Körperbemalung und bekleidet mit einer abgezogenen Menschenhaut.

Xiuhcoatl (»Türkis-Schlange«): indian. *Feuerschlange* der Dürre, des Mangels und der verbrannten Erde bei den Azteken.

Xiuhtecutli △ (»Türkis-Herr«), *Huehueteotl* (»alter Gott«): indian. *Feuer-* und *Lichtgott* der Azteken, *Kalendergott* des neunten Tages im Monat und erster Regent der Nacht- sowie der Tagstunden, ein *Gott* des *Zentrums,* der im Schnittpunkt der 4 Himmelrichtungen steht. X. gilt als Gatte der →Chalchihuitlicue. Zum Abschluß des 52jährigen Zyklus wurden ihm zu Ehren alle Feuer gelöscht und wieder neu entfacht, um die Zeit in Bewegung zu halten. Für ihn wurden Menschen lebendig auf glühende Kohlen gelegt, bevor man ihnen das Herz herausriß. Dargestellt wird er mit einem Räucherbecken auf dem Kopf, zahnlos und bucklig.

Xochipilli △ (»Blumenprinz«): indian. junger *Maisgott, Gott* der *Blumen* und des *Ballspiels,* des *Tanzes* und *Gesanges, Kalendergott* des elften

Tages im Monat und siebter Regent der Tagstunden. Er ist der Zwillingsbruder der →Xochiquetzal und Gatte der →Mayahuel. Sein Beiname ist »Macuilxochitl« (»Fünf Blumen«). Sein Attribut ist ein Stab mit der Spitze eines Menschenherzens.

Xochiquetzal ▽ (»aufrechtstehende Blume«): indian. *Mond- und Erdgöttin, Göttin der Blumen und der Liebe, der Tänze und Spiele, Schutzgöttin* des weiblichen Kunsthandwerks sowie *Kalendergöttin* des zwanzigsten Tages im Monat. Sie ist Zwillingsschwester der →Xochipilli und Gattin des →Tlaloc. Von →Tezcatlipoca wurde sie entführt und zur *Liebesgöttin* gemacht. Alle 8 Jahre stand sie im Mittelpunkt eines Festes mit Maskentänzen, bei denen Tiere und Pflanzen in »persona« auftraten.

Xolotl △ (»Zwilling, Mißgeburt, Hund«): indian. 1) *Feuer-* und *Sterngott* der Otomi, der die Seelen der Toten über einen neunfachen Strom in die Unterwelt →Mictlan geleitet, weshalb man den Toten oft einen Hund mit ins Grab legte. 2) *Blitzgott* und *Totengeleiter* der Zapoteken, der die Erde spaltet, um die Wege zur Unterwelt zu öffnen. 3) *Gott* der *Mißgeburten* und *Personifikation* des *Abendsterns* bei den Azteken, der die Sonne bei ihrem Untergang auf dem Weg durch die Unterwelt begleitet, sowie *Kalendergott* des siebzehnten Tages im Monat. X. gilt als Zwillingsbruder des →Quetzalcoatl und wird hundsköpfig dargestellt.

Xröshtag: iran. *Gott* bei den Manichäern und *Personifikation* des *Heilsrufs*, den der »Lebendige Geist« (→Mihryazd) im Hinblick auf Antwort (→Padvãxtag) von oben aussendet.

Xu →Huwe

Xuwa →Huwe

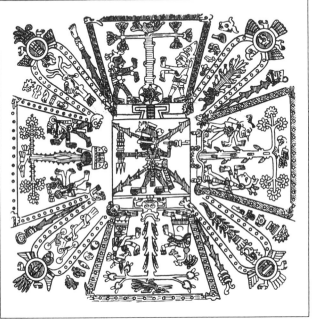

Indian. kreuzförmiges Weltbild, in dessen Zentrum die Feuer- und Lichtgott Xiuhtecutli steht. Auf den Schenkeln des Blätterkreuzes symbolisieren vier verschiedene Bäume, auf denen Vögel sitzen und unter denen Gottheiten stehen, die vier Himmelsrichtungen, (→ Xiuhtecutli.)

YIN-YANG

Yab-Yum (tibet. »Vater [und] Mutter«): buddh.-tibet. Darstellung von einer männlichen und weiblichen Gottheit (→Prajña) in sexueller Vereinigung, bei der die Göttin rittlings auf dem Schoß des Gottes sitzt und ihn mit ihren Armen und Beinen umklammert. Diese Pose symbolisiert die Vereinigung der →Polaritäten der Erscheinungswelt, die »große Wonne« (mahāsukha) der Erkenntnis von der All-Einheit und damit die Erlöstheit.

Yacatecutli △ (»Herr der Nase, Herr der Vorhut«): indian. *Schutzgott* der in einer Bruderschaft (Pochteca) zusammengeschlossenen reisenden *Kaufleute* bei den Azteken, die neben ihren merkantilen vor allem ethische Ziele verfolgen.

Yādjūdj und Mādjūdj (arab.): islam. zwei *Völker,* die am Ende der Welt (→al-Kiyāma) so zahlreich sein werden, daß sie die Wasser von Euphrat und Tigris oder den See Tiberias austrinken werden. Nachdem sie alle Bewohner der Erde getötet haben, werden sie Pfeile auf →Allāh im Himmel schießen, worauf Allāh Würmer in ihre Nasenlöcher und Ohren schicken wird, von denen sie in einer einzigen Nacht getötet werden.

Yāfith →Jāfēt

Yagūt △ (»er hilft«), *Jāghūt:* nabatä. *Gott,* der im Kur'ān (Sure 71, 22-24) als einer der 5 Götzen der Zeitgenossen des →Nūh erwähnt ist.

Yahyā →Ioánnes

Yaiyen Kamui: japan. Bezeichnung der gewöhnlichen *Gottheiten* bei den Ainu. Unter den →Kamui bilden sie, im Gegensatz zum Himmelsgott →Pase Kamui, gleichsam nur »Stützpfeiler« des Hausdaches.

Yakista (von *ya* = »Himmel, Licht«): indian. *Himmels-* und *Lichtgott* der Athapasken.

Yaksha △ (sanskr.; m.), *Yakkha* (Pali; m.), *Yakshi(ni)* ▽ (sanskr.; w.): 1) buddh. halbgöttlich-halbdämonische *Wesen,* Genien der *Fruchtbarkeit* und des *Reichtums,* Wächter der verborgenen Schätze (Gold, Silber, Edelsteine) der Erde, deren Herrscher →Vaishravana ist. Sie wohnen an einsamen, schattigen Plätzen und stören meditierende Mönche und Nonnen durch ihren Lärm. 2) brahm.-hindu. *Geistwesen* chthonischer Natur, die die verborgenen Schätze der Erde bewachen und unter den Namen Guhyakas (»die Verborgenen«) das Gefolge des →Kubera bilden. Neben den bösen gibt es die guten Y. Als Freunde der Menschen sind sie *Schutzgeister* und *Fruchtbarkeitsgenien*. Die als Kinder von →Kashyapa und der Khasā Geltenden bewohnen →Bhuvarloka bzw. →Pātāla. In der Kunst werden sie als Trägerfiguren, dickleibig und kurzbeinig dargestellt.

Ya'kūb →Ja'akōb

Yala △, *Gala: Schicksalsgott* der Kpelle in Liberia, der jedem Geschöpf sein Geschick zuteilt. Deshalb sagt der Jäger: »Ich habe mein Tier erlegt.«

Yam →Jamm

Yam →Yima

Yab-Yum, buddh. Gott und Göttin als Personifikationen der männlichen und weiblichen Polaritäten beim Geschlechtsverkehr. Die sexuelle Vereinigung ist Symbol der All-Einheit und damit Ausdruck der Erlösung. (Tibet. Blockdruck).

Yama △ (sanskr. »Selbstbeherrschung«): **1)** ved. *Ahnherr* des Menschengeschlechts und erster Sterblicher, der allen nachfolgenden den Weg ins Reich der Väter weist. Er ist Sohn des →Sūrya und Zwillingsbruder der →Yami/Yamunā. **2)** brahm. *Todesgott* und *Gott der Zeit* (Kala), Herrscher des Totenreichs und *Totenrichter,* dessen Buchhalter *Chitragupta* ist. Er ist Sohn des →Vivasvan und der Saranyū, sowie Bruder von →Manu und den 2 →Ashvins und Gatte der Dhumornā (»Rauchfahne«), die das Feuer der Leichenverbrennung symbolisiert. **3)** hindu. *Schutzgott* der südlichen Himmelsrichtung (→Lokapāla). Ikonographisch ist er gekennzeichnet durch einen grünen Leib und rote Gewänder. Seine Attribute sind Stab (Keule) und Schlinge, sein →Vāhana ist ein schwarzer Büffel.

Yama △ (sanskr.), *Yen-lo* (chines.), *Emma-ten* (japan.), *Schindsche* (tibet.): buddh.-tibet. *Schutzgott* der Lehre und *Totenrichter,* der dafür sorgt, daß alle Wesen bei einer Wiedergeburt eine der von diesen verdiente 6 →Gati erlangt. Er sendet den Wesen seine 5 Boten *Yamaduta:*

Krankheit, Alter, Tod, Geburt und Bestrafung. Der als Zwillingsbruder der → Yami Geltende wurde von → Yamāntaka besiegt und gehört zu den → Dharmapālas. Seitdem ist er Herrscher über die → Naraka, wobei ihm 8 Generäle und 80 000 Gefolgsleute behilflich sind. Dargestellt wird er mit Stierkopf oder auf einem Stier stehend, der eine Frau begattet. Seine Attribute sind der Stab (danda) mit Totenkopf und die Schlinge (pāsha), mit der er die Wesen in die Naraka zieht.

Yāma: buddh. *Göttergruppe* (→ Deva), die in der gleichnamigen dritten Himmelsetage 2000 Jahre lebt, wobei für sie 1 Tag 200 Menschenjahre zählt.

Yamāntaka △ (sanskr. »der dem Yama ein Ende setzt«), *Yamāri* (»Feind Yamas«), *Vajrabhairava* (»der Furchterregende«), Tschoitschong (tibet.): buddh.-tibet. *Schutzgott* der Lehre und Bekämpfer des → Yama, der zu den → Dharmapāla gehört. Ikonographisch ist er gekennzeichnet durch bis zu 16 Köpfe und mit bis zu 6 Armen und Beinen sowie mit der Bannungsmudrā. Seine Attribute sind ein Stab mit Totenkopf und Schädelschale, seine Farbe ist blauschwarz und sein → Vāhana der Stier.

Yamasachi-hiko, *Hohodemi, Howori:* shintoist. *Jägergott* und *Ahnengott* des japan. Kaiserhauses, Sohn des → Ninigi und der → Konohanna und jüngerer Bruder des Fischergottes → Umisachi. Y. ist Gatte der → Toyo-tama und durch sie Vater des → Ama-tsu und somit Großvater des → Jimmu-tennō. Als Y. eines Tages mit seinem Bruder beschloß, ihre Rollen als Jäger und Fischer zu tauschen, fing er nicht einen einzigen Fisch, ja verlor sogar den Glücksangelhaken seines Bruders im Meerwasser. Daraufhin ging Y. zum Meergott → Wata-tsu-mi, um sich Rat zu holen. So lernte er dessen Tochter Toyo-tama kennen, die er zur Frau nahm, und mit der er viele Kinder hatte.

Yambe → Nzambi

Yami ▽: **1)** ved. *Ahnherrin* des Menschengeschlechts und zusammen mit ihrem Zwillingsbruder → Yama erste Sterbliche. Sie gilt als Tochter des → Sūrya. **2)** brahm.-hindu. *Muttergöttin* und Personifikation der Grausamkeit. Sie zählt manchmal anstelle der → Chāmundā zu den → Saptāmatrikā und gilt als Tochter des → Vivasvant. **3)** buddh.-tibet. *Todesgöttin,* die über die weiblichen Höllenbewohner (→ Naraka) herrscht und eine Zwillingsschwester des → Yama ist.

Yama, hindu.-buddh. Todes- und Richtergott (balinesische Zeichnung von Bodha Kling, Karang Asem).

Yamunā ▽: hindu. *Flußgöttin* und *Personifikation* des nordindischen Ne-benflusses des Ganges. Meist wird sie zusammen mit →Gangā als Tor-hüterin vor Tempeln dargestellt. Manchmal ist sie mit →Yami identisch. Ihre Attribute sind: Wasserkrug, Wedel und Lotos. Ihr →Vāhana ist die Schildkröte.

Yang-yin →Yin-yang

Yankopon →Onyangkopong

Yao: chines. *Herrscher* der Urzeit und *Urahn*, der zu den →Wu-ti gehört. Für →K'ung-tzu ist er ein idealer Herrscher des Goldenen Zeitalters. Als *Himmelsgott* ist er Sohn des →K'u und Vorgänger des →Shun, den er anstelle seines eigenen Sohnes zu seinem Nachfolger bestimmte. Der z.Zt. der Hsia-Dynastie höchste Gott konnte mit Unterstützung des Kun, eines Urenkels von →Huang-Ti, die Fluten des Gelben Flusses eindäm-men, die bis zum Himmel reichten. Mit Hilfe des →Shen-I bändigte er die entfesselten Stürme im Süden.

Yarhibōl △ (»Bote des Bōl«): palmyren. *Sonnengott*, der mit →Bōl und →'Aglibōl eine Göttertrias bildet. Dargestellt wird er mit einem Strah-lenkranz um das Haupt.

Yashodā ▽: hindu. *Hirtin*, Gattin des Hirten Nanda und Pflegemutter von →Krishna und →Balarāma. Sie schützt Krishna vor der Dämonin →Pūtanā.

Yātus △, *Yatas*: iran. *Zauberer*, die durch Verwandlungen und Gaukel-spiele ihr Unwesen treiben. Sie sind die männlichen Gegenstücke zu den →Pairikās. Ihr Anführer ist Akhtya.

Ya'ūq △ (von *'aqa* = »er hindert«), *Jā'ūk*: arab. *Schutzgott*, der im Kur'ān (Sure 71, 22-24) als einer der 5 Götzen der Zeitgenossen des →Nūh erwähnt ist.

Yazata (awest. »Verehrungswürdige«): iran. 1) allgemeine *Bezeichnung* für *Gott* neben und anstelle →Baga. 2) *Geistwesen* und *Personifikationen* aus Ethos und Kosmos, eine *Götterklasse* wie die →Amesha Spentas, die →Ahura Mazdā untersteht und dessen Willen ausführt. Es gibt 30 Y., und jedem von ihnen ist ein Tag im Monat zugewiesen. Zu ihnen zählen u.a. →Mithra, →Rashnu und →Daēnā, →Hvar, →Māh, →Tishtrya und →Zam.

Yehl, *Yetl*: indian. *Heros* und →*Trickster*, der das Feuer für die Menschen stahl, sowie *Schöpfergott* in Raben- oder Kranichgestalt bei den Tlingit. Als Y. über den Urnebeln schwebte, schlug er so lange mit seinen Flügeln, bis das trockene Land zum Vorschein kam, und er setzte Sonne und Mond an das Firmament.

Yelafath →Olifat

Ye'loje △, *Púgu*: sibir. *Sonnengott* und Personifikation der Sonne als Hüterin der Gerechtigkeit, *Schutzgott* von Sitte und Recht sowie der Un-terdrückten (bei den Jukagiren). Kriege und Gewalttaten werden von P. streng geahndet.

Yema(n)ja ▽ : **1)** *Mutter-* und *Geburtsgöttin* der Yoruba in Nigeria. Die »Mutter der Gewässer und Fische« repräsentiert das Wasser und die feuchte Erde. Sie ist Tochter des Geschwisterpaares →Odudua und →Obatala sowie Schwester und Gattin des →Aganyu. Von ihrem Sohn →Orungan vergewaltigt, stürzt sie auf der Flucht vor ihm bei Ife und, ehe sich der sie verfolgende Sohn ihrer noch mal bemächtigen kann, birst sie entzwei, so daß aus ihrem Leib 15 Gottheiten, u. a. →Shango, →Ogun, →Olokun, →Shakpana, →Oko sowie Mond und Sonne, hervortreten. **2)** afroamerikan. *Meeresgöttin* (→Orisha) und *Schutzgöttin* der *Schiffbrüchigen* bei den Umbandisten. Sie wird mit der christl. Jungfrau und Mutter →María gleichgesetzt.

Yen-lo △, *Yen Wang, Wang:* chines. *Gott* des *Todes* und der *Unterwelt* (→Huang-ch'üan) sowie Vorsitzender ihres fünften Hofes. Dargestellt ist er im Gewand des Kaisers. Y. gleicht dem hindu.-buddh. →Yama.

Yen-lo →Yama

Yetl →Yehl

Yggdrasill △ (nord. »Yggs [Odins] Pferd«): german. *Weltenbaum,* der alle 9 Welten berührt und im Zentrum von →Midgard steht. Die Krone dieser Esche überragt den Himmel →Asgard, ihre Zweige breiten sich bis →Utgard aus, und ihre Wurzeln reichen bis nach →Niflheim. Y. zieht seine Kraft aus drei Quellen: →Urdar brunnr, →Mimis brunnr und →Hrergelmir. Y. ist ein *Schicksalsbaum,* der, solange die Welten bestehen, immer grünt, wenn er aber erzittert, kündigt sich →Ragnarök an.

Yi →Shen I.

Yid-dam →Ishta-Devatā

Yima △ (awest. »Zwilling«), *Yam* (mittelpers.): iran. *Urmensch* und dritter König, der 616,5 Jahre regierte. Es war ein goldenes Zeitalter, in dem es weder Krankheit noch Tod gab.

German. Weltbild in Gestalt der Weltesche Yggdrasill, die im Zentrum von Midgard steht. Ihre Krone überragt den Himmel Asgard, und ihre Wurzeln reichen bis nach Niflheim (Zeichnung, 18.Jh.).

Er ist Sohn des Vivanghvant und Gatte seiner Zwillingsschwester Yimāk. Als Y. die Sünde der Lüge beging, wurde er sterblich und durch den Schlangendämon →Aži Dahāka von seiner Herrschaft vertrieben. Danach lebte er noch 100 Jahre in Verborgenheit, bis er von seinem Bruder Spiyura zerstückelt wurde. Y. entspricht dem ved. →Yama.

Ying-chou (»Weltmeer-Kontinent«): chines. *Insel der Unsterblichen*

(→Hsien) im Ostchinesischen Meer und Inbegriff der Glückseligkeit. Hier wächst das Kraut der Unsterblichkeit →Ling-chih. Y. ist eine der 3 →Ch'ung-Ming.

Ying-lung: chines. *Flutdrache* (→Lung), der die aufsteigenden Dünste verursacht, die sich zu Regenwolken verdichten. Weil er im Süden des Landes wohnt, gibt es dort viel Regen. Er ist flugunfähig und der Erde verhaftet. Auf Anstiften des →Huang-Ti hat er einst den Teufel Ch'ih Yu und →K'ua Fu getötet.

Yin Hsi: chines. *Unsterblicher* (→Hsien), der als Wächter am Paß Hsien-ku den →Lao-tzu als →Chen-jen erkannte, bevor dieser das Reich verließ und nach Westen entschwand, und ihn veranlaßte, seine Gedanken über das →Tao niederzuschreiben. Später entschwand auch Y. nach Westen und wurde nie mehr gesehen.

Yin-yang, Yang-yin: chines.-taoist. bipolare *Grundkräfte* im Makro- und Mikrokosmos. Einerseits bilden sie gemeinsam das übergeordnete →Tao, andererseits sind Erde und Himmel ihre konkreten Erscheinungen. Aus der Vermischung von Y. gehen die 5 Elemente hervor. Yin ist das Weibliche, Empfangende und Dunkle mit den Symbolen von Mond, Wasser und Tiger und der Farbe Schwarz. Yang ist das Männliche, Zeugende und Helle mit den Symbolen von Sonne, Feuer und Drachen (→Lung-hu) und der Farbe Rot bzw. Weiß. Das Y.-Symbol bildet nur zusammen ein Ganzes.

Ymir ◇ (nord. »immer, Zwitter, Rauscher«): german. *Urlebewesen* und *Urzeitriese* sowie Personifikation der noch ungeschiedenen Naturkräfte. Y. ist aus dem schmelzenden Eis- und Reifwasser in →Ginnungagap hervorgegangen und hat sich von der Milch der Urkuh →Audhumbla ernährt. Als er schlief, wuchsen aus dem Schweiß seiner Achselhöhlen die ersten Lebewesen, ein männliches und ein weibliches, und durch das Aneinanderreiben seiner Füße entstand ein Sohn. So entstand das Geschlecht der Reiffriesen (→Hrimthursar). Als die Götter (→Odin, →Vili und →Vé) den Y. erschlagen hatten, bildeten sie aus seinem Körper die Welt: Aus seinem Blut wurden Meer und Wasser, aus dem Fleisch die Erde, aus den Knochen die Berge, aus den Kinnbacken die Steine, aus den Haaren die Bäume, aus dem Schädel das Himmelsgewölbe, aus dem Gehirn die Wolken und aus den Augenbrauen ein Schutzwall um →Midgard. Y. ist wohl mit →Aurgelmir identisch.

Yo ◇: *Weltgeist* bei den Bambara in Mali, der die beiden männlichen Elemente Luft und Feuer sowie die 2 weiblichen Elemente Erde und Wasser erschuf.

Yogeshvara △ (sanskr. »Herr der Yogis«), **Yogeshvari** ▽ (»Herrin der Yogis«): hindu. *Beiname* für →Shiva bzw. für seine →Shakti, die gegen den Dämon →Andhakā kämpft.

Yogini →Siddha

Yomi-no-kuni japan. (»Land der Nacht«): shintoist. *Unterwelt* und das

Yin-yang, chines.-taoist. Symbol für die bipolaren Grundkräfte im Makro- und Mikrokosmos, die nur zusammen ein Ganzes bilden.

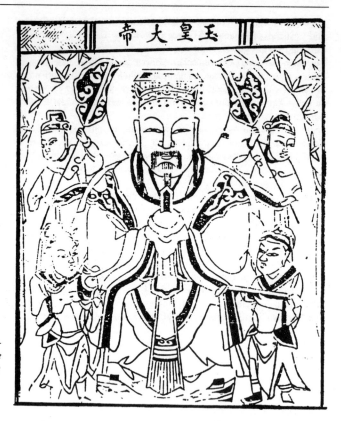

Yü-huang, chines. Himmelsgott »Jade-Kaiser« sowie Personifikation der Jade als Autoritätssymbol. In der Hand hält er ein Jadezepter als Symbol der Tugend der Führungsqualität (Holzschnitt).

Land der Toten, ein Reich der ewigen Finsternis, das unter der Erdenwelt gelegen ist und im Gegensatz zur Himmelswelt →Takama-ga-hara steht. Über Y. herrscht die Göttin →Izanagi als erste der Verstorbenen. Zu ihren Bewohnern gehören u. a. die →Ika-zuchi.

Yoni ▽ (sanskr. »[Mutter-]Schoß, Ursprung, Quelle«): hindu. *Symbol* für das wandelbare, dynamisch-weibliche Prinzip, das in Form einer *Vulva* als Zeichen des Werdens und der Fruchtbarkeit verehrt wird. Im Shivaismus ist die Y. mit dem Kult der →Shakti →Shivas eng verbunden, und in Vereinigung mit dem →Linga Shivas symbolisiert sie die Einheit der →Polarität.

Yü ◇: chines. *Erdgottheit* und zweigeschlechtliche *Urmutter* der Erde →Hou T'u sowie *Ahnherrin* der Hsia-Dynastie (→Ta-yü). In Gestalt eines Bären schlug sie Schluchten durch das Gebirge, in Gestalt einer Schlange geleitete sie die aufgestaute Urflut in den Abgrund. Sie glich Wasser und Festland aus, machte die Erde bewohnbar und legte 9 Regionen trocken. Ihr Paläogramm stellt eine verkreuzte Doppelschlange dar.

Yüan-shih t'ien-tsun (»Himmlischer Ehrwürdiger des Uranfangs«): chines. *Himmelsgott,* der auch T'ien-pao-chün (»Herr des Himmlischen Juwels«) heißt. Er residiert im höchsten Himmel Yü-ch'ing und gehört zu den →San-ch'ing. Zunächst stand er an der Spitze der himmlischen Verwaltung, hat dann aber zugunsten seines Assistenten →Yü-huang abgedankt. Die erste Abteilung des taoist. Kanons (Tao-tsang) steht im Zeichen des Y.

Yü-ch'iang: chines. *Meergott* und *Gott* des *Ozeanwindes.* Dargestellt wird er als Meergott mit Fischkörper und auf 2 Drachen reitend, als Windgott mit Vogelkörper und Menschenkopf.

Yudishthira △ **:** hindu. *Held* und *Herrscher,* ältester der 5 Pāndu-Prinzen (→Pāndavas). Er gilt als Sohn des →Yama bzw. des →Pāndu und der →Kunti und als Gatte der →Draupadi, die er mit seinen 4 Brüdern teilt. Als Dhritarāshtra, der König der →Kauravas, ihn anstelle seines Sohnes zu seinem Nachfolger bestimmte, brach der Krieg zwischen den Kauravas und →Pāndavas aus, der im Mahabhārata geschildert wird.

Yuga (sanskr. »Zeitalter«): hindu. *Weltzeitalter,* das periodisch wiederkehrt. Jedem Y. geht eine Periode der Morgendämmerung (Sandhyā) voraus und folgt eine der Abenddämmerung (Sandhyānsha) nach. Jede dieser letzten beiden Perioden umfaßt ein Zehntel des jeweiligen Y. Es gibt insgesamt 4 Y.: *1. Kritayuga* mit 1 728 000 Menschenjahren, *2. Tretāyuga* mit 1 296 000 Jahren, *3. Dvāparayuga* mit 864 000 Jahren und *4. Kaliyuga* mit 432 000 Menschenjahren. Die Gesamtsumme von 4,32 Millionen Menschenjahren (= 12 000 Götterjahre) ergibt ein →Mahāyuga. Die abnehmenden Zahlenwerte entsprechen dem zunehmenden Niedergang aller physischen und moralischen Zustände während der 4 Y.

Yü-huang (»Jade-Erhabener«), *Yü-ti* (»Jade-Kaiser, Gott«), *Shang-ti* (»Höchster Gott«): chines. *Königssohn* und →Hsien, dem der Kaiser Cheng Tsung im Jahr 1015 den Titel Shang-ti verliehen hat. Als oberster *Himmelsgott* hat er →Yüan-shih t'ien-tsun abgelöst, dessen Assistent er war, und er gehört zu den →San-ch'ing. Er ist Gatte der Wang Mu niang-niang und Vater von 9 Töchtern, darunter →Hsi Wang Mu. Von seinem Palast im Himmel regelt er alle himmlischen und irdischen Angelegenheiten mit Hilfe einer großen Administration, die Vorbild für das chines. Kaiserreich ist. Einmal im Jahr, am Neujahrstag, erstatten ihm die Ressort-Gottheiten Bericht, woraufhin sie befördert oder degradiert werden, eine Aufgabe, die von der irdischen Staatsregierung per Dekret oder aber von taoist. Priestern (Tao-shih) wahrgenommen wurde. Dem Y. wurden zweimal im Jahr vom irdischen Kaiser auf dem Himmelstempel in Peking Opfer dargebracht. Dargestellt wird Y. in kaiserlichem

Yum-Kaax, indian. Gott des Maisbaus und Personifikation des Ideals männlicher Schönheit.

Gewand auf einem Thron sitzend und in der Hand die Zeremonientafel haltend.

Yü-jen (»Feder-Mensch«): chines. fliegender *Unsterblicher* (→Hsien), dessen Körper mit einem Federkleid bedeckt ist, aber auch der taoist. *Priester* (Tao-shih), der nach Erlangung von →Ch'ang-sheng pu-ssu am hellichten Tag gen Himmel aufsteigt (→Fei-sheng).

Yulunggul →Yurlunggur

Yum-chen-mo ▽ (»große Mutter«): tibet. *Muttergöttin* und *Göttermutter* bei den Bon-po, die zusammen mit ihrem Gatten →gShen-lha od-dkar alle anderen Gottheiten (u. a. →Sipe gyalmo) hervorbrachte.

Yum Kaax △ (»Herr des Waldlandes«), *Yum Kax, Ghanan:* indian. *Gott des Maisbaus* und des *Erntefeldes* bei den Maya. Der sog. »Gott E.« ist die Personifikation des Ideals männlicher Schönheit. Er entspricht dem →Cinteotl der Totonaken.

Yünus →Jōnāh

Yü-pu (»Yü-Schritt«): chines. *Tanz,* der den hinkenden Gang des →Ta-yü nachahmt und von den taoist. Priestern (Tao-shih) in Trance ausgeführt wird, um mit den Kräften des Jenseits in Verbindung zu treten und Dämonen zu vertreiben.

Yurlunggur, *Yulunggul:* austral. *Regenbogen-* und schöpferische *Riesenschlange,* die die zwei →Wawalag-Schwestern verschlungen hat. Dieser Vorgang wird im Initiationsritual nachvollzogen. Dabei wird der jugendliche Initiand, nachdem er von Y. verschluckt wurde, als reifer Mann wieder ausgespuckt. Dieses Symbol der Wiedergeburt kennzeichnet den Übergang von der Kindheit zum Mannesalter. Y. ist gleich →Galeru und →Wollunqua.

Yūsha' →Jehōshūa'

Yūsuf →Jōsēf

Yü-ti →Yühuang

Zababa △: sumer. und akkad. *Stadtgott* von Kish und *Kriegsgott* mit dem Epithet »Marduk der Schlacht«. Als seine Gattin gilt gelegentlich die kriegerische →Inanna bzw. die akkad. →Ishtar. In altbabylon. Zeit wird er mit →Ningirsu und →Ninurta gleichgesetzt.

Zacharías △ (griech.; von hebrä. *Zekarjäh* = »Jahwe hat sich wieder erinnert«), *Zakáriyá'* (arab.): **1)** christl. →*Prophétes* des →Kýrios und *Priester* am Jerusalemer Tempel. Er ist Gatte der Elisabeth und durch sie Vater des →Ioánnes. Bei der Darbringung des Rauchopfers im Tempel erschien ihm der Engel des Kýrios (→Ángelos Kyríu) bzw. →Gabriél und verkündete ihm die bevorstehende Geburt seines Sohnes Ioánnes. Erfüllt vom Heiligen Geist prophezeite dann Z., daß sein Sohn »Prophet des Höchsten« genannt werde. **2)** islam. *Prophet* (→Nabi) des →Alláh und Vater des →Yahyā. Unter seiner Obhut wächst die Jungfrau →Maryam in der hl. Nische (Mihrab) des Jerusalemer Tempels heran. Ihm selbst verkünden Engel (→Malā'ika), daß ihm im hohen Alter noch ein Sohn geboren werde. Sein Grab wie auch das seines Sohnes befinden sich in der großen Moschee zu Damaskus.

Zacharías →Zekarjäh

Zagreús△, *Zagreus* (lat.): griech-orph. *Jagd-* und *Vegetationsgott,* ein auferstehender Gott und *Hochgott* der Orphiker. Er ist Sohn des →Zeús und der →Persephóne. Auf Anstiften der eifersüchtigen →Héra wird Z. mit Ausnahme seines noch zuckenden Herzens von den →Titánes in Stücke zerrissen. Dieses verschlingt Zeús bzw. die sterbliche →Seméle, so daß Z. als junger →Diónysos (Lyseus) wiedergeboren werden kann.

Zairik →Zārich

Zaka △: afroamerikan. *Gott* der *Landwirtschaft* (→Loa) und *Schutzgott* der *Bauern* bei den Voduisten. Dargestellt wird er mit grobem Baumwolldrillich, mit Strohhut, Pfeife und Machete.

Zakāriyā' →Zacharías

Zaltis (lett.), *Žaltỹs* (litau. »Ringelnatter«): lett. und litau. *Tiergottheit,* eine Ringelnatter, die als Hausschlange gehalten, mit Milch genährt und um Weissagungen über die Zukunft befragt wird. In einem Volkslied wird sie als »Abgesandte der Götter« bezeichnet.

Zam (awest. »Erde«): iran. *Erdgottheit,* die zu den →Yazata zählt.

Zambi →Nzambi

Zāna ▽: alban. *Feen* und *Schutzpatroninnen* der Helden sowie *Musen* der Berge. Sie singen nachts an Quellen, tanzen und spielen, sammeln Blumen und locken die Ziegen. Die größte Auszeichnung für einen Helden ist es, ein »Held wie die Z.« genannt zu werden.

Zarathushtra △ (altpers. »der Kamelreiche«), *Zoroaster* und *Zoroastres* (griech.), *Zarathustra* (latinisiert): iran. *Prophet* (ca. 630–553 v. Chr.) des →Ahura Mazdā und Begründer des nach ihm benannten Zoroastrismus. Er ist Sohn des Pourushāspa (»der Pferdereiche«) und der Dughdhōva. Aus erster Ehe ist er Vater von 4 und aus zweiter Ehe von 2 Kindern. Seine

ZWERG

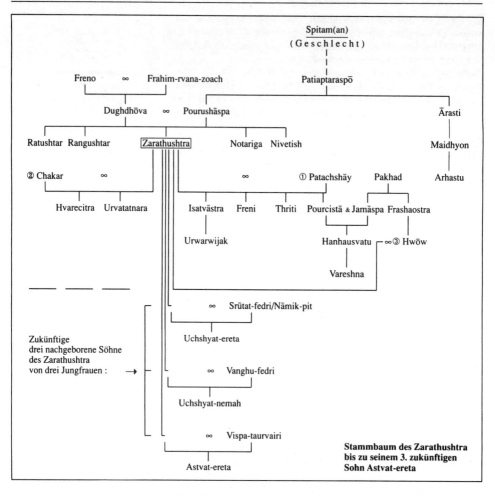

Stammbaum des Zarathushtra bis zu seinem 3. zukünftigen Sohn Astvat-ereta

dritte Gattin heißt Hwōw. Mit 30 Jahren, es ist das Jahr 9000 der insgesamt 12000jährigen Weltperiode, erhält Z. in Audition und Vision des →Vohu Manō seine prophetische Berufung und wendet sich gegen die blutigen Stieropfer im Kult des →Mithra. Als er 77jährig stirbt, steigt er zunächst in die Unterwelt hinab und dann nach 3 Tagen zum Himmel auf. Z. hinterläßt 3 Samenkeime, die er beim ehelichen Umgang mit seiner dritten Gattin verloren hatte und die im See →Kasaoya von 99999 →Fravashi bewacht werden. Dreimal – zu Beginn des zehnten und elften sowie am Ende des letzten Millenniums – wird je eine Jungfrau im See baden und von einem der Keime schwanger werden. Dann werden 3 →Saoshyants geboren werden, deren letzter das Ende der Weltzeit (→Frashō-kereti) heraufführen wird. – *Literaturwerk:* Nietzsche (1883/85); *Tondichtung:* R. Strauss (1896).

Zārich und Tawrich △, *Zairik* und *Taurvi:* iran. *Erzdämonenpaar* (→Daēvas), von dem ersterer der »Altmacher« und letzterer der »Schwachmacher« ist. Sie sind die ständigen Widersacher von →Ameretät und →Haurvatät.

Zauberer →Magier

Zefanjāh △ (hebrä. »Jahwe verhüllt«), *Sophonias* (griech.), *Zephanja* (dt.): jüdischer *Prophet* (→Nābi') des Jahwe-Elōhim im Südreich Juda (ca. 630 v. Chr.). Z. prophezeit Strafe und Unheil für Juda und Jerusalem, aber Heil für die nichtjüdischen Völker. Sein Lied vom kommenden (Gerichts-)Tag Jahwes fand Eingang in die Sequenz der christl. Totenmesse bei den Katholiken. »Dies irae, dies illa« (lat. »Tag des Zornes, jener Tag«). Nach Z. ist die neunte Schrift im Zwölfprophetenbuch der Bibel benannt.

Zehn Gebote →Asseret

Zeit ▽: allg. Bezeichnung **1)** für ein übergeordnetes, höchstes *Urprinzip* der Welt, dessen Personifikation die Gottheiten →Chrónos, →Kāla und →Zurvan sind. **2)** Bezeichnung für die *begrenzte Dauer* der in Abschnitte eingeteilten →Weltzeitalter und Lebensjahre, der Jahreszeiten und Monate, der Wochen und Tage sowie Stunden. Diese stehen oft unter der Herrschaft einer Zeitgottheit. Die durch Geburt und Tod begrenzte Lebenszeit wird von Geburts- und Todesgottheiten und →Geistern personifiziert (siehe auch Übersichtsartikel S. 562–563).
Für die begrenzten Zeiten der Naturvorgänge gibt es Jahreszeitengottheiten, Monatsgottheiten (z. B. →Ianus), Wochentags- und Planetengottheiten (z. B. →Venus) sowie die Sonnen- und Mondgottheiten, die den Tag und die Nacht regieren. In der Z. zwischen →Urzeit und →Endzeit spielen die kosmologischen und soteriologischen Mythen. Die Zeit steht im Gegensatz zur unbegrenzten →Ewigkeit.

Zekarjāh △ (hebrä. »erinnert hat sich Jahwe«), *Zacharias* (griech.), *Sacharja* (dt.): jüd. *Visionär* und *Prophet* (→Nābi') des →Jahwe-Elōhim in nachexilischer Zeit (520-515 v. Chr.). Er ist Sohn des Berekja bzw. Iddo. Z. hat 8 nächtliche Visionen über den Plan Gottes, den zerstörten Tempel in Jerusalem wieder zu errichten: 4 Reiter, 4 Hörner, Engel mit Meßschnur, Läuterung des Jeshua, goldener Leuchter, fliegende Schriftrolle, Frau im Kornmaß und 4 Kampfwagen. Diese Gesichte werden von einem Engel gedeutet. Gott weist den Propheten an, den Davididen Serubbabel zum Priester-König zu krönen. Nach Z. ist die elfte Schrift im Zwölfprophetenbuch der Bibel benannt.

Žemepatis △ (»Erd-Herr«): litau. *Erd-, Feld-* und *Fruchtbarkeitsgott*

Zeit und Ewigkeit

Mythische Erzählungen spielen sich – außer in den Räumen von Diesseits und Jenseits – in der Zeit ab, wobei diese sowohl Weltzeit wie Lebenszeit umfaßt. Sie bedeutet Geschehen und Dynamik, aber auch Fortschreiten und Veränderung. In ihrem Verlauf wird die Zeit entweder linear verstanden, wie in jüdischen, christlichen und islamischen Mythen, die einen gradlinigen Geschehensablauf mit einer einmaligen und einzigen Welt- und Lebenszeit kennen, oder aber zyklisch, wie in buddhistischen und hinduistischen Mythen, die einen zwar zielstrebigen aber doch spiralförmigen Verlauf mit einer mehrmaligen und periodisch wiederkehrenden Welt- und Lebenszeit voraussetzen.

Weltzeit wie Lebenszeit sind nur von »begrenzter« Dauer, wobei die Grenzen der in Weltalter eingeteilten Weltzeit eine Urzeit und eine Endzeit bilden und die in Lebensalter eingeteilte Lebenszeit von Geburt und Tod begrenzt ist. Was sich zwischen diesen Grenzen an Geschehen abspielt, wird in größere Einheiten von Welt(zeit)alter und Lebens(zeit)alter unterteilt. Dabei entsteht eine Ordnung für den Verlauf der verschiedenen, einander ablösenden – goldenen, silbernen, bronzenen, eisernen – Zeitalter, deren abnehmender Wert in genauer Entsprechung zur zunehmenden Entartung der jeweiligen Völker steht, wie beim hinduistischen *Kalpa* und jüdischen Standbild des *Danijj'el.*

Der Anfang der Weltzeit, das erste Weltzeitalter, wird als *Urzeit* bezeichnet. Sie ist die Zeit, in der das Weltall entsteht, das je nach den unterschiedlichen Weltbildern entweder aus einem Urstoff – einem Weltei bei Ägyptern, Orphikern und Hindus – oder aus dem toten Körper eines Urwesens – der akkadischen *Tiamat,* des germanischen *Ymir,* des vedischen *Purusha* – oder durch göttliche Zeugung – des polynesischen *Tangaroa,* des ägyptischen *Atum,* der shintoistischen *Izanami* – oder aufgrund Erschaffung durch das gesprochene Wort eines allmächtigen Gottes – des ägyptischen *Ptah,* des jüdischen *Elohim,* des islamischen *Allah* – gebildet wurde.

In jeweiliger Entsprechung zur Urzeit steht die *Endzeit,* das Ende der Weltzeit, das letzte Weltzeitalter, z. B. hinduistisch *Pralaya,* jüdisch-christlich Apokalypse, islamisch *al-Kiyama.* Die unterschiedlichen Visionen des Weltendes sind gekennzeichnet durch Kämpfe und durch das Vergehen der bestehenden Welt, sei es in einem Weltbrand, sei es durch Überschwemmungen oder durch den Einbruch eisiger, tödlicher Kälte. Für den germanischen Weltuntergang *Ragnarök* (»Unheilvolles«) bilden ein strenger Fimbulwinter und das durch die Midgardschlange aufgepeitschte Meer die Vorzeichen. Dann entbrennt der Endkampf zwischen Göttern, Riesen und Dämonen im Verein mit Naturgewalten, bevor eine neue Welt des Friedens entsteht. Auch im iranisch-parsischen *Frasho-kereti* (»Wunderbarmachung«) kommt es zu Kämpfen zwischen den guten *Amesha Spentas* und den dämonischen Widersachern, bis diese im glühenden Strom vernichtet sind. Danach entsteht eine neue, lichte Welt.

Die Grenzen der in Lebensalter eingeteilten Lebenszeit sind durch Geburt und Tod gezogen, wobei an ihrem Anfang außer der Zeugung durch gleichartige Eltern auch die Erschaffung durch ein transzendentes Wesen oder aber die Entwicklung aus sich selbst stehen kann. Die Dauer des Lebens ist nicht nur durch Krankheit, Alter und Tod bedroht, sondern auch von verschiedenen – mythisch ins Bild gesetzten Bedingungen – abhängig. Zu diesen gehören z. B. der Lebensfaden, über den die griechischen *Moirai,* die römischen *Parzen* sowie die germanischen *Nornen* wachen, und das Lebensbuch, auch »Tafel des Schicksals« genannt, in dem das vorausbestimmte Geschick eines Menschen aufgezeichnet steht. Um die Dauer des Lebens zu verlängern oder gar Unsterblichkeit zu erlangen bzw. beizubehalten, ist der Genuß besonderer Speisen oder Getränke nötig. Solche »Lebensmittel« sind griechisch *Ambrosia* und *Nektar,* iranisch *Haoma,* vedisch *Soma* oder hinduistisch *Amrita.* Dazu gehören auch die Früchte der chinesischen Göttin der Unsterblichkeit *Hsi Wang Mu* oder das Lebenswasser aus dem Lebens- oder Jungbrunnen in den Vorstellungen vieler Völker. Die Sehnsucht nach Ewigkeit und damit Unsterblichkeit ist Gegenstand vieler Mythen geworden. So haben Gottheiten, zu deren Wesen ein Leben ohne Tod(-esgrenze) gehört, einzelne Menschen in die Reihe der Unsterblichen aufgenommen oder aufnehmen wollen, wie z. B. der akkadische Himmelsgott *Anu* den Helden *Adapa.* Der Versuch des Menschen, von sich aus Unsterblichkeit zu erlangen, ist oft fehlgeschlagen. Dies hat der sumerische Heros *Gilgamesh* erfahren müssen. Der jüdisch-christliche Urmensch *Adam* hingegen verlor seine ursprüngliche Unsterblichkeit und wurde für die Übertretung des göttlichen Gebots mit dem »Sterben-müssen« bestraft. Nach dem Tod als dem Ende der Lebenszeit hat manchmal der Verstorbene eine Reise zu unternehmen, auf der ihm Totenbücher, wie das Ägyptische Totenbuch das Totenbuch der Maya oder das Tibetische Totenbuch, hilfreiche Ratschläge geben.

In zahlreichen Mythen personifizieren Gottheiten die Welt- und Lebenszeit, so die ägyptischen *Hah, Chons* und *Thot,* der griechische *Chronos,* die hinduistische *Kala* und der chinesische *T'ai-sui-hsing.* In der römischen Mythologie stehen für die einzelnen Monate des Jahres die Gottheiten *Ianus, Mars* und *Iuno* und für die sieben Tage der Woche *Sol, Mars, Mercurius, Iupiter, Venus* und *Saturnus.* Der von Sonne und Mond beherrschte Wechsel von Tag und Nacht ist in den Mythen vieler Völker von eigenen Tag- und Nachtgottheiten bzw. Sonnen- und Mondgottheiten charakterisiert. Sie versinnbildlichen eine Art »objektiver« Zeit, die an den Wegstrecken der Himmelskörper gemessen wird, zugleich aber auch eine »subjektive« Zeit, d. h. ein Zeitbewußtsein, das erlebt wird durch das Handeln der Gottheiten in den Mythen.

Der »begrenzten« und gemessenen Zeit mit ihrem Anfang und Ende steht eine davon »unbegrenzte« *Ewigkeit* gegenüber, die als Zeitlosigkeit, Nichtzeitlichkeit und unendliche Dauer aufgefaßt wird. Nach zyklischem Verständnis bedeutet sie u. a. die ewige Wiederkehr von aufeinanderfolgenden Weltzeitaltern mit stets gleichem Geschehensverlauf, also den Kreislauf der Weltperioden. Dafür ist oft der Uroboros, die sich in den eigenen Schwanz beißende Schlange, das mythische Sinnbild. Nach linearem Verständnis ist Ewigkeit ein Sein ohne Anfang und ohne Ende, das zudem von einer ewigen oder einzigen Gottheit repräsentiert werden kann. Zu den Personifikationen von Ewigkeit gehören die iranischen zweigeschlechtlichen Urgottheiten *Aion* (»Ewigkeit«) sowie *Zurvan* bzw. Zervan Akarana (»unbegrenzte Zeit«).

Von der historischen über die frühe prähistorische und die noch weiter zurückreichende geologische Zeit ist die *Zeit* in immer größeren Abschnitten meßbar, bis sie in der kosmischen Zeit als unendlich denkbar ist. Die Unendlichkeit schließlich wird als *Ewigkeit,* als Überwindung der Zeit, ja als ihre Unterwerfung gesehen und in den Mythen höchst unterschiedlich mit Leben erfüllt.

Den auf tönernen Füßen stehenden Koloß aus vier Metallen deutet der Prophet Danijj'el dem König Nebukadnezar II. in dessen Palast als die vier Zeitalter (Biblia Germanica, 1545).

sowie *Gott* des *Haushalts* und *Schutzgott* von Hof und Vieh. Z. gilt als Bruder der →Žemýna.

Zemes māte ▽ (»Erd-Mutter«): lett. *Erd-* und *Muttergöttin*, sowie *Fruchtbarkeitsgöttin*, die über das Wohlergehen der Menschen und über die Fruchtbarkeit der Äcker bestimmt, aber auch *Göttin* der *Unterwelt* und *Herrscherin* über die Bewohner des *Totenreichs*. Sie zählt zu den ca. 60 →Māte und gleicht der litau. →Žemýna. Seit der Christianisierung hat die christl. Mutter →María ihre Züge und Funktionen übernommen.

Žemýna ▽, *Žemynėlė:* litau. *Erdgöttin* und Personifikation des *Erdbodens, Schutzgöttin* der Felder und Mutter der Pflanzen. Als *Fruchtbarkeitsgöttin* ernährt sie Menschen und Tiere. Z. gilt als Tochter des Mondes →Mėnùlis und der Sonne →Sáulė sowie als Schwester von →Žemépatis. Das Ausgießen von etwas Bier auf die Erde vor dem ersten Schluck wird žemyneliauti genannt. In einem Volkslied heißt sie Žiedeklele (»Blütenspenderin«). Das ihr zu Ehren verrichtete tägliche Abendgebet schließt mit dem Küssen des Erdbodens ab. Sie gleicht der lett. →Zemes māte.

Zenenet ▽ (»die Erhabene«): ägypt. *Göttin* und Partnerin des →Month. Die in Hermonthis Verehrte ist später mit der →Rait-taui verschmolzen.

Zentauren →Kéntauroi

Zephanja →Zefanjäh

Zéphyros △, *Zephyrus* (lat.), *Zephir* (dt.): griech. *Windgott* und Personifikation des sanften und feuchten Westwindes sowie Bote des Frühlings. Z. ist Sohn des Gestirnsgottes Astraios und der →Eós sowie Bruder von →Boréas, →Eúros und →Nótos sowie Gatte einer der →Hórai. Im Auftrag des →Éros entführte er die junge →Psyché. Aus Eifersucht lenkte er einen von →Apóllon geworfenen Diskos auf den Kopf des →Hyákinthos und tötete ihn. In Roßgestalt zeugte er mit der →Hárpyia Podarge Xanthos und Balios, die schnellen Pferde des →Achilleús. - *Ballett:* Dukelsky (1925); *Worte:* Zephir, Zephirgarn, zephirisch, Zephirwolle.

Zerberus →Kérberos

Zervan →Zurvan

Zéthos →Amphíon

Zeús △: griech. *Himmels-* und *Wettergott, Göttervater* und *Orakelgott* sowie *Hochgott,* dessen zahlreiche Beinamen sein Wesen charakterisieren. Er gehört zu den 12 →Olýmpioi. Z. ist jüngster Sohn von →Krónos und →Rheía, Bruder von →Hestía, →Poseidón, →Hádes und →Deméter sowie Bruder und Hauptgatte der →Héra und durch sie Vater von →Áres, →Héphaistos und →Hébe. Als Kind wurde er auf Kreta von der Ziege →Amáltheia bzw. der Biene Melissa ernährt. Später stürzte er seinen Vater und die anderen →Titánes in den →Tártaros, befreite die →Kýklopes und →Hekatoncheíres daraus und ist seitdem Weltherrscher vom →Ólympos aus. Gegen ihn erhoben sich einst die →Gigantes, die er mit Hilfe des →Heraklés vernichtete. Der mächtigste der Götter ist zugleich der fruchtbarste. Aus seinen zahlreichen Verbindungen mit Göttinnen ging eine große Nachkommenschaft hervor: von →Métis ist die →Athéne, von →Thémis sind die →Hórai und →Moírai, von Dione die →Aphrodíte, von →Mnemosýne die →Músai, von Eurynóme die →Chárites, von →Deméter die →Persephóne, und von →Letó sind →Apóllon und Ártemis. Auch von sterblichen Frauen, denen er sich in verschiedenen Gestalten (u. a. Goldregen, Stier, Schwan) näherte, hat er Kinder: von →Alkméne den →Heraklés, von →Danáë den →Perseús, von →Európe den →Mínos, →Rhadámanthys und Sarpedón, von →Léda die →Heléne und die →Dióskuroi, von →Maía den →Hermés, von →Seméle den →Diónysos, von →Kallistó den →Arkás, von →Ió den Épaphos, von →Antiópe den →Amphíon und von →Aígina den →Aiakós. Die Hauptkultstätte des Z. war →Olympía, wo die →Olýmpia ausgetragen wurden. Sein Symboltier ist der Adler. - *Gemälde:* P. Veronese (1554), L. Corinth (1905); *Oper:* Händel (1739). - Z. entspricht dem röm. →Iupiter.

Zeús, griech. Himmelsgott im Kampf mit einem Giganten.

Zigeuner: Alako, Beng, Butyakengo, Chagrin, Charana, Chignomanush, Chochano, devel, Keshali, Locholicho, Mashurdalo, Mulo, Nivashi, Phuvush, Suyolak, Urmen.

Zilnieks (»Wahrsager«), *Zimlemis* (»Zeichendeuter«): lett. *Seher* und *Propheten,* die u. a. aus dem Schrei der Vögel Glück oder Unglück, Fruchtbarkeit oder Unfruchtbarkeit voraussagen.

Zipacná △, *Zipakna:* indian. *Riese* und *Erdbebendämon* der Maya. Er ist der ältere Sohn des →Vucub-Caquix und Bruder des →Cabracá. Im Gegensatz zu letzterem ist er der »Schöpfer der Berge«. Tagsüber fing Z. Fische und Krebse, und während der Nacht schleppte er Berge auf seinem Rücken, bis er von den Zwillingsbrüdern →Hunapú und →Ixbalanqué überlistet wurde.

Ziu →Týr

Zū, akkad. Sturmdämon und Tier-mensch, ein Mischwesen aus Vogel und Mensch.

Ziusudra △: sumer. *Held,* der nach der Sintflut, die er in einer Arche überlebte, für die Rettung des Menschheitssamens von den Göttern das ewige Leben erhält und nach Tilmun entrückt wird, wo ihn →Gilgamesh um Rat aufsucht. Dem sumer. Z. entspricht der akkad. →Utanapishti und der jüd. →Nōach.

Zoroaster →Zarathushtra

Zotz △: indian. *Fledermausgott* der Maya und Bezeichnung der 20-Tage-Periode.

Zū, *Anzu, Shutu:* akkad. *Sturmvogeldämon* und Personifikation des Südwindes, Diener und Bote des →Anu. Er raubt dem →Ellil die →Schicksalstafeln, um sich damit zum obersten der Götter zu erheben. Auf Anraten →Eas verfolgt →Ninurta den Z. und schießt auf ihn seine Pfeile ab. Der akkad. Z. geht auf den sumer. →Imdugud zurück.

Zuantevith →Svantevit

Zuarasici →Svarog

Zuarasiz →Svarog

Zurvan ◇, *Zervan* (von awest. *zrvan* = »Zeit«), *Zervan Akarana* (»Unbegrenzte Zeit«): iran. zweigeschlechtliche *Urgottheit* und *Gottheit* der *Zeit* sowie *Personifikation* des uranfänglichen Weltprinzips und *Hochgott* der Zervanisten. Z. ist Schicksalsgottheit und Gottheit des Lichts und der Finsternis. Sie gilt als Vater der Zwillinge →Ōhrmazd und →Ahriman. Der langgehegte Wunsch von Z., einen Sohn zu zeugen, der die Welt erschaffen könne, erregte schließlich seinen Zweifel. Aus diesem inneren Zwiespalt entstanden die beiden Gegenspieler Ōhrmazd und Ahriman, von denen letzterer wissend, daß die Herrschaft dem Erstgeborenen zufiele, vorzeitig hervorbrach. Wegen der Bosheit und Häßlichkeit des Ahriman wurde dessen Herrschaft auf 9000 Jahre beschränkt. Z. entspricht dem →Aión und dem griech. →Chrónos.

Žvėrinė ▽ (von žvėris = »Wild«): litau. *Waldgöttin* und *Schutzgöttin* der Waldtiere. Um von ihr Fruchtbarkeit zu erbitten, werden der Z. als *Hundegöttin* morgens und abends Opfer dargebracht.

Zwantewit →Svantevit

Zwanzigstes Jahrhundert: In der Neuzeit des 20. Jh. sind neue →Mythen entstanden. Im Unterschied zu den alten sind diese nicht mehr auf ein Volk oder eine Gemeinschaft beschränkt, sondern sie sind, auch wenn sie in einem bestimmten Volk entstanden sind, gleichsam von internationaler Bedeutung. Die Mythisierung knüpft an historische Personen, insbesondere an Politiker/innen, Film- und Musikstars an, wie z. B. bei →Lenin, →Hitler und →Perón, →Monroe, →Garbo und →Presley, oder aber die Mythen entstehen unabhängig davon, wie bei →Batman, →Superman und →Tarzan sowie bei den Planetariern der →UFOs, wobei diese Personen einen Typus von Werten und Wünschen bzw. deren Antitypus darstellen. Dabei handelt es sich meist um irdische oder auch außerirdische Heroen und Heroinnen, die selbst den Weg u. a. aus Armut,

Versklavung und Bedeutungslosigkeit zu Reichtum, Freiheit und Ruhm vorausgegangen sind und so als Befreier und Hoffnungsträger einen Ausblick auf Zukunft eröffnen.

Zwerge: allg. Bezeichnung für menschenähnliche kleinwüchsige *Wesen* – im Gegensatz zu →Riesen –, die jedoch wie diese von übermenschlicher Kraft und Macht sind. Z. sind schlau und zauberkundig und tragen gelegentlich Züge des listigen →Trickster. Sie hausen im Erdinnern, in Höhlen und Gestein. Ihre Beziehung zum Erdinnern mit dem Reichtum an Metallen macht sie zu Hütern der Schätze und geschickten Schmieden, die sich gern Gottheiten und Menschen verdingen. Ein zwergenhafter Gott ist z. B. der ägypt. →Bes. Vorgestellt werden die Z. als häßlich, dickbauchig, buckelig und bärtig. – *Worte:* Z. (fig.), zwergenhaft, zwerghaft, Zwergin, Zwergwuchs.

Zyklopen →Kýklopes

Zurvan, iran. androgyne Ur- und Zeitgottheit, die den Lichtgott Ōhrmazd (rechts) und den Unterweltsgott Ahriman (links) gebiert. Zur Rechten stehen die guten Amesha Spentas und zur Linken die bösen Daēvas.

ABKÜRZUNGEN UND ZEICHEN

afrikan.	afrikanisch	fig.	figürlich	konfuzian.	konfuzianisch
afroamerikan.	afroamerikanisch	finn.	finnisch	kopt.	koptisch
ägypt.	altägyptisch	franz.	französisch	korean.	koreanisch
ahd.	althochdeutsch	gall.	gallisch	kret.	kretisch
akkad.	akkadisch	german.	germanisch	kymr.	kymrisch
alban.	albanisch	gnost.	gnostisch	lapp.	lappisch
allg.	allgemein	göttl.	göttlich	lat.	lateinisch
amerikan.	amerikanisch	griech.	griechisch	lett.	lettisch
ammonit.	ammonitisch	hebrä.	hebräisch	litau.	litauisch
amorit.	amoritisch	hellenist.	hellenistisch	luw.	luwisch
arab.	arabisch	hethit.	hethitisch	lyk.	lykisch
aramä.	aramäisch	hindu.	hinduistisch	m.	männlich,
argentin.	argentinisch	hl.	heilig		Maskulinum
armen.	armenisch	holländ.	holländisch	mandä.	mandäisch
assyr.	assyrisch	Hrsg.	Herausgeber	manich.	manichäisch
AT	Altes Testament	ind.	altindisch	melanes.	melanesisch
äthiop.	äthiopisch	indian.	indianisch	mesopotam.	mesopotamisch
austral.	australisch	indones.	indonesisch	mhdt.	mittelhochdeutsch
austroasiat.	austroasiatisch	ir.	irisch	mikrones.	mikronesisch
awest.	awestisch	iran.	iranisch	mino.	minoisch
aztek.	aztekisch	islam.	islamisch	moabit.	moabitisch
babylon.	babylonisch	isländ.	isländisch	mongol.	mongolisch
balt.	baltisch	israelit.	israelitisch	n.	sächlich, Neutrum
bask.	baskisch	ital.	altitalisch	nabatä.	nabatäisch
brahm.	brahmanistisch	italien.	italienisch	nilot.	nilotisch
buddh.	buddhistisch	japan.	japanisch	nord.	altnordisch
bzw.	beziehungsweise	Jh.	Jahrhundert	norweg.	norwegisch
chines.	chinesisch	jin.	jinistisch,	NT	Neues
christl.	christlich		jainistisch		Testament
churrit.	churritisch	Jt.	Jahrtausend	nub.	nubisch
dän.	dänisch	jüd.	jüdisch	orph.	orphisch
d. h.	das heißt	Kap.	Kapitel	österr.	österreichisch
dt.	deutsch	kappadok.	kappadokisch	palmyren.	palmyrenisch
elam.	elamitisch	karel.	karelisch	pers.	altpersisch
eleusin.	eleusinisch	karthag.	karthagisch	peruan.	peruanisch
engl.	englisch	kassit.	kassitisch	phönik.	phönikisch
eskimo	eskimoisch	kath.	katholisch	phryg.	phrygisch
etrusk.	etruskisch	kelt.	keltisch	Pl.	Plural
ev.	evangelisch	kleinasiat.	kleinasiatisch	poln.	polnisch

polynes.	polynesisch	sog.	sogenannt	v.	von
preuß.	altpreußisch	südl.	südlich	ved.	vedisch
protohatt.	protohattisch	sumer.	sumerisch	vgl.	vergleiche
pun.	punisch	syr.	syrisch	w.	weiblich,
röm.	römisch	tamil.	tamilisch		Femininum
russ.	russisch	tantr.	tantrisch	walis.	walisisch
samothrak.	samothrakisch	taoist.	taoistisch	z. B.	zum Beispiel
sanskr.	sanskritisch	thrak.	thrakisch	zigeun.	zigeunerisch
schwed.	schwedisch	tibet.	tibetanisch	→	siehe
seleuk.	seleukisch	tschech.	tschechisch	=	Hinweis auf ein
semit.	semitisch	u. a.	unter anderem,		Wort in dt.
serbokroat.	serbokroatisch		und anderes		Übersetzung.
Sg.	Singular	u. ä.	und ähnliche(s)	△	maskulin
shintoist.	shintoistisch	ugarit.	ugaritisch		(männlich)
sibir.	sibirisch	ugr.	ugrisch	▽	feminin (weiblich)
singhal.	singhalesisch	ungar.	ungarisch	◇	androgyn
skyth.	skythisch	urartä.	urartäisch		(Mann-Weib)
slaw.	slawisch	urspr.	ursprünglich	⊙	Neutrum (sächlich)

BILDQUELLENNACHWEIS

Zeichnungen:
Werner F. Bonin, Ike Neumann, Gerhard Rühlmann, Eckard Schleberger, Evelyn Wallner.

© 1989 M. C. Escher Heirs / Cordon Art, Baarn, Holland (S. 63).
© Eugen Diederichs Verlag, München, 5 Zeichnungen von Eckard Schleberger (S. 201, 256, 351, 526, 534),
in »Die indische Götterwelt«;
1 Druck aus Hans Wolfgang Schumann, »Buddhistische Bilderwelt« (S. 87);
1 Zeichnung aus »Altägyptische Märchen« (S. 493)
© Joseph Beuys / VG Bild-Kunst Bonn, 1989 (S. 190).

Alle weiteren Abbildungen stammen aus den Archiven des Autors, des Droemer Knaur Verlages
und des Verlages Fernand Hazan.